John Wycliffe

Polemical works in Latin

John Wycliffe

Polemical works in Latin

ISBN/EAN: 9783743341241

Manufactured in Europe, USA, Canada, Australia, Japa

Cover: Foto ©ninafisch / pixelio.de

Manufactured and distributed by brebook publishing software (www.brebook.com)

John Wycliffe

Polemical works in Latin

JOHN WICLIF'S
POLEMICAL WORKS
IN LATIN

FOR THE FIRST TIME
EDITED
FROM THE MANUSCRIPTS
WITH CRITICAL AND HISTORICAL NOTES
BY
RUDOLF BUDDENSIEG.

ENGLISH EDITION.

VOL. II.

LONDON:
PUBLISHED FOR THE WYCLIF SOCIETY BY TRÜBNER & Co.,
57 AND 59 LUDGATE HILL.
1883.

PREFACE.

In this second volume the Polemical Tracts of Wiclif against the Sects are continued and brought to a close, being followed by the Tracts against the Pope.

Owing to the circumstance that the German Edition in one volume was printed first, the paging is carried on in this second volume where the first broke off. References, therefore, may be to the pages of either. The Indices given on pages 715—840 comprehend the matter printed in both volumes.

As this very moment whilst correcting this last sheet, there comes under my notice a new publication on the relation of John Hus to John Wiclif (Hus und Wiclif. Zur Genesis der husitischen Lehre. Von Dr. Johann Loserth, ord. Prof. der Geschichte an der Universität zu Czernowitz. Prag, Tempsky und Leipzig, Freytag, 1884. X. 314 pp).

To it I would draw the attention of my readers. The Author, Dr. Loserth, shows, that the whole Husite movement is nothing more or less than a Bohemian Wiclifism. As he puts in on pages 1—2, the 'name of Wiclif was for many years the banner under which a powerful party in Bohemia strove and struggled.' He even goes so far as to say that 'Hus owes to Wiclif nearly the whole of his *theology as set forth in his Latin Tracts', and that 'it was in upholding Wiclif's teaching Hus lost his life.'*

And not only does the Author make these statements — he proves his assertions in their minutest details (comp. page 161 ff., and Vol. I of the present edition p. XIII).

Dresden, Vitzthum Gymnasium: October 31, 1883.

Rudolf Buddensieg, Dr.

CONTENTS OF VOLUME II.

	Page
Volume the First continued:	
(A) Polemical Tracts against the Sects	385—536
XII. De Solutione Satanae	385—400
a) Introduction	387—390
b) Text	391—400
XIII. De Mendaciis Fratrum	401—404
a) Introduction	403—404
b) Text	405—406
XIV. Descriptio Fratris	407—409
XV. De Daemonio Meridiano	411—425
a) Introduction	413—416
b) Text	417—425
XVI. De Duobus Generibus Haereticorum	427—432
a) Introduction	429—430
b) Text	431—432
XVII. De Religionibus Vanis Monachorum	433—440
a) Introduction	435—436
b) Text	437—440
XVIII. De Perfectione Statuum	441—482
a) Introduction	443—448
b) Text	449—482
XIX. De Religione Privata I	483—518
a) Introduction	485—490
b) Text	491—518
XX. De Religione Privata II	519—536
a) Introduction	521—523
b) Text	524—536
(B) Polemical Tracts against the Pope	537—714
XXI. De Citationibus Frivolis	537—564
a) Introduction	539—545
b) Text	546—564

		Page
XXII. De Dissensione Paparum	.	565—576
a) Introduction	.	567—569
b) Text	.	570—576
XXIII. Cruciata	.	577—632
a) Introduction	.	579—587
b) Text	.	588—632
XXIV. De Christo et suo Adversario Antichristo	.	633—692
a) Introduction	.	635—652
b) Text	.	653—692
XXV. De Contrarietate Duorum Dominorum	.	693—713
a) Introduction	.	695—697
b) Text	.	698—713
XXVI. Quattuor Imprecationes	.	713—714
III. Indices	.	715—840
I. Index of Names	.	715—718
II. Index of Bible-Quotations	.	718—721
III. General Index	.	722—840

LIST OF ABBREVIATIONS.

abbrev. = abbreviated
add. = added
cap. = capitulum
cf. = confer
chap. = chapter
cod. (codd.) = codex (codices)
col. = column
compend. = compendium
corr. = corrected
cp., comp. = compare
cr. out = crossed out
e. g. = exempli gratia
Expl. = Explicit
ff. = following
f. i. = for instance
fol. = folium, folio
ibid. = ibidem

i. e. = id est
Inc. = Incipit
in mar. = in margin
l. = line
lin. = linea
mar. = margin
m. of ref. = mark of reference
n. (not.) = note
om. = omitted
p. = page
repeat. = repeated
texthd. = texthand
ud. = underdotted
underl. = underlined
v. = verse
viz. = videlicet
w. m. of ref. = with mark of ref.

CORRIGENDA IN VOLUME II.

Page	line	read		Page	line	read	
395	17	quitas Amorreorum					tinued line 19: Hic dicitur etc.
431	4	hereticorum, de quibus | foret Anglia expurganda. Primi sunt symoniaci, qui sunt omnes pape |		613	6	sepe^a	
				618	8	eisdem^e	
				628	23	pugnare	
				641	1	DE CHRISTO	
				659	17	sua	
				659	22	principium	
				666	32	necessario BCD	
450	32	m. u. $CD\beta$		670	18	romanam	
460	31	autem EF		678	35	si ACD	
461	13	occiduum		681	24	comp. 42, 1	
461	34	inimicis CDE		713	18	QUATTUOR	
463	29	quam EF		716	39	Husites	
530	24	multas		717	2	Lollards	
561	18	Cristi! Here follow the five first lines of cap. VIII, then the text is con-		717	28	Minorites	
				717	7	Picards	
				721	1	OF BIBLE-QUOT. .	

WYCLIF'S POLEMICAL WORKS.—WYCLIF SOCIETY.

CORRECTIONS.

Vol. II.

i, Preface, l. 9	*for* As	*read*	At.	
l. 17	,, puts	,,	puts it.	
395, l. 14	,, Gomoreorum	,,	Amorreorum.	
429, l. 6	,, whith	,,	with.	
l. 2 from foot	,, troughout	,,	throughout.	
450, n.	,, Franziscans	,,	Franciscans.	
453, n.d.	,, passagos	,,	passage.	
481, n. q.	,, Clemens	,,	Clement.	
486, l. 21	,, esposially	,,	especially.	
489, l. 25	,, similiar	,,	similar.	
580, l. 10	,, helfers	,,	helpers.	
610, n. c.	,, unwortly	,,	unworthy.	
636, l. 25	,, wordly	,,	worldly.	
663, n. f.	,, plain	,,	plane.	
684, n. c.	,, advanved	,,	advanced.	

XII.

DE SOLUTIONE SATANAE.

DE SOLUTIONE SATANAE.

I. Division.

Thesis: How is Apoc. 20, 7 to be understood? chap. I
Argument: Proof, when the loosing of Satan took place, chap. I—II
Conclusion: The Sects are to be suppressed, chap. II.

II. Summary of Contents.

Chap. I. Gregory's opinion with regard to the loosing of Satan, so far as it refers to the first thousand years of our era, must be limited, p. 391—392; it is to be compared with Scripture, p. 392. Since the Ascension of our Lord, Satan has undoubtedly been „loosed" in many ways, but this is not to be understood in a literal sense. Neither is the exact number 1000 meant in the Holy Scriptures, but rather the time during which Satan's tools (the fratres) have crept into the Church, and seduced it by their lies and deceit, p. 393—394. Since then, Satan has been loosed, and (as Gog and Magog) has led many heathen astray, p. 395. — How this has come to pass, is proved by the example of the Four Sects. — By Gog, the Pope, as head of the clerus cesareus, is to be understood; by Magog, the three remaining Sects, p. 395—396.

Chap. II. But their freedom will not be of long duration, for the measure of their sins (here the Crusade to Flanders is alluded to) will soon be accomplished, p. 396—397. The more so, because they persecute, as heretics, the few pious and upright Christians who remain true to their faith, whilst they themselves must be accused of heresy, especially in the doctrine of the Lord's Supper, p. *398*. They do not know what is the right doctrine, and, instead of preaching the faith of the Church openly to believers, as the Gospel requires, they do not venture to proclaim their views publicly, but only teach them privately in the schools, contrary to the express commands of Scripture, p. *398—399*. — The country ought to remedy this and consider for what reason it allows these Sects to be so great an expense, and kings, lords, and laity should combine to drive out Antichrist, to fight against the dark designs of Magog, and to kindle the light of the pure orthodox faith, p. *400*.

III. Date of Composition.

The discussion regarding the Lord's Supper is in the Tract supposed to have already taken place, cp. chap. II, p. *398:* heretici omnes occidui nesciunt etc., also the Crusade to Flanders, chap. II, p. *396*, which took place in the summer of 1383. Since, at the same time, from pugnaverunt (not pugnant) p. *396* line 17, the conclusion of the campaign may be taken for granted, the compilation of the Tract falls after October 1383. The violent attack upon the Pope as precipuus anticristus p. *396* line 2—3, which in this manner could happen only in the last phase of W.'s papal contest (cp. Lechler, I, 581 ff.) suits well this period.

IV. Genuineness.

(a) *External evidence:*
   (1) Bale, Summ. fol. 156^b.
   (2) cod. A, front cover.
   (3) cod. E, Index on the front cover.
   (4) cod. β, Index on the front cover; as to (2) (3) and (4) see above General Introd. IV. Descript. of the codices.
   (5) Denis, Cod. MS. Theol. II, 1440; 1450; 1454; 1466.
   (6) Shirley, Catal. No. 30. p. 12.
   (7) Lechler, J. v. W. II, 568.

(b) *Internal evidence:*
   (1) see above General Introd. V, c.

(2) cp. the many references to the Four Sects, the order of their names, the exspoliation of England, the Crusade etc. etc.

(3) here also, as in Trial. 153; 249 the error de hostia consecr. is described as in connection with the solucio Sathane

(4) cp. Trial. 249 with the passage hostia consecr. est natural. etc., p. 398; Trial. 251 with ubi indubie demonstr. pron. etc. ibid.

(5) cp. also W.'s view of the solucio Sath. with Lechler, J. v. W. I, 514.

(6) cp. cap. I, note e; f; II, f; l.

V. *Hitherto unprinted.*

VI. *Extant in*
    cod. 3929 = A fol. 185ᶜ—187ᵃ   A¹ = Corrector
    cod. 4527 = C fol. 17ᵃ—19ᵃ   C¹ = Corrector
    cod. 3930 = D fol. 166ᶜ—168ᵈ $\begin{cases} D^1 \text{ (Magog)} \\ D^2 = \text{Glosser} \end{cases}$
    cod. 1337 = E fol. 102ᵇ—104ᵈ   E¹ = Glosser
    cod. 1387 = K fol. 107ᵇ—108ᶜ   without a Corrector
       (all in the Imperial Library at Vienna)
    cod. III.G.11. = β fol.220ᵇ—223ᵃ $\begin{cases} \beta^1 = \text{Glosser} \\ \beta^2 = \text{Corrector} \end{cases}$
       (the latter in the Univers. Library at Prague).

VII. *The Manuscripts.*

After having formed my text, and finished the MS. for the printer, I was allowed to make use of the codd. D and K in the Imperial Library of Vienna, for a short time. Later I had also access to β. I have, indeed, taken them into some account for the text; but as the short Tract presents too little material for forming a judgment on the Mss., I have to confine myself to a few short notices.

I. The codd. A—E again form a group; for in almost each case in which C (or DKβ) disagree with them, they agree with one another, even where they clearly give what is false, compare chap. I,

n. *6; 10; 19; 20; 27; 43* and this continues so to the end. But the material before us is not sufficient to prove whether *E* has been copied from *A*, which appears to me not improbable.

So far as I can see, *D—K* are also related, compare, for example, chap. *I, n. 17; 20; 52* etc. etc.

II. As to which is the best codex, I may remark, that amongst the few decisive readings, *C* is by far the most frequently correct.

The group *A—E*, especially the careless *E*, is exceedingly corrupted.

K is not much better, compare chap. *I, n. 5; 9; 13; 14; 18; 20; 30; 32; 37; 46; 52; 54; 57; 61; 62; 66; 70; 72; 75; 84* etc. etc. This may suffice.

D is unreliable, since it can be proved that it does not follow its original closely, but has often been copied according to the sense, or, at least, carelessly in its way, compare chap. *I, n. 44; 48; 76; 78; II, 14; 15; 23; 34* and *56*.

I, therefore, give the text according to cod. *C*.

JOHANNIS WICLIF

DE SOLUCIONE SATHANE.

Pexlitic responosi Soilnmai[1] Giauntris ar
ad metan[2] cusiudma liemu tisvetari.[3]

CAP. I.

[1] Quantum ad obiectum fratrum, quod non sane intelligitur
scriptura de | solucione Sathane post mille annos,[5] ut in Apocal.[a]
legitur, | quia ut allegatur Gregorius[b] 18 Moralium[6] super isto textu:
vi | di angelum descendentem[7] de celo etc.[8] et[9] ligavit Sathanam
per annos mille, hic oportet non millenario numero quantitatem
temporis, sed universitatem, qua regnat[10] ecclesiam, designari.[11] Unde

---

CAP. I. [a] cap. 20, 1—2   [b] cp. Greg. Opp. (Edit. of the Benedict.) Paris 1705, tom. I, 588

C.AP. I. [1] Soilnmain C, the u ud.   [2] in mar. is add. gn C   [3] i. e. Explicit responsio Johannis Magistri ad arg(u)menta cuiusdam emuli veritatis Explicit de salutacione angelica, continet 3 capitula A (fol. 185ᵇ below) Incipit de solucione Sathane E; as in A it is here preceded by De salutacione angelica de solucione Sathane post mille annos β (preceded by De apostasia) De solusione (sic) Sathane K (preceded by De quatuor imprecacionibus)   Expl. and Inc. om. D
[4] cod. A fol. 185ᶜ lin. 1 cod. D fol. 166ᶜ lin. 25 cod. E fol. 102ᵇ lin. 31 cod. K fol. 107ᵇ lin. 56 cod. β fol. 220ᵇ lin. 19   [5] post m. a. ACDEβ om. K
[6] Moralium CDβ moris (?) AE om. K   [7] descendentem ACDE descentem β (compend. om.) om. K   [8] etc. ACDE om. βK   [9] Gregor. 18 mor. — et ACDEβ et K   [10] regnat CDKβ repugnat AE   [11] designari ACDEβ designare K

dicunt fratres, Sathanam magis¹² fuisse¹³ solutum in primo millenario propter persecucionem ecclesie in Cristo et eius membris, quam in¹⁴ secundo, in quo, ut cernimus,¹⁵ dicunt fratres, non molestatur ecclesia, nisi a paucis hereticis.

Dicitur quantum ad istam instanciam refugorum,¹⁶ quod primo admitti debet dictum beati Gregorii,¹⁷ de quanto fidei scripture consonat ac eciam racioni, nec amplius voluit Augustinus[c] nec alii sancti catholici citra¹⁸ auctores scripture racionabiliter sibi credi. Conceditur igitur,¹⁹ quod multi sunt anticristi et sic sathane, quia I Ioh. dicitur secundo²⁰[d]: nunc anticristi multi facti sunt, et sic a tempore ascensionis domini usque hodie dyabolus²¹ multis vicibus est solutus. Non enim intellegi debet hoc dictum propheticum, quod malignus²² spiritus per membra sua cum funiculo aut cathena ferrea in tartaris sit ligatus, cum sit spiritus carens omnimode istis membris, sed per ligacionem Sathane intelligitur, quod post ascensionem domini est suspensa temptacio sue nequicie, ut²³ fuit postmodum temptaturus. Cum autem efficacia²⁴ sue temptacionis stat in instrumentis²⁵ perversis, ut malis hominibus, membris suis, et militans ecclesia deteriorando procedit, spiritus sanctus intellexit per mille annos non precise quantitatem temporis, ut videtur dicere²⁶ beatus Gregorius,[e] sed tempus,²⁷ quousque sui ministri perversi sunt notabiliter in ecclesiam introducti, quod indubie contigit pro illis temporibus, quibus false²⁸ secte quatuor subintrarunt; et sicut novit spiritus illud tempus quoad notabilitatem, occupaverat²⁹ mille annos, et sic in primo mil-

[c] cp. Aug. Opp. (Edit. of the Bened.) Venet. 1729, 1735, tom. IX, 98 De Baptism. contra Donat. II, 3 [d] v. 18 [e] see above p. 391 note b

¹² Sath. m. ACDEβ m. Sath. K ¹³ fuisse ACDEβ esse K ¹⁴ quam n ACEβ qua in (? quasi) D quomodo K ¹⁵ cernimus AEKβ,C in mar. terminus C cernimus D ¹⁶ refugorum corrected by β¹ from refugarum β ¹⁷ beati Greg. ACE Gr. bo. DK Greg. β ¹⁸ citra ACDEβ circa K ¹⁹ igitur CDKβ ergo AE ²⁰ Ioh. dic. secundo C Ioh. dic. (sic, blanc space) DK Ioh. IIº AE Ioh. IIº dic. β ²¹ ascens d. u. h. dyab. ACDEK asc. dyab. β, but in mar. is add. dom. u. h. β² ²² malignus ACDEβ mlignus K ²³ ut Cβ nec ADEK ²⁴ efficacia ACDEβ efficacio K ²⁵ instr. in β corrected by β² ²⁶ dicere ACDEK om. β. but add. by β² in mar. ²⁷ tempus CDKβ quod sic AE ²⁸ false ACE isto DKβ ²⁹ occupaverat AEβ occupaverant CD,K (here the compendium is either erased, or effaced, but still to be recognised)

lenario sepe secundum gradum aliquem solutus est Sathanas. Sed in secundo millenario, quando mendaces secte[30] plene[31] suborte[32] sunt mediante ypocrisi, amplius est solutus,[f] quia habet per falsos fratres organa, per que callidius seducit[33] ecclesiam, cum ex fide
5 non nisi per mendacia aut ypocrisim ornat sua subdola instrumenta, et sic, quando fratres subintroierunt,[34] qui excellenter ornantur mendacio ac ypocrisi[35] per instrumenta sua, quibus seducit ecclesiam, nota || biliter est solutus. In cuius confirmacionem dicant   C fol. 17b
fratres, si sciverint, quod ex Cristi auctoritate sive licencia sub-
10 intrarunt,[36] quod cum nesciunt[37] et fides scripture dicit Ioh. 10 [g] quod,[38] qui non[39] intrat per hostium in ovile ovium, sed ascendit

[f] *This view of the matter in question is entertained not only by W., but by nearly all the divines of the Middle Ages in consequence of a misinterpreted passage (Apocal. 20, 7). W. himself very often recurs to it, cp. for instance.Trial. 361 ff.; again Festival Sermons XXIV No. 1, cod. 3928, fol. 130ᵃ; Festival Sermon No. XL ibid. fol. 80ᶜ (printed by Lechler I, 594 n. 4). In the Trialogus 153; 240; 249; 362, the solutio is spoken of as a known certain point in history. As to this, cp. Arnold, S. E. W. II, 206: fro þe tyme þat þe fend was unbounden, þe þridde pope Innocent brouȝht þis (the auricular confession) inne, cp. the same idea Arnold, I, 133, where the loosing of the Satan is referred to as in close connection with the Roman doctrine of transubstantiation, and Matthew, E. W. h. u. 3. — This view of the matter was likewise a very common one in the Middle Ages; cp., for instance, the memorial which in 1102 during the conflict on the Investiture was directed to Paschales II.; in it: Satan is loose and is in great anger, is once and again repeated: Satanas solutus iam divisit regnum et sacerdotium — millenarium mendacii; cp. Festival Sermons No. XVI, fol. 31ᵈ (Lechler I, 595 Annot.). — Woodford, Wiclif's clever opponent, turns the point of this view against Wiclif himself: sed miror, unde acquisivit in hoc Iohannes Wicliff tale privilegium, quod omnes doctores de secundo millenario seducti sunt per Sathanam illo solo excepto, cp. Tract. de Peregrinac. ad loca sancta, MS. Brit. Mus. Harl. 635*   [g] v. 1

[30] secte ACDEβ om. K   [31] plene in K add. in mar. by the texthand   [32] suborte ACDEβ suborti K   [33] call. sed. ACEKβ sed. call. D   [34] subintroierunt ACDEβ subintroierunt K   [35] ypoc. ACEKβ acit (cr. out & ud.) ypocr. D   [36] subintr. in β corr. by β²   [37] nesciunt ACDEβ vescuntur K   [38] quod ACDEβ om. K   [39] non in β add. in mar. by the texthand

aliunde,[40] ille fur est[41] et latro, evidens est, quod omnes secte iste quatuor cum suis partibus sunt latrones et specialiter in hoc, quod sunt precipua organa sathane ad simplices in ecclesia seducendum. Spiritus ergo[42] sanctus in prophetia Iohannis[h] voluit sathanam in in parte esse ligatum per mille annos et in secundo infami mille- 5 nario esse solutum, ut per instrumenta sua, que callide introducit in ecclesiam plus copiose,[43] simplices in fide errantes per mendacia[44] et ypocrisim seducantur. Et hunc sensum beatus Gregorius nec nititur nec potest probabiliter reprobare.[45] Cum enim ordinacio Cristi fuit sufficiens, quoad status et membra ecclesie, qua[46] fri- 10 vola ficticia fuerunt secte[47] introducte! Cum enim secundum fidem, quam sepe[48][i] dicit apostolus, presbiteri non debent esse ecclesie onerosi, quis color, permittere antiquos[49] perversos presbiteros et[50] incorrectos et inducere[51] novos ad onus ecclesie, qui sunt ex maiori ypocrisi signorum, que querit generacio adultera, 15 populi seductiva?[52] Et sic wlt beatus Gregorius, quod non intelligatur prophecia Iohannis precise secundum quantitatem temporis[53] mille annorum, sed quod sathanas in secundo millenario, quando preparabit sibi instrumenta magis subtilia, amplius est solutus. Et hoc est una causa, quare[54] spiritus sanctus sic explicat[55] mille annos. 20 Nam Apocal. 20 sic habetur[k]: et vidi angelum descendentem de celo, habentem clavem abissi et cathena magna[l] in manu sua, et apprehendit draconem, serpentem antiquum, qui est dyabolus et sathanas, et ligavit eum per annos mille et misit eum in abissum et clausit et signavit super illum, ut non seducat amplius gentes, donec con- 25 summentur mille anni. Post hec oportet illum solvi modico tem-

[h] cp. Apoc. 20, 2   [i] cp., for instance, II Cor. 11, 9; I Thess. 2, 9; II Thess. 3, 8   [k] v. 1—3   [l] the textus rec. reads: catenam magnam

[40] aliunde ACDKβ   aliunde E (compend. om.)   [41] f. e. ACDEβ   e. f. K
[42] ergo ACDEβ   igitur K   [43] copiose CDKβ   copiosa AE,β² (here corr.)
[44] mendaces (daces cr. out & ad.) dacia in D   [45] improbare (cr. out & ad.) reprobare in D   [46] qua β   quam CAE   que K   [47] secte C   secte alie AD EKβ   [48] quam sepe ACEKβ   sicut D   [49] ant. in β corr. by β²   [50] et ACDEβ om. K   [51] inducere C   introducere ADFKβ   [52] seductiva β   seductivi ACE   seducti DK   [53] temporis CDEKβ   tempis A   [54] quare ACDEβ   quia K   [55] explicat ACDEβ   exaltat K

DE SOLUTIONE SATANAE.

pore. Improbent fratres, si sciverint, istam glosam[56] vel apponant[57] aliam meliorem.

Unde sequitur in textu Apocal.[m]: et cum consummati fuerint mille anni, solvetur sathanas de carcere suo, et exibit et[58] seducet gentes, que sunt super quatuor angulos terre, Gog et Magog, et congregabit eos in[59] prelium, quorum numerus est sicut arena maris. — Videtur autem salvo meliori iudicio, istum textum sic sane posse intelligi, quod post mille annos, vel ab ascensione domini, vel a tempore huius visionis Iohannis, sathanas, hoc est, principalis dyabolus, solvetur de suo carcere, hoc est, non tot penas ex profectu militancium tolerabit. Cum enim sit primum subiectum invidie, est inclusus in carcere, quando vidit cristianos ambulantes secundum legem Cristi proficere. Quando autem completa est iniquitas (Go)moreorum,[60] hoc est, peccata a Cristo declinancium sunt completa, quod erit post mille annos ad literam post ascensionem domini, tunc sathanas est solutus, hoc est, habet potestatem ex collecto[61] peccato in suis organis ad populum amplius[62] seducendum.

Seducet[63] autem hic sathanas tamquam principalis dyabolus gentes occiduas principaliter, que[64] habitant in Europa.[65] Ille autem sedent super quatuor angulos terre, quia quatuor secte, scilicet cleri cesarei, monachi, canonici atque fratres, sunt terrene,[66] quia temporaliter colligate et secundum geometrorum principia, angulus est duorum linearum alternus[67] contactus. Illi autem, qui quiescunt in legibus istarum sectarum quatuor, quoad ambitum terrenorum, sedent super quatuor angulos terre et sunt principales discipuli anticristi, signanter autem sedent, quia plus habentes[68] prosperitatem temporalium, non sunt a dyabolo et membris cius adeo molestati, ut[69] hec[70] quatuor membra dyaboli cum suis compli-

---

[m] c. 7

[56] sentenciam (cr. out & ad.) glossam in D [57] apponant ACDEβ apponent K [58] et ACDEβ ut K [59] in ACDEβ ad K, but in mar. in (texthand) [60] all the codd. read amor reorum [61] ex collecto ACDEβ extolles K [62] amplius ACDEβ om. K [63] seducet CDKβ seducit AE [64] que ACEKβ qui D [65] Erupa (cr. out & ap.) Europa in C [66] terrene CDβ trene K terre E,A (corr. from terrene) in C is add. in mar.: Quatuor secte [67] alternus CDEK alterius A (?) β [68] habentes ACDEK habentem β [69] ut ACE et DKβ [70] hec ACDEβ habet K

cibus[77] possunt dici Gog et Magog.[72] — Gog[73] enim, quod interpretatur doma[74] vel tectum, videtur significare papam,[75] qui est nobis occiduis[76] precipuus anticristus.[77] Magog autem, quod interpretatur de domate vel de tecto, videtur significare suos discipulos, ut sunt tres secte[78] sequentes. Que secte faciunt ipsi[79] Gog obedienciam temporalem et alios monent, ut faciant. Ipsi autem possunt signanter dici[80] de tecto vel domate; de tecto quidem, quia conversacionem humalitatis[81] Cristi cum aliis suis[82] virtutibus tegunt[83] quantum sufficiunt; et[84] superbiunt de excellencia sui status tamquam in domate. In isto enim dimissa Cristi humilitate atque paupertie extolluntur, et sic iste papa dicitur signanter tectum, quia tegitur undique per Magog mendaciis, ypocrisi et commentis aliis[85] falsitatis.

CAP. II.[1]

Et cum hec[2] tumefactiva superbia non sit pacifica, necesse est, ut congreget consentaneos suos in prelium, hoc est, propter defectum fidei eos faciat compugnare. — Sic enim per Gog et Magog Anglici invadentes Flandriam pugnaverunt, et sic est de bellis aliis, que Cristus prophetat esse futura in fine seculi.

Ideo signanter dicit iste propheta, quod numerus illorum est sicut arena maris, quia, ut patet Matth. 7,[a] domus talium super perfidia[3] est fundata et sunt in[4] magno numero, quia lata est via,

CAP. II. [a] v. 26

---

[71] membra d. e. s. compl. CDK   mem. e. s. dyab. com. AE   memb. e. s. c. dy. β   [72] Gog et Mag. ACDEβ   Gog et Gog et Mag. K   [73] in E is add. in mar.: Gog et Magog in C is add. in mar.: Interpretacio Gog et Magog   [74] doma in β corr. by β²   [75] papam ACDEβ   populum K   [76] occiduus (cr. out & wd.) occiduis in D   [77] in E is add. in mar.: Papa precipuus anticristus   [78] di (cr. out & wd.) secte in D   from here on I do not notice any more these slight faults of the careless D   [79] ipsi ACDEβ   ipi K (compend. om.)   [80] p. s. d. CDK s. p. d. AEβ   [81] conversacionem humilitatis ACDEβ   conversacio humilis K   [82] suis ACDEβ   om. K   [83] tegunt CDKβ   regunt AE   [84] et ACDEβ   ut K   [85] aliis ACDEK   om. β, but corr. by β² above falsitatis
CAP. II.   [1] There is no division into chapters in the codices   [2] hec ACEKβ   hoc D   [3] perfidia ACDEβ   perfidiam K   [4] in ACEKβ   om. D

cap. 11]   DE SOLUTIONE SATANAE.   397

que ducit ad tartarum, et multi transeunt per eam, ut patet[5] Matth. 7,[b] dicit[6] Cristus.

Sed cum Psalmo 36[c] dicitur[7]: inimici domini mox ut honorificati fuerint et[8] exaltati deficientes, quemadmodum fumus, deficient, signanter dicit iste[9] propheta: post hec oportet illum solvi modico tempore, quia paulo ante diem iudicii convertetur[10] populus ad[11] versuciam[12] anticristi, et tempus interceptum[13] erit modicum, per quod ante diem[14] iudicii populus per anticristi versucias seducetur.[15] Nam[16] in comparacione ad tempus a mundi exordio usque illuc et in comparacione ad tempus[17] a die iudicii usque ad perpetuitatem seculi post hunc[18] diem illud tempus, in quo[19] anticristus regnabit, erit modicum. Veruntamen periculum illius temporis erit magnum, quia ut Matth. 24[d] dicitur: erit enim tunc tribulacio magna, qualis numquam fuit ab inicio mundi usque modo, neque fiet, et nisi breviati fuissent dies illi, non fieret[20] salva omnis caro.

Et ideo in parte verum dicit procurator secte Gog, quando dicit, quod in secundo millenario vivent prospere militantes preter paucos hereticos, qui anticristum, qui est ecclesia malignancium, molestabunt. Sicut enim Cristus vocatus fuit blasphemus, quod est pessima pars heresis, sic pauci fideles, qui stant hodie in veritate legis domini, vocati[21] sunt heretici a parte contraria anticristi. Et cum multi sunt vocati, pauci ‖ vero electi, verum est, ‖ *C fol. 18b* quod pauci sunt nomine tenus heretici, qui tunc stabunt. Et cum generacio adultera signa querencium plus attendit[22] ad sensibilia quam ad solidam veritatem, minimum imponit[23] mendacium dictis

---

[b] *v. 13*   [c] *Ps. 37, 20*   [d] *v. 21—22*

[5] patet *ACDE* om. *K,β, but here corr. into the text by β*[2]   [6] dicit *ACEKβ* dixit *D*   [7] dicitur *CDKβ* om. *AE*   [8] et *ACDEβ* om. *K*   [9] iste *ACDEβ* ille *K*   [10] convertetur *ACDEβ* comitatur *K*   [11] ad *CDK* a *AEβ*   [12] versuciam *D* versucia *AECKβ*   [13] interceptum *CDKβ* interpretum *AE*   [14] diem *ACEKβ* om. *D*   [15] seducetur *ACEKβ* seducet *D*   [16] nam *ACDEβ* mam *K*   [17] a mundi ex. u. i. e. ad t. *repeated in K*   [18] hunc *ACDEβ* huc *K* (*compend. om.*)   [19] in quo *CDKβ* per quod *AE*   [20] fieret *ACEKβ* fiet *D*   [21] vocati *ACDEK* om. *β, but corrected by β*[2] *above* sunt   [22] attendit *AEβ* attenditur *CDK*   [23] imponit *ACEKβ* imponitur *D*

Cristi, quod tempore²⁴ imperatorum, quo corporaliter persecuta fuit, ecclesia stetit in maiori periculo quam modo, quando est per sectas hereticas persecuta. Sed veritas, que plus appreciatur persecucionem et malum anime quam²⁵ corporis, dicit, quod istud periculum hominum interiorum, qui illo tempore perduntur²⁶ ad tartarum, est maximum. Et sic illo tempore sunt heretici magis spissi, quia quatuor secte²⁷ predicte, si fas est dicere, sunt heretici manifesti²⁸; et a mundi exordio non inveniet homo in tantis sectis hereticos congregatos. Nam omnes hee secte quatuor negant in verbis vel opere conversacionem Cristi, cum prosperitatem mundanam appetunt et persecucionem propter veritatem ewangelicam auffugiunt. In cuius signum deus ex sua gracia stultificaverat istas sectas,²⁹ quod heretici³⁰ omnes occidui nesciunt vel non audent detegere fidelibus, quid sit hostia consecrata³¹; sed unus dicit, quod est³² quantitas sine subiecto, secundus³³ dicit, quod est qualitas sine subiecto, tercius, quod est³⁴ accidens sine subiecto et quartus et ultimus, quod est aggregacio accidencium sive nichil, et omnes illi heretici non audent dicere in materna lingwa fidelibus, quid sit ipsa hostia consecrata.³⁵ Et multi fideles non sunt tantum sua perfidia excecati,³⁶ quin noscant in isto perfidiam dogmatis anticristi, quia Cristus³⁷ dicit in ewangelio,ᵉ quomodo accepit panem in manibus, benedixit, fregit, deditque discipulis suis³⁸ dicens: accipite et manducate ex hoc omnes, hoc est corpus meum, ubi indubie demonstrativo pronomine intellexerat illam panem, et consecrata hostia est naturaliter verus³⁹ panis et figuraliter⁴⁰ virtute

---

ᵉ cp. Matth. 26, 26

²⁴ tempore ACDEβ tempus K ²⁵ persec. et m. a. quam ACDKβ persecu. quom (quem ud.) quam E, in mar. is add.: et mal. an. ²⁶ perduntur AC DEK perdurantur β ²⁷ qu. s. ACEKβ s. qu. D ²⁸ manifesti ACDEK magis spissi (underlined) manifesti β ²⁹ sectas ACEKβ quatuor sect. D ³⁰ heretici ACEK heretice Dβ ³¹ in β is add. in mar.: De hostia consecrata β¹ ³² est ACDEK sit β ³³ secundus in K corr. from tercius ³⁴ tercius, qu. est ACEβ tercius dicit quod est D tercius est K ³⁵ in E is add. in mar.: De quidditate hostie consecrate E¹ (?) ³⁶ excecati ADEKβ cecati C, but ex is add. in mar. ³⁷ Cristus ACEKβ ipse D ³⁸ suis CDKβ om. AE ³⁹ verus ACDEβ om. K, but add. in mar. (by texthand) ⁴⁰ figuraliter ACDEβ figuralis K

verborum domini corpus suum. — Fratres autem et secte alie non audent testimonio sufficienti, ut sub sigillo communi,[11] detegere in isto fideli populo fidem suam, quod est signum evidentissimum sue heresis manifeste. — Nam cum debet esse una fides ecclesie, quam nec anticristus[12] nec creatura aliqua potest infringere, patet, quod fidelis audacter et catholice usque ad mortem debet[13] fidem istam[14] audientibus publicare.[f] Unde Ioh. 18[g] dicit dominus: ego palam locutus sum mundo, ego semper docui in sinagoga et in templo, quo omnes Iudei convenerant, et in occulto locutus sum nichil. — Magog[45] autem non audet prodere fidem suam nisi in privatis scolis, in quibus[46] ipsi et sui complices congregantur, fidem autem suam non audent detegere palam[47] communibus cristianis. Similiter Cristus Matth. 5[h] precipit: sic luceat lux vestra coram hominibus, ut videant opera vestra bona, quia ut ibidem[i] dicit: nemo accendit lucernam et ponit eam sub modio, sed super candelabrum,[48] ut luceat omnibus, qui in domo sunt. Cum igitur[49] candela vel lux huius[50] lucerne debet esse fides ecclesie, patet, quod audacter debet[51] tam fidelibus quam infidelibus publicari. Non igitur[52] possent isti heretici esse magis suspecti de heresi, quam sic in ista materia suam[53] perfidiam ‖ abscondere. Similiter Cristus precipit Matth. 10[k]: quod dico vobis in tenebris, dicite in lumine, et quod in aure auditis,[54] predicate super tecta. Iste autem secte private,[55] cum quoad fidem suam sunt[56] condicionis opposite, manifestum est, quod sunt[57] discipuli anticristi, qui timet falsitatem quam suggerit,[58] discipulis suis fidelibus palam detegere, ne forte suum mendacium cognoscatur.

[f] *as to this, cp. De Christo et s. adv. cap. VII conclusion; also p. 126* [g] *v.* 20 [h] *v.* 16 [i] *v.* 15 [k] *v.* 27

[11] communi *ACEβ* suo communi *DK* [12] anticristus *ADEKβ* cristus *C* [13] deb. *ACDEβ* suam deb. *K* [14] istam *ACEKβ* suam *D* [15] *in K the words* cutus sum nichil *are om. in D is add. in mar.:* Magog *D*[1] [46] *in C in quibus is repeated* [47] det. pal. *ACEβ* pal. det. *DK* [48] *in D is add. in mar.:* candela vel lux *D*[2] [49] igitur *CDKβ* ergo *AE* [50] huius *ACDEβ* hius *K* [51] debet *CDEKβ* debet (! oportet) *A* [52] igitur *CD* ergo *AEKβ* [53] suam *ACDEβ* sua *K* [54] auditis *CDKβ* audistis *AE* [55] private *ACDEK* predicate *β* [56] sunt *ACEKβ* fuit *D* [57] sunt *ACDEβ* sint *K* [58] suggerit *CDEKβ* timet (ud.) suggerit *A*

Cum igitur⁵⁹ regnum Anglie annuatim expendat in ministris anticristi tot milia marcarum subducta mania anticristiva,ˡ in qua cecantur occidui, diligenter inquireret, quid sit illud, quod tam sumptuose consecrant regno suo.

Ideo reges, duces, comites et alii seculares domini et domine instarent fideliter circa istud.⁶⁰ Sicut enim una gutta non cavat lapidem, sed guttarum magnarum et parvarum multitudo, que minutim et sepius cadendo incutit illud saxum, sic instancia⁶¹ multorum et magnorum fidelium in ista perfidia extingweret anticristum. Nec videtur, quod illi sint fideles ex parte domini Iesu Cristi, qui non iuvant ad istam heresim confutandam. Magog enim, hoc est de tecto, quamvis ad tempus modicum abscondat suas hereses atque ypocrises, necesse est tamen finaliter, quod omnia in luce clarescant, tam veritates, quam eciam falsitates.

Eya, milites Cristi, ut filii lucis, sicut mandat apostolus,ᵐ ambulate, et saltem subtrahendo a Magog communicacionem et temporale suffragium, quousque veritatem fidei sue⁶² detexerit, excutite orthodoxe fidei lucem veram.⁶³

Ludo swietcom⁶⁴
Plexicit de Sanctha Enciosolu.⁶⁵

ˡ cp. above De quatt. Sectis nov. cap. II p. 244 note a   ᵐ cp. Eph. 5, 8; I Thess. 5, 5

---

⁵⁹ igitur CDβ   ergo AEK   ⁶⁰ istud ACDEβ   istudem K   ⁶¹ instancia ACDEβ   in con (con cr. out) instancia K   ⁶² suo ACDEK   om. β, but corr. into the text by β   ⁶³ veram CK veram etc. AEβ veram etc. et sic est finis huius tractatus D   ⁶⁴ only in C; old-bohemian, perhaps: a witness to the people; if so, the two words are purposely chosen by the copier, for by transposing the single letters they read: de soluciom (ne) W(iclif)   ⁶⁵ i. e. Explicit de Solucione Sathane   Tractatulus de nova prevaricancia mandatorum A   om. D   Explicit de solucione Sathane Incipit de septem donis Spiritus sancti, cap. I E   De purgatorio K   de vaticinacione capitula duo β

XIII.

DE MENDACIIS FRATRUM.

account we can hardly be wrong in placing this small Tract about the year 1382.

Of its authenticity there can also scarcely be a doubt: all the Wiclif catalogues in Vienna include it; further cp. the old Indices in cod. A und J und Denis, Cod. MS. II, 1444; 1450; 1455, as well as Shirley, Cat. No. 88 p. 28, and Lechler, J. v. W. II, 568. —

With regard to the MSS., I add that a cursory comparison of the various readings (note 3; 4; 6; 8; 9; 10; 13; 14; 15; 16), as well as the Title and Explicit, prove the relationship between J—K and A—C.

J and K are probably derived one from the other. They have been faultily copied (note 6; 8; 10; 14), therefore A or C, which are of equal value, may be taken as a basis of the text.

JOHANNIS WICLIF

DE MENDACIIS FRATRUM.[1]

|| [2]Pseudofratres publicant,[a] quod non licet sacerdotibus predicare, nisi ad | hoc habuerint specialiter licenciam ab episcopo vel papa, quia, ut false asserunt, omnes | alii apostoli habuerunt licenciam sic a Petro.

Falsum quidem est utrumque [4] medium; primum ex hoc, quod[5] dyaconus, in quantum huiusmodi, et sacerdos specialiter habet licenciam[6] ewangelium predicandi, quod iniciative[7] practizant[8] fratres in suis capitulis, licet ab episcopo non ad hoc licenciam habuerunt[9] specialem.[a]

Secundum autem est manifeste falsum ex hoc, quod vas eleccionis[b] sepe predicavit populo, antequam vidit[10] Petrum[11] ad Gal. 2,[c] Act. 9.[d] Nec alius[12] apostolorum legitur a Petro habere specialem licenciam ad hoc opus.[e]

[a] *As to this, cp.* Fest. Serm. No. 8, cod. 3928, fol. 17[b]: videtur ergo etc., see above Introd. p. 404; also below De Daem. merid. p. 424.   [b] St. Paul   [c] v. 1 ff.   [d] v. 15—16; 20   [e] cp. below De Christo et s. Adv. cap. VI

[1] Expl., Inc. and Title not given in AC de mendaciis fratrum JK   [2] cod. A fol. 208[c] lin. 3 cod. J fol. 30[b] lin. 16 cod. K fol. 107[a] lin. 12   [3] publicant AC replicant JK   [4] utrumque AC utrimque J utrinque K   [5] quod ACJ quia K   [6] ha. lic. AC om. JK   [7] iniciative ACK imitative J   [8] practizant AC om. JK   [9] habuerunt AC habuerint JK   [10] vidit AC om. JK   [11] petrum ACK petrus J   [12] alius ACJ aliquis K

Quis igitur[13] licenciavit pseudofratres sic seminare mendacia inter gentes? Revera, nullus nisi pater mendacii, qui est specialis patronus omnium talium pseudofratrum.[j] Patet auctoritas Marc. ultimo,[g] Luc. 10,[h] XXI[14] dist. cap.: Clericos Gregorii,[i] XLIII[15] dist. cap.: Sit[16] rector,[k] XCV[17] dist. cap.: Ecce, ego, Hieronymus[l] et Gregorii omelia VI in fine[m] etc.[18]

---

[j] *a reproach frequently made by W. to the Mendicants on account of their lies*   [g] *v. 15—16*   [h] *v. 2 ff.*   [i] *cp. Corp. iur. can. (ed. Richter-Friedberg, Leipzig 1880) tom. I Decr. II. P. p. 853*   [k] *cp. ibidem Decr. I. P. p. 153*   [l] *cp. ibid. Decr. I. P. p. 333*   [m] *cp. Gregorii Opp. (Edit. of the Bened., Paris 1705) tom. I p. 1455*

[13] igitur C   ergo A   autem JK   [14] XXI AC   441 JK   [15] XLIII AC   XLIIII JK   [16] sit AC   sic JK   [17] XCV AC   et V J   CV K   [18] *without* Explicit C   Epistola ad lincolniensem A   Descripcio fratris i. e. monachi mendicantis JK

XIV.
DESCRIPTIO FRATRIS.

JOHANNIS WICLIF
DESCRIPCIO FRATRIS.

Descripcio fratris i. e. monachi mendicantis.[1]

||[2] Pseudofrater degens in seculo est | dyabolus incarnatus cum || K fol. 107b lin. 11 adinventis | suis signis sensibilibus, despon₁satus ad seminandum disdiscordias in militante ecclesia, ex summa cautela sathane machinatus.

Conclusio de officio regis.[3]

---

[1] *This in red ink (K¹) in K, likewise in J (J¹)*   [2] *J fol. 30ᵇ lin. 45*
[3] *this in red ink (K¹) in K, likewise in J (J¹); there is no variation occurring in the two codices which contain this short fragment.*

XV.
DE DAEMONIO MERIDIANO.

DE DAEMONIO MERIDIANO.

I. Division.

Thesis: the prelates of the English Church are full of sins against the Holy Trinity, cap. I;
    (1) against the omnipotence of the Father, cap. I
    (2) against the wisdom of the Son, cap. II
    (3) against the goodness and charity of the Holy Ghost, cap. III.
(Purpose of the Tract is to induce the temporal Lords and the people to make an end to the encroachments of the rich beneficed clergy.)

II. Summary of its Contents.

Chap. I. *The Author begins his argumentation by alluding to the doctrine of the Holy Trinity, which is more and more neglected, p. 417—418. Nobody is allowed to sin against the omnipotence of the Father, unless he is punished for his wrongdoings, p. 419. In England especially there is, at present, much offence given by the rich clergy who in more than one point sin against God's law. For their wealth and worldliness is (1) against the will of God; (2) through it they neglect their ministry, and thus (3) they are ruinous to the welfare of the realm, p. 419. The only remedy against this unhealthy state, is to return to the simple Sect of Christ, p. 419.*

    Chap. II. *Likewise the clergy is in sin against the Son, the eternal wisdom; for their life is not according to the law of Christ, p. 420, and through their wealth and luxury they take away from the poor people, the basis of the realm, what is necessary to them,*

p. 421. From suchlike oppression the ruin of the land is not far off. Remedy against this, p. 422.

Chap. III. If they thus continue to oppress the poor, they sin also against the Holy Spirit, because they offend against His very nature, against goodness and charity, p. 423—423. For all the spiritual gifts which are handed to the people by the hands of the clergy, as indulgences and suchlike, are generally accessible only to rich men, because they can be acquired only by money, p. 424. Thus the poor must live without the divine gifts of grace, p. 424. And this sin is to be considered a heavy one; the more so, as the prelates do what is in their might to prevent faithful priests from the preaching of the simple Gospel of God, p. 425.

III. Date of Composition.

To judge from the whole tone of the Tract, it must have been written shortly after the death of the Black Prince, who died on the Feast of the Holy Trinity, June 8, 1377, cp. Chron. Angl. ed. M. Thompson, 88. The style also, I believe, suits this date well; the deliberate tranquillity of the Author's later times seems to be wanting in it. — I would defend this date more keenly, unless in the last chapter the opposition between the rich clergy, who try to hinder the free preaching of the Gospel by the itinerant preachers (sacerdos fidelis, volens gratis predicare ewangelium Iesu Cristi erit statim prohibitus predicare cp. p. 424) were so sharply marked; for according to all particulars hitherto known of the institute of W.'s itinerary preachers, an earlier date than the year 1382 would not suit this antagonism. The date must, therefore, remain uncertain.

IV. Genuineness.

(a) *External evidence:*
(1) *Vienna Wiclif-Catal.*, cp. above p. 7.
(2) *cod. E, index on the front cover;* see above *General Introd. IV, Description of the codices.*
(3) *Denis, Cod. MS. Theol. II,* 1438; 1460; 1470.
(4) *Shirley, Catal.* No. 73 p. 25.
(5) *Lechler, J. v. W. II,* 568.

(b) Internal evidence:
(1) The style of the Tract in a certain degree differs from that of W.'s later writings. But on the whole, I don't think there is sufficient reason to doubt its genuineness on this account, the more so as the language, phraseology, mode of argumentation is undoubtedly of the Wiclif stamp. In particular, the whole tone of the Tract suits well Wiclif's political views, and the references to England are frequent; the Four Sects also are mentioned in their traditional order, cp. p. 421: triplicitatem sectarum, ut monachos, canonicos et fratres, qui indubie sunt ad onus pauperum regni nostri; *as fourth Sect, the* clerus cesareus, *whom the Tract attacks, is presupposed.*
(2) cp. also the phrase commencing the Tract which is peculiar to Wiclif, cap. I, note a.
(3) cgl. cap. II, note a; b; III, b; c.

V. *Not printed heretofore.*

VI. *Extant in*
cod. $4527 = C$ fol. $169^b - 171^a$ $C^1 = $ *Corrector (pale hand)*
cod. $1337 = E$ fol. $37^a - 39^c$ $\begin{cases} E^1 = Glosser \\ E^2 = Corrector \end{cases}$
cod. $3927 = F$ fol. $9^c - 10^d$ no *Corrector*
  these in the Imperial Library at Vienna
cod. XI. E. 3. $= \gamma$ fol. $11^b - 12^a$ $\gamma^1 = $ *Corrector (texthand)*
  the latter in the Univ.-Libr. at Prague.

VII. *The Manuscripts.*[1]

A. *Their relationship. (1) Class E—F. That these are related to one another, is evident (1) from their consensus compared with the two others; in about 120 various readings both agree 50 times. The value of this agreement will be raised by the fact that here also, as in former cases, E, as well as F, have been copied from their original very carelessly. (2) cp. the following 15 readings, where both codd. agree against the consensus of the two others:* quidquid II, 15*;* predictam

---

[1] *As the Tract is very short, I can give only a few hints on the MSS.*

II, 27; fund. III, 38; extr. q. intr. III, 29; inuntur II, 38; especially vindicta dei I, 53; ad fil. (om.) I, 14; debet I, 20; et sic I, 46; tempore congruo tempore II, 2; oportet (om.) II, 35; in hoc III, 10; rac. elem. III, 20; medicion. III, 37; carc. III, 43; sed III, 32; tr. tripl. III, 14. (3) cp. their lacuna: regule domini etc. III, 20, common to both.

But it can be proved that E and F have not been copied one from the other, cp. armet regn. — general. III, 21—23 and relevac. II, 29. I believe, they had an old common original, which might reach back behind their second or third degree (cp. facit incl. II, 43). In this case E, which first had been copied badly, was corrected by E^2, who had neither C, nor γ (ad contr. recip. III, 16) as his original. F has not been copied from this corrected E (armet III, 21; ad II, 18; ad contr. III, 16; recip. III, 10).

(2) Whether C and γ are of the same kin, I do not venture to contend. The reading facit inclin. II, 43 seems to be in favour of this supposition.[1]

B. **The best Codex.** From the preceding it is clear that the best MS. does not belong to Class E—F. E especially is in a state of great corruption; in the 85 decisive passages, E reads 50 times, F 30 times, γ 19 times, C 13 times wrong. In deciding, whether C or γ be the better, I have found the readings deven. III, 40 and quas min. II, 37; 38 in favour of C.[2] I take, therefore, C as the basis of my text.

[1] With reference to these four hints on the mutual relation of the codices cp. the classification of the MSS. in De Fundacione Sectarum, above p. 8 ff.

[2] although Tornow in the present Tract copied in some cases not closely from the original, but according to the sense, favoro II, 12; soluti II, 21.

JOHANNIS WICLIF

DE DEMONIO MERIDIANO.[1]

Verbum communiter dicendum clero
dominis et populo regni nostri.[2]

CAP. I.

|[3] Frons | meretricis facta est populo" ex scelere[4] antiquato, nec fuit in regno nostro | dignitas, ut dominus princeps Edwardus, qui trinitati[5] fuit | orthodoxe affectus,[b] fidem trinitatis in regno nostro defenderet. Abhorret quidem predicta[c] triplicitas nomen[7] vecordie, falsitatis[8] et furis[9] in ficta[10] causa dyaboli, sed triplex predictum

---

CAP. I. [a] *A phrase often made use of by W., cp. for instance Dialog., cap. 3, cod. 1338 (Vienna Libr.) fol. 56ᵈ: frons quidem meretricis facta est illi, et ideo est signum evidens, quod sit dyabolus induratus nec valet excusacio anticristi, quod non sunt heretici nisi probatum fuerit iudicialiter etc. As to the phrase, cp. Jer. 3, 3* [b] *in the Chronicon Angliae, ed. M. Thompson, 88 his last prayer is preserved: nam valedicturus saeculo tamquam non moriturus obiit;*

CAP. I. [1] *Titel EFγ om. C* [2] *verbum etc. C de gradibus cleri ecclesie, sequ. De demonio meridiano F de demonio mer. E, in the lower margin is add. with a mark of ref.:* Alias sic intitulatur verbum communiter dicendum clero dominis et populo regni nostri *E*[1] *without Expl. and Inc. γ* [3] *E fol. 37ᵈ lin. 37 F fol. 9ᶜ lin. 45 γ fol. 11ᵇ lin. 28* [4] *scelere CFγ celere E* [5] *trinitati CFγ triniti E* [6] *predicta Cγ, E, here corr. into the text E*[2] *om. F* [7] *nomen C nomine EFγ* [8] *fals. CEF et fals. γ* [9] *furis CF, γ in mar. suris E* [10] *et furis in ficta CEF om. γ but add. in mar. by the texthand*

verbum[11] in causa dei ad perpetuum eius dispendium non formidat.

Debemus autem primo credere, quod deus est sic omnipotens, quod impossibile sit,[12] creaturam aliquam in ipsum delinquere, nisi dampnum illius delicti in personam deo subditam sit retortum.

Credimus secundo[13] correspondenter ad filium,[14] quod nullum[15] regimen[16] sub[17] persona potest regi sapienter secundum numerum, qui correspondeat verbo dei, nisi secundum legem eiusdem verbi[18] fuerit principaliter regulatum.

Et credimus tercio correspondenter ad spiritum sanctum, quod in ista triplici perfidia sit clerus[19] et temporales domini specialiter accusati, nisi dent[20] caritativam operam ad hanc fidem trinitatis fideliter[21] exequendam.[22]

Hanc autem fidem[23] predictus dominus Edwardus mortuus, si peccatum non obsteterit,[24] creditur ad utilitatem regni fideliter perfecisse.

---

sed velut de peregrinatione ad patriam, velut de morte ad vitam, velut de servitute transiturus esset ad gloriam, ut mori posset sanctissimam Trinitatem suppliciter exoravit, ,Trinitas', inquiens, ,benedicta, cuius nomen semper in terris colui, cuius honorem ampliare studui, in cuius fide, quamquam alias sceleratus et peccator fui, semper degi, Te deprecor, ut, sicut ego Tuum istud festum magnificavi in terris, populum etiam ob honorem Tuum vocavi, ut idem festum mecum laetus ageret, Tu me liberes de corpore mortis huius, et vocare digneris ad festum illud dulcissimum, quod Tecum in coelis agitur in hac die' (he died just on Holy Trinity-Sunday in 1376). Cuius preces, ut credimus, a Domino sunt exauditae; namque eodem die, circa horam terciam ex hoc mundo transivit. In the Chronicon he is called not only ,princeps Walliae, dux Cornubiae et comes Cestriae', but also ,Cultor trinitatis', cp. Thompson, Chr. Angl. ibidem

---

[11] verbum $EF\gamma$ nomen C, above it verbum C^1 [12] sit $E\gamma$ est C, above it sit C^1 est F [13] 2º $CF\gamma$ om. E [14] ad filium $C\gamma$ om. EF [15] nullum $CF\gamma$ ullum E [16] regimen EF regnum γ verbum (ud.) C, above it regimen C^1 [17] sub $E\gamma$ super F sine C [18] verbi $CF\gamma$ videtur E [19] sit cl. CEF sunt clerici γ [20] dent $C\gamma, F$ (texthand) in mar. debet E, F (ud.) [21] fideliter CEF specialiter γ [22] exequendam $CF\gamma, E$ corr. from consequendam [23] fidem $CF\gamma$ fidem fidem E [24] obsteterit CF obstet γ obstetit E

cap. I] DE DAEMONIO MERIDIANO. 419

Sumus autem in prima infidelitate de[25] patris omnipotencia[26] adeo excecati, quod credimus secundum fantasiam nostram activam[27] contra legem domini prevalere. Et sic licet legem domini contempnimus, de clero tam intrinseco quam extrinseco credimus, in eius multitudine, licet prevaricetur contra[28] legem domini, prosperari. Ad tantum enim mundana prosperitas et nominis[29] temporalis cupiditas regnum Anglie excecavit.

Sed sciant fideles regni, qui modo in turpi perfidia contra deum recalcitrant, quod nisi ditacio cleri sui fuerit secundum legem domini regulata, clerus peccabit in[30] monstruoso numero, in fideli officio et in fructuoso ministerio,[31] quod[32] rependeret regno nostro. Mensura autem, quam deus libraret inter[33] clerum et duas partes alias[c] regni nostri, necessario deficit ex dominio superfluo,[34] clero infundabiliter[35] cumulato.[36] Et cum clerus dislocatur sic contra legem domini in dominio monstruoso, necesse est, quod deficiat in clericali officio. Et quantum ad fructum ex clero postmodum germinantem, necesse est, quod sit pompa luciferina toti regno Anglie onerosa.

Medium autem sanandi hunc morbum in clericis foret ad statum, quem Cristus instituit, ipsos reducere. Ad quod laborarunt[37] pauperes presbyteri clamando usque ad mortis periculum non secundum dogma zophisticum vel secundum Iesselini[38 d] testimonium, sed quomodo hec[39] dicit dominus tam crebro in duplici testamento?

---

[c] *i. e. domini and populus* [d] *Zenzelinus (Genzelinus) de Cassanis, a well-known doctor of laws, of french extraction (according to Panci-rolo, De Cleris Leg. Interpp.), wrote a commentary on the ,Extra-vagantes' of Pope John XXII. W. mentions him also Arnold, S. E. W. III, 248*

---

[25] de C ad EFγ [26] omnipotencia CF omnipotenciam Eγ [27] activam C ecclesiam EFγ [28] contra Cγ om. EF [29] nominis CF,E (ud.) om. γ [30] peccabit in CF peccabit et in γ peccavit et in E [31] ministerio CFγ officio (ud.) ministerio E [32] quod γ quid CEF [33] inter CEF in clero modo (cr. out) inter γ [34] superfluo CFγ,E² in mar. om. E [35] infundabiliter CFγ infundanter E [36] cumulato CFγ cumlerato (?) E [37] laborarunt CEγ laborarent F [38] Iesselini C yessilini E iessilini F yessilini γ [39] hec C hoc EFγ

27*

Et cum ista legis dei execucio nedum[40] infideliter pro causa[41] temporali,[42] quam magis ponderant, est sopita, sed propter turpe lucrum in tocius regni dispendium est causa legis[43] dyaboli confirmata. Et cum[44] certum est ex fide, nisi deus magnanimitate[45] sue materie differat huius penam, et regnum nostrum erit[46] subversum,[47] et crimen omissionis contra dei omnipotenciam erit perpetuo[48] condempnatum. Ab isto ergo peccato et peccatis aliis[49] ipsum inducentibus regnicole caverent solercius, et radicem vel[50] causam huius peccati[51] eradicarent prudencius, cum debemus credere fructuose, quod deus sit omnipotens ad sui[52] regis inobedienciam vindicandum.[53]

*C fol. 170 a

CAP. II.

Nec solum regnat hec infidelitas contra potenciam[1] dei patris, sed contra sapienciam verbi dei. Verbum autem dei eternaliter genitum eternaliter condidit unam legem, et tempore congruo legis[2] veteris ipsam congrue promulgavit, et in eius confirmacionem se ipsum in plenitudine temporis incarnavit, et tam facto quam verbo docuit, quomodo voluit clerum suum secundum legem, quam prius edidit, regulari. Quomodo ergo staret regni tranquillitas, quod tam manifeste obviat legi Cristi? Ex fide quidem accipimus,[3] quod deus omnia fecit in mensura, numero et pondere.[a] Sed hec trinitas notabiliter exhorbitat in clero[4] Anglie. Nam possessionis et cupiditatis eorum non est numerus. Ideo cum ab isto binario ad

CAP. II. [a] Cp. the same idea (see Wisd. 11, 22) in the Trial. 390. With ref. to the whole passage, cp. Lechler I, 496

[40] nedum CEF nedicta (cr. out) nedum γ   [41] causa CF,γ with brackets following it causam (in ud.) E   [42] temporali CFγ reali E   [43] legis CEF om.γ   [44] cum CFγ,E² in mar. om. E   [45] magnanimitate CFγ magnitudine E   [46] erit Cγ et sic EF   [47] subv. CFγ perversum (ud.) subv. E   [48] perpetuo CEF perpetue γ   [49] aliis CEF aut hiis γ   [50] vel CEF sive γ   [51] pecc. CFγ peccato (ud.) pecc. E   [52] sui EFγ sue C   [53] vindicandum Cγ vindicandi F vindicta dei E

CAP. II. [1] potenciam CEF omnipotenciam γ   [2] legis Cγ tempore legis EF   [3] accipimus CFγ accepimus E   [4] clero CFγ,E² in mar. om. E

tantum deficit,⁵ necesse est, quod in pondere librandi⁶ deum et creaturas suas omnimodas deficiat. Et hinc communitas regni nostri tam penaliter est oppressa, cum clerus antiquus intrinsecus oblaciones et decimas exhaurit per⁷ excommunicaciones,⁸ incarce-
5 raciones⁹ et media alia dyaboli noviter machinata, sed predica-
ciones ewangelii et¹⁰ alia ministeria¹¹ rependenda pro timore¹²
dyaboli pretermittit, quia prelati istum defectum non corrigunt,
cum qualis pater, talis filius, et ad continuandum istam omissionem
a mundi principibus largiter sunt dotati. Nec quiescit dyabolus
10 in isto peccato primevo plebeos anxie tribulando, sed induxit triplicitatem sectarum ultra ordinacionem domini populum onerando,
ut monachos, canonicos et fratres, qui indubie sunt ad onus¹³
pauperum regni nostri.ᵇ Potentes enim, ut principes et seculares
domini, ab ipsis requirunt redditus et servicia, sicut¹⁴ primo, et
15 quid¹⁵ propter ypocrisim et quid¹⁶ propter occulta munera, in
alleviacionem plebis a clero tales¹⁷ redditus non requirunt et ad¹⁸
ostendendum inanem magnificenciam regni et secularium dominorum canes extrinseci romane¹⁹ curie²⁰ ad spoliandum pauperes
regni Anglie sunt solliciti,²¹ cum cardinales non solum prebendarii
20 vel²² rectores, sed archidiaconi regni Anglie per regem et suum
consilium confirmantur,²³ et cum wlgus in supportacione²⁴ talium
onerum²⁵ solum sit finite²⁶ potencie, necesse est per triplicitatem
predictam²⁷ intrinsecam et per triplicitatem extrinsecam ipsum de-

---

ᵇ *an idea often repeated by W., see for instance Arnold, S. E. W.
I, 202; II, 269; III, 512 Matthew, E. W. h. u. 8; 181; 321*

---

⁵ deficit *CF* defecit *Eγ* ⁶ librandi *EFγ,C¹ in mar.* om. *C* ⁷ per *CFγ*.
E² in mar. post *(cr. out and ad.)* *E* ⁸ excommunicaciones *C* excommunicacionem
CFγ ⁹ incarceraciones *C* incarceracionem *EFγ* ¹⁰ et *CEF* om. *γ* ¹¹ misteria *CEγ* misteria *F* ¹² timore *EFγ* favore *C, above it* timore *C¹* ¹³ onus *CEF*
ono *γ* ¹⁴ sicut *CEγ* sic *F* ¹⁵ quid *Cγ* quidquid *EF* ¹⁶ et quid *C* quid *Fγ*
quidquid *E* ¹⁷ tales *CFγ* cloris *(?)* *E* ¹⁸ ad *Cγ.E² corr. into the text*
om. *EF* ¹⁹ romane *Fγ* racione *C (? romane) E* ²⁰ curie *CFγ* civere *E*
²¹ solliciti *EFγ,C¹ in mar.* soluti *C* ²² vel *EFγ* nichil *(? not clearly written.
perhaps for* vel*) C* ²³ confirmantur *CE* confirmentur *γ* confirmatur *F* ²⁴ sup-
portacione *CFγ,E² in mar.* subertacione *(?) E* ²⁵ onerum *CF* ordinum *(ad.)*
onerum *E* ordinum *γ* ²⁶ finite *CFγ* finire *E* ²⁷ predictam *Cγ* om. *EF*

ficere. Et cum wlgus sit basis fulcimenti regnorum,[28] necesse est, regnum Anglie pro defectu suorum wlgarium in clero et dominis terrenis deficere.

Cristus autem deus eternaliter pro relevamine[29] suorum wlgarium degit vitam pauperem, et non ipsos in rapina temporalium[30] onustavit, sed tam[31] in iuvamine[32] bonorum talium,[33] quam spiritualium multipliciter relevavit.[34] Et cum oportet,[35] Cristum regem esse in iudicio finali nobis iudicem, necesse est, quod tunc vel[36] ante peccatum istud severius puniatur, et inter alias penas, quas[37] peccatum istud minatur,[38] manifeste || indicat dissolucionem regnorum,[39] cum eorum fundacio stet potissime in prudenti[40] defensione pauperum plebeorum. Idem enim esset ruinam fundamenti[41] huius pauperis procurare et ruinam regni ex defectu fundamenti stolide machinari.[42] Nec caret istud peccatum calumpnia quoad deum, cum inter peccata ad deum clamancia iniusta oppressio pauperum inclinat[43] aures domini magis continue ad suam iniuriam vindicandum.[44]

Et sic peccatum comissum contra sapienciam verbi dëi multos infideles constituit, qui minantur runiam[45] celerem regni nostri.

CAP. III.

Cum autem spiritui sancto appropriatur clemencia, patet, quod continuacionis huius sceleris infidelis impietas est in causa.

Si enim clerus predictus[a] ex integro de conversacione[1] et lege domini recoleret et domini mundani cognoscerent, quomodo pau-

CAP. III. [a] i. e. the rich clergy

[28] regn. *CEF* et regn. γ   [29] relevamine *C*γ relevacione *F* revelamine *E*   [30] temporalium *CF*γ talium *E*   [31] tam *CF*γ,*E*² *in mar.* tamen *(cr. out) E*   [32] invamine *CF*γ, *in E the text reads clearly* invaimen   [33] talium *CE* temporalium *F*γ   [34] relevavit *CF*γ relevant *E*   [35] oportet *C*γ,*E*² *in mar.* om. *EF*   [36] vel *CF*γ nichil *E (?)*   [37] quas *C* suas *EE*γ   [38] minatur *C* inuatur *EF* iuvatur γ   [39] regnorum *CE*γ regum *F*   [40] prudenti *CEF*,γ *in mar. by the texthand om.* γ   [41] fundamenti *CEF* fundati *F*   [42] machinari *CEF* machinati γ   [34] inclinat *CF* facit inclinari γ facit inclinare *E*   [44] vindicandum *CE*γ vindicandi *F*   [45] ruinam *CF*γ ruina *E*

CAP. III.   [1] de conversacione *CE*γ ad conversacionem *F*

peres wlgares in ipsis et suis puerulis parum de bonis mundanis, quod foret insensibile in² mundi divitibus, ultra quod tolerare possunt, deprimeret, et secundo,³ quomodo alludente⁴ mundo in aura et pace et aliis casibus prosperantibus seculare brachium, quantum
5 wlgus tolerare posset, exigeret, homo, qui est⁵ ex deo, oppressionem⁶ wlgarium⁷ non adiuvaret. Et certum videtur ex fide,⁸ quod continuacio istius facinoris, quousque versum⁹ fuerit in peccatum in spiritum sanctum, dicit finalem destruccionem regni, cum illud¹⁰ peccatum non recipit¹¹ remissionem in¹² hoc seculo nec futuro.¹³
10 Et hec triplex¹⁴ fides trinitatem consequens debet eo servari¹⁵ attencius, quo defendi potest facilius quantum ad racionem,¹⁶ contra adversarios cunctos evidencius, et quoad deum et hominem secundum personam et regnum prosperius. Illud autem regnum foret nimis impotens, quod invaderet¹⁷ spoliando calliditas¹⁸ anticristi,
15 nec aliud petitur, nisi quod regnum non prebeat sua bona, sed¹⁹ pure secundum racionem regule domini Iesu Cristi, et omnino, quod quidquid regnum tribuit secundum racionem elemosine,²⁰ tribuat pure secundum racionem, qua resonat caritatem.

Armet²¹ autem²² regnum nostrum se generaliter²³ ista fide,
20 quod ficte censure pro sequendo fidem Cristi prudenter redundant²⁴ in adversarios fulminantes. Et si quis venit ad regnum et non affert²⁵ hanc²⁶ Cristi doctrinam, nullus²⁷ regnicola dixerit sibi²⁸ ave.

---

² in $CF\gamma, E^2$ in mar. et (cr. out and ud.) E   ³ secundo $EF\gamma$ 3° C   ⁴ alludente $CF\gamma$ alludente E   ⁵ est C om. $EF\gamma$ ⁶ oppressionem C oppressioni $EF\gamma$ ⁷ wlgarium C wlgari $EF\gamma$ ⁸ ex fide $CF\gamma$ om. E   ⁹ versum $CE\gamma$ verbum F   ¹⁰ illud $C\gamma$ in hoc illud F in hoc (cr. out) illud E, but in mar. recipit E^2 ¹¹ recipit CF,γ a corr. word realiter E   ¹² in CEF nec in γ ¹³ futuro CE in fut. $F\gamma$ ¹⁴ triplex $C\gamma$ r (cr. out and ud.) triplex E tr (cr. out and ud.) triplex F   ¹⁵ servari $CF\gamma$ servare E   ¹⁶ quantum ad racionem C ad racionem γ ad romam F ad con (the latter cr. out and ud.) E, but E^2 in mar. ad contrarium   ¹⁷ invaderet $EF\gamma$ invadet C   ¹⁸ calliditas $CF\gamma$ callitas E, but E^2 in mar. di   ¹⁹ sed C stulte sed $EF\gamma$ ²⁰ pure secund. racionem regule domini 1. Cr. — racion. elemosine $C\gamma$ pure secundum racionem elemosine F,E, but with mark of ref. in the lower mar.: regule dom. 1. Cr. — sec. racionem E^1 ²¹ armet $C\gamma$ ornet F quid (cr. out) E, but E^2 in mar. armet   ²² autem C om. $EF\gamma$ ²³ generaliter $CF\gamma$ generatur E   ²⁴ redundant $EF\gamma$ redundat C   ²⁵ affert γ aufert CE aufert (u ud.) F   ²⁶ hanc C istam $EF\gamma$ ²⁷ nullus $CF\gamma$ nisi (!) E   ²⁸ sibi $CF\gamma$ sibi (the abbreviation s' is cr. out) E, but supplied by E^2 in mar.

Et cum spiritui sancto appropriatur benignitas, regnum nostrum servaret tam intrinsecus quam extrinsecus[29] caritatem et omnino pacem cum exteris, cum redditibus, qui iam sunt in manu mortua, loca eius confinia roborando, nec seducatur regnum per fictam potenciam vel signa impossibilia anticristi. Nam[30] fides doceret homines, quod nullus prelatus habet potestatem nisi ad edificacionem ecclesie, sed[31] non est potestas edificatoria, nisi fuerit pure libera et a deo. Si[32] enim homo posset emere indulgencias et privilegia spiritualia, quibus quis celum[33] acquireret, tunc tota spes foret[34] mundi divitibus et desperacio pauperibus beatitudinem acquirendi.[35] Est igitur[36] medicinale[37] principium, non credere omni spiritui in hac parte, sed dumtaxat, de quanto racione se fundaverit[38] vel scriptura[b]. Et iuxta hoc principium nemo crederet pape vel prelato alteri in ‖ privilegiis vel aliis spiritualibus suffragiis, vel in excommunicacionibus vel censuris aliis, nisi de quanto sonant in iudicium Iesu Cristi.

Horreat igitur[39] regnum Anglie, quod deveniant[40] heretice, proditorie et maligne generalis procurator dyaboli, cum nimis sit, quod contra legem domini cum suis temporalibus[41] dotaverit anticristum. Est insuper maius facinus, quod in morte prelati regnum de novo consenciat[42] priori facinori et confirmet, et omnino pessimum est, quod fideles in domino prohibeantur per incarceraciones,[43] privaciones et censuras alias dicere palam populo legem Cristi. Nam pseudofrater predicans heresim manifestam erit licenciatus ab episcopo et defensatus a seculari brachio, sed sacerdos fidelis volens

---

[b] *with ref. to this idea often repreated by W.,* cp. above p. 256; also above *De Christo et s. adv. antichr.* cap. *VII, conclusion*

---

[29] intr. q. extr. *Cγ* extr. q. intr. *EF* [30] nam *CF* unde *Eγ* [31] sed *EFγ* om. *C* [32] si *Cγ* sed *EF* [33] celum *C* totum *EFγ* [34] foret *CEγ* om. *F*, but supplied in mar. by the texthand [35] acquirendi *C* acquirendum *EF* adquerendum *γ* [36] igitur *C* ergo *EFγ* [37] medicinale *Cγ* medicionale *F* medicionale *E*, but the *o* is cr. out and ud. [38] fundaverit *Cγ* fundavit *EF* [39] igitur *C* ergo *EFγ* [40] deveniant *C* derivat (? divinat) *γ* eveniat *F* on (cr. out and ud.) divinant (? derivant) *E* [41] cum s. temp. *C* om. *EFγ* [42] consenciat *C* consenciant *EFγ* [43] incarceraciones *Cγ* carceraciones *F.E.* but in *is* add. by *E²* in mar.

gratis predicare ewangelium Iesu Cristi erit statim prohibitus predicare in ista dyocesi. Et sic⁴⁴ fructus dotacionis uberis prelatorum redundat regno⁴⁵ nostro dyabolo in conquestum, cum prelati nec predicant fidem populo, nec permittunt, quod⁴⁶ hec fides libere
5 predicetur.

Et sic peccatum commissum contra clemenciam persone tercie impedit caritatem in Anglia germinare.

Lipextic vrebu̅ co̅m̅t' diduce̅ orcle
te sm̅d et lppo gnire n̅r̅i.⁴⁷

---

⁴⁴ sic CEF om. γ   ⁴⁵ regno CFγ   rego E   ⁴⁶ quod CFγ,E² in mar. sed (cr. out and nd.) E   ⁴⁷ i. e. Explicit verbum communiter dicendum clero et dominis et populo regni nostri, cp. also the title of the Tract de concordacione fratrum cum secta simplici Cristi E   Epistola missa episcopo Cantuarensi E   without Expl. γ. the last part of the folium 12ⁿ is not written upon.

XVI.
DE DUOBUS GENERIBUS HAERETICORUM.

DE DUOBUS GENERIBUS HAERETICORUM.

I. Contents.

Two classes of heretics must be driven out of England, viz. the Simonists *(popes, bishops and curates), and the* Apostates *(all the priesthood, especially the prelates) who have lost almost all true faith, and who refuse to follow the lowly example of Christ. — Now as all heretics are to be regarded as lepers, who, according to the Gospel, are to dwell apart, they must be driven out, and whith them their abettors, the clergy, the Mendicant Friars and temporal lords who support them. They can, indeed, only be expelled by a miracle, for the whole world is full of them.*

II. Date of Composition.

There is no certain date for fixing the time at which this Tract was written. With Arnold, S. E. W. III, 211, to whose arguments I refer, I am of opinion that it is an early compilation, composed before 1380. Indeed, the grouping together of the clerus, *the* fratres *and the* domini temporales, *which never recurs in subsequent writings, and which in fact would have been impossible for W. at a later period, is in favour to this view.*

III. Genuineness.

This also can scarcely be doubted. The style is troughout W.'s, and the position of the treatise amongst his genuine writings (compare the old index on the cover of cod. E) is in favour of this. See further:

(1) the Vienna Wiclif Catalogues, cp. above p. 7
(2) Denis, Cod. MS. Theol. II, 1443
(3) Shirley, Catal. p. 30 No. 96.
(4) Lechler, J. v. W. II. 568.

The fragment is probably an extract from one of W.'s sermons; the whole tone indicates this (tota communitas etc. p. 432; Sed heu! ad tantum etc. p. 432; Amen at the end); it is, perhaps, a part of the Opus Ewangel. (De Sermone Domini in monte) IV. part, De Anticristo, and seems to be taken from the 14*th* chapter (Cod. Trin. Coll. Cambr. B. 16. 2. fol. 353—432 and C. 123. fol. 3—332). Shirley, Catal. 58 and 65 gives the Incipit and the Explicit (he reads the latter incorrectly): Duo sunt genera hereticorum . . . . Expl. observanciam (p. 65: observancia) faciendo. Compare also Arnold, S. E. W. III, 211, 216. The fragment is so far not without importance, as on the one hand it treats, and that with some asperity, of the universal corruption of the priesthood (not the Mendicant Friars) and on the other, the whole tone expresses sorrowful resignation at the corruption of the Church. At the beginning the pamphlet coincides with the original English Tract; after the duo genera have been briefly described the two fragments differ, as is often the case with W., in the tenor of their arguments and the tone of their polemics, cp., for instance, De Officio Pastorali published by Lechler, Leipsic 1863, and Mathew, E. W. h. u. p. 405 ff.

IV. Still unpublished.

V. Existing only in cod. 1337 = E fol. 181^c—181^d.

VI. The fragment is in the codex without corrections or marginal notes. The handwriting differs somewhat from that of the pamphlets preceding it in the Manuscript. The Tract which follows: De Trinitate begins in a new hand.

JOHANNIS WICLIF

DE DUOBUS GENERIBUS HERETICORUM.

De duobus generibus hereticorum.

Duo sunt genera hereticorum, de quibus foret Anglia ex purganda. Primi sunt symoniaci, qui sunt omnes pape, episcopi, curati vel prebendarii, qui occupant symoniace patrimonium crucifixi. Secundi sunt apostatici, qui sunt omnes clerici, sed prelati precipue, qui discredunt medie parti fidei catholice, qua cristianus credit, quod Cristus viavit in terris secundum vitam summe pauperem[a] et penalem. In illa autem vita si sit[1] fidelitas, debent quicunque episcopi propinquius sequi Cristum. Cum autem omnes heretici sunt leprosi, qui debent secundum ewangelium Luc. 14[b] stare a longe et vivere extra castra, quia nephandum foret, reges et seculares dominos habere tales leprosos consiliarios vel eis in tali duplicitate consentire[2], non dubium, quin contingit[3] regnum per tales leprosos consiliarios contaminari generaliter et perturbacione secundum deum et hominem irremediabiliter irretiri. Et idem est iudicium de consensu cleri, sive fuerint episcopi sive presbyteri sive

---

[a] *This is the view of the Franciscans of the stricter observance, cp. Milman, Lat. Christianity VII, cap. 6*   [b] *v. 21 ff.*

---

[1] si as. sit *(sic) cod.*   [2] *between* duplicitate *and* consentire *the scribe has left a blank space; I believe, he could not read* duplicitate *in his original and left, a space too large for the word which had to be added afterwards*   [3] contingit *or* convenit, *the abbreviation is not clear*

fratres. Omnes enim illi, qui tacent propter lucrum seculi vel salvacionem corporis temporalem, sunt domini proditores.

Et idem est iudicium de dominis temporalibus, qui debent sub pena prodicionis perpetue hereticos predictos destruere et servire in fide domino nostro Iesu Cristo. Nam secundum decreta sanctorum[c] non caret scripulo societatis occulte, qui manifesto facinori desinit obviare. —

Has autem hereses tenentur omnes fideles niti destruere; primo clerici, sed precipue prelati ac fratres, cum aliter forent fugiendi heretici ex consensu; secundo mundi principes cum suo consilio et Cristi milicia saltem fomentum huius criminis subtrahendo et proditores domini non fovendo; et tercio, cum huius destruccio non perficeretur[4] sine grandi dei miraculo, tota communitas tenetur rogare, ut deus adiuvet in hac parte. Sed heu! ad tantum invaluit pars principis huius mundi, quod vix reperietur hodie civitas, villa vel viatoris colleccio, quin tenentes eius in potencia et in certitudine prevalerent[5] contra Cristum. Sed sciat pars anticristi, quod finaliter oportet, ut deo observiat paciendo, Amen.

Incipit tractatus de trinitate.

---

[c] cp. *Atto Episc. Vercell. (in Du Cange) Ep. 10 apud eund. Avher. tom. 8. spicil. p. 131: Negligere enim, qui potest deturbare perversos, nihil aliud est, quam fovere. Nec caret screpulo etc. Cp. also Corp. iur. can. (ed. Richter-Friedberg, Leipzig 1880) Decr. II P. II. Qu. c. 55: negligere, perversos cum possis perturbare, nichil est aliud quam fovere. Nec caret scrupulo etc. wie oben.*

---

[4] pficeretur *cod., the stroke through the lower part of the* p *is omitted* [5] prevaleret *cod.*

XVII.
DE RELIGIONIBUS VANIS MONACHORUM.

DE RELIGIONIBUS VANIS MONACHORUM.

I. Contents.

The division of the Church into Sects destroys the unity sought after by Christ, p. 437. If Peter and Paul (according to I Cor. I and III) were forbidden to form Sects, so much the more were Augustin, Benedict, Dominicus and Francis, p. 438. Christ, the rock of justice, is the only fondation of the Church, and with Him no saint can be compared, p. 439. For this reason, the adherents of monastic orders, their supporters and patrons, must be considered in the light of promoters of schism, p. 440.

II. Date of Composition.

Uncertain: the Tract contains no evidence whatever, and was probably composed towards the end of the Author's struggle against the Hierarchy.

III. Genuineness.

External evidence:
(1) see the Explicit of cod. Olm. I, V, 31.
(2) see D, Index on the cover (only to be accepted conditionally).
3) Denis, Cod. MS. Theol. II, 1444; 1455; 1493; 1501.
4) Shirley, Catal. Nro. 80 p. 27.
5) Lechler, J. c. W. II, 567.

Internal evidence:
(1) see the General Introduction above V, c.
(2) the comparison between Christ and the heads of the monastic orders, and the names of the three Sects monachi, canonici, fratres point conclusively to Wiclif's authorship. — It is, very probably, a short fragment from some larger work.

IV. Still unprinted.

V. Extant in
cod. 3929 = A fol. $207^d - 208^b$ no Corrector,
cod. 4527 = C fol. $145^a - 145^b$,, ,,
cod. 3930 = D fol. $166^a - 166^c$,, ,,
cod. 4515 = H fol. $83^b - 84^b$,, ,,
cod. 1338 = J fol. $29^c - 30^a$ $\begin{cases} J^1 = \text{Corrector} \\ J^2 = \text{Corrector} \end{cases}$
in the Imperial Library at Vienna
cod. I. V. 34 = Ol, 25th Tract (the pages of the cod. are not numbered)
in the Imperial Studienbibliothek at Olmütz.

JOHANNIS WICLIF
DE RELIGIONIBUS VANIS MONACHORUM
SIVE
DE FUNDATORE RELIGIONIS.[1]

Tractatus de fundatore religionis.[2]

|[3]Saluator noster diligens vnitatem reli|gionis,|[4] et plantaciones pharifeicas odiens, dicit in fuo ewangelio, quod eft[5] fufficiens regula| fue religionis, Mt. 15°[6][a]. Omnis plantacio quam non plantauit pater meus celeftis eradicabitur, Talis autem plantacio eft quelibet[7] religio, aut[8] fecta humanitus inuenta,[8] que fonat[10] in diuifionem criftiane religionis, et hec diuifio contingit vbicunque aliquis citra

A fol. 207d lin. 25

[a] v. 13

[1] *In order to give the reader an idea as to the quality of the Vienna copies, the following text has been closely copied from the codex A, with the punctuation, orthography and various errors of this codex. All abbreviations have been solved and written out in full, I having closely followed the usage of the MS. in its orthography; cp. for instance words as* cristus *instead of* Christus. *The fragment is copied by the same hand that wrote the whole codex and is corrected throughout with red ink. I have observed that all the commas which were originally in black ink, have been gone over with red (with the exception of the comma after* Augustinus *p. 439 l. 7;* dicit *439 l. 15); all the capital letters (with the exception of* Mt. *above l. 3;* Unufquisque *438 l. 9;* Apollo *438 l. 16;* Jesus *439 l. 4;* Non *439 l. 7;* Augustinus *439 l. 14;* Roman. *440 l. 9;* Non *440 l. 9) and the* b *occuring twice in* beatus *before* August. *are in red ink. My other observations are given in the notes* [2] *this title in red ink* no title in CH De Religionibus vanis monachorum D Explicit hoc (before the present Tract comes De Diabolo et Membris eius) De fundacione

criftum honoratur et acceptatur, tamquam patronus[11] principalis
alicuius fecte ordinis aut religionis, Et fi[12] illicitum eft acceptare
petrum, aut paulum, aut alium apoftolum, in fundatorem criftiane
religionis, a multo forciori illicitum est Augustinum, aut Francifcum, fiue[13] dominicum acceptare pro patrono principali, cum de
eis non fiat expreffa mencio in lege crifti, Ideo[14] paulus apoftolus
videns corinthios cecitate fcifmatis percuffos, reprobat ipfos[15] di-
cens,[b] Vnufquifque veftrum[16] dicit || Ego quidem[17] fum pauli, Ego
autem apollo Ego vero cephe, Ego autem crifti, diuifus eft ergo
criftus, Numquid paulus pro vobis crucifixus eft, aut in nomine
pauli baptizati eftis, q. d. non,[18] Igitur neque petrus neque paulus,
nec aliquis alius citra criftum est dignus, ut fit patronus principalis alicuius religionis, quoniam[19] idem apostolus[20] humiliter confitetur[21] subfequenter[22] dicens,[c] Ego plantaui fcilicet per predicacionem, Apollo rigauit, fcilicet per confilium aut baptizacionem, fed
deus incrementum dedit, fcilicet per graciam fidem et religionis
fundacionem, Itaque neque[23] qui plantat[24] eft aliquid, neque qui
rigat eft aliquid, fcilicet[25] fupra quod poteft fecta ordo[26] aut
religio fundari, fed qui incrementum dat deus, ipfe eft ecclefie

[b] *I Cor. 1, 12—13* [c] *I Cor. 3, 6—8*

religionis *J   no heading in Ol*, *the piece has been written, without separation, together with* Quatuor imprecaciones   [2] *C fol. 145ᵃ lin. 1*   *D fol. 166ᵃ lin. 1
H fol. 83ᵇ lin. 24   J fol. 29ᶜ lin. 31   Ol Stück 25, there are no numbers on the
pages, lin. 36*   [4] *this stroke is in red ink and is of no consequence*   [5] est
ACDJOl   est est *H*   [6] *Mt 15° in A underlined in red ink* 15° *ACDJ* 111°
HOl, there is an erasure in Ol   [7] quelibet *ACDHOl* quedam *J*, *but dam is
underlined, and libet is add. in mar. by J*[1]   [8] aut *ACDHJ* vel *(ud.) above it,
aut by the texthand Ol*   [9] inventa *ACDHJ* adinventa *Ol*   [10] *the* t *corr. into
the text with red ink* sonat *CDHJOl*   [11] patronus *ACDHJ* pronus *(cr. out)
below it* patronus *by J*[1]   [12] *in A corr. into the text with black ink* sic *CDH
Ol,J here the* c *is added later by J*[2]   [13] sive *ACHJOl* seu *D*   [14] Ideo *AJ*
Igitur *CDHOl*   [15] ipsos *A* eos *CDHJOl*   [16] vestrum *ACDHOl* om. *J*   [17] quidem *ACHJ* om. *DOl*   [18] q. d. non *(sic) AHOl* quasi diceret non *C* quasi d. non
(sic) DJ   [19] quoniam *ACDHJ* quando *Ol*   [20] apostolus *ACHJOl* paulus *D*
[21] confitetur *ACDJ* profitetur *HOl*   [22] subsequenter *ACDHOl* subsequens *J*
[23] neque *ACDHOl* nec *J*   [24] plantat *ACDHOl* plantavit *J*   [25] scilicet *AD
HJOl* sed *C*   [26] s. o. *ACDHOl* o. s. *J*

fundamentum, Quid igitur eſt apollo, quid vero²⁷ paulus, miniſtri eius cui credidiſtis Et ſequitur ᵈ vnuſquiſque autem videat quomodo ſuperedificet,,²⁸ Fundamentum enim aliud nemo poteſt ponere, preter id quod poſitum eſt criſtus Ieſus, hoc autem fundamentum eſt
5 petra iuſticie, de qua loquitur criſtus in ewangelio ᵉ d. b.²⁹ petro Tu es petrus et ſuper hanc petram edificabo eccleſiam meam, Super quo dicit beatus Auguſtinus,³⁰ᶠ Non enim a petro petra, ſed petrus a petra, ſicut nec criſtus a criſtiano, ſed criſtianus a criſto vocatur, petra autem erat criſtus, non ergo edificabo me ſupra te, ſed
10 te ſuper me, Nam homines volentes edificare ſuper homines dixerunt, Ego quidem ſum pauli, ego autem³¹ apollo, ego vero cephe, vt patet ſupra,ᵍ per hoc³² patet, quod nec viui, nec mortui homines, poſſunt eſſe³³ ut fundamentum principale alicuius religionis, Unde beatus Auguſtinus de vera religione³⁴
15 dicit,ʰ non ſit nobis religio cultus hominum mortuorum, quia ſi pie vixerunt, non ſic habentur vt tales querant honores,³⁵ ſed illum a nobis coli volunt,³⁶ quo illuminante letantur meriti ſui nos eſſe conſortes, honorandi ergo ſunt propter imitacionem, non adorandi propter religionem. hec ille,³⁷ Ecce quam plane beatus
20 Auguſtinus probat, quod ſancti citra criſtum, non ſunt acceptandi vt principales patroni alicuius religionis, cum talis acceptacio³⁸ ſit

ᵈ *I Cor.* 3, 10—11   ᵉ *Matth.* 16, 18   ᶠ *cp. Augustini Opp. tom. I Retract. lib. I cap. XX p.* 32 *B; tom. V, Sermo LXXVI: quia enim Christus petra. Petrus populus Christianus. Petrus enim principale nomen est. Ideo Petrus a petra, non petra a Petro; quomodo non a Christiano Christus, sed a Christo Christus vocatur; ibid. Sermo CCXLIV* 1017 *A; Sermo CCLXX p.* 1097*; Sermo CCXCV p.* 1194 *D: Tu enim Petrus. A petra Petrus, non a Petro petra. Sic a petra Petrus, quando a Christo Christiani*   ᵍ *cp. note* b   ʰ *cp. August. Opp. tom. I De vera relig.* § 108 *p.* 786 *B; W. here quotes verbatim*

²⁷ vere *AD*   vero *CHJOl*   ²⁸ *the second comma is in red, the first in black ink*   ²⁹ d. b. *(sic) A*   dicens beato *CDJ*   d. beato *(sic) H*   dicens Beato *Ol*   ³⁰ beat. Aug. *ACDHJ in A underlined with red ink*   Aug. *Ol   in C in mar.:* Augustinus *with a* ▬   ³¹ autem *ACDHOl*   quidem *J*   ³² hoc *ACDJ* hoc hec *HOl*   ³³ poſſunt eſſe *AJ*   eſſent *CDHOl*   ³⁴ beatus Aug. – relig. *in A underlined with red ink*   ³⁵ honores *ACHJOl*   honorem *D*   ³⁶ volunt *CDHJOl* valunt *A*   ³⁷ hec ille *in A underlined with red ink*   ³⁸ acceptacio *ACDHOl* accepcio *J*

honor latrie foli deo exhibendus, Quicunque igitur[39] fiue[37] monachi ǁ fiue canonici, aut fratres, uel alii aliqui[41] acceptauerint Auguftinum, Benedictum, Francifcum aut dominicum, uel aliquem alium citra criftum, in principalem patronum fecte uel religionis, funt fcifmatici et ydolatre, ab omnibus fidelibus fugiendi, peccant igitur[42] grauiter domini et domine, et populus qui tales fectas approbant,[43] et inter tales religiofos comorantur eos defendendo aut fouendo in tam grandi peccato fcifmatis et ydolatrie, quoniam fecundum apoftolum[44] Roman.[45] 1° *i* Non folum qui talia agunt digni funt morte, fed qui confenciunt[43] facientibus, nec excufandi funt domini aut domine propter ignoranciam, quoniam fi cecus ceco ducatum preftet ambo in foueam cadunt etc.[47]

          dubium
       nemo peccat in fpirit. f. etc.[48]

---

i *v. 32*

  [39] igitur *ACJ* ergo *D* om. *HOl* [40] sive *ACDHOl* sunt *J* [41] vel alii aliqui *AJ* vel aliqui alii *CH* aut aliqui alii *DOl* [42] igitur *ACDJ* ergo *HOl* [43] approbant *ACDHOl* p *(cr. out)* approbant *J* [44] apoftolum *ACDJOl* apoftolos *H* [45] Roman. *ACDHJ* ad Rom. *Ol* [46] confenciunt *CDHJOl* confociunt *A*. *(compend. om.)* [47] ambo in foueam cadunt etc. *A* ambo in foueam cadunt *CDHOl* ū i fo. ca. etc. *(sic) J* [48] thus in *A* Deo Gracias, Nota 6 species consensus
    Consentit cooperans. defendens. consilium dans
    Ac auctorizans. non iuvans.' nec reprehendens.
  Epiftola ad simplices sacerdotes *CD* Nota VI species consensus Consentit cooperans defendens consilium dans Ac auctorisans non rimans *(sic)* nec reprehendens *H* Litera parva ad quendam socium *J* Johannes Magister Wyk*(lif)* *by the texthand Ol*

XVIII.
DE PERFECTIONE STATUUM.

DE PERFECTIONE STATUUM.

I. Division.

Thesis: No private religion can be equal to that of which Christ is the head.
    (a) *Negative part:* Reputation of the opposite assertions, chap. I
    (b) *Positive part:* Such religions are imperfect, chap. II—IV; the Mendicant Orders more especially are injurious to a true Christian life, chap. V—VI.
Conclusion: All Sects should be abolished, chap. VI.

II. Summary of Contents.

Chap. I. The Friars assert that their orders hold a higher standard of perfection than the great Church in general founded by Christ, p. 449. This rests mainly on their subjective idea of perfection, p. 450—451. The state of Christ and that of the apostles is in reality a far higher one, p. 452. It is a lie and blasphemy to assert that Christ endues such as enter the monastic orders with especial grace, or that on their entrance into these orders they receive absolution from their sins, p. 452—453.

Chap. II. All Sects, notwithstanding that some good is eventually produced by them, fall short of Christ's law, p. 453—455. Neither the external marks of difference, nor the results falsely supposed to be attendant on the entrance into the order, are sufficient to constitute a higher degree of perfection, p. 456—458.

Chap. III. As examples of the pernicious consequences of the Sects' teaching, are the two combating Popes, who each claim absolute perfection in religious matters for their respective parties, p. 458, at the same time proclaiming that every Christian has not only the right, but that it becomes his duty, to slay his brother, p. 459. This is entirely contrary to the Scriptures, to Moses, Paul or Christ: therefore away with the Four Orders! p. 460—463.

Chap. IV. For, taught by the father of lies, they proclaim lies by asserting (and falsely quoting the O. T. as their authority) that the present conflict between the two Popes takes place with God's approbation; whereas all schism is against His laws, p. 463—465. Therefore once again, both, Popes and their chief supporters, the Friars, should be done away with p. 466—467.

Chap. V. When examining more closely the principles of the Friars, it is apparent that Christian virtue rests with them in outward appearance, p. 467. Three great obstacles lie in their way, which prevent them from leading a truly Christian life: (1) their inordinate desire for followers (kidnapping of youths), p. 468; (2) their preference of their own peculiar principles and traditions to those of Christ, p. 469; in connection with this is their hypocrisy and striving after worldly profit, whereas all true holiness must commence from within, p. 470—473.

Chap. VI. (3) Their obedience to their superiors, which must necessarily often interfere with their obedience to Christ, whose commands often come into collision with those of the prelates, p. 473. This, besides being injurious to themselves, does harm to the Church, p. 474—476. It would, therefore, be the duty of their superiors to join Christ's side, and thus put an end to all smaller private Sects, p. 476—478. — Even if such advice should be considered heretical, and the adviser be followed by threats and persecutions, it should intimidate no one from leaving their community, as it would deliver the Church from a great burden, p. 478—482.

III. Date of Composition.

It appears from chap. II and III that the Schism and the war between the two Popes, consequent upon it, was the occasion of this Tract. The former is to be directly inferred from several passages: duobus papis *p. 458*, uterque istorum *p. 458*, ex bullis hiis putridis etc. *p. 459*, isti pape precipiunt etc. *p. 460* etc.; it is also evident from fidelem clericum etc. p. 461 and fidelibus ewangelizantibus etc. ibidem, that the controversy between the ecclesiastical authorities and Wiclif's travelling preachers was already going on. This controversy took place according to Wilkins, Conc. M. Brit. III, 168 ff., Fasc. Ziz. 334—346 and Lechler, J. v. W. I, 691 ff., in the summer of 1382. It appears further, from licet episcopo Norwicensi etc., p. 459, that the bulls concerning the Crusade had already been issued, see: Walsingham, H. A. II, 71 ff. According to Wilkins, Conc. M. Brit. III, 171 the archbishop of Canterbury ratified the Pope's bulls on the 10th of April. By putting a stress upon the single word licet, and inferring from it that the real invasio Flandriae (which took place in the middle of May 1383, Walsingham, H. A. II, 88; according to Knighton X Scr. 2672, 44, in June 1383) had not yet taken place, the date of the composition would have to be fixed in the few weeks between the 10th of April and the middle of May 1383.

IV. Genuineness.

External evidence:
(1) cp. the Wiclif-Catal. of the Vienna codd., see above p. 7.
(2) Wilkins, Conc. M. Brit. III, 344.
(3) Index of cod. β (flyleaf); cp. above, General Introd. IV, Description of the codd.
4) Denis, Cod. MS. Theol. II, 1440; 1461; 1468; 1501.
5) Shirley, Catal. No. 78 p. 26.
6) Lechler, J. v. W., II, 567.[1]

Internal evidence:
(1) cp. above, General Introduction V, c.
(2) cp. the many references to English affairs (the Crusade to Flanders, Scottish invasion etc. p. 459)
(3) the division of the Four Sects, peculiar to W.
(4) the reference to De Ordine christiano, cap. VI, note a.
(5) for instance, cap. II, note f; o; cap. III, l; cap. V, a; b; e; cap. VI, a; e; g; n.

---

[1] With reference to this, cp. p. 568 No. 12; from the Incipit it is evident that L.. is mistaken; Shirley 'did not overlook the treatise', cp. Catal. No. 78, and, with reference to the origin of the mistake, Denis II, 1440.

V. Not printed heretofore, with the exception of nine passages termed heretical, which are to be found in Wilkins, Conc. M. Brit. III, 344.

VI. Extant in

cod. 4527 = C fol. 148^b—156^a $\begin{cases} C^1 = \text{Corrector (thin hand)} \\ C^2 = \text{Glosser (in red ink)} \end{cases}$

cod. 3930 = D fol. 178^c—186^d $\begin{cases} D^1 = \text{small black hand} \\ D^2 = \text{small pale hand} \\ D^3 = \text{thick red hand} \end{cases}$

cod. 1337 = E fol. 73^a—81^c $\begin{cases} E^1 = \text{Corrector} \\ E^2 = \text{Glosser (red hand)} \end{cases}$

cod. 3927 = F fol. 37^a—43^a $\quad F^1 = \text{Corrector (small hand)}$

all these in the Imperial Libr. at Vienna

cod. III. G. 11. = β fol. 250^b—156^a $\begin{cases} \beta^1 = \text{Corrector (in black ink)} \\ \beta^2 = \text{(red hand)} \end{cases}$

the latter in the Univers.-Libr. at Prague.

VII. *The Manuscripts.*

They have all originated from the same archetype, probably a Czechish copy written at Oxford or Prague. This common origin is proved by the missing verb contendere p. 449 l. 5; ut VI, 94 and et pondus p. 477 l. 11.

A. **Their relationship.** Class E—F. Both E and F are most carelessly copied; they contain, however, a number of readings peculiar to themselves, which places their relationship beyond question: see the common ommissions: esse I, 12; laudacione II, 7; sua VI, 54; further et (om.) I, 18; 3 II, 8; autem III, 18; quam III, 58; tali IV, 36; hunc V, 63; invicem VI, 31, where E—F, while differing from all the rest, alone give the correct reading; cp. especially cruciandus VI, 67. According to my calculation, E—F read the same in 42 instances, when compared with the other codices. The number that approaches nearest is that of class D—β, with only 21 instances of this kind. This number would have been still greater, if E and F had copied with a little more care. — E did not originate from F: see dyabol. etc. I, 17; et sic patet etc. I, 22; digniora seu I, 28; obiect. II, 61; nisi forte etc. II, 62; cum causae IV, 28; et iuxta etc.

V, 47; dom. arm. *etc. VI, 18;* iniquit. seu *VI, 76; nor F from E: observe the large number of readings peculiar to E which I cannot particularize here for want of space. — As to their origin, I have not been able to ascertain whether both Manuscripts were copied directly from the same source (which to me does not appear probable), or whether their original lies still farther back.*

Class D—β. Both codices were copied far less carelessly than either E or F. Among the 535 passages (the readings of F and F^1 are included in this number), D and β give the same reading in about 400 instances; in 21 cases they give the same reading against the agreement of the rest: see sibi *(om.) I, 10;* preco *I, 40;* optima *II, 36;* induce. *II, 59;* alia *III, 7;* nostro *III, 8;* reput. *III, 37 and IV, 26;* istud *V, 21;* perspecte *V, 64;* manifesto *VI, 15;* precipit *VI, 33; as characteristic for their relationship see* papa *III, 8;* taliter *IV, 30;* simil. *IV, 40;* orrenda *(without* h*) IV, p. 466 l. 26;* reput. *IV, 26;* consim. *V, 25;* ut *V, 46;* suas *(om.) V, 77; more especially* quo *VI, 16;* omnium *VI, 29, which cannot be explained except as issuing from the same source;* quo *VI, 16, which alone is right, compared with the nonsense* que *of the other MSS.; and, more especially,* om *VI, 26, i. e.* omnium *point eventually to the same mother, but the materials are too slight to afford conclusive evidence for this. — β was not copied directly from D: see* cum *II, 18;* Cristi *VI, 17;* sine auct. *VI, 104. — Nor was D copied directly from β: see* simplex *III, 49;* si isto *III, 43;* plus *III, 56;* sic *V, 40;* ista *VI, 22;* pater *IV, 3. — C does not belong to either class.*

B. **The best Codex.** *F with 163 ($43^1/3^0/_0$) and E with 152 ($37^0/_0$) false readings among the 383 decisive passages, must be at once excluded from the competition for the first place. As F gives in no case independently of the rest a correct reading (*sinerent *III, 16, being an orthographical form), and often contains a continuous series of corruptions, F^1 being also worthless with the exception of* numinis *II, 27 (three of his numerous corrections are incorrect), I will not give in my critical list the variants neither of F, nor of F^1 with the exception of the above few mentioned. On the other hand, the scribe of E in spite of his very careless copy has in no less than four passages (*invitus *IV, 39;* quam etc. *IV, 14;* legiferi *VI, 45;* sine *VI, 73) given*

a correct reading instead of the wrong one contained in the rest
(*D*) and *β* in only two). I will therefore note down *E*'s readings.
E^1 is not worth much: he has not had any of the four codd. in question
as his original (see in addition to fundati *II, 13*, also vel *III, 42;* quam
III, 52; in *V, 38;* talis *V, 49;* tales fing. *VI, 19;* simul *VI, 31;*
eo *VI, 34;* wlg. *VI, 48;* debent *VI, 90;* querunt *VI, 108; 109*).
From his corrections it would appear (see fundati *II, 13;* gracia *II,
33;* natura *III, 26;* vel *III, 42;* patr. *V, 22;* et *VI, 83;* penam
VI, 97, besiders others not given here) that he has not corrected closely
from his original, but that he arbitrarily mended passages difficult
to read or to understand. Of *E* only the characteristic passages above
mentioned will be taken notice of, in order to give the reader an
idea of its quality.

Thus there remain, *C* with *49*, *β* with *51*, and *D* with *57 false
readings, among the 380 decisive passages. D was copied carelessly,
and in 20 instances has given a wrong reading against the consensus
of the rest, twice a correct one (suarum *V, 79;* Ex. 32 *V, 28*).
Closely connected with this codex is the scribe of *β*, who has in 20
instances a wrong reading and once a correct one (observanciam *VI,
52*), so that codex *C* which gives a wrong reading in only 12 passages
should have the preference (notwithstanding the bad condition of chap.
VI, 21—29).

C has, therefore, been chiefly followed in forming the text. The
following diagram may be drawn to show the mutual relation of
the Manuscripts. —

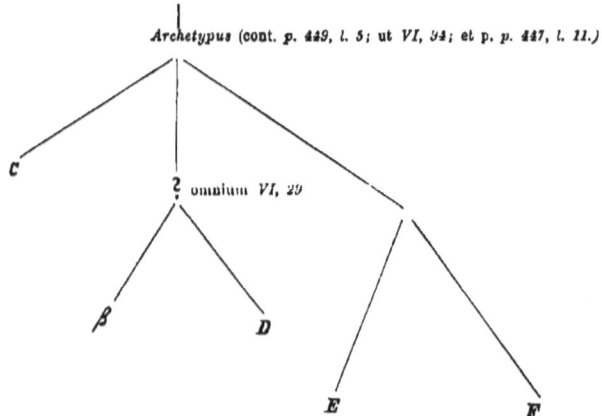

JOHANNIS WICLIF

DE PERFECCIONE STATUUM.

CAP. I.[1]

[2] Cum viantes et fratres specialiter contendant circa perfecciones ordinum | privatorum, supponentes ut fidem, quod quilibet eorum in perfeccione | excedit communem ordinem cristianum, tractandum videtur parumper de | ista materia.

5 Dicitur autem quendam fratrem *(contendere)* ordinem suum ac[a] statum excedere super ordinem episcopi vel papalem, et sic innuit, ordinem suum esse perfectissimum atque perfecciorem, quam ordinem aliquem, quem instituit Iesus noster. Et ut videtur, quilibet frater debet consequenter de suo ordine sic sentire, quia secundum decretum beati Hieronymi[a] et approbacionem ecclesie, non mediocriter

---

CAP. I. [a] cp. Corp. iur. can., decr. P. III de Consecratione, Dist. V, cap. 24: *Mediocre bonum non est magno praeferendum*. Item Hieronymus (in regula Monachorum ex Hieronymo collecta, Polycarpus l. 3. t. 25): *non mediocriter errant, qui bono magno praeferunt mediocre bonum etc.* cp. L. A. Richter, Corp. iur. can. Lpz. 1839, p. 1235

CAP. I. [1] *Title, Expl. and Inc. wanting in CF,D, here above the col. 178ᶜ is written:* De ordine minorum monachorum (!) D[?] Tractatus de perfeccione statuum, continet 6 capitula *(above the col., the title is repeated closely above the text:* De perfeccione statuum 6) E de perfeccione statuum β [2] cod. D fol. 178ᶜ lin. 31 cod. F fol. 37ᵃ lin. 1 *(the last part of fol. 36ᵇ, as well as fol. 36ᶜ and 36ᵈ are not written upon)* cod. E fol. 73ᵃ lin. 1 *(here as in nearly all the tracts of of this MS. there is added, high above, close to the col. of the text:* cor(rectus) cod. β fol. 250ᵃ lin. 8 [a] ac CDEβ et F

peccat, qui propositis duobus bonis indifferenter eligibilibus magis bono postposito elegit minus bonum.

Et concordat racio huic principio, cum deus non potest illum excusare a culpa, qui in tali casu postposuit sibi melius et eligit[4] inutilius, et specialiter supposita indifferenti et equa facilitate utrum- 5 libet eligendi. Ad hoc enim deus indidit homini naturaliter libertatem arbitrii, qua talis abutitur, ut sic facit. Ideo dicit metricus[5]:

Qui valet[6] eligere et capit et minus[7] utile gratis,
Est fatuus vere nec[8] sapit ipse satis. 10

Supposito ergo isto morali principio tamquam fide, videtur, quod quilibet frater debet concedere, quod stulte fuit ingressus suum ordinem vel quod suus ordo sit sibi optimus inter omnes. Nam ante ingressum in suum ordinem positus[9] fuit in eleccione libera quemcunque quatuor ordinum[b], quem voluerit, eligendum, ut 15 suppono. Et cum aliis paribus istum ordinem elegerat et non stulte, ergo illa eleccio fuit de ordine vel statu sibi[10] optimo. Patet consequencia[11] ex dictis.

Sed hic dicitur, quod cuicunque fratri est suus ordo optimus, sed non cuilibet, cum non loquamur de meliori simpliciter, sed de 20 utiliori persone date secundum habitudinem respectivam.

Sed arguendo contra istam arguciam, suppono, quod non stulte sophisticetur in isto sophismate dyaboli, quod ordo meus est michi optimus, quia ex eleccione prima maxime prodest michi. Loquimur enim, ac si essemus ante accepcionem status huiusmodi et deus 25 sciret ac ordinaret esse[12] michi istum ordinem meliorem, et sic iste ordo saperet[13] perfeccionem simpliciter ultra perfecciones alias michi et cuilibet pro ingressu. Aliter enim oporteret concedere, quod qui-

---

[b] i. e. Dominicans, Franziscans, Augustines and Carmelites, cp. for instance De quatt. Sect. nov. cap. IX, above p. 274

[4] eligit $CD\beta$ elegit E [5] in E is add. in mar.: Metricus contra eleccionem minus boni E^2 [6] valet $CD\beta$ videt E [7] el. et c. et m. n. CD eli. cap. et mi. u. E [8] nec $CD\beta$ et nec E [9] positus $CD\beta$ penitus E [10] sibi $O(?)E$ om. $D\beta$ [11] consequencia $CD\beta$ consequens E [12] esse $CD\beta$ om. EF [13] saperet $CE\beta$ superet D

libet status dyaboli sit sibi utilior quam aliquis[14] status beatorum, cum iste status facit sibi bonum, quia dampnacionem iustam et divine iusticie complementum. Ideo cum status iste ordinatur a deo, patet, quod ille, ut est iustus, sic est tali dyabolo[15] status bonus.

Sed non loquimur ad hunc sensum, quod status,[16] in quo est quicunque dyabolus, vel status viantis, in quo est quicunque[17] purgator latrine vel quantumcunque abiectus, sit melior atque perfeccior statu quolibet assignando, quia isti utilior. Nam frater hoc modo equivocans deturpat suum ordinem et non ornat.

Supposito ergo, quod loquamur simpliciter de perfeccione status in se, propter cuius status vel ordinis ingressum ipsum accipiens est ut sic perfeccior, quam foret ex ingressu ordinis alterius bassioris, tunc videtur, quod quilibet status fratrum sit sub non gradu perfeccionis et per consequens imperfeccior et[18] quam aliquis status dyaboli.

Nam nullus, ut ingreditur talem ordinem fratrum[19], est sub aliquo gradu perfeccionis, quod tamen oporteret, si talis ordo foret perfectus ad sensum expositum, ergo est ut sic sub non gradu perfeccionis. Non enim est puer, in quantum factus frater, sub aliquo gradu perfeccionis essencialis, cum illa manet invariabilis sicut humanitas. Et loquendo de perfeccione accidenciali, cum non potest dici perfeccio in virtute eo, quod tunc foret quilibet frater ut huiusmodi virtuosus, relinquitur, quod sit perfeccio disposicionis hominis ad virtutem. Non enim est sub aliquo gradu perfeccionis vel reputacionis hominis, quoad[20] mundum, quia stultus foret, qui ea intencione acciperet statum fratris. Et sic patet, quod oportet logicum statum perfeccionis fratris[21] ad[22] disposicionem in moribus retorqueri.

Capit[23] autem blasphemiam ista presumpta perfeccio status fratrum, quia status, quam Cristus immediate instituit ante fratres,

---

[14] aliquis $CD\beta$ alius (?) E [15] t. dy. $CD\beta$ dy. t. E [16] stat. $CD\beta, E$ but in mar. is add. by E^1 viantis   [17] dyabolus v. st. v. in q. est quicunque $CDE\beta$ om. F [18] et $CD\beta$ om. EF [19] fratrum C fratris $DE\beta$ [20] quoad $CD\beta$ ergo ad E [21] fratris $CE\beta$ fratrum D [22] Et sic patet — fratris ad $CDE\beta, F^1$ in mar. om. F [23] capit CDE capiat β

disposuit[24] suos apostolos per statum, quem eis imposuit ad gradum in moribus alciorem. Et patet ex fide, ista disposicio fuit[25] melior in effectu. Aliter enim oporteret concedere, quod frater huiusmodi sit futurus in celo alcior sancto Petro, quod esset omnino[26] blasphemia.

Cum ergo Cristus, patronus noster,[c] sit quocunque patrono suo privato infinitum perfeccior[27] et infundebat graciam cuicunque, quem ad statum esse cristiani acceperat, ad regulam digniorem et alia carismata tribuit digniora seu[28] meliora, quam potest patronus privatus istorum ordinum, — videtur, quod ordo Cristi in gradu infinitum perfecciori cristianum[29] instituit, quem[30] ut sic instituit aliquis[31] ordo fratrum. Sicut enim se habet magnitudo superficiei ad magnitudinem linee, sic perfeccio ordinis cristiani ad perfeccionem ordinum privatorum.

Et hic rutilat fratrum blasphemia, qui sompniant, quod Cristus pepigit cum eis,[32] quod[33] si in ordinem suum quis intraverit, Cristus dabit sibi graciam ampliorem et faciet, ut sit disposicior[34] de tanto ad sibi moraliter serviendum. Non enim recollo de blasphemia ficta falsius et infundabilius in scriptura, cum Cristus istum statum fratrum tam diu nimis invide[35] expectaret. Et patet ex isto[36] blasphemia preconizata hodie de istis privatis ordinibus, quod eo ipso, quo quis aliquem istorum[37] ingreditur, est absolutus de quocunque crimine, quod comisit.

Idem enim foret blasphemiam istam asserere et Cristum ordini fratrum subicere, cum in ordinem apostolicum[38] recepit[39] Scarioth

---

[c] *in contradistinction from the patroni of the Four Orders, cp. for instance above p. 22; 64; 139*

[24] disposuit *not clear in* CD   [25] fuit CDβ   ista *(cr. out & ud.)* fuit E   [26] omnino CDβ   omne E   [27] *in* D *is add. in mar.:* Patronus Cristus noster perfeccior quocunque privato patrono D¹   [28] digniora seu E *om.* CDβ   [29] cirst. CDβ   gradu *(cr. out & ud.)* crist. E   [30] quem CDβ quam E   [31] aliquis CDβ laius E   [32] pep. c. e. E,C *transposed by marks* c. pep. c. β, *(originally in)* C pep. c. D   [33] quod CDβ *om.* E   [34] sit disposicior CDβ sic disposiciorem E   [35] *here begins in* β *a new hand which, on the whole, is similar to the old one, differing from it merely in the ductus of a few letters*   [36] isto CDβ ista E   [37] istorum CE illorum Dβ   [38] apost. CDβ istum ap. E   [39] recepit CEβ receperit D

peccato[10] finalis impenitencie viciatum. Numquid[11] credimus solum predestinatos ordinem fratrum intrare? Certus sum quidem ex fide, quod tunc eciam[42] habitus corporalis vel ritus, quem ipsi observant, est impertinens tali fratri, nec scit aliquis, utrum in toto ordine suo sit aliquis talis frater, et ecclesia militans foret plena illusionibus et mendaciis horum fratrum.

CAP. II.[1]

∥ Sed ut materia ista sit nocior et fundacio modo loquendi stabilior, suppono, quod ordo vel status ad propositum accipiatur pro disposicione active[2] serviendi[3] deo personis pluribus limitata. Sic enim dicitur, quod dampnati sine ordine puniuntur. Et religio est obligacio,[4] qua mediate persone in tali statu vel ordine religantur.[a] Religio autem privata est religio, preter religionem domini, expressam[5] in ewangelio, adinventa[6] et ista privatur laudacione,[7] fundacione laudabili,[b] cum Paulus ipsam respuit ut peccatum, ut patet I Cor. 1 et 3.[8c] Et sic omnis privata religio sapit ut sic imperfeccionem et peccatum, quo homo indisponitur ad libere deo serviendum.[d]

Unde cuncti patroni istorum ordinum ut sic peccaverant, licet

---

CAP. II. [a] W. here follows the etymology of Lactantius, Inst. IV, 28: nomen religionis a vinculo pietatis deductum est, quod hominem sibi deus religavit et pietate obstrinxit; cp. also Cicero, De Nat. Deor. II, 28 [b] cp. below De Relig. priv. I cap. I commencement. This passage was considered heretical in a letter of the University of Oxford addressed to the Archbishop of Canterbury in 1412, cp. Wilkins, Conc. M. Brit. (edition of 1737) III, 344 [c] I Cor. 10—13; 3, 4—6 [d] this passages also was looked upon as heretical, cp. Wilkins, ibid.

[10] peccato CE,β[1] in mar. preco D precio β [11] numquid CDE,β nec E[1] in mar. [42] eciam Cβ,E[1] in mar. om. ED
CAP. II. [1] Ca[p]m 2m D,C in mar. 2 E[2] om. β [2] active Cβ activa E [3] in β is add. in mar.: Ordo quid est β[1] in D: Ordo vel status D[1] [4] in β is add. in mar.: Religio quid est β[1] in D is add. above the col.: Religio privata quid est et quid sapit D[1] [5] expressam D expressa CE,β [6] adinventa CDβ adventa E [7] laudacione CDβ om. EF [8] 1 & 3 Dβ 1 & 2° C 2 & 3° EF

sti ordines faciant occasionaliter multa bona*e*; nec repugnat, quod multe persone istorum ordinum, que prius graviter peccaverunt,[9] ex dei gracia et contricione salutem et beatitudinem postmodum consequantur,[10] manent tamen ut in[11] istis ordinibus illibertati[12] et indispositi ad promerendum, sicut viri apostolici in ordine cristiano simplici fundati,[13] licet[14] tales pedice adinvente prosint[15] per accidens ad peccata aliqua precavenda, sic, quod tales adinvenciones in aliquo excedunt lapsum a religione simplici[16] cristiana. Et in aliquo lapsus ille est prestancior vel minus[17] malus quam religiones huiusmodi adinvente. Et si allegentur patroni moderni, qui et sancte vixerunt et modo canonizantur, tamquam in triumphante ecclesia membra ecclesie nobilia et beata, dicitur probabiliter ut sepe superius,*f* quod isti canonizati longe aliter vixerunt in ordine simplici cristiano, quam vivunt hodie filii eorum ab eis degenerantes, qui sunt cum[18] signis sensibilibus desponsati.

Unde Benedictus[19] precipuus inter monachos dicit, quod ordo eorum est idem in numero cum sanctis, qui erant in Ierusalem, quibus apostolus[20] a deo suffragatur.*g* Et[21] quoad canonicos dicit Petrus Comestor,*h* quod ordo canonicorum est idem cum eorundem

---

e cp. *Wilkins, ibid. III,* 344 *f with reference to this, cp. a similar idea above De nova Praec. Mand. p.* 144; *also p.* 304 *g* cp. *Act.* 1, 24—26 *h Petrus Comestor is the author of the Historia Scolastica (printed in Paris* 1513*), an abridgement of the Bible History from the creation down to the end of the Acts of the Apostles, and very popular in the Middle Ages. De Lyra very frequently quotes from the book. It was very much used in the great theological schools of the time like the Sentences of Petrus Lombardus. Petrus Comestor was a priest, later a dean of Troyes in the twelfth century, in* 1164 *chancellor of the University of Paris and is said to have written his Historia in the year* 1171, '*at the urgent entreaty of many friends in*

---

[9] peccaverunt *CDβ*   peccaverant *Eβ*[1] *(from corr. unt)*   [10] consequantur *CDE*   consequntur *β*   [11] in *CDβ*   sic in *E*   [12] illibertati *CD*   illibati *β, but in mar.* illiberati *β*[1]   illi beati *(!) E*   [13] fundati *C (?), E*[1] *in mar.*   *om. Eβ D*   [14] licet *CDβ*   sed tales *(cr. out § ud.)* sed *E*   [15] prosint *CDβ*   prosunt *E*   [16] simplici *CDβ.E*[1] *in mar.   om. E*   [17] minus *CDβ*   unus *E*   [18] cum *CE* de *(cr. out § ud.) D*   quasi cr. out, *above it by the texthand* cum *β*   [19] Benedictus *CEβ*   Bernhardus *D*   [20] apostolus *CEβ*   a populis *(! apostolis) D*   [21] here in *β* the old hand sets in again, cp. cap. *I n.* 35

sanctorum Ierusalem, et sic variacio in vestibus vel aliis ritibus sensibilibus non fecit substancialem differenciam in ordine quoad illos. Et sic omnes monachi ac [22] canonici, albi vel nigri,[k] dicebantur [23] eiusdem ordinis simplicis cristiani, sic quod non fuerunt [24] cum signis sensibilibus tamquam substanciali differencia ordinis desponsati, quia sic ordines alborum monachorum et nigrorum differrent [25] specifice, et sic quotquot monachi sive canonici albi vel nigri laudabiliter hic vixerunt, signa talia sensibilia preter suum ordinem tamquam adventicia decreverunt.

Et sic debet esse de cunctis fratribus cum vocatis religiosis possessionatis, cum secularibus de ordine simplici cristiano. Nichil enim blasphemius quam imponere deo, quod sit aliquid [26] latentis numinis [27] in istis signis sensibilibus modo, quo hodie sompniantur, ideo nichil istis privatis ordinibus et sanctis patronis [28] prioribus, qui aliquid consuetudinis hodierne accidentaliter servaverint,[29] quod ordo privatus habeat.[30]

Limitando ergo illos novellos ordines ad sensum expositum, videtur luce clarius, quod [31] infinitum sit cristiana || religio perfeccior, || C fol. 150ᵃ quam sint ille, cum sub non gradu sint religiones iste intelligendo simpliciter negative.

Probatur sic: quilibet intrans [32] religionem cristianam ut sic

---

order to elucidate the too brief and obscure narrative of Holy Scripture.' At last, he retired into the monastery of St. Victor, where he died in 1179 leaving all his property to the poor. On his tomb the following inscription is said to have been written;

Petrus eram, quem Petra tegit, dictusque Comestor
Nunc comedor. Vivus docui, nec cesso docere
Mortuus, ut dicat, qui me videt intumulatum:
Quod sumus, iste fuit; erimus quandoque, quod hic est.

He is the 'Mangiadore' of Dante, Parad. XII, 134   [k] i. e. Franciscans and Dominicans

---

[22] ac CE atque Dβ [23] dicebantur CDβ, in E is add. bantur in mar., referring to dice of the text   [24] fuerunt CDβ fuerint E   [25] different CDβ differunt E   [26] aliquid CDβ (?) aliud E   [27] numinis C¹ F¹ in mar. minimis EFβ, in C there is a blank space minis (? nimis) D   [28] patr. CDβ privatis patr. E   [29] servaverint CE servaverit Dβ [30] quod or. pr. h. C,E¹ in mar. om. EDβ [31] quod CDβ,E¹ in mar. om. E   [32] intrans CEβ intrando D

vestitur gradu,[33] sed quilibet religiosus talis privati ordinis ut intrans[34] illum infinitum[35] indisponitur, quoad bonum gracie sic cccpti, sic quod infinitum distat in disposicione sua operativa,[36] quam habet ut talis ordinis a disposicione, quam habet fidelis ut proprie cristianus. Nam ut sic habet fidem catholice[37] informatam. 5 Ideo secundum Augustinum et Chrysostomum multi sunt[38] falso et nominetenus[39] solummodo cristiani, cum non sunt[40] proprie cristiani, nisi imitantur Cristum in moribus et in vita. Et idem senciendum est de membris sancte matris ecclesie, ut docet Augustinus de[41] Doctrina Cristiana lib.[42] III de septem regulis Tygonii, dicens,[1] 10 quod[43] presciti numquam fuerunt[44] membra corporis domini, quod est sancta mater ecclesia. Ipsa enim per signum nobis incognitum ut graciam predestinantis,[45] que est caritas, que non potest excidere, et vestis nupcialis, per quam intratur ad[46] patriam, distingwitur ab ecclesia malignancium. 15

Sic enim loquebantur sancti et scioli de ecclesia sponsa Cristi. Non enim presciencia dei eterna permittit, quod fiat divorcium inter Cristum et ecclesiam, sponsam suam, cum eternaliter elegit atque disposuit,[47] cum quibus membris voluit desponsari, et illa membra elegit ante mundi constitucionem, ut dicunt Petrus et 20

[1] cp. *Augustin. Opp. P. I tom. III De Doctr. christ. cap. XXXI, p. 58: quia non solum in aeternum, verum etiam nunc hypocritae non cum illo esse dicendi sunt, quamvis in eius esse videantur ecclesia; cap. XXXVII p. 63: in ista novissima (i. e. regula) aliquando in nichilum dicitur, quod non ipse, sed potius in eius compone possit agnosci, quod habet non solum in eis, qui manifestissime foris sunt, sed in eis etiam, qui cum ad ipsum pertineant, tamen ad tempus miscentur ecclesiae, donec unusquisque de hac vita exeat vel a frumento palea ventilabro ultimo separetur, cp. Luke 3, 17*

[33] gradu CDβ   gradu E (du ad. and above gra a compendium by E[1]. therefore) gracia E[1]   [34] int. CDβ   sic int. E   [35] infinitum CDβ   infinito E   [36] opera tiva CE   optima Dβ   [37] catholice C(?),DEβ   caritate E[1] in mar.   [38] sunt CDβ   sunt sunt E   [39] nominetenus CDβ   nominotenus E   [40] sunt CDβ   sint E   [41] de C   3º de Eβ D   [42] libro CDβ   capitulo E   [43] quod CEβ   quoniam D   quando D[1] in mar.   [44] fuerunt Cβ   fuerint DE   [45] predestinantis C   predestinacionis Eβ   predestinatis D   [46] ad CDβ   in E   [47] disposnit in E corr. from disponit by E[1]

cap. II] *DE PERFECTIONE STATUUM.* 457

Paulus[m] et per consequens divinitus eleccione, que cassari non poterit et finiri,[48] sicut predestinacio non potest interimi.

Si autem coacti sunt homines per anticristum concedere, quod quicumque prelati ecclesie, qui de facto sub[49] ecclesia malignan-
5 cium sunt, sancta mater ecclesia, sponsa Cristi, equivocatur[50] infideliter in fide,[51] et per idem anticristus posset cogere homines totaliter a fide Cristi excidere.[52] Verum est enim, quod Cristus elegit humanitus, sed non divinitus tamquam apostolum dyabolum illum Scarioth, ut dicit ewangelium Iohannis[n]: nonne duodecim
10 vos elegi, et unus ex vobis dyabolus est. Sed iste Scarioth, qui non eligebatur divinitus neque[53] humanitus, ut sit membrum sancte matris ecclesie, semper non habuit graciam predestinacionis, que est caracter, quo oportet omnia membra sancte matris ecclesie insigniri. Et patet conclusio supradicta.
15 Et hic erubescerent nostri privati ordines blasphemantes, quod eo ipso, quo quis ingreditur[54] eorum ordinem,[55] vestitur corporali[56] habitu, quem taliter solempnizant, deleretur[57] omne peccatum suum preteritum[58] et nova gracia informatur. Hoc enim non contingit regulariter de statu apostolico, ut patet de Scarioth. Unde anti-
20 cristus in hoc extollitur false super Cristum, cum non plus propter induccionem[59] sui corporalis habitus sit istud miraculum, quam si quis induceret arma vel habitum militarem. Status enim militaris est statu istorum privatorum ordinum plus laudabilis ex scriptura,[o] verum tamen eo ipso, quo quis accipit statum sacerdocii sive epi-
25 scopatus aut ordinis militaris, oportet dominum[60] ipsum tali miraculo illustrare.

---

[m] *cp. Rom. 8, 29—30* [n] *cp. John 6, 70* [o] *vgl. Trial. 364:
patet, quod ordo militaris sit hoc ordine fratrum mendicantium excellentior, longe perfectior atque prior*

[48] finiri *in E nearly illegible* [49] sub *C* sunt *DEβ* [50] equivocatur *CDβ* equivocantur *E* [51] in *D is add. in mar.*: Nota bene, ecclesia malignancium sunt *(!)* sancta mater ecclesia, sponsa Cristi, infideliter *Dβ* [52] excidere *CDβ* excedere *E* [53] neque *CDβ* nec *E* [54] ingr. *CE* eorum ing. *Dβ* [55] eorum ordinem *E om. CDβ* [56] corporali *CDβ* corpali *E* [57] deleretur *C* deletur *DEβ* [58] preteritum *in E not quite clear* (patratum!) [59] induccionem *C* induicionem *E* induccionem *Dβ* [60] dominum *C* deum *E* domini *Dβ (!)*

Et si obicitur, quod talis prelatus ecclesie debet membrum ecclesie reputari, cum Ioseph secundum ewangelium fuit pater domini putativus,[p] dicitur, quod obiectus iste implicat, talem prelatum cesareum esse false membrum ecclesie reputandum. — Quod[61] cum sit falsum eo, quod debet credi operibus, quibus sacerdos sequitur dominum Iesum Cristum, videtur michi, quod peccatum est, reputare talem caput particularis ecclesie vel membrum sancte matris ecclesie, nisi forte equivocetur, quod sit membrum ecclesie[62] malignancium.

Et quantum ad istud dictum allegatum de Ioseph certum est,[63] quod fuit pater putativus Cristi, ut dicit ewangelium,[p] et non secundum falsam reputacionem, sed secundum curam et denominacionem, qua spiritus sanctus denominat ipsum patrem.

CAP. III.[1]

Ex istis dictis potest colligi, si vera sunt, que narrantur[2] de istis duobus papis,[a] qui concedunt viriliter defendentibus partem suam, quod religio, quam ipsi in hoc instituunt, excedit in bonitate religionem Cristi et religiones quascunque privatas per novos patronos post religionem Cristi in ecclesiam introductas. Dicitur enim, quod uterque istorum paparum concedit suis militibus plenam absolucionem a pena et a culpa,[b] et quod quicunque aliquem virum quantumcunque ecclesiasticum impedierit,[c] papa[3] ipsum excommunicat eo ipso. Et de quibuscunque regnis licet curato percipere fructus sui beneficii ex integro, ac si frater ille ewangelice resideret.

Nec dubium, quin, si hoc sit verum, a mundi exordio non fuit maius seminarium discordie et bellorum.

---

[p] cp. *Luke 3, 23: Jesus erat — ut putabatur, filius Joseph etc.*
CAP. III. [a] *Clement VII. and Urban VI.* [b] cp. *Walsingham, II. A. II, 72—73* [c] cp. *Wilkins, Conc. M. Br. III, 177—178, Walsingham II, 75*

[61] obicct.— reput. quod $CDE\beta$, F^1 *in mar.* om. E [62] nisi f.— ecclesie $CDE\beta$, F^1 *in mar.* om. F [63] est $CD\beta,E^1$ *in mar. om. E*
CAP. III.   [1] Cap. 3^m C 3 E^2 cap. III D om. β [2] narrantur $CE\beta$ variantur D [3] papa $D\beta$ papam CE

Fratres autem et doctores precipue ex consensu suorum ordinum istam blasphemiam populo preconisant.

Ex istis videtur primo probabiliter inferendum, quod quilibet homo de ecclesia nostra occidua habet bullatam licenciam ad fratrem suum corporaliter occidendum.[4] Probatur sic: multi sunt in regnis occiduis, quorum quidam uni illorum paparum consenciunt atque favent et aliqui reliquo,[5] ut experiencia manifestat, sed quemcunque talem licet sic occidere et mereri beatitudinem, ut contrarie licencie istud dicunt, ergo conclusio.[6]

Sicut enim licet episcopo Norvicensi[d] invadere regnum Francie et alia[7] quecunque Urbano nostro[8] contraria et hoc sub obtentu beatitudinis, sic dicitur cuidam prelato de Scocia esse concessam potenciam ampliorem, invadere regnum nostrum et quamcunque[9] personam, que tenuerit cum Urbano.[e]

Secundo videtur ex bullis hiis putridis tam false contrariis sibi ipsis, quod quilibet in cristianismo nostro habitans tenetur sub pena dampnacionis occidere fratrem suum. Illi enim, qui habent corporalem potenciam tenentur, velle sic invadere aliquem fratrem suum, cum aliter exciderent a spirituali suffragio repromisso,[10] quod foret delictum maximum omissionis, ut patet ex dictis bullis, faciliter inferendum. Et cum iuxta beatum Iohannem omnis, qui odit fratrem suum, homicida est,[f] patet ex bullis predictis, quomodo[11] quilibet de cristianismo[12] nostro tenetur occidere fratrem suum.

---

[d] *By a papal bull (cp. Walsingham II, 72 ff.) Henry Le Spenser, Bishop of Norwich had been put at the head of the Crusaders, who fought against Clement VII., cp. Knighton, X Script. 2672*   [e] *So far I can discover, a notice explaining this is not to be found in the cotemporary chronicles. Walsingham, Knighton and the Ypodigma Neustriae speak only of political complications which had taken place between Richard II. and Scotland*   [f] *cp. I John 3, 15*

---

[4] occidendum *CDβ* occidendo *E*   [5] reliquo *CDβ* aliquo *E*   [6] ergo conclusio *CDβ* igitur consequencia vera *E*   [7] alia *Dβ* aliam *CE*   [8] nostro *Dβ* nostra *CE*   [9] quamcunque *DEβ* quantumcunque *C*   [10] repromisso *CEβ* repromissio *D*   [11] quomodo *DEβ* quod (ud.) *C, then quom. after quilibet, but transposed by marks into its right place*   [12] cristianismo *CDβ* cristianissimo *E*

Tenetur enim odire quemcunque, qui est contrarius pape suo, et multi sunt tales fratres in mundo. Ergo conclusio.

Nec dubium, quin deus non potest copulatim licenciam talem expressam[13] in bullis concedere, cum alter illorum vel uterque licenciat[14] satis implicite hominem alteri invidere. Unde numquam ex lege nova vel veteri fundari potest, quod quicunque homines, eciam episcopi, tantum mereantur ad fratres suos in natura taliter occidendo, cum Cristus rogavit[15] hostes suos, quia, si ipsum quererent, sinerent[16] hos || abire,[17] Ioh. 18.*g*

Isti ergo[18] pape e contra precipiunt sub obtentu beatitudinis, quod si pars adversa ipsum vel ipsos[19] quesierint,[20] quod sinant[21] ipsum papam abire liberum et omnino suum adversarium, vel adversarios non sinant[21] abire liberos, sed occidant. — Ubi ergo est ista regula cristiana, quod homo debet inimicos suos[22] diligere, sicut Cristus in articulo capcionis sue querit de Scarioth: amice, ad quid venisti?

Scrutetur ergo cristianus condiciones sedecim caritatis[h], quas notat apostolus I. Cor. 13,[i] et videbit manifeste, quod uterque istorum paparum cum suis complicibus sit in invidia opposita caritati. Si enim homo debet[23] regulariter[24] diligere melius in natura et utraque communitas[25] sibi contraria est et nulla[26] melius et[27] evidenter melior in moribus tali papi, quomodo ergo stat caritas in papa, qui precipit tam attente unam communitatem reliquam occidere, specialiter cum a probabili communitas sua ad magnum dampnum tam corporis quam anime occidetur? Ubi ergo est verbum istud sancti Moysi, Exod. 32[28][k]: aut dimitte populo huic noxam

---

g v. 8   *h* as to this, cp. Suppl. Trial. p. 439 ff.   *i* v. 4—8
k v. 10

[13] expressam β   expressum CDE   [14] licenciat CDβ   liceat E   [15] rogavit CEβ   rogaverit D   [16] sinerent F   sinirent CDEβ   [17] in D is add. below the col.: Cristus cum quesitus fuit fecit sinere abire   [18] ergo CDβ   autem E   [19] ipsum vel ipsos CDβ   ipsos vel ipsum E   [20] quesierint CDβ   quesierunt E   [21] sinant CDβ   sentenciat E   [22] i. s. CDβ   s. i. E   [23] h. d. CDβ   d. h. E   [24] regulariter CEβ   naturaliter DFE¹ in mar.   [25] comm. CEβ   caritas (ud.) comm. D   [26] nulla CDEβ   natura E¹ in mar.   [27] et CDβ   vel E   [28] Exod. D, above it 32, both figures on an erasure   ee (in red ink) β²   blank space CE

hanc, aut dele me de libro vite, in quo me scripsisti, propter quod dicitur a vindicta manuum[29] domini tenuisse,[30] et hinc deus dixit sibi[l]: dimitte me, ut irascatur furor meus. Et sic Paulus cupiebat anathema esse pro fratribus. Ymo, Cristus, caput ecclesie, voluit torqueri atrocissime et occidi pro hominibus tunc inimicis[31] salvandis tam corpore quam anima, ut fides ewangelii clare docet.

Quomodo ergo secuntur isti pape Cristum in moribus, cuius se dicunt vicarios, tantum in donis[32] tam corporalibus quam spiritualibus[33] excellentes?

Revera videtur, quod venenum dyaboli nimis diu inclusum in isto capite ex graciosa vindicta dei tamquam virulencia[34] in ulcere est diruptum. Et cum dyabolus ex subtilitate sua cautele subdole facit homines tam perplexos, quod vix est regnum occiduum, in quo secundum partes multas et magnas non habeat quoad unum papam vel alium[35] aliquos adiutores — ad tantum enim cecavit seculares dominos per suos discipulos anticristos, quod reputarent fidelem clericum, qui diceret sentenciam ewangelicam in hac parte, esse summum hereticum a prelatis et toto populo occidendum — ideo, si non fallor, a mundi principio usque nunc non fuit fidelibus ewangelizantibus[36] maius periculum, quam est nunc in isto meridiano demonio[l] sic regnante. Nunc enim tam clerus quam seculares domini seducti reputabant,[37] talem esse hereticum, et sic in suo iudicio tam corpore quam anima condempnabunt. Sed ubi fuit tam gravis persecucio in istis tribus periculis antedictis? Sed tamen certus sum ex fide, quod ve istis cristianis, quibus deus dedit noticiam fidei in ista materia, et imminente tanto periculo obmutescunt.

Bene[38 m] autem videtur Iudeis et Grecis fidelibus, qui indifferenter istos papas respiciunt vel contemptibiliter tamquam precipuos anticristos.

---

[l] *with ref. to this, cp. the Tract of this name, p. 417 ff.; as to the phrase mer. daem., cp. Ps. 91,6* [m] *the bene corresponds to the vo which is preceding*

[29] manuum *CDE*[1] manum *β* om. *E* [30] propter quod — tenuisse *CD,β,E*[1] *with mark of ref. above the col.* om. *E* [31] inimisci *CDE* inimicis *β* [32] donis *D,E*[1] *in mar.* donis *C,β* dampnis *E* [33] spiritualibus *C,β,E*[1] *in mar.* anime *ED* [34] virulencia *CDE* virulenti *β* [35] alium *CDE* alios *β* [36] ewangelizantibus *CD,β* ewangelibus *E* [37] reputabant *CE* reputabant *D,β* [38] bene *CE* unde *D,β*

Tercio videtur tamquam probabile, regna debere omnes hos quatuor ordines fratrum compellere, ut de regnis exeant ad patrem suum precipuum, scilicet papam[39] sub obtentu tanti premii adiuvandum.

Pro cuius declaracione suppono, quod fratres precipui istorum ordinum sentenciam sui pape approbant et confirmant, ymo cum diligencia sentenciam istam pape[40] preconisant; vel ergo dicant[41] istam ‖ sentenciam tamquam[42] veram, vel tamquam falsam vel fictam sub obtentu premii temporalis, si isto[43] secundo modo debent tamquam proditores falsissimi tam corporis quam anime a regnis, que incolunt, exulare; leviores enim proditores in regnis racionabiliter sunt occisi.

Si primo modo dicant, necessitantur[44] concedere, quod quicunque fratres cuiuscunque etatis vel status fuerint, tenentur[45] sub obtentu beatitudinis ad finem, quem ex bullis pape exprimunt, totis viribus properare. Nulla enim excusacio vel racio[46] tardaret aliquem fratrem ad istud negocium dimittendum, quia nec preceptum divinum[47] nec sua nova religio vel occupacio melior, quam habere poterit isto officio pretermisso. Nam cum papa uterque dicit, quod deus precipit, sicut suis complicibus ipse dictat, et in deo non potest esse contradiccio, uterque istorum paparum tenetur concedere, quod deus precipit, sicut ipse promulgat, sue ecclesie faciendum. Nec ordo suus obstaret, cum eo ipso excommunicantur a papa taliter demandante, et nimis ceca foret stulticia ordinem tam sanctum dimittere et in suo merdoso ordine residere.

Deus enim et per consequens patroni novorum ordinum non possent meliorem ordinem stabilire, quia, ut dicitur, eo ipso, quo quis laborat sedule in tali negocio, est plenarie absolutus et per consequens sine timore dampnacionis pro suo tempore est beatus. Sed nec ordo apostolicus nec alius novellus vel hucusque nomina-

---

[39] pa. $CD\beta$ ad pa. E [40] pape $CD\beta$ populo E [41] dicant $CD\beta$ dicunt E [42] tam. $CDE\beta$ vel E^1 in mar. with mark of ref. to tam. (F reads sent. veram vel tamquam falsam vel fi. etc.) [43] si isto CDE sed (ed cr. out, above it i by texthand) β [44] necessitantur $CD\beta$ necessitanter E [45] tenentur CDE teneantur (a cr. out & ed. by texthand) β [46] ex. v. r. CDE r. v. e. β [47] divinum C,E^1 in mar. domini $DE\beta$

bilis[48] fuit[49] tali privilegio insignitus. Non ergo degenerat, qui relinquit[50] suum antiquum ordinem et in isto ordine tam egregio elaborat, nec etas vel status aliquis personalis excusaret fratrem ab execucione[51] istius negocii patris[52] sui, cum ipso existente potente et valido suus exitus promoveret et ipso existente[53] impotente in corpore suum consilium, sua[54] oracio vel[55] sua volicio adiuvaret.

Sic enim dicitur, quosdam milites plus[56] quam octogenarios ex fratrum consilio velle in isto negocio laborare. Non enim possunt fratres patencius ostendere, se falso loqui et proditorie populo,[57] cui istam sentenciam sic declarant, quasi[58] ab execucione istius negocii in regnis, que incolunt, expectare.

CAP. IV.[1]

Ex ista conclusione tercia inferri poterit evidenter, quod duplex[2] pater[3] istarum fratrum, scilicet dyabolus et papa,[4] ipsos necessitat exire regna et provincias et deserta loca incolere,[5] sicut olym. Nam manifeste produnt populo hereses regnorum specialiter destructivas; nam manifestum destructivum[6] est fidei regnorum credere alterum[7] istorum tam contrarie Cristo viventem esse immediatum vicarium eius a deo principaliter constitutum[8] et caput sancte matris ecclesie militantis. Hoc enim esset blasphemare in deum et credere, Cristum esse virum plus reprobum. Sed quid nocivius proditore regnorum, quam fidem, fundamentum virtutum, tam letanter destruere!

---

[48] nominabilis $CD\beta$ nominalis E [49] fuit $CE\beta$ fuerit D [50] relinquit CD reliquit E rel|in|quit *(sic)* β [51] execucione $CD\beta$ execucionem E [52] n. p. $CDE\beta$ quam E^1 *in mar. with mark of ref. to* patris   [53] existente $DE\beta, C^1$ *in mar. blank space* C [54] sua $CD\beta$ vel sua E [55] vel $CD\beta$ vel sua oracio *(cr. out & ad.)* et E [56] plus CDE om. β [57] pr. po. $CE\beta$ po. pr. D [58] quasi $CD\beta$ quam E

CAP. IV.   [1] cap. 4m C *in mar.* Ca m IIII D 4 E^2 om. β [2] duplex CD dup^x *(the* p *cr. out, therefore* dux*)* β dux E [3] pater CDE om. β [4] papa $CD\beta$ papas E [5] incolere $CE\beta$ in colore D [6] destructivum $CD\beta$ destructum E [7] alterum CDE alterutrum β [8] constitutum $DE\beta$ institutum (in *ad., above it* con) C

In cuius signum maior pars fratrum tenens cum Roberto Gilbonensi" asserit fratribus nostris contrarium, et neuter illorum fundatur in evidencia vel scriptura, sed caute divisa membra dyaboli patenter indicant, quod referunt⁹ ista fidelibus non propter fidem rutilantem in dictis, sed quia credunt per¹⁰ hoc plus placere regnicolis. Unde probabiliter creditur, quod eorum altero¹¹ quoad seculum prevalente tenerent partem reliqui, quem¹² antea adeo detestati, et supra istam infidelitatem, quam cum aliis in regnis seminant, ipsi fratres in persona sua multipliciter regna depauperant et procurant, ut ad defensionem pape, quem¹³ nominetenus approbant, populus a pecunia et personis in pugna validis¹⁴ spolietur. Et ista est prodicio satis sensibilis eciam politicis, qui plus attendunt bonorum sensibilium regni gravedinem, quam eciam ipsam fidem et cum hoc, ubi Iesus cepit facere et docere, istorum pseudofratrum subtraccio ab illo, quod fingunt se credere, movet regnicolis ab istis pseudofratribus discredendum.

Cum ergo membra dyaboli fidelibus viantibus onerosa debent sagaci prudencia exstirpari, patet ex facto multiplici horum fratrum, quomodo ipsis nolentibus a regno discedere ad hoc racionabiliter debent cogi. Nec valet¹⁵ horum fratrum simialis argucia, qua probant, quod hoc factum istorum pseudopaparum sit licitum. Sic inquiunt: pugna fuit sepe exemplata propter causam consimilem in veteri testamento, quare ergo non in novo, cum neutra pars recognoscit superiorem, cuius iudicio foret racionabiliter standum? Aliquam ergo medelam¹⁶ oportet ponere in ecclesia militante et non temptando deum singulariter suum auxilium expectare.

Ad tales multas mordosas¹⁷ argucias, infideliter proclamatas, dicitur istis simiis, quod in veteri testamento non fuit licitum po-

---

CAP. IV. " Cardinal-Bishop Robert of Cambray, Count of Geneve, by the name of Clement VII. Antipope to Urban VI.

---

⁹ referunt CDβ deferunt E ¹⁰ per CE in Dβ ¹¹ altero CE altera D alter β ¹² quem Cβ quam DE ¹³ quem CDβ quam E ¹⁴ in pu. va. CDβ va. in pu. E ¹⁵ valet CDβ videt E ¹⁶ medelam CDβE melodiam E¹ in mar. ¹⁷ mordosas Dβ mardosas C mendosas E¹, but E¹ in mar. mer

pulo dei pugnare nisi contra infideles[18] et sic in causa dei contra personam vel populum leges[19] et swasiones[20] domini refutantem. Unde si alter[21] istorum expugnari debeat, per locum a simili facto eorum supposito eciam uterque.[22] Non enim sequitur, si[23] Moyses descendens de monte occiderit[24] multa milia Israelis propter commissam ydolatriam, dicendo in fine Exodi 32[b]: hodie sanctificastis manus vestras, ergo per idem licet populo ex monitis unius istorum, quem[25] reputant[26] esse membrum domini licet false, occidere populum sibi contrarium, cum causa sit adeo[27] contraria,[28] mandans vel consulens, adeo carens auctoritate divina, et causa tantum[29] a fide extranea. Ponant ergo fratres, alterum istorum esse deum, et fidem ecclesie, quod debet credi in ipsum latria adorandum, tunc per locum a sufficienti similitudine taliter[30] monerent[31] populum. Ideo attenderent, si Cristus pro evitanda sua persecucione pontificum legis veteris fuit[32] taliter machinatus, et tunc per locum a sufficienti similitudine possent pro tempore legis gracie succedente pugna[33] in romanis pontificibus swadere. Sed non capitur efficax similitudo in rege nostro pacifico, nec causa pugne hominis tanta subest.

Fuit enim fides, quod Cristus sit caput ecclesie ab hominibus adorandus, sed non est fides ecclesie, quod alter istorum sit membrum sponse Cristi, nec ex vita eorum est verisimilis coniectura. Cristus enim legitur quoad humanitatem suam passus omnes iniurias, sed quoad divinitatem in tempore utriusque legis cum castigacione racionabili populum moderasse, sed numquam in causa sue humanitatis se ipsum de hostibus vindicasse.

[b] v. 29

[18] in D is add. in mar.: Non fuit licitum pugnare nisi in causa dei contra infideles D^1 [19] leges $C\beta$ legis ED [20] suasiones $CD\beta$ suasionem E, but above the m an s by E^1 [21] alter $CD\beta$ aliter E [22] uterque $D\beta$ utroque CE [23] si $CD\beta$ sed E [24] occiderit CDE occiderat β [25] from here on in β a new hand differing a little from the former sets in, cp. cap. II note 21 [26] reputant CE reputat $D\beta$ [27] s. a. $CD\beta$ a. s. E [28] cum ca. s. a. con. $CDE\beta$ om. F [29] causatantum $CD\beta$ causatum (!) E [30] taliter CE om. $D\beta$ [31] monerent $CD\beta$ moneret E [32] fuit CDE fuerit β [33] pugna $CE\beta$ pugnam D

Unde quoad evidenciam captam, quod medicina sufficiens ad vindicandum istam iniuriam sit posita in ecclesia militanti,³⁴ concedi debet conclusio, cum episcopus animarum, dominus Iesus Cristus, semper astat ad interpellandum pro sua ecclesia militante, et lex sua docet ex fide, quod vicarius suus specialiter debet execucionem talem dimittere et se esse indignum ad vicariam Cristi humiliter reputare. Et maius inconveniens, quod sequitur³⁵ ex istis, foret, quod ecclesia ad statum apostolicum, quem Cristus instituit sine pompa cleri³⁶ cesarea, rediret. Sed felix conclusio ista³⁷ sequens, et sic uterque istorum cognosceret Iesum iudicem suum superiorem, cuius iudicio stabit eciam³⁸ invitus,³⁹ sicut quilibet mundo potens.

Ideo idem esset in istam blasphemiam balbutire et negare fidem legis domini, vel quod Cristus Iesus deus et homo sit prelatis istis superior, quem oportet finaliter utrumque iudicare. Medicina ergo tacta superius⁽ᶜ⁾ et populo intimanda foret utrique istorum ex vita sua et factis discedere atque fidem ponere in domino Iesu Cristo et neutri istorum in causa ista consentire opere vel consensu, cum Cristus precipit Matth. 24⁽ᵈ⁾ vel in causa ista vel sibi simillima⁴⁰ pertinente: nolite credere nec abire. Et dictum istud Cristi excellit omnia dicta fratrum in ista materia assequenda.⁴¹

Sicut enim nullus fidelis viator debet se in pugna dyaboli commiscere, sic nec in pugna ista, nisi forte vitatur,⁴² quod talis preeminencia dominativa a Cristi ecclesia destruatur. Ad hoc enim consulerem fideles quomodolibet⁴³ laborare, cum sit in scriptura fundabile et multas venenosas blasphemias⁴⁴ destrueret de ecclesia militante. Sed quia persecucio et horrenda occisio imminet sic dicenti, ideo cum oracione⁴⁵ humili disponamus nos ad martirium,⁴⁶

⁽ᶜ⁾ cp. above p. 461   ⁽ᵈ⁾ v. 23; 26

---

³⁴ militanti *CE*   militante *Dβ*   ³⁵ sequitur *CE* sequeretur *Dβ*   ³⁶ cleri *CDβ* tali *EF*   ³⁷ c. i. *CDβ* i. c. *E*   ³⁸ st. ec. *CDE* e. st. *β*   ³⁹ invitus *E* invictus *β* invitus *C, but between* vi *and* t *a* c, *above* us *an* a *is add. (therefore* invicta) invicta *D*   ⁴⁰ simillima *C* simili *E* similia *Dβ*   ⁴¹ assequenda *CD* asserenda *Eβ* .   ⁴² vitatur *CEβ* vincatur *D*   ⁴³ quomodolibet *CDβ* quemlibet *E*   ⁴⁴ in *D is add. above the col.:* Leges novas plus appreciant quam leges Cristi *D¹*   ⁴⁵ oracione *CDβ* racione *E*   ⁴⁶ martirium *CDβ* matrimonium (? magisterium) *E*

memores celestium premiorum. Et sic evadetur dei temptacio et recludetur fratrum preconisacio, quomodo sunt anticristi precones, sicut Baptista ⁻fuit in vita et opere preco Cristi. Nec scio excusare populum a ceca ignorancia, qua in verbis et factis fra-
5 trum taliter tenebratur. Et patet nuditas argucie simialis, qua concluditur, quod deprimens papam suum sit tamquam proditor suspendendus eo, quod falsarius monete, per quam quis cibum emeret, sit propter corporalem prodicionem*⁷ racionabiliter occidendus.

10 Nam uterque istorum paparum nec ostendit in vita sua cesaris ᵉ nostri ymaginem, nec docet frater vicarius talis pape, quin foret expedicius militanti ecclesie carere tali papa cesareo conformiter legi Cristi. Et conformiter dicitur ad omnes argucias, per quas pseudofratres sciunt in ista materia populum informare. Nam
15 probacio atque responsio est patens fidelibus, sed cordata affeccio rara,*⁸ invenibilis, eo quod multorum caritas refrigescit.*⁹ ˙

Et conformiter tractari et declarari potest tota materia capitalis anticristi.

Ex istis patere potest, quomodo un(o)⁵⁰ istorum pseudopaparum
20 exstingwente reliquum, qualiter obediri⁵¹ debet superstiti secundum formam ewangelii prius ᶠ dictam.⁵²

CAP. V.¹

Sed quia non claret ex predictis de perfeccione ordinis sive² status, notandum est, quod quecunque signa sensibilia sunt impertinencia statui virtutum, nisi de quanto viatores³ facilitant ad opera
25 virtuosa.⁴

Cristus enim, qui non est acceptor personarum, indifferenter

ᵉ *i. e. of Christ*   ᶠ *cp. p. 465*

---

⁴⁷ prodicionem Cβ   perdicionem ED   ⁴⁸ rara CDβ   raro E   ⁴⁹ refrigescit CEβ   refrigescet D   ⁵⁰ *the codd. read* unus   ⁵¹ obediri CDβ   obedire E   ⁵² dictam C   datam DE   dictam etc. β

CAP. V.   ¹ Caᵐ 5ᵐ C   V E²   om. Dβ   ² sive CDE   sui β   ³ viatores CDE   viatorem β   ⁴ *in D is add. in mar.:* Notandum est quod quecunque — virtuosa *(as the text runs)* D¹

dat graciam quoad locum, quoad signum sensibile et quoad ritum, sed[5] oportet ex fide capere. Ideo omnes status vel ordines, quos patroni isti privati invenerant, nichil valent, nisi de quanto docetur ex fide vel racione, quod ipsos facilitant ad opera virtuosa.

Tria autem sunt, ex quibus videtur, quod ritus fratrum ipsum[6] in bene agilibus difficultant.[7] Primum est, quod sine fundacione aggregant sibi globum in fratribus nec eciam ordine nec numero mensuratum.[a] Ex hoc enim necessitantur ecclesie esse onerosi,[b] fratres inhabiles ad ordinem suum recipere et indebite a pauperibus mendicare. Ubi, queso, est maior blasphemia,[8] quam iuvenem indiscretum a suis parentibus spoliare et sibi regulam ad sui interitum limitare? Non enim sciunt fratres, si complexioni et carismati, que deus tribuit tali iuveni, convenit specialis observancia, ad quam stringunt, cum uni conveniat unus modus et alii alius, secundum quod deus limitat sibi a suis fidelibus deserviri. Et si dicatur, quod cadit dispensacio preposita cum tali indisposito ad observanciam huius ritus, consideret fidelis practicam, quomodo oportet ad dispensacionem talem curiam romanam sepe expetere[9] et habita[10] dispensacione communi[11] frater quantumcunque indigens non participabit illa nisi symoniace vel iocosis mendaciis vel mediis expresse illicitis.

Et hinc multi fratres propter talis ritus religanciam tam corporaliter quam spiritualiter moriuntur. Unde nec Cristus voluit nec suus apostolus ausus fuit regulam talem generalem signare[12] cuicunque homini sui ordinis observandam, quia eo ipso, quo quis in talem ordinem inductus[13] fuerit et deus disposuit sibi tam naturalia quam gratuita, secundum que wlt sibi extra talem statum deserviri, talis ordo expresse blasphemat in deum, ac sic dei ordi-

---

CAP. V. [a] cp. Arnold, S. E. W I, 147; 296; [b] cp. ibid. 298

---

[5] sed CDβ sicut E [6] ipsum CDβ ipsos E [7] in D is add. in mar.: Tria fratrem difficultant D[1] [8] m. b. CDE b. m. β [9] expetere CDβ repetere E [10] hab. in E corr. in the mar. by the texthand [11] communi Cβ,E (here corr. upon an erasure) consequenti D [12] signare CDβ significare E [13] inductus E indutus CDβ

cap. V.]   *DE PERFECTIONE STATUUM.*   469

nacionem ex cognicione [14] eterna divinitus regularet, sed que maior blasphemia? Et breviter pensata racione legis domini de furto bovis eius vel [15] asini, quomodo debet fieri retribucio? Vel secundum leges
5 gencium fur debet suspendi, secundum racionem patulam frater [16] sic furans puerum debet tantum vel amplius cruciari. Nec subest sibi fugiendi racio, nisi quia [17] lucrifaciat [18] spiritualiter puero et sic patri pueri vel tutori, sed cum non doceat, quod sic fingit plus quam furans bovem, [19] docet, quod exhonerat [20] et proficit possessori nec
10 sic vel potest fide iussorem invenire, qui illud [21] spirituale lucrum patri vel puero testaretur, videtur secundum legem dei et racionem, quod talis fratrifactor [22] ex hoc racionabiliter punietur.

Si ergo talis phariseus seducens puerum facit eum occasionaliter filium gehenne modo, quo Cristus docet Matth. 23,[c] quanto
15 magis debet puniri acrius ex sua presumpcione blasphema, cum ultra bovem vel asinum perdidit tam corpus quam animam fratris sui? Talis ergo blasphemus secundum legem veterem debet a toto populo lapidari.

Secundus ritus sensibilis, ad quem religiosi privati ex suo or-
20 dine obligantur, est tradicionum [23] suarum observancia [24] eciam ultra mandata decalogi vel consilia [25] domini Iesu Cristi. Et tradicio ista necessitat ipsos ypocritas infringere mandatum domini.[d] Nam quidquid in tradicionibus suis de novo instituunt, est [26] propter apparenciam religionis super alios, et cum signa ista sensibilia infi-
25 ciant sanctitatem, patet, quod ut sic sunt ypocrite.

Quid enim, rogo, facit habitus corporalis, claustrum sensibile vel quecunque alia tradicio a fratribus adinventa? Revera nichil facit ad sanctitatem eorum, sed est ypocrisis sue manifestum iudi-

---

[c] *v. 15*   [d] *cp. Wilkins, Conc. M. Brit. III, 344*

[11] cognicione $CD\beta$ cogitacione E [15] vel $CD\beta$ ac E [16] frater $CE\beta$ fur D [17] quia $CD\beta$ qui E [18] lucrifaciat CE lucrifacit $D\beta$ [19] f. b. $CD\beta$ b. f. E [20] exonerat $CD\beta$ exhonerat (h *ud.*) E [21] illud CE istud $D\beta$ [22] fratrifactor $CD\beta$ fratrifactor (factor *ud.*) E, *in mar. is add.* fur E^1 [23] tradicionum $CD\beta$ transdicionum E [24] *in D is add. in mar.:* Secundus D^1 *in* β *in mar.:* Tradiciones religiosorum β^1 [25] consilia CE consimilia $D\beta$ [26] est $CD\beta$ et E

cium. Cum enim tam virtuose et tam edificatorie posset[27] vivere sine tali signo sensibili, ipsum nichil facit, si non ypocritice ostendat illusis sensibilibus,[28] || quod sicut signa ista habent propria, sic habent singulariter et excellenter propriam sanctitatem; quod cum sit falsum, patet ypocrisis.

Cum enim ypocrisis sit falsa simulacio sanctitatis,[29 e] patet, quod tota fratrum religio in[30] falsa simulacione huiusmodi est[31] fundata. Unde inter alia peccata videtur michi, quod ypocrisis est magis contraria domino Iesu Cristo. Nam directe opponitur veritati, que deus est, patule[32] docet artem mendacii, innititur[33] pervertendo ordinem divinum[34] ipsi illudere et ecclesiam per sophismata dyaboli defraudare.

Cum enim deus magis appreciatur sanctitatem in homine, patet, quod falsa eius simulacio tamquam magis sibi odibilis magis opponitur veritati, et cum false fingunt, se habere bonitatem moralem, a qua deficit, patet, quod toto studio dogmatizat artem mendacii.

Et quantum ad tercium[35] patet, quod ordo divinus exigit, quod sanctitas ab insensibili ad sensibile ordinatur, cum a deo, insensibili primo,[36] originatur[37] sanctitas in animum viatoris et ab ipso erumpat ad[38] opera sensibilia atque signa. Ypocrisis autem omnino pervertit ordinem hunc; ideo quantum in se est, nititur fraudare dominum[39] veritatis et sic[40] ecclesiam Cristi, quoad sensibilia necessitatur attendere, defraudat multipliciter et cautelas venenosas dyaboli introducit.

Unde quidam philosophi vocant sophistam ypocritam dyaboli. Sophista enim ex loquacitatis apparencia cupit apparere esse sapiens sine sapiencia existencia. Unde mussitant sophistice super ista de-

---

[e] cp. *Trial.* 432

[27] posset $CD\beta$ potest E [28] *in C above fol. 153^h is add.:* Nota de ypocrisi C^u [29] *in β is add. in mar.:* Ypocrisis quid β^1 [30] in $CD\beta$ est in E [31] est $CD\beta$ om. E [32] est pat. $CD\beta$ est est *(the latter cr. out & ud.)* pat. E [33] innititur $CD\beta$ innitur E [34] divinum $CDE\beta$ dominium C^1 *in mar.* [35] *in D is add. in mar.:* Tercia D^1 [36] primo $CD\beta$ primum E [37] originatur $CD\beta$ ordinatur E [38] ad $CDE\beta$ in E^1 *in mar.* [39] dominum $CD\beta$ domini *(? dominium)* E [40] sic CDE om. β

scripcione, quod descriptive sophista sit ille,[41] qui apparet esse talis, qualis non est, et cum hoc ponatur, quod sortes[42] appareat esse sophista, tunc sophiste mussitant, si sortes[43] in casu isto[44] sit sophista vel non; si sic,[45] cum apparent esse sophista, tunc est talis, qualis apparet, et iuxta descripcionem non ut sic est sophista, si[46] in casu isto non sit sophista et apparet[47] esse sophista, tunc apparet[48] esse, qualis[49] non est et iuxta descripcionem quilibet huiusmodi est sophista, ergo est sophista.

Sed quomodocunque sit de istis arguciis, certum est, quod ypocrita, in quantum huiusmodi intricat se ipsum per illusionem dyaboli quoad deum, quia secundum Chrysostomum[50]*f* melius est esse sanctum quam apparere sanctum, sicut peius est esse reprobum, quam apparere esse[51] reprobum, cum apparencia in primo potest inesse homini vicioso[52] eo, quod dyabolus transfigurat se in angelum lucis, et apparencia in secundo ponit illusionem iudicii de sancto homine reputari. Ypocrita ergo tamquam stultissimus[53] sophista dyaboli appetit minus bonum vel eciam maius malum, et sic postponit bonum valde eligibile propter malum. Nec mirum, quia dyabolus auctor false apparencie[54] seducit suum iudicium, cum veritatis existencia sit fugata. Ideo dicit Chrysostomus: aut esto, quod appares, aut apparere,[55] quod es.

Unde inter omnia peccata, que deus umquam permisit esse in ecclesia militante, peccatum ypocricis est magis fugibile,[56]*g* et in diebus novissimis secundum apostolum plus illusivum[57] ecclesie, unde originatur in stabulo falsitatis. Ideo signanter adiungit[58]

---

f I have not been able to verify this quotation, as the reference to St. Chrysostom is too general   *g* cp. Trial. 432: duplex iniquitas

---

[41] in β is add. in mar.: Sophista quis β[1]   [42] sortes CD   sor E   soror (?) β   [43] sortes C,β (clearly so)   sor E   sor. (sic) D   [44] c. i. CEβ   i. c. D   [45] sic CDE   sit β   [46] si CE ut Dβ   [47] et iuxta descr. — apparet CDEβ,F[1] in mar. om. F   [48] apparet CDE   in β an illegible abbreviation   [49] qualis CDEβ, in E is add. in mar.   talis E[1]   [50] in D is add. in mar.: Chrysostomus D[1]   [51] esse CDβ om. E   [52] vicioso DEβ   virtuoso C   [53] stult. CDE   subtilissimus (underlined) stult. β   [54] apparencie Dβ   apparencia CE   in C in mar.: Nota   [55] all the codd. read apparere   [56] in D in mar.: Peccatum ypocrisis magis fugibile D[1]   [57] illusivum CDE   illusum β   [58] adiungit CEβ   adiunxit D

apostolus,[h] quod periculum et in falsis fratribus, cum notorium sit, si habitus corporalis fratris vel ritus aliquis[59] sensibilis sui ordinis menciatur, mendax est et gerens illum habitum ac ecclesie per suas adinventas[60] fallacias seductivus. Nec prodest sua adinventa religio, sed tam ipsis religiosis quam ecclesiis multum obest,[61] cum omnia bona virtutis, que faciunt, facere possunt[62] liberius ac meritorius secundum religionem simplicem cristianam et in studio discendi hunc[63] ordinem, in studio servandi et in studio sustinendi consistit occupacio inutilis et infructuosa et toti ecclesie tediosa.

Quis ergo excusare posset has sectas, quin dimisso Cristi ordine blaspheme eligant minus bonum? Ymo toti prospecto[64] diligencius videri posset studenti, quod tota sua religio blasphemia sit permixta.[i]

Unde inter omnia monstra,[65] que umquam intrarunt ecclesiam, monstrum horum fratrum est seductivius, infundabilius et a veritate ac caritate distancius.[k] Modicum quidem esset, quod interiora sui corporis locata forent extrinsecus et e contra. Sed si sint[66] oves extrinsecus quoad apparenciam, lupi intrinsecus quoad existenciam, et serpentes in opere quoad intoxicacionem ecclesie, ubi est periculosius monstrum mundi?[67] Unde Matth. 7[l] dicit Cristus: attendite a falsis prophetis, qui veniunt ad vos in vestimentis ovium, intrinsecus[68] autem sunt lupi rapaces a. f. n. e. c. e.[69] Ubi probari[70] videtur[71] ex sapiencia Cristi volentis munire[72] suam ecclesiam et ex practica fratrum fallacia,[73] quod[74] premunit suam ecclesiam, ut caveat de periculosa fratrum versucia, que postmodum in sua ecclesia est futura.

Omnes enim illi sunt falsi prophete in vestimentis ovium fide-

---

[h] cp. II Cor. 11, 26 [i] this is one of the heretical passages, cp. Wilkins, Conc. III, 344 [k] cp. ibidem [l] v. 15

[59] aliquis $CD\beta$ alius E [60] adin. $CD\beta$ novas (cr. out & ud.) adin. E [61] obest CDE prodest (cr. out) β, above it obest β^1 [62] possunt $CD\beta$ possent E [63] hunc EF habent (?) $CD\beta$ [64] prospecto CE perspecto $D\beta$ [65] in D is add. in mar.: Monstrum D^3 [66] sint $DE\beta, C^1$ in mar. sunt (ud.) C [67] mundi $CD\beta$ mundo E [68] intrinsecus $CE\beta$ intus D [69] a. f. n. e. c. e (sic) C a. fructibus enim eorum co. e. (sic) E [70] probari $CD\beta$ probabiliter E [71] videtur CDE pidetur β [72] munire CDE nimire β [73] fallacia $CD\beta$ fallaci E [74] quod CDE que β [75] caveat $DE\beta$ cavet C

libus sedule venientes. Non enim manent fixi in heremo vel in claustro, sed attente visitant fideles, quos divites reputant quoad mundum et in suo habitu falsissime simulant sanctitatem, ac si forent oves immaculate et in vita ac opere innocentes. Et hoc
5 secundum institucionem eorum colorum et forma sui habitus cum figura. Dilatant enim filateria et magnificant fimbrias[76] suas,[77] cum inquiunt, totus habitus exterior et interior cum cunctis suis circumstanciis dicit eis sanctam observanciam mandatorum et ultra, quam pharisei legis veteris, dilatant et magnificant libros suos istos[78] ex
10 sua stulticia adinventos. Unde preter onerosum abusum, quem habent in consumpcione amplitudinis suarum[79] vestium blasphemant ad spiritualem sensum tunc remuneracionem novissimam, que in fine vite sue per commenta mendacii est pictata. Et sunt lupi rapaces[80] in querendo temporalia egenorum et cum quibuscunque
15 communicant, ipsos tamquam serpentes intoxicant in opere cum heresi vel fallacia falsitatis.

CAP. VI.[1]

Tercia autem condicio, qua fratres blaspheme magnificant statum suum, stat in sua obediencia prelato suo, quem eligunt, ut Priori, Provinciali, Generali vel quomodocunque[2] aliter voluerint nominare.
20 Tantam autem virtutem ponunt in hac obediencia, quod, quidquid ipse mandat, ut faciant, virtute istius obediencie cedet ad meritum facientis,[3] ut, si ipse mandaverit, dimisso sancte[4] predicacionis officio, fenum colligere, egenos et pauperes per cautelas suas sophisticas spoliare vel contra regulam propriam in vescibilibus, habitacio-
25 nibus aut quibuscunque usibilibus[5] limitate[6] quamcunque excedere, hoc est licitum et meritorium virtute istius obediencie, cum prelato

---

[76] *in* D *is add. above the col.:* Dilatant enim *etc.* — fimbrias *(as the text runs)* D^1 [77] suas CE *om.* $D\beta$ [78] istos $DE\beta$ ex *(ud.)* istos C [79] suarum D suorum $CE\beta$ [80] *in* D *is add. above the col.:* Lupi rapaces D^1

CAP. VI.   [1] 6m C,E^2 *in mar.* ccc *(!)* β *om.* D   [2] quomodocunque $CD\beta$ quocunque E [3] facientis $C\beta$ facitis E facilitatis D [4] sancte $CD\beta$ sancto E
[5] usibilibus *in* β *corr. from* visibilibus   [6] limitate $CF\beta,E$ *(!)* usitata limitate D

suo in isto obediens eo, quod bene potest fieri,[7] debet ultra prevaricacionem decalogi cruciari.

Talia sunt multa porismata scole dyaboli, per que seducit has mendosas sectas noviter introductas.

De obediencia[8] autem dictum est diffuse alibi,[a] quod nichil valet, nisi de quanto docet vel excitat ad obedienciam domino[9] Iesu Cristo.[10b] Sed cum sepe ab ista obediencia dictus ordo stultos distrahit, auffugi debet a fidelibus ut venenum. Ubi, queso, est magis blasphema stulticia, quam cuicunque prelato[11] subici, quantumcunque stultus aut viciosus fuerit et eleccione dampnabili prepositus[12] sanctis et sciolis, qui secundum doctrinam et libertatem[13] episcopi animarum posset secundum fidem sue regule deo et sue ecclesie deservire. Ubi, queso, est maior blasphemia, quam ex eleccione universali[14] sepe dampnabili credere vel supponere, quod prelatus talis in mandato[15] equivaleat vel supra dominum Iesum Cristum.

Fingunt enim, sed false, isti ypocrite, quod deus decipere posset humanitus fidelem populum, quem gubernat, sicut videtur dominum Armenium[c] dicere tollendo argumentum, quo[16] ex dictis Cristi[17d] videtur[18] concludi, quod cuncta, que evenient, necessario

---

CAP. VI. [a] cp. De Ordine christiano, cp. 5: ulterius videndum est breviter, quomodo secundum religionem cristianam fidelis debet tali preposito obedire. Et premissa distinccione de obediencia videtur, quod nullus cristianus debet obedire tali preposito nisi obediencia resistitiva etc. in cod. 4527 (Vienna) fol. 123b. With ref. to this, cp. Arnold, S. E. W. I, 82: Men may undirstonden amys þis obedience to Crist etc., also ibid. 85 [b] And herfore shulde we trowe þat ech obedience to man is as myche worþ as it techiþ obedience to God etc., Arnold ibid. 82 [c] thus the codd.; I believe, from dominus that Richard Fitzralph (Armacanus) is meant here [d] cp. Matth. 24, 6 ff.

---

[7] frater CDEβ fieri F (a corr. word) [b] in C is add. with ref. to this above the col.: Cui sit obediendum [9] domino CDβ om. E [10] Cristo CDβ Cristi E [11] prel. CDβ stultus (ud.) prel. E [12] prepositus CDβ propositus (cr. out.) E, but there is no marginal correction corresponding to it [13] d. et l. CDE l. et d. β [14] quam ex eleccione universali (the two last words on an erasure) E quamquam ex cumulacione tali CDβ quamquam exclamacione universali F [15] mandato CE manifesto D,(!)β [16] quo Dβ que CE [17] Cristi CEβ om. D [18] dominum Armen. etc. — videtur CDEβ om. F

sunt futura. Cum ergo, ut false[19] fingunt, precepcio talis prelati, qualitercunque viciose electus fuerit, debet regulariter[20] observari, patet, quod ipsum preponunt blaspheme[21] domino Iesu Cristo, et in hoc est heresis ista[22] stulcior,[23] quod ipsum sepe vident in per-
5 sona propria se ipsum ducere per devium viciorum. Quomodo ergo talis cecus, si ceco ducatum prestet, nonne ambo in foveam cadunt?ᶜ

Similiter cum tale indifferens vel irracionabilitatem sapiens posset esse tam meritorium ex mandato prepositi, sicut est mandatum domini Iesu Cristi, et Cristus nichil potest precipere, nisi
10 prius naturaliter, antequam ipsum precipiat, sit consonum racioni, videtur, quod prelatum suum tam infundabiliter et viciose electum blaspheme magnificant supra dominum Iesum Cristum.

Similiter secundum fidem mandati[24] Cristi generaliter utilius homini debet[25] preponi, sed talis electus prelatus virtute sue obe-
15 diencie, ut inquiunt, sepe interimit hoc mandatum, ergo sibi[26] iuxta suam stulticiam obedire debent, ultra quam debent obedire episcopo animarum.

Si enim virtute talis private obediencie non debent prelato suo[27] nisi in precepto domini obedire, et tantum debuerunt ante
20 professionem privatam, videtur, quod ex professione huius vane religionis non obligantur amplius quam per ante. Sed constat[28] in facto opposito,[29] cum subiectus tali prelato regulatur per ipsum quoad locum et tempus, quoad vescibilia et usibilia et breviter quoad omnia accidentalia vite sue. — Nec dubium, quin
25 talis prepositus in mandatis suis sepe contrariatur monitis dei sui, ut ubi homines[30] debent esse invicem[31] subiecti et quantumcunque sufficiunt, magis prodesse ecclesie, prelatus talis limitat, quod obe-

---

ᶜ cp. the very same idea in De Relig. van. Mon., above p. 440

---

[19] false CDE,ʃ, E, but with mark of ref. to false in mar. tales fingunt Eᶦ
[20] regulariter CD,ʃ realiter E   [21] blaspheme DE,ʃ blasphemo C   [22] ista CDE om. ʃ   [23] stulcior DE,ʃ stulticior C   [24] mandati C,ʃ mandata DE
[25] debet CD,ʃ debent E   [26] sibi DE,ʃ,Cᶦ in mar. si (?) C   [27] suo CD,ʃ om. E
[28] constat DE,ʃ asstat C   [29] oppositum E,Fᶦ in mar. oi (sic) C (blank space), in mar. is add. nᵐ (assumptum) Cᶦ omnium D,ʃ alium (cr. out) F   [30] homines CD,ʃ homies E (compend. om.)   [31] invicem F,E. in mar. is add. simul Eᶦ in vitis CD,ʃ

diencia sibi singulariter reservetur et ne a dignitate sua degeneret,³² quod non obediat suo subdito, sicut precepit³³ sanctus Petrus,ᶠ ymo sepius unus prelatorum precipit suo subdito, ut unum faciat et alius prelatorum superior aut³⁴ inferior precipit eidem subiecto, ne omnino faciat preceptum ab altero prelatorum sic, quod tales pre- 5 lati nedum sunt Cristo contrarii, sed eciam sibi ipsis sic, quod tales taliter stulte subiecti prepositis dicere possent hoc metricum:³⁵

Dixit buffo crati: maledicti tot dominati!

|| C fol. 155ᵃ || Non enim maius dominium vendicat secularis dominus vel eciam dyabolus super suum subditum, quam vendicat talis electus 10 prepositus super suos subditos,³⁶ super quibus secundum leges hominum habere dicitur prelaciam.

Tales enim leges private sicut leges terrene sunt diligencius³⁷ quam mandata decalogi observate. Ideo cum homo sit tam finite capacitatis ac observancie, patet, quod tales private obediencie 15 distrahunt ab obediencia facienda domino Iesu Cristo. Ymo patet ex fide scripture et regulis³⁸ consciencie cum practica, quod tales religiosi communiter sunt perplexi. Nam ex fide non debet subditus obedire alicui tali prelato, nisi de quanto Cristus prius et principalis³⁹ illud mandat, sed subditus sepe debet habere⁴⁰ 20 scrupulum consciencie vel evidenciam in contrarium, quod dominus sic mandat, ergo debet sepe habere conscienciam mandatum talis prepositi adimplendi. Et super isto morsu consciencie multi langwent, nec est possibile nobis narrare⁴¹ blasphemias cunctas, que sunt per tales fictas obediencias introducte. 25

Nec dubium, quin non solum redundant⁴² ad onus et dampnum religionis talis private, sed ad dampnum tocius militantis ecclesie. Et patet studiose veritas⁴³ istius principii, quod bene foret mili-

---

ᶠ cp. I Pet. 5, 3; also I Cor. 3, 5

---

³² degeneret CEβ   digneret (? degneret) D   ³³ precepit CE   precipit Dβ
³⁴ aut CDβ,E, but in mar. is add. eo E¹   ³⁵ in CD is add. in mar.: W' (?) in
β: vero (texthand)   ³⁶ subditos CEβ subiectos D   ³⁷ diligencius CDβ dilencius E (compendium om.)   ³⁸ regulis DEβ,C and C¹ in mar.   ³⁹ principalis
CDE   principalius β   ⁴⁰ habere CDβ,E¹ close below the line (the column ends
with debet) om. E   ⁴¹ narrare CDE   variare β   ⁴² redundant C   redundant
DEβ   ⁴³ st. v. CDβ   v. st. E

tanti ecclesie, si pure observaret sine talibus fictis tradicionibus legem Cristi. Nam quidquid, superadditur vel ab ista subtrahitur est peccatum.

Et intelligendo superaddicionem sentencie tamquam legis, ut
5 leges novelle sunt tantum vel plus appreciate, quam lex dei eterna, ut patet de studio de profectu vel premio, quod[44] hic accipimus propter illam, et nichil infidelius et magis hereticum, cum lex legiferi[45] et ipse legifer[g] debent eque laute diligi. Et sic contra primum mandatum decalogi cultores tradicionis[46] humane diligunt[47]
10 legem suam et eius legiferum plus quam deum.

Si ergo sit peccatum dampnabile, habere pondus (et pondus) vel aliam mensuram duplicem pro proximo in temporalibus defraudando, quanto magis peccatum est gravius iniuriari deo in volucione animi magis diligibile postponendo? Et ad istam fraudem religiosi
15 isti novelli sunt insolubiliter implicati, quia, ut dicit sua obligacio et wlgaris[48] eleccio, plus obligantur suo ordini quam religioni simplici cristiane; et lex dei dicit oppositum. Ideo necessitati sunt vel fraudem facere deo vel ordini suo vel ipsum tamquam venenosum contempnere.

20 Ideo cum magnam vim habet simplex[49] cristiana religio, videtur multis probabile, quod quilibet de religione ista privata et specialiter prelatus vel eius prepositus principalis debet ipsam contempnere et quantum sufficit eius observanciam destruere. Nam illud[50] implicat humana religio, cui plus quam isto privato ordini
25 singulari[51] obligantur. Nam cum ista privata religio quodammodo diminuit accidencia et observanciam[52] religionis simplicis cristiane, ipsa debet[53] tamquam preponderans cum qualibet parte sua[54] atque cremento plus diligi. Patet conclusio.

---

[g] *i. e. Christ, cp. De Vaticinatione, cod. Prag. II. G. 11. fol.* 224[b]

---

[44] qu. *CD*; eterno *(cr. out)* qu. *E*   [45] legiferi *F*   legifer *CD*;   [46] tradicionis *CE*; tradiciones *D*   [47] hum. dil. *CDE*; humane diligenter cultores trad. hum. diligunt *F*   [48] wlgaris *CD*; wlgaris *E*, altered into wlgaica *E¹* wlgata *F*
[49] simplex *CDE* om. β   [50] illud *CDE* id β   [51] singulari *CDE* singuli *F*;
[52] observanciam β   observancia *CDE*   [53] debet in β in mar. by the texthand
[54] sua *CD*; om. *EF*

Unde si per impossibile forem prelatus privati ordinis, ut verbi gracia Prior ordinis mendicancium generalis, implicarem prudenter aut tacite, quod quicunque subiectus ordinem illum dimitteret et purum ordinem Cristi acciperet,[55] cum hoc foret deo honorificencius, subiecto meo utilius et ecclesie undique bonum maius. Quomodo ergo forem excusabilis dogmatizando oppositum, ut si per valde contingens cognoscerem multos esse ‖ hereticos in[56] secta mea privata et ex conglobacione[57] mutua sese inficere, quomodo forem sequax Cristi aut implens, ut debeo,[58] legem suam, nisi facerem vel niterer,[59] quod[60] tales ab invicem separantur.

| C. fol. 155b

Paulus enim precipit ad Tit. ult.[h]: hereticum hominem post primam et secundam correpcionem devita, et Cristus precipit Matth. 18[61 i]: si peccaverit in te frater tuus post trinam correpcionem,[62] quam ostendit, quod sit tibi sicut ethnicus et publicanus.

Nec valent excusaciones istorum ordinum hodie adinvente nisi ad aggravandum eis peccatum altrinsecus in suo crimine. Dicunt enim infundabiliter et contrarie legi Christi, quod talis apostata[63] debet in carcerem tetrum recludi[64] et[65] usque ad mortem, ne ordo scandalizaretur,[66] varie cruciari.[67] Certum est autem, quod libra stulte affeccionis errat notabiliter in hac parte.[68] Nam propter talem animam, quam cruciant, redimendam Cristus passus est mortem, et isti plus ponderant tradicionem suam frivolam quam animam ipsam, quam a sibi probabili[69] deus predestinaverit[70] ad gloriam, ymo[71] multi dampnabuntur,[72] ut probabiliter creditur ex ductu per

---

[h] cap. 3, 10   [i] v. 15 ff.

---

[55] *in D is add. above the col.:* Postponere privatam legem et purum ordinem Cristi accipere *D²*   [56] in *CDβ* ei *(cr. out)* in *E*   [57] conglobacione *CDβ* globacione *E*   [58] debeo *CDβ* deo *E (compendium om.)*   [59] niterer *in E written on an erasure*   [60] quod *CDβ,E¹* corr. into the text om. *E*   [61] 18 *EDβ* 28 *C, but 2 ud., above it 1*   [62] correpcionem *CDβ* correccionem *E*   [63] apostata *CDE* aposttota *β*   [64] *in D is add. below the col.:* Incarcerant propter suas tradiciones usque ad mortem *D²*   [65] et *CDβ* et *(cr. out & ud.) E*   [66] scand. *in β a correction has taken place*   [67] cruciari *CDβ* cruciandus *EF*   [68] *in β is add. in mar.:* Incarceracio religiosorum est erronea *β¹*   [69] probabili *CDβ* probali *E (compend. om.)*   [70] predestinavit *CD, E (!)* predestinat *β*   [71] ymo *CDβ* ut *E*   [72] dampnabuntur *Eβ* dampnabunt *CDF*

tradiciones istas frivolas, incarceraciones et penas alias, qui libere viventes in seculo sub suavi iugo domini salvarentur.

Que ergo presumpcio, sine[73] summa auctoritate vel racione sic incarcerare fratres et a libertate legis domini impedire, cum dominus dicat per prophetam Iesa. 58[74k]: dissolve colligaciones impietatis, solve fasciculos deprimentes, dimitte eos, qui confracti sunt, liberos et omne onus disrumpe? Ubi videtur primo tales privatos ordines precipiendo dissolvere[l]; si enim secundum prophetam Ezech. 16[m] peccatum Sodome quadruplex fuit iniquitas, quanto patencius[75] aggregacio ex suis tradicionibus ac privilegiis est colligacio iniquitatis seu[76] impietatis. Et si ceremonie legis veteris propter suam gravedinem et multitudinem[77] cessari[78] debuerant in lege gracie, quanto magis tradiciones hominum[79] infundabiliter ficte et ultra cerimonias legis veteris multiplicate isto tempore legis gracie debent solvi?[80 o] Licet enim sint fasciculi comburendi, cum propter suam multitudinem et stultam observanciam premunt multos et usi (?) nec[81] multi ex cecitate tradicionis frivole sunt confracti,[82] debent abire liberi per[83] dei graciam sic salvati,[84] sed nunc dampnabiliter in carcere sunt inclusi et breviter, quecunque observancia humana resistens spiritui sancto, que est duccio dei spiritu, onerosa debet[85] disrumpi.[86]

Unde isti privati ordines communiter resistunt spiritui sancto et per consequens sibi ipsis et unum peccatum videtur ordinibus istis esse proprium,[87] quod si quis secundum regulas caritatis nititur ordinibus istis consulere, vel ad puram legem dei[88] secundum suum

---

[k] v. 6 [l] this is one of the heretical sentences, cp. Wilkins, Conc. M. Brit. III, 344 [m] c. 46 ff.

[73] sine E cum CDβ [74] 58 CDβ 54 E [75] patencius CDE potencius β [76] iniquitatis seu E om. CDFβ [77] et multitudinem C(?) F et multiplicitatem Eβ multiplicem D [78] cessari CDβ cessare E [79] in D is add. in mar.: Cerimonie cessari debuerunt, quam magis tradiciones hominum D[1] [80] solvi CDβ dissolvi E [81] nec CDE nunc Fβ [82] confracti DEβ confracte (e ud., above it i) C [83] per CDEβ, in E is add. in mar. et E[1] [84] salvati CDβ salvari E [85] debet CDβ debent E [86] dirumpi CEβ rumpi D [87] e. p. CDE p. e. β [88] l. d. C d. l. Dβ dei purum (cr. out) d. l. E

ordinem inclinare,[89] reputant illum esse hereticum legi domini repugnantem. Cum tamen ipsi debeant[90] iuvare ad finem istum et tollendo tradiciones istas frivolas ab antiqua malicia se purgare. Et super isto peccato dyaboli dominus non quiescit.

Certum quidem est, quod stantes in istis ordinibus, licet videantur[91] facere multa bona de genere et populo esse sancti, tamen consenciunt iniquitati istorum ordinum sex modis famosis,[n] et sic perturbant ecclesiam militantem, et ista iniquitas per ypocrisim est celata.

Si ergo in presencia solis iusticie[o] Scarioth traxit[92] aliquos ad consensum, quod ungenti preciosi effusio super caput domino fuit perdicio, — ut patet Matth. 26[p]: aliqui, ‖ inquit ewangelium,[93] dicebant ut[94] quid perdicio ista,[95] ubi patet, quod contaminabilis avaricia Scarioth duxit alios ad consensum, — quanto magis in istis ordinibus, ubi persone, que videntur esse bone, sunt magis fragiles dei gracia plus ab istis conventibus elongata[96] et dyaboli cautele plus quam Scarioth seminate? Sicut ergo prophete habuerant penam[97] multiplicem, quia tacuerant[98] ad defensionem legis domini dicere veritatem, in qua causa occisi sunt apostoli, quanto magis stantes in istis ordinibus debent propter amorem legis domini et fratrum suorum constanter eis dicere veritatem!

Sicut enim Cristus, quos amat, arguit et castigat, sic conversans cum fratribus dicet[99] eis constanter, sed cum moderamine, legem Cristi.

---

[n] the sex 'modi famosi consentiendi' are frequently referred to by W. in his Polemical Tracts, cp. for instance above p. 440 cod. 4527 fol. 145[b] De Relig. van. Mon.: Nota 6 species consensus:
Consentit cooperans, defendens, consilium dans
Ac auctorizans, non iuvans, nec reprehendens.
[o] i. e. of Christ [p] v. 8

[89] incl. corr. in β [90] debeant CDβ om. E, but in mar. is add. debent E[1] [91] videantur CDβ videant E [92] traxit CDβ trahit E [93] ew. CDβ est (cr. out) ew. E [94] all the codd. read ut (not ad) [95] ista CEβ ista etc. D [96] elongata DEβ elongate C, above the end-e an a [97] penam CDβ pennam E, in mar. is add. penam (? penna, pena) E[1] [98] tacuerant CDβ tacuerunt E [99] dicet CDE diceret β

Et maius inconveniens, ex hoc sequens,[100] foret solucio istorum ordinum privatorum et[101] resolucio in simplicem ordinem et servicium cristianum. Sed felix conclusio, nec tardatur eius complecio, nisi propter desidiam[102] fidelis populi exequentis.

Si enim constanter peteretur a fratribus auctoritativa eorum introduccio, quomodo[103] licuit, sine auctoritate[104] Cristi ipsos sic gravare ecclesiam?

Secundo si a populo[105] perseveranter continuaretur[106] fratrum correpcio, quomodo in eorum vita et verbis est continue[107] a statu apostolico, ymo a regula propria, secundum quam introducti sunt, discrepacio?

Et tercio, si fideliter iuxta fidem ewangelii negetur istis fratribus propter multiplicem heresim communicacio, — si, inquam, ista tria forent ab ecclesia fideliter executa, foret ab istis lupis rapacibus liberata.

Unde quesivit[108] quidam fidelis[109] a fratribus, quid tardant[110] in ista provincia, cum dogmatizant, quod quicunque fidelis, frater, vel alius laboraverit[111] fideliter ad destruendum Robertum Gilbonensem,[q] sit absque dubio beatifico premiandus.

[q] *i. e. Urbans' VI. Anti-Pope, Clemens VII., Robert Earl of Geneve and Cardinal Bishop of Cambray. He was chosen by the opponents of Urban, the French Bishops, the 20th Septbr. 1378 at Fondi in the Kingdom of Naples. The Cardinals who were dissatisfied with the choice of Urban VI. and his first acts, had declared his election invalid as it had been forced upon them through terrorism, exercised by the inhabitants of Rome. They insisted on his resigning his assumed dignity. In consequence of Urban's refusal, which was expressed in a contemptuous and violent letter to the Cardinals, Robert of Cambray was elected. Car Robert Cardinal de Genéve, ayant eû toutes les voix des Ultramontains qui s'estoient réünis fut élû Pape le vingtiéme du mesme mois, adoré, selon la coustume, aprés avoir pris le nom de*

[100] sequens *CDE* se ipsis *β* [101] et in *E* corr. into the text by *E¹* om. *CDE;* [102] desidiam in *E* corr. from desideriam [103] quomodo *CD;β* quam *E* [104] sine auct. *CE;* om. *D* [105] a populo *D;β* apostolo *E C (!)* [106] continuaretur *E* continetur *CD;β* [107] continue *E* om. *CD;* [108] quesivit *CD;β* querunt *E* [109] fidelis *CD;β* fideles *E¹* q. quid. lid. in *E* add. later, I believe, on an erasure [110] tardant *CD;β* tardat *E* [111] laboraverit *C;β* laboravit *ED*

Cum ergo facta eorum verbis suis plus doceant, patet ex suis exhortacionibus, quod vel sunt infideles suam beatitudinem postponentes vel falsum ut fidem populo predicantes.[112]

Excitilp.[113]

> Clement VII. et couronné ensuite devant la grande Eglise de Fondi, avec toutes les cerémonies accoustumées, en presence du Duc Othon de Brunswik, Prince de Tarente, des Ambassadeurs de la Reine Jeanne, et de la pluspart des Grands du Royaume, L. Maimbourg, Histoire du Grand Schisme d'Occident („Dernière Edition") I. tom. p. 61. Cp. also Th. a Niem, Hist. s. temp. libr. IV, Argentorati 1609, p. 12 ff., also Creighton, History of the Papacy. London 1882, I. vol. p. 64 ff.

[112] predicantes C predicantes etc. Eβ predicantes etc. Sequitur alter D
[113] i. e. Explicit Explicit tractatus de perfeccione statuum Incipit tractatus de quatuor sectis novellis E (E²) Explicit de perfeccione statuum F without Explicit Dβ

XIX.
DE RELIGIONE PRIVATA.
TRACTATUS PRIOR.

DE RELIGIONE PRIVATA I.

I. Division.

Part I: Refutation of a general scholastic thesis (in ten Arguments).

Part. II: Refutation of the particular thesis of a Monk (in eight Arguments).

II. Summary of Contents.

Chap. I. Scholastic refutation of the thesis: not every 'private religion' has an essential fault. There follow ten arguments, also in rigid scholastic form: (1) Every 'private religion' is erroneous on account of its human origin; (2) it prevents the religious precepts of the Gospel from being fulfilled; (3) it rejects God's aid in its Ceremonies; (4) follows false leaders; (5) to choose it is foolish.

Chap. II. (6) The solitary (monastic) life itself is foolish; (7) it enforces obedience to man — not to Christ; (8) it requires the fulfilment of commands beyond what is required by general religion; (9) rests on an imperfect foundation, is originated by man, and not by Infinite Wisdom; (10) it pretends that it alone can shew works of true religion. From these reasons it follows that the above thesis is false, viz: every private religion has a defectus essencialis.

Chap. III. The objections of a reverendus monachus to this last position are refuted. First Objection: No monastic order has such defects; every monastic order is a 'private religion', etc.: Answer to this proposition. Second Objection: St. Benedict has given a complete and universally-admitted rule, etc. Answer to this.

Chap. IV. Third Objection: Benedict founded the orders by Divine inspiration. Answer. — 4th Objection: no private religion prevents its members from practising works of mercy. Answer. — 5th Objection: the private religion gives the greatest security for the true Christian life. Answer.

Chap. V. 6th Objection: it is more secure than the order of the prelates. Answer.

Chap. VI. 7th Objection: according to a just law its servants are taught to make no use of the right of confession to a priest of another order. Answer in detail.

Chap. VII. Continuation on doing Penance.

Chap. VIII. 8th Objection: the private religion is in its nature more perfect, more deserving and more secure than a secular state — the divisions of the latter. Answer. — Conclusion: St. Peter and St. Paul and all the Saints in Heaven reject the private religions.

III. Date of Composition.

Without any clue. If the Tract be genuine, some remark as to what public discussion in the University it refers, must be expected to be found in other (unpublished) writings of W. Cp. cap. I beginning. In spite of careful research, I have been unable to find a sufficient cause for the compilation of this Tract in W.'s life, espesially during his activity at the University.

IV. Genuineness.

Amongst all the polemical writings of W.'s, this is the least authenticated. It is not mentioned either in the Vienna Catalogues or Bale or Leland. As far as I can judge, Shirley for the first time mentions the Tract as a genuine work of Wiclif, Catal. No. 81 p. 27, but without giving any reason. He did so, probably, because the Tract is found in the Wiclif-Codices;[1] with ref. to this, compare, for instance, Shirley's argument for the authenticity of the fragment De fratribus ad scholares, Cat. No. 90: „found with works of Wyclif and said to correspond to correspond to them in style' which I deci-

---

[1] and is, therefore, attributed by Denis to the pre-reformer, cp. II, 1459; 1471.

dedly consider not to be genuine. After Shirley Lechler, J. v. W. II, 568, who does not undertake the critical examination of the question. Vaughan is silent about the Tract.

But the testimony of the Vienna and Prague codd. is also insufficient. Cod. C contains no notice of its origin from W. The old index on the flyleaf of the cod. β (cp. above General Introduction IV, Description of the Manuscripts) gives the title of the Tract among other writings which do not owe their origin to W., but still it has a notice referring to the author: Idem, that is J. W., whose genuine Tracts precede it. This is the only early, and indirect authority for its genuineness.

Cod. A also contains the Tract in its index, on the front cover, sub No. 26 and with the separate title: Argumenta contra posicionem de religionibus privatis (cp. the Description of the cod. above in the General Introduction, IV). But in spite of the General Title of the Index: Liber Wiglef doctoris Ewangelici *not all the Tracts named here are by W. himself* (cp. No. 19 Compilacio metrica de Replicacionibus) *and under the very No. 25—27 all those Tracts which are not W.'s, seem to be put together:* No. 25: Posicio discipuli Magistri Iohannis de Eucharistia, No. 26: Argumenta etc. see above, No. 27: Soluciones quarundam questionum. Therefore, the index of the cod. does not in any way prove that they owe their origin to W.

The same is the case with cod. a. In the index on the front cover, the title of the Tract is placed among W.'s writings; but here also De Rel. privata is followed by Raciones cuiusdam discipuli Wikleph quibus probat licere etc. etc. The last Tract in the index de Imaginibus is also very doubtful as to its origin from W., cp. Shirley, Catal. No. 26.

From this follows, that the *external* evidence is of the least possible value in proof of authenticity. Cod. a and A seem rather to point to this Tract as being by one of W.'s disciples.

The *internal* evidence is also very weak. A great number of turns in the expression remind one of W.'s style; the lengthy construction of the sentences struck me most, cp. p. 501—2; 505—6; 508 and many more. On the other hand, the following reasons seem rather to point against its being compiled by W.:

(1) the tone which so essentially differs from that of the other works printed in this volume, and the dry scholastic style of argument; (2) the frequent reference the the great Fathers of the Church, St. Gregor, Augustin, Hieronymus, whilst the Bible is hardly once referred to as a witness, which is constantly the case in the other genuine writings of the Doctor Ewangelicus; (3) the abstract argumentation against the religio privata, which is nowhere to be found in W.'s genuine works, where in every case the single representatives of this vita are attacked from a practical point of view. The polemical argumentation also, solely directed against the monachi, is remarkable. While in other works the quatuor secte novelle are constantly mentioned, here they are not even once spoken of, and it is just these which are the favourite objects of W.'s wrath, when speaking of the matter here attacked. (4) Lastly the sacerdotes simplices are spoken of here in contradistinction from the Prelates and Bishops (as 'subordinates'), but not in the specific Wiclifian sense, as opposed to the four Sects. This may suffice to characterize the Tract. Although I am not prepared to consider any of the foregoing reasons as incontrovertible, I still hesitate to recognise the pamphlet as a genuine work of W.'s.

V. *Not printed heretofore.*

VI. *Extant in*

cod. $3929 = A$ fol. $261^c - 266^b$ $\begin{cases} A^1 = \text{Corrector (pale ink)} \\ A^2 = \text{Corrector (dark ink)} \end{cases}$

cod. $4527 = C$ fol. $184^b - 191^a$ $\begin{cases} C^1 = \text{red hand} \\ C^2 = \text{Glosser (ad endoxum)} \\ C^3 = \text{Corrector, thin hand} \end{cases}$

both in the Imperial Library at Vienna

cod. X. E. 9. $= a$ fol. $194^a - 202^a$ $a^1 = $ only Corrector

cod. III. G. 11. $= \beta$ fol. $201^a - 208^b$ $\begin{cases} \beta^1 = \text{Glosser (thick black hand)} \\ \beta^2 = \text{Corrector} \\ \beta^3 = \text{Corr. and Glosser (red hand)} \end{cases}$

the latter two being in the Univ.-Library at Prague.

VII. *The Manuscripts.*

I confine myself to slight notices:

A. **Their relationship.** I. $C - a$. (1) In 92 places the codd.

are divided into two groups (each in two), — of these C—α (or A—β) agree 78 times; α—β (or A—C) 11 times, C—β (or A—α) twice. (2) Cp. further the characteristic readings habere I note 11; cum ergo II, 15; magn. III, 15; approb. III, 29; regit. IV, 54; ut vid. IV, 61; nisi for. V, e; optenta VII, 49; 54; recip. (om.) VII, 47; imit. VIII, 18; especially eciam hoc neq. VIII, 8 and sacrament. VI, 32. — (3) cp. also the order of the words, which, although in itself quite irrelevant, is peculiar to C—α: a. p. II, 25; v. h. III, 4; i. v. e. III, 8; c. c. IV, 16; b. B. e. IV, 24; i. r. IV, 27; p. e. l. V, 6; a. a. s. id. VI, 4; a. s. VI, 10; v. e. VI, 18; s. e. m. VIII, 1; p. a. p. VIII, 15; c. m. d. VIII, 36; s. t. VIII, 44. The same passages are also to be admitted as proof of the connection between the groups A—β.

It follows further (1) from the very numerous omissions of the somewhat careless α (I do not quote all on account of their great number, but cp. for instance laudabil. VIII, 13; huma. I, 3; vita II, 2) that the text of C which is complete, cannot have been derived from α; in the same way (2) from laudabil. VIII, 13 and IV, 30; endoxum V, 23; 23 VII, 10; deus VII, 29; pro (om.) VIII, 9; non VIII, 26, where α has filled up the blanks found in C, mostly in conformity with the two other codd., it is evident that α cannot well have been derived from C. The almost entire agreement of both codd. (even in their slips of the pen) seems to me to show that both spring from a common source; cp. above under A I. 1 and 3.

II. A—β stand in a similiar connection (cp. above under A I. 2 and 3). β has many, in part longer, omissions: et cum II, 11; et ad etc. IV, 42; exc. V, 37; part. VII, 4; non deb. VII, 48; sicut VII, 40. A gives in these passages the complete text, therefore β was not the original of A. With ref to the reverse, that A was not the original of β, cp. ex hoc op. VIII, 52; also quand. VIII, 14; min. penit. VII, 21; pap. (om.) VII, 1; pene VII, 6 and many more. The reading religionib. IV, 18 seems to me to speak for their having originated from the same source.

B. **The best Codex.** In the passages which vary, to the number of about 195, A reads what is false 103 times, β 94 times, α 34 times and C 28 times. Group A—β, therefore, on account *of its extreme corruption, is to be rejected from the competition. — C and α are nearly equal as regards their inner value. But on account of the numerous omissions in α — 21, while only 2 in C: ten independent ones, in opposition to the three other codd.; C has only one of this kind, and that is the name* endoxum; *especially on account of* laudabiliter *VIII, 13 and passages like* de necess. *VI, 34;* francis. *IV, 66 (α read his original carelessly) — I give the preference to C in forming my text. — The result of the foregoing critical examination is shown by the following diagram:*

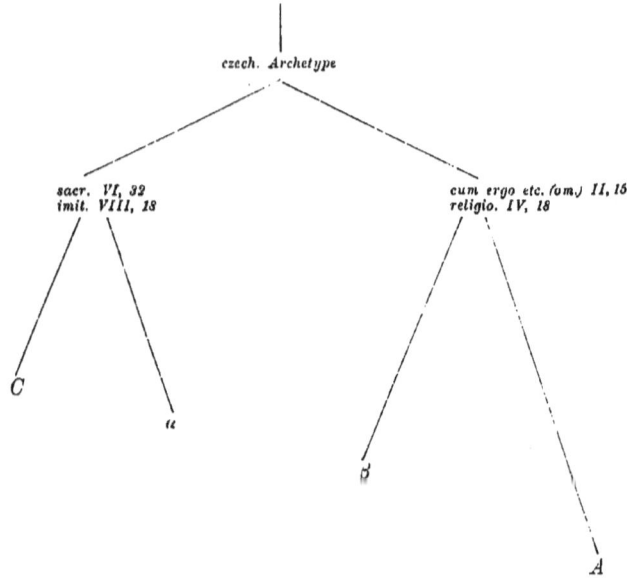

JOHANNIS WICLIF

DE RELIGIONE PRIVATA.[1]

I.

CAP. I.

‖ [2] In materia de religione privata ponit quedam posicio, quod non omnis religio privata habet aliquem defectum essencialem, propter quem est culpabilis .
Contra quam posicionem arguitur multipliciter.
Primo sic: nulla humana[3] prudencia sufficit, facere religionem sine defectu culpabili, cum ergo omnis religio privata est religio facta ab humana prudencia, eo, quod omnis religio privata est descriptive religio secundum leges et condiciones humane mensure, in qua ponitur,[4] sequitur, quod omnis religio privata est religio cum defectu culpabili.

Patet consequencia cum minori, et maior arguitur[5] sic: nulla humana prudencia[6] sufficit ordinare penitenciam pro penitente sine defectu culpabili excessus vel diminucionis vel alterius indebite condicionis, ergo a pari vel maiori nulla humana prudencia sufficit ordinare religionem pro religioso sine defectu culpabili[7] excessus vel diminucionis aut alterius indebite condicionis.

CAP. I. [1] *Without title, Expl. and Inc. in all the codd. in A this Tract is preceded by:* Posicio discipuli de transsubstantiacione *in C by* De dyabolo et membris eius *Expl.:* contra fideles declinari *in α by* De fundacione sectarum *Expl.:* sit ablata *in β by* Comment. de Matth. XXIV *Expl.:* sit melius intellecta. — *There is no division into chapters in the codd.* [2] *cod.* A *fol.* 261ʳ *lin.* 1 *cod.* α *fol.* 194ᵃ *lin.* 18 *cod.* β *fol.* 201ᵃ *lin.* 15 [3] hum. AC β *om.* α [4] *in* β *in mar.:* Religio humana quid est β[1] [5] arguitur AC α probatur β [6] prud. AC α, *add. later by* β[2] sapiencia *(cr. out)* β [7] si. cu. de. AC β si. de. cu. sine defectu culpabili α

Item[8]: omnis religio impediens suum professorem ad servandum ritus religiosos in mensura pure ewangelica, qua sunt a deo positi, est[9] culpabilis. Cum ergo omnis religio privata[10] est huiusmodi religio, sequitur, quod omnis religio privata est culpabilis.

Patet consequencia cum minori et maior per hoc, quod omnis huiusmodi religio obligat suum professorem ad servandum ritus religiosos in mensura humana, qua sunt ab homine positi.

Item: omnis religio obligans suum professorem, dum est subditus in ea, contempnere habere[11] mocionem dei pro sufficienti licencia ad variandum in ritibus[12] pro debita execucione religionis communis est culpabilis; cum[13] ergo omnis religio privata est huiusmodi religio, sequitur, quod omnis religio privata est culpabilis.

Patet consequencia cum maiori et minor[14] per hoc, quod omnis religio privata prohibet suum professorem, dum est subditus in ea, facere[15] huiusmodi variacionem[16] sine mocione et licencia sui prelati sub deo ad hoc.

Item: omnis religio obligans suum professorem, dum est subditus in ea, ad sequendum aliquod fallibile tamquam regulam infallibilem pro ductu sui ad beatitudinem, est culpabilis; cum ergo omnis religio privata est huiusmodi[17] religio, sequitur, quod omnis religio privata est culpabilis.

Patet consequencia cum maiori et minor per hoc, quod omnis religio privata obligat suum professorem, dum est subditus in ea, ad sequendum in actibus vocatis neutris fallibilem voluntatem sui prelati sub deo tamquam regulam infallibilem pro ductu sui in eis ad beatitudinem.

Item: omnis ingrediens religionem privatam in sic ingrediendo peccat propter fatuam eius eleccionem, cum ergo omnis religio privata includit in se essencialiter ipsam eleccionem, sequitur, quod omnis religio privata essencialiter peccat, et per consequens essencialiter est culpabilis.

---

[8] *in cod. a here and in the following cases, the new argument* (Item) *always begins a new line* [9] est $AC\alpha,\beta^2$, *corr. later in the text by* β^2 sit (*cr. out*) β [10] r. p. Cα p. r. $A\beta$ [11] habere Cα om. $A\beta$ [12] *in C the* r *of* ritibus *is erased* [13] cum $AC\alpha,\beta^1$ *in mar.* om. β [14] minor $A\beta$ minori Cα [15] facere $AC\alpha,\beta^1$ *in mar.* fre β [16] variac. $AC\beta$ mocionem et variacionem α [17] est hu. C$\alpha\beta$ est culpabilis (cul. ud.) est hu. A

Assumptum sic arguitur: omnis contempnens eligere medium sibi apcius pro execucione religionis communis ut sic peccat; cum ergo omnis ingrediens religionem privatam in sic eligendo[18] facit huiusmodi contemptum, sequitur assumptum probandum.

5 Patet consequencia cum maiori et minor per hoc, quod omnis ingrediens religionem privatam contempnit eligere medium illud pro execucione religionis communis, ‖ quod patres primitive ecclesie *C fol. 185a* ante introduccionem religionis private asseruerunt in opere esse medium efficacissimum omnibus cristianis pro execucione religionis 10 communis.

CAP. II.

Item: religio privata includit in se excellencius stulticiam illam, quam includit in se vita privata secularis, quam facit ipsa vita secularis; cum[1] ergo vita privata secularis propter talem inclusionem est culpabilis, sequitur, quod religio privata propter huiusmodi in-15clusionem est plus culpabilis.

Patet consequencia et minor per hoc, quod vita[2] privata secularis includit in se observanciam regule humane secundum mensuram illam, qua errore perceptibili vel imperceptibili ponitur ab homine in esse regule ad ducendum viatores ad beatitudinem.
20 Maior vero sic arguitur: omne, quod includit in se observanciam stulticie et votum ad illam observanciam, includit in se excellencius stulticiam illam quam illud, quod includit in se observanciam illius stulticie et non votum ad illam; cum ergo omnis religio privata includit in se observanciam regule humane secundum mensuram 25 illam, qua errore perceptibili vel imperceptibili ponitur ab homine in esse regule ad ducendum viatores ad beatitudinem tamquam stulticiam et votum ad illam, et vita privata secularis includit[3] in se ipsam observanciam tamquam stulticiam sine voto ad eam, sequitur maior probanda.

30 Item: omnis religio obligans suum professorem, dum est sub-

---

[18] eligendo *AC;* ingrediendo *α*
C.IP. II. [1] cum *Cα,β,A¹ (?) corr. later into the text* om. *A* [2] vita *AC;* om. *α* [3] includit *Cα* om. *A;β*

ditus in ea, ad sequendum hominem sub Cristo[4] ultra id,[5] quod sequitur Cristum, est culpabilis; cum ergo omnis[6] religio privata est huiusmodi religio, sequitur, quod omnis religio privata est culpabilis.

Patet consequencia cum maiori, et minor sic arguitur: omnis religio privata obligat[7] suum professorem, dum est subditus in ea, ad sequendum hominem sub Cristo plene in ritibus illis, per quos ipse reputat se sequi Cristum; cum ergo illi ritus sunt in multis suis partibus extensivis culpabiles, sequitur, quod omnis[8] religio privata obligat suum professorem, dum est subditus in ea, ad sequendum hominem sub Cristo ultra id, quod sequitur Cristum.[9]

Patet consequencia cum maiori et minor per hoc, quod ritus illi sunt executi frequenter per hominem sub Cristo preter inspiracionem dei ad hoc ex quadam humana reputacione seu[10] prudencia. Et cum talis reputacio seu prudencia[11] non est sine errore culpabili, sequitur, quod illi ritus sunt in multis suis partibus extensivis culpabiles.

Item: omnis religio particularis[12] statuta ultra mensuram, qua facilitat ad observanciam religionis communis, est essencialiter culpabilis; cum ergo omnis religio privata est huiusmodi religio, sequitur, quod omnis religio privata est essencialiter culpabilis.

Patet consequencia cum maiori et minor per hoc, quod omnis religio privata est religio particularis statuta in plena mensura, qua reputatur facilitare ad[13] observanciam religionis communis; cum ergo mensura, qua religio reputatur facilitare ad observanciam religionis communis, est amplior quam mensura, qua religio facilitat ad[14] observanciam religionis communis, sequitur,[15] quod omnis religio privata est religio particularis statuta ultra mensuram, qua facilitat ad[16] observanciam religionis[17] communis.

---

[4] sub Cristo $C\alpha\beta$ sicut Cristus A [5] id $C\alpha\beta$ illud A [6] om. in β, a correction has taken place (by β^2)   [7] obl. $AC\alpha$ sic obl. β [8] om. in β corr. by β^2 [9] Cristum α illa C quarta (!) A om. β [10] seu $AC\alpha$ sive β [11] et cum t. r. s. pru. $AC\alpha$ om. β [12] particularis $C\alpha\beta$ partis A [13] ad C om. $A\beta\alpha$ [14] ad $C\alpha$ om. $A\beta$ [15] communis cum ergo mens., q. r. r. f. ad ob. r. communis, est ampl. q. m., q. r. f. ad ob. r. communis sequitur $C\alpha$ communis est ampl. q. m., q. r. f. ob. r. comm., sequitur A communis sequitur β, but est amplior — ad ob. r. comm. is added by β^2 with mark of ref. below the col. cum ergo m., q. r. r. f. ad ob. r. comm. om. by A and β^2 [16] ad C om. $A\alpha\beta$ [17] rel. $C\alpha\beta$ leligionis A

‖ Item: omnis religio particularis facta ex ignorancia vel defectu artis statuendi religionem particularem in mensura, qua facilitat ad [18] observanciam religionis [19] communis, est culpabilis; cum ergo omnis religio privata est huiusmodi religio, sequitur, quod omnis religio privata est culpabilis.

Patet consequencia cum maiori, et minor sic arguitur: sciencia artis statuendi religionem particularem in tali mensura competit soli deo et hiis, quibus supernaturaliter [20] dat illam; cum ergo homines statuentes religionem privatam non habuerunt ipsam scienciam, cum tunc foret paris auctoritatis cum epistolis Pauli et aliorum apostolorum, quod nemo dicit, sequitur, quod non statuerunt ipsam ex ipsa sciencia, et per consequens cum statuerunt ipsam, sequitur, quod ipsi statuerunt ipsam ex ignorancia [21] seu ex [22] defectu ipsius sciencie.

Item: omnis religio non divina presumens habere opus, quod soli religioni divine est proprium, sapit blasphemiam; cum ergo omnis religio privata est religio non divina sic presumens, sequitur, quod omnis religio privata sapit blasphemiam, et per consequens omnis huiusmodi religio est culpabilis.

Patet consequencia cum maiori, et minor sic [23] arguitur: omnis religio privata est religio non divina, presumens regere viatores in cultu divino sine defectu; cum ergo sic regere sit opus soli religioni divine proprium, sequitur minor probanda.

Patet consequencia cum minori et maior per hoc, quod omnis religio privata est religio non divina pretendens, se esse religionem sine defectu, positam precise in ea mensura, qua facilitat ad observanciam religionis communis. [24] —

Propter istas raciones et alias plures [25] adducendas tenendum est oppositum dicte posicionis tamquam fides catholica vel tamquam veritas ei propinqua, [26] scilicet, quod omnis religio privata habet aliquem defectum essencialem, propter quem est culpabilis.

---

[18] ad Cαβ om. A   [19] relig. Cαβ legis A   [20] supern. Cαβ supnaturaliter A (compend. om.)   [21] ipsam ex ipsa sciencia — ex ignorancia ACα ipsam ex ign. β. but ex ipsa sc. — stat. ipsam add. later in mar. by ιβ²   [22] ex C om. Aαβ   [23] sic ACβ om. α   [24] rel. com. ACα legis (underlined) communis religionis β   [25] a. p. Cα p. a. Aβ   [26] prop. Cαβ contraria (ud.) prop. A

CAP. III.

Contra[1] quam posicionem arguit quidam[2] reverendus monachus multipliciter.

Primo sic: nullus ordo monasticus habet defectum essencialem, propter quem est culpabilis, et cum omnis ordo monasticus est religio privata, sequitur, quod non omnis religio privata habet defectum essencialem, propter quem est culpabilis.

Consequenciam dicit patere cum minori, et maiorem arguit sic: omne votum, in quo consistit essencialiter ordo monasticus, secundum omnem suam condicionem essencialem[3] fundatur in ewangelio, eo, quod omne votum huiusmodi[4] est votum paupertatis, castitatis vel[5] obediencie, ergo omnis ordo monasticus secuudum omnem suam condicionem essencialem fundatur in ewangelio, et per consequens nullus ordo monasticus habet defectum essencialem, propter quem est culpabilis.

Hic dicitur[6] negando, quod nullus ordo monasticus habet defectum essencialem, propter quem est culpabilis. Et ad probacionem eius cum sic arguitur: omne votum etc.[a], dicitur hoc negando eo, quod votum obediencie, in quo consistit essencialiter ordo privatus monasticus, non secundum omnem condicionem suam essencialem fundatur in ewangelio, cum votum ipsum secundum aliquam eius condicionem obliget[7] ad servandum ritus humanos ultra hoc, quod facilitant ad observanciam religionis communis perfectorum, ut prius[b] est probatum. ‖ Ex quo sequitur, quod in nulla obediencia pure ewangelica speciali vel generali ex voto facta prelato sub deo propter amorem dei fundantur implicite vel explicite[8] omnes licite et honeste observancie monastice secundum omnes suas condiciones essenciales, eo, quod statuicio humana istarum ob-

---

CAP. III. [a] Cp. above l. 8 ff.   [b] cp. above p. 494

CAP. III. [1] In A is add. in mar.: Nota A[1]   [2] quidam Aa,3   quidem C
[3] essencialem Aβ om. C   suam a   [4] v. h. Ca (in C transposed by marks) h.
v. A,3   [5] vel AC,β   et a   [6] dicitur Ca   dicunt A,3, in C is add. in mar.:
Responsio C[1]   [7] obliget AC,3   obligat a   [8] fundantur im. v. ex. C fundatur im. v. ex. a   fundatur ex. v. imp. A,β

servanciarum, que est essencialis condicio omnium harum observanciarum in multis earum, est secundum quid erronea,[9] ut prius[10 c] est probatum.

Secundo patet, quod infirmato proposito Petri cum deliberacione promittentis servare perseveranter usque in finem sequelam Cristi in obediencia, de quo Matth. 9,[11 d] non fundatur votum obediencie private secundum omnem suam condicionem, in quo essencialiter consistit religio privata, eo, quod votum Petri quoad omnes suas condiciones essenciales de genere voti fuit pure ewangelicum.[12]

Secundo arguit sic: sanctus Benedictus consummavit finaliter privatam regulam[13] monachorum discrecione[14] magna[15] et ab universali ecclesia approbatam,[16] ut testatur[17] beatus Gregorius[e] secundo Dialogorum, ergo regula ipsa monachorum ab eo ordinata et consummata[18] est secundum omnes suas condiciones essenciales laudabilis, et cum secundum ipsam exemplatur religio privata monachorum, sequitur, quod religio privata monachorum est secundum omnes suas condiciones essenciales laudabilis et secundum nullam earum[19] culpabilis.

Hic dicitur negando primam consequenciam:[20] racio[21] est, quia regula ipsa habet[22] duas raciones, unam fundatam in scriptura sacra,[23] et aliam non. Unde secundum suam racionem primam est ipsa discrecione magna et ab universali ecclesia approbata, quia secundum illam racionem est ipsa posita pure in mensura, qua facilitat ad observanciam communis religionis perfectorum et non secundum secundam[24] suam racionem est[25] ipsa discrecione

---

[c] *cp. aboce p. 494 ff.* [d] *cp. v. 34—35; Mark 14, 29—30; Luke 22, 33—34; John 13, 38* [e] *Gregor. Opp. (edition of the Benedict.) Paris 1705 tom. II Dialog. lib. II p. 272 E*

[9] *in A is add. in mar.:* Nota radicem hic suo opinionis A^2 [10] ut p. $AC\alpha$ ut prius (cr. out by β^2) ut pr. β [11] *all the codd. read* 9 [12] ewangelicum $AC\alpha$ ewangelium β [13] pr. r. $AC\alpha$ religionem (aboce it regulam by β^2) privat. β [14] discr. *has undergone a correction in* β (by β^2) [15] magna $C\alpha$ magnam $A\beta$ [16] approbatam $A\alpha\beta$ approbata C [17] test. *has undergone a corr. by the texthand in* β [18] consummata α,C^2, add. *into the text* confirmate $AC\beta$ [19] earum $C(!) \alpha\beta$ corum A [20] pr. con. $AC\alpha$ c. p. β *in C is add. in mar.:* Responsio (not clear) C^1 [21] ra.$C\alpha$ et ra. $A\beta$ [22] hab. $AC\alpha$ non hab. β [23] scr. s.$AC\alpha$ s. scr. β [24] secundam $AC\alpha$ om. β [25] est $AC\alpha$ et β

magna et ab universali ecclesia approbata, quia non secundum illam racionem est ipsa posita in dicta mensura. Ex quo sequitur, quod ad rectificandum dictam consequenciam oporteret in antecedente*ʲ* sumere talem proposicionem[26]: sanctus Benedictus consummavit finaliter regulam privatam monachorum secundum omnem suam racionem discrecione[27] magna[28] et ab universali ecclesia approbatam.[29] Et tunc concedenda esset ipsa consequencia et negandum eius antecedens, nec ipsum antecedens, ut constat, asserit beatus Gregorius in dicto allegato, licet in ipso asserat, quod sanctus Benedictus consummavit finaliter particularem regulam monachorum habentem omnem vel aliquam racionem fundatam in scriptura sacra, secundum quam est discrecione magna et ab universali ecclesia approbata.

Ex quo patet, quod de qualibet privata religione potest fieri religio particularis pure ewangelica ab eo, qui habet scienciam divinam separandi purum ab impuro in ea. Et a pari de quolibet dominio seculari potest fieri dominium proprietarium pure ewangelicum per huiusmodi separacionem.[30]

Secundo patet, quod non sequitur, regula privata monachorum, quam finaliter consummavit sanctus[31] Benedictus vel alius, est secundum omnem racionem suam ab hominibus distincte perceptibilis laudabilis, ergo est secundum omnem racionem suam laudabilis vel discre || cione magna aut[32] ab universali ecclesia approbata, ut patet in assimili[33] de vita sancti Iohannis Baptiste.

Tercio patet, quod omnis religio privata sit[34] de religione[35] pure ewangelica per addicionem alicuius ritus religiosi ad eam sub racione nimie universalitatis aut alterius condicionis non fundatam in scriptura sacra et per consequens per addicionem impuri ad purum.[36]

ʲ cp. above p. 497

[26] proposicionem Cβ propositum Aα [27] discr. has undergone a corr. in β (by β²) [28] magna Cαβ magnam A [29] approbatam Aβ approbata Cα [30] in A is add. below the col. 262ᵈ: Nota de quolibet dominio seculari, potest fieri dominium proprietarium ewangelicum per mali separacionem A¹ [31] sa. Aαβ beatus (ud.) su. C [32] aut Aαβ et (ud.) aut C [33] assimili ACα speciali β, above it assimili von β² [34] sit ACβ fit α [35] de reli. Cα debita A de vita β [36] purum AC inpurum etc. α inpurum β, but in in brackets (by β² !)

CAP. IV.

Tercio arguit sic: beatus[1] Benedictus, quando instituit[2] regulam privatam monachorum fuit spiritu iustorum omnium[3] plenus, ut testatur beatus Gregorius," ubi supra; ergo pro tunc habuit scienciam ad instituendum ipsam regulam sine errore. Et cum ex sciencia,[4] quam tunc habuit, instituit ipsam regulam, sequitur, quod instituit ipsam sine errore, et per consequens religio privata exemplata secundum ipsam est sine aliqua erronea vel culpabili condicione laudabilis.

Hic dicitur[5] negando primam consequenciam et 'racio est in assimili' non sequitur; nam non sequitur, beatus Benedictus, quando vixit vitam laudabilem in hoc mundo, fuit spiritu iustorum omnium[6] plenus, ergo pro tunc habuit scienciam ad vivendum vitam laudabilem sine aliqua condicione culpabili. Cum antecedens[7] sit verum et consequens falsum,[8] ergo a pari in proposito[9] non sequitur, cum sit plene assimili.

Ex quo patet, quod non omnis plenitudo, qua quis est plenus spiritu sancto, qui est spiritus omnium[10] iustorum, tollit a vita sua laudabili omnem culpam, cum apostoli, qui cum beato Stephano fuerunt pleni spiritu sancto,[b] sciebant, se cum ipsa plenitudine habere peccatum, ut testatur beatus Iohannes Iª Ioh. 3,[11 c] dum de se et suis sociis[12] apostolis sic dicit: si dixerimus, quia[13] peccatum non habemus, nos[14] ipsos seducimus, et veritas in nobis non est.

CAP. IV.   [a] *Gregor. Opp. (edition of the Bened.) Paris 1705, tom. II Dialog. lib. II p. 229 A: Ut perpendo, vir iste spiritu iustorum omnium plenus fuit*   [b] *cp. Act. 7, 55*   [c] *v. 8*

CAP. IV.   [1] beatus ACα sanctus β   [2] qu. in. ACβ qu. in. quando instituit α   [3] iust. omni. ACβ omni. iust. α   [4] sc. in β corr. from consciencia by the texthand   [5] in C is add. in mar.: Responsio C¹   [6] omnium α omni ACβ   [7] antecedens Cαβ mains A   [8] fals. Cα om. Aβ   [9] in prop. ACα om. β. above the line by β²   [10] omnium Aαβ omni C   [11] Ioh. Iª Ioh. 3º α Ioh. 3º (the 3 cr. out) β, in mar. is add.: I Ioh. I by β⁹ Ioh. 3º AC   [12] sociis ACα om. β, but add. by β² above the line   [13] quia ACα quoniam β   [14] nos ACβ nosmet α

Quarto arguit sic: nulla religio privata difficultat suum professorem ad implendum opera misericordie, sed si aliqua religio privata haberet defectum[15] essencialem culpabilem,[16] sic difficultaret, ergo nulla religio privata habet huiusmodi defectum.

Consequenciam dicit[17] patere et antecedens per hoc, quod regule private religionis[18] cum suis institutoribus[19] hortantur super omnia ad dileccionem dei, ad custodiam preceptorum eius et expresse atque distincte ad opera[20] misericordie et caritatis, ut patet specialiter de regula monachorum et beato Benedicto, eius institutore.[21]

Hic dicitur negando, quod nulla religio privata difficultat suum professorem ad implendum opera misericordie, ut[22] hoc probat proposicio, que pro eius probacione adducitur[23] et racio est, quia,[24] licet regule private religionis secundum racionem illam, qua fundantur[25] in communi regula pure ewangelica perfectorum sic hortantur, ipse tamen regule secundum racionem suam aliam, qua carent fundacione in ipsa communi regula non sic hortantur, et per consequens secundum illam racionem difficultant ab implecione operum misericordie saltem spiritualis, quam debent facere[26] in se et in aliis suis proximis.

Ex quo patet, quod non sequitur a tempore incepcionis private religionis monachorum innumerabiles sancti et clerici excellentes tam vita quam doctrina tenuerunt et approbaverunt eam, ut ultra communitatem perfectorum credencium expedicius, securius et meritorius mandata dei servarent et in caritatis exerciciis sibi placerent. Ergo ipsa religio[27] secundum omnem suam condicionem essencialem est laudabilis. Sufficit enim[28] pro consequente debite deducendo ex ipso antecedente, quod religio ipsa secundum omnem suam condicionem essencialem, secundum quam debet teneri et[29] approbari ab aliquo, sit laudabilis.

---

[15] def. *ACa* aliquem def. *β*   [16] ess. cu. *Ca* cu. ess. *Aβ*   [17] dicit *Caβ* tenet *(ud.)* dic. *A*   [18] religionis *Ca* religionibus *Aβ*   [19] institutoribus *Ca* institucionibus *Aβ*   [20] opera *a* opere *ACβ*   [21] b. B., e. i. *Ca* e. i., b. B. *Aβ*   [22] ut *Ca* nec *Aβ*   [23] adducitur *Caβ* adiicitur *A*   [24] quia *Caβ* qua *A*   [25] fundantur *Ca* fundatur *Aβ*   [26] facere *ACa* habere *β*   [27] i. r. *Ca* r. i. *Aβ*   [28] enim *Ca* ergo *Aβ*   [29] et *Ca* vel *Aβ*

DE RELIGIONE PRIVATA I.

Secundo patet, quod omnis condicio culpabilis vite difficultat[30] secundum quid viatorem, qui vivit ipsam vitam ad implendum opera[31] misericordie, cum omnis talis condicio subtrahit ab eo gradum gracie, per quem debet fortificari ad proficiendum misericor-
5 diter[32] sibi ipsi et ecclesie.[33]

Quinto arguit sic: religio privata est status securissimus pro viatore, quod non foret[34] verum, nisi religio privata secundum omnem condicionem suam essencialem foret laudabilis, ergo sic est.

Consequenciam dicit patere et assumptum sic arguit: status
10 privatus claustralis est status securissimus pro viatore eo, quod sanctus[35] Gregorius, sanctus Augustinus, sanctus Hieronymus, sanctus Benedictus, sanctus[36] Bernhardus, Dominicus, Franciscus[37] cum quotquot[38] aliis sanctis exemplo vite ipsum[39] securissimum[40] affirmaverunt. Et cum omnis[41] huiusmodi status claustralis est religio
15 privata, sequitur, ut dicit, antecedens probandum.

Hic dicitur[42] negando, quod religio privata est status securissimus pro viatore. Et ad probacionem eius dum sic arguitur: status privatus claustralis est status securissimus pro viatore,[43] dicitur eciam hoc negando, nec hoc asseruerunt saltem scienter distincte,[44] ut creditur,
20 exemplo vite dicti[45] sancti recitati, licet exemplo vite asseruerunt,[46] quod status privatus claustralis secundum racionem illam, qua est fundatus, in communi religioni pure ewangelica perfectorum est status securus viatori ad vivendum in eo tamquam in scola Cristi pro beatitudine acquirenda, quam securitatem in parte declarat
25 bene iste monachus,[a] dum dicit, quod in monasterio, quod iste status regitur[47] per prelatos, habet subditos de temporalibus in usu

---

[a] cp. above cap. III commencement p. 496

---

[30] diff. ACβ laudabilis diff. α   [31] op. ACα ipsa op. β   [32] miser. Cα om. Aβ   [33] eccl. ACβ eccl. etc. α   [34] foret Aαβ fieret C   [35] sanctus Cαβ beatus A   [36] sanctus ACβ om. α   [37] Bo. Do. Fr. Cα Be. sanctus Do. et Fr. Aβ   [38] quotquot ACβ quodlibet α   [39] ipsum Cαβ ipse A   [40] securissimum Cαβ securissime A   [41] omnis Cα om. Aβ   [42] in C is add. in mar.: Responsio C¹   [43] et ad prob. e. d. s. a. st. p. cl. c. s. s. p. v. ACα om. β, but add. in mar. by β²   [44] sci. dist. Cαβ dist. sc. A   [45] dicti Cα om. Aβ   [46] asseruerunt ACα asseruerant β   [47] regitur Cα regit Aβ

sensibili solum necessarium victum et vestitum absque egestate vel superfluitate[48] iuxta mentem apostoli I[49] Tim. 6[c] et secundum oracionem[50] et desiderium sapientissimi Salomonis Proverb. *(30)*[51] et hoc sine magna vagacione et[52] sollicitudine seculari, que solent[53] cultum dei impedire et variis peccatis occasionem multiplicem ministrare. In monasterio eciam, quod iste status regitur[54] per prelatos, habet subditus multa promotiva ad bonum et multa retractiva a malo, ut puta, exempla, doctrinas, moniciones et frequentes correciones superiorum et sociorum.

Ex quo patet, quod in monasterio, quod[55] defectus religionis regitur[56] per prelatos, est[57] subditus longe valde ab hac securitate declarata, cum in tali monasterio habet subditus pauca retractiva a malo et multa promotiva ad malum, quod dicit quidam fidelis, quod monasterium seu claustrum huiusmodi male regulatum est nidus dyaboli, a quo rapit multas animas ad infernum, in quo fovet pullos suos dogmate ypocritico, a doctrina domini elongato, racione cuius nutricionis[58] multe anime, ut probabiliter creditur, dampnantur in tartaris, que nutrite in scola domini forent salvate in celis, dum servata doctrina Cristi libere fuerint[59] eventate.

Secundo patet, quod sumendo religionem privatam pro religione communi perfectorum, cui non additur aliquis ritus humanus tamquam pars eius, licet addatur sibi tamquam accidens eius, potest vere dici, quod religio privata est status securissimus pro viatore ad beatitudinem. In quo sensu[60] sumit, ut videtur,[61] apostolus eam, dum[62] dicit Act.[63] 26,[64]g quia[65] secundum certissimam sectam

---

e v. 8   f v. 8; from desiderium and oracionem it is evident that this verse is meant by W., not, for instance, v. 13, 7; 25   g v. 5

[48] superfl. $C\alpha\beta$ supfluitate A [49] I[a] α om. $AC\beta$ [50] oracionem $AC\beta$ racionem α [51] all the codd. read 13   [52] et AC vel $\alpha\beta$ [53] solent $AC\beta$ solet α [54] regitur $C\alpha$ regit $A\beta$ [55] quod AC,β corr. above the line om. $\alpha\beta$ [56] regitur $C\alpha$ regit $A\beta$ [57] est $C\alpha\gamma$ et A [58] nutric. $C\alpha$ enutricionis A,β here a correction took place at it   [59] fuerint $C\alpha$ forent $A\beta$ [60] sensu $AC\beta$ om. α [61] ut vid. $C\alpha$ om. $A\beta$ [62] dum $C\alpha\beta$ dum A [63] Act. $C\alpha\beta$ apostolus Act. A [64] in A is add. below the col. 263[a]: Nota fundamentum pulcrum ex scriptura pro religionibus privatis ex Paulo Actis 26 A^2 [65] quia $C\alpha$ quod $A\beta$

sue religionis vixit phariseus.⁶⁶ Sed si sic sumatur⁶⁷ religio privata,⁶⁸ equivoce sumitur ab eo modo, quo sumunt ipsi eam,⁶⁹ qui distingwunt religiones privatas essencialiter a se invicem et a communi religione pure⁷⁰ ewangelica perfectorum, et per consequens equi-
5 voce sumitur ab eo modo, quo in argumentis et responsionibus superius factis sumitur.

CAP. V.

Sexto arguit sic: religio privata est status¹ securior quam status prelacie, quod non foret verum, nisi foret² secundum omnem suam condicionem³ essencialem laudabilis, ergo sic est.
10 Consequenciam dicit patere,⁴ et assumptum arguit sic: status prelacie est periculosior religione privata, eo quod secundum Augustinum ad Valerianum*a* et ponitur in Canone dist. 40⁵ capitulo*b*: 'Ante omnia', nichil est in hac vita et maxime in hoc tempore difficilius, periculosius et laboriosius⁶ episcopi aut presbyteri officio, ergo re-
15 ligio privata est minus periculosa quam status prelacie; et cum proporcionaliter ut status est minus periculosus,⁷ est securior, sequitur, ut dicit, quod religio privata est securior quam status prelacie.

Hic oportet premittere quandam supposicionem de statu monasterii⁸, quod aliquando capitur personaliter⁹ pro statu huiusmodi,

---

CAP. V. *a* ep. August. (edit. of the Bened.) Ep. ad Valer. No. 21
b Decret. Grat. 1 P. Dist. XL cap. 7: Non ordinis, sed vitae merita nos Deo commendant. Ante omnia peto ut cogitet religiosa prudentia tua, nichil esse in hac vita et maxime in hoc tempore facilius et lerius et hominibus acceptabilius episcopi aut presbyteri aut diaconi officio, si perfunctorie atque adulatorie res agatur sed nichil apud Deum miserius et tristius et dampnabilius, cp. Corp. iur. canon. ed. Richter-Friedberg (Leipzig 1879) P. 1 p. 146

---

⁶⁶ phariseus ACβ franciscus α ⁶⁷ sumatur ACα summatur β ⁶⁸ privata ACα privato β ⁶⁹ eam ACα.β² add. above the line om. β ⁷⁰ pure Cαβ om. A

CAP. V. ¹ status Cα om. Aβ ² ni. fo. Cα om. Aβ ³ su. co. ACβ con. su. α ⁴ patere Cαβ tenere seu patere A ⁵ 40 has undergone a correction in β ⁶ p. e. l. Cα l. e. p. Aβ ⁷ min. per. Cαβ periculosus minimus A ⁸ in A is add. in mar.: prelacie A¹ in C in mar.: Responsio C¹ ⁹ personaliter Aαβ persone C, (cr. out), but in mar. personaliter C² (!)

cui accidit status virtuose conversacionis sibi debitus, quo modo sumitur a beato Petro *(1) Petri 2,*ᶜ dum precipit servis obedire dominis discolis, et aliquando sumitur simpliciter pro aggregato¹⁰ ex huiusmodi statu et statu¹¹ virtuose conversacionis sibi debito, quo modo sumitur a beato Augustino IV de Civitate Dei cap. 4, dum 5 dicit,ᵈ quod reges sine iusticia sunt tyranni.

Supposito¹² secundo, quod in dicto argumento sumatur status prelacie pro statu prelacie secundo modo dicto, quibus duobus suppositis dicitur negando, quod religio privata est securior quam status prelacie, et ad probacionem eius cum sic arguitur: status prelacie est 10 periculosior religione privata, dicitur hoc negando, sumendo statum prelacie pro statu prelacie secundo modo dicto. Nec oppositum huius asserit beatus¹³ Augustinus in auctoritate preallegata, licet in ipsa asserat, quod status prelacie primo modo dictus, dum caret¹⁴ statu virtuose conversacionis sibi debito, est status periculosissimus 15 in hoc mundo.

Ex quo patet, quod proporcionaliter, ut¹⁵ status aliquis est virtuosior, est securior, quia a peccato elongacior.

Secundo patet, quod status prelacie secundo modo dictus est status securissimus in hoc mundo eo, quod est status perfectissimus 20 et maxime meritorius in hoc mundo, dicente beato¹⁶ Augustino in dicta auctoritate, quod nullum officium viatoris est apud deum beacius officio episcopi aut presbyteri, si eo modo militetur, quo noster imperator iubet etc.¹⁷

|| C fol. 189ᵃ || Tercio patet, quod nemo est dominus, sacerdos vel religiosus 25

ᶜ *v. 18*   ᵈ *cp. August. Opp. Tom. VII, De civ. Dei, lib. II, cap. XXI p. 49 C: Cum vero iniustus est rex, quem tyrannum more Graeco appellavit etc. W. has, I believe, this passage in view; his own quotation (lib. IV cap. IV p. 90 G) reads: Remota itaque iustitia, quid sunt regna nisi latrocinia? quia et ipsa latrocinia quid sunt nisi parva regna?*

¹⁰ *in A is add. below the col. 263ᵈ:* Nota: status prelacie capitur dupliciter, uno modo personaliter, alio modo aggregative *A²*   ¹¹ et st. *Cu om. Aβ*   ¹² supposito *uC (!)* suppono *Aβ*   ¹³ beatus *ACu* huius *(cr. out)* beat. *β*   ¹⁴ caret *Cuβ* facta *(cr. out)* car. *A*   ¹⁵ ut *Cuβ* nec *A*   ¹⁶ beato *Cu* dicto *Aβ*   ¹⁷ etc. *Cu om. Aβ*

cap. V]   DE RELIGIONE PRIVATA I.   505

statu dominii,[18] sacerdocii vel religionis secundo modo dicto, dum fuerit in mortali crimine.[19]

Quarto patet, quod religio privata non est status securissimus in hoc[20] mundo, eo, quod, cum sit essencialiter culpabilis, non est 5 maxime elongatus a peccato.

Quinto patet, quod status sacerdotalis parochialis secundo modo sumptus est status perfeccior, meritorior et securior religione privata, eo, quod includit in se statum alciorem virtuose conversacionis, propter quem suscipiendum debet religiosus privatus abi-
10 cere vitam religionis private, testante beato Hieronymo[e] et ponitur in Canone 16, qu. I[21]: 'Sic vive', ubi sic hortatur rusticum monachum: sic, inquit, vive in monasterio, ut clericus i. e. secundum glosam[22] curatus esse merearis. Cui concordat beatus Augustinus[f] ad Eudoxium[23] et ponitur in Canone 16 qu. I[g]: 'Vos autem fra-
15 tres', ubi sic alloquitur religiosos privatos: vos, inquit, fratres exhortamur in domino, ut propositum vestrum custodiatis et[24] usque in finem perseveretis, scilicet secundum racionem, qua propositum

---

[e] cp. Hieronym. ad Rusticum Monach. ep. CXXV ed. Migne No. 17
[f] Corp. iur. can. Decreti II P. CXVI qu. 1, cap. XXVI: Digne in monasterio vivens per populi eleccionem ad clericatum poterit promoveri. Sic vive in monasterio, ut clericus esse merearis, cp. Corp. iur. can. ed. Richter-Friedberg (Leipz. 1879), I, p. 768   [g] cp. August. Opp. (edit. of the Bened.) Ep.48, No. 2   [g] Corp. iur. can. Decr. II p. C. XVI cap. XXX: vos autem fratres exhortamur in Domino, ut propositum vestrum custodiatis, et usque ad finem perseveretis, ac si qua opera vestra mater ecclesia desideraverit nec elatione avida suscipiatis nec blandiente desidia respuatis, sed miti corde obtemperetis Deo, cum mansuetudine portantes eum, qui vos regit, qui dirigit mites in iudicio, qui docet mansuetos vias suas. Nec vestrum ocium ecclesiae necessitatibus preponatis, cui parturienti si nulli boni ministrare vellent, quomodo nasceremi non inveniretis, vgl. Corp. iur. can. ed. Richter-Friedberg (Leipz. 1879), Decr. P. I p. 769

---

[18] dominii Caβ (cr. out) om. A   [19] in A below col. 264ᵃ there is a gloss, which possibly refers to this passage: Nota hic de peccato mortali, quod non tollit officium. Puto, quod hic loquitur cante, alibi dicit oppositum A'   [20] hoc Caβ hac A   [21] 1 ACa 5 β   [22] glossam C (!)aβ gloriam (?) A   [23] Eudoxum a Ondixium A Ondoxium β om. C, but in mar. ad endoxum C²   [24] et Auβ in domino (ud.) et C

ipsum fundatur in scriptura sacra, et sequitur, ac[25] si qua[26] opera vestra mater ecclesia desideraverit in prelacione, scilicet superiori vel[27] inferiori nec elacione avida suscipiatis, scilicet vos importune in gerendo neque blandiente[28] desidia respuatis, sed miti corde obtemperetis deo neque ocium vestrum necessitatibus ecclesie preponatis, cui parturienti, si nulli boni ministrare vellent, scilicet in prelacione, quomodo nasceremini, non inveniretis.

Ex quo dicto patet, quod eque legittime potest[29] rector vel vicarius indigens socio ad iuvandum cum in curia[30] sua requirere sacerdotem habilem[31] religionis private sicut[32] sacerdotem habilem secularem,[33] et eque legittime debet huiusmodi sacerdos religionis private obedire huiusmodi requisicioni sicut sacerdos secularis.

Patet secundo ex eodem, quod sacerdotes simplices, tam seculares quam claustrales, debent propter perfeccionem status prelacie in processionibus episcoporum permittere curatos[34] inferiores immediate sequi suos episcopos, qui curati gerunt vicem maiorum discipulorum excellencius quam simplices sacerdotes, quia[35] ipsi curati gerunt vicem ipsorum[36] discipulorum,[37] in quantum ipsi discipuli sunt curati, et ipsi simplices sacerdotes non gerunt vicem ipsorum discipulorum, nisi[38] in quantum ipsi discipuli sunt sacerdotes.

CAP. VI.

Septimo arguit sic: lex iusta, secundum racionem qua iusta, obligat peccatorem contempnere habere[1] licenciam dei pro licencia sufficienti ad confitendum peccata sua alieno sacerdoti pro beneficio sacramentalis absolucionis obtinendo, ergo per idem religio

---

[25] ac *has undergone a correction in* β [26] qua $ACα,β^2$ *add. above the line* om. β
[27] vel $AC\beta,α^1$ *in mar.* et α [28] blandiente Cα blandienti Aβ [29] potest Cβ
patet Aα [30] curia C cura Aαβ [31] habilem $ACα.β^2$ *add. above the line*
humilem β [32] sicut ACα obedire huiusmodi *(underlined)* sicut β [33] sec.
Cαβ religionis private sec. A [34] curatos αβ curatas AC [35] quia $Cαβ^2$
qui A om. β [36] ipsorum $ACβ^2$ om. αβ [37] excellencius quam — discipulorum ACα om. β, *but add. above the line by* $β^2$ [38] nisi Cαβ non A
CAP. VI. [1] habere Cα om. A,β, *but here* habere *is add. by* $β^1$, *then again er. out by* $β^2$

DE RELIGIONE PRIVATA I.

iusta, secundum racionem qua iusta, potest obligare subditum in ea contempnere habere licenciam dei pro licencia sufficienti ad variandum in religiosis ritibus pro debita execucione religionis communis et per consequens[2] non ex hoc, quod religio privata sic obligat, est ipsa culpabilis.

Patet consequencia, ut dicit, et antecedens extra de Penitenciis et Remissionibus cap.[3]: ‖'Omnis utriusque'," ubi sic habetur: si quis autem alieno sacerdoti voluerit iusta de causa sua confiteri peccata,[4] licenciam prius postulet et obtineat, cum[5] aliter ipse illum non possit solvere vel ligare.

‖ C fol. 188b

Hic dicitur negando, quod lex iusta secundum racionem, qua est iusta, obligat peccatorem contempnere habere licenciam dei pro sufficienti licencia ad confitendum peccata sua[6] alieno sacerdoti pro beneficio sacramentalis absolucionis obtinendo. Nec istud asserit lex allegata, cum verbum illud 'obtineat'[7] intelligi debet cum hac condicionali 'si poterit'. — Ex quo sequitur, quod[8] volens confiteri iusta[9] de causa alieno sacerdoti pro beneficio absolucionis sacramentalis[10] obtinendo petens pro complecione ipsius voluntatis[11] licenciam sui proprii sacerdotis, et cum hoc non valens ipsam obtinere potest in isto casu ex[12] pura licencia dei illud facere.

Secundo sequitur, quod, sicut peccator volens ex iusta causa

CAP. VI. [a] *Corp. iur. can. Decret. Gregor. IX l. V tit. XXXVIII cap. XII: Omnis utriusque sexus fidelis, postquam ad annos discretionis pervenerit, omnia sua solus peccata saltem semel in anno fideliter confiteatur proprio sacerdoti..... Si quis autem alieno sacerdoti voluerit iusta de causa sua confiteri peccata, licentiam prius postulet et obtineat a proprio sacerdote, quum aliter ipse illum non possit absolvere vel ligare etc. Cp. Corp. iur. can. ed. Richter-Friedberg (Leipzig 1879) P. II, p. 887. The general title of XXXVIII is: De Poenitentiis et Remissionibus*

[2] et p. c. ACa om. β, but add. in mar. by β² [3] remissionibus Aβ remissis cap. Ca [4] si q. a. a. s. v. i. d. c. s. c. p. Ca si q. i. d. c. a. s. v. s. p. c. Aβ [5] cum Ca,β² add. above the line vel Aβ [6] sua ACβ om. a [7] obtineat Caβ optimeat A [8] in β there is an erasure above quod [9] iusta Ca,β (here a correction has taken place (β²) ista A [10] ab. sa. Ca sa. ab. Aβ [11] vol. ACβ om. a [12] ex has undergone a correction by β²

confiteri alieno sacerdoti pro beneficio sacramentalis[13] absolucionis obtinendo, non debet contempnere petere licenciam proprii sacerdotis pro obtentu ipsius licencie ad hoc. Sic[14] subditus in religione privata, volens ex iusta causa variare in ritibus religiosis pro debita execucione religionis communis, non debet contempnere petere licenciam sui prelati sub deo pro obtentu ipsius licencie[15] ad ipsam variacionem faciendam.

Tercio sequitur, quod, licet non sit de necessitate salutis, cuilibet fideli discreto peccanti mortaliter, quod confiteatur ore semel in anno proprio sacerdoti sub deo vel eius vicem ordinariam gerenti omne peccatum suum mortale pro beneficio sacramentalis absolucionis obtinendo, vel quod recipiat in paschate eucharistiam, tamen est de necessitate salutis cuilibet huiusmodi[16] fideli,[17] quod non contempnat finaliter confiteri ore semel in anno proprio suo sacerdoti sub deo vel vicem eius[18] ordinariam gerenti omne peccatum mortale suum pro beneficio absolucionis sacramentalis obtinendo,[19] vel recipere in paschate[20] eucharistiam.

Patet prima pars[21] per hoc, quod non est de necessitate salutis cuilibet homini fideli, quod non sit mutus vel quod non moriatur in anno illo, quo incipit habere discrecionem ante pascha.

Et secunda pars patet[22] per hoc, quod est[23] de necessitate salutis cuilibet[24] huiusmodi[25] fideli, quod non moriatur in aliquo peccato mortali, et finaliter sic contempnere est mori in peccato mortali.

Ex quo patet quarto, quod, quando Augustinus II[26] de Visitacione Infirmorum sic[b] scribit[27]: non te seducat sompniancium

---

[b] cp. Aug. Opp. Tom. VI De Visit. Infirm. lib. II cap. IV p. 257 E: non seducat te somniantium illa superstitio, quae in visitando confirmat, quia salvat sacerdote inconsulto ad Deum peccatorum confessio

[13] sacramentalis $Cα β$ secularis (?) A [14] sic $αβ$ sit (?) AC [15] licencie $Cαβ$ licencia A [16] huiusmodi $Cα$ homini $Aβ$ [17] in A is add. in mar.: Nota A^1 [18] v. o. $Cα$ e. v. $Aβ$ [19] obtin. $Cαβ$ acquirendo A [20] paschate C paschata $Aαβ$ [21] Pa. pr. pars $ACβ$ pr. pars p. $α$ [22] patet $Cα$ om. $Aβ$ [23] est $ACα$ om. $β$ [24] cu. $ACα$ est cu. $β$ [25] huiusmodi $Cα$ homini $Aβ$ [26] II $Cαβ$ om. A [27] in A is add. in mar.: Augustinus de confessione A^1, but this marginal gloss ought to stand a few lines further on, cp. p. 509 l. 10

superticio illa, que mussitat, quia salvat ad deum peccatorum confessio, sacerdote inconsulto. Non asserit per illa verba, quod est superticio sompniancium asserere, quod ad deum peccatorum confessio[28] non consulens sacerdotem proprium sub deo pro sua satis-
5 facciono sacramentali salvat, licet asserat per illa, quod est superticio sompniancium asserere, quod ad deum peccatorum confessio contempnens finaliter consulere sacerdotem proprium sub deo pro sua satisfaccione sacramentali salvat.

Ex quo patet quinto, quod verba Augustini super Psalterium,[c]
10 quibus sic loquitur ad peccatorem[29]: si non confessus lates, inconfessus dampnaberis,[30] debent intelligi hoc modo: quod si peccator lateat in tenebra superbie contempnens finaliter || confiteri proprio sacerdoti sub deo seu eius vicem ordinariam gerenti, inconfessus dampnabitur.

15 Sexto patet ex predictis,[31] quod nemo conteritur de peccato mortali, quod commisit, nisi cum hoc confiteatur deo et ab eo sacramentaliter reconcilietur. Probacio huius stat in hoc, quod nemo sic conteritur, nisi cum hoc confiteatur mente deo et voluntarie suscipiat ab eo onus ad faciendum et paciendum, quidquid deus
20 wlt, quod faciat vel paciatur in hoc mundo vel alio, tamquam penitenciam integram satisfaccionis sacramentantem[32] perfecte penitenciam satisfaccionis Cristi. Et cum omnis huiusmodi[33] suscepcio sit perfecta sacramentalis reconciliacio, sequitur conclusio.

Ex quo patet, quod non omnis sacramentalis reconciliacio est

---

[c] cp. August. Opp. Tom. IV Enarr. in Psalm. LXVI p. 660, F: quid timetis confiteri et in confessione vestra cantare canticum nocum cum omni terra, in omni terra, in pace catholica confiteri times, Deus ne confessum damnet! Si non confessus lates, confessus damnaberis (with ref. to this there is a note below: Editi ‚non confessus damnaberis‘. Expunge ‚non‘, quod abest a MSS). Times confiteri, qui non confitendo esse non potes occultus: damnaberis tacitus, quia posses liberari confessus

---

[28] confessio ACβ om. α   [29] in A is add. above col. 264ᵈ: De confessione Augustini A¹   [30] dampnaberis ACα dampnaberis β   [31] predictis C,α here pro has later been add. dictis Aβ   [32] sacramentantem Cα sacramentalem Aβ
[33] huiusmodi ACα huius β, but corr. into huiusmodi by β²

denunciacio,[34] qua contritus denunciatur[35] esse realiter absolutus a deo, cum aliqua huiusmodi sit voluntaria suscepcio satisfaccionis integre tamquam sacramenti perfecti satisfaccionis Cristi, et aliqua est suscepcio satisfaccionis parcialis tamquam sacramenti imperfecti satisfaccionis Cristi; quorum sacramentum primum suscipit penitens a deo et secundum a sacerdote sub deo, qui propter suam ignoranciam non valet ministrare penitenti integram satisfaccionem tamquam perfectum sacramentum penitencie sive[36] satisfaccionis Cristi.

CAP. VII.

Ex quo videtur, quod sicut deus propter defectum sciencie in papa non constituit vicarium suum papam[1] ad ministrandum penitenti periodum integri sacramenti penitencie, sic propter[2] eundem defectum non constituit eum vicarium suum ad remittendum ipsi[3] penitenti partem ipsius periodi, et per consequens non constituit eum vicarium suum ad remittendum penitenti[4] periodum pene purgatorii[5] alterius mundi, cum periodus pene[6] purgatorie alterius mundi sit periodus magne partis integri sacramenti penitencie sive satisfaccionis Cristi, licet constituat eum servum suum ad merendum sibi et aliis penitentibus abbreviacionem pene purgatorie alterius mundi.

Cum enim papa, quem quidam vocant catholice subpapam propter appropriacionem istorum nominum: 'papa', 'dominus', 'rex', 'magister', 'caput', 'summus pontifex' et similium[7] Cristi,[8] quam secundum eos Cristus fecit in nova lege, dum sic dixit discipulis suis Matth.[9] 23[10][a]: vos autem nolite vocari[11] rabbi, non debet

---

CAP. VII. [a] v. 8

[34] denunciacio *ACβ* de necessario *α*   [35] denunciatur *ACβ* denecessitatur *α*
[36] sive *Cα* om. *Aβ*
  CAP. VII. [1] vic. su. pa. *Cα*   pa. vi. su. *β*   vi. su *A*   [2] propter *Caβ* per *A*   [3] ipsi *Cα* om. *Aβ*   [4] partem ips. p., et p. c. n. c. e. v. s. ad r. p. *ACα* om. *β*, but add. later above the col. by *β²*   [5] purgatorii *ACβ* purgatorie *α*   [6] pene *Caβ* om. *A*   [7] similium *Cβ* similimum *α* similitudinem *A*
[8] Cristi *ACα* Cristo *β*   [9] Mt. *ACα* Mr. *β*   [10] 23 *α* om. *A (there is a blank space left for the number), Cβ*   [11] vocari *ACα,β²* in mar. om. *β*

facere indulgencias hominibus de penitencia huiusmodi,[12] terminando[13] secundum suam[14] ignoranciam ante mortem eorum penitenciam, quam debent facere in hoc mundo, a pari vel a[15] forciori non debet facere indulgencias hominibus de penitencia alterius
5 mundi, terminando secundum suam ignoranciam ante[16] terminum a deo constitum penitenciam, quam debent facere in futuro mundo. Nec ex hac sentencia sequitur, quod deus non posset constituere papam vicarium suum ad ministrandum penitenti periodum integri sacramenti penitencie ad remittendum ei[17] illam et partes eius,
10 licet ex dicta sentencia sequatur, quod deus non posset sic constituere papam vicarium suum, nisi cum hoc conferret[18] sibi noticiam ad cognoscendum suam voluntatem in hiis punctis et[19] ad denunciandum[20] conformiter ipsi voluntati.

Ex quo patet, quod papa habet potestatem, cum qua posset,
15 habita sufficienti || noticia ministrare penitenti[21] periodum integri || C fol. 189ᵇ
sacramenti penitencie et remittere ei illam, licet non habeat potestatem, cum qua debet facere huiusmodi ministracionem, dum huiusmodi noticia sibi deest.

Ex quo sequitur ulterius, quod verba paparum, quibus viden-
20 tur[22] remittere sive indulgere certos annos satisfaccionis post[23] hanc vitam omnibus vere contritis et confessis, qui tale opus meritorium vel tale faciunt,[24] intelligi debent[25] de reputativa[26] remissione et non de certa remissione, de qua[27] per ante[b] locutum est, dum[28] dicitur, quod deus[29] non constituit papam vicarium suum ad remit-
25 tendum, scilicet[30] certa remissione penitenti periodum integri sacramenti penitencie.

---

[b] *cp. above cap. VII p. 510*

[12] huiusmodi *Cu* huius mundi *Aβ* [13] terminando *Cuβ* teriando *A* [14] suam *aβ* quam *AC* [15] a *ACu* om. *β, but add. into the text by β²* [16] ante *Aβ* aut *Cu* [17] ei *has undergone a correction in β* [18] conferret *ACu* conferet *β* [19] et *Cu,β but here ad. by β²* om. *A* [20] denunciandum *Aβ* denecessitandum (?) *Cu* [21] min. pen. *Cuβ* om. *A* [22] videntur *β* om. *ACu* [23] post *Cu,β here corr. from* patet *by the texthand* patet *A* [24] faciunt *ACu* facere *β, cr. out by β²*, and faciunt *is corr. into the text by β²* [25] debent *Aβ* debet *Cu* [26] reputativa *Cβ* representativa (?) *A* reputacoetiva (evo ad. — the scribe was going to write* reputacione) *u* [27] qua *Cuβ* quibus *A* [28] dum *ACβ* cum *u* [29] deus *u* om. *ACβ* [30] scilicet *AC* sed *uβ*

Nec obviat huic sentencie, sed consonat cum ea, quod[31] in homine discreto, dum hic vivit, est duplex penitencia,[32] scilicet spiritualis, que consistit in odio peccati, quam Cristus ministravit adultere, de qua Ioh. 8,[c] et corporalis penitencia, que consistit in iciunio et[33] oracione et elemosina, que prudenter a sacerdote ministrantur, dum ministrantur[34] in ea mensura penitenti, qua debent iuvare odium eius ad destruendum peccata carnalia, dyabolica et mundana.

Septimo patet ex dictis, quod non quilibet sacerdos contritus de quolibet peccato suo mortali, quod commisit, nondum sacramentaliter reconciliatus, a sacerdote sub Cristo debet sub pena peccati mortalis recipere beneficium huiusmodi sacramentalis absolucionis, antequam[35] celebret[36] vel comedat eucharistiam,[37] licet quilibet huiusmodi sacerdos debet sub pena peccati mortalis non contempnere recipere beneficium huiusmodi sacramentalis absolucionis, antequam celebret vel comedat eucharistiam.

Secunda pars huius satis claret, et prima videtur clarere per hoc, quod tunc eque necessaria esset sacramentalis absolucio sacerdotis sub Cristo a crimine occulto pro baptizato[38] peccatore contrito ad digne comedendum eucharistiam, sicut est sacramentalis absolucio Cristi, a crimine occulto pro baptizato peccatore contrito ad digne comedendum[39] eucharistiam,[40] quod esset nimis[41] onerosum fidelibus, et specialiter curatis ruralibus, quibus deficit frequenter copia sacerdotum habilium, a quibus prudenter valent[42] huiusmodi absolucionem accipere.

Octavo patet, quod licet fratres admissi ab episcopis iuxta cap.[d]: 'Dudum', possent[43] libere ministrare parochianis[44] ipsorum

---

[c] v. 11   [d] cp. Corp. iur. canon Decr. p. II C. XVIII qu. II cap. XXV p. 837: *qui in sacro sunt ordine constituti in monasteriis*

---

[31] quod *ACa* que *β*   [32] in *C* is add. in mar.: Duplex penitencia *C¹* in *β* in mar.: Penitencia est duplex, scilicet spiritualis et corporalis *β*   [33] et *Ca* om. *Aβ*   [34] dum min. *Ca* om. *Aβ*   [35] antequam *Caβ* anquam *A (compend. om.)*   [36] celebret *Caβ* celebrat *A*   [37] in *A* is add. in mar.: Nota *A¹*   [38] baptizato *Ca,β (here corr. from* -ta*)* baptisata *A*   [39] comedendum *Ca* manducandum *A* om. *β*   [40] sicut est sacr. — com. eucharist. *ACa* om. *β*   [41] nimis *Caβ* minus *A*   [42] valent *Caβ* valet*(!) A*   [43] possent *ACa* possint *β*   [44] parochianis *aβ* parachianis *AC*

episcoporum beneficium absolucionis sacramentalis, quod[45] tenentur, si valent, recipere semel in anno iuxta cap.[e]: 'Omnis utriusque',[46] cum ipsi parochiani volentes recipere ipsum beneficium ab eis non debent contempnere ipsum[47] ab eis[48] ex precedente licencia petita et obtenta[49] suorum propriorum curatorum.

Probat autem istud[50] satis diffuse dominus Armacanus[51] in tractatu suo de ista materia contra errores fratrum per multa exempla, quorum unum est tale: fratres habent privilegium, quod possunt in suis locis libere predicare quibuscunque volentibus[52] accedere ad eorum sermones et tamen cum toto isto privilegio nec Carthusienses nec Moniales[f 53] volentes accedere ad eorum sermones debent contempnere facere ipsum accessum ex precedente licencia petita et obtenta[54] suorum superiorum. Sic in proposito licet fratres habeant tale ‖ privilegium, quod possunt libere ministrare etc., tamen[55] ipsi parochiani volentes recipere ipsum beneficium ab eis non debent propter obligacionem eorum ad servandum cap.[e]: 'Omnis utriusque' contempnere recipere ipsum[56] ab eis ex[57] precedente licencia petita et obtenta[58] suorum propriorum curatorum.

CAP. VIII.

Octavo arguit sic: religio privata est essencialiter perfeccior, meritorior et securior quam status secularis, quod non foret verum,

---

nullam habeant potestatem. Dudum ad nos multorum relatione perrenerat etc. Hortamur ergo, ut omni mora omnique excusatione summota ita monasteria ipsa ab huiuscemodi studeatis gravamine relevare, quatinus nullam deinceps in eis clerici vel qui in sacro ordine sunt constituti ob aliud (nisi hortandi tantum modo causa) accedendi habeant licenciam, aut si forte ad peragenda sacra missarum fuerint invitati misteria etc.   [e] cp. above cap. VI note a   [f] i. e. the Sanctimoniales, cp. above p. 284 note e

---

[45] quod Cα,β quo A   [46] ut. ACα ut. sexus β   [47] ips. Cα,β recipere ips. A   [48] non deb. c. i. ab e. ACα om. β   [49] obtenta β abtenta A optenta Cα   [50] istud Cα hoc Aβ   [51] Armacanus α Armocanus ACβ   [52] volentibus Cα volentes A,β (!)   [53] Moniales Aα,β Momales C   [54] obtenta β abtenta A optenta Cα (cp. note 49)   [55] tamen Cα,β cum A   [56] ipsum ACβ om. α   [57] ex ACα om. β   [58] obtenta ACβ optenta α (cp. nn. 49 and 54)

nisi secundum omnem suam condicionem essencialem foret laudabilis, ergo sic est.

Consequenciam dicit patere, et assumptum sic arguit: status claustralis est essencialiter perfeccior, securior et meritorior[1] quam status secularis eo, quod ex approbacione sancte matris ecclesie et[2] informacione sanctorum doctorum a tempore incepcionis status claustralis usque modo seculares[3] propter maiorem perfeccionem essencialem et maius meritum acquirendum ad statum claustralem tamquam ad statum supererogacionis essencialiter plus perfectum[4] confluxerunt. Et cum[5] omnis status claustralis sit religio privata, sequitur, ut dicit, assumptum probandum.

Hic dicitur negando, quod religio privata est essencialiter perfeccior, meritorior et securior quam status secularis, et ad probacionem cum[6] sic arguitur[7]: status claustralis est essencialiter perfeccior, meritorior et securior quam status secularis, dicitur eciam hoc negando nec probat[8] hoc proposicio ipsa, que pro[9] eius probacione assumitur, et racio est,[10] quia duo sunt status seculares, unus imperfectorum et alius perfectorum.[11] Unde licet seculares, qui sunt in primo statu laudabiliter, confluunt ad statum claustralem perfectorum tamquam ad statum supererogacionis essencialiter plus perfectum, non tamen ex hoc sequitur, quod seculares, qui sunt in secundo statu perfectorum, scilicet[12] laudabiliter confluunt ad statum claustralem perfectorum tamquam[13] ad statum supererogacionis essencialiter plus perfectum, quamvis quandoque[14] laudabiliter confluunt ad ipsum tamquam ad statum supererogacionis plus accidentaliter perfectum,[15] sicut e contra quandoque laudabiliter

---

CAP. VIII. [1] s. et m. $C\alpha$ m. et s. $A\beta$ [2] et $C\alpha\beta$ om. A [3] sec. in β a corr. word [4] ess. pl. pe. C pl. ess. p. α pl. per. ess. plus perfectum A pl. pe. ess. β [5] cum $AC\alpha$ tamen β, but cr. out by β^3 and above it cum β^3 [6] cum $C\alpha$ eius cum $A\beta$ [7] arguitur $C\alpha$ arguit $A\beta$ in C is add. in mar.: Responsio C^1 [8] eciam hoc neg. nec prob. $C\alpha$ cc. quod neg. hoc prob. A eciam quod (quod corr. into the text by β^2) hoc negando non (non cr. out by β^2) probat β [9] pro α in β om. AC [10] est $C\alpha$ om. $A\beta$ [11] in β in mar.: Seculares status sunt duo β^3 [12] scilicet C om. $A\alpha\beta$ [13] laudab. confl. ad st. c. p. tamquam $AC\beta$ tamquam α (therefore laud. etc. — perf. om.) [14] quandoque $C\alpha\beta$ om. A [15] pl. acc. perf. $C\alpha$ (cp. note 4) acc. pl. pe. A accidentaliter (ud.) pl. p. β

confluunt claustrales ad statum secularem perfectorum tamquam
ad statum supererogacionis accidentaliter plus perfectum, que per
accidens perfeccio quandoque contingit racione honestioris societatis
vel prelati melius regentis aut alterius consimilis causa.

5 Ex quo patet, quod cristianus observans perfeccionem ewangelii
extra claustrum corporale non dicitur secularis, quia vivit essencialiter imperfeccius [16] cristiano observante perfeccionem ewangelii in
claustro, sed huiusmodi cristianus [17] dicitur secularis, quia exclau-
straliter, ad quem sensum fuerunt Cristus et sui apostoli cum aliis
10 perfecte eos imitantibus [18] seculares. Nec contrariatur huic sentencie dictum Augustini[a] positum in Canone 12, qu. 1, cap.: 'Certe',[b]
in quo vocat clericos seculares claudos, quia in ipso dicto non vocat
eos claudos, quia sunt in statu essencialiter imperfecciori, [19] quam
est status claustralium, sed quia in diebus suis ut communiter non
15 excellenter perfecte observabant [20] perfeccionem ewangelii.

Secundo patet, quod nullus ingressus ‖ in statum claustralem C fol. 190 b
perfectorum preponi debet in perfeccione essenciali cuicunque alteri
satisfaccioni, cum non debet sic preponi satisfaccioni facte pro ingressu [21] in statum secularem perfectorum.

20 Tercio patet, quod status secularis perfectorum eque vel excellencius habet hanc prerogativam, ut secundum baptisma nun-
cupetur, sicut ipsam habet status claustralis perfectorum.

CAP. VIII. [a] *August. in serm. II de communi Vita Clericorum.
(Opp., tom. V, Serm. CCCLVI p. 1384)* [b] *Corp. iur. can. Decret.
p. II C. XII qu. 1 cap. XVIII p. 683: Clericatus non tollitur eis,
qui volunt habere aliquid proprium. — Certe ego sum, qui statueram,
nullum ordinare clericum, nisi qui mecum vellet manere, ut si vellet a
proposito discedere, recte illi tollerem clericatum. Ecce in conspectu
Dei et vestro muto consilium. Qui volunt aliquid habere proprium,
quibus non sufficit Deus et ecclesia eius, maneant, ubi volunt et ubi
possunt, non eis aufero clericatum, nolo habere ypocritas. Malum esse
quis nesciat! Malum est cadere a proposito, sed peius est simulare
propositum.*

[16] imperfeccius ACα imperfeccius β, but in cr. out, above it again im β³
[17] crist. Cαβ sccl. (ud.) crist. A [18] imitantibus Cα sequentes Aβ [19] im-
perf. ACβ perfecciori α [20] observabant Cαβ absorvabant A, cp. cap. VII
un. 49, 54 and 58 [21] pro ingressu ACα per ingressum β

Quarto patet, quod secularis servans ex voto facto suo episcopo seu[22] ex voto facto pure deo perfeccionem ewangelii, consistentem in paupertate, castitate et obediencia potest esse ut huiusmodi, ita perfectus religiosus, sicut est vel umquam fuit aliquis[23] claustralis vel perfeccior, teste beato[24] Augustino in epistola ad Cives Hipponenses, ubi sic scribit: deum, inquit, contestor, quod, ex quo deo servire inceperam, vix inveni meliorem aliquem[25] quam in claustro, sed absque dubio inveni[26] peiorem.

Quinto patet, quod sicut est religio privata claustralis perfectorum, sic est vel potest esse religio privata[27] secularis sive exclaustralis perfectorum. Et a pari est vel potest esse religio privata, tam[28] claustralis, quam exclaustralis imperfectorum.

Sexto patet, quod sicut sancti, qui instituerunt vel servaverunt religiones privatas, penituerunt perfecte ante mortem suam corporalem de omnibus peccatis suis magnis vel parvis, que umquam commiserunt,[29] sic in illa penitencia et in tempore ipsius penitencie deseruerunt religiones suas privatas secundum racionem illam, qua sunt posite extra mensuram illam, qua facilitant ad observanciam communis perfeccionis ewangelice.

Septimo patet, quod in religione pure ewangelica est communis religio perfectorum, que est[30] religio pure ewangelica, observans ut huiusmodi communia mandata dei et consilia eius perfectis consulta, cuiusmodi est consilium de virginitate cum sibi similibus. — In eadem est eciam[31] communis religio imperfectorum, que est religio pure ewangelica, observans ut huiusmodi communia mandata dei et consilia eius imperfectis consulta,[32] cuiusmodi est consilium de matrimonio cum[33] sibi similibus.[34] — Tercio in eadem est communissima religio cristianorum observans ut[35] huiusmodi

---

ᶜ cp. *Augustini Opp. (edit. of the Bened.), tom. II Ep. LXXVIII 186*

---

[22] seu $C\alpha$ vel $A\beta$ [23] aliquis $AC\alpha$ aliqualis β [24] beato $AC\beta$ om. α [32] aliquem $AC\alpha$ aliquam β [26] inv. AC non inv. $\alpha\beta$ [27] pr. $AC\beta$ om. α [25] tam $C\alpha\beta$ tamquam A [29] comiserunt $AC\beta$ comiserant α [30] est $AC\alpha$ om. β, *but add. later into the text by* β^2 [31] est ec. $C\alpha$ ec. est $A\beta$ [32] consulta $\alpha\beta$ inconsulta AC [33] cum $\alpha\beta$ et AC [34] similibus $AC\alpha$ consimilibus β [35] ut $C\alpha\beta$ om. A

communia mandata dei,[36] ad que servanda omnes homines obligantur. — Et quarto in eadem sunt quotquot religiones particulares tam perfectorum quam imperfectorum observantes ut huiusmodi ultra mandata dei et eius communia consilia particularia consilia eius, cuiusmodi sunt[37] consilium de surgendo media nocte ad laudandum deum cum sibi similibus quasi infinitis, per que videre potest fidelis cristianus, quod, licet religio particularis pure ewangelica et religio privata conveniant in multis ritibus, quoad[38] eorum substancias, tamen cum hoc[39] discrepant in eisdem, quoad mensuras, in quibus statuuntur, ut claret ex primis dictis. Unde propter istam discrepanciam dicunt quidam vere, quod religio privata ex hoc dicitur privata,[40] quod secundum aliquam eius racionem privatur laudabili fundamento in scriptura sacra. De qua scriptura II de Doctrina Cristiana sic commendabiliter loquitur beatus Augustinus[d]: quidquid, inquit, homo extra divinarum scripturarum scienciam didicerit, si noxium est illi,[41] dampnatur, ‖ si utile est illi, invenitur, et cum ‖ C fol. 191a ibi quisque invenerit omnia, que alibi utiliter didicit,[42] multo habundancius inveniet ea, que nusquam omnino alibi, sed in[43] illarum scripturarum tantum[44] mirabili altitudine et mirabili humilitate discuntur.

Ex quibus omnibus[45] supradictis patet, quod, sicut non[46] quicumque approbatas vitas[47] Petri et Pauli reprobat,[48] ipsos et eorum vitam atque doctrinam dampnabiliter[49] blasphemat eo, quod deus et omnes[50] in celo beati reprobant[51] eorum approbatas vitas non

---

[d] cp. *August. Opp. tom. III, De Doctr. christ. lib. II cap. XLII p. 44, C: .... si divinarum scripturarum scientiae comparetur. Nam quidquid homo extra illam didicerit, si noxium est, ibi damnatur, si utile, ibi invenietur. Et cum ibi quisque invenerit omnia, quae utiliter alibi didicit, multo abundancius ibi inveniet ea, quae nusquam omnino alibi discuntur*

---

[36] c. m. d. Cα   m. d. c. Aβ   [37] sunt Cα   est Aβ   [38] quoad ACα   quot ad β, but corr. into quoad   [39] hoc Cαβ   hac A   [40] in β is add. in mar.; Religio privata cur dicitur privata β?   [41] illi ACα   ibi β?, corr. from illi which stood first   [42] didicit ACβ   didicerit α   [43] in Cα   om. Aβ   [44] scr. ta. Cα   ta. scr. Aβ   [45] omnibus ACβ   omnia α   [46] non ACβ   om. α   [47] vitas ACβ   om. α   [48] in A is add. in mar.; Reprobat A?   [49] damp. Cαβ   laudabiliter (cr. out) dampn. A   [50] omnes αβ, (α corr. word)   omnis AC   [51] reprobant Cαβ   reprobat A

secundum racionem, qua sunt laudabiles, sed secundum racionem, qua sunt culpabiles —, sic non, quicunque aliquas religiones privatas approbatas vel eorum institutores ex hoc opere[52] reprobat, sanctos dei et eorum vitam atque doctrinam dampnabiliter blasphemat, cum deus et omnes[53] in celo beati reprobant ipsas religiones et earum institutores,[54] non secundum racionem, qua[55] sunt laudabiles, sed secundum racionem, qua[56] sunt culpabiles. 5

Et patet in parte declaracio istius materie cum responsione fideli ad argumenta reverendi monachi etc.[56]

---

[52] ex h. op. $Ca\beta$ om. A [53] omnes β omnis ACa, cp. n. 50   [54] institutores $Ca\beta$ institores A [55] qua *in* β *corr. from* quia   [56] monachi etc. C mon. supradicti Aa mon. supradicti etc. β, *here* supradicti *is corr. from* supradicta *without Expl. in all the codd.*   *in C follows:* De gradibus cleri eccl. *in A:* Epist. de octo questionibus pulcris. *Inc.* Amice preclare, ex scripturis vestris concipio etc. *in β the following line — there is no Title or Incipit — begins thus:* Restat ulterius ponere aliud principium, *it is de ninth book of Wiclif's Summa with the separate title:* De Apostasia.

XX.
DE RELIGIONE PRIVATA.
TRACTATUS ALTER.

DE RELIGIONE PRIVATA II.

I. Division.

I. Introduction: General argument against private religions, chap. I.
II. Refutation of the theses, put forward by the 'dominus', chap. II—IV.

II. Summary of Contents.

Chap. I. Thesis: Is the institution of monastical Orders (the religio privata) a divine, good work? p. 524. — It is not, otherwise Christ would (1) have instituted them in the Gospel, and (2) would not have sent His disciples among the nations, but would have shut them up in the walls of a monastery, p. 524. Christ, therefore, ought not to be taken as an authority for the matter in question, neither as to the number (— here the 12 disciples are compared with the many thousands of monks), nor as to the life of the Orders, whose pernicious traditions are often contrary to the simple preaching of the Word of God, p. 525—526. It is therefore wrong to entice young men into the Orders, for no spiritual grace, moral virtue or genuine piety is acquired by the admission into them, p. 526—527.

Chap. II. Not the Orders, but the general christian religion ought to be favoured, p. 527. Definition of the latter, p. 527. The assertion domini cuiusdam, (1) that the general religion of Christ takes only the mandata (not the consilia) of Christ as a rule of life, is wrong, p. 527—528; for he who loves God with all his heart, also fulfils the consilia (i. e. the three known monastical vows), p. 529. Likewise wrong is his opinion, that private religions as such oblige their members to fulfil not only the mandata, but also the consilia, and eventually also the precepta of the holy Fathers. This is refuted by the Author, p. 529—530.

Chap. III. As a reason for the necessity of private religions some assert, (1) that they serve God in a nobler manner, and are, therefore, more perfect, than the ordinary members of Christ, p. 531. For (a) it is said, that the consilia *are their rule, p. 531; (b) that Christ with his 12 disciples was a member of them, p. 531 and (c) that there is no specific difference between the several single Orders, p. 531. — All this is wrong; for as to the first, its members are entangled in wordly affairs, therefore their service is false, p. 531— 532; as to (b): Christ has founded only the general religion, as His words clearly show, p. 533. As to (c): there are differences in the very principles: rich and poor orders, secular and monastical clergy etc., p. 533.*

Chap. VI. In the second place it is asserted that for members of the Order it is easier to be saved. — Answer: by buying the canonisation nobody will be saved, p. 534. Thirdly it is said, that the obstacles to being saved are more easily removed within the Orders. — Answer: if this be true, then the founders of the Orders were more prudent than Christ the Lord Himself, p. 534—535. Cut and colour of the habit, eating, drinking, caps and other worldly peculiarities of the Order (breeding of swine etc.) are of no advantage for eternal life, p. 535.

From all these reasons the theses of the dominus *are to be repudiated, p. 536.*

III. Date of Composition.

The Tract is without any chronological evidence. Once there is a hint at the Pope as refuga *p. 535 l. 8; by this term, either Urban VI., who fled to Naples 1388 from Rome, cp. Ypod. Neust. 338, or Clement VII. is meant, who in 1379 took refuge in France before the followers of Urban, cp. Walsingh., H. A. I, 393. From the whole tone of the Tract, I am inclined to fix it in the last two or three years of W.'s life.*

IV. Genuineness.

External evidence:

(1) cod. D, Incipit, see p. 524.
(2) Denis, Cod. MS. Theol. II, 1471; 1502 (?).
(3) Shirley, Catal. No. 82 p. 27.
(4) Lechler, J. v. W. II, 567.

Internal evidence:
  (1) cp. above General Introduction V, e^1.
  (2) cp. cap. I. note a; II, a; III, b; c; IV, b; d.
V. Unprinted heretofore.
VI. Extant in

cod. $4527 = C$ fol. $226^b - 229^b$ $\begin{cases} C^1 = \text{Corrector, thin hand} \\ C^2 = \text{Corrector} \end{cases}$

cod. $3930 = D$ fol. $197^d - 202^a$ $\begin{cases} D^{1.} = \text{Glosser} \\ D^2 = \text{Corrector} \\ D^3 = \text{thick hand (empcio)} \end{cases}$

both being in the Imper. Libr. at Vienna;
cod. X. E. 9. $= a$ fol. $202^a - 206^a$ $a^1 = $ Glosser
the latter in the Univ.-Library at Prague.

VII. The Manuscripts.

Only after having formed my text on the basis of cod. a, I had access in Vienna for a short time to the codices C and D, which I then collated. I was thus not able to undertake a critical examination of all three codices, and have printed the present text on the basis of all three Manuscripts, without giving preference to any.

I believe, however, to judge from a cursory glance, that C and D are in some way related to each other; with ref. to this, cp. besides the large consensus of both, in particular the following readings, cap. I, 12; 19; 20; III, 2, also IV, 15. The Text of D is more corrupted than that of C. C and a appear to me of equal value. — Characteristic for both is the monstrous form uach cap. IV, p. 535 l. 17, which either indicates a common original for C and a, or that C is derived from a. — As to the orthography, it is curious that the scribe of C in this Tract as a rule writes ti instead of the general ci (distinctionem, consolationem etc.). — C has been corrected by two hands. In D there are the corrections, or additions of three hands to be noticed; here the text is in a large degree adorned with red commas.

---

[1] What I have said with ref. to this point above (see De Rel. Priv. I p. 486 ff.) against the genuineness of the latter Tract, may be, in general, adduced in favour of the present Treatise. I am rather inclined to suppose that from the genuineness of this so called Second Part of De Religione Privata, Shirley and others have concluded the genuineness also of the first part the matter of which curiously is in no way connected with the present Tract.

JOHANNIS WICLIF

DE RELIGIONE PRIVATA[1]

II.

CAP. I.

a fol. 202a lin. 23 Utrum religio privata[2] sit datum optimum, descendens a patre luminum, per quod anima fidelis disponitur, ut salvetur.

Et videtur, quod non,[3] | quia tunc exprimeretur in aliquo verbo ewangelico, quod aliqualiter conti | net omnem veritatem.[a] Sed cum deus necessario agit ad extra secundum capacitatem subiecti, 5 in sanctis prioribus magis capacibus religionem istam insereret, quod tamen non fecit. Patet, quod preter patrem luminum religiositas ista habuit aliam[4] originem. Non enim in toto ewangelio fundatur tacite vel expresse,[5] nisi loquar yronice, ut Matth. ultimo[b]: ite, docete omnes gentes. Voluit enim Cristus, quod quando eius dis- 10 cipuli erant plene instructi, non incarcerarentur claustraliter inter

a fol. 202b parietes, sed irent in orbem universum | ad ewangelice prodessendum ecclesie, nec haberent ad proprium claustrum reditum, cum Cristus non habuit vel suum tugurium.

CAP. I. [a] *The idea that the Holy Scripture contains all that is necessary for the salvation of mankind very often recurs in W.'s works, cp. for instance above De Fundat. Sect. p. 26; also p. 298; again De Blasphemia, cod. 3933 (Vienna) fol. 118ᶜ, De Verit. Scr. p. cod. 1294 fol. 1¹: in illa consistit salus fidelium; also Arnold, S. E. W. III, 186: On the Sufficiency of Holy Scripture* [b] *v. 19*

CAP. I. [1] *Without a title Cα Posicio ewangelici doctoris D¹ (or textband). There is no division into chapters* [2] *r. pr. α p. r. CD* [3] *in D is add. in mar.: Arguit in oppositum D¹* [4] *aliam α alienam CD* [5] *in D is add. in mar.: Quod private religiones non sunt fundate in sacra scriptura D¹*

Et si dicatur,⁶ quod claustrales nutriant suos discipulos sicut Cristus, patet, quod deficiunt in numero et in modo. — Cristus enim nutrivit solos duodecim,⁷ quorum duodecimus, scilicet Scarioth, fuit pessimus. Que ergo blasphemia, quod patronus peccabilis nu-
5 triat multa milia! Numquid est sufficiencior et sapiencior⁸ Iesu Cristo, qui ad ponendum mensuram in grege pusillo istum duodecimum permisit⁹ perire? Quot ergo milia credendum est peccare gravius in talibus conventibus, quam peccarent in seculo,¹⁰ cum Scarioth cum magistro prudentissimo et collegio sanctissimo ita fecit.
10 Et quantum ad modum,ᶜ patet, quod per tradiciones suas multiplices excedunt infundabiliter legem Cristi. Cum ergo libertas atque facilitas illius legis debet observari in suis limitibus, videtur, quod presumentes sic stabilire hos novos ordines culpabiliter temptant deum.¹¹ Nemo enim debet quidquam facere,¹² nisi quod ex
15 divina revelacione vel doctrina scripture¹³ fuerit sibi notum, prodesse ecclesie, sed ex neutro illorum est notum prelatis vel suis obligatis, quod talis inclaustracio foret eis utilis vel prodessens ecclesie, ergo debet omnino reticeri. Sic enim secundum Iacobumᵈ homo debet esse tardus ad loquendum, sic quod non loquatur
20 aliquod¹⁴ nisi altero¹⁵ istorum duorum modorum habeat evidenciam sic loquendi, ergo multo magis in religione perpetua, ubi foret maius¹⁶ periculum, quam in brevi loquela.

Et quantum ad loquelam nedum Iacobus, sed beatus Petrus hortatur,ᵉ quod, si quis loquitur, videat, quod loquatur quasi ser-
25 mones dei. Ubi ergo possunt fundari sermones de habitu corporali, de nutibus et¹⁷ aliis signis frivolis, que ultra regulam ewan-

---

ᶜ cp. above l. 2   ᵈ 1, 19   ᵉ I Pet. 4, 11

---

⁶ in D is add. in mar.: Ad obieccionem respondet D¹   ⁷ in C is add. in mar.: Numerus   ⁸ sapencior CD   potencior (cr. out) sapiencior a   ⁹ permisit CD   misit a   ¹⁰ in D is add. in mar.: Quod sepius gravius peccant in claustro quam in seculo D¹   ¹¹ in D is add. in mar.: Quomodo stabilientes religiones temptant deum D¹   ¹² facere CD   om. a   ¹³ script. Ca   fuerit (cr. out & ad.) script. D   ¹⁴ aliquod a   aliud CD   ¹⁵ altero Ca   alterorum (rum vd. and cr. out) D   ¹⁶ maius a,C, here corr. from magis   magis D   ¹⁷ nutibus et Ca   mitibus D

gelicam observantur? Ymo substancia regule, que ordinatur esse perpetua, non fundatur.

Grave quidem videtur, quod cristicole, quibus deus dedit disposiciones tam dispares, sint ultra obligacionem Cristi tam anxie obligati. Idem enim videtur sic obligare servos domini et more primi apostate innuere, quod anticristus habeat potestatem ultra Cristum disposiciones mentis tribuere[18] et correspondenter ad illas generaliter novas regulas stabilire.

Unde et sepe tetigi, in omnibus talibus privatis ordinibus evagatur consilium anticristi. Nam[19] fratrifactor vel procedit imperative vel consultative[20] vel se ductive, quia nulli vel pauci sunt, quos fiendi fratres rogant, ut puro titulo elemosine faciant illos fratres. Primum autem membrum foret luciferina presumpcio, et secundum, coincidens cum tercio, foret stulta et presumpta seduccio. Nemo enim consuleret fratri suo nisi ad illud,[21] de quo est certus spiritum sanctum consulere, sed nullus frater non inspiratus ad hoc scit spiritum sanctum consulere, ut homo, quem alloquitur, fiat frater. Ergo non debet sic nude[22] ad illud consulere. Maior patet per[23] hoc, quod non debet specialiter in hiis, que concernunt salutem anime, voluntati divine contraire,[24] cum notum sit, quod consulente spiritu domini ad salutem et spiritu religiosi private consulente ad contrarium et sic ad dampnacionem,[25] foret anticristus expresse, quia contra regulas caritatis, quibus diligeret proximum sicut se ipsum, procuraret fratris stulte dampnacionem.

Nec dubium, quin multi fiunt de sectis istis privatis, qui ea occasione gravius sunt dampnati. Cum ergo non ad tales introitus per se bonum virtutis vel[26] gracie consequatur, ut in baptismo et ceteris virtuosis[27] operibus, ad que lex Cristi consulit, videtur stultum et periculosum ad tales privatas vitas sine fundamento consulere.

---

[18] *in D is add. in mar.:* Quomodo obligantes vivere regulariter videntur dare mentis disposiciones D^1 [19] nam *CD* vel *a* [20] consultative *a* consultive *CD* [21] *in D is add. in mar.:* Quod nemo debet consulere alteri claustrum ingredi D^1 [22] nude *Ca* avide *D* [23] ex *CD* per *a* [24] *in C is add. in mar.:* contrarie C^1 [25] dampn. *CD* ad *(nd.)* dampn. *a* [26] vel *CD* et *a* [27] virt. *Da* bonis *(nd.)* virt. *C*

Si ergo talis fratrifactor debet esse tardus ad loquendum, et in isto, quod est scripture sacre sentencia, multo magis in periculoso[26] debet consultor ponere custodiam ori suo, quam, rogo, excusacionem haberet in die iudicii de dampnato? Cristus enim, eli-
5 gens Scarioth, dedit sibi graciam secundum presentem iusticiam, et ille, occasione male[29] accepta, ex malicia propria est gravius dampnatus. Sed tales consilarii sic non possunt.

Ideo cavent prudentes in hiis, que concernunt salutem vel dampnacionem anime, dare consilium.

CAP. II.

10 Ex istis videtur, quod multi augentes religiones privatas sunt in hoc procuratores dyaboli et sui proximi seductores. Communis autem cristiana religio est cercior, melior et levior quam privata.[a] Qua ergo fronte consiliarius anticristi consuleret ad periculosius, gravius et imperfeccius, Cristi consilio pretermisso?

15 Unde quidam describunt religionem cristianam communem,[1] quod est illa, quam precepit Cristus, cuius proxima regula est in suo ewangelio expressata, ut in illo Luc. 12[2b]: sint lumbi vestri precincti, obligatur quilibet cristianus ad observanciam castitatis. Cristus enim more suo dat apostolis suis singulare principium, quod
20 wlt esse immediatam regulam suis fidelibus consequenter.

Sed quidam dominus describit[3] communem religionem cristianam, quod est religio pure obligans naturam racionalem ad observanciam Cristi mandatorum, excludendo ab huiusmodi obligacione obligacionem ad observanciam trium principalium consiliorum Cristi, de
25 paupertate, castitate et[4] obediencia. Et quod religio privata sit religio essencialiter obligans naturam racionalem ad observanciam tam mandatorum dei quam eius principalium consiliorum et acciden-

a fol. 203b

CAP. II.   [a] cp. Trial. 362; Purgat. above p. 304   [b] v. 35

[28] periculoso Ca periculosa D   [29] male a, D corr. from mala mala C
CAP. II. [1] In D is add. in mar.: Descripcio religionis cristiane secundum quosdam D¹   [2] 2º a (the number is corr., a 1 is erased) 22º C 32 (cr. out) D, above it XIIº D², but with mark of ref. to 32 is add. in mar. 20)   [3] descr. Ca sc. (cr. out & ud.) descr. D   [4] et Ca ad ob ad observanciam (cr. out & ud.) et D

taliter[5] obligans eandem ad observanciam preceptorum et consiliorum per sanctos patres promulgatorum. Et iste[6] more monachorum loquitur intricate et diffuse. In hoc tamen, quod caute explanat suam sentenciam, est laudandus.

Quoad primam descripcionem patet, quod implicat, hos dominos esse dampnabiles, quia excludit eos a religione simplici cristiana, quam, si non observent, contenti precise suis privatis religionibus, indubie dampnabuntur. Et patet secundum ex hoc, quod iuxta has descripciones communis religio cristiana et religio privata forent contrarie, ut patet ex multis particulis descripcionum.

Melius ergo foret has duas religiones, sic quod prima religio sit secunde compassibilis, et substrata fundabiliter ad eandem. Item eo ipso, quod communis religio cristiana[7] obligat ad observanciam mandatorum, obligat ad observanciam Cristi consiliorum, cum eorum observancia laudatur, sequitur ad observanciam mandatorum et eo ipso alios, quo[8] alloquitur, regula obligat ad antecedens, obligat ad quodcunque formaliter consequens ex eodem. Si enim quis diligit deum ex toto corde, ex tota anima et ex tota mente, tunc observat castitatem, paupertatem et obedienciam deo suo[9]; castitatem, quia illam precipit deus cuilibet cristiano; paupertatem, quia aliter non diligeret deum ex toto corde, nisi imitaretur[10] in paupertate voluntaria Cristum dei. Ipse enim dicit Matth. 5[c]: beati pauperes spiritu, quoniam ipsorum est regnum celorum. Illa ergo paupertas spiritus, que est optima, est ad beatitudinem requisita. Et quantum ad obedienciam, manifestum est, quod Cristi consilium loquitur de obediencia servando deo atque preposito, ymo fratri cuilibet conviventi. Dicit enim deus obedit voci hominis Iosue 10,[d] et laici obediunt voci viri[11] predicantis.

In hoc ergo iniuriantur nobis iste dominus, quod excludit seculares[12] tam presbyteros quam laicos a Cristi consiliis observandis.

---

[c] v. 3 [d] v. 12—13

[5] accidentaliter D netum ter D [6] iste CD isto (?) α [7] r. c. α c. r. CD [8] i. a. quo D i. quo C ipse quo α (sic) [9] in D is add. in mar.: Quod tenens religionem cristianam eciam tenet paupertatem castitatem et obedienciam sicut et religiosus D[1] [10] imitaretur Dα imitaret C [11] viri Cα veri D [12] sec. Cα tam (cr. out & ud.) sec. D

cap. II] DE RELIGIONE PRIVATA II.

Nam tunc licenciaret nos ad carnis petulanciam[13] qualemcunque, ad inobedienciam nostris prepositis,[14] aut ad temporalium cupidinem ampliandum.[15] Et tunc omnino secularium foret vana religio.

5 Sed non credamus taliter stolidato, sed observetur regula religionis nostre, quam habemus in ewangelio || expressatam. Si enim debemus observare ista consilia, tunc deus obligat nos sub pena amissionis premii ad ista consilia observandum,[16] et per consequens non debet a secularibus vel religionem communem Cristi observan-
10 tibus excludi observancia istius triplicis consilii cristiani.

a fol. 201"

Et quantum ad secundam descripcionem[e] patet, quod ipsa capit multipliciter calumpniam.[17] Si enim privata religio essencialiter obligat quemquam ad mandata atque consilia, tunc est de essencia illius religionis, quod ipsum obliget ad eandem. Et per
15 consequens repugnat, quod talis religio servetur in monacho, nisi ipsum obliget ad observanciam istorum, et per consequens, quociens et quamdiu monachus prevaricatur vel deficit ab observancia istorum trium consiliorum, expiravit sua religio, et tunc omnes religiosi privati forent apostati.

20 Qui, rogo, sunt de illis religionibus,[18] qui non declinant a mandatis domini vel non deficiunt ab observancia istius triplicis consilii cristiani?

Considerent, inquam, quod iuxta istud sequeretur, quod repugnat monacho fornicari, vel quod sit inobediens suo preposito, quod ad
25 iniuriam ecclesie accumulet[19] sibi dominia sive divicias, vel quod peccet, et tunc indubie[20] non foret aliqua privata religio. Nam si est, tunc in subiecto aliquo observatur. Et per consequens descripcio, qua[21] prior esse religionis talis ecclesia. Nulla quidem religio essencialiter obligat ad illud, quod non potest esse. Sicut

---

[e] *cp. above cap. II p. 527*

---

[13] petul. *a* peculanciam *CD* [14] prep. *CD* prelatis (*cr. out*) prepos. *a* [15] ampliandum *CD* amplicandum *a* [16] *in D is add. in mar.*: Quomodo cristianus est obligatus ad observandum consilia *D¹* [17] *in D is add. in mar.*: Improbat secundam descripcionem *D¹* [18] rel. *CD* regio (*cr. out*) rel. *a* [19] accumulet *D* accumulent *Ca* [20] ind. *Ca* non (*cr. out*) ind. *D* [21] qua *a* que *CD*

Wiclif, Polemical Works. 34

nec monachus obligatur suo abbati mortuo existente dyabolo[22] iam dampnato, et per consequens talis privata religio non essencialiter obligat cum alicui preposito conversanti.

Ideo si ista frivola religio obligat quemquam, tunc solum accidentaliter obligat, sicut solum accidentaliter est, et si valeat 5 accidentaliter, obligat quemlibet cristianum.

Oporteret ergo hunc dominum[f] studere, ad quem actum et a quo tempore ac circumstanciis individuatum religio sua obligat realius, non attendendo,[23] quomodo observat secundum legem communem Cristi hoc triplex consilium.[g]   10

Non enim valet sophisma, quod nullus talis religiosus habet illum ordinem subiective servatum in se ipso, et per consequens manet integer non solutus, et per consequens ipse manet religiosus perfectus, ut prius, quia, si religio illa deficit, tunc manet religiosus apostata, et per consequens talis religiosus non tunc dissolvit suam 15 religionem, quia non[24] tunc est religiosus nec sua religio.

Tales multas instancias posset logicus[25] diffuse facere contra sentencias stolidorum, qui tamquam titinillus[26] simulant repugnancias doctorum et nec scientes sumulas,[27] nec leges equivocorum sive oppositorum nesciunt codicem elencorum, sed detegentes in 20 scriptis suas diffiniciones,[28] invenirent ex deteccionibus logicorum,[29] quod quodlibet verborum suorum alteri sit repugnans.

CAP. III.

Arguunt autem ad stabiliendum excellenciam sui privati ordinis[1] multos merdosas argucias.

Primo sic: quod religio ex necessitate[2] sua intrinseca essenciali 25

---

[f] cp. above p. 527 l. 19   [g] obediencia, castitas, paupertas, cp. ibidem p. 22 ff.

[22] dyabolo a dyaboli CD   [23] attendendo a accedendo C atte (cr. out & ud.) accedendo D   [24] non CD om. a   [25] logicus Ca loycus D   [26] titinillus Ca tytinillus D (corr. by D¹)   [27] sumulas Da simulas C   [28] diffiniciones CD difiniciones a   [29] logicorum Ca loycorum D

CAP. III.   [1] In D is add. in mar.: Argumenta pro stabilienda excellencia ordinis D¹   [2] ex necessitate a existente CD ordinatur ad cultum dei ampliorem, quam communis religio cristiana, ergo est illa perfeccior. Pociorem, inquiunt, cultum exhibet religio privata deo" pro sui ordinacione quam communis religio, cum tunc dictum est, religio privata obligat essencialiter tam ad observanciam preceptorum quam consiliorum Cristi, qualiter non facit communis religio Cristi,^b^ ut dicit, tam Cristus quam sui apostoli fuerunt^3^ de privata religione. Licet non fuerunt^3^ de ea secundum istam variacionem accidentalem, quam habet hodie,^4^ fuerunt^3^ tamen de ea secundum omnia sua essencialia, et, ut dicit, religiones private non differunt a se nisi accidentaliter, et non ab invicem essencialiter specifice.

Quantum ad illam arguciam patet, quod est plena repugnancia et^5^ veneno. Nam primum assumptum mendicatur ex legislato^6^ doctoris Scoti,^7^ et tam eius logica^8^ quam ignorancia quidditatis religionis private sic balbucientibus^9^ ignoratur. Nesciunt enim religionem suam vel^10^ eius racionem essencialem. Ideo illud assumptum negabitur ut venenum. Nam communis religio cristiana est religio, quam Cristus et sui apostoli observaverunt, que ordinatur ad ampliorem^11^ cultum dei, quam omnes religiosiarche^12^ sciunt vel potuerunt observare, ideo sua religio diminuta^13^ religione Cristi, nisi forte dicatur yronice, quod religio istarum vaccarum pingwium in hoc^14^ extollitur, quod in eorum presumptuosis^15^ cibariis et monstruosis^16^ edificiis^c^ contra Cristi ordinanciam honoratur.

Sic enim concedunt quedam abbacie, quod habeant fercula lauciora et omnia, que sonant in seculare desiderium, magis ampla. Ideo absit, fidelem blasphemare in deum, quod spiritus sanctus, qui dedit religionem communem cristianis in sanctis apostolis, quam

CAP. III. " *Cp. De Perfect. Stat. p. 451 ff.* ^b^ *as to this.* *cp. above Suppl. Trial. 431* ^c^ *cp. above p. 28, 47*

³ fuerunt *CD* fuerint *a* ⁴ ha. ho. *Ca* ho. ha. *D* ⁵ et *Ca* om. *D* ⁶ legislato *Ca* legislate *D* ⁷ Scoti *Ca* stoici *(cr. out & ad.)* Scoti *D* ⁸ logica *a* loyca *CD, cp. above p. 530 nn. 25 and 29* ⁹ balbucientibus *Ca* balbucientes *D* ¹⁰ vel *Da* veel *(ad.)* vel *C* ¹¹ ampliorem *Ca* maiorem *D* ¹² religiosiarche *Ca* religiosarche *D* ¹³ diminuta *CD* deinuta *(! dirinuta derinuta) a* ¹⁴ in hoc *CD* om. *a* ¹⁵ presumptuosis *CD* presumptuosis *a (compend. om.)* ¹⁶ monstruosis *Da* mondstruosis *(d ad.) C*

voluit in cristianis singulis observari, et quod anticristus succedat vel religiosiarche,[12] minime[17] servi anticristi,[18] qui invenirent[19] religionem privatam, ista religione catholica plus perfectam.

Omnes secte religiones private nesciunt fundare religionem suam vel unam ab alia essencialiter separare.[20] Quomodo ergo balbutirent, quod religio sua ex racione essenciali sua intrinseca sit perfeccior quam communis? Numquid credimus, si ex religione sua[21] sic lateant, sub[22] columpna ditantur[23] in seculo et cavent a communicacione elemosinaca,[24] quod propterea sit perfeccior quam communis religio cristiana. Nam nec in genuflexionibus[25] nec in longis ethnicorum oracionibus, nec in buccis rubentibus[26] et ventribus pingwibus stat religio cristiana,[d] sed communicatur[27] oppositum communis.

Omnis quidem religio obligat tam ad observanciam preceptorum quam et Cristi consiliorum. Absit, inquam, quod bene verbum abbatis pingwis, qui ex dei presciencia est dyabolus incarnatus, sit preceptum suis monachis et non verbum Iesu Cristi, nostri abbatis, quod ad salutem anime fidelibus est consultum,[28] sit eius preceptum, ut maiorem precepti habet Cristi consilium:[e] esto consenciens adversario[29] tuo cito, dum es in via, cum illo, quam habent omnia precepta prelatorum, qui sunt noviter introducti, quibus precipiunt subiectis, ut procurent domini multas divicias, ut preparent eis multas lauticias, aut ut faciant observancias frivolas. Propter quorum mandatorum dirupcionem et inobedienciam sunt, ut inquiunt, gravius puniendi.

[d] cp. the same idea De nova Praevar. above p. 120 [e] cp. Matth. 5, 25

[17] minime D misericordie aC (mie) [18] anticristi Ca Cristi D [19] invenirent Ca inveniunt D [20] sep. Ca ss (cr. ont) sep. D [21] sua begins in D a new col. (201); this paging is wrong, the preceding folium having at its head the number 199 [22] sub Da c (nd.) sub C [23] ditantur CD dicantur a [24] elemosinaca a elemosinaca C, in mar. is repeated elemosinaca C¹ (this glosser could not read the word, nor could the editor) elemosinata D [25] genuflexionibus Ca genuflexiones D [26] rubentibus D,aC¹ in mar. rubeis Ca [27] communicatur Ca concomitatur D [28] consultum Ca preceptum D [29] adv. Da cito (nd.) adv. C

Et quantum ad hoc, quod asserit, Cristum et suos discipulos apostolos fuisse de religione privata,[30] patet, quod potest dicere religionem[31] communissimam, qualis debet esse cristiana religio, sicut religiosi illi dicunt, carnes certas non esse carnes, venacionem sine gravi tumultu non esse venacionem aut cognicionem mulieris cum hoc, quod non sit ad corporis distinccionem, sed carnis consolacionem,[32] non esse luxuriam. — Cristiana autem religio, cum debet communicari cunctis Cristi fidelibus, debet esse communissima, licet ex introducta cautela refuge nunc sit rara. Et quomodocumque apostate tales dixerint religionem Cristi et suorum apostolorum, quam dicunt esse privatam, ipsimet non observant.

Quantum ad illud[33] ultimum,*ʲ* quo religiones privatas non differre a se essencialiter et specifice, sed accidentaliter[34] tantum, placet, quod dicit religionem possessionatorum non differre specifice a religione mendicancium, sicut nec religionem sacerdotum secularium differre essencialiter ab altero eorundem. Ex quo cum veris sequitur, quod stante eorum religione quoad omnia essencialia sua,[35] tam Cristi possessionati quam ipsi fratres possunt et debent esse de religione secularis presbiteri per coactivam potenciam brachii secularis.[36] Nam per nudam ablacionem talis accidentalis servato essenciali non tollitur, sed pocius extollitur religio cristiana. Tunc enim foret ecclesia Cristi ordinacioni conformior, tam religio cleri religioni Cristi similior et unitati propinquior et dissensionis in populi murmuracione de raptu suorum bonorum foret sedacior et per consequens dominacio secularis brachii secundum ordinacionem domini foret maior.

ʲ cp. cap. III p. 531 l. 9 ff.

---

[30] in D is add. in mar.: Solvit argumentum Cristum dicencium fuisse de religione privata D^1 [31] rel. Ca de (cr. out & up.) rel. D [32] consolacionem Ca consolacioni D [33] in C is add. in mar.: Quantum ad illud C^1 [34] in D is add. in mar.: Solvit argumentum dicencium religiones privatas a se differre solum accidentaliter D^1 [35] om. ess. sua a o. s. e. DC [36] in D is add. in mar.: Quod monachi licite possunt cogi ad tenendum religionem secularis presbiteri D^1

CAP. IV.

Secundo modo" arguit[1] ad exaltacionem sui ordinis isto modo: beatitudo intensior[2] nata est argui per essencialia private religionis quam per essencialia communis religionis, ergo privata est perfeccior quam communis. Medicina, inquit, est reliqua perfeccior, per quam nata est acquiri per se sanitas intensior. Sed oppositum illius[3] argucie dicitur esse post crapulam et ebrietatem monachi sompniatum.

Unum tamen scio, quod talia sompnia non acquirunt beatitudinem, sed pocius precipitant ad infernum. Cristus enim et sui apostoli per religionis communis observanciam ad intensiorem gradum beatitudinis attingunt, quam aliqui de privatis ordinibus attingere suffecerunt.

Ideo ex miraculis patentibus in vita, quorum pauci vel nulli de istis ordinibus sunt beati. Nam empcio canonizacionis[4] apud Romanam Curiam fratris vel monachi ex hoc, quod comederit[5] lampredam integram sine potu, vel ex hoc, quod corpus suum movit feretrum agitatum a demone, cum similibus illusionibus dyaboli vel precipitacionibus sompniatis non constituit beatum in ecclesia triumphante.

Ideo absit, quod omnes canonizaciones huiusmodi sint ut articuli fidei ab ecclesia acceptande.[6]

Tercio arguit ex conformi assumpto putrido ex hoc, scilicet quod impedimenta, que sunt impediencia hominem in viando versus beatitudinem, copiosius tolluntur per[7] observanciam religionis private, ergo etc. Num istud assumptum blaspheme innuit religiosiarchas suos[8] esse prudenciores quam fuit dominus Iesus Cristus? Ipse enim non precepit suos presbiteros includi sumptuose in

---

CAP. IV.   a Cp. above p. 530 l. 22 ff.

CAP. IV.   [1] In D is add. in mar.: Secundum argumentum D[1]   [2] int. CD essencia (ad.) int. a   [3] illius Ca   alius D   [4] in D is add. in mar.: Empcio canonizacionis D[3]   [5] comederit Ca   comedit D   [6] acc. Ca   catholica acc. D   [7] per CD   p a (the stroke through p om.)   [8] suos a   suas CD

claustro,[b] sed ire in mundum universum ac predicare ewangelium omni creature, ut patet Matth. ultimo.[c] Et si non in isto verbo ewangelico fundent inclusionem religiosorum suorum inter parietes vel in claustro, audeo dicere, quod in tota pagina[9] scripture non
5 fundabunt.

Si enim volunt esse seculares penitencie, cum Baptista petant heremum habitantes sub divo,[10] et non abutantur artificialibus nostris ad onus ecclesie plus quam illi.

Consideret ergo fidelis, quomodo ista generacio adultera signa
10 querit, et videbit, si lex ewangelica et signum crucis Cristi sit pocior. Nam sub signis suis gignunt buccas rubeas, ventres pingwes cum omnimodis[11] insolenciis peccatorum. Et patet, quomodo signa generacionis huius adultere minus impediunt a peccatis, quam signa religionis simplicis cristiane.

15 Quid, rogo, prodest monachum sive fratrem habere distinccionem coloris vel[12] forme in habitu et habere cum hoc animum insolentem? Revera nichil,[13] nisi forte ultra religionem cristianam habuerit signa ypocrisis, et sic geminetur in populo duplex iniquitas, et sic, ut quidam dicit, ad hoc valet in monacho vestium
20 amplitudo, ut ventris et corporis grossicies latencius adolescat.[14] Nigredo autem vestium attestatur, cuius sunt filii, et quomodo in anima variis criminibus fiunt nigri. Circularitas vero botte attestatur, quomodo eorum affeccio circa carnalia circulariter est laxata. Unde metrista:

25   Ampla gugula nimis, nigra vestis, botta rotunda
   Non faciunt monachum, sed mens a crimine munda.[d]

Et idem est iudicium de magnitudine et numero esibilium, quas requirunt.

[b] cp. above cap. I, also *De Christo et s. adv.* cap. *XII*   [c] *Matth.* 28, 19   [d] as to this, cp. also *De Papa* cap. 5 in *Matthew. E. W. h. u.* 467

[9] pagina *Dα*   pagania *C*   [10] sub divo *Cα*   sub divo i. e. in planicie *D in mar.*   in planicie *C*[1]*α*[1]   [11] omnimodis *Dα*   omnimodiis *C*   [12] coloris vel *Cα* colorum sive *D*   [13] nichil *D*   vach *α,C, here corr. from* nichil   [14] adolescat *α, in mar. is add.* crescat   adolescat id est crescat *D*   adolescat *C, above it id est crescat C*[2]

Quid, rogo, valet ad refrenandum carnem vel cavendum quecunque peccata requirere, quod tantus potus et panis ministretur monacho indiges(?) sub debita qualitate, aut quid valet numerum ovorum mensurare, numerum ad locum et ferculorum carnium[15] cum aliis monachorum eduliis ad mensuram et numerum limitari et plus pro illis, quam propter observanciam ewangelii litigare?

Revera huiusmodi vana est religio!

Et quod subditus signis istis religiosis aliquando profecerit in ordine cristiano, hoc est valde per accidens atque raro. Quod autem surgunt media nocte et dicunt in die tot missas et psalmos sub pena tam gravi, est indiscrecionis indicium et a libertate profectus ecclesie tardativum.

Et patet falsitas assumpcionis domini in suis arguciis, et quomodo vendicat[16] mendacia in suis descripcionibus et racionibus, quare ordines sunt privati etc.[17]

Explicit questio de ligerenoe priuata.[18]

---

cp. above p. 527 l. 19

[15] carnium *CD* carnificum *(?) a*   [16] vendicat *Ca* vendicant *D*   [17] etc. *C* om. *aD*   [18] i. e. Expl. qu. de religione privata; *below this in C is add.* Explicit hoc opusculum finitum in adventu domini millesimo quadringentesimo decimo *(by Turnow's hand) C* De beata Maria Magdalena *D without Explicit a*; *then follows a short treatise by a disciple of Wiclif:* sex raciones cuiusdam discipuli magistri Johannis Wygleph de hac questione, utrum licet seculari clerum delinquentem castigare et dicitur quod sic. *Then Wiclif's De Dissensione follows.*

B.
THE POLEMICAL WORKS AGAINST THE POPE.

XXI.
DE CITATIONIBUS FRIVOLIS.

DE CITATIONIBUS FRIVOLIS.

I. Division.

I. *Introduction: Thesis, concerning the papal Citations*, cap. I.
II. *Argument:*
(a) The arguments in favour of the right of Citation are untenable and sophistical, cap. I—IV.
(b) The assumption of temporal power by the Pope as displayed in the right of Citation, is unjusticable, cap. V—VIII.
III. *Conclusion:* The Church should, therefore, return to the simple Gospel of Christ without the Pope and his statutes, cap. IX.

II. Summary of Contents.

Chap. I. The Pope commits a great wrong when he assumes the right of citing the King's subjects without royal permission, to appear at a specified time and place, and when he inflicts heavy punishment for nonobedience, p. 546—547. For he is neither omniscient, nor infallible, and places himself in many cases in opposition to God (for instance in case of illness), p. 548. Neither Christ (Matth. III; John XVIII), nor the Apostles (St. Peter and Paul) set this example, p. 548. They came to build up the Church, not to destroy it. There is on the part of the Pope no wish to strengthen the faith, or to save the souls of those cited; as a rule it is merely a matter of administering punishment, p. 549—550.

Chap. II. The right of Citation is generally derived either from God, or from the temporal Lords, p. 550. If from God, where do we find written authority for it? p. 550. If from the temporal Lords, they have (1) no right to expose their subjects to the dangers of a journey and of foreign lands, when (2) they cannot even protect themselves against assaults from without and within, p. 551. If, then, the right of Citation proceed neither from Christ, nor from the temporal Lords, then it comes from Satan. On the other hand, when taking on oneself such duties, not force, but voluntary love must prevail. The Citations however are nothing but a forcible means of extorting money, p. 551.

Chap. III. The Citations are not only unfounded in Scripture, but are most injurious, (1) because the pilgrims to Rome only see what is bad, p. 552; (2) because the travellers are left without spiritual care, p. 552. Every one who favours the Citations, be he a Church prelate, or temporal prince, only furthers a work of Antichrist, p. 553. Forward then, Soldiers of Christ, remember the vow you have made to Jesus Christ, forward, take up the strife against this Antichrist, who claims all power over your bodies, as well as your souls. Woe to the land, which submits to his supremacy, p. 553—554.

Chap. IV. Enquiry into the three canonical grounds of excuse, necessary obstacles, illness, command of the King, p. 554—555. W. lays claim to these for himself, p. 556.

Chap. V. Notwithstanding the pretensions to superiority over the temporal Lords, even over the Emperor, which contrary to Scripture are raised by the Pope — himself a powerless fugitive —, the pious Christian is unable to obey, p. 556—558.

Chap. VI. If the objection be raised, (1) that the Pope is the Church as Peter once was, it is to be said: — only in so far, as like Peter he holds the right faith, p. 558, and does not hypocritically pretend to false power etc., p. 559. The true head of the Church is Christ. The Church without Pope is not therefore without head, but is rather freed from the oppressive burden of worldly possessions, p. 559.

Chap. VII. If it be objected (2) that through her spiritual power Rome restrains many from sin and crime, this may be admitted in a certain sense, p. 559. But with God the question is not 'what', but 'how'. Rome does not make use of the means employed by Christ *(love and patience), but haughtiness and pride, p. 560. Therefore according to St. Jerome, she nevertheless sins, although much good may result from her mode of acting, p. 561. If Rome is to be really useful to the Church, she must lay aside her worldliness, her love of power and possessions, and by Christian love draw away the sinner from his sin, p. 561.*

Chap. VIII. *If it be said (3) that in matters of litigation, Rome represents the principle of justice, and that therefore to speak against Rome would be to annihilate human justice, it may be objected that the Church ought to be governed in accordance with the rules of the Gospel and not by the subtle judicial notions of the Canonical Law, p. 562. Christ rejected the office of arbitrator, see Luke XII, p. 562; in like manner the Pope should not interfere in worldly matters, nor become a secular judge, p. 562—563.*

Chap. IX. *All these abuses, therefore, should be done away with; they are a burden to the Church which before her dotation (with worldly riches) had not suffered from simony, p. 563. The whole secular administration of the Church is diabolical, carried on in the low spirit of a trader which degenerates into the mere amassing of benefices etc., p. 564. — Conclusion. The fundamental evil of the Church consists in the fact of her no longer following the simple commands of the Gospel, but the most senseless human ordinances (for instance that the Romish bishop is a God upon earth to be obeyed as Christ himself), p. 564. It must, therefore, be the prayer of every pious Christian, that Christ would again take the reins of the Church into His own hand, so that after the removal of all erroneous human additions, she may again live in the security of freedom, p. 564.*

III. Date of Composition.

In the first place, the terminus a quo may be deduced from the notice about the hostia consecrata *p. 553 (cp. Shirley, Fascic. 104). Further, it is clear from the Pope being designated as* refuga *that Urban's VI. removal from Rome to Naples, which even monastic writers (cp. Ypod. Neustriae 338; Chron. Angl. 357) looked upon as a flight, had already taken place. This flight — to which alone the* passage can here refer — occured in the year 1383. This agrees well with the allusion to Hereford's imprisonment p. 554, cp. Lechler, J. v. W. I, 685 ff. and the personal reference, which is to be found in the Tract at the end of chap. IV. During the last two years of his life, W. was paralyzed,[1] so that taking into consideration the above notice, we arrive at the end of 1383 or the beginning of 1384. — The latter notice is important, because it mentions as a fact that W. towards the close of his life was cited to Rome by Urban; that the citation may, therefore, be regarded 'as an historical fact."[2]

IV. Genuineness.

External evidence:

(1) Wiclif-Catalogues of the Vienna codd., except cod. 7980, cp. above p. 7.
(2) Explicit cod. C, cp. above p. 564.
(3) cod. A, notice on the front cover.
(4) cod. E, cp. index of the front cover; with ref. to (3) and (4), cp. General Introd. IV, Description of the codd. p. XXIX ff.
(5) Denis, Cod. MS. Theol. II, 1439; 1456; 1467.

---

[1] This notice we owe to Thomas Gascoigne, who, in 1441, heard it from a certain John Horn, a man of 80 years and for a time curate of John Wiclif himself: et iste Wycleff fuit paralyticus per duos annos ante mortem suam, cp. Lewis, Hist., ed. 1820, 336.

[2] Lechler I, 712 ff. doubts this, being inclined to the opinion that it rests merely on W.'s so-called Letter of Excuse to Urban (according to Foxe, Acts and Mon., ed. 1844, 111, 49; Lewis, Hist. (1820) 122 ff.; Vaughan, Life and Op. I, 121; J. d. W., a mon. 320 ff.). It must be admitted, that, like so many others, the Letter of Excuse is no letter, but perhaps an extract from a sermon. But this fact alone does not appear to me (1) to tell against the existence of the citation, cp.: Et si in persona propria ad votum potero laborare, vellem praesentiam Romani pontificis humiliter visitare. Sed Deus necessitavit me ad contrarium et consequenter me docuit plus Deo quam hominibus obedire, Lechler, J, v. W. II, 634. And (2) it is unmistakeably proved by the words: et sic dicit quidam debilis et claudus citatus ad hanc curiam, below cap. IV p. 556, that the citation really took place. The reasons also, why W. did not go, are in both fragments the same: quod prohibicio regia impedit ipsum ire, quia rex regum necessitat et wlt efficaciter, quod non vadat. --

(6) Shirley, Catal. No. 72 p. 24.
(7) Lechler, J. v. W. II, 568.
(8) Matthew, E. W. h. u. 485.[1]

Internal evidence:
(1) cp. above General Introd., p. LIX ff.
(2) cp. chap. IV, conclusion, where W. in a style peculiar to himself (cp. for instance De Christo et s. adv. cap. VII, conclusion) speaks of himself as debilis et claudus. Cp. with this also the Letter of Excuse in Lechler, J. v. W. II, 634: sed Deus necessitavit me etc.
(3) cp. also the polemical way of arguing against the Citations with the argumentation in De Servitute civili et domin. cap. V, cod. Ashburnham fol. 87^a ff. (printed by Matthew, E. W. h. u. 483 ff.)
(4) cp. for instance cap. I note b; also W.'s favourite phrases III, c; V, a.[2]

V. For the greater part, not printed before. Parts of it are published by Matthew, E. W. h. u. 485—487 from cod. Ashburnham.

VI. Extant in

cod. 3929 = A fol. 212^a—214^d
$\begin{cases} A^1 = Glosser\ (in\ mar.)\ red\ hand \\ A^2 = Glosser\ (above\ the\ col.) \\ A^3 = Corrector \\ A^4 = Glosser\ (\text{Intencio } VII,\ 16) \end{cases}$

cod. 4527 = C fol. 79^a—83^b $C^1 = Corrector\ (in\ pale\ ink)$

cod. 1337 = E fol. 53^d—57^d $\begin{cases} E^1 = Glosser \\ E^2 = Corrector \end{cases}$

all these being in the Imperial Library at Vienna

cod. X. E. 9. = a $a^1 = Corrector$.

of the Univ.-Library at Prague

cod. Ashburnham XXVII. c. = Ash. fol. 65 ff.

---

[1] Shirley is mistaken in supposing (ibid.) that the letter of the University of Oxford printed by Wilkins, Conc. M. Brit. III, 349 proves the genuineness of the present Tract under the title De Versutiis Antichristi.

[2] The present Tract has frequently been made use of by Hus, De Ecclesia, cp. cap. I Note h; k; II, b; but there is no reference to the title or author of it, so that the witness of Hus cannot be adduced for proving its genuineness.

VII. The Manuscripts.

A. Their relationship. I. The group A—E. The agreement in this group is, it is true, in no way remarkable. In the 215 passages which differ, A—E agree on the whole 59 times; both alone against the agreement of the rest, 20 times. These numbers, therefore, are not weighty as proof of their relationship. E, here as elsewhere, has been copied very carelessly; it often goes its own false ways, and thus the number of passages in which agreement of the two is found, is limited. The readings usitab. *I, 48;* domini *I, 55;* domini *IV, 12;* cred. *IV, 14;* indic. *V, 13;* spol. *V, 19;* et *V, 20; 24;* et *VI, 1;* igit. *VI, 11;* que *VIII, 6;* rom. *IX, 9* appear to me of much greater importance; especially the characteristic citaci. *I, 59;* eius *II, 8;* anticr. *II, 13;* vel *II, 19;* s. i. *III, 8;* prodigates *III, 31;* ist. *IV, 16;* eccles. *VII, 15.* — Both codd. are not derived immediately one from the other; *E is not a copy of A:* cp. hoc etc. *I, 9;* mu. Crist. *I, 43;* obiurg. v. *I, 53;* des. et anticr. *etc. III, 22;* also et si. ind. *III, 4.* *Nor was A a copy of E:* cp. cit. et *II, 21;* also tali *V, 2.* — We have to deduce their relationship from an original which is older than *A—E.*

To this unknown original most likely the marginal glosses belonged, both of *A* and *E* (important for the derivation and relationship of both). From the original they have passed through various hands ($A^1 A^2, E^1$) to the two copies, as both, with the exception of Intencio *etc. VII, 16* which belongs to a new hand (A^3 or A^4), present all these marginal notes. I have in vain endeavoured to discover a connection between the correctors and the scribes of the text. Deser. *etc. III, 22* and et si. *III, 4,* also cit. *etc. II, 21* appear to me to exclude the supposition that *A* had copied from *E* after this had been corrected. Neither did the original of E^2 belong to the series of manuscripts here used.

II. Group C—α. Both codd. are in close connection; of 215 passages which differ, both agree 170 times; *α* agrees with *A,* which stands nearest to *C* (cp. culpa hoc exig. *I, 9;* laniandum *IV, 13;* deut. VI *etc. IV, 19;* iniunxerat *V, 17),* according to my counting only 121 times. Against *C, α* agrees with the rest only 25 times.

Besides this near agreement compare the omissions common to both culpa etc. *I, 9* and also manifeste etc. *VI, 19. Nevertheless the two* codd. *do not appear to have been derived immediately the one from the other.*

B. **The best Codex.** *In 140 passages the codd. differ decisively; E gives a false reading 83 times, α 39, C 36 and A 32 times. E is, therefore, to be excluded, although it has some excellent readings against the (wrong) agreement of the remaining codd., see* hoc exig. *I, 9;* obiurg. v. c. *I, 53;* des. et ant. *III, 22; especially* ad in *VII, 2;* ad *VII, 22;* cel. *VII, 23* and currerent *VIII, 13. From them it is evident, that the original of A and E was a good one, and that the scribe of E merely by his own carelessness and defects is not trustworthy. α also, with 25 readings of its own, has been copied in a careless manner: in 15 instances the wrong readings are given (ep.* rep. *I, 45;* solute *I, 58;* al. (om.) *II, 2;* ut (om.) *II, 5;* huius *II, 9;* cec. *III, 7;* citav. *III, 11;* pap. *III, 30;* diff. *IV, 8;* proh. *IV, 25;* ven. *V, 6;* qui *V, 26;* Bar. *V, 28;* bo. (om.) *VII, 12;* vis. *IX, 1); a number of readings are irrelevant, the only good one being* execrata *III, 2 which in Ash is also given. On this account, α does not enter into competition. The readings of cod. Ashburnham, which through the kindness of F. D. Matthew, Esq., London, became accessible to me only when the printer had nearly finished his work, could not be taken into account for the critical examination of the Mss. But I will not forget to add that Ash stands nearest to cod. E, cp. chap. I note 47; 53; II, 12; III, 39; 40; 41; 43; V, 4; VI, 4; VII, 9; 22; 23; VIII, 13; IX, 16. At any rate, Ash is inferior in goodness to codd. C and A. Thus these two only remain. Which is the better is doubtful. I have counted out the passages in which both read the wrong against the consensus of the other; but this also is of no consequence, both reading the wrong in 11 instances; A has once the correct reading against the agreement of the rest, C in no case. Leaving therefore this critical question unanswered. I give the following text according to both; in doubtful cases C is relied upon.*

JOHANNIS WICLIF

DE CITACIONIBUS FRIVOLIS.[1]

Explicit tractatus de septem donis spiritus sancti.[2]

CAP. I.

A fol. 212ª lin. 13

[3] Si[4] papa vel eius vicario[5] citante | virum legium regis, ut compareat ' coram eo personaliter loco[6] et tempore, | que ipse voluit[7] limitare, dum rex non licenciaverit, num[8] predictus vir legius teneatur sub pena gravis peccati coram papa vel eius vicario in dictis loco et tempore comparere?

Et videtur, quod sic, quia aliter ipsum excomunicant, spoliant, incarcerant vel occidunt, quod non facerent nisi gravis culpa hoc[9]

CAP. I. [1] *This title only in the Expl. of A Inc. om. in AC* de Citacionibus frivolis *in E with red ink high above in the mar.; likewise in the eighth line of the col.:* De citacionibus frivolis et aliis versuciis anticristi De citacionibus frivolis et aliis versuciis anticristi *Ash*   [2] Piloxtic tustactra ed diorcoinena Trnfram deisnt omastrgia En Jonhn Wkiffle Creasgeinap Ropfsesore *C i. e.* Explicit tractatus de ordinacione fratrum dictus a magistro Johanne Wikloff sacre pagine professore Explicit dictum de gradibus cleri sive de ordinibus ecclesie *A*   [3] *cod.* 1527 *fol.* 79ª *lin.* 28   *cod.* 1337 *fol.* 53ᵈ *lin.* 8   *cod. a fol.* 151ᵇ *lin.* 25 *cod. Ashb fol.* 64ª *before the text there comes:* Questio. *There is no division into chapters*   [4] *opposite the first line in E in mar.:* cor *(i. e. corrected)*   [5] vicario *CEuAsh* vicarius *A*   [6] loco *A* pro loco *CEuAsh*   [7] voluit *ACE* voluerit *uAsh*   [8] num *ACu, E²in mar.* om. *EAsh*   [9] culpa hoc etc. *EAsh* culpa pene huiusmodi proc. etc. *ACu, the scribe (of the original from which ACa copied) got into the wrong line led astray by* culpa

DE CITATIONIBUS FRIVOLIS.

exigat, cum deus non potest punire hominem nisi culpa pene huiusmodi precedente. Ergo questio[10] vera.

Sed antequam arguatur[11] ad partem contrariam, argucia ista sophistica est solvenda. —

Constat quidem logicis,[12] quod racio ista non habet colorem nisi supposito hoc infideli porismate,[13] quod nec papa nec eius vicarius errare poterit in hac parte. Posset enim[14] esse, quod talis sit anticristus et manifestus dyabolus extollens se inevidenter super[15] omne, quod dicitur deus,[a] et tunc idem foret sic ipsi[16] annuere et anticristo cum[17] dyabolo consentire. Posset enim talis prelatus agitari tanta insania,[18] quod deo citante virum[19] legium ad contrarium, ipse citet irracionabilissime contra deum. Cum enim citare[20] sit mandare ad futuram obedienciam adimplendum, patet, quod stat, deum citare realiter hunc virum legium[21] per penam corporis, quam infligit, ne sic exeat regnum regis.[b] Et cum talis prelatus patenter citat ad contrarium, patet lucide, ipsum esse facientem hoc scientifice contra Cristum et per consequens anticristum. Et cum Cristus[22] sit maior dominus, quia verus deus et dominus dominorum, potet patule, quam necesse sit[23] hunc ‖ virum ‖ *A fol. 212ᵇ*

CAP. I. [a] *As to this, cp. II Thess. 2, 4* [b] *as to this, cp. Dialog. cap. 20, cod. 1338 (Vienna, Imp. Lib.) fol. 70ᵃ: Si enim anticristus citat homines ad locum, quem non intelligunt, nec scit, si pro tempore citacionis erit in tartaris cum dyabolo stabilitus, et Cristus citat per legem suam per instrumentum et casus, quos immittit ad partem contrariam. quis dubitat, quin citacioni domini est parendum? Ideo non foret signum evidencius ad ostendendum, quod talis citans sit anticristus et filius patris mendacii, quam talis falsa citacio contra Cristum etc.*

---

[10] questio *ACEa* conclusio *Ash* [11] arguatur *ACEa* arguitur *Ash; in Matthew, E. W. h. u. 485, but in Matthew's Manuscript, which was lent me for the collation:* arguatur [12] logicis *CaAsh* loicis *AE* [13] porismate *ACaAsh* persinate (ad.) *E, but in mar.* perisomate *E²* (?, not porismate) [14] enim *ACa Ash* tamen *E* [15] super *ACE* supra *aAsh* [16] sic ipsi *Ash* ipsi *a* ipsum sic *AC* sic ipsum *E* [17] cum *ACa* sive *EAsh* [18] insania *CEaAsh* infamia *A* [19] virum *ACaAsh* hunc *E²* in mar. just before virum [20] in *AE* is add. in mar.: Citare *A¹* (who possibly is identical with the scribe of the text), *E¹* [21] hunc v. l. *ACa* v. l. h. *E* v. h. l. *Ash* [22] Et cum Cristus *CEaAsh* Et cum si Cristus *A* [23] sit *ACaAsh* sint *E*

legium non tali citacioni talis dyaboli consentire. Dicit enim apostolus I[24] Cor. 10[c]: fidelis est deus, qui non permittet[25] vos temptari supra[26] id, quod potestis, sed faciet[27] cum temptacione eciam[28] proventum, ut possitis[29] sustinere. — Et sic videtur, imminente[30] tali temptacione dyaboli fidelis vir[31] legius debet in deo[32] confidere et Christo, non illi dyabolo in isto facinore obedire, quia sepe deus procul videt, quomodo talis prelatus presumens hanc anticristi vesaniam erit, antequam tempus, quod limitat, venerit,[33] a deo[34] impeditus, quod non tunc erit opportunitas ad virum illum examinandum, cum dei citacio citacionem talem dyabolicam[35] sepe frustrat.

Nec valet excusacio, quod prelatus[36] sic citans regis legium hoc ignorat, quia vel[37] debet condicionem illam supponere, vel[38] ipsa impleta a vexacione tali frivola propter reverenciam dei cessare.

Item[39] omnes[40] tales prelati cesarei[41] debent sequi Cristum, caput ecclesie, atque Petrum, sed nec unus eorum nec alter usus fuit huiusmodi citacione,[42] sed modo contrario. Ergo prelatus cesareus illud temptans non capit hoc a patronis ecclesie, sed a mundo. Cristus[43] enim ad Iohannem venerat baptizandus, ut patet Matth. 3,[44 d] dixitque centurioni conquerenti honeste et tacite:

---

[c] *v. 13, according to the textus receptus: tentatio vos non apprehendat nisi humana; fidelis autem Deus est, qui non patietur vos tentari supra id, quod potestis, sed faciet etiam cum tentatione proventum, ut possitis sustinere* [d] *v. 13.*

---

[24] I CE*Ash* om. A*a* [25] permittit ACE*a*,*Ash* in *Matthew's MS.* permittet *Ash* (in *Matthew's print*) [26] supra AC*a*A*sh*,E[2] *in mar.* nisi E [27] faciet A[t] facit ACE*u*A*sh* [28] cum t. e. AC*a*A*sh* etiam c. t. E [29] possitis C*a*A*sh* possetis AE [30] im. AC*a* quod im. EA*sh* [31] vir AC*a*A*sh* Christi E [32] deo AC*a*A*sh* domino E [33] antequam t., q. l., v. AC*a*A*sh* antequam t. v., q. l. E [34] deo AC*a*A*sh* domino E [35] dyabolicam AC*a*A*sh*,E[2] *in mar.* om. E [36] prelatus CEA*sh* dyabolus A dyabolus (cr. out) prelatus a [37] vel AC*a*A*sh*E[2] tales (ud.) E [38] vel A*a*CA*sh* talis E [39] item ACE*a* iterum A*sh* in AE in mar.: 2 A[t]E[t] [40] omnes AC*a*A*sh* tamen (ud.) om. E [41] cesarei AC*a*A*sh* cesari E [42] hui. cit. AC*a*A*sh* cit. hui. E [43] mundo Cristus etc. EA*sh* mundo ut patet Matth. etc. AC*a* [44] 3º EA*sh* 8º AC*a*

cap. I]   *DE CITATIONIBUS FRIVOLIS.*   549

puer meus iacet in domo paraliticus et male torquetur: ego, inquit Cristus, veniam et curabo eum, Matth. 8.[e]
    Et tercio Cristus non citavit tortores ut ipsum crucient[45] et occidant, sed venit illuc humiliter, ut patet Joh. 18.[f] Petrus
5 eciam urbane vocatus a Cornelio, non citatus, venit ad eum et instruxit eum in fide, ut patet Act. 10,[g] nec reperiet[46] homo loca alia nisi ut loquar yronice, tria,[47] in quibus Cristus aut Petrus citaciones huiusmodi usitabat.[48][h]
    Similiter[49] cum apostolus dicat II Cor. ultimo,[i] quod deus
10 non dedit illi et per idem nulli alteri potestatem ad destruccionem, sed ad edificacionem,[50] patet ex fructu sequenti, quod talis citacio est dyabolica cesarea vel mundana. Vel enim persona citata in sua comparicione[51] punietur,[52] obiurgabitur vel incarcerabitur[53] aut beneficio habito privabitur, vel alia pena cesarea multabitur vel,
15 quod maxime[54] videtur consonum iusticie, docebitur sumptuose in consistorio prelati contendere.[k] Et sic ubi mandat apostolus[l] non

---

[e] *v. 6*   [f] *v. 36: Respondit Jesus: Regnum meum non est de hoc mundo and v. 37: Ego in hoc natus sum et ad hoc veni in mundum, ut testimonium perhibeam veritati*   [g] *v. 23: Sequenti autem die surgens profectus est cum illis, et quidam ex fratribus ab Joppe comitati sunt eum*   [h] *with ref. to this passage, see Hus, De Ecclesia in Cod. M. St. 8 v. 6 Bibl. Gersd., Bautzen fol. 135*[h]*, De Citatione: Benedictus sit ipse Christus, qui precepit Petro Matth. 18 dicens: Si peccaverit frater tuus in te etc. Unde non reperiet* | *(136*[a]*) papa loca alia nisi a contrario, quod Cristus citaciones huiusmodi usitabat*   [i] *v. 10*
[k] *as to this, see Hus, l. c. Cod. M. St. 8 v. 6, Bibl. Gersd. Bautzen fol. 135*[h]*: Nec ibi docebitur bene credere, sed litigare, quod non licet servo dei, ibi spoliabitur in consistorio, in moribus sanctis refrigescet ad impacienciam per oppressiones incarcerabitur, et si non habuerit dare, condempnabitur eciam habens iusticiam et quod gracius est, compelletur papam ut deum flexis genibus adorare*   [l] *i. e. St. Paul, for instance II Tim. 2, 14; I Tim. 6, 4; Tit. 3, 9; 2.*

---

[45] crucient *ACuAsh*   cruciant *E*   *in AE is add. in mar.:* 3° *A¹E¹*   [46] reperiet *A¹CEAsh* reperiret *Au*   [47] tria *ACu* ista tria *EAsh*   [48] usitabat *AE* usitabant *CuAsh*   [49] *in AE is add. in mar.:* 4° *A¹E¹*   [50] *in AE is add. in mar.:* Potestas data est ad edificacionem *A¹(E¹)*   [51] comparicione *ACEu* comparacione *Ash*   [52] punietur *ACuAsh,E²* *in mar.* punitur *E*   [53] obiurgabitur vel inc. etc. *EAsh* obi. vel quod maxim. vid. etc. *ACu, the copier got into the wrong line*   [54] maxime *AEuAsh* maximum *C*

litigare sive contendere, prelatus iste excitat ad hoc opus. Et cum servum domini[55] non oportet ita contendere,[m] evidens est, quod illa curia || servit patri dissensionis[56] et sic sathane et per[57] consequens caput eius. De fide autem et salute[58] anime elaborata ex scriptura citatis[59] talibus per prelatum vel suos clericos non est verbum. 5 Ideo manifeste videtur, quod talis citacio non est propter edificacionem anime, sed propter causam[60] dyabolicam aut mundanam.

CAP. II.

Similiter vel habet talis prelatus istam licenciam a mundi principibus vel a domino sompniatam. Si a domino, dicat,[1] ubi; si a mundi principibus, patens est, quod mundi principes non 10 habent potestatem mittendi suos legios per viam tam periculosam in dominio alieno.[2] Et si fingatur,[3] quod habent illam potenciam a se ipsis, manifestum videtur, quod vix sufficiunt se ipsos tanquam fures abscondere, ne ab incolis vel predonibus capiantur. — Cum[4] ergo fides precipiat Matth. 7[a]: omnia, quecunque wltis ut[5] faciant 15 vobis homines, ita et vos facite illis; hec est enim[6] lex et prophete, et prelati isti non racionabiliter vellent, quod homines citarent et necessitarent eos ad talem viam periculosam et incognitam peragendum,[7] videtur, quod nec prelati illi urgerent alios sine causa patente et racionabili taliter laborare.[b] Non enim est causa suffi- 20

---

[m] cp. note k

CAP. II. [a] v. 12 [b] *this passage is verbatim repeated by Hus in his known Tract De Ecclesia, cp. cod. M. St. 8 v. 6, Bibl. Gersd. Bautzen fol. 136: Si enim pape perpenderent illam legem Christi Matth.7: Omnia quecunque vultis etc. — lex et prophete, estimo, quod non racionabiliter vellent, quod homines citarent et incarcerarent eos ad talem viam periculosam et incognitam peragendam. Cur ergo urgerent alios*

---

[55] domini *AE* dci *CaAsh*   [56] dissensionis *ACaAsh* distoncionis *E*   [57] per *ACEa* patet *Ash*   [58] salute *ACEAsh* solute *a*   [59] citatis *CaAsh* citacionibus *AE*   [60] causam *ACEa* om. *Ash*

CAP. II. [1] dicat *ACa* dicaint *EAsh*   [2] alieno *ACEAsh*,a^1 in mar. om. *a*   [3] fingatur *ACEa* fingitur *Ash* *here ends in E fol. 54^b, above it:* De Citacionibus frivolis *in big red letters*   [4] *in AE is add. in mar.:* Nota A^1C^1 [5] ut *ACEAsh* om. *a*   [6] enim *AEAsh* om. *Ca*   [7] peragendum *AC* peragrandum *EaAsh*

ciens, si Christus dicit Matth. 24ᶜ de ipso papa, ut creditur, furtive et abscondito fugiente: ecce in deserto est, quod quilibet, quem vendicat esse suum subditum, taliter perageretur.⁸ Et patet, quod nec a Cristo nec a principe eius,⁹ cuius est vir legius, capit papa
5 huiusmodi¹⁰ potestatem.

Similiter quilibet labor viantis et specialiter iniunctus a tanto prelato, debet aptari, ut sit meritorius et per consequens racionabiliter voluntarius. Sed sic non est de tali peregrinacione, a citacione huiusmodi procedente. Ideo¹¹ talis citacio videtur esse cesarea
10 vel dyabolica et non¹² auctorizata a domino Iesu Cristo.

Assumptum patet ex hoc, quod omnes labores viantis debent fieri in caritate et per consequens ex meritoria voluntate. Sed que, rogo, aptacio extrahere curatum per ambages tam artas¹³ et periculosas ad ostendendam anticristi¹⁴ potenciam vel ad ex-
15 hauriendam pecuniam ad sedem ex antiquo scelere maledictam?

Numquid credimus, Cristus aut sui apostoli sic fecerunt? Nam in epistola ad Philemon.¹⁵ scribit apostolus:¹⁶ᵈ sine consilio tuo¹⁷ nichil volui facere, ‖ ut¹⁸ ne velut ex necessitate bonum *A fol. 212ᵈ* tuum esset, sed voluntarium. Sed rogo, que occasio laudis vel¹⁹
20 laboris voluntarii, cum²⁰ sine causa talis persona curata est tam anxie sic citata et in fine laboris²¹ a spirituali commodo est frustrata.

---

sine causa patente et racionabili taliter laborare, pensarent quidem vitam exemplare Christi pontificis etc.   ᶜ *v. 26*   ᵈ *v. 14*

---

⁸ perageretur *A, corr. into* perageretur *by A¹* perageretur *CAsh* perageretur *E.* tur *add. later by E²* perageretur *a, but in mar.* perageretur *a¹*   ⁹ eius *AE om. CaAsh*   ¹⁰ huiusmodi *ACEAsh* huius *a*   ¹¹ ideo *ACaAsh* et ideo *E*   ¹² et non *ACEaAsh* et non *E, but E² has add.* sic *between both*   ¹³ artas *ACa,E² in mar.* avias *(ud.) E* avias *Ash*   ¹⁴ ostendendam anticristi *AAsh* ostendendum anticristi *E* ostendendam antichristivam *Ca*   ¹⁵ philome *A* philomeum *C* phylomeum *a* filomonem *E* Philom̄ *Ash*   ¹⁶ ad Phil. scr. ap. *ACa.* in epistola *(corr. into the text by E²)* ad filo. in epistola sic scribit *E* in ep. ad Ph. sic scr. *Ash*   ¹⁷ tuo *ACaAsh* aut tuo *E*   ¹⁸ ut *ACEa* ita *Ash*   ¹⁹ vel *AE om. CaAsh*   ²⁰ cum *ACEa* quando *Ash*   ²¹ cit. et in fi. lab. etc. *ACaAsh* citata possunt enim etc. *E, but E² has add.* what is wanting above the col.: et sic in fine lab. etc. — frustr. possunt

CAP. III.

Possunt enim laborantes ad curiam predictam[1]" videre abhominacionem desolacionis, quam tangit Daniel,[b] et audire blasphema mendacia infinita, sed nullum sensum scripture vel pertinens ad salutem anime reportabunt. Ideo mirum videtur, nisi refuga sic citans incurrat multiplex homicidium de citatis in via corporaliter occisis et ovibus in remotis partibus sine pastore debito spiritualiter derelectis. Et istud homicidium videtur gravius quam homicidium, quo priores imperatores in Roma tot sanctos martires occiderunt. Ideo oportet nominando hunc locum tam sanctum, quod verbum per antifrasim sit locutum, quia sedes hec non est sanctificata per tales presules, sed execrata[2] plus quam Sodoma et Gomorrha.[3] Et signum induracionis populi et infidelitatis peccati est, quod[4] sedes illa[5] manet in tanto crimine non submersa.

Ex istis colligitur,[6] quod quicunque fidelis in domino sic citatus[7] consenserit sic vecorditer anticristo dimittendo laborem sibi iniunctum[8] a domino, peccat graviter tamquam[9] stolidus preeligens sibi ambiguum, pro quo tam corpore quam anima est[10] dampnandus. Cum ergo tales prelati non possunt occidere animam persone, quam sic citaverunt,[11] in inferno, et evidens sit, quod ex tali stulta obediencia tam corpus quam anima occidentur, stultum videtur et vecors eleccio pro citacione tali frivola laborare. Si enim scintilla[12 c]

CAP. III. [a] Cp. above p. 550   [b] Dan. 9, 26—27   [c] a favourite phrase of W.'s, cp. scintilla noticie in De septem Donis Spir. Sancti, ead. a fol. 133ᵇ; ferner scintilla coloris in Responsio ad Argumenta cuiusdam Aemuli Verit., cod. Univ. Prag. X. E. 9. fol. 162ᵃ

CAP. III. [1] predictam ACaAsh om. E   [2] execrata aAsh ex ecclesia ACE   [3] in A is add. with mark of ref. above the col.: Sedes pape romana plus est infecta quam Sodoma et Gomorrha A², likewise in E below the col. by E¹   [4] et signum i. p. et inf. pec. est q. ACaAsh et (with mark of ref. to this E² has add.. Et in mar.) sig. induccionis populi et sic in derebebolitatis peccati est E; infidelitatis is add. in mar. by E² with mark of ref. to in, sic is add. later into the text by E²   [5] illa ACaAsh ista E   [6] in AE is add. in mar.: Nota A¹E¹   [7] citatus A¹CEAsh cocatus Aa   [8] sibi ini. AE ini. sibi CaAsh   [9] tamquam AEAsh et tamq. Cu   [10] est ACa¹Ash om. Ea   [11] citaverunt ACEAsh (in Matth. print) citaverint aAsh (in Matth. MS.)   [12] scintilla ACEa sintilla Ash caritatis vigeret[13] in tali prelato, visitaret talem provinciam[14] instar Cristi vel saltem instrueret ipsam epistolariter[15] more Pauli. Sed sicut citat ad locum, quem sibi[16] nescit, et pro causa quam literaliter[17] exprimere erubescit, sic nescit fidem catholicam eciam[18] 5 de hostia consecrata, quam tractat cottidie, et erubescit pandere causam dyabolicam, pro qua citat.

Et quantum ad principes in citacione huiusmodi[19] dyabolo sic faventes,[20] patet, quod sunt quasi legem domini et suam misericordiam deserentes et contra Cristum[21] anticristo consencientes et 10 cum ipso in suo facinore coagentes.

Eya, milites || Cristi, recolite, quam stultum facinus sit Cristum contra iuramentum proprium ita deserere et anticristo,[22] qui in faciem anime sic vos cedit,[23] tam turpiter consentire! Vendicat enim anticristus, licet false, esse capitalis dominus vestrarum omnium 15 contratarum[24] et vestrorum bonorum omnium et singulorum vestrorum hominum legiorum.[25]

|| A fol. 213a

Sed ve terre, cui talis ypocrita dominatur! Et de talibus videtur apostolus deridendo loqui sive yronice II[26] Cor. 11[27] quando dicit: libenter suffertis insipientes, cum sitis ipsi sapientes; sustine-20 tis enim, si quis vos in servitutem redigit, si quis devorat, si quis accipit et si[28] quis extollitur. Stultificatos enim per anticristum videtur apostolus vocare yronice sapientes, qui sustinent, et quodammodo consenciunt, quando ab anticristo et sua familia in servitutem turpissimam rediguntur. Secundo stulte sustinent, quando bona,[29] que 25 debent esse vita suorum pauperum,[30] ab ipsis prodigaliter[31] devo-

---

[a] v. 19—20

---

[13] vigeret *CEaAsh* viget *A*   [14] in *AE* is add. in mar.: Visitacio *A¹E¹*
[15] epistolariter *Ash* exemplariter *ACa* episcopaliter *E*   [16] sibi *a,A, corr. into the text* om. *CEAsh*   [17] literaliter *ACEa* habitualiter *Ash*   [18] eciam *ACaAsh* et *E, corr. into* eciam *by E²*   [19] huiusmodi *CEaAsh* huius *A*   [20] faventes *ACaAsh* faventis *E*   [21] et c. C. *ACa,E, here sic is add. between* et *and* Cr. *by E²* contra Cr. *Ash*   [22] deserere et ant. etc. *EAsh* deserere vendicat enim ant. etc. *ACa*   [23] citat *ACa* cedit *EAsh*   [24] contratarum *ACaAsh* contractare(?) *E*
[25] legiorum *ACaAsh* legione *E*   [26] secunda *AEAsh* om. *Ca*   [27] 11° *CE.Asha* VI° *A, corr. into* 11° *by A¹*   [28] et si *ACEAsh* si *a*   [29] bona *CaAsh* om. *AE*
[30] pauperum *ACEAsh* paperum *a*   [31] prodigaliter *CaAsh* prodigatis *AE*

rantur. Tercio sustinent magis patenter³² stulticiam anticristi, quando ipse cum suis complicibus³³ accipit³⁴ legios homines principum in suum carcerem et cruciat dei famulos ut latrones. Et quarto sustinent ypocrisim anticristi et sue familie, quando ultra Cristi potenciam et omnis rei que dicitur deus, heretice extolluntur.³⁵ Vendicant³⁶ enim supra³⁷ Cristum, quod omne genu³⁸ eis³⁹ flectatur celestium, terrestrium et infernorum, cum fingant,⁴⁰ se imperare angelis, quod deferant animam talis mortui in gaudium beatorum.⁴¹ Fingunt eciam quoad terrestres homines, quod habent potestatem imperandi eciam imperatoribus, ut veniant et sibi et⁴² suis genuflectant.⁴³ Sed non habent potestatem imperandi demonibus, ne ipsis noceant vel protrahant⁴⁴ ad⁴⁵ infernum. Et sic videntur⁴⁶ mundani homines tantum per dyabolum philocapti, quod in sua causa certent⁴⁷ viriliter tamquam sui milites speciales, sed in causa Cristi, que est facilior et consolabilior, sunt vecordes.

CAP. IV.

Unde quia dyabolus et quodlibet eius membrum redarguunt se ipsos in peccatis,¹ que perpetrant, notant² quidam leges, quas papa approbat in hac parte. Nam in Decretis 18. dist. sic scribitur*a*: si episcopus³ metropolitanus ad provinciales⁴ episcopos epistolas

---

c cp. above cap. I note k
CAP. IV. *a* Cp. Cor. iur. can. ed. Richter-Friedberg, Leipz. 1879, vol. I 57.

---

³² patenter ACa patentem EAsh ³³ complicibus ACaAsh completibus E ³⁴ accipit AaAsh accipiat CE ³⁵ dic. de. heret. ext. EAsh dic. deus extollitur ACa ³⁶ vendicant AEaAsh vendicant C ³⁷ supra AaAsh sua CE ³⁸ genu CEaAsh genus A, but the s ud. by A¹ ³⁹ eis Aa ei C ipsis EAsh ⁴⁰ fingant ACa fingunt EAsh ⁴¹ beatorum ACa,E² in mar. bonorum (ud.) EAsh ⁴² et ACE ac aAsh ⁴³ suis genuflectant A suis gemiflectant C suis genuflectant a suis sociis genuflectant EAsh ⁴⁴ protrahant ACEa pertrahant Ash ⁴⁵ ad ACEAsh in a ⁴⁶ videntur ACEa videtur Ash ⁴⁷ certent ACaAsh certarent E
CAP. IV. ¹ peccatis CEaAsh peccato A ² notant AEaAsh vocant (?) C ³ episcopus ACaAsh,E² in mar. Cristus E ⁴ provinciales ACa con (ud.) provinciales E comprovinciales Ash

direxerit,⁵ in quibus eos aut ad ordinacionem summi pontificis aut ad synodum invitet, ‖ postpositis⁶ omnibus excepta gravi⁷ necessitate vel infirmitate corporis ac precepcione regia ad constitutum diem adesse non differant.⁸

5 Ecce, triplex excusacio⁹ excusat a citacione metropolitani, ut videtur, si fuerit ex mandato summi pontificis, cum ipse sit quidam episcopus et per dei graciam metropolitanus. Primum est gravis necessitas, que videtur maxima in custodia Cristi ovium, ne a lupis rapacibus lanientur. Secundum est infirmitas corporis, propter
10 quam deficit citato¹⁰ disposicio¹¹ data a domino¹² ad taliter laborandum.¹³ Et tercium est precepcio regia, quando rex precipit,¹⁴ sicut debet, suo legio, ne taliter extra suam provinciam superfluo evagetur.

Et omnes iste tres cause vel aliqua¹⁵ earum in qualibet cita-
15 cione huiusmodi sunt reperte, et specialiter cum rex regum prohibeat taliter evagari. Ad eleccionem istam¹⁶ summi pontificis, qui est Cristus, indubie debent¹⁷ viatores singuli laborare, cum Cristum debent viantes singuli postpositis¹⁸ mandatis et citacionibus humanis, eligere iuxta illud Deuter. 2(6)ᵇ: dominum elegisti hodie.¹⁹
20 Et sic viantes eligunt deum²⁰ et ipse eligitur ab eis, quandocumque mandatum sive consilium suum²¹ efficitur et mandatum humanum postponitur, quod²² videtur debere fieri, quandocumque talis citacio frivola contempnitur et voluntas domini adimpletur.

ᵇ v. 17: dominum elegisti hodie, ut sit tibi deus

⁵ direxerit ACuAsh direxit E   ⁶ postpositis ACEu postposita Ash   ⁷ gravi ACEu,Ash (M.'s MS.) grava Ash (print)   ⁸ differant AEAsh differrant a differat C   ⁹ in AE is add. in mar.: Excusacio non comparicionis citati A¹ with mark of ref. below the col., E¹ in mar.   ¹⁰ citato ACuAsh citata E   ¹¹ disposicio AEuAsh disposito C   ¹² domino AE deo CuAsh   ¹³ laborandum EAsh,A⁷ in mar. laniandum ACu   ¹⁴ precipit ACEu,Ash (M.'s MS.) precepit Ash (print)   ¹⁵ aliqua ACu,E² in mar. alia E aliquis Ash   ¹⁶ istam AE itaque Cu.Ash   ¹⁷ debent AEuAsh deberent C   ¹⁸ postpositis ACuAsh prepositis E   ¹⁹ deut. VI° deum tuum dom. cl. ho. A, the two words deum tuum are add. later by A² into a blank deuteronomio 20 domin. cl. ho. E deut. II° dominum elegisti hodie (sic) Cu deuteronomii domin. cl. ho. Ash   ²⁰ deum CEuAsh om. A   ²¹ mand. si. co. su. ACuAsh mand. suum sive consilium E   ²² quod ACuAsh quomodo E

Et sic dicit[23] quidam debilis et claudus citatus ad hanc curiam,[24] quod prohibicio regia impedit[25] ipsum ire, quia rex regum necessitat et wlt efficaciter, quod non vadat. Dicit eciam, quod domi oportet ipsum eligere summum[26] pontificem Iesum Cristum, quod est gravis necessitas eo, quod cum eius omissione[27] vel negligencia[28] non potest romanus pontifex vel aliquis angelus dispensare.

CAP. V.

Et sic notato toto processu operis anticristi[1] sunt mille meandri,[a] quibus nititur se extollere supra Cristum. Sed cum sunt in eo in quolibet tali[2] opere est et non, ille foret stulto stulcior, qui in hoc crederet dictis suis. Citat enim personas ad suam presenciam, quas deus impossibilitat ad hanc viam, nec potest personas illas sanitati priori restituere, sicut nec scabiem corporis proprii vel suorum complicum emundare.[3] Fingit se cognoscere, quibus deus || wlt beatitudinem vel dampnacionem tribuere, ymo mandat angelis, ut in hoc suum imperium exequantur[4] et tamen[5] ignorat peduales[6] eventus, qui de valde probabili sibi et sue curie sunt futuri. Quis, inquam, infideli deterior non supponeret, talem prelatum, qui tam multipliciter extollitur supra Cristum, deprimi digno iudicio dei sui? Cum ergo[7] isti prelati nesciunt sic prenosticare[8] futura, manifestum est, quod non sunt dei, ut dicitur Psal. 81[b], si non

A fol. 213c

CAP. V. [a] *A favourite phrase of W., cp. for inst. Trial. 353*
[b] *cp. Ps. 82, 6*

---

[23] Et sic dicit *ACuAsh* et sic sic dicit *E (in mar. is add. by E') Et)* [24] curiam *ACuAsh* curiam *(ud.)* terram *E*   [25] impedit *ACE.Ash,u¹ in mar.* prohibet *u*
[26] summum *CEuAsh* suum *A*   [27] omissione *CE.Ash·* amissione *Au*   [28] negligencia *ACuAsh* necligencia *E*

CAP. V. [1] op. anticr. *ACuAsh* anticr. op. *E*   [2] tali *ACuAsh,E² in mar.* om. *E*   [3] *in AE is add. above the col.:* Papa non potest scabiem proprii corporis mundare, quomodo potest tunc angelis imperare *A²E¹*   [4] exequantur *ACu* exequatur *E.Ash*   [5] tamen *Ash* cum *(?) ACu* tum *(?) E*   [6] peduales *ACE* penales *Ash,u, corr. from* venales   [7] ergo *ACEu* igitur *Ash*   [8] prenosticare *ACEu* pronosticare *Ash*

cap. V] *DE CITATIONIBUS FRIVOLIS.* 557

dyaboli.⁹ Fingit eciam, se habere plenitudinem potestatis super
omnia bona mundi,¹⁰ cum sit capitalis dominus eciam¹¹ supra
cesarem et omnes alios dominos seculares et tamen¹² per totam artem
suam nescit consulere malignis spiritibus, cum quibus foret magis
5 cognitus, ut indicent¹³ sibi thesauros absconditos, sed egenos spoliat
per mendacia sibi ficta. Ideo sicut Cristus non credebat sathane
Matth. 4ᶜ, quando promisit sibi omnia regna mundi, si cadens
ipsum adoraverit, ita fidelis non credit¹⁴ blasphemiis istius refuge,
etsi promittat, quod habet imperii et omnium regnorum dominium¹⁵
10 ac beneficiorum ecclesie in propria potestate. Licet ergo anticristus vendicet talem mundanam obedienciam supra Cristum, cum
sit radix ficticie religionibus privatis, tamen¹⁶ fidelis stat fixus in
fide, nec a labore, quem Cristus iniunxerat,¹⁷ exterretur.¹⁸ Sicut
enim segetes crescunt continue, licet volucres celi, quos Cristus
15 Luc. 8ᵈ · dicit esse dyabolos, semina spolient, sic fidelis fixus in
domino non decrescit in virtute vel dei servicio, licet anticristus
cum membris suis spoliet¹⁹ semina fidei et²⁰ bona minima ab
ecclesia militante. Et multo magis fidelis non dimittit²¹ perseverare
in gradu suo propter fictos terrores, sicut grana²² et fruges non
20 cessant crescere propter fictas²³ minas ydolorum volucrum et²⁴
sagittancium. Et re vera ficte tales censure non nocent fidelibus²⁵
quoad deum, quia,²⁶ ut dicitur²⁷ Bar.²⁸ ultimoᵉ: cum talia ydola
non possunt se ipsa a nocumentis defendere, non sunt dii, sed
fabrice hominum false ficte. —
25   Tales multas extollencias anticristi cogitare posset fidelis et ad

---

ᶜ v. 9   ᵈ v. 5 *and* 12   ᵉ *cap.* VI 49, *cp. also vv.* 14, 22, 28 *etc.*

---

⁹ *in AE is add. in mar.:* Pape sunt dii in terris i. e. dyaboli A^2E^1 ¹⁰ *in
AE is add. in mar.:* Potestas pape A^2E^1 ¹¹ eciam *ACEα* et *Ash*   ¹² tamen *Ash*
tum *E* cum *ACα*   ¹³ indicent *AEAsh* indicet *Cα*   ¹⁴ credit *CαAsh* credidit *AE*   ¹⁵ dominium *ACαAsh* dominum *E*   ¹⁶ tamen *ACAsh* tum *E,α,
here not quite clear in consequence of a correction having taken place*   ¹⁷ iniunxerat *ACαAsh* iniungerat (?) *E*   ¹⁸ exterretur *ACαAsh*,E^2 *in mar.* extirpetur *E*
¹⁹ spoliet *AEAsh* spolient *Cα*   ²⁰ et *AE* ac *CαAsh*   ²¹ dimittit *ACαAsh* permittit *E*   ²² grana *ACEα* gramina *Ash*   ²³ fictas *AEαAsh om. C*   ²⁴ et *AE*
ac *CαAsh*   ²⁵ *in AE is add. above the col.:* Ficte censure non nocent hominibus fidelibus A^3E^1 ²⁶ quia *ACEAsh* qui α   ²⁷ dicitur *ACαAsh* videtur *E*
²⁸ Baruch *ACE* Baruth α Baruc *Ash*

standum firmius in lege domini propter earum virtutis carenciam animari, cum possunt || ad maximum procurare corpus occidi et per hoc secundum fidem scripture non nocent animo, sed assistente virtute paciencie[29] ipsam animam meliorant.[30] Martires autem[31] priores habuerunt persecutores corporis plus acutos; ideo videtur multis, quod fidei vivacitas est hodie plus sopita.

CAP. VI.

Sed contra istam sentenciam arguit anticristus: hec curia sicut papa, eius caput et[1] sancte matris ecclesie, est vita et radix tocius ecclesie militantis. Idem ergo foret contra eius sanctitatem invehere, cum sit Petri vicarius, et machinari destruere ecclesiam militantem.[2]

Sed hic dictum est sepe, quod fideles vellent cum reverencia eis possibili laudare et extollere veros vicarios sancti Petri. Sed tunc oporteret eos mundanos honores ac possessiones deserere instar Petri et stare in[3] limitibus fidei ac laboris, quem Petrus exercuit et non sic in potencie[4] spiritualis ficticia blasphemare.[5]

Contra istam itaque triplicitatem blasphemie instant[6] fideles reputantes, quod nimis perturbat[7] magnam partem ecclesie militantis. Ideo ista triplicitate semota deus verisimiliter provideret de vero[8] Petri vicario ad iuvandum[9] suam ecclesiam conformiter legi Cristi. Studeat ergo sacerdos, qui fingit se Petri vicarium, quomodo Petrus vixit[10] et qualiter Cristus in lege sua iniunxerat sancto Petro, et sciat, quod ab isto exhorbitans est sophista dyaboli et vicarius anticristi. Fidelis igitur,[11] qui constanter dicit sibi istam sentenciam ipsi vocato Petri vicario, quia sue anime est

---

[29] paciencie *ACaAsh* paciente *E*   [30] meliorant *ACaAsh* meliorarent *E*
[31] autem *ACaAsh* aut *E*
CAP. VI.   [1] et *AE*   ac *CaAsh*   [2] militantem *ACaAsh* militatem *E*, compendium om. above the a   [3] in *AEaAsh* om. *C, is add. later into the text by C¹*
[4] in potencie *ACa* in potestatis *EAsh*   [5] blasphemare *ACaAsh* blasfeminare *E*   [6] instant *ACa,Ash* instat *E*   [7] perturbat *ACaAsh* perturbant *E*
[8] vero *EAsh,A¹ corr. into the text* uno *ACa*   [9] iuvandum *ACEa* minandum *Ash*   [10] in *A is add. in mar.*: Vivere *A¹*   [11] igitur *AE* ergo *CaAsh*

amicus, et per consequens domestici, qui applaudunt sibi in isto facinore, sunt[12] sibi maximi inimici.[a]

Et sic absit, quod tale caput per falsas et fictas[13] elecciones humanas foret caput ecclesie militantis, sed caput nostrum est sursum, dominus Iesus Cristus. Et sic[14] illi militantes dei adiutores ac[15] sue militantis ecclesie, quibus sibi placet ad hoc de sursum graciam destillare,[16] et sic militans ecclesia non est acephala[17] nec sine adiutorio, licet careat tali refuga, quin pocius, carens totaliter dotacione mundana, sicut lex[18] Cristi manifeste precipit, foret alleviata ab onere[19] iam tardante, vivens pure de elemosinis et decimis, que sunt pars domini, intenta assiduitate sui officii per graciam domini Iesu Cristi. Et sic talis papa non est caput, vita || vel radix nisi forte ecclesie malignancium, sed aborigo vel herba nociva ecclesie domini Iesu Cristi.

Talem ergo repugnanciam in verbo et opere, qua anticristus nominat se patrem sanctissimum et perseveranter dicit in opere se esse sceleratissimum,[20] debet fidelis scolaris veritatis constanti corde et humili reprobare.

CAP. VII.

Secundo[a] invehitur, quod ista sedes infert graciose toti cristianismo formidinem ad peccandum. Idem ergo foret contra ipsam sic loqui et laxare[1] toti ecclesie habenas ad in[2] peccatis, ut sibi placuerit, volutandum.

Hic dictum est concedendo sepius, quod anticristus cum membris suis facit multa bona in ecclesia militante, sed non tanta, quanta dyabolus temptando homines et penas terrificas inferendo.

CAP. VI. [a] see *Matth.* 10, 36; *Luke* 12, 52; 53
CAP. VII. [a] Cp. above p. 558 l. 12

[12] sunt *ACuAsh,E²* in mar. om. *E*   [13] et fictas *CEuAsh* om. *A*   [14] sic *A,E²* corr. into the text om. *CEuAsh*   [15] ac*ACEAsh* et *u*   [16] graciam destillare *ACuAsh* gravi distillare *E*   [17] acephala *ACu,E²* in mar. athevola (ad.) *E* acovola *Ash* in *AE* is add. in mar.; Ecclesia carens papo non est acephala *A²E¹*   [18] lex *CEAsh* est lex *Au*   [19] man. fo. all. ab on. *A* man. precipit foret all. ab on. *CuAsh* man. precip. for. all. onere *E*   [20] et persev. di. in op. se ess. scel. *ACEu* om. *Ash*

CAP. VII. [1] laxare *ACuAsh* laxari *E*   [2] ad in *E.Ash* in *ACu*

Ideo conceditur tamquam probabile, quod hec sedes terret multos tyrannos a perpetracione multorum facinorum,[3] sed medium, quod[4] Cristus docuit ad terrendum peccatores legi sue contrarios, fuit medium amoris, medium paciencie et medium beneficiencie. Et istam formam servarunt Cristus, Petrus et alii Cristi apostoli.

Sed istam formam Cristi aspirando ad honores mundanos et seculare dominium ista sedes cum suis filiis est oblita. Ideo cum incussiones[5] tales dominative non sunt naturales nec meritorie, parum prosunt ecclesie, cum statim redeant[6] ad peccandum. Ideo ista sedes cum suis filiis laboraret per medium, quod Cristus docuit tamquam utilius et constancius, undique.[7] Unde anticristi discipuli hic videntur[8] innuere, quod Cristi ordinacio non fuit valida neque prudens, sed oportet ultra ordinacionem Cristi vel legem dominaciones terrificas commisceri. Et hinc oportet prelatos ecclesie ultra hoc, quod Cristus preceperat, seculariter dominari, et per consequens modo lex[9] Cristi contempnitur et lex anticristi, quem[10] David vocat legislatorem, ab infidelibus exaltatur.

Erubescat ergo[11] anticristus ex ista argucia: lex sua, conversacio atque curia facit in ecclesia multa bona,[12] ergo propterea est laudanda, cum sit ad modos et media attendendum, eo quod wlgariter dicitur, quod deus est remunerator adverbiorum; cum dyabolus potest bona facere, sed quia male facit hec[13] bona, debet propterea condempnari, ut presciti persecuntur cum dyabolo Cristi ecclesiam et faciunt occasionaliter multa bona et tamen non ex hinc merentur beatitudinem, || sed dampnacionem perpetuam, cum ex intencione mala taliter operantur. Et si dicatur,[14] quod intencio huius sedis est recta, quia ad Cristi ecclesiam[15] a facinoribus expurgandum, videtur, quod hec sedes habet bonam intencionem

---

[3] *from here on the red commas very conspicuous in the text of A are discontinued* [4] quod *ACaAsh* quoque *E* [5] incussiones *ACEa* incusiones *Ash* [6] redeant *ACa* redeat *EAsh* [7] undique *A* undiquaque *CEaAsh* [8] videntur *ACEa* videtur *Ash* [9] per con. mo. lex *ACa* per hunc modum lex *EAsh* [10] quem *ACaAsh* quam *E* [11] ergo *ACa* igitur *EAsh* [12] bona *ACEAsh,a*[1] *corr. into the text om. a* [13] bona fac., sed q. m. f. hec *CaAsh* bona f., sed q. f. hec *A* bona facto (? sancte) fac., sed q. f. male hec *E* [14] dicatur *ACa Ash* dicitur *E* [15] ecclesiam *CaAsh* ecclesia *AE*

cap. VII] *DE CITATIONIBUS FRIVOLIS.*

analogam,[16] sed peccat in specie superbie[17] in medio descendendo, quod[18] spernit medium domini sic purgando et capit malum medium superbie hoc bonum ecclesie perpetrando. Et cum secundum Hieronymum[b] non mediocriter peccat, qui propositis[19] duobus bonis dimittit facilius et elegit minus bonum, manifestum videtur, quod hec sedes dimittendo medium Cristi facile eligendo medium turpe regis superbie peccat graviter, licet bonum ex facto suo proveniat. Et sic creditur, quod hec sedes numquam meritorie proderit ecclesie Iesu Cristi, antequam evacuaverit dominacionem,[20] quam iniuste occupat, et benefaciendo vixerit modo sui.

Debet ergo fidelis predicator sicut prelatus ecclesie esse vir ewangelicus et per penas inferni ac iniustas superbias dyaboli et gaudia celi peccatores a peccatis trahere[21] per amorem. Et hoc medium non foret laxacio vel stimulus ad[22] peccatoribus in volutabro criminis volutandum, sed, sicut patet in vita apostolorum ex celeri[23] conversione fructifera, ad antiqua crimina deserendum et viam virtutis fructiferam eligendum. Ideo ve illi, qui sic infideliter deserit legem Cristi!

Hic dictum est sepius, quod ecclesia Cristi debet esse pure secundum legem suam et non secundum legem anticristi, sed se-

CAP. VIII.

Tercio[a] invehitur per hoc, quod hec sedes cum suis filiis tractat causas iustissime et facit toti ecclesie iusticie complementum. Idem ergo foret hanc sedem taliter dampnare[f] et iusticiam in sponsa Cristi extingwere et per consequens iniusticiam in ipsam conversam in corpus dyaboli suscitare.

---

[b] *cp. Corp. iur. can., ed. Leipz. 1879. I. 1418 Decr. p. III. de Consecratione, dist. V. cp. 24. cp. below p. 630*

CAP. VIII. [a] *Cp. above cap. VII Note a*

[16] *in A is add. in mar.:* Intencio analoga bona *A¹*   [17] superbie *ACEa* superbe *Ash*   [18] quod *A* quia *CEa.Ash*   [19] propositis *ACa.Ash* propositus *E*   [20] *in AE is add. above the col.:* Sedes pape numquam meritorie proderit ecclesie nisi evacuaverit dominacionem *A²E¹*   [21] trahere *ACa.Ash* retrahere *E*   [22] ad *EAsh* a *ACa*   [23] celeri *EAsh* cleri *ACa*

CAP. VIII. [f] dampnare *ACa* deprivare *Ash* depravare *E*

cundum formam, quam Cristus tradidit, regulata. Et sic ecclesia Cristi non foret cum istis tradicionibus frivolis onerata. Unde quidam fideles habent causam tamquam diabolicam plus suspectam ex hoc, quod pro iustificacione² illius cause allegatur lex anticristiana³ specialiter, dum non fuerit in lege domini fundata. Et si ibi fundata fuerit, quare legiste[b] nolunt in radice et forma, quam Cristus tradidit, legem domini honorare? Et sic, ut videtur fidelibus, hec sedes potissime ‖ foret a lege papali⁴ atque cesarea expurganda et in pura lege domini tamquam fons religionis ecclesie adimplenda.

Et quantum ad obiectus contra hanc legem domini est facile respondere. Anticristus assumit, quod necesse est, ipsum de presbiteris, curatis et prelatis in singulis provinciis respondere, quod non bene faceret nisi habendo leges, secundum quas ita⁵ statueret. Ideo necesse est, quod habeat iura canonica, secundum que⁶ foret ista triplicitas[c] regulata. Et cum lex ista sicut lex divina semper augmentando⁷ procedit, necesse est, legiferum istum iura statuere, secundum que posset totum genus hominum regulare.

Hic dicitur huic⁸ refuge infideli, quod, si velit esse Cristi vicarius, renueret omnes tales distribuciones, vocatas spirituales in ecclesia militante, cum Cristus magister noster completissimus dicat Luc. 12[d] cuidam volenti, Cristum inter ipsum et fratrem suum seculariter iudicare: o homo, quis me constituit⁹ iudicem aut divisorem super vos? Ubi patet notanti, quomodo Cristus tale¹⁰ iudicium renuebat. Ewangeliste enim sicut et spiritus sanctus forent nimis negligentes,¹¹ si Cristo deo dante in hoc iudicium non incorporarent ipsum ad instruccionem ecclesie militantis. — Ideo cum Cristus in causa seculari hoc renuit, multo magis eius vicarius

[b] *The Legists, are according to the practice of the Middle Ages, the doctors of the Roman, the Decretists those of the canonical law* [c] *i. e. presbyteri, curati, prelati* [d] *v. 14*

² iustificacione *ACaAsh,E² with mark of ref. below the col.* intificacione *(ud.) E* ³ anticristiana *AEAsh* antichristiva *Ca* ⁴ papali *ACaAsh* populi *E* ⁵ ita *ACa Ash,E² in mar.* illa *(ud.) E* ⁶ que *AEAsh* quem *Ca(?)* ⁷ augm. *ACaAsh est (corr. close to semper in mar. by E²)* augm. *E* ⁸ huic *ACaAsh* hinc *E* ⁹ constituit *ACEa* constitit *Ash* ¹⁰ tale *ACEa* talem *Ash* ¹¹ in *E* neclig.

stultus¹² hoc renueret in causa plus perplexa, magis a lege et voluntate domini elongata. Deus enim quodammodo voluit post et ante, quod tradiciones humane currerent¹³ super bonis¹⁴ temporalibus, sed noluit sacerdotes suos cum cura vel particione talium occupari. Multo magis ergo voluit, quod sacerdotes sui non iudicent secundum tradicionem civilem ex civilitate antiqua et tradicione nova fundata in dotacione ecclesie contra Cristum,¹⁵ quia in hoc videretur in causa plus periculosa sacerdotes suos iniungere¹⁶ et dotacionem¹⁷ contra se ipsum stulcius appropriare.¹⁸ Sed que maior blasphemia, nisi forte dicendo, quod lex, quam Cristus instituit, non est per se sufficiens ad totam ecclesiam militantem regulandam?¹⁹

CAP. IX.

Semoto ergo isto onere a Cristi vicario foret superfluum istas tradiciones humanas taliter usitare.¹ Ideo cum Cristus et eius verus vicarius debent alleviare ecclesiam et non tradicionibus vel operibus infundabilibus onerare, patet, quod papa non debet super se infundabiliter particiones huiusmodi acceptare. Et si queritur,² quomodo debet de talibus prepositis in ecclesia provideri,³ dicitur, quod sicut provisum est tempore apostolorum et usque ad dotacionem ecclesie, si non ultra, quod scilicet⁴ fideles presbiteri, apostolorum veri vicarii,⁵ legem domini constanter et fideliter predicarent et ipsis mortuis populi catholici, in fide orthodoxa instructi, eligerent sibi non hereditarie, sed secundum suum fidele officium alios sacerdotes, quod si ipsi in ministerio sacerdotali deficerent, populi instruendi ipsos abnuerent,⁶ et tunc foret ecclesia a discolis et commercacionibus⁷ symoniacis expurgata.

¹² stultus *ACαAsh,E²* in mar. om. *E*   ¹³ currerent *EAsh*   terrerent *ACα*
¹⁴ bonis *ACEα*   hominis *Ash*   ¹⁵ Cristum *ACαAsh*   propinm (sic) *E*   ¹⁶ iniungere *ACα*   mungere *E*   immergere *Ash*   ¹⁷ dotacionem *ACEα*   dotacioni *Ash*
¹⁸ appropriare *ACα,E²* in mar.   approbare *Ash*, (probare up.) *E*   ¹⁹ regulandam *ACα*   regulandum *EAsh*

CAP. IX.   ¹ usitare *ACEAsh*   visitare α   ² queritur *A*   queratur *CEαAsh*
³ provideri *ACαAsh*   proindere *E*   ⁴ quod scilicet fid. *ACEα*   quod si fideles *Ash*
⁵ in *AE* is add. in mar. Fideles presbiteri apostolorum veri vicarii *A²E¹*   ⁶ abnuerent *EAsh*   abinuerent *ACα*   ⁷ co. *ACαAsh*   sic (corr. into the text by *E²*) co. *E*

Videtur enim multis fidelibus, quod anticristus per tradiciones has frivolas forum instituit mercandie,⁸ in quo discoli possent cum talibus vocatis beneficiis symoniace commercari. Dicitur enim, quod romana⁹ curia est forum huiusmodi, in quo nedum clerici possunt symoniace sibi acquirere proventus venales, sed et,¹⁰ cuiuscunque condicionis homines fuerint, acquirere sibi privilegia inaudita. Et hec est una causa precipua, quare lex Cristi non currit hodie sicut olim.

Et, ut breviter comprehendam, tota causa discrasie vel peccati ecclesie stat in isto, quod populus et precipue clerus ecclesie non sequitur fideliter dominum Iesum Cristum, sed innititur tradicionibus propriis plus innixe,¹¹ quam innititur legi dei.

Quis, inquam, est iste clericus, qui allegat hodie: hec dicit dominus, sed¹² quod¹³ hec dicit romanus episcopus, qui est deus in terris, cui oportet in legibus suis credere¹⁴ tamquam Cristo? Et hec causa, quare Iordanus¹⁵ conversus est retrorsum ad in triumphantem ecclesiam anhelandum.¹⁶

Et ita¹⁷ rogant fideles dominum Cristum¹⁸ obnixius, ut dirigat hic suam ecclesiam secundum legem et formam, quam ipse instituit, ut destructis adversitatibus et erroribus universis secura sibi serviat libertate. Amen.¹⁹

Explicit de citacionibus frivolis.²⁰

⁸ *in A mer is inserted in the blank later by a new hand (A⁴ ?) with darker ink*   ⁹ ro. *AE*   in ro. *CaAsh*   ¹⁰ et *ACu,E²* *in mar.* om. *EAsh*   ¹¹ innixe *A*   obnixe *CEaAsh*   ¹² sed *aAsh* secundum *ACE*   ¹³ quod *AEAsh, C¹ corr. into the text a* om. *C*   ¹⁴ credere *AEaAsh* cedere *C*   ¹⁵ iordanus *AC* yordanus *a* iordanis *EAsh*   ¹⁶ anhelandum *Aa* auhelandam *C* anclandum *EAsh*   ¹⁷ ita *ACuAsh,E² in mar.* illa *(ud.) E*   ¹⁸ Cristum *AEaAsh* Iesum *E*   ¹⁹ Amen *AEaAsh*   Amen dico vobis in nomine Iesu Cristi *C*   ²⁰ Lipextic tactarrasut *(the first* u *is cr. out and ud., the third* u *ud.)* ed Cicoinitabus lisfrivo te lijsa suverciis Rediveron Mastrigi Jonnisha lephvik. *C, i. e.* Explicit tractatus de Citacionibus frivolis et aliis versuciis reverendi magistri Johannis Vikleph   Explicit tractatulus de citacionibus frivolis   Incipit tractatus de cruciata id est contra bella clericorum *E*   Explicit tractatus de Citacionibus frivolis et aliis versuciis anticristi *aAsh*

XXII.

DE DISSENSIONE PAPARUM.

DE DISSENSIONE PAPARUM.

Shirley's hypothesis, that the following Tract is a letter addressed to Bishop Spenser of Norwich, is based, I believe, on the Explicit of cod. C; the shortness of the Tract may also have influenced Shirley in his supposition. — I am not of his opinion. For such external evidence, as given in cod. C, is very often of merely relative or no value at all; cp. in this respect the tradition referring to Wiclif's so-called Letter of Excuse addressed to Pope Urban VI., Lechler, I, 713 ff. — On the other hand, it is to be observed, that none of the characters of a letter, such as allocution and epistolary conclusion are to be found here; whereas the Tract, following in α, from its very beginning manifests itself as a real letter. Thirdly, no personal reference to the bishop, either in the second or third person is made. — If we further compare this present Tract with its English parallel version, which contains no less than 8 chapters, it becomes evident that a work of this length cannot be taken as a letter. And the marginal gloss at the end of our Tract: hic non est finis shows that it is, in its present state only a fragment.

On the contrary, if we compare this fragment with the first chapter of the Cruciata, it appears that the Tract containing in a precise form the Author's gravest objections against the Papal Schism must be looked upon as a pamphlet, intended to arouse an agitation amongst the cultivated classes of England against the Pope. The English version (Arnold, S. E. W. III, 242 ff.) was apparently written for circulation among the people who did not understand Latin.

[1] Shirley has not seen cod. a. Any evidence derived from this MS. is of not much value, a and C having very likely been copied from the same original.
[2] Shirley, Catal. calls also No. 61, 4 a letter; but Lechler has already shown, J. c. W. I. 713 Note 2 that it is not.

From its very beginning: ideo ad generalem sentenciam dictam alibi *the fragment manifests itself as a supplement of a work which in the main treats of eschatological questions; and the text shows that it is a practical exposition of the signs of the end, referring to the perilous times of the Great Schism. In the first chapter of the Cruciata a large part of the fragment is reproduced verbatim by the Author.*

I. Summary of Contents.

The Papal Schism is according to Matth. XXIV a sign of the end of the world, p. 570—572. The Schism is caused by the Pope's worldly desire and greed for temporal power; therefore, the temporal lords should remove from the Holy See the cause of the struggle, its temporal power and possessions, p. 572. Every one, Pope or Prelate, contending against this measure, which is the only means of restoring to the Church the former peace, is guilty of open heresy, and every community taking up the cause of either pope, is in the service of Satan, p. 573. It is a lie to contend that to the Pope alone belongs the privilege of administering efficient indulgences in his own cause, as has been done while the Crusade to Flanders was in preparation, p. 573. But it is to be hoped that this war is not the work of, or undertaken by, the Pope himself, but by the Friars, who by their whole life and conversation destroy the peace of the Church, p. 574—575.

II. Date of Composition.

With Arnold, S. E. W. III, 341, I am inclined to suppose that the Crusade has not yet commenced, but that the short Tract is written while the first Papal bulls on the Crusade arrived in England. The term elevacio crucis seems to be in favour of the former supposition. The Papal Bull directed to Bishop Spenser arrived in England about October 1382; shortly after the Bishop communicated it to the Parliament Nov. 9th *1382, see Walsingham, II. A. II, 71 ff., Lechler I, 705—706. The composition, therefore, is to be fixed about the end of 1382 or beginning 1383.*

III. Genuineness.

As to this, there is no reason to entertain any doubt; I refer the reader to a comparison of the Tract with the first chapter of the

Cruciata and with the English version printed by Arnold, S. E. W. III, 242 ff. — As to external evidence, cp. Denis, II, 1139; 1456; 1467 and Shirley, Catal. No. 74, who quotes Walden, Doctr. Fid. II, cap. 49; III Prol., IV, 39, 45 as his authority. See also the short notices and Indices of codd. A, E and α, as well as the Wiclif Catalogues in cod. 3933; 3935; 4514.

IV. Not printed heretofore.[1]

V. Extant in

cod. $3929 = A$ fol. $217^c - 218^a \begin{cases} A^1 = \text{Corrector (black ink)} \\ A^2 = \text{Glosser} \end{cases}$

cod. $4527 = C$ fol. $66^a - 67^a \qquad C^1 = $ Glosser

cod. $1437 = E$ fol. $67^a - 68^a \qquad E^1 = $ Corrector

in the Imperial Library at Vienna,

cod. X. E. 9. $= \alpha$ fol. $208^a - 209^a$ ohne Korrektor

the latter in the Univ.-Library at Prague.

VI. The Manuscripts.

A. **Their relationship.** Although the critical material is very small, the group A—E, as in former cases, here also may be discerned; nearly all the readings differing from C and α are common to both, their own variations consisting in small graphical errors. Readings, characteristic for their mutual relation, are ad generalem note 7; gracie nisi 12; ecclesiam 24; sunt 33; est 36; cum 41; de (om.) 46; ergo 9; 23; 29. The material is too slender to show, whether E has been copied from A or from another codex of the same line.

C—α also are related to one another; see their Explicit (cp. epistola ad episc. N.) colleccio 39.

B. **The best Codex.** E, here again, has been copied in an utterly careless manner. A and C appear of the same value[2]; the best is, I suppose α, whose readings nearly in every case give the correct text; where this is not the case, its readings are, at least, possible.

I will take, therefore, α as the basis of my text.

---

[1] but see the English version printed by Arnold, S. E. W. III, 242 ff.

[2] Perhaps C is the better of the two; cp. monstrosa note 4; gracie nisi 12; ecclesiam 24; sunt 33; sic 38.

JOHANNIS WICLIF
DE DISSENSIONE PAPARUM.[a]

Iste sunt sex raciones cuiusdam discipuli magistri Johannis Wygleph de questione, utrum licet seculari clerum delinquentem castigare, et dicitur quod sic.[1]

[a fol. 208^a lin. 1] [2] Quin[a] ista monstruosa[2] dissensio inter papas videtur significare[3] tempora | periculosa, que secundum apostolum[b] novissimis temporibus sunt futura, et | in prophecia[6] Cristi Matth. 24[c] expresse

[a] *The Tract bears also the title: De Schismate, cp. Shirley, Catal. p. 25 No. 74, and the Explicit by James, who in the seventeenth century made extracts of a number of MSS. in the Bodleyan and Old Royal Collection at Oxford, see Shirley, Catal. p. XI; the Explicit here runs thus, p. 228: Explicit tractatus Magistri Johannis W. de cismate et Deo gratias. According to Bale, Ill. Scrip. Summ. fol. 156^a. the title is either: De Papa Romano, since Bale in his list gives this Tract the Incipit: 'Pro eo, quod haec insolita dissensio' or: De Ponti-*

[1] *This is the Explicit of preceding Tract in cod. a fol. 207^b*   [2] *cod. C fol. 66^a lin. 1   cod. A fol. 217^c lin. 25   cod. E fol. 67^a lin. 36*   [3] *Vin C, the initial Q has been omitted by the scribe   Quin AEa   in E opposite the first line cor. (correctus) i. e. the Tract, after having been finished by the first copier, has undergone a correction*   [4] *monstruosa aCE   monstrosa A*   [5] *significare ACE   signare a*   [6] *prophecia a   prophetia ACE*

videtur esse, secundum declarata alibi|[d] prophetata, ideo ad generalem[7] sentenciam, dictam alibi,[e] videtur sentencia specialis addenda more nature, que[8] a communiori ad particularius procedit.

> ficum romanorum Schismate, with the Incipit: Ob inauditas lites inter hos duos; From a mere glance at these two Incipits it is clear that they are Bale's Latin translations of the commencement of the corresponding English Tract: For þis uncouþe discencioun þat is bitwixe þes popes semeþ to signyfie þe perillous tyme þat Poul seiþ schulde come in þes laste dayes, cp. T. Arnold, S. E. W. III, 242. In Arnold's volumes the title of the (English) Tract corresponds to this: De Pontificum romanorum Schismate. Shirley's supposition, cp. Catal. p. 24, that the Tract De Papa (quoted by Walden, Doctrinale fidei, II c. 49. III, Prol. IV 39, 45) is identical with Bale's is not correct; for W. wrote, indeed, a Tract with this title; Matthew has printed it, E. W. h. u. (Nro. XXVIII) p. 458—482. Likewise Arnold's opinion S. E. W. III, 242) that the Latin Vienna Tract De Dissensione Paparum, printed below, is not identical with his English one, the Latin tract being much shorter than the English version, is not correct. Comparing both Tracts we perceive at once that both are parallel versions. The Vienna Tract which I print below is merely a fragment of the english one, being the first chapter of the whole work (which had 8 chapters). This is evident from the marginal gloss in C at the closing of the Tract: non est hic finis, quia deberont esse 8 capitula. The two catalogues of the Wicliffana in the Vienna codices 4514, fol. 102 ff. and 3933, fol. 195 ascribe, indeed, eight chapters to the present Tract with the Incipit as given below and the Explicit: est in clericis iam perversis. which in this form in both Indices is given. From these few words it is difficult to decide whether the English version printed by Arnold, which likewise contains eight chapters is the same as the work of the two catalogues. I have not been so fortunate as to discover the whole Latin parallel version in any of the Vienna MSS.; I believe, however, that in the English Tract the whole matter of W.'s original work is given. — A short Summary of Contents is given by Vaughan, Tracts and Treat., p. 64—65. As to the inner relation of the Latin to the English version, cp. below note f [b] cp. I Tim. 4, 1—2; II Tim. 3, 1 8; I Thess. 5, 1—3 etc. etc. [c] v. 11; 24 [d] for instance in the Sermo de Matth. XXIV [e] im Sermo de Matth. XXIV

---

[7] ideo generalem ACa, but in A in mar. is add. ad ideo ad (ad.) gener. E, but in mar. is add. post E¹ [8] more nat. que a que more nat. que ACE

Primo^f igitur^9 videtur^10 supponendum tamquam probabile, quod ista dissensio propter cupiditatem mundani honoris et temporalium adiacencium papatui est causata.^11 Nam supposita in papa, sicut fuit in Petro dotacione pura, quam ex Cristo habuit, videtur, quod supra bona virtutum et gracie non sonabit, nisi^12 laborem et sollicitudinem in statu pauperi addidit^13; sed propter ista numquam fuisset talis contencio. Ideo relinquitur, quod propter honores mundanos et secularia dominia, que sunt adiecta papatui, ista contencio est exorta. Et cum causa efficiens sit istius condicionis, quod illa posita effectus ponitur, et illa ablata effectus tollitur, videtur, quod ablata ista cupidine temporalis dominii et honoris ista contencio^14 sedaretur. Et^g cum pertinet ad imperatorem et alios reges, qui contra legem domini ecclesiam stulte dotaverunt,^15 sibi satisfacere, videtur,^16 quod ad illos pertinet prudenter auferre hoc dissensionis seminarium, tum^17 quia propter hanc causam gladium portant, tum eciam, quia eorum interest bona sua a deo eis data potestative restituere brachio seculari. Sic enim sedaretur in ecclesia luciferina dissensio, et quod maius est, defenderetur utrobique lex dei, et destrueretur heretica presumpcio anticristi.

Tercio^18 videtur, quod, quicunque papa vel prelatus ecclesie

---

^f *The English version is no close literal translation, but a free transformation of the Latin matter, as will be seen from the following: and firste it semeþ, þat discenciou*n *of* þ*is popehede is for covetise of worschipe and wynnynge of* þ*is world, þat bi cautele of* þ*e fende is knytted to* þ*is office. Cp. this very passage in Cruciata cap. I note d* ^g *In the English text this runs so: and so emperour and kyngis, þat synneden in þis dowynge, schulde restore to seculer men þat þei bi foly alyende; ne þe graunt was nou3t leeful on neiþer on nor þe oþer partye, siþþe hem wanted leeve of Good þe cheif Lord, and bi title of þis office þei holden*

---

^9 igitur *C*α ergo *AE* ^10 *in A is add. below the col.:* Quare dissensio est inter papas *in CE is add. in mar.:* Prima conclusio ^11 causata *AC*α*,E*¹ *in mar.* tanta *E* ^12 gracie non son. nisi *C*α gracie nisi *AE* non sonabat *E*¹ *in mar.* nisi ^13 addidit *A in mar.* addi *(ud.)* dicit *E* om. *C*α ^14 contencio *ACE* condicio α ^15 dotaverunt *C*α dotaverant *AE* ^16 *in CE is add. in mar.:* Secunda conclusio ^17 tum *C*α cum *(!) AE* ^18 *in CE is add. in mar.:* Tercia conclusio

isti restitucioni dissenserit, est manifestus hereticus legi[19] Cristi et caritati ecclesie contrarius et per consequens tamquam perturbator pacis ecclesie a fidelibus renuendus.[h] Talis enim plus affectat[20] temporalium dominium[21] et honores adversus legem domini, quam dilatacionem caritatis in ecclesia vel salutem propriam, quod esset[22] expressa condicio meridiani demonii.[i] Non igitur[23] noceret, sed prodesset ecclesie carere tali demonio, et ad eius destruccionem in causa dei ecclesia[24] sollicite laboraret.

Quarto[25] videtur, quod, quecunque communitas laborat alterum istorum paparum restituere ad priorem cesaream dignitatem, laborat in causa dyaboli contra Cristum. Cristus enim dedit legem[26] multiplicem suis sacerdotibus, quod non taliter dominentur, et pro defensione huius legis et aliarum monuit suos fideles sub obtentu beatitudinis laborare et[27] ab infidelibus sustinuit durissimam[28] passionem. Quis igitur[29] presumeret talem radicem venenosam firmare in ecclesia contra pacem eius titulo ministerii anticristi?

Et ex istis quinto[30] videtur probabile, quod manifestum mendacium sit et abhominacio desolacionis, quod Cristus concedat indulgenciam a pena et a[31] culpa, vel quodcunque aliud spirituale suffragium cuicunque in hac causa dyaboli contra se ipsum assidue laboranti. Tunc enim Cristus foret sibi ipsi contrarius, peccator maximus et pacis ecclesie maxime turbativus; que cum sint manifesta blasphemia, nec sine concessione et auctoritate triumphantis ecclesie valent talia nominata suffragia, cum Ioh. quinto[k] dicat de se ipso, quod non potest filius facere, nisi quod viderit patrem facientem, patet, quam vera est negativa, quam sepe exposui,[l] quod

---

[h] *cp. below Cruciata cap. II p. 591 and with ref. to the following ibidem p. 591*   [i] *cp. Ps. 91, 6*   [k] *v. 19*   [l] *for inst. Trial. 358 ff.*

---

[19] legi a et legi ACE   [20] affectat Ca affectaret E affecta A corr. later into affectaret   [21] dominium a dominia AE domini C   [22] esset ACE esse a   [23] igitur Ca ergo AE   [24] ecclesia Ca ecclesiam AE   [25] in CE is add. in mar.: Quarta conclusio   [26] legem ACEa longe (ud.) E¹ in mar.   [27] et ACa om. E   [28] durissimam CEa diversissimam (!) A   [29] igitur Ca ergo AE   [30] in CE is add. in mar.: Quinta conclusio   [31] a Ca om. AE

non est de substancia fidei, quod talis absolucio vel indulgencia a capite triumphantis ecclesie sit concessa.

Et[32] cum tota hec militans multitudo in filios dei, qui sunt ex deo, et filios dyaboli, qui sunt ex parte sua, licet abscondite sit[33] divisa, ex isto tamen facto potest capi manifestum iudicium, qui sunt servi[34] Cristi et qui servi illius in execucione illius ministerii, cum manifestum[35] videtur,[36] quod illi sunt servi dyaboli, qui execuntur hanc crucis elevacionem contra caritatis regulam expensis, opere vel consensu.[m]

Et[37] cum supponi potest, quod Urbanus noster non auctorizat hoc facinus, licet a pseudofratribus sit[38] seductus, videtur probabile, quod fratres promoventes hanc causam in suis predicacionibus et spoliantes ecclesiam suis falsis colleccionibus[39] sunt precipui hostes ecclesie et debent sibi tam fraudulenter ablata restituere, antequam deus dimittat crimen, vel antequam ecclesia debeat ipsos recipere ut fideles. Et eadem videtur sentencia contra pseudocardinales et nostrates stantes in curia, qui regnum nostrum incolorate spoliant multis viis.[40][n] Non enim videtur tali comitive suspecte credendum in fide, nec supponendum tamquam probabile, quod non errant, quod[41] in isto facto contra fidem, spem et caritatem tam notabiliter erraverunt.

---

[m] *the English Mendicant Friars are meant here who made the Crusade of Urban against Clement the special subject of their sermons, cp. Walsingham, H. A., II, 72 ff.; Wilkins, Conc. M. Brit. III, 159*
[n] *cp. Cruciata cap. I p. 590;*
Curia wlt marcas, bursas exhaurit et arcas;
Si burse parcas, fuge papas et patriarchas,
runs a ludicrous verse known at the time, cp. cod. (Vienna) CCCCXVIII, fol. 181 in the „Curia Christi, modus curie Rome".

[32] *in E is add. in mar.:* Sexta conclusio *om. in C, where all the preceding glosses of this kind are to be found*   [33] sit *Ca*   sunt *AE*   [34] servi *AEa secundum C, but in mar. by the texthand* servi   [35] manifestum *ACa* mamanifestum *E*   [36] videtur *Ca*   est *AE*   [37] *in E is add. in mar.:* Septima conclusio   [38] sit *CEa* sic *A*   [39] colleccionibus *AE, in C col. is covered with an ink blot, therefore illegible, in a it is added later by another hand into the blanc space*   [40] viis *AE* hiis *Ca*   [41] quod *Ca* cum *AE*

Et ex istis potest octavo⁴² fidelis colligere, quod sicut sathan⁴³ per iniecccionem unius ossis venenati intoxicavit clerum et populum, ac iracundos⁴⁴ ad bella et discordias irritavit,⁴⁵ sic per apercionem unius mendacii de⁴⁶ thezauro suo ficticie," quem habet de suis ab-
5 solucionibus et indulgenciis, totam ecclesiam discrasiat. Nam eius vicarius nescit discernere inter quod⁴⁷ debet credere et sperare. Spem enim debet fidelis habere, quod post dolorem de crimine sit contritus, et post absolucionem presbiteri sit a domino absolutus. | *a fol. 209ᵛ* Sed nec papa nec peccator debet credere, quod sit simpliciter ab-
10 solutus,ᵖ sicut non debet credere, quod sit predestinatus, vel credere, quod ad dampnacionem perpetuam sit prescitus, sed primum debet sperare, quia nisi homo speraret, quod salvabitur, periret excitacio ad merendum, et breviter quecunque virtus viantis et retho dyaboli ad libere peccandum in tota viante ecclesia panderetur. Vi-
15 detur enim sathan innuere, quod causa dei de reduccione sue ordinacionis, in qua clerum instituit, cessare⁴⁸ debuit et illud os venenatum, quod est clori dotacio, sub obtentu absolucionis a pena et a culpa debet defendi. Et sic⁴⁹ more suo, quo temptavit Cristum Matth. quarto,ᵠ promittit suo vicario mendaciter per talem fictam
20 absolucionem omnia regna mundi.ʳ Facile quidem esset ad quecunque regna mittere mendacia tamquam fidem et succedente opportunitate movere suos filios ad mendacem perfidiam prosequendum,⁵⁰ ut si excommunicat quemcunque impedientem suum propositum in ista crucis ereccione, faciliter posset multipliciter suis filiis
25 populum et thezaurum de regno Anglie exhaurire, et sic quecun-

---

ᵒ *English text: so by on openynge of tresour of his lesyngis* ᵖ *cp. for instance Trial. 356—57* ᵠ *v. 8—9* ʳ *English text: but as þe fend lyhiȝte to Crist falsly al reewnes, so myȝte falsehede walken in purchas of þis lordschipe. The following conclusion of the Tract is very freely translated from the latin. With ref. to the remaining chapters, cp. Arnold. S. E. W. III. 244—266*

⁴² *in CE is add. in mar.:* Octava conclusio   ⁴³ sathan *CEa* sathanas *A*
⁴⁴ iracundos *ACa* iracundas *E*   ⁴⁵ irritavit *AEa* irratavit *C*   ⁴⁶ de *Ca om. AE*   ⁴⁷ quod *Ca* quod (*rad.*) *A* quid (?) *E*   ⁴⁸ cessare *AEa* cesare *C. an s is add. later with pale ink*   ⁴⁹ sic *Ca om. AE*   ⁵⁰ prosequendum *Ca* persequendum *AE*

que regna de manu mundi principum sibi acquirere per simulata mendacia tamquam fidem.⁵¹ˢ

Explicit epistola missa ad episcópum Nortwicensem propter cruciatam.⁵²

ˢ cp. Cruciata cap. II p. 596

⁵¹ *here in A is added in mar.*: Non est hic finis quia deberent esse octo capitula   ⁵² *without an Explicit A*   plit lacp Smias da pcipnsco Norteenwisem p ha Wi pp Tameireua *C i. e.* Explicit epistola missa ad episcopum Nortwicensem per Johannem Wiclif propter cruciatam explicit de dissensione pape Incipit tractatus de oracione et ecclesie purgacione *E*

XXIII.
CRUCIATA.

CRUCIATA.

I. Division.

I. *Introduction: Rom. VIII, 28, cap. I.*
II. *First division — (positive part) cap. I—IV.*
The Crusade is not to be regarded as an evil in every respect, it points
    (a) to the total perversity of popedom and its supporters (the Pope considered as Antichrist), cap. I—II.
    (b) to the bright future which the Schism of the two Popes has opened out to the Church, cap. III—IV.
III. *Second division — (negative part) —: Objections raised against a criticism of the Crusade (and their answers), cap. V—X:*
    (a) no attention should be paid to a few voices here and there, cap. V—VI,
    (b) the pope has been lawfully chosen etc., cap. VII,
    (c) Christ had endowed His Apostles, therefore the Pope also, with spiritual power, cap. VIII,
    (d) this spiritual grace is indispensable for the absolution of sins, cap. IX—X.
IV. *Conclusion: they that take the sword, shall perish by the sword, cap. X.*

II. Summary of Contents.

Chap. I. All things work together for the good to them that love God; so also the Crusade which is being preached to the members of the English Church, p. 588; for it has exposed the Pope's hypocrisy and worldliness; it is not a struggle for moral or religious rights, but purely for worldly authority, p. 589—590.

Chap. II. (1) It is the task of the civil authorities to maintain peace — it becomes their duty, therefore, to remove the cause and *root of all discord for England, i. e. Rome, p. 590—591. Every war is in itself an evil, and a war caused by a Pope is equivalent to the work of Antichrist, for which reason all association with the Pope should be abandoned, p. 592. The efforts, therefore, of those who take part in the war, for the reestablishment of the papal authority are against Christ's law, which does not permit worldly power; and the Pope's promises of absolution from all sin and debt are lies suggested by Satan, p. 592—593. It is, indeed, scarcely credible, that Pope Urban himself should have a hand in the matter, the Friars rather, his friends and helpers, must be regarded as the real enemies of the Church and State; but at the same time both Popes manifest themselves to be Antichrists by their waging this unnatural conflict, and, more especially, be their false assertions concerning indulgences, p. 593—594. As Satan once poisoned the human race by that root of all sins, pride, so he again worked mischief by the introduction of worldly possessions connected with the Church, which is contrary to the law of Christ, p. 594—595. By this means he has corrupted the whole of the Western Church, the Crusade especially being in every respect against Christ, for He commanded His disciples to cultivate humility and brotherly love; and in like manner it is against the welfare of the State, p. 495—596. Conclusion: the Crusaders should join each other in a contest against both Popes. At this moment are in fact opposed to each other not the two Popes, but the followers of Christ and the followers of the devil (personified in popedom), p. 596—597.*

Chap. III. *The Crusade is the doing of none other than the arch enemy of God, who for the disturbance of the Western Church had originated the sect of the Friars, p. 597—601.*

Chap. IV. *The Pope is no longer the shepherd of the Church, but her betrayer, who in giving occasion to schism disobeys Christ's law, the four Orders following his example, p. 601—603. — But Christ's true soldiers must place their trust in the Lord, who has already divided the head of one Antichrist, and declare themselves boldly on His side in the struggle of Christendom against papal authority, p. 604.*

Chap. V. *First objection: They are but the voices of the few that declare themselves in this manner. God's voice is for the side of the greater number and therefore for the crusading Popes and their party, p. 605. — The expression* vox populi, vox Dei *is shown to be* untenable, p. 606. The authority of the Scriptures witnesses against the leaders of the war and their supporters; pious priests who withdraw themselves from the struggle must be permitted to preach undisturbed, p. 606—607; the Pope before all others is guilty of apostasy for inciting to war, instead of following Christ in all humility, p. 608.

Chap. VI. As thus the Pope rejects Christ, so Christianity and, more especially, the secular Lords should reject him, p. 609. Christ suffered in all meekness, but did not set men against each other and exhaust the land; the Pope tells a diabolical lie, when he says that he is Christ's representative and is empowered to promise salvation to all who fight in his cause, p. 610—612.

Chap. VII. Second objection: The Pope having been lawfully chosen has a right to offer such a reward, p. 612. — Answer: Neither the cardinals, nor any other man has any right to choose a head for the Church contrary to God's will (lots cast for Matthias, Acts I), but still less a Pope who places the lives of his followers in jeopardy for the furtherance of his own private and worldly designs, p. 613. In sharp contrast to him behold Christ who told Peter to sheath his sword, who rode unpretentiously on a ass, forbid murder (1 Tim. III), prayed for His enemies, endeavoured to procure the peace of the people, permitted Himself to be led as a lamb to the slaughter, p.613—615. The action of the Pope's Crusade is in every respect an opposite one to the example thus set. A better gospel should be sought for by the Pope for the foundation of his cause, p. 615. Further personal dissimilarities between Christ and the Pope: summe humilis — superbus; in iniuriis paciens — proprio iniurie vindicativus; pauper — summe dives; non habens, ubi caput reclinaret — habens castra; ministrativus — dominatissimus; peragravit civitates in magno labore ewangelizans — inclusus in castris mittit bullas, p. 616—617.

Chap. VIII. Third objection: The power over souls with which Christ endowed His Apostles cannot yet be exhausted, p. 617. — Answer: This power was intended for the performance of good and not of evil; it would, moreover, be possible that those who came after the Apostles, should on account of their sins have lost this power, which cannot surely be bestowed by cardinals who are apt to fall into error concerning the fitness of person (Popess Anna) p. 617—619. It would, therefore, be possible for the Church to exist without a Pope or cardinals, indeed without the former it would enjoy greater peace, p. 619—621.

Chap. IX. Fourth objection: If the Pope really does not possess such power, then he can forgive no sins; there could be no Sacrament of Penitence, and all religious life would cease, p. 622. *Answer:* The Holy Sacrament of Penitence is certainly indispensable (Polemic against Auricular Confession: inner confession should suffice, proved from the Bible and history, p. 622—624), but, at the same time, all pious priests, according to Matth. XVI and John XX, have power to dispense forgiveness of sins, p. 624—625.

Chap. X. Last objection: As the Pope is entitled to grant deliverance from sin, he is equally entitled to reward his soldiers who maintain his cause against his adversaries with full absolution, p. 626. — *Answer:* Both, Popes and bishops should go to war, not against their people, but against their own shortcomings, the unbelief of their adherents and of the people at large, p. 626—627. Moreover, it is not even in the Pope's power to forgive all sin (I John V; Matth. XII), people must therefore beware of his monkish confederates who spread such false reports in his name, p. 628—629. The Church and the people would receive far greater benefit, if the doctrine of Peter's two swords so often misrepresented were fully understood, p. 629—631, and everywhere preached: they that take the sword shall perish by the sword, p. 631—632.

III. Date of Composition.

Lechler has already fixed the summer of 1383 as the date.[1] There is nothing in the Tract from which to determine the period more definitely. That the Crusade had already begun is to be seen from the passage: in isto eventu *p. 589*; on the other hand, the conclusion of the campaign is nowhere mentioned; laborantes in ista crucis ereccione, *p. 596*, rather implies that the campaign was still proceeding; cp. also I note f.[2]

IV. Genuineness.

External evidence:
  (1) cp. Expl. in cod. A and B, p. 632
  (2) cp. Wiclif-Catalogues of the Vienna MSS., above p. 7

---

[1] J. v. W. I, 708.
[2] The conclusion of the discussion on the Holy Communion is hinted at p. 593, and the prohibition of the open preaching of W.'s Itinerant Preachers is presupposed, cp. predic. hodie interdicta p. 598. The royal mandate directed to the Archbishops

(3) The *Sermo optimus contra Cruciatam in cod. Univ. Prag. III. G. 11.* fol. 122^b—126^b contains a reference to the Tract on fol. 124^b, cp. Similiter ut patet ex dictis etc. with cap. IX, conclusion

(4) cp. the very frequent agreements with *De Dissensione Paparum* and with *De Pont. Rom. Schismate*, which is the parallel text in English, proved by Arnold, S. E. W. III, to be genuine, cp. I, note d; II, f; g; h

(5) Bale. *Ill. Script. Summ.*, as Lewis says in his Hist. of Life and Suff. 164; 166; Bale is also Shirley's authority. In the edition of 1548 the Summarium does not contain the title of the Tract.

(6) cod. A, notice on front-cover

(7) cod. B, notice on the inner side of the front-cover

(8) cod. G, index on front-cover

(9) cod. E, index on front-cover; as to (6), (7), (8) and (9) cp. above General Introd. IV, Description of the codices, p. XXIX ff.

(10) Denis, Cod. *MS. Theol.* II, *1439; 1457; 1468; 1473; 1504; 2106*

(11) Shirley, Catalog. No. 75 p. 25

(12) Lechler, J. v. W. II, 568; more especially I, 708.

Internal evidence is to be found nearly on every page of the Tract; I cannot here enter into details. But I refer the reader to the very frequent agreement of single passages with others in W.'s genuine works: cap. I, note e; g; II, h; k; p; III, a; IV, e; e; VI, e; VII, a; p; r; t; VIII, f; i; IX, b; f; g.

V. Not printed heretofore.

VI. Extant in

cod. $3929 = A$ fol. $233^a - 239^d$ $\begin{cases} A^1 = \text{thick red hand} \\ A^2 = \\ A^3 = \end{cases}$ Correctors

cod. $3933 = B$ fol. $63^a - 70^a$ $\quad B^1 = $ only Corrector

---

and his suffragans which was issued with reference to Wiclif's simple priests, is dated from June 26, 1382, cp. Foxe, Acts and Monum. ed. 1632 Issip. I p. 577; Wilkins, Conc. M. Brit. III, 156 (where July 12th is given as date, cp. Lechler, J. v. W. I, 677, note 1).

cod. 4527 = C fol. 134ᵃ—144ᵃ $\begin{cases} C^1 = \text{Glosser of fol. 1, black hand} \\ C^2 = \text{thin hand} \\ C^3 = \text{pale hand} \\ C^4 = \text{accidental correct.} \end{cases}$ Correctors

cod. 3930 = D fol. 239ᵈ—250ᶜ $\begin{cases} D^1 = \text{small black hand} \\ D^2 = \text{thick red hand} \end{cases}$

cod. 1337 = E fol. 57ᵈ—67ᵃ $\begin{cases} E^1 = \text{red ink (quotations underlined)} \\ E^2 = \text{small black hand, not clear} \\ E^3 = \text{main Corrector} \\ E^4 = \text{sciant etc. cap. X} \end{cases}$

cod. 4536 = G fol. 237ᵈ—253ᵃ *without Corrector*
all in the Imperial Library at Vienna.

VII. *The Manuscripts.*

(A) Their relationship. (1) Group A—E. That some connection exists between these two may be concluded *(1) from the very great consensus apparent in their corrupted passages,* cp. corditer *IV, 47;* 20 *V, 7;* excog. *VII, 59;* veh. *VII, 58;* Matth. 17 *VIII, 17;* ad ult. *VIII, 55;* perf. *IX, 27;* ips. *VI, 24;* culp. *VI, 26;* nol. *VI, 29;* quant. *VIII, 14;* eccl. *(om.) VIII, 69;* idem *IX, 45;* cp. also *IX, 42; 45;* — *(2) from the decisive passages, such as* congruit *IX, 46;* solic. *X, 47;* expurg. *X, 83;* especially from sciens dic. *X, 25* and papa ergo *X, 28; (3) from the conformity of the marginal glosses:* Indulg. *II, 41¹;* Serg. *III, 3;* No. tim. *III, 49, 51;* Indulg. *IV, 21;* Mil. Chr. *IV, 45;* Nota mult. *V, 1;* Nota bell. *V, 34;* Bell. *VI, 22;* Obed. *VI, 56;* Bell. *VII, 11;* Pugn. Pape *VII, 46;* Pati *VII, 62;* Vi. Chr. *VII, 70;* odis ve. vi. *VII, 81, as to this, cp. the cod.;* Pot. *VIII, 10;* Ele. Pa. *VIII, 27;* An. Pa. mul. *VIII, 32 (with ref. to this, cp. the notes of the other codd.);* Pot. qu. hab. *VIII, 39;* Eccl. *VIII, 45;* Pot. s. a. d. *VIII, 62;* Ind. *VIII, 67;* Sacram. *VIII, 70;* Absol. *IX, 4;* Conf. *IX, 8;* Absol. *IX, 36;* No. *IX, 44;* Pen. *IX, 51;* Bell. *X, 2;* Pugn. Sac. *X, 12;* Glad. duo *X, 52;* Duo gl. *X, 90.* It is characteristic of these two Manuscripts, *(1)* that the glosses are at first rare, towards the middle of the text they suddenly increase in number *(from cap. VII),* and then as suddenly decrease from cap. *X;* *(2)* that the marginals contained in *A* and *E* are not found in the other codices, and *(3)* the glosses of the remaining four texts are quite independent of these and of each other. *A is not E's original,* cp. the lacuna in peccato et ad bellum etc. *II, 69;* according to this

E must have had another source. E is not A's original, cp. ad hoc fing. etc. *IV, 10; 11;* dicit ibid. *VII, 38;* sciant etc. *X, 51.* E^3 here sets in to supply E's omissions; the scribe of A could, therefore, only have had as his original the text of E after its having been corrected by E^3, which I do not consider probable.

E's corrections also, (such at least as come into consideration) cannot be traced to A, but rather to B, or some codex closely connected with B (cp. below p. *644*), cp. ecclesie *VIII, 69;* adult. *VIII, 55;* popul. *VII, 48;* auderent *III, 61;* especially corrob. *IV, 28,* which appears to me conclusive; omnia *IV, 3;* eius *III, 8;* per *II, 112;* est ista *II, 115 (position);* vexion. *II, 75;* sepe *IX, 15;* nesc. *IX, 47;* lex *V, 4;* nisi *X, 67* and especially non—enim *IV, 8;* E^3 in all these passages has followed the readings of B, or of some codex of an earlier date standing in close connection with it.

Conclusion. A and E have originated from the same archetype, but not from each other. E^3 sprung from B, not from the group CDG (cp. e. i. populum *VII, 48;* eius *III, 8;* sepe *IX, 15* etc., cp. also the readings of B—E^3 just mentioned).

(2) Group C—D—G. That these belong to one class is evident (1) from the great conformity of their readings, which in itself possess considerable value and are independent of the rest as compared with A—$E, B;$ I take a chapter ad libitum as an example, cap. *IV:* studios. note *13;* umqu. *15;* de. (om.) *20;* potest. *31;* pro t. n. *42;* as special peculiarities cp. subi. *I, 29;* ideo *II, 108;* susc. *II, 37;* crist. *III, 31;* quod *III, 27; 67;* sic *V, 31;* sunt *V, 66;* quia *V, 75;* nu. *VIII, 3;* they read the same in *54* passages which differ from the consensus of the rest; — (2) from a great number of words which according to the sense belong to each other, but whose order is in itself quite irrelevant, cp. forc. sit *II, 18;* spir. suff. v. p. *V, 63;* i. gr. e. *VI, 65;* g. i. *X, 84* and many more, which I will make no further mention of in this place; in all these instances, C—D—G hold to one version, A—E, B to another. — Therefore C—D—G and A—E, B must have sprung from different archetypes.

A nearer connection between either of these three codices cannot be thought of, as their dissimilarity is in some passages very marked. But D—G stand in closer connection to each other than to C; they have probably had their origin from the same source, cp. the monstrous form in dedissensionibus *I, 26* (cp. the remaning readings) and in corroboration of this supposition illegit. *II, 73;* intell. *IV, 4;* conting. *V,*

15; tal. te. *V, 17;* talis *V, 37;* sic *V, 78;* sub *V, 80;* volu. *VI, 25;* eos *VII, 40;* equit. *VII, 41;* deus *VIII, 63;* omnia *IX, 11;* consone *X, 60;* agnicul. *X, 89,* so that the relation these codices held to each other will be shown by the following diagram:

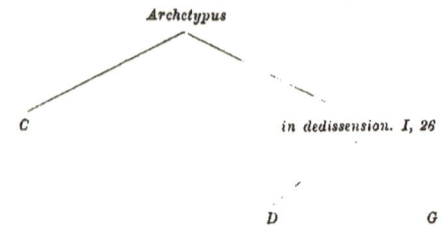

(3) B does not belong to either of these groups. It invariably pursues a direction peculiar to itself. In 55 instances it conforms with A—E, in 15 only with C—D—G, it has therefore closer affinity with the former.

(B) The best Codex. *I have counted 520 different readings. In the 355 decisive passages, E has the correct reading in 235 instances, G 246, D 247, B 253, C 283, A 296. E is carelessly written and of little value; its writer also copied negligently* (sinib. *I, 12;* si quis *I, 25;* ista *I, 34;* foret *II, 20;* salveri *II, 25;* pud. *II, 77;* constit. *II, 119;* debrev. *III, 58 and so on); the scribe did not understand the words of his original:* tanti *I, 31;* incurr. in tere *II, 3;* contrariata *II, 65;* avide *III, 48;* pro edific. *IV, 50;* salan. *V, 83 and so on. Even when the degeneration of orthography which had taken place at that time is considered, some of his forms are startling:* discensio *I, 23; 26; 39, which otherwise used to be correct;* ac for hac *I, 36;* ipsios *IV, 9;* studiat *IV, 18;* sceler. *II, 6, more especially the curious* sic *I,14; 20; II, 26; 33 and 36 and so on.*

In 82 passages, E in distinction to the others, gives a wrong reading, B in 79; D in 47; G in 43; C in 20, A in 18. Judged according to this, E and B, as well as D and G cannot be taken into consideration as a basis of the text. Of the two latter, judging from the internal worth of their readings, I am inclined to give D the preference (op. ope *II, 79; 97;* ista temp. toll. *IV, 28;* mordo. *VI, 54;* fing. tam *VI, 68;* bon. *VIII, 65), although it is in several passages evident that D's scribe could not always decipher the text of his original, cp. as striking instances* minim. *VIII, 20 and* colloberant *IV, 28*. — *The copyist of B is not happy in his independent readings; in one case only, he has a correct one in distinction to the rest, in 59 instances, as I have said above, a wrong one. Though therefore his text is preferable to E's, he cannot enter the competition either with A—C, or D—G.*

I have not arrived at a certain conclusion concerning the merits of C and A. But in consideration of the fact that the hand in C which wrote the Cruciata is comparatively the best of the Vienna series (in the 26 Tracts of these volumes C has in 13 instances formed the basis of thet ext), and that C in only 15 cases out of 355 gives a wrong reading against the consensus of the others (A 19, B 57). I am inclined to accord it the preference.

The following diagram is the result:

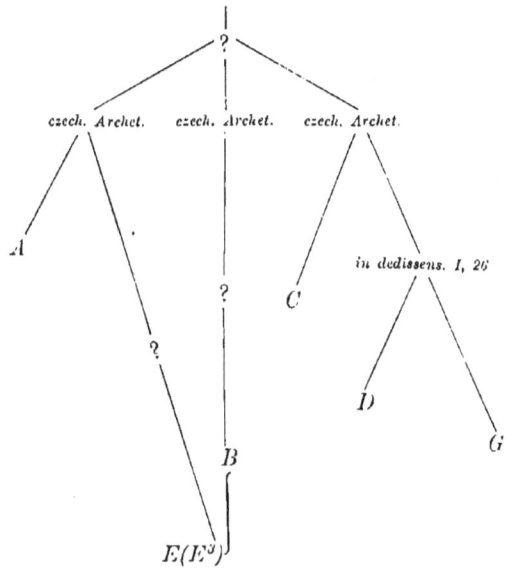

JOHANNIS WICLIF

CRUCIATA.[1a]

CAP. I.

C fol. 134a lin. 1

|| [2] Cum secundum fidem catholicam Rom. octavo[b] timentibus deum omnia cooperantur in bonum, ac multi eventus irregulares[3] crebro eveniunt, necesse est, illos eventus ad bonum ecclesie provenire. Sicut autem[4] sunt in illis operibus aliqua positiva[5] et aliqui defectus, qui resonant in peccatum, sic necesse est, in illis operibus aliqua a[6] deo[7] bona contingere et aliqua mala[8] peccati a suo contrario anticristo. Et hinc sicut discipuli dyaboli in errorem ex talibus eventibus[9] inducuntur, sic discipuli Cristi ex bonis istorum

---

CAP. I. [a] *Also under the title:* contra bella clericorum *in the Inc. of B, Inc. and Expl. of E; Shirley, Cat. No. 75: Contra Cruciatam Papae, according to Lewis, Hist. No. 203, p. 166. Lewis's authority is Bale, but the latter's Summarium (of 1548) does not mention the present Tract* [b] *v. 28*

CAP. I. [1] Explicit tractatus de quatuor sectis novellis et eorum erroribus ecclesie infectivis *A* De Cruciata id est contra bella clericorum *B* *without Expl. and Inc.* *CG* Explicit tractatus de Cristo et suo adversario etc. per Iohannem de Turnow *D* Explicit tracta. de citacionibus frivolis Incipit tractatus de Cruciata sive contra bella clericorum *E* [2] *A fol. 223ª lin. 20 B fol. 63ª lin. 1 D fol. 239ᵈ lin. 6 E fol. 57ᵈ lin. 35 G fol. 237ᵇ lin. 1* [3] irregulares *ABDEG*,*C¹ in mar.* regulares *C* [4] autem *ABCDG* aut *E* [5] positiva *ABCEG* posita *D in C is add. in mar.:* Bona ex malis elicibilia *C¹* [6] a *AB DEG om. C* [7] deo *ABCDG* domino *E* [8] mala *ABE* mali *CDG* [9] eventibus *ABCEG* erroribus *D*

eventuum corriguntur. Sillogizant enim super[10] filios dyaboli ex[11] talibus singularibus,[12] quod necesse est dare regulariter[13] victoriam veritati, et[14] quod ex talibus operibus eveniunt[15] bona ecclesie. Quidam enim ad sui bonum exeunt[16] de hoc mundo, quidam per-
5 cipiendo versucias dyaboli animantur ad aggrediendum ipsum virilius, et quidam percipiendo versucias eius et membrorum suorum ordinant prudencius contra ipsum, ut in isto eventu, qui nuper contingit[17] in Anglicos et suos proximos instinctu romane curie.[c]

Dicitur enim, quod papa ex plenitudine potestatis nedum
10 excommunicat adversantes, sed crucem elevat, absolvendo plenarie a pena et a culpa,[18] ut fingitur, quoscunque, qui iuvant[19] ad suum adversarium debellandum et[20] nominat ipsum adversarium Cristi et eius vicarii et tocius ecclesie militantis.[d] Ideo causam istam extollit[21] in merito[22] supra nubes. Alias autem declaravi,[e]
15 quod ista monstruosa dissensio[23] a probabili est causata ex mendaci defectu, quo papa non sequitur viam Cristi. Si enim servaret humilitatem eius et pauperiem, numquam pro causa huius-

---

[c] *The Crusade began in the middle of May 1383; Bishop Spenser of Norwich embarked for Flanders in this month (cp. Walsingham, Hist. Angl. II, 88; according to Knighton, Decem Script. 2672, 44 in June 1383; according to Capgrave, Chron. of Engl. p.'238: myd May), but, after a short successful campaign driven back by his enemies, returned to England already about Michaelmas in the same year, cp. Knighton, 2672, 46* [d] *cp. Walsingham, H. A. II, 76 ff.* [e] *cp. above p. 572: de Dissensione Paparum: primo videtur supponendum tamquam probabile, quod ista dissensio propter cupiditatem mundani honoris et temporalium adiacencium papatui est causata etc.; cp. also above p. 573: quinto videtur probabile, quod manifestum mendacium sit et abhominacio desolacionis, quod Cristus concedat indulgenciam a pena et a culpa etc.*

---

[10] super *CDG* supra *ABE*   [11] sup *(cr. out)* ex in *A*   [12] singularibus *ABC DG,E³ in mar.* sinibus *E*   [13] regulariter *ABCDG* rariter *E*   [14] et *ABCDEG* sic *add. abore et by E³*   [15] eveniunt *ACDEG* proveniunt *B*   [16] exeunt *AC DEG* exerceret *(?) B*   [17] contigit *ABCEG* contingit *D*   [18] a cu. *CDG* cu. *ABE*   [19] qui iuv. *ABCEG* comminuant *D*   [20] et*ABCDEG* sic *add. abore et by E³, cp. note 14*   [21] extollit *BEG* excellit *ACD*   [22] in merito *AEB* merito *CDG*   [23] dissensio *ABCD* discensio *E* distraccio *G*   *in C is add. in mar.:* Dissensionis paparum causa *C¹*

modi[24] istam mendacem ficticiam attemptaret. Quis[25] enim attemptaret tam laboriosum et anxium atque ambiguum[f] certamen cum alio, nisi cupiditas honoris mundani et temporalium sit in causa? Patet inductive discurrendo de dissensionibus,[26] que contingunt. Unde dictum est, quod supposita in papa dotacione pura in spiritualibus a Cristo, sicut fuit in Petro,[27] videtur, quod supra bona virtutum et gracie non sonabat nisi laborem et sollicitudinem in statu pauperi. Sed propter ista numquam fuisset talis contencio. Ideo relinquitur, quod propter[28] honores mundanos et secularia dominia, que sunt adiecta[29] papatui, ista contencio est exorta.[g] Cristus autem patronus ecclesie dicit Ioh. octavo[h]: ego gloriam meam non quero; et cum[30] sufficiens causa causati[31] sit[32] istius condicionis,[33] quod illa posita[34] ipsum ponitur, et illa ablata suum causatum[35] tollitur, videtur, quod ablata hac[36] monstruosa conveccione[37] temporalis[38] dominii et honoris a papatus officio ista dissensio[39] sedaretur.[40]

CAP. II.

Dictum est secundo,[1 a] quod, cum ad imperatores et reges mundanos pertinet, qui ecclesiam stulte dotaverunt,[2] sibi satisfacere

---

[f] *the Crusade, therefore, is not yet finished*   [g] *cp. the same passage verbatim in De Dissensione Papar., above p.* 572   [h] *v.* 50

CAP. II. [a] *Cp. above l.* 5 ff.: *unde dictum est, quod supposita in papa dotacione etc.*

[24] ista *(ud. § cr. out)* hui. *in* B   [25] quis *ABCDG* si quis *E*   [26] de dissensionibus *ABC* de discensionibus *E* in dedissensionibus *DG* *in C is add. in mar.*: Cupido temporalium *C¹*   [27] *in C is add. in mar.*: Dotacio Petri per Cristum *C¹*   [28] propter *ABCDG* papa *E*   [29] adiecta *ABE* subiecta *CDG, cp. De Dissensione Paparum, above p.* 572: *ideo relinquitur etc., also above note e*   [30] cum *ABCDE* cum sit *G*   [31] causati *ABCDG* tanti *E* *in C is add. in mar.*: Causa sufficiens causati posita *C¹*   [32] sit *ABCDE* om. *G*   [33] condicionis *ABCDE* contencionis *G*   [34] illa posita *ABCDG, E³ in mar.* ista *(ud.)E*   [35] causatum *ABCDG, E³ in mar.* tantum *(ud.)E*   [36] hac *ABCDG* ac *E*   [37] conveccione *ACDEG* convexione *B, a corr. word*   [38] temporalis *BCDEG* talis *A*   [39] dissensio *ABCDG* discensio *E*   [40] sedaretur 2m *C* sedaretur *ABEG* sedaretur Et sequitur cam secundum huius tractatus *D*

CAP. II. [1] Secundo Cm 2 *A¹ in mar.* 2m *B* om. *CE* II *D¹* om. *G, where there is no division into chapters, a new line only begins*   [2] dotaverunt *AB CDG* dotaverunt *E in C is add. in mar.*: Dotantes ecclesiam sanctam *C*

et pacem in imperio et toto cristianismo, quantum sufficiunt sta bilire, videtur, quod eorum interest³ prudenter auferre hoc dissensionis⁴ seminarium,⁵ sicut canibus pro osse rixantibus medicina congrua est, os ipsum celeriter semovere.⁶ Nam propter hanc causam
5 gladium portant, ut patet Rom.⁷ 13,ᵇ et quia illorum⁸ interest, bona sua a deo eis data de manu inimici potestative⁹ defendere et sic ordinanciam legis Cristi; quis enim sibi¹⁰ resistit¹¹ et pacem habuit, dicitur¹² Iob¹³ 9.ᶜ

Tercio¹⁴ dictum est, quod quicunque papa vel prelatus ecclesie
10 a via illa dissenserit,¹⁵ est manifestus hereticus, legi Cristi et caritati ecclesie contrarius, et per consequens tanquam¹⁶ perturbator pacis ecclesie a fidelibus fugiendus.¹⁷ Cum enim excommunicacio Cristi forcior sit¹⁸ quam humana, communicacio¹⁹ cum talibus rixantibus propter periculum est neganda. Peccatum enim se ipsum
15 destruit sive punit. Quis, inquam, dubitat, quin ille foret²⁰ patulus anticristus,²¹ qui plus affectat temporalium dominia vel²² honores contra²³ legem Cristi quam dilatacionem caritatis²⁴ in ecclesia vel salutem²⁵ anime subditorum et²⁶ secundum fidem, quam docet apostolus II. Cor. 12:ᵈ omnia ad edificacionem, sicut Cristus non ha-

---

ᵇ v. 4   ᶜ v. 4: *sapiens corde est et forte robore, quis restitit ei et pacem habuit, the quotation not being accurate*   ᵈ v. 19

³ interest *ABCDG,E³ in mar.* in curere in terre *(ud.) E*   ⁴ dissensionis *ABCDG* discensionis *E*   ⁵ *in C is add. above the col.*: Dissensionis seminarium auferendum *C¹ close to this by the same hand*: Auferendum dissensionis seminarium   ⁶ cel. sem. *ABCDG* sceleriter removere *E*   ⁷ Rom. *ABCDG* Ioh. *E*   ⁸ illorum *BCDEG* eorum *A*   ⁹ potestative *ABEG* potestate *C* potestatem *D*   ¹⁰ sibi *E* sic *ABCDG*   ¹¹ resistit *ABCE* restitit *DG*   ¹² dicitur *CDG* ut dic. *ABE*   ¹³ Job *ACDEG* Psalm. *B*   ¹⁴ 3 *AB,C¹ in mar.* om. *D in G a new line begins as above*   ¹⁵ dissenserit *ACDEG* discesserit *B. corr. from* dissenserit *(?)*   ¹⁶ tanquam *ACDEG* om. *B*   ¹⁷ *in C is add. in mar.*: Dissenciens equitati vitandus *C¹*   ¹⁸ f. s. *CDG* s. f. *ABE*   ¹⁹ communicacio *ABDEG* ex *(ud.)* communicacio *C*   ²⁰ foret *ABCDG* foret foret *E*   ²¹ *in D is add. in mar.*: Anticristus manifestus *D¹*   ²² vel *ACDEG* aut *B*   ²³ contra *ABCDG,E³ in mar.* quam *(ud.) E*   ²⁴ carit. *ACDEG* in ecclesia Cristi *(cr. out & ud.)* carit. *B*   ²⁵ salutem *ABCDG,E³ in mar.* salveri *(ud.) E*   ²⁶ *in C is add. in mar.*: Edificandi potestas data *C¹*   ²⁶ et *ABCDEG in E sic is add. above* et *by E³, cp. cap. I note 14, 20*

buit aliam potestatem, manifestum est, potestas[27] hec[28] ficta foret a dyabolo, non[29] a Cristo.[30] —

Quarto[31] dictum est, quod quecunque communitas laborat alterutrum[32e] istorum paparum restituere ad priorem cesaream dignitatem, laborat in causa dyaboli contra Cristum.

Cristus enim dedit legem multiplicem suis sacerdotibus, quod non taliter dominentur, et[33] pro defensione huius legis et aliarum monuit suos fideles sub obtentu[34] beatitudinis laborare,[35] et[36] ab infidelibus suscepit[37] durissimam passionem. Quis ergo[38] presumeret talem radicem venenosam firmare[39] in ecclesia contra pacem eius titulo ministerii anticristi?

Quinto[40] dictum est, quod manifestum mendacium sit et abhominacio desolacionis, quod Cristus concedat indulgenciam[41] a pena et a[42] culpa, vel quodcunque[43] aliud[44] spirituale suffragium cuicunque in hac causa dyaboli contra se ipsum assidue laboranti.[f] Tunc

---

[e] *Urban VI. and Clement VII.* [f] *According to Walsingham, H. A. II, 77, one of the privileges accorded by the Pope to Bishop Spenser runs as follows: Conceditur omnibus transeuntibus suis propriis sumptibus et expensis vel etiam alicuius expensis plena remissio peccatorum, and the form of absolution is the following: Te A. B. ab omnibus peccatis tuis ore confessis et corde contritis et de quibus confiteri velles, si tuae occurrerent memoriae, absolvimus et plenariam tuorum peccatorum remissionem indulgemus et retribucionem iustorum ac salutis aeternae pollicemur augmentum, et tot privilegia, quae in Terrae Sanctae subsidium proficiscentibus conceduntur, tibi concedimus; cp. also Wilkins, Conc. M. Brit. III, 178*

---

[27] po. CG quod po. ABDE [28] hec BCDEG est A [29] non ABCEG vel D [30] Cristo BCDEG fute (cr. out & ud.), above it Cristo A [31] 4o ABC,E[1] in mar. om. D,G, where a new line begins [32] alterutrum CDG alterum ABE [33] et ABCDEG in E sic is add. above et by E[3], cp. above note 26 and cap. I, 14 and 20 [34] obtentu ABCDG optentu E [35] in C is add. in mar.: Laborandum non est in causa periculosa C[1] [36] et ABCDEG in E sic is add. above et by E[3], cp. above note 26, 33, cap. I, 14 and 20 [37] suscepit CDG sustinuit ABE [38] ergo G enim ABCDE [39] firmare ABCDG,E[3] in mar. sumere (ud.) E [40] 5o ABC om. DE,G where again a new line begins [41] in AE is add. in mar.: Indulgencie A[1]E[1] om. BCDG [42] a BCDG om. AE [43] quodcunque ABCDGE[3] quocunque E [44] aliud ACDEG om. B

enim Cristus foret sibi ipsi contrarius, peccator maximus et pacis ecclesie maxime turbativus.[45]

Que cum[46] sunt manifesta blasphemia nec sine concessione[47] et[48] auctoritate triumphantis ecclesie valent talia nominata suffragia, cum Ioh. 5[9] dicat Cristus de se ipso: quod non potest filius facere, nisi quod viderit[49] patrem facientem, patet, quam[50] vera est negativa,[51] quam sepe exposui, quod non est de substancia fidei credere, quod talis absolucio vel indulgencia a capite triumphantis ecclesie sit concessa.[52]

Sexto[53] dictum est, quod, cum[54] supponi potest, quod Urbanus noster non ad tantum desipit, quod auctorizat hoc facinus, licet suum collegium a pseudofratribus sit seductum, videtur probabile, quod fratres promoventes hanc causam[55] tantum heretice in suis predicacionibus et spoliantes ecclesiam suis falsis et fictis colleccionibus sunt precipui hostes ecclesie et debent sibi tam fraudulenter[56] ablata restituere, antequam deus dimittat crimen, et ecclesia non, antequam se et dicta sua fundaverit,[57] debet[58] ipsos recipere[59] ut fideles.

Et eadem videtur sentencia contra pseudocardinales et[60] nostrates stantes in curia, qui regnum nostrum sic spoliant tam opere, quam consensu.[61][h] Prima pars patet per hoc principium Augustini:

---

[9] v. 19   [h] *with ref. to the preceding passage, cp. De Dissensione Paparum p. 574:* Et cum supponi potest, quod Urbanus noster non auctorizat hoc facinus, licet a pseudofratribus sit seductus, videtur probabile, (q. f. p. h. c. in suis pred. et sp. e. s. fals. coll. s. p. h. e. et d. s. t. fr. a. r., a. d. d. cr. vel antequam ecclesia

---

[45] *in C is add. in mar.:* Indulgencie ficte prudenter impugnande C^1 [46] cum *ABCDE tamen* G   [47] concessione *ABDEG* confessione *D*   [48] et *ABCDEG in E is sic add. above* et, *see above note* 26, 33 *and cap. I v.* 14 *and* 20   [49] viderit *ABCDG,*E^3 *in mar.* videret *E*   [50] quam *ACDEG* quod *B*   [51] negativa *ACDEG,*B^1 *in mar.* necia *B*   [52] *in C is add. in mar. above the col.:* Concessio auctoritatis Cristi valida C^1 *in the text of E right across* S *(the initial of* Sexto) *is written:* non est capitulum aliquod   [53] 6o *ABCD in mar.* om. *E,G, but here a new line begins*   [54] cum *ABCDG,*E^3 *corr. above* quod om. *E*   [55] *in C is add. in mar.:* Bellum fratres palliant, sed dolose C^1 [56] *from this fol. on the marginal glosses of* C^1 *are discontinued*   [57] fundaverit *C* fundaverunt *ABDG* fundarent *E*   [58] debet *BCDEG* debent *A*   [59] recipere *ACDEG* rapere *B*   [60] et *ABCDE* om. *G*   [61] co. *ABCDE* sermone *(ud.)* co. *G*

non dimittitur peccatum nisi, restituatur ablatum; et secunda pars patet ex isto fidei articulo, quem apostolus sepe inserit: non debent admitti secte alique ad onus ecclesie,[62] et specialiter cum tam patenter fratres contra fidem spem et caritatem erraverint[63] et adhuc defendendo errorem, in quem inciderant, sunt iterum tantum vel amplius[64] erraturi. Que ergo contrata[65] defenderet et tam sumptuose nutriret tales et tantos periculosos hereticos, cum consensus talium preter[66] hoc, quod parat periculum, facit cum eis[67] manifestum participium in [68] peccato. Tales[69] autem heretici sunt proni ad lapsum similem in peccato et ad bellum interpretes regni[70] iterum suscitandum. Quis[71] ergo fructus regni[72] talis infideles illegios[73] taliter defendere et fovere?

Septimo[74] dictum est, quod sicut sathan per inieccionem[75] unius radicis peccati, scilicet superbiam[76] primorum parentum intoxicavit genus humanum et iterum per dotacionem contra Cristi regulam intoxicavit clerum et sic superbos et cupidos[77] ad bella et discordias excitavit, sic per apercionem unius mendacii de thesauro sue ficticie, quem habet de suis absolucionibus et indulgenciis, totam ecclesiam occiduam discrasiat.[k] Cum enim tota ecclesia nostra[78]

---

debent ipsos recipere u. f. F. e. v. s. c. p. et n. st. in c., q. r. n. incolorate spoliant multis viis [l] cp. August. Opp. Tom. II Ep. ad Macedon. CLIII p. 532, A: *si enim res aliena, propter quam peccatum est, cum reddi possit, non redditur, non agitur paenitentia, sed fingitur, si autem veraciter agitur, non remittetur peccatum, nisi restituatur ablatum, sed ut dixi, cum restitui potest* [k] with ref. to this passage, cp. De Diss. Paparum, above p. 574: Et ex istis potest octavo fidelis colli

---

[62] *in D is add. above the col.:* Non debent admitti alique secte ad onus ecclesie D[1] [63] erraverint CDG erraverant ABE [64] amplius BCDEG plus A [65] contrata ABCDG contrarianta E [66] preter ACDEG, B[1] in mar. post B [67] cum eis BCDEG cunctis eis (?) A [68] in ABCDEG esse E[3] in mar. [69] peccato Tales etc. BCDEG peccato et ad bellum etc. A, the scribe, led astray by peccato got into the wrong line [70] regni ACDEG regno B [71] quis ABCD,G,E[3] in mar. quos (ud.) E [72] regni CD regno ABEG in mar. [73] illegios ABE illegiones C illegitimos DG [74] 7o ABCE[1] in mar. VII° D in mar. om. G, but here a new line begins; I do not notice any more this marginal note [75] inieccionem ACDG,E (ud.) in vexionem B per vexionem E[3] in mar. [76] superbiam ABCDG superbia E [77] pudicos (ud.) cupidos in E [78] nostra ACDEG, B[1] in mar. om. B

occidua sit cum uno papa vel altero opere[79] vel consensu, et[80] uterque ipsorum[81] sit patule anticristus, patet conclusio.[82] Nam iuxta prius[l] dicta, uterque eorum[83] contendit et[84] se ipsum defendit pro dominio adiacente papatui, et hoc[85] est expresse contrarium[86] legi Cristi; ideo uterque eorum est patulus anticristus, et quicunque similaverit excusacionem alterius in hac parte, excusat indubie partem dyaboli contra Cristum. Debet enim uterque eorum se ipsum secundum legem dei regere, consiliarios sibi assistentes instruere et dissensionem[87] istam per humilitatem et renunciacionem omnium, que possidet, in Cristi[88] pauperie consedare.

Octavo[89] dictum est, quod bellum, ad quod papa excitat, directe[90] committitur contra Cristum. Cristus enim ordinavit cunctos suos apostolos et Petrum precipue in humilitate, in ministerio caritatis et in paupertate virtuosa perpetue[91] stabiliri[92]; anticristus autem laborat assidue, ut ista omnia in Petri vicario infringantur et ad statum directe contrarium[93] reducantur. Et ad[94] istud complendum fingit mendaciter, quod Cristus concessit[95] infinitas indulgencias cuicunque[96] opere,[97] labore[98] vel consilio adiuvanti,[m] ac si diceret[99] implicite, quod Cristus in sua ordinacione desipuit, sed non ex deliberaciori[100] concilio wlt contrarium evenire. Sed ubi plus horren ‖ da blasphemia?

,C fol. 135b

gere, quod sicut sath. p. i. m. ossis venenati intoxicavit clerum et populum, ac iracundos ad bella et discordias irritavit, sic per ap. u. m. de th. s. f., q. h. do s. a. e. i., t. e. discrasiat. Nam eius etc. [l] cp. abore p. 591 [m] cp. Walsingham, H. A. II, 76 ff.

[79] opere ABCDE ope G [80] et ABE om. CDG [81] ipsorum ACDEG eorum B [82] conclusio ABCDG,E³ in mar. ergo (ad.) E [83] eorum ACDEG ipsorum B [84] et ABCDG,E³ in mar. om. E [85] hoc ACDEG,B¹ corr. into the text om. B [86] contrarium ACDEG,B¹ in mar. om. B [87] diss. ABCDG discens. E [88] Crististi in D [89] 8 ABC in mar. VIIIº D in mar. om. E,G, but here a new line begins [90] directe ACDEG,B¹ in mar. ducem B [91] perpetue ACDG paupertate (cr. out) perpetuo B perpetuo E [92] stabiliri BCEG stabilire AD [93] dir. cont. ACDEG,B¹ in mar. om. B [94] ad ACDEG,B¹ corr. into the text om. B [95] concessit CDG concedit ABE [96] cuicunque ACDEG et ad istud complendum (cr. out) cuicunque B [97] opere ABCDE ope G [98] labore ABCDG laborare E, but ra ad. by E³ [99] diceret CDG diceretur ABE [100] sed non e. d. C sed modo e. d. ABDG sed m. n. ex deliberatori E

Dictum est nono, quod in isto catheclismo debet fidelis attendere verbis Cristi. Nam Matth. 24 precipit in casu consimili:[101]n nolite credere etc.[102]; nam dyabolus ex cautela[103] mendacii, que tercio temptavit Cristum Matth. quarto,° promittit suo vicario mendaciter per talem fictam absolucionem omnia regna mundi. Facile quidem 5 esset ad quecunque regna mittere mendacia tamquam fidem et succedente opportunitate movere suos filios ad mendacem perfidiam prosequendum,[104] ut si excommunicat[105] quemcunque[106] impedientem suum propositum in ista crucis ereccione et magnus[107] populus ex defectu fidei sibi credit, posset faciliter multiplicatis suis filiis po- 10 pulum et thesaurum de regno Anglie et quocunque alio exhaurire, et sic quecunque regna de manu mundi principum sibi adquirere per simulata mendacia tamquam fidem.p

Ideo[108] dictum est,[109] cum talis summus ypocrita tantum perturbat ecclesiam[110] totus cristianimus daret operam ad maliciam 15 suam prudencius deprimendum et vel[111] ad pauperem statum apostolicum reducendum, vel ad media, per que seducit ecclesiam, destruendum. Unde dicunt aliqui, quod laborantes in ista crucis ereccione contra ambos istos papas suas vias dirigerent et pro isto fine ex amore Cristi prudencius laborarent. Unde ipsis exhorbitan- 20 tibus in[112] vias alias potest dirigi verbum Elizei IV Reg. 6 [113]q: non

---

n *v. 23*   ° *v. 1 ff.; v. 9*   p *with ref. to this passage, cp. De Diss. Paparum above p. 575:* Et more suo, quo temptavit Cr. Matth. 4, pr. s. v. m. p. t. f. a. o. r. m. F. q. c. ad q. r. m. m. t. f. et s. o. m. s. f. a. m. p. p., ut si c. q. i. s. p. in i. c. cr., faciliter posset m. s. f. p. et th. de r. A. exhaurire, et sic quec. r. de m. m. p. s. a. p. s. m. t. f.   q *v. 19*

---

[101] cons. *has undergone a corr. in B*   [102] credere etc. C credere ABDEG   [103] nam d. ex c. ACDEG,B¹ *corr. om.* B   [104] prosequendum ACDEG prosequendam B   [105] *in A is add. in mar.:* Excommunicacio A¹   [106] quemcunque AB CDG quecunque E   [107] magnus et *(cr. out)* magnus *in* B   [108] ideo CDG decimo ABE   [109] est ACDEG,B¹ *corr. into the text om. B; from here on I do not notice any more the numerous corrections of B¹, as far as they agree with the readings of C*   [110] *in D is add. in mar.:* Ypocrita summus perturbat tantum ecclesiam D¹   [111] vel ABCDG talis E   [112] in ACDG,E *(ud.)* per B,E³ *in mar.*   [113] 6° ABDE 8° C 13 G

est hec[114] via, nec ista est[115] civitas, sequimini me et ostendam vobis virum, quem queritis. Iste autem infamis binarius[116 r] est vir, quem debent[117] querere, qui propter lucrum temporalium sic perturbat ecclesiam nostram occiduam, et illum debent ad statum, quem Cristus instituit, prudenter reducere et redditus, quos anticristus iste dolose occupat,[118] ad veros dominos restaurare, faciendo modestius, quo sciverint[119] iusticie complementum.[120]

CAP. III.[1]

Cum dyabolus laborat assidue ad divisionem[2] ecclesie et specialiter in fide catholica, cum per hoc fundamentum firmiter stabilitum stat corpus ecclesie contra dyabolum, ideo omittendo articulos fidei patris potencie pertinentes rebellat multipliciter contra Cristum et specialiter, quod statuta et scripta papalia admittantur et credantur a tota ecclesia tamquam fides. Sic enim Sergius monachus[3] totam sectam Saracenorum a fide Cristi callide separavit,[a]

---

[r] *the two popes are meant by this term.*
CAP. III. [a] *Cp. De Pontific. Rom. Schismate ed. Arnold, S. E. W. III, 245: and þis mevede þe feende, aftir þe dowynge of þe Chirche, to use þe monk Sergyus, and turne men of þe Chirche to all þecte of Saresenes, þat is now ful large; cp. ibid. 99: And þus dude þe Machamete and Surgeus þe monk, whanne þey made a lawe after her owene malys etc. Sergius (as the western writers call him) or Bahira (according to oriental sources), a Nestorian monk of Bassorah, is said to have predicted the great career of Mahomet to his guardian Abu Taleb, and to have given him instruction in the tenets of Christianity. W. mentions him frequently, cp. above p. 91*

---

[114] hec ABCEG ista D [115] ista est ACDG est ista B ista E, but est is add. by E[3] in mar. before ista [116] binarius ABCE viarum contrarius D viarum G [117] debent ABCEG debet D [118] occupat ABCDG occupavit E [119] quo sciverint ACDG quo sciverunt B constituerunt E [120] complementum 3m C complemendum AG complementum Cap. secundum B complementum Et sequitur aliud capitulum etc. D complemendum Cap. 3m E
CAP. III. [1] Sequitur cap. 3m A[1] in mar. III D *the other codd. are without this gloss, in G a new line begins* [2] divisionem ABDE decisionem CG [3] *in AE is add. in mar.:* Sergius A[1] E[2] *in D in mar.:* Sergius monachus totam sectam Saracenorum a fide Cristi separavit callide D[1] in mar.

sic Greci videntes nostri pape versucias stant secure[4] et clare in solida fide Cristi, sic eciam[5] tota India stat in fide Cristi primeva relinquendo tradiciones pape nostri occidui et cuiuscunque alterius a Cristo[6] divisi, nisi de quanto concordaverint[7] legi Cristi, cum diviso sathana, quomodo stabit eius[8] regnum? Et ista[9] videntur multis esse tempora periculosa, que apostolus futura pro diebus novissimis prophetavit II Tim. 3.[10 b] Creditur enim probabiliter, quod dyabolus circueundo terram et temptando homines habet quoddam solacium vel minus de pena, quam[11] habebit post diem iudicii perpetuo[12] condempnatus.[13] Et cum sit certus ex fide sua informi, quod non erit dies iudicii, antequam predestinatorum numerus sit completus, cum suspicatur hodie ex dictis propheticis et scriptura, quod prope sit[14] illum diem, pro causa predicta temptat acucius, quam solebat, et propter causam consimilem temptat hominem gravius in mortis articulo quam perante.[15] Tunc enim scit, quod suus superatus, usque ad mortem per eum depressus,[16] est in finali iudicio condempnandus, et sic oportet de tanto, quod tempus precedens diem iudicii elongetur, quia per hoc accrescit sibi alleviamen, victoria de suis hostibus et mali multiplicacio, ut estimat, contra Cristum. Sic enim divisit hos papas, ut per divisionem illam acuatur bellum sive dissensio[17] inter regna, et quod ille grex pusillus in fide Cristi residuus habeat multa capita, per quorum perfidiam et vite nequiciam fideles domini amplius sint divisi. — Et per eandem cautelam introducte sunt secte, ut monachi, canonici, atque fra-

---

[b] v. 1—2: *hoc autem scito, quod in novissimis diebus instabunt tempora periculosa; erunt homines se ipsos amantes, cupidi, elati superbi, blasphemi, parentibus non obedientes, ingrati, scelesti etc.* cp. I Tim. 4, 1; II Pet. 3, 3

---

[4] secure *BCDEG* solide *A* [5] eciam *ABCDG* et *E* [6] a Cristo *ABC DE* exemplo *G* [7] concordaverint *BCDEG* concordaverit *A* [8] eius *B,E*³ in mar. om. *ACDEG* [9] ista *ABCDE* ita *G* [10] II Thi. 3º *ABCD* 11 ad Thy. 3º *G* II Thi. *E* [11] *from here on in the text of C the following six lines are in very pale ink, but by the same hand as the preceding (down to* superatus usque ad) [12] perpetuo *ACDEG* perpetue *B* [13] condempnatus *ABCD* dampnatus *EG* [14] sit *ABCDG* scit *E* [15] per ante *ABCE* pro ante *D* ante *G* [16] depressus *ABCEG* depressius *D* [17] dissensio *ABCDG* discensio *E*

tres,[c] et ista divisio sectarum prenosticat divisionem infidelium amplius adventuram,[18] et remedium fidelium in fide superstitum[19] foret, quod servent fidem, spem et caritatem, que sunt theologice[20] armature.[21] In fide[22] autem non dubitent[23] nec acceptent tradiciones apo-
5 crifas,[24] tamquam fidem.

Quidquid ergo ut fides proponitur, videndum est primo[25] subtiliter,[26] quod[27] sit pars vel[28] consequens ad fidem domini Iesu Cristi,[29] quod si non, fidelis secure[30] ipsum renuat et ut partem cristiane[31] fidei non admittat. Ideo est magna prudencia adhibenda ad ma-
10 teriam fidei a materia spei atque[32] apocrifi distingwendum,[33] et sic bulle et leges papales, scripta sanctorum et dicta ex suis vitis a quocunque homine reportata sunt a materia fidei renuenda, quia inter omnes subtilitates dyaboli hec est una, quod paulative talia apocrifa[34] introducat et per ipsa falsa et fidei contraria ut cre-
15 denda.[35] Et sic necesse est obstare principiis inimici. Et oportet fideles armari precipue contra quatuor sectas et complices earundem, scilicet contra pseudopapas cum suis filiis[36][d] et contra tres sectas ypocritarum, scilicet monachos, canonicos[37] et fratres, ex cautela dyaboli ad onus ecclesie introductas. Per has[38] enim quatuor ni-
20 titur dyabolus fidem catholicam enervare, et ex cautela ypocrisis reges et seculares[39] dominos trahit sibi.

[c] *further on l. 18—19 these three are called the* secte ypocritarum; *the* prima secta *is omitted here*   [d] *generally called the* clerus cesareus

[18] *in AC is add. in mar.:* Nota $A^1 C^1$ [19] superstitum *ABCDE* substitutum foret *(underlined)* superstitum *G*   [20] theologice *ABCDE* catholice *G*   [21] *in D is add. in mar.:* Armature D^1 [22] fide *ABCEG* die *D*   [23] dubitent G,C^3 *in mar.* titubent *ABCE* dubitent vel non titubent *D*   [24] apocrifas *ABCDG* ypocrifas *E*   [25] primo *BCDEG om. A*   [26] subtiliter *ACDEG om. B*   [27] quod *CDG* si AE,B^1 *in mar. om. B*   [28] sit *(cr. out in the text of) B, but* si sit pars vel *is add. in mar. by* B^1 [29] dom. Ic. Cri. *ABCD* dom. nostri Ie. Cri. *E* dominum Iesum Cristum *G*   [30] secure *ACDEG* enim sec. *B*   [31] cristiane *ABE* cristianam *CDG*   [32] atque *CDGE* et *AB*   [33] *in D is add. below the col.:* Prudencia magna adhibenda est ad materiam fidei atque apocriti distingwendum D^1 [34] apocrypha *ABCDG* ypocrypha *E*   [35] credenda *ABDEG, in C first cr. out, but afterwards the stroke was half erased*   [36] filiis *ABCEG* fideliis *D*   [37] can. *ABCDE* et can. *G*   [38] has *ACEG* hos *BD*   [39] seculares *ABCE om. DG*

Sic enim in nostris diebus prevalet pars ista dyaboli, quod a regibus et mundi potentibus[40] exit[41] mandatum,[c] quod, quicunque contradixerit huic parti vel non efficaciter promoverit, excommunicetur, carceri[42] mancipetur vel ut contemptibilis[43] et suspectus[44] de heresi ab aliqua istarum quatuor sectarum persecucionem pa- 5
|| C fol. 136b tentem[45] vel subdolam paciatur || sic, quod 'nisi abbreviati fuerint dies illi, non fieret salva omnis caro'.[f] Ista autem persecucio in elevacione crucis in causa Urbani sexti est hodie recensius renovata[46] et hoc per censuras ecclesiasticas et persecuciones mundanas multiplices.[47] Et omnia ista in facto innuunt, quod pars dyaboli 10 exaltetur et pars Cristi per istum populum substernatur, ut a nido[48] heresis dicitur exire dirum mandatum, quod quicunque[49] contradixerit precepto Urbani sexti[50] debellando[51] suum adversarium et statum suum cesareum exaltando[52] sit[53] excommunicatissimus et ut infidelissimus a cristianis[54] singulis pertractatus; et quicunque iuverit[55] 15 in causa ista ope,[56] consilio vel labore, sit a Cristo a pena et a[57] culpa plenarie absolutus. Et a mundi exordio usque hodie non fuit talis blasphemia publicata, sic, quod nisi solacium fidei de brevitate illorum dierum[58] fideles adiuverit,[59] non auderent[60] parti domini consentire. Nam pauci vel nulli sunt, qui audent[61] se exponere 20 martirio in hac causa, et tamen scimus, quod a tempore Cristi non

---

[c] cp. the *Royal Mandate in Knighton*, X Scipt. Angl. col. 2673
[f] cp. *Matth*. 24, 22

[40] in A is add. in mar.: Nota A[1]   [41] exit ABCDG exiit E   [42] carceri ACDEG tortori B   [43] contemptibilis ABCEG contemptus D   [44] suspectus ABCEG suspectibilis D   [45] patentem CDG pacientem ABE   [46] renovata ABCEG innovata D   [47] mult. ABCEG et mult. D   [48] a nido ABCDG avide E   [49] in E is add. in mar.: Nota E[2]   [50] sexti ABCDG,E[3] in mar. om. E   [51] in A is add. in mar.: Nota timide A[1] in E is add. in mar.: timide F[2]   [52] advers. e. st. s. c. exalt. ACDEG adversarium at (at cr. out & ud.) exalt. B, but above the col. is add.: Et st. s. ces. B[1]   [53] sit BCDEG sic A   [54] a crist. BC DEG cristianus A   [55] iuverit ABCEG innuerit D   [56] ope A(?)DG,C the stroke through the p is erased opere BE   [57] a CDG om. ABE   [58] de brev. ill. di. ABCDG debreviate dierum istorum E   [59] adiuverit BCDEG adiuverunt A   [60] auderent ABCDEG auderent is add. in mar. by E[3]; it strikes me, that E[3], who is not a bad corrector, has in this present chapter done his work carelessly, cp. note 61   [61] audent ACDEG auderent B,E[3] in mar.

fuit melior causa martirii nec gloriosior triumphus illi,[62] qui[63] in causa domini audet[64] stare. Non enim quietatur ista persecucio in multis milibus corporum occisorum, nec solum in fraudulentis spoliacionibus[65] ypocritarum ut specialiter patet in Anglia, sed, quod[66] est gravius, in subversione fidei et perfida exaltacione partis dyaboli, sic, quod multi occisorum, quos[67] anticristus dicit sine pena ad celum ascendere, moriuntur infideliter in hac persecucione perfida[68] iam regnante.[69]

CAP. IV.

Potest autem palpari in ista materia sentencia fidei cristiane: nonne foret ille manifestus proditor, qui in absencia domini teneret vicarie regnum suum et sponsam suam contra inimicos secundum legem dei[1] gubernandam et in absencia sponsi contra legem suam introduceret hostes suspectos et vivendo tyrannice illis hostibus consentiret[2] et omnino[3] tanquam legem defenderet, quod sic de voluntate summi domini eveniret. Proporcionalia quidem sunt in papa et militante ecclesia, intelligendo[4] ipsam ut regnum Cristi et eius sponsam et intelligendo professionem pape vicariam et reliqua eius opera iuxtaposita legi ewangelice, quam dederat ad regnum suum, hoc est, militantem ecclesiam vel sponsam Cristi celitus gubernandam.

Numquid credimus, quod papa in propria persona servat mandata, que Cristus dedit apostolis? Numquid secundum legem ewangelicam instruit regnum Cristi, sicut Cristus fecerat tam opere quam sermone? Certum quidem est, quod introducendo hostes contra

---

[62] *in AC is add. in mar.:* Nota A^1C^1 [63] illi qui *ABCEG* aliqui *D* [64] audet *ABCG* audent *DE* [65] spoliacionibus *ABCEG* spolia ovibus *D* [66] quod *ABCDG,E*[3] *in mar.* quomodo *E* [67] quos *ABE* quod *CDG* [68] persecucione perfida *ABCDE* prosecucione perfidie *G* [69] regnante C^m 4^m *AC* regn. c^m 3^m *B* regnata c^m 4^m *E*, *but in mar.* regnante E^3 regnante *G,D, here in mar.:* IIII.

CAP. IV. [1] dei *ABCE* domini *DG* [2] consentiret *ABCG,E here the concluding-t is add. by* E^3 contentum *D* [3] omnino *ABCD,E (ud.)* omnia *B,E*[3] *in mar.* [4] intelligendo *ABCE* intelligenda *DE*

doctrinam domini consentit hostibus[5] proditorie contra Cristum. Cristus enim dixit Luc. 14[a]: qui non renunciaverit omnibus, que possidet, non potest meus esse discipulus. Sed iste vicarius dicit cum dyabolo, quod sua debent esse omnia regna mundi. Cristus docet implicite, quod non debent in suam ecclesiam secte alique nisi secte cristianorum secundum formam, quam ipse dederat, introduci. Dictus autem vicarius introducit || multas sectas extraneas et confirmat suos ordines contra regulas, quas ad gubernacionem sue ecclesie Cristus dedit. Numquid credimus, quod vicarius talis perfidus sit manifestus dei proditor et patulus anticristus? Per ipsum enim humilitas et[6] paciencia cum aliis virtutibus expirarunt, et per consequens[7] consentit proditorie dyabolo, hosti Cristi. Cum enim Cristus docet in suo apostolo,[b] quod sint non se[8] ipsos[9] seculariter defendentes, iste vicarius docet, quod homines se ipsos defendant tam vita quam verbis in causa ficta per dyabolum contra Cristum, et ad hoc fingant[10] mendacia contra deum.

Quis,[11] rogo, pertinacius aut studiosius in causa mere[12] seculari umquam[13] defendat[14] partem suam, aut[15] quis umquam posset fingere pro hoc fine mendacia maiora contra deum? Et sic vel[16] oportet legem et vitam Cristi deserere vel istud factum contra vitam[17] Cristi et eius doctrinam patenter ascribere anticristo. Et cum ovile Cristi secundum doctrinam suam in fide catholica debet dici, patet, quod talis vicarius nedum est proditor Cristi et sue ecclesie, sed singularum ovium, quas Cristus ad beatitudinem destinavit. Et si homo studeat[18] chronicas a mundi exordio, non videbit, quod dyabolus patencius fuit contrarius Iesu Cristo, quam

---

CAP. IV. [a] v. 33   [b] cp. Rom. 12, 19

---

[5] hostibus *ABCDG,E³ in mar.* om. *E*   [6] et *ABCEG* om. *D*   [7] *in AE is add. in mar.*: Nota *A¹E²*   [8] non se *CD,B¹ in mar.* enim *(cr. out)* se *B*   se *AG, E, but in mar. is add. by E³ (from B)* enim   [9] ipsos *ABCDG* ipsios *E*   [10] fingant *ABDE³G* fingunt *C* om. *E*   [11] f. m. c. d. quis *ABCDG,E³ with mark of ref. below the col.* quis *E*   [12] mere *ABCEG* iure *D*   [13] umquam *AB* numquam *E* studiosius *CDG*   [14] defendat *C* defenderat *ABDEG*   [15] aut *ABE* umquam aut *CDG*   [16] vel *ABCDG* talis *E*   [17] vitam *CDEG* legem *AB*   [18] studeat *ABCDG* studiat *E in mar.* *in B* Et si homo studet *is repeated*

innuendo pro despoliacione[19] regnorum de populo et thesauro, quod dedit[20] sibi specialiter illam licenciam, quod daret indulgencias,[21] quantascunque[22] libuerit, cuicunque, qui voluerit partem suam defendere contra Cristum et cuicunque, qui vellet[23] occidere quem-
5 cunque, qui ordinacionem Cristi defenderit in hac parte. Sic enim implicite dicit papa, cum notum sit ex fide, quod Cristus vixit vitam summe,[24] pauperem, et sic ordinavit eius apostolos et cunctos eius vicarios vivere, quantum bene poterant ipsum sequi. Sed[25] rogo: quis vivit Cristo difformius quam papa?[c]
10 Et pro ista difformitate defendenda conturbat sic populum et excitat sic homines ad pugnandum. Et cum ex fide II Cor. ultimo[d] non data fuit apostolo potencia,[26] nisi ad edificacionem ecclesie in amore,[27] patens est, quod hec potencia false fingitur supra Cristum. Sed ubi excogitare posset fidelis in domino magis blasphemum
15 mendacium?

Et cum fratres et filii paparum sunt in hoc consentanei et in isto opere proditorio collaborant,[28][e] manifestum est, quod ipsi sunt in eadem dampnacione contra domini Iesum Cristum.

O, si anticristus 'sic in[29] viridi ligno faciat',[30][f] quantum vellet
20 cum membris suis facere potestate sua[31] ad plenitudinem potestatis dyaboli indurata?[32] Et iste conquestus est magis dyabolicus quam

[c] cp. the same idea De Christo et s. Adv. cap. XI and cap. XII
[d] v. 10: ideo haec absens scribo, ut non praesens durius agam secundum potestatem, quam dominus dedit mihi in aedificationem et non in destructionem   [e] the Mendicant Friars in particular had made the crusade the principal subject of their sermons in order to enroll soldiers for it, cp. Matthew 491; Walsingh. II, 95; Lechler I, 706   [f] cp. Luke 23, 31

[19] despoliacione C   depopulacione ABDEG   [20] dedit CDG   deus dedit ABE   [21] in AE is add. in mar.: Indulgencia A²E²   [22] quantasennque ACDEG quascunque A   [23] vellet CEG   volet ABD   [24] summe BCDEG,A³ corr. into the text om. A   [25] Sed ACDEG om. B   [26] fide II C. n. n. d. f. a. p. ABCDG fide n. d. f. a. p. II C. n. E   [27] in D is add. above the col.: Apostolo non data f. p. n. ad ed. e. in a. D¹   [28] et in i. o. p. collaborant C ac i. i. o. p. coll. A,E, but here in mar. corroborant   et in i. o. p. corroborant B   et in i. tempore p. colluborant D   et ista tempore p. tollerant G   [29] sic in ABCDG   in (ud.) E, but sic by E³ in mar.   [30] faciat ABCDG   sic faciat E   [³] potestate sua ABE potestatem suam CDG   [³²] indurata BCDEG   indurato B, the o corr. (by B¹?) into a

aliquis alius, qui fuit a mundi exordio cogitatus, et sic dyabolus innuit suam excellenciam³³ supra³⁴ Cristum, cum Cristus non potuit sic³⁵ facere, et ipse tamquam mendacissimus potenter in suo vicario ita³⁶ facit. Sic enim silogisant³⁷ sophiste, quod peccator potest multa facere supra deum.³⁸

Stemus ergo³⁹ in fide viriliter et confortemur in domino, qui caput anticristi diviserat et excitat unam partem aliam debellare.⁴⁰ Nec dubium, quin totum istud fidelibus cooperetur in bonum et in unitatem⁴¹ sancte matris ecclesie, nec dubium, quin crimen hoc capitale fuit pro tempore notabili⁴² in crescendo. Et si caput renuitum fuerit vel⁴³ parte una suppressa, reliqua creverit secundum formam antiquam, erit⁴⁴ novissimus error peior priore, et fideles domini crudeliter cruciati. —

Eya, milites Cristi,⁴⁵ iuvate fideliter⁴⁶ suos pauperes in hac causa, quia magis gloriosus conquestus numquam fuit vobis appositus ad vestrum dominium secundum concessionem Cristi de manu dyaboli conquirendum. Ideo debetis generaliter simul stare in isto puncto et concorditer,⁴⁷ cum in isto certamine, quod non est nimis difficile, non est carencia lucri temporalium, sed acquisicio beatitudinis⁴⁸ militi, qui fideliter perseverat. Habeat ergo fidelis laborans in isto certamine intencionem mundam, quod faciat⁴⁹ pure pro defensione⁵⁰ legis domini Iesu Cristi.⁵¹

---

³³ excellenciam *ABCDG* extollenciam *E*   ³⁴ supra *ABCDG,E (ud.)* contra *E³ in mar.*   ³⁵ sic *ABCDG* om. *E*   ³⁶ ita *ABCDG,E³ in mar.* illa *(ud.) E*   ³⁷ silogisant *C, add. below si by C²* phi silogisant *G* perlogizant *ABE* prehilogizant *D* (philogizãt)   ³⁸ deum *ABCEG* Cristum *D*   ³⁹ ergo *ABCDG* igitur *E*   ⁴⁰ debellare *ABCDG* bellare *E, but de is add. in mar. by E³*   ⁴¹ unitatem *D* utilitatem *ABCEG*   ⁴² pro t. n. *CG* per tempus notabile *ABE* pro t. notabile *D*   ⁴³ vel *ABCDG* quod absit vel *E*   ⁴⁴ erit *ACDEG* et *B*   ⁴⁵ *in AE is. add. in mar.*: Milites Cristi *A¹E² in C in mar.*: Nota   ⁴⁶ fideliter *ABCDG,E³ in mar.*: viriliter *E*   ⁴⁷ concorditer *BCDG* corditer *A,E, but con is add. above cor by E³*   ⁴⁸ beatitudinis *ABDEG* om. *C*   ⁴⁹ faciant *ACDEG* facit *B*   ⁵⁰ pure pro defensione *ABCDG,E³ in. mar.* .. pro edificacione *E*   ⁵¹ Cristi 5ᵐ *C* Cristi Capᵐ 5 *A* Cristi Caᵐ quartum *B* Cristi etc. *D* Cristi Capᵐ 5ᵘᵐ *E* Cristi *G, no new chap. in G, but a new line begins* ..

CAP. V.[1]

Sed contra istam sentenciam primo wlgariter replicatur, quod contradicentes huic graciose[2] absolucioni sunt manifesti heretici et pauci contra cleri multitudinem,[3] que constancius stat cum papa. Cum ergo vox[4] populi sit vox[4] dei, videtur, quod illi singulares 5 adversarii sint tamquam heretici lapidandi.

Hic dicitur, quod argucia illa[5] informis pharisaica[6] dependet super stulticia populari. Cum enim stultorum sit infinitus numerus, ut dicitur Eccles. primo,[a] et multi sunt vocati, pauci electi, ut dicitur Matth. 22,[7b] idem est, ac si anticristus sic argueret[8]: pars 10 dyaboli habet multiplicius falsum[9] testimonium contra Cristum, ergo parti illi populus debet credere contra deum.[10] Pharisei enim miserant[11] ad temptandum Cristum ministrorum multitudiuem cum Herodianis, false sibi primitus[12] adulantes, ut dicitur 22,[c] ut,[13] quem vincere racione non poterant, superent[14] calliditate et multi-15 tudine testium falsorum, quod contigit[15] posterius, quando Cristus ex falsorum testimonio dampnabatur. Et[16] istud figuratum est III Reg. 18,[d] ubi quadringenti sacerdotes Baal fuerant contra prophetam domini Eliam, qui ex parte domini remanens fuit solus.

Est ergo argumentum topicum, cum tanta multitudo et tales 20 tenuerint[17] partem unam, non fundatam ex testimonio[18] legis dei,[19] tunc probabiliter est suspecta.

CAP. V. [a] Eccles. 1, 15 (cp. Vulgata) [b] v. 14 [c] v. 15—16
[d] v. 22: et ait rursus Elias ad populum: ego remansi propheta Domini solus, prophetae autem Baal quadringenti et quinquaginta viri sunt

---

CAP. V. [1] 5m C 4 B V D Nota multitudinem A^1E^2 in mar. [2] graciose ABCDE gloriose G [3] in D is add. in mar.: Contra cleri multitudinem D^1 [4] vox CDGE lex AB,E^3 in mar. [5] illa ABCDG ista E [6] pharisaica ABCE phariseica DG [7] 220 BCDG 20º AE [8] in D is add. in mar.: Argucia anticristi de parte maiori contra Cristum D [9] falsum $ABCDG,E^3$ in mar. secundum (ud.) E [10] deum ABCDE dominum G [11] miserant CG,D (texthand) in mar. miserunt ABE ministrant (ud. & cr. out) D [12] primitus ABCEG prius D [13] ut AEG,C (corr. by the texthand) et B,C (cr. out) [14] superent BCDEG surriperent A [15] contigit ABCE contingit DG [16] Et ABCEG Est autem D [17] tales tenuerint C tales tenuerunt DG talis tenuerunt AB talis tenuerit E [18] testimonio ACDEG testimoniis B [19] dei ACDEG domini B

Videnda ergo est conversacio multitudinis et eius fundacio, quomodo[20] consonat cum scriptura, et indiffinite vere dicitur,[21] quod vox[22] populi est vox[22] dei, populi videlicet simplicis, spiritu dei ducti. Sic enim dixerunt Iudei, quod nullus ex principibus Cristo credit,[23] sed populus hic maledictus, qui legem adinventam 5 ignorat.

Talis ergo wlgaris argucia militat contra falsarium argumentatorem,[24] specialiter cum lex Cristi sit per se sufficiens et veritatis, quam est necessarium[25] cristianum credere, decisiva, et eo[26] evidencius, quo dictum vel[27] factum adversancium non sonat in pa- 10 cienciam vel regulam[28] caritatis, sed pocius || in luciferinam superbiam[29] se ipsum dyabolice vindicandi. — Sed que condicio est Cristo magis contraria vel invidie dyabolice[30] magis similis? Scarioth enim propter minus patentem avariciam fuit vocatus a Cristo dyabolus, et sic[31] Cristus non potest in verbis a veritate deficere; et 15 revera non videtur securum in fide et vita duci per multos huiusmodi scariothas.[32] Similiter[33] cum in lege veteri, quando licitum fuit ex mandato domini adversarios debellare,[34] legitur de Achan[35] lapidato Ios. 7ᵉ, quod populus domini fuerat superatus, et levis culpa unius persone fuit usque ad mortem crudeliter[36] condempnata. 20

Cum ergo ex[37] licencia pape multi pseudofratres, presbiteri et secte alie regulares delinquunt gravius in hac pugna, verisimile est, quod totus exercitus sit saltem[38] spiritualiter[39] superatus. Nam

---

ᵉ vv. 1 and 5

[20] quomodo *ABCDE* quoniam *G* [21] vere dicitur *ABCEG* venditur *D* [22] vox *ABCDEG*, *but see above note 4* [23] credit *CDG* credidit *ABE* [24] argumentatorem *C* arguentem *BDEG* argumen *the last syllable illegible, but in mar. is add.* tatorem *A³* [25] necessarium *BD* necessariam *ACEG* [26] decisiva et eo *ABDEG* de et eo *(sic) C* [27] vel *CD* et *ABEG* [28] regulam *BC* in reg. *ADEG* [29] luciferinam superbiam *ABCEG* luciferina superbia *D* [30] dyabolice *ABCDE* dyaboli *G* [31] sic *CDG* om. *ABE* [32] scariathas *B* scariothos *CED, A(?)* scariothes *G* [33] *in A is add. in mar.:* Primo *A¹* [34] *in AE is add. in mar.:* Nota bellum *A²E²* [35] Achan *B (here a correction)* Achor *ACDG* achar *E* [36] crudeliter *ABCDG, E³ in mar.* crucialiter *E* [37] ex *ABCE* talis *DG* [38] saltem *ABCDG* salanie *(? salamie) E* [39] spiritualiter *ABCDG* specialiter *E*

habendo corporalem victoriam videtur divinum iudicium permittere, quod sordescat, ut post profundius condempnetur. Sic[40] enim persona ex dei presciencia[41] desperata in sua culpa propter causam huiusmodi invalescit. Similiter[42] si irregularitas contrahitur in 5 sacerdotibus[43] ex peccato, ut sanctus rex[44] David, quia[45] fuit vir sangwinum, non edificavit templum materiale domino, sed eius edificacio fuit filio eius Salomoni, regi pacifico, reservata,[f] videtur, quod isti irregularius[46] homicide in effundendo cristianum sangwinem sunt pocius irregulares et dampnabiles quoad deum. Privilegium 10 enim vel anticristi licencia non potest superare vel extingwere racionem, et sic est verisimile bellum[47] huiusmodi ad gravius[48] sequens facinus preparare, cum sacramentalis ministracio talium sacerdotum[49] sangwinum,[50] eciam[51] consenciencium, deum provocat ad vindictam.[52] Cum enim papa, cardinales et alii sacerdotes eis 15 subditi renuunt[53] pacienciam et caritatem et zelant[54] sic in causa propria pro vindicta, videtur, quod deus, caritas, ipsos renuit et execrat opera sua cuncta. Nec est gravitas vel qualitas personarum[55] loquencium in ista materia precipue attendenda, sed sentencia locuta et eius fundacio in scriptura.

20 Nunquid, rogo, credimus,[56] quod sit voluntatis[57] divine impedire[58] sacerdotes inconsentaneos huic cause ewangelium[59] predicare et

---

[f] *cp. [I Chron. 23, 8] I Paralip. 22, 8, 10: sed factus est sermo Dei ad me, dicens: multum sanguinem effudisti et plurima bella bellasti; non poteris aedificare domum nomini meo, tanto effuso sanguine coram me. Filius, qui nascetur tibi, erit vir quietissimus .... ipse aedificabit domum nomini meo*

---

[40] sic *ABCDG* sit *E* [41] presciencia *ABCDG* psciencia *(compend. above* p *om.)* *E* [42] *in A is add. in mar.*: Secundo *A*[1] [43] in sac. *ABCDE* om. *G* [44] rex *ABCDE* vir *G* [45] quia *ABC,E*[3] *in mar.* qui *DEG* [46] irregularius *ABCDG* irregularissimi *E* [47] bellum *ACDEG,B*[1] *in mar.* om. *B* [48] gravius *ABCDE* gravia *G* [49] sacerdotum *ABDEG* om. *C* [50] sangwinum *CDG* sangwinem *ABE* [51] eciam *ABCDG,E*[3] *in mar.* et *E* [52] vindictam *BCDEG* iracundiam *(ud. & cr. out)* vindictam *A* [53] renuunt *ACDEG* renuint *(!)* *B* [54] zelant *ACDEG* zelare *B* [55] grav. v. qual. per. *ACDG* qual. v. grav. per. *E* grav. v. per. qual. *B* [56] *here in D fol.* 245[a] *begins; the number is wrong; it ought to be* 244[a]; *then follow* 246, 247 *etc.; below fol.* 243[c] *and* [d] *is add.*: XX[us] [57] voluntatis *ABCEG* volumptatis *D* [58] impedire *ABCDG,E*[3] *in mar.* credere *(ud.)* *E* [59] ewangelium *ACDEG* obedienciam *B*

permittere sacerdotes consentaneos huic facinori populo in spirituali officio ministrare. Revera secularis dominus, compos mentis et racionis particeps, tam opus quam consensum ad ipsum ex parte domini abhorreret, cum clarum sit ex isto opere et vita sequente, cuiusmodi[60] sacerdotes tales fuerunt[61] vel prelati. Contaminacionem[62] ergo expectare possunt tam wlgares quam domini ab eisdem, sed spirituale suffragium vel purgacionem aliquam,[63] antequam fiat satisfaccio, non expectent. Sicut enim pacifici[64] sunt filii dei ex ewangelio Matth. 5,[65 g] sic bellantes huiusmodi sunt filii Belial vel regis superbie, et sic pauci vel nulli sacerdotes sunt in Anglia, quin in isto labore sunt[66] irregulares et execrabiles ex consensu et per consequens privandi per superiores dominos a[67] quocunque lucro, quod attinet officio sacerdotis.

Et multo evidencius romana curia[68] est racione istius auctorizacionis tamquam refuga detestanda. Nam[69] papa est in adepcione[70] positus vel statum secularem ad instar[71] Cristi auffugere vel iniuriam propriam in effundendo cristianum sangwinem vindicare,[72] et cum secundum eligit et primum donum[73] sequendo Cristum refugit, manifestum est, quod sit apostata a[74] Cristi regula et sequitur regem alium luciferinum, cum[75] fides edocet, quod in sequendo Cristum stat tota cristiana religio et fugiendo a Cristo,[76] sequendo dyabolum stat tota apostasia membrorum dyaboli in hoc mundo. Unde cum Cristus dicit Ioh. 10[h]: quod bonus pastor dat animam suam pro ovibus suis, manifestum est, quod prelatus, qui pro mundana vita, quam eligit[77] contra Cristum, ponit multa milia ani-

[g] v. 9   [h] v. 11

[60] cuiusmodi *ABCDG* cuius *E*, but modi *is add. above it by* E^3 [61] fuerunt *ACE* fuerint *BDG*   [62] contaminacionem *ACDEG* contaminacio *B*   [63] sed spir. su. v. pur. al. *CDG* sed purg. vel spir. suffr. *B* secundum purg. v. sp. su. *AE*   [64] pacifici *ABCDG* pacificati *E*   [65] 5o *ABCDG*,E^3 *in mar.* 11o *E*   [66] sunt *CDG* sint *ABE*   [67] a *ABCDE* om. *G*   [68] curia *ABCDG* culpa *(ud.)* curia *E*   [69] in *A is add. in mar.*: Nota bene A^1 [70] adepcione *CDG* adopcione *ABE*   [71] instar *ABCDG* instrum *E*, but in mar. star *is add. by* E^3 [72] vindicare *ACDEG*,B^1 in mar. om. *B*   [73] donum *C* dominum *AE* deum *B* dominium *DG*   [74] a *ABCDG* om. *E*   [75] cum *ABE* quia cum *CDG*   [76] a Cristo *C* a Cristo et *G* anticristo *ABDE*   [77] eligit *CDE* elegit *ABG*

marum, sit⁷⁸ patulus anticristus. Subiecta enim passionis opposite⁷⁹ oportet esse sibi⁸⁰ ipsis opposita.⁸¹

CAP. VI.¹

Ex istis manifeste sequitur, cum papa ex lege domini tantum astringitur in moribus sequi Cristum, et tam manifeste vadit viam contrariam, totus² cristianismus debet ipsum³ reprehendere, et specialiter superiores domini seculares. Sic enim Cristus, qui peccare non poterat,⁴ vocat Petrum sathanam, quia voluit⁵ dominum anteire,⁶ ut patet⁷ Matth. 16ᵃ. Sic Paulus in facie⁸ Petro restitit, quia reprehensibilis erat⁸ ad Gal. 2ᵇ, cuius reprehensionis causa fuit, quia Petrus non fovebat generaliter ecclesiam,⁹ sed personas aliquas acceptavit. Papa autem culpabilius¹⁰ acceptat¹¹ causam propriam magis contrarie caritati et propter hanc causam beatus Bernhardus redarguit papam Eugeniumᶜ, quod¹² deserens Cristi pauperiem vixit¹³ nimis seculariter ac eciam dominanter.¹⁴

CAP. VI. ᵃ v. 23; 24: qui (Iesus) conversus dixit Petro: vade post me, satana, scandalum es mihi; etc. Tunc Iesus dixit discipulis suis: si quis vult post me venire, abneget semet ipsum etc. ᵇ v. 11 ᶜ with ref. to the preceding passage, cp. the parallel text of the english Tract De Pontif. Rom. Schism., ed. Arnold, S. E. W. III, 250: As Poul repreved Petir for a li3t trespasse, Bernar drepreved Eugenye for he was to worldly, and left þe office of apostil, and took office of Ante-

⁷⁸ sit ABCE sic DG ⁷⁹ opposite ABCDG apposite E ⁸⁰ sibi ABCE sub DG ⁸¹ opposita Caᵐ 6ᵐ A opp. Capᵐ Quintum B opp. 6ᵐ C opp. etc. Sequitur Caᵐ D opp. Capitolum 6ᵐ E opp. G, here without the number of the chap., but, as in the former cases, a new line begins
CAP. VI. ¹ 6 C in mar. 5 B in mar. VI D in mar. om. AEG ² contrariam totus ACDEG cont. sic enim etc. B, but with mark of ref. above the col.: totus cristianismus d. i. r. et sp. su. do. sc. B¹ (?) ³ ipsum AB¹CDE eum G ⁴ poterat ABCDE potuit G ⁵ voluit ABCEG voluerit D ⁶ anteire ABCD G,E³ in mar. anire E ⁷ patet ACDEG om. B ⁸ facie ACDEG faciem B ⁹ Petrus non f. g. e. ABCGD Petrus (after it an illegible correction of a letter which had first been written at the place) non hant ecclesiam generaliter (sic) E ¹⁰ culpabilius ACDEG culpabilis B ¹¹ acceptat ABCDG attemptat E ¹² quod ABCDG quia E ¹³ paup. vixit etc. ACDEG paup. clamarent etc. B, but above the col.: vixit n. s. et eciam d. l. autem B¹ ¹⁴ ac ec. dominanter CDG et ec. dom. AB ac ec. dominantur E

Lapides autem clamarent contra istam falsissimam yprocrisim iam regnantem, cum asina Balaam propter minus peccatum sui magistri ipsum modo, quo pertinuit[15] bestie, reprehendit, ut patet Num. 22.[d]

Idem ergo esset negare[16] hanc[17] reprehensionem dyaboli contra Cristum et[18] ipsum Cristum[19] tamquam dominum diffiteri et dyabolo tamquam eius captivus[20] vecorditer consentire. Patet autem ex fide, quam debemus habere de domino Iesu Cristo, quod ipse non potuit propter tam seculare negocium tot contratas[21] ad sic bellandum[22] contra se[23] ipsos[24] pro vindicta propria concitare. Cristus enim, quando iniuriatum fuit sibi in vite necessariis, Luc: 9,[e] passus est humiliter reprobando apostolos, quia voluerant[25] vindicari. Quando pandere potuit culpabile[26] propositum Scarioth,[27] et apostoli, sed Petrus specialiter, in ipsum irruerent,[28] voluit[29] particulariter detegere culpam suam, ut patet Matth. 26.[f] Quando eciam potuit inimicos suos intuitu uno prosternere, ut patet Ioh. 18,[g] ipsos gracioso accessu humiliter[30] toleravit. Et breviter tota conversacio Cristi sonat in humilem pacienciam et non in causam hominis vindicandam.[31] Et cum ad istum finem Cristus passus est pro vobis,[32] vobis[32] relinquens exemplum, ut sequamini[33] vestigia eius, ut dicitur I Pet. 2,[h] quis

---

crist. *As to the matter in question, see St. Bernard. Epist. CCLXVIII, where Pope Eugene III., the former pupil and the friend of Bernard, is reprimanded by the out-spoken doctor on account of his having promoted an unworthy person to an appointment in the Church* [d] v. 28 ff. [e] v. 54 ff. [f] v. 33 [g] v. 6 [h] v. 21

[15] pertinuit *ABDEG* pertinuit *C*   [16] negare *CDG* notare *AB* necare *E*
[17] hanc *ABCDG* om. *E*   [18] Cristum et *ACDEG* Cristum tamquam etc. *B*, but in mar. et ipsum Cristum *B*[1]   [19] Cristum *BCDEG* Cristi stum *A*   [20] captivus *BDG* captivo *ACE*   [21] contratas *ABCDG* contractas *E*   [22] bellum is add. in *A* in mar. by *A*[1], and in *E* by *E*[2]   [23] se *ACDEG,B*[1] *in mar.* om. *B*   [24] ipsos *BCDG* ipsus *AE*   [25] voluerant *ABCE* voluerunt *DG*   [26] culpabile *AE* culpabiliter *BCDG*   [27] scarioth *CDG* scariothis *A* scariotis *BE*   [28] irruerent *ABCE* irruerunt *D* irruit *G*   [29] voluit *BCDG* noluit *AE*   [30] humiliter *ABCDE* humiliore *G*   [31] *in D is add. in mar.:* Conversacio Cristi sonat in humilem pacienciam et non in causam hominis vindicandam *D*[1]   [32] vobis *C* nobis *ABDEG*   [33] sequamini *C* sequamur *ABDEG*

dyabolus est ille, qui wlt[34] frustrare tam perfectum[35] Cristi propositum et ponere se[36] Cristi adversarium, tam patenter excitando tantum [37] populum contra Cristi populum in causa tam frivola di- | C fol. 139ᵃ micare. Revera celum in tanta audacia luciferina stupesceret et
5 pie mentes, in quibus est misericordia, super oppressis confratribus condolerent. Paulus enim dicit II[38] Cor. 11[i]: quis[39] infirmatur, et ego non infirmor? quis scandalisatur et ego non uror? Multo magis vellet oppressis[40] tam dyabolica tyrannide condolere.[41] Quomodo, rogo,[42] diceret talis capitaneus vel sibi consenciens oracionem do-
10 minicam: dimitte nobis peccata[43] nostra, sicut et nos dimittimus debitoribus nostris, ut dicitur Luc. 11.[k] Revera, si deus tractet[44] similitudinem ad propositum, complendo quod petitur, sic orantem, nisi satisfecerit, severissime condempnabit, et nisi vestem nupcialem novam habuerit,[45] in finali iudicio non evadet. Ubi ergo est doctrina
15 Cristi Matth. 5:[46][l] diligite inimicos vestros, cum homines neutri[47] in causa ambigua sint[48] sicut[49] a deo[50] persecuti.[51] Et ad colorandum[52] omnia ista facinora innititur[53] isti merdoso[54] porismati, quod inferior non debet superiorem[55] corripere, sed virtute obediencie[56] facere, quidquid mandat. Et inter omnia blasphema axiomata[57] hoc
20 est magis hereticum et plus extollit dyabolum supra Cristum. Vel ergo talis[58] prelatus inerrabilis et incorrigibilis est[59] sicut Cristus, vel est plenus iniuria, ut membrum dyaboli. Si primo modo, cum[60]

---

[i] v. 29   [k] v. 4   [l] v. 44

[34] wlt *BCDEG* wt *A*, but the 1 is add. later by *A¹*   [35] perfectum *CDG* sanctum *AE,B*, corr. from factum   [36] se *BCDEG* om. *A*   [37] from this col. on the hand of the scribe in C becomes smaller, the ink paler   [38] II *ADE* om. *BCG*   [39] quis *ABCDG* si quis *E*   [40] oppressis *ACDEG* oppressus *B*   [41] condolere *ACDEG* condolore *B*   [42] rogo *ACDEG* ergo *B*   [43] peccata *ACDG*, *B¹E³* in mar. debita *B* de.(sic) *E*   [44] tractet *ABCDG* tractat *E*   [45] habuerit *ABCEG* habuit *D*   [46] 5 *ABCDGE³* in mar. II (?) *E*   [47] neutri *ABCDG,E³* in mar. vestri (ud.) *E*   [48] sint *ABCEG* sunt *D*   [49] sicut *CDG* om. *ABE*   [50] deo *ABCDG* domino *E*   [51] persecuti *ABCDE* prosecuti *G*   [52] colorandum *ABE* tollerandum *CDG*   [53] innititur *ABCDG* innittitur *E*   [54] merdoso *BDE* mardoso *AC* mordorso *G*   [55] superiorem *ABCDG* ee (ud.) superiorem *E*   [56] in *AE* is add. in mar.: Obediencia *A¹E²*   [57] axiomata *ABD,C*, corr. from anxioma anxiomata *EG*   [58] talis *CDG* est talis *ABE*   [59] est *CDG* om. *ABE*   [60] cum *ACDG* modo cum *E* tunc *B*

vivit tam seculariter et tam vindicative, sicut Cristus non potuit, manifeste extollitur supra Cristum. Si secundo modo, quis est ille dux cristiani exercitus,[61] qui prohibet Cristi militem ad talem dyabolum corripiendum vel[62] fideles populos[63] de sua versucia muniendum?[64]

Cum autem talis non ut bonus angelus in gracia est[65] confirmatus, sequens est[66] cum datis,[67] quod sit tamquam lucifer in peccato dyabolico induratus.

Quis, rogo, pius de humilitate ac caritate Cristi recoleret et non horreret unum fingentem,[68] se esse immediatum Cristi vicarium, suam frivolam[69] iniuriam taliter vindicantem et super hoc fingentem mendaciter, se habere a Cristo inestimabilem potestatem ad suos milites certantes in causa tam personali contra doctrinam domini Iesu Cristi tam mirifice beatitudine premiandum? Revera infidelis horreret istud mendacium. Quis ergo Cristum diligens contineret se in ista blasphemia, ne loquatur? Cum ergo talis debet[70] fateri humiliter, se esse peccatorem, in horrenda[71] peccata[72] de facili incidentem, debet gaudenter correpcionem fraternam recipere et ab errore celeriter se ipsum corrigere, quia faciendo oppositum ostendit, se esse meridianum demonium, quod retribuit malum pro bono, non sinens nec sperans, quod ab antiquo[73] crimine liberatur.

Sic enim dyabolus, desperans de sua correccione, deridet, male facit et insidiatur homini, qui ipsum nititur emendare.[74]

CAP. VII.[1]

Sed pro ista parte gravius instatur[2] attemptando[3] ut[4] fundamentum huius materie, quod papa fuit electus legittime in istud officium

---

[61] exercitus *ABCDG* exercitatus (ta *ad.*) *E* [62] vel *ABE* ut *CD* et *G* [63] populos *ACDEG* scilicet populos *B* [64] muniendum *ABCDG* inminendum *E* [65] i. gr. c. *CDG* c. i. gr. *ABE* [66] est *ABCEG* cum *D* [67] datis *ABCDE* dato *G* [68] fingentem *ABCDE* fingere tam *G* [69] frivolam *ACDEG* frivolem *B* [70] debet *ACDEG*, *B¹* in mar. om. *B* [71] horrenda *BC DEG* horrendo *A* [72] peccata *CDG* peccata, *above it* crimina *A* crimina *BE* [73] antiquo *ABCDG* antiquato *E* [74] em. *ABCEG* em. etc. *D*

CAP. VII. [1] 7 *ACDE* sextum *B* om. *G* [2] gr. in. *CDG* in. gr. *ABE* in *C is add. in mar.*: Obicitur [3] attemptando *CDG* acceptando *ABE* [4] ut *BCDEG* om. *A* capitis ecclesie. Ex quo convincitur, tum quod habet a Cristo potestatem innumerabilem ad suos milites premiandum, tum eciam quod debet[5] ex caritate, quam debet habere ad Cristi ecclesiam, cuius est caput, in causa ista operari viriliter,[6] ne fideles subditi sint heretici.[7]

Hic sepe dictum est, quod nec potestas cardinalium nec alicuius hominis citra deum se extenderit[8] ad eligendum vel constituendum quemquam[9] in caput[10] vel membrum Cristi ecclesie. Cum ergo Cristi apostoli non audebant Matthiam eligere in Cristi apostolum, sed mittendo sortem eleccionem commiserant domino Iesu Cristo, ut patet Act. 1[b], quis est ille, qui ex eleccione talium cardinalium et ex vita sua tam debili audet tantum ecclesiam perturbare? Patet quidem ex fide, quod Cristi vita fuit longe melior, quam est sua, et cum Cristus summe sapiens prohibuit Petrum volentem pugnare[11] pro defensione[12] vite tam bone, quomodo ergo sequitur vicarius talis Cristum, qui non pro defensione vite, sed pro papatu cesareo excitat tot homines ad pugnandum?

Indubie vel oportet concedere Cristum imprudenter fecisse in isto,[13] vel quod ista papalis[14] dignitas est melior vita Cristi, vel aliter, quod papa iste vadit contrarie ad Cristum, vel Cristum ut sathanas antecedit. Nec valet hic[15] hereticorum sompniata garricio, quod Petrus ideo fuit a domino[16] reprobatus, quia nitebatur redempcionem humani generis impedire, et illam fuit necessarium adimpleri.[17] Cristus enim est[18] omnipotens, et si[19] voluit vitam

---

CAP. VII. *a* Cp. Suppl. Trial. 450, where the same theme is treated of *b* r. 26

---

[5] debet *ABCDG* habet *(ad.)* debet *E* [6] viriliter *ACDEG* om. *B* [7] heretici *ABCD.E³ in mar.* fraudati *E* hereticis *G* [8] extenderit *CD* extendit *ABEG* [9] quemquam *BDEG* quidquam *(!) AC* [10] in *D* is add. below the col.: Ad eligendum vel constituendum quemquam in caput nec est potestas cardinalium *D¹* [11] in *AE* is add. in mar.: Bellum *A¹E²* [12] defensione *AC DEG* defessiona *B* [13] isto *ACDEG* ista *B* [14] ista papalis etc. *ACDEG* ista ut sathanas etc., but with mark of ref. above the col.: papalis d. e. m. v. C., v. a. q. p. i. v. contrarie aut quod Cristum *B¹* [15] hic *ABCDE* hec *G* [16] ideo f. a. d. *ABCDG* ideo a. d. f. *E* [17] adimpleri *BCDEG* adimplere *A* [18] est *ACDEG* om. *B* [19] si *ABDEG,C*, but corr. by *C²* into sic

suam defendi et non pati iniurias ad posteris exemplandum, faciliter[20] potuit ordinare media pro adversariis substernendis.[21] Necessitas autem futurorum[22] dei voluntatem eternam implencium est impertinens[23] merito vel[24] demerito, cum cruciantes Cristum non ex necessitate illa laudantur nec a crimine excusantur;[25] quia omnia, que evenient,[26] sit necessarium evenire,[27] omne opus humanum foret laudandum ut meritorium vel ut demeritorium increpandum. Cristus enim[28] ordinans suam pacienciam pro exemplo noluit vicarium suum pro defensione papatus occidere fratres suos, specialiter cum melius regeretur ecclesia et legi Cristi conformius sine tali cesarea dignitate.

Similiter cum[29] Cristus in ostendendo suum universale dominium asinavit[30] in statu tam pauperi, ut patet Matth. 21^c super pannos apostolorum sine sella[31] vel streparum splendencia,[32] noluit[33] in statu pape vel cardinalium ipsum sequencium tantam[34] pompam in equis et[35] sellis[36] cum aliis apparatibus equestribus suis vicariis[37] derelinqui; et tamen ostendendo suum universale dominium dicit ibidem[38]: si quis vobis aliquid dixerit, dicite,[39] quia dominus hiis opus habet, et confestim dimittet eas,[40] ubi patet, quod moderna equitatura[41] sacerdotum confunditur, cum non sit a racione vel Cristo[42] divinite[43] exemplata.

Similiter Cristus ex summe sagaci prudencia[44] mittit discipulos

---

v. 7

[20] faciliter BCDG finaliter AE   [21] substernendis BCDE substernendum AG   [22] futurorum ABCDG furtorum E   [23] impertinens BCDEG pertinens A   [24] vel ABCDG sive E   [25] excusantur ABCDG,E³ corr. into the text recusantur E   [26] evenient ABCDE eveniunt G   [27] in D is add. in mar.: Necessario eveniunt D¹   [28] enim ABCDG,E³ in mar. ergo E   [29] cum ABCDE om. G   [30] asinavit E,C² (!) in mar. asinavit, above it id est asinam sedit A asignavit BCDG   [31] sella ABCDG,E³ in mar. celle (ud.) E   [32] splendencia ABCDG,E³ in mar. pendencia E   [33] noluit ABCEG voluit D   [34] tantam ABCDE tam G   [35] et ABCEG vel D   [36] sellis ACDG collis B cellis E   [37] vicariis ACDEG vacariis B   [38] dicit ibidem ABCDG,E³ in mar. om. E   [39] dicite ARCDG tunc dicite E   [40] eas ABCE eos DG   [41] equitatura ABC equitacio DG equitatura E, but corr. into equitatura by E³   [42] Cristo ABCDE a Cristo G   [43] divinite (!) B deite A, but in mar. by A² (!) duce divite CDG debite E   [44] sag. pr. ABCDG pr. sa. E

suos sicut agnos inter lupos, ut patet Luc. 10.[d] Non ergo est exemplatum a[45] Cristo, ut vicarius indignior apostolis sit cum tot armatorum apparatibus defensatus.[46]

Similiter Cristus[47] in Paulo loquitur dando in Timotheo episcopis regulam ad vivendum; patet[48] I[49] Timo.:[50e] oportet, inquit, episcopum non esse percussorem, et per consequens papa non debet esse auctor mortis totidem animarum.

Similiter ut[51] patet ex caritativa Cristi paciencia, oravit pro inimicis, quando fuit iniustissime persecutus. Nam Luc. 23[52f] scribitur: pater ignosce illis hoc peccatum, quia nesciunt, quid faciunt. — Numquid credimus, quod ista papalis persecucio sit ab ista oracione Cristi humillima exemplata?

Similiter Cristus animando suos apostolos, quod non timerent mortem persequencium, docuit ipsos pacem populo generaliter imprecari, ut patet Matth.|[53] 10[g], Luc. 9[h] et 10[54i]. Numquid credimus, quod iste bulle papales[k] de privilegiis et fictis suffragiis in sua causa occidencium[55] sonant in pacem populo impetrandam?[56]

Similiter Cristus tamquam ovis ad occisionem ductus est et ad horam mortis secundum formam, quam apostolis predicaverat,[57] gratis venit,[58] ut patet Act. 8[l], Ies. 53[m]. — Numquid credimus, quod in hoc ista crucis excogitata[59] ereccio fuit in hac vita Cristi mandatorie exemplata? Et certum est, si[60] non in istis septem, non alicubi potest ista crucis ereccio exemplari, sed in istis, sicut in

---

[d] v. 3 [e] v. 3 [f] v. 34 [g] v. 12—13 [h] v. 3 (the quotation is not accurate) [i] v. 5—6 [k] cp. them in Walsingham, H. A. II, 71 ff. [l] v. 32 [m] v. 7

[45] a ABCEG in D [46] in AE is add. in mar.: Pugna papae A[q]E[2] [47] Cristus ABCEG Cristo D [48] vivendum patet ACDG vivendum populum B vivendum E, but populum in mar. add. by E[q] [49] prima E om. ABCDG [50] 3o ABCDG et E [51] ut ACDEG sicut B [52] 23o ABDE 22o CG [53] there stood a gloss in red ink in C below col. 139[b], which has been rendered illegible by some strokes in deep black ink [54] luc. 9 et 10 ABCDG.E[q] in mar. om. E [55] occidencium ABDE.C[2] corr. from accid. accidencium CG [56] pacem p. impetrandam ABCDE pace p. impetranda G [57] pred. CDG suis pred. ABE [58] venit BCDG vehit (!) AE [59] excogitata ACDG excogita AE [60] si C quod si ABDEG

gestis Cristi communiter tamquam anticristi facinus condempnari. Apostoli quidem et martires acceperunt exemplum a Cristo contrarie⁶¹ paciendi,⁶² et certum videtur, quod ipsi in sua paciencia voluntatem domini sanius⁶³ conceperunt.

Ex quibus oportet concedere, quod talis papa sicut et sui satellites gradiuntur⁶⁴ in isto viam dampnabilem contra Cristum. Oportet ergo fingi novum ewangelium, contrarium ewangelio⁶⁵ Iesu⁶⁶ Cristi⁶⁷ vel ista persecucio est dampnabiles operacio anticristi. Ubi enim Cristus asserit suis apostolis: in paciencia vestra possidebitis animas vestras, ut dicitur Luc. 21,ⁿ iste prelatusᵒ asserit, quod in persecucione hac⁶⁸ anticristiva, nedum⁶⁹ in corpore, salvabimini, sed volabitis ad beatitudinem sine pena.

Et breviter transcurrendo per omnia dicta et gesta Cristi⁷⁰ iste homo peccati est plene⁷¹ contrarius Iesu Cristo, ut Cristus fuit summe humilis et in iniuriis summe paciens, — iste autem est nimis superbus et proprie iniurie vindicativus.⁷²ᵖ

Cristus fuit summe pauper et non habens, ubi caput suum reclinet,⁷³ ut dicitur Matth. 8ᑫ — iste autem est⁷⁴ summe seculariter dives, habens castra ex bonis pauperum fraudulenter raptis constructa.ʳ

Cristus eciam⁷⁵ fuit humillime et utilissime ministrativus,⁷⁶ ut patet Ioh. 13ˢ — iste autem dominatissime exigit a quibuscunque aliis hominibus ministrari.

ⁿ *v. 19* ᵒ *the pope as such* ᵖ *as to this, cp. De Christo et s. ud.) cap. XI* ᑫ *v. 60* ʳ *ut in Mt., cp. De Christo et s. ud. cap. XI* ˢ *v. 5 ff.*

⁶¹ contrarie *BCDEG* contrarium *A* ⁶² *in AE is add. in mar.:* Pati *A¹E²* ⁶³ sanius *ACDE* salius (?) *AG* ⁶⁴ gradiuntur *ABCDG* graduntur *E* ⁶⁵ ewangelio *ADEG* ewangelium *CB¹ om. B* ⁶⁶ ew. con. ew. I. *ACDEG* ewangelium Iesu *B, but in mar.* contrarium ewangelium *by B¹* ⁶⁷ Cristi *ACDEG* Cristo *B* ⁶⁸ hac *ABCDG om. E* ⁶⁹ ant. ned. *ACEG* ant. Et breviter transcurrendo per omnia dicta et gesta Cristi iste homo *(from Et on cr. out & ud.)* nedum *B* antichristiana nedum *D* ⁷⁰ *in AE is add. in mar.:* Vita Cristi *A¹E²* ⁷¹ plene *ACDEG* plenus *(cr. out & ud.)* plene *B* ⁷² vindicativus *BDEG* vindicatus *AC* ⁷³ reclinet *ABCDE* reclinaret *G* ⁷⁴ est *ACDEG om. B* ⁷⁵ eciam *ABCDG, E² in mar.* autem *E* ⁷⁶ ministrativus *B(?)CDEG* ministratus *A*

Cristus in magno labore et pena peragravit civitates et castella ewangelizando et benefaciendo quibuscunque, quos visitaverat,[77] — iste manet inclusus in proprio castro tamquam pallacio et mittit bullas blasphemas[78] quibuscumque regionibus, que illas voluerint[79] acceptare. Et breviter, non sunt[80] vite aliquorum hominum magis contrarie, quam sunt iste.[81]

CAP. VIII.[1]

Sed ulterius ex fide scripture, arguit anticristus profundius. Nam in fide Luc. 9[2a] sic loquitur: dedit eis potestatem super omnia demonia et ut langwores curarent. Numquid credimus, quod ista[3] dei potencia est exhausta, sic, quod non possit in ista militante ecclesia servare potenciam, quam tunc dedit? Nullus ergo est magis[4] hereticus quam ille, qui negat hanc potestatem in ecclesia usque ad[5] diem iudicii perdurantem.

Hic oportet fidelem diligenter attendere, quomodo Cristus numquam dedit suis apostolis specialem[6] potenciam, nisi quam in fructuoso opere ostendebant. Cristus enim non fuit falsus sompniator de ficcione[7] huiusmodi potestatis, sed in perfeccione operis ad utilitatem ecclesie potestatem, quam dederat, ostendebat.[8] Et propter hoc[9] pro sophisticacione potestatis[10] cum diligencia est notandum, a quo signo potest fidelis convincere[11] huiusmodi potestatem.[12] Non

---

[1] with ref. to the whole preceding passage, cp. De Christo et s adv. cap. XI and XII, where the matter in question is treated more fully CAP. VII. [a] v. 1

---

[77] visitaverat *ACDG*   visitaverit *B*   visitavit *E*   [78] blasphemas *ABCDEG* fa (ad.) blasfemias *E*   [79] voluerint *ACDEG* voluerunt *B*   [80] sunt *ABCD G.E*[3] in mar. sic (cr. out) *E*   [81] iste *ABEG*   iste etc. *CD*   in *AE* there is add. in mar. an illegible gloss by *A*[1]*E*[2]

CAP. VIII.   [1] VIII *CDE* 7 *B* om. *AG*   [2] 9 *ABCDE* 8 *G*   [3] ista *CDG* nunc ista *ABE*   [4] magis *ABCEG*   maior *D*   [5] ad *ABCDG* in *E*   [6] specialem *C* spiritualem *ABDEG*   [7] de ficcione *BCD* ad ficcionem *AEG*   [8] ostendebat *ACDEG* ostenderat *B*   [9] hoc *ACDEG* hec *B*   [10] in *AE* is add. in mar.: Potestas *A*[1]*E*[2]   [11] convincere *BCDEG* comittere *A*   [12] in *D* is add. in mar.: A quo signo potest fidelis cognoscere potestatem *D*[1]

enim est res sensibilis vel demonstrative deducibilis [13] ex principiis fidei, quam [14] scimus. Hoc autem imprimis credimus, [15] quod apostoli habuerunt a Cristo potestatem [16] ad edificacionem ecclesie mirabilia faciendi. Credimus insuper, quod sacerdotes sequentes apostolos possunt ex perversitate sue vite in potestate ista deficere. 5 Nam Matth. 17 [17] [b] de apostolis legitur in Cristi presencia, quod [18] non potuerunt demonium datum eicere, quod Cristus diffinivit fuisse propter defectum fidei in eisdem.[b] Quare ergo in tanto processu temporis non potuerunt sacerdotes plus peccantes in Cristi absencia in potestate tali deficere, specialiter cum sit [19] manifestum, [20] quod 10 moderni presbiteri [21] longe viciosius Cristi vestigia derelinquunt? [22] — Et credimus tercio, quod non debemus ut fidem accipere, quod iste sacerdos impresenciarum conversans nobiscum, ut papa, cardinalis vel episcopus habeat huiusmodi potestatem. Tunc enim posset prescitus faciliter novos articulos fidei suscitare, et iterum falsificare 15 fidem catholicam quoad illos.

Ideo cum tanta sophisticacio potest esse in illis prelatis, absit fidelem ut [23] in catholicam [24] fidem accipere, quod iste prelatus, eciam papa, a deo [25] habet [26] huiusmodi potestatem. Tunc enim necessitaret cetus cardinalium per eleccionem [27] sepe culpabilem 20 Cristum infundere dyabolo huiusmodi potestatem. Nam secundum apostolum Rom. 13 [d]: non est potestas nisi a deo, [28] et sepe potest contingere, quod prelati huiusmodi sint presciti et sic dyaboli incarnati.

Quis ergo ut fidem acciperet, quod talis eleccio cardinalium 25

---

[b] v. 16   [c] v. 17; 20   [d] v. 1

[13] deducibilis *ABCDG*   credibilis *E*   [14] quam *BCDG*   quantum *AE*   [15] credimus *BCDEG*   scimus *A*   [16] *in D is add. in mar.:* Potestatem habuerunt apostoli *D¹*   [17] Matth. 17 *AE, but in mar. by E²* Marc. Mar. 17 *B*   Mar. 7 *DG*   Matth. 7 *C*   [18] quod *ABCDG*   quando *E*   [19] sit *ABCEG*   sic *D*   [20] manifestum *ABEG*   nimium (? minimum) *CD*   [21] presbiteri *ACDEG*   sacerdotes *B*   [22] derelinquunt *BCDEG*   dereliquit *A*   [23] ut *C om. ABDEG*   [24] catholicam *ACDEG*   catholico *B*   [25] a deo *ABCG*   a domino *E om. D*   [26] habet *ACE*   habeat *BDG*   [27] *in AE is add. in mar.:* Eleccio pape *A¹E²*   [28] deo *ABCDG*   domino *E   in D is add. in mar.:* Non est potestas nisi a deo *D¹*

necessitaret Cristum ad potestatem vel graciam pape irregulariter²⁹ infundendum.³⁰ Nam in cronicis apocrifis narratur communiter, quod in sexu pape³¹ cetus cardinalium est seductus, sic, quod papam Annam³² impregnatam elegerant.ᵉ Sed quomodocunque sit
5 de hoc, certum est ex fide, quod totus cetus cardinalium potest communiter ad tantum seduci, quod eligat in papam unum dyabolum, odientem Cristi vestigia et ecclesiam plurimum perturbantem. Sic enim fuit de Scarioth electo³³ per Cristum in³⁴ tam³⁵ sancto consorcio educato³⁶ et per regulam tam infallibilem informato.
10 Ideo absit fidelem credere tamquam fidem, quod quicunque papa, cardinalis sive episcopus habeat a Cristo datam³⁷ huiusmodi potestatem, sed ex operibus et sanctitate vite³⁸ sequendo Cristi vestigia possunt fideles capere supposicionem probabilem, quod papa habeat tantum de potestate³⁹ hac spirituali, quantum est necessarium ad
15 con tinuacionem ecclesie sancte dei. | *C fol. 141ᵃ*

Nam tamquam fidem credimus, quod ecclesia Cristi manebit usque ad diem iudicii⁴⁰ peregrinans. Nam Luc. 21 ⁴¹*f* dicit Cristus: amen dico vobis, non preteribit generacio ista, donec omnia fiant. Et ex isto eliciunt fideles ulterius, quod non oportet, quod⁴² in
20 collegio pape et cardinalium⁴³ stet⁴⁴ ecclesia sancta dei,⁴⁵ cum stat

---

ᵉ *According to a legend current in the Middle Ages, she was elected Pope between Leo IV. († 855) and Benedict III. († 858) and took the name of Johannes VIII. (or Anglicus); the earliest source affirming the legend is the Liber pontificalis of the Roman librarian Anastasius. See Döllinger, die Papstfabeln des MA.; N. Ch. Kist in the Hist.-theol. Zeitschrift 1844, 2. Part; also Hase, K. G.¹⁰ p. 210* *f v. 32*

---

²⁹ irregulariter *CDG* regulariter *ABE*   ³⁰ infundendum *ABCDE* adfundendum *G, but in corr. above ad*   ³¹ sexu pape *ABCEG* sex papis *D*   ³² *in AE is add. in mar:* Anna papa mulier *A¹E²*   *in D in mar.:* Anna papam elegerant impregnatam *D¹*   ³³ electo *D.C, corr. by C²* electum *AG* eleccio *BE* ³⁴ *from in tam - multas patrias qui plus the ink in B is run, the writing consequently in part illegible*   ³⁵ tam *ACDEG* tantum *B*   ³⁶ educato *ABEG,C corr. from* educatum   educatum *D*   ³⁷ datam *ACDEG* om. *B, but add. in mar. by B¹* ³⁸ vite *ABCEG* om. *D*   ³⁹ *in AE is add. in mar.:* Potestatem quis habet *A¹E²* ⁴⁰ *in D is add. in mar.:* Ecclesia Cristi manebit ad diem iudicii *D¹*   ⁴¹ 21 o *ABCDE* 22 *G*   ⁴² quod *ABCDG,E³ in mar.* om. *E*   ⁴³ et cardinalium *ACDEG* vel et carnalium (car. cr. out & nd.) cardinalium *B*   ⁴⁴ stet *CE* stat *ABEG*   ⁴⁵ *in AE is add. in mar.:* Ecclesia *A¹E²*

omnes illos esse prescitos; sed potest esse, quod in pauperibus fidelibus[46] dispersis[47] per multas patrias, qui plus secuntur Cristum in moribus quam dicti satrape, stet militans ecclesia Iesu Cristi. Unde signum infidelitatis heretici est, quod pompet, se esse cardinalem[48] vel prelatum ecclesie sancte dei.[49] Nam si non est predestinatus, non est membrum ecclesie[50] sancte dei, sed ignorat, si est predestinatus. Ideo[51] ignorat, si est aliquod membrum huius ecclesie.

Que ergo dyabolica pompacio moveret papam ad asserendum ut fidem, quod sit caput beatissimum ecclesie militantis? Et ex isto colligunt[52] fideles ulterius, quod non in adinvencionibus huius curie nec in sacramentis[53] per hos satrapas[f] adinventis, sed in fide formata domini Iesu Cristi vivit ecclesia usque ad diem iudicii peregrinans. Ideo apostolus[54] signa ista adulterina[55] despiciens ad Gal. 2[g] sic loquitur: quod autem nunc vivo in carne, in fide vivo filii dei. Unde divisio paparum enucleat[56] in ista parte[57] sentenciam, cum uterque dicat, quod reliquus cum omnibus sibi adherentibus non vere ministrat aliqua sacramenta, et tamen[58] certum est, quod in contratis[59] ambarum parcium possunt esse predestinati viventes sancte in fide domini Iesu Cristi. Absit autem fideles credere, quod in sanctitate vite unius istorum vel alterius pendeat tota

---

[f] *a name very frequently employed by W. to designate the pope and his followers, the prelates, cp. Of the Leaven of Pharisees, ed. Matthew, E. W. h. u., p. 7; also cod. Ashburnham fol. 103ᵇ and in many places above* [g] *v. 20*

[46] fidelibus *ACDEG* om. *B* [47] dispersis *ACDEG* inspersis *B* [48] in *D is add. with mark of ref. above the col.:* Signum infidelitatis heretici est quod pompet se esse cardinalem *D¹* [49] prel. e. s. d. *ACDEG* prelatum sancte ecclesie matris [ma. cr. out & ad., above it dei by *B¹* (?)] *B* [50] ecclesie *BCDEG id est (cr. out)* eccl. *A* [51] ideo *ABCEG* ymmo *D* [52] colligunt *ABCEG* colligerent *D* [53] nec in sacr. *ABCEG* vel in sacramentis *(cr. out) D, but in mar.* nec [54] apostolus *ACDEG* om. *B, but in mar. by B¹* [55] adulterina *BCDG,E³ in mar.* ad ultima *A* ad ultimam *(ad.) E* [56] enucleat *BC* enucliat *ADEG* [57] ista parte *CDG* parte istam *ABE in D is add. below the col.:* Divisio paparum *D¹* [58] tamen *ABCE* cum *G* om. *D* [59] quod in contratis *A⁴* quod regnis *BDG,A, above it in by A¹* quod in contratis regnis *E* quod in regnis *C, there was left at first a blank space, into which* in regnis *was inserted afterwards by C³; the scribe could not, I suppose, read* in contratis

predestinacio Cristi eterna et salus tocius ecclesie militantis, cum probabiliter creditur, quod utroque istorum subtracto de medio vel dampnato staret ecclesia Cristi quiecius, quam stat modo, cum multi supponunt probabiliter ex vitis eorum, quod nichil illis et
5 ecclesie sancte dei.[i]

Sillogizat autem fidelis in ista materia convincendo verba sophistica huiusmodi[60] potestatis ex hoc, quod fide credimus, nullum[61] prelatum hic habere potestatem nisi a domino Iesu Cristi.[62] Credimus insuper, quod Cristus[63] non dat potestatem homini nisi
10 racionabiliter ad edificacionem ecclesie, dicente apostolo II Cor. 12:[64 k] omnia enim, fratres carissimi,[65] propter edificacionem vestram. Nam Cristus non habebat nisi secundum illam mensuram humanitus potestatem, scilicet propter edificacionem ecclesie sue.

Et ex isto convincunt[66] fideles ulterius, quod multe potestates
15 ficte hodie de indulgenciis[67] et absolucionibus a pena et culpa[68] in causa, que non sonat in edificacionem ecclesie, sunt sophistice atque false.

Ideo nec Cristus nec sui apostoli nec aliqui fideles Cristi discipuli invenerunt hos ‖ terminos vel hunc modum seducendi fideles ‖ C fol. 141b
20 ecclesie,[69] antequam dyabolus est solutus.

Et ex eadem radice supponunt fideles, quod in confeccione eucharistie[70] non destruitur funditus terrena substancia, et quod congeries accidencium per se manet. Si enim presbiteri regulariter habent istam inestimabilem potestatem, habent ipsam a deo ad edi-
25 ficacionem ecclesie. Sed que utilitas, quod panis usque ad fundamentum in eo destruatur et sensus omnium illud sacramentum per-

[i] cp. the same idea below in De Christo et s. adv. cap. IX
[k] v. 19

---

[60] huiusmodi BCD   huius AEG   [61] nullum ABCDG   quod nullum E   [62] in A is add. in mar.: Potestas solum a deo A¹, the same note in E below the col. by E² in D is add. above the col.: Fide credimus nullum prelatum habere hic potestatem nisi a domino Iesu Cristo D¹   [63] Cristus ABCE   deus DG   [64] 12º ACDEG   13 B   [65] carissimi ABDE,C³ inserted into the blank space bonum G   [66] convincunt ACDEG   convincant B   [67] in AE is add. in mar.: Indulgencie A¹E²   [68] culpa ACDEG   a culpa B   [69] ecclesie BCDG,E³ in mar. om. AE   [70] in AE is add. in mar.: Sacramentum A¹E²

cipiencium per se[71] illudantur? Cum autem in hoc sacramento unio Cristi cum sua ecclesia figuratur, tales sophiste[72] dyaboli, nitentes destruere substanciam huius venerabilis sacramenti,[73] prenosticant in multis carenciam huius venerabilis unionis.

CAP. IX.[1]

Sed adhuc infideles regarriunt,[2] quod iuxta hanc viam destrueretur sacramentum penitencie et falsificaretur nobilissimum dictum Cristi Matth. 16[3a]: quodcunque ligaveris super terram, erit ligatum et in celis[4] et quodcunque solveris super terram, erit solutum et in celis. Si ergo deesset prelatus, qui posset peccata commissa destruere, quomodo staret ecclesia cum tanta gravedine criminis aggregata?[5]

Hic dictum est sepius,[b] quod sacramentum penitencie fuit semper necessarium, licet auricularis modificacio iam adiecta processit[6] ex avaricia anticristi. Sicut[7] enim Levit. 16[c] confessus fuit[8] populus peccata sua in lege veteri, sic eciam in tempore Cristi confessus fuit valde meritorie publicanus Luc. 18,[d] cum veritas scrutans corda de ipso testificetur,[9] ibidem: descendit hic iustificatus in domum suam a phariseo.[10] Et sic in lege gracie confessi sunt valde meritorie peccata sua multi erga alterutrum, ut patet Jac. 5.[e] Et sic Magdalena, Petrus, Paulus et ceteri confessi sunt meritorie omnino[11] deo et cristianis aliis peccata, que contra deum[12] et ecclesiam suam commiserant. Tempore autem Innocencii tercii,

CAP. IX. [a] v. 19   [b] cp. the Tract De Poenitentia, cod. Bibl. Gersd. Bautzen MSt. 8. v. 7 fol. 13*h* ff.; cp. Arnold, S. E. W. II, 87 Trial. 327   [c] v. 15   [d] v. 14   [e] v. 16

[71] per se CDG om. ABE   [72] sophiste ABCDG sophistice E, but altered by E[3] into sophiste   [73] sacramenti ACDEG, B[1] in mar. om. B
CAP. IX. [1] 9um CDE, also C[2] in mar. 8 B om. AG   [2] regarriunt ABCDG redarguunt E   in A is add. in mar.: Nota obieccionem A[1]   [3] 16o ABCEG 18o D   [4] in AE is add. in mar.: Absolucio A[1]E[2]   [5] aggregata CD congregata ABEG   [6] processit CDG processerit ABE   [7] sicut C sic ABDEG   [8] in AE is add. in mar.: Confessio A[1]E[2]   [9] testificetur ABCE testificatur DG   [10] in D is add. in mar.: De Confessione D[1]   [11] omnino ABCE omnia DG   [12] deum ABCE dominum DG

cap. IX] CRUCIATA. 623

circa quod tempus sathanas est solutus et fratres intraverant,*ᶠ* modificata fuit confessio ab illo Innocencio,*ᵍ* quod foret auricularis et abscondita, facta solidarie proprio sacerdoti, ut patet in lege super hoc edita, 'de Penitenciis et Remissionibus' capitulo 'Omnis'¹³
5 utriusque sexus'*ʰ*; et tales circumstancie genuflexionis, solitudinis, auricularis taciturnitatis cum limitacione sacerdotis, quem papa voluerit, et forma imposicionis manus in capite cum multis similibus non sunt necessaria generaliter ad salutem, cum cordis contricio¹⁴ sine¹⁵ confessione huiusmodi sepe delet peccatum, ‖ ut di- | C fol. 122ᵃ
10 citur Psal. 31¹⁶*ⁱ*: dixi: confitebor adversum me iniusticiam meam domino, et tu remisisti impietatem peccati mei. Et verisimile est, quod satrape*ᵏ* propter enucleacionem¹⁷ illius¹⁸ sentencie nullis¹⁹ hominibus offendentur, cum glosator ordinarius Iohannes de Deo*ˡ* in studiis communibus leges papales detegens dicat istam sentenciam
15 exquisite. Si autem hec glosa²⁰ foret falsa, ponens offensam fidei cristiane, olim fuisset destructa, sicut probabiliter ponitur²¹ ex cura, quam papa poneret²² in hac parte.

Et sic²³ dictum est, quod confessio, eciam dicta consuetudo noviter introducta, est necessaria cristianis, et de quanto mentes
20 adiuvat, eciam hodie usitanda. Sed absit fidelem credere, quod deus sic pepigit cum hiis signis sensibilibus, quod non remittat peccatum vel det graciam, nisi hec signa sacerdoti, quem papa limitaverit, sint ostensa. Potest autem fieri persecucio in cristianos, qui ista omiserint,²⁴ sed longe sint iste²⁵ illibertates²⁶ perfidie²⁷ ab animo²⁸

ᶠ with ref. to this, cp. Suppl. Trial. 409   ᵍ with ref. to this, cp. Trial. 327   ʰ cp. Corp. iur. can. ed. Richter-Fr., Leipz. 1879, Decr. li. V. tit. XXXVIII. cap. 12, II, 887   ⁱ Ps. 32, 5   ᵏ cp. above cap. VIII note f   ˡ Johannes de Deo, of Lusitania, a doctor of the canonical law well known in the 12ᵗʰ century

¹³ omnis *CDEG*   omnes (?) *AB*   ¹⁴ contricio *CDE,B corr. from* contricione   contricione *AG*   ¹⁵ sine *ACDEG*   sepe *B (B¹ has inserted* sine *into the text)*, sine *E, in mar. is* sepe *add. by E*³   ¹⁶ 31º *ACE*   om. *BDG*   ¹⁷ enucleacionem *CD*   enucliacionem *ABEG*   ¹⁸ illius *ABCEG*   eius *D*   ¹⁹ nullis *ABCDE*   ullis *G*   ²⁰ glosa *BCG*   gloria *ADE*   ²¹ ponitur *CDG*   creditur *ABE*   ²² poneret *ACDEG*   ponet *B*   ²³ et sic *ABCEG*   eciam *D*   ²⁴ omiserint *ABCEG*   obmiserint *D*   ²⁵ iste *BCDEG*   ista *A*   ²⁶ illibertates *ABCDE*   illibertantes *G*   ²⁷ perfidie *CDG*   perfidi *AE*   om. *B*   ²⁸ ab animo *ABCDE*   abero *G*

cristiano. Constat quidem, quod multi fideles illibertantur et decipiuntur in fide ac extenuantur[29] de pecunia per avaros presbiteros in confessione huiusmodi usitata.[m]

Ideo nemo potest ex parte dei legem statuere,[30] quod nemo sit aliter absolutus, cum mille annis tempore legis[31] gracie, antequam ista consuetudo introducta fuerat, profecit ecclesia in virtutibus plus[32] quam modo et volavit ad celum spissius sine observancia huiusmodi[33] legis.

Contra hanc legem diffuse est invectum[34] alibi, sicut et contra restriccionem absolutorie potestatis. Nam Petro dictum est singulariter, ubi supra[n] et apostolis generaliter Matth. 18° et Ioh. 20,[p] quod quecunque[35] alligaveritis super terram,[36] erunt ligata[37] et in celis, et quecunque solveritis super terram, erunt soluta et in celis. Iohannes autem post resurreccionem habet verba paululum variata: accipite, inquit,[q] spiritum sanctum; quorum remiseritis peccata, remittuntur eis, et quorum retinueritis, retenta sunt. Nec aliter videtur, quin in sacerdotibus[38] superflueret hec potestas.

Fideles autem in domino dicunt, quod non solum apostolis directa fuerant ista[39] verba, sed veris eorum vicariis, in vita[40] imitantibus dominum Iesum Cristum; et cum omnia verba Cristi usque ad iota vel apicem sint notanda, dicitur communiter, quod illi ligant vel solvunt homines super terram, qui exclusa affeccione terrena ligant vel solvunt eos conformiter capiti ecclesie triumphantis, et virtute huius ligacionis vel[41] absolucionis solvunt vel ligant fide-

---

[m] *in order to exercise a pressure upon those who were about to confess, and to get assistance from them for the Crusade to Flanders,* cp. Lechler, J. v. W. I, 705; Walsingh. II, 71 ff.; 56   [n] *Matth.* 16, 19   [o] v. 18   [p] v. 23   [q] Joh. 20, 23

---

[29] extenuantur B^1C^2 in mar., A in mar. (by the texthand?)   extenuantur et exterminantur E   exterminantur ABCDG   [30] leg. stat. ACDEG,B^1 in mar. om. B   [31] legis ACDEG,B^1 in mar.   om. B   [32] plus ACDEG,B^1 in mar.   om. B   [33] huiusmodi CD   huius ABEG   [34] invectum ABCDE   inventum G   [35] quod quecunque ABCEG   quodcunque D   [36] in AE is add. in mar.: Absolucio A^1E^2 [37] ligata ACDEG   ligatum B   [38] sacerdotibus ABCDG   sacerdotibus E^3 corr. from -tebus by E   [39] ista ABCDE   hec G   [40] in vita ACDEG   om. B   [41] vel ABCDG   vel so (so ud.) E

liter. Sed oportet ligacionem vel absolucionem Cristi precedere tempore vel natura, et vicarii Cristi habent nudam virtutem, absolucionem domini promulgandi. Magnum || tamen solacium est *C fol. 112b* homini militanti, quod habet sacerdotem cum clave sciencie et potestatis ad taliter certificandum viantes, quod sunt apud deum taliter absoluti.

Et patet, quod multi, usque ad summum pontificem inclusive, deficiunt ab absolucione hominum super terram, cum gracia terreni commodi, affeccionis vel amoris mundani pretendunt, se ficte multos[42] absolvere, de quibus non est fides catholica, quod caput ecclesie sic absolvit, et illi non super terram,[43] sed in locis subterraneis vel angulis absconditis seducunt homines, quos cum signis adulterinis frequenter sophistice assecurant. In cuius signum[44] omnes confessores huiusmodi ignorant contricionem vel peccatum confessi; si confessus plenarie verum pandit et habito, quod ex revelacione illud[45] cognoverit,[46] nescit[47] proporcionare[48] penam,[49] vel quomodo ex recidivancia culpa non plene[50] dimittitur quoad deum.[51]

Ideo in ista materia currunt blasphemie infinite. Unde securum foret dolere fideliter de peccato preterito et cavere recidivanciam[52] pro[53] futuro et semper vivere in fide formata domini Iesu Cristi.

CAP. X.[1]

Sed[2] ultimo replicat anticristus, quod pape et sui satellites, eciam episcopi habent potestatem, adversarios, quos ipse limitaverit,[3]

[42] ficte multos *BCDG* multos ficte *AE*   [43] et illi n. s. t. *ACDEG* om. *B* [44] in *AE* is add. in mar.: Nota *A¹*, and *E²*   [45] ill. *BCDG* ill. idem *AE* [46] cognoverit *BCDG,E³* in mar. congruit *AE*   [47] nescit *ACDEG* nescietur *B,E³ corr. into the text*   [48] proporcionare *ACDEG* proporcionari *B*   [49] penam *ACEG* pena *B* penam penitenciam *D*   [50] plene *ABCEG* pene *D*   [51] in *A* and *E* is add. in mar.: Penalis (*A* penialis?) *A¹*, and *E²*   [52] recidivanciam *ADEG,B¹* in mar. recidivancia *C*   [53] preterito et c. r. p. *ACDEG* preterito pro *B*, but in mar. is add. by *B¹* et cavere recidivanciam

CAP. X. [1] Cap. 10 Obicitur pro bello *A¹* Cap. 10 *CDE* novum capit. *B* om. *G*   [2] in *A* and *E* is add. in mar.: Bellum *A¹*, and *E³*   [3] limitaverit *CDG* limitavit *ABE*

debellandi;⁴ et cum⁵ ab irregularitate et quibuscunque peccatis emergentibus in ecclesia⁶ habet potestatem plenariam absolvendi, videtur, quod habet potestatem limitandi talem pugnam in hostes, qui aliter noluerint⁷ emendari, et absolvendi aggredientes⁸ a crimine committendo specialiter,⁹ cum Luc. 22ᵃ mandat Cristus: nunc, qui habet sacculum, tollat similiter et peram, et qui non habet, vendat tunicam et emat gladium.¹⁰ Ad quid ergo haberent episcopi, cuiusmodi erant apostoli, gladium in hoc casu, nisi ad debellandum hostes ecclesie vel saltem ad¹¹ eos hostiliter absternendum?

Hic dicitur, quod papa et episcopi debent in tempore legis gracie pugnare¹² non superflue aerem verberando, sed proprium corpus¹³ castigando et cum predicacione¹⁴ verbi dei ad pacem ecclesie exhortando. Unde quicunque sacerdotes, maiores¹⁵ vel minores, aliter pugnaverint tempore legis gracie¹⁶ gladio¹⁷ corporali, deficiunt ab ista spirituali pugna et spiritualiter¹⁸ pugnando cum gladio verbi dei.

Necesse tamen est, sacerdotes insolentes, qui non sic pugnant, corpus proprium castigando, nec habent gladium verbi dei, in pugnas illicitas cum gladio materiali prorumpere.

Sed ve illis! Taliter ergo debent papa et sui episcopi crucis Cristi adversarios debellare, sed heu ewangelii predicacio est hodie interdicta et mundana exercitacio est a prelatis nimium commendata! Et sic cleri communitas a conversacione Cristi et suorum apostolorum nimium est perversa, sic, quod ipsis non superviven-

C.AP. X. ᵃ v. 36

⁴ debellandi *ABCEG* ad bellandum *D* ⁵ cum *ABCDE* tantum *G* ⁶ om. in eccl. *CDG* in eccl. em. *ABE* ⁷ noluerint *ABCDG* voluerint *E* ⁸ aggr. *ABDEG* aliter (ud.) aggr. *C* ⁹ specialiter *ACDEG* om. *B* ¹⁰ in *D* is add. in mar.: Emat gladium *D¹* ¹¹ ad *BCDE* om. *G* ¹² in *D* is add. in mar.: Pugnare *D¹* in *A* in mar.: Pugnare sacerdotem *A¹* likewise in *E*, but a few lines further below, by *E²* ¹³ prop. cor. *CDG* cor. pr. *ABE* ¹⁴ predicacione *ABCEG* predicare *D* ¹⁵ maiores *ACDEG,B¹* in mar. om. *B* ¹⁶ gracie *ACDEG,B¹* in mar. om. *B* ¹⁷ gladio *AC,E*, but by *E³* in mar.: cum cum gl. *BDG* ¹⁸ spiritualiter *CD* specialiter *ABEG*

tibus[19] vita[20] coraule[21] nostri Cristi foret per fidem, quam de ipso habet ecclesia, longe melius imitata, quia moderni satellites tripudiantes[22] per viam contrariam seducunt plurimos a Cristi vestigio exequendo.

Et quantum ad absolucionem papalem[23] certum est, quod ab aliquo peccato non potest absolvere, cum spiritus sanctus dicat I Ioh. ultimo[b]: est peccatum usque[24] ad mortem, non pro illo dico, ut roget quis, et Matth. 12[25 c] dicit Cristus: qui autem dixerit contra spiritum sanctum verbum, non remittetur ei in hoc seculo neque in futuro. Ex qua fide patet secundum exposicionem Augustini,[26] quod peccatum usque ad finem hominis perseverans est irremissibile,[d] cum deus pertinenter asserit, quod non dimittetur[27] in hoc seculo neque in futuro. Papa ergo non habet potestatem[28] peccatum tale remittere et forte sic peccantem[29] sicut peccatum illud fideliter non cognoscit.

Resuscitet ergo suos occisos et moneat eos ad penitenciam fructuosam exhortacionibus verbi dei, et tunc est evidencia, quod ab illo, quod aliter foret peccatum in spiritum sanctum, illos absolvit, quos sic vivificat. Sed verisimile est de[30] multis tam

---

[b] *cap. 5, 16*   [c] *v. 32*   [d] *cp. August. Opp. tom. II, Lib. ad Bonifacium seu Ep. CLXXXV p. 662, F: cum dicit: Qui peccaverit in Spiritum Sanctum ... non utique omne, quod in Spiritum Sanctum peccatur facto seu dicto, sed aliquod certum et proprium intelligi voluit, hoc est, duritia cordis usque ad finem huius vitae, qua homo recusat in unitate corporis Christi, quod vivificat Spiritus Sanctus, remissionem accipere peccatorum*

[19] superviventibus *ABDE.C² in mar.*   supervenientibus *C*   viventibus *G*   [20] vita *ACDG,B¹ and E² (!) in mar.*   om. *BE*   [21] coraul le *(both cr. out)* coraule *in C add. abore the col. 143ᵃ by C²*   [22] tripudiantes *ABCDE* repugnantes *G*, *in mar. is add. by the texthand* nautes, *the first part of the word is cut away*   [23] *in A is add. in mar.:* Absolucio papalis *A¹*   [24] usque *CDG*   om. *ABE*   [25] 12o *ABCDE*   15 *G*   [26] exp. Ang. *ABCDE* Augustinum *G   in D is add. in mar.:* Augustinus *D¹*   [27] dimittetur *ACDEG* dimittitur *B*   [28] habet potest. *BCDG*   potest potestative *AE   in C in mar.:* Peccantem *C²*   [29] peccantem *ABCDE* peccatorem *G*   [30] de *ACDEG* quod de *B*

presbiteris quam laicis,*e* quod ex instigacione sua ad pugnam et defectu fidei orthodoxe inducit illos in temptacionem et necessitat ad peccatum usque ad mortem vel in sanctum spiritum committendum. Nec irregulares prescitos[31] potest ad regularitatem[32] restituere vel absolvere ut salventur.

Et patet, quod non omnia dicta*f* de absolucionibus tamquam ewangelium sunt credenda.[33] Et sic proposito peccatore[34] et ostenso peccato, quod videtur in arbitrio pape leve, nescit cum omnibus suis[35] cardinalibus, si habet potestatem[36] ipsum plene absolvendi de plenitudine potestatis, quia nescit, si peccator ille vel ipsemet sit prescitus. Non ergo temptavit papa hucusque suorum hostium ultimam voluntatem,[37] quia nec predicavit[38] illis ewangelium, nec remittendo iniuriam renunciavit omni statui suo cesareo, quod tamen[39] debet omnis sacerdos et specialiter papa facere, cum Cristus dicat Luc. 14*g*: omnis ex vobis, qui non renunciat omnibus, que possidet, non potest meus esse discipulus. Dyabolicum itaque foret concilium, istud ewangelicum Cristi dimittere et inducendo in temptacionem finalis impenitencie spem falsam de absolucione promittere. Et sic licet in lege veteri licuit patriarchis pugnare,[40] ut Abrahe, David et ceteris, cum[41] ad hoc ex revelacione domini sunt mandati, tamen tempore legis gracie splendente Cristi humilitate et paciencia non video, quomodo licet alicui et specialiter ‖ sacerdoti Cristi sine revelacione huiusmodi sic pugnar.

Et quantum ad illud[42] Luc. 22*h* allegatum,[43] dictum est, quod

---

e cp. *Walsingham, H. A. II,* 95   *f* in the bulls sent to England on account of the Crusade, cp. them *Walsingham II,* 71 ff.   *g* v. 33   *h* v. 36, cp. above p. 626

---

[31] prescitos *BCDG,E*³ in mar.   potentes *A, E (ud.)*   [32] regularitatem *C* irregularitatem *ABDEG*   [33] credenda *ABCDE* tenenda et sic credenda *G*   [34] prop. pecc. *ABCDE* proposita peccacione *G*   [35] suis *ACDEG* om. *B*   [36] in *D* is add. in mar.: Nescit de potestate absolvendi *D*¹   [37] su. h. ul. vol. *ACDEG* suorum voluntatem ultimam *B*, but in mar. hostium by *B*¹   [38] predicavit *B* predicat *GE* predicant *ACD*   [39] tamen *ABCDE* tantum *G*   [40] in *D* is add. above the col.: In veteri lege licuit patriarchas pugnare *D*¹   [41] cum *ACDG* tamen *BE*   [42] illud *BCDG* illud idem *AE*, cp. IX, 45   [43] allegatum *ABCEG* om. *D*

multi pseudofratres heretici predicando superbiunt et excitant multos episcopos et confratres [44] suos ad aggrediendum hanc pugnam, quia non vident, ad quem sensum Cristus aliter mandaret eis emere gladium, cum certum sit ex Psal. 108[i]. Iudas Scarioth et per consequens multi alii [45] apostoli erant episcopi, cum iuxta exposicionem Petri[k] spiritus sanctus de Iuda loquitur: episcopatum eius accipiat [46] alter. Prelati ergo habent artem in medio virtuose pugnandi et tempore, quo debent, a pugnis huiusmodi desistendi.

Tales sunt multe hereses, quibus fratres in ista pugna populum excecarunt. Sed non legi de aliquibus fratribus aggredientibus istam pugnam, qui vel vendiderunt tunicam vel emerunt gladium, sed procurarunt per media sua solita[47] secures armorum et gladios emiserunt.[48] Cum ergo secundum confessionem propriam sunt obligati ad omnia consilia ewangelica, quomodo proficeret exercitus, quem sic ducunt?[49]

Sed dimissis heresibus fratrum et factis suis irregularibus in hac parte videndum est de sensu catholico, quem Cristus edocet in hiis[50] verbis. Sciant ergo heretici imprimis, quod[51] Cristus noluit suos discipulos emere sibi materiales gladios[52] ad bellandum, primo[53] quia Cristus uno intuitu, sine verbo,[54] posset omnes inimicos suos prosternere, ut patet Ioh. 18[l]: Iesus itaque sciens,[55] que[56] ventura erant super eum, processit[57] et dixit[58][m] ad eos: quem queritis? Responderunt ei: Iesum Nazarenum. Dicit eis Iesus: ego sum et

---

[i] *Ps.* 109, 8   [k] cp. *Acts* 1, 20   [l] *v.* 4—6

---

[44] confratres *CDG*   fratres *ABE*   [45] alii *BCDG*   mo. *AE*   [46] accipiat *BCDE,A, but* et *is add. above it by* A^1 accipiet *G*   [47] solita *BCDG*   solicita *AE*   [48] emiserunt *BCDG*   omiserunt *AE*   [49] ducunt *ABCE*   dicunt *DG*   [50] hiis *ACDEG*   suis *B*   [51] verbis sciant c. h. i. quod *ABCDG*   verbis quod *E, aber in mar.* sciant cr. h. inp. E^4 *(?)*   [52] em. s. m. gl. *ABCDG*   em. ma. gl. si *E in D is add. above the col.:* Cristus noluit suos discipulos emere sibi materiales gladios ad bellandum D^1 *in A in mar.:* Gladii duo by A^1, *likewise in E below the col.:* Gladii duo E^2 [53] primo *ABCDE* om. *G*   [54] verbo *ABCDE*   uno verbo *G*   [55] sciens *etc.* — dicit eis *BCDG*   sciens dicit *A,E, here below the col. is add.:* que ventura — eis ego sum E^3 [56] que BCE^3G quia *D*   [57] processit BCE^3G recessit *D*   [58] dixit *C*   dicit BDE^3G

sequitur.⁵⁹ Ut ergo dixit eis: ego sum, abierunt restrorsum et ceciderunt in terram. Ille ergo, qui tam levi modio et prioribus dictis suis consono⁶⁰ posset hostes suos prosternere,⁶¹ non excitaret discipulos suos⁶² inermes et inertes per medium tam anxium ad debellandum, quia ut, dicit Hieronymus,ᵐ non mediocriter peccat, 5 qui propositis duobus bonis eligit minus bonum. Similiter Cristus Petrum ante redarguit, quia pontificis servum cum tali gladio percussit, ut patet Matth. 26ⁿ: tunc ait Iesus Petro: converte gladium tuum⁶³ in locum suum. Omnis enim, qui accipit⁶⁴ gladium, gladio peribit.⁶⁵ Cristus enim, apud quem sunt cuncta presencia, et in 10 quo non fuerunt⁶⁶ est⁶⁷ et non, noluit, discipulos suos sic cum materiali gladio sic pugnare.⁶⁸ Congruencius ergo⁶⁹ foret hiis fratribus predicare populo, quomodo omnis,⁷⁰ qui gladio percutit,⁷¹ sine auctoritate regis pacifici, gladio peribit⁷² divini iudicii, et tunc posset dedisse illis⁷³ graciam istam⁷⁴ pugnam execrabilem 15 evadendi.

ᵐ cp. *Corp. iur. can.*, ed. *Leipz. 1879, I, 1418, Decr. p. III. dist. V*, *cap. 24; the passage runs as follows: Mediocre bonum non est magno praeferendum. Item Hieronymus (in regula monachorum ex Hieronymo collecta — Polycarpus l. 3. t. 35): Non mediocriter errant qui bono magno praeferunt mediocre bonum. Nonne rationabilis homo dignitatem amittit, qui vel ieiunium caritati aut vigilias praefert sensus integritati, ut propter abstinentiam immoderatam atque indiscretam psalmorum vel officiorum decantationem aut amentiae aut tristitiae notam incurrat. This passage is very frequently made use of by W., cp., for instance, De Christo et suo adversario antichristo, cap. IX; also in De Citationibus frivolis, cap. VII, above p. 561*   ⁿ *v. 52*

---

⁵⁹ et seq. *ABCDE* om. *G*   ⁶⁰ consono *ABCE* consone *DG*   ⁶¹ posset li. s. p. *BCDGE* posset hostes *A*, *but in mar.* suos prosternere *is add. by the texthand*   ⁶² suos *ABCDG* om. *E*   ⁶³ tuum *ACDEG*, *B¹ in mar.* om. *B*   ⁶⁴ accipit *CDG* acceperit *E* acceperint *A* accipiunt *B*   ⁶⁵ peribit *CDEG* peribunt *AB*   ⁶⁶ fuerunt *BCEG* fuerint *AD*   ⁶⁷ est *ACDEG* nisi est *B*, nisi *add. later in mar. by E³*   ⁶⁸ sic pugnare *BCDG* pugnare *AE*   ⁶⁹ ergo *ABCEG* enim *D*   ⁷⁰ omnis *ABCDG* omnes *E*   ⁷¹ percutit *ABCDG* percuciunt *E*   ⁷² peribit *ABCDG* peribunt *E*   ⁷³ illis *ABCEG* eis *D*   ⁷⁴ istam *ABCDG*,*E²* *in mar.* et sanctam (sa. *vd.) E*

Similiter Cristus[75] semper scit omnia, ut patet Ioh. 18º; antequam consuluit vendere tunicam || et emere gladium, cognovit illos duos gladios,[76] quos habebant. Cum ergo apostoli dixerunt[p]: ecce, duo gladii hic, et Cristus dixit: satis est, noluit, quod venderent
5 tunicas et emerent sibi materiales gladios ad pugnandum. Et sic fugeret frater hereticus pallidus in hoc puncto, qui dicit, quod Cristus[77] precepit vendere tunicam et emere materialem gladium[78] ad pugnandum. Loquitur ergo Cristus de gladio spiritus sancti, quem est pernecessarium habere in tali persecucionis articulo, ut persecutus
10 lingwa tamquam gladio bisacuto duplici[79] moderamine temperet verba sua, sic videlicet,[80] quod non[81] irritet adversarium ex defectu amicicie[82] ad pugnandum, nec parcat veritati ad crimen propositum reprobandum.[83]

Ad habendum itaque gladium istum[84] debet homo[85] omnia
15 temporalia, amicicias mundanas et propriam vitam relinquere, et tunc gladio spiritus sancti, quem apostolus dicit ad Heb. 4[q] esse tam penetrabilem, est vestitus. Isti autem duo gladii finguntur fuisse duo grandes cultelli[86] carnificum ad agnum paschalem tunc temporis occidendum, et Petrus gessit unum eorum. Sed credere
20 potest, qui voluerit istis sompniatoribus. Ego autem nec credo hoc ut fidem catholicam, nec suppono, nec quod apostoli tamdiu servarunt hos cultellos[87] carnificum, nec quod tales cultelli[88] erant parati ad agnum anniculum[89] occidendum.

Supposito ergo, quod erant duo gladii[90] sicut ewangelium dicit
25 ad literam, dicitur communiter, quod figurant duos gladios, qui

---

[o] v. 4 [p] cp. Luke 22, 38 [q] v. 12

---

[75] Cristus *ACDEG* cum Cristus Cristus *B* [76] *in D is add. in mar.*: Duo gladii *D¹* [77] quod Cristus *BCDEG* quod Cristus *(cr. out)* quod Cristus *A* [78] mat. gl. *ABCE* gl. mat. *DG* [79] duplici *ABCDG* scilicet duplici *E* [80] videlicet *BCDEG,A, above it videlicet is repeated by A¹* [81] non *ACDEG,B¹ in mar. om. B* [82] amicicie *CDG* miticie *ABE* [83] reprobandum *BCDG,E³ in mar.* expurgandum *A, E* (expur ad.) [84] g. i. *CDG* i. g. *ABE* [85] homo *ACDEG* om. *B* [86] cultelli *ACDEG* cutelli *B* [87] cultellos *ACDEG* cutellos *B* [88] cultelli *ACDEG* cutelli *B* [89] anniculum *ABCE* agniculum *DG* [90] *in A and E is add. in mar.*: Duo gladii *A¹, and E²*

sunt satis in ecclesia, scilicet gladium materialem deputandum brachio seculari, ut dicit apostolus Rom. 13ʳ, et gladium spiritualem sacerdotibus deputandum.

Exciplit taciacru etc.[91]

[r] v. 4: *si autem male feceris, time; non enim sine causa gladium portat. Dei enim minister est, vindex in iram ei, qui malum agit.*

[91] *i. e.* Explicit cruciata etc. Explicit Cruciata venerabilis et ewangelici doctoris Magistri Johannis Wyklef *A* Explicit cruciata ewangelici doctoris Incipit tractatus eiusdem de Cristo et eius adversario ca^m primum *B* Explicit Cruciata etc. Motus sum per quosdam *(beginning of De Fundatione Sectarum) D* Explicit cruciata id est contra bella clericorum Incipit tractatus de dissensione paparum ca. prim. *E* Explicit tractatus contra cruciatam *(is the last Tract of cod. G; it begins fol. 237, and is written by a hand different from that of the other Tracts; it is very much like that of cod. 3927; there is only in the ductus of the* d *a difference).*

XXIV.

DE CHRISTO
ET
SUO ADVERSARIO ANTICHRISTO.

DE CHRISTO ET SUO ADVERSARIO ANTICHRISTO.

I. Division.

I. Introduction: on the unity of the Church, cap. I.
II. Philosophical-scholastic basis of the attack, cap. I—IV.
III. The attack itself, V—XV.

II. Summary of Contents.

Chap. I. The introduction starts from the doctrine of the Church. According to catholic teaching the community of the Elect is divided into three parts: the Church Triumphant (the blest in Heaven), the Church Militant (the living, at war with the world) and the Church Dormitant (those who have fallen asleep, i. e. the souls in purgatory), p. 653—654. These three parts must be in harmony, if the Church is to flourish. Hence the first condition of healthy life is unity and peace in the ecclesia militans. This unity is grounded on Exod. XXV and Ephes. IV, p. 654—655.

Chap. II—IV. From the unity of the ideal Church should spring that of the congregation of the faithful, which appears endangered by the quatuor secte noviter introducte. This fourfold division tends to disunion, p. 656—657. The various objections, practical, sophistic and philosophical are to be set aside, p. 658—662.

Chap. V. Having treated this materia abstracta, the author proceeds to an examination, in polemical fashion, of the practical circumstances of the Church, as it then existed.

According to apostolic doctrine the head of the Church is Christ: in the face of this fact the Romish claims are in every respect unjustifiable, p. 663. They come under the four following heads: (1) Is Peter the head of the Church? *(Proof from Holy Scripture, from Peter's name)*, p. 664—665.

Chap. VI. (2) Is Peter the Vicar of Christ, in respect of having a special prerogative above that of the other disciples? *(scriptural and historical proof)*, p. 665—668.

Chap. VII. (3) Has the Roman Pontifex received his power from Peter *(scriptural proof, with a reference to history [Silvester])*? p. 669—671. — *Wiclif's protest*, p. 671.

Chap. VIII—IX. The lamentable division of the Church, the corruption of the clergy, the worldliness of the Pope, the incompatibility of the papal election by the cardinals with holy Scripture — all point to the same truth, that the **Church can exist without the Pope**, p. 671—676.

Chap. X. (4) Is the Pope (in questions of ethics and doctrine) *infallible?* — This, as well as the three first questions, is to be answered in the negative, p. 677—679.

Chap. XI. **The Pope stands rather in a position of total antagonism to Christ**: if this thesis can be proved, he is Antichrist. The proposition is then demonstrated in twelve cases:

    (1) Christ the truth — the Pope the principle of falsehood and lies (in words, writings, works), p. 680.

    (2) Christ's poverty — the Pope's wordly magnificence.

    (3) Christ's meekness and humility — the Pope's pride and cruelty (Crusade), p. 681—682.

    (4) Christ's law perfect and sufficient — the Pope's new cruel law and his oppression of the faithful, p. 682—683.

Chap. XII.   (5) Christ's missionary zeal and exhortation to missionary work — the Pope and his followers either enthroned in gorgeous palaces, or shut up in monasteries, p. 683—685.

Chap. XIII. (6) Christ's contempt for secular power — the Pope's claim of dominion over all earthly kingdoms, p. 686.

(7) *Christ's obedience to the Emperor — the Pope weakens the secular power*, p. 686.

(8) *Christ and this twelve simple disciples — the Pope and his twelve crafty, ambitious, and worldly cardinals*, p. 686—687.

(9) *Christ suffered for His own — the Pope exhorts to war*, p. 687.

Chap. XIV. (10) *Christ confined his mission to Judaea — the Pope has emissaries in every land, but only for the sake of power and gain*, p. 688.

(11) *Christ without pomp and ready to serve — the Pope has a magnificent court, and demands homage even from the Emperor*, p. 689—690.

Chap. XV. (12) *Christ despised worldly fame and gain of gold — everything is marketable with the Pope*, p. 690—691.[1]

This, in point of fact, is how matters stand. Conclusion: can the believer, who desires to be a disciple of Christ, take the Pope for his example? Certainly not, for in this case real following of Christ would be impossible, p. 692.

III. Date of Composition.

In the first place, the whole tone of the Tract, which is aimed against the Pope, points, as will be seen from the review of its contents, to the later years of Wiclif's life. — But we have besides distinct references to the double election to the Papacy, p. 674: Et idem patet ... de eleccione erronea istorum paparum; thus Wiclif has already at this time rejected Urban VI., whom he at first acknowledged:[2] his change of opinion dates apparently from Nov. 29, 1378, on which day Urban issued the bulls for a Crusade against Clement VII.[3] — Moreover the residence of the Popes at Avignon and Rome is implied, cp. p. 683 Nam quidam papa etc. — Clement had

---

[1] It is characteristic, that in these antitheses the Evangelical Doctor appeals only to the Bible (especially to St. Matthew) for all his twelve propositions.

[2] Lechler, J. v. W. I, 648.

[3] cp. Lechler, ibidem.

been elected on the 26th September 1378,[1] and fled from Urban's hostilities to Avignon after Easter 1379.[2] Another reference, cp. p. 683: Papa fugit latenter ut latro de loco in locum etc."[3] seems to point to this flight. — Lastly, Wiclif mentions the Crusade itself p. 681: Ut patet de cruciata nuper erecta contra antipapam, qui videtur pape nostro pretenso plus humili[4] adversari and p. 682: Verisimile est, quod illis laborantibus in illa cruciata defecerunt fides, spes et caritas, et sic tam in corpore quam in anima sunt occisi. — The Crusade, (and that the allusion is to the Crusade itself, not to the preparations for it, the second passage plainly shows) began in May 1383.[5] Bishop Spenser of Norwich embarked for Flanders in the middle of May 1383, but after a shortlived success in the war, was compelled to return to England soon after Michaelmas.[6] The end of 1383 or the beginning of 1384 may, therefore, be fixed upon with tolerable certainty as the date of composition.

IV. Genuineness.

Upon this matter there can hardly be the shadow of a doubt; both internal and external evidence witness to the authorship of Wiclif.

Internal evidence: the style, ideas and mode of reasoning are throughout the same as in the undoubtedly genuine works of Wiclif; indeed so far does this correspondence extend, that particular trains of thought in other of Wiclif's works are here verbally repro-

---

[1] Annales Ecclesiastici auct. Od. Raynaldo, Romae 1667, ad annum 1378 p. 56 ff.; Maimbourg, Hist. du Gr. Sch. I, 60 ff.
[2] Walsingham, I, 393.
[3] Cp. ibid.: Quod audiens, non (iam) Clemens, sed pene demens factus Antipapa, concito fugit ad quoddam castrum Reginae Neapolis, quod vocatur „Spelunca", ibidem latitans, donec furtive transvectus est a schismaticis Avinionem", cp. on Urban Knighton 2657, 46 etc. Maimbourg, I, 101.
[4] This accounts for the still very moderate language of Wiclif against Urban. The passage is of importance for this last stage of the conflict.
[5] Walsingham II, 88; according to Knighton 2672 44 in June 1383.
[6] Knighton 2672, 46

duced.[1] *I could instance many passages which show a mutual relation; but space forbids my giving them in extenso.*[2] — *Wiclif also refers in several passages to earlier works.*[3] — *This may suffice for proof of the internal relation of the treatise to the undisputed works of Wiclif.*

External evidence:

(1) *De Christo etc.* is attributed to Wiclif by Denis II, 1441; 1457; 1468; 1473; 1504. So too in Bale's Summarium fol. 155 (without an Incipit; according to Bale it is written in 2 books; Lewis, Hist. 145 and 352 had seen in Bale as Incipit: Egressus Iesus de templo, Matth. 24; there seems here to be a confusion with a sermon of Wiclif's on Matth. XXIV).

(2) cp. Walden, Doctr. Fid. II, 1

---

[1] Cp., for instance, the beginning: Secundum catholicos ecclesia est etc. with De Civili Dom., cod. 1341 f. 116 v. 1; the quotation in Lechler, J. v. W., I, 542; the same passage in the very same order of words, Festival Sermons XLVIII in cod. 3928 f. 97 c. 3; XXIV Sermons XII, fol. 157 c. 3 and 4; also Arnold, S. E. W. III, 339: Cristis Chirche hath three partis etc. — Here is also another parallel-although not verbal-passage of the same Tract: For no pope that now lyveth woot where he be of the chirche, or where he be a lym of the fend, to be dampned with Lucifer, to be compared with p. 678: Sed certum est quod nec papa in persona etc.

[2] Cp., for instance, cap. VII, conclusion p. 671 with De Solutione Satanae (above p. 392); De quanto fidei scripture consonat ac cciam racioni; p. 656 with De Detectione Perfidiarum Antichristi (above p. 380): Paulus docet ad Ephes. 4°, quomodo Cristi ecclesia debet diligere unitatem etc. — divisionem. Cp. also p. 672 with Trial. 427: Et statim post dotacionem etc.; p. 669: Et constat primo etc. with Chron. Angl. 1328—88, ed. E. M. Thompson, London 1874, 343 or Walsingham II, 58 and Knighton, XScr, 2648 30 ff.; p. 669: Nisi ut loquar etc. with De Citacionibus friv. above p. 549; cp. also the quotation from the Corp. iur. with De Cit. friv. above p. 561. — Also the introductory Numquid credimus is peculiar to W. — The passage, p. 658 ff.: Omne continuum componitur ex non quantis is very frequently made use of by W. for his scholastic argumentations; it is taken from Grossetéte, by whom the atomistic theory of Leukippos was defended and philosophically developped, cp. Shirley, Fasc. Ziz. LV.

[3] p. 656: Sunt autem iste secte quatuor ut sepe dictum est *to be compared with De quattuor Sectis novellis (above p. 242)*; p. 657: Ut dictum est alibi *to be compared with De Fundatione Sectarum, above p. 21.*

(3) *cp. in cod. B* the *Explicit of the Cruciata:* Explicit Cruciata ewangelici doctoris,[3] Incipit eiusdem de Christo et advers. *to be compared with cod. C, in which also the Cruciata comes first:* Explicit Cruciata venerabilis et ewangelici doctoris Magistri Iohannis Wyclef. — *cod.* δ *gives Wiclif's name at the beginning and end (here in the Czech form* Wyclefficek). — *Lastly cp. the emendator's remark, or the glosser's in cod. A and E, cap. VIII, conclusion, p. 671 in mar.:* Protestacio doctoris ewangelici; *cod. C only:* Protestacio magistri.
(4) *Cp. the Vienna catalogues above p. LIX ff.*

V. *Printed for the first time: De Christo etc. from the MSS. in the Vienna and Prague libraries edited by R. Buddensieg, 60 pp. 4⁰. Gotha 1880, F. A. Perthes.*

VI. Extant in
cod. 3929 = A fol. 239^d — 246^a A^1 = *Corrector and Glosser*
$A^2 = $ ⎫
$A^3 = $ ⎬ *Glossers*
$A^4 = $ ⎭ nadir

cod. 3933 = B fol. 70^a — 76^b B^1 = *Corrector (in mar. and in the text)*

cod. 4527 = C fol. 124^b — 133^b ⎰ C^1 = *Corrector (pale hand)*
⎱ C^2 = *Corr. (thin, scribbly hand)*
   C^3 = *Glosser* (Silv. pen.)

cod. 3930 = D fol. 230^d — 239^d ⎰ D^1 = *Glosser (pale thick hand)*
   D^2 =   ,,   *(small, black hand)*
   D^3 =   ,,   *(small, pale hand)*
⎱ D^4 =   ,,   *(thick red hand)*

---

[3] *This name is to be met with already in Wiclif's life-time, cp. Fasc. Ziz. 362. In fact, even in the shortest writings of W. continually reference is made to the Bible, in particular to the New Testament. Matthew is — as De Christo shows — a favourite of W. — W.'s frequent quotations from St. Augustin have secured for him from the part of his followers another distinguishing name, cp. Doct. Fid. I, 34:* Sui discipuli vocabant cum famoso et elato nomine Ioannem Augustini. *From the remark:* Nec ipsius Augustini verba evadere possunt, cuius discipulos se esse iactant *Fasc. Ziz. 167, it appears that also his followers laid claim to this honorable name, following the example of Berengarius, cp. Guitmundus, De verit. corp. et sang. Chr., f. 5ᵇ.*

$$E^1 = \text{Corrector}$$
$$\text{cod. } 1337 = E \text{ fol. } 125^a - 134^d \left. \begin{array}{l} E^2 = \\ E^3 = \\ E^4 = \end{array} \right\} \text{Glossers}$$

all these being in the Imperial Library at Vienna
cod. III. G. 16. = δ fol. $36^a - 39^a$ $δ^1$ = Corrector (pale hand). The codex contains only capp. XI—XV;
the latter being in the Univ.-Library at Prague.

VII. The Manuscripts.

A. Their relationship. Amongst the collated codd. there are two distinct families: A—E and C—D; B differs throughout from them; I have not the requisite data for deciding how far δ preserves its independence, owing to the small compass of the accessible text.

I. *Class A—E.* (1) *A and E are related to one another.* (a) With a few exceptions, the two codd. are in verbal agreement, generally even to a comma and variations of orthography, for instance Ihesu (in other places always abbreviated); even in the corrupt readings cap. II note 13; III, 5; 6; IV, 10; 28; VI, 34; 43; XI, 28 (to which many others might easily be added). The few exceptions are traceable either to carelessness in the copyist over his own writing (especially in the omission of single words): primus I, 30; cler. ces. II, 4; consoluerunt VI, 9; petro in apost. VI, 14; locum VII, 20; est IX, 18; quando IX, 22; sit IX, 25; terrenendo XV, 6; quocunque XV, 19 etc.; or to the hasty treatment of the original before him (A): Macha I, 29; sed VI, 23; quando VIII, 24; X, 18; magnus X, 35.[1]

(b) In harmony with this slavish correspondence in the text is that of the marginal glosses. The text of A has been throughout carefully revised[2] by a glosser, A^1 who has added all the marginal notes (with the exception of Johannes XXIII etc. V, 19; Cyprianus etc.

---

[1] *The following appear to me less traceable to this carelessness:* eius II, 29; innuuntur V, 21; anticrist. VIII, 35; sanctis XIII, 15; symoniaco XIV, 11; qua XIV, 38

[2] *from which original does not appear.*

VI, 20, *which belong to the glosser A^2*, Omnibus apost. etc. *VI, 8;* Quare secta etc. *VIII, 14;* Quando erit etc. *VIII, 28;* Regulari etc. *IX, 28;* Petrus etc. *X, 10;* Papa edific. etc. *XII, 16*, *which belong to glosser A^3, lastly* nadir *IV, 33*, *which belongs to glosser A^4.*[1]

These glosses belonging to A^1—A^4 (— 41 in number —) are to be found with the same wording only in E.[2] *It is also to be observed that from cap. IX the notes grow less frequent, and that from the middle of cap. XII they cease altogether: corresponding in both codd.; moreover that the glosses of both coincide repeatedly, even to their unusual orthography, for example* capud ecclesie *in cap. IV and cap. V, whilst in the text both codices read* caput. *There are five marginal notes at the beginning of the Tract (two at the end of cap. I and three in the middle of cap. II), also a note at the end of cap. IX, which are peculiar to E and not to be found in A. — On the other hand, and this it is of importance to point out, the marginal glosses of the four other MSS. differ entirely, in position as well as in composition, both from one another and from those of class A—E.*

(c) Only A and E have the Czech note: Mily boze *etc. XII, 38, which is very characteristic, and perhaps decisive of the question in hand.*

(d) Lastly, only A and E have the equally characteristic lacuna III, 17. — Ergo: the codices A and E are related to one another.

(2) A is the original of E, not vice versa, also the two codices cannot possibly have a common original. Proof: (a) In a large number of passages the scribe of A has written incorrectly, and then erased the wrong word (either by a line drawn through it, or dots below) and gone on correctly, cp.: consistit sanitas *I, 12;* clerus cesareus *II, 4;* quanto *IV, 20;* pravitate *V, 17;* quod *V, 7; 8; 29; III, 22;* est *VI, 13;* peccat *VII, 24;* ewangelica

---

[1] *From which hand the glosses:* Roma est locus *etc. VII, 22;* Protestacio doctoris *VII, 29 and* Pes primus *etc. X, 14 originate, is not quite certain, probably from A^3.*

[2] *There are wanting only* Cyprianus *etc. VI, 20;* nadir *IV, 33, which is, surely, either a very late gloss, or an emendation, and* Papa edific. *XII, 16.*

VII, 26 etc. (best to be compared in the codex itself); E, on the other hand, in spite of its own carelessness, gives the right word at once in these passages. — (b) The truth of our proposition is evident from the passage: petro in apostolatu VI, 14; for this state of things hardly admits of any other explanation, than that A was lying before E, and that the latter misled by petro got into the wrong line. On the other hand, A could not copy from E, because E had not the complete text, not even (which would seriously affect our conclusion), in an emendation in margin. Neither can it be objected that the completion may be A's conjecture, for this objection is rendered futile by the fact that B, C and D give the sentence in the same words,[1] and that it is a quotation from the Vulgate (Gal. II). For these reasons I conclude, that E is derived from A. Moreover, E copied from A, as Karl Müller in his penetrating and valuable review of my edition in Sybels Histor. Zeitschrift 1881, p. 75 ff., remarks, after the original had undergone a revision by A^1. A^1 gives, strictly speaking, no corrections, but rather emendations, conjectures etc., cp. dividuntur II, 12; patet sec. V, 8; erat VI, 30; scit X, 25; in this last case the emendation is justified practically, but in fact the reading of the best MSS. which by the preceding nec — nec is rendered intelligible to a certain extent, is against it. The only passage which militates against the foregoing conclusion: nec IV, 10, cannot, on account of the similarity of the palaeographical forms of nec and ut, be considered of great weight. — E springs then from the already corrected A. For this reason, and also because the copyist of E is extremely careless and inaccurate (cp. catolicos et sic est triplex I, 6; et II, 11; deistas IV, 14; de ita IV, 15; petro in apostolatu VI, 14; diceretur VI, 22; sed V, 23; potestas sophist etc. VII, 3; sume XI, 16; visibile XI, 30; undiquam XI, 46; que sunt XIII, 9; dominum XIII, 13; vovit XIV, 19; vicarios XV, 5; terrenendo XV, 6; quocunque XV, 19; fiunt XV, 26; dei XV, 41; debere XV, 42 [to be compared in the cod. itself]; add to these the less serious slips: locum VII, 20; est IX, 18; quando IX, 22; sit IX, 25; dyabolus cond. X, 42; et mitit. XI, 33; videtur XI, 44; sit XII, 35 and many more) I have never given in

---

[1] C has only the reading petrus for petro (probably a slip of the pen).

the apparatus criticus the readings of E, where they agree with A, and of those which differ from A, only the principal, so far as they seemed of importance in helping the reader to form an opinion as to the value of the codex. But in proportion to the worthlessness of E itself, is the value of its Corrector, E^1, who corrects E's text not only conscientiously, but also from a good copy. The emendation is not taken from A itself, (cp. consistit sanitas I, 12; fideli III, 5; totaliter III, 6; quod III, 22; racionis IV, 28; patenter VI, 34; fuisse VI, 43; infundabiliter XIV, 40 and many more), although this would not have been an impossibility per se. — Karl Müller[1] considers E^1 to have corrected from B, because the former 'out of 30 variations (there are in fact 33) coincides 27 times with B, even in variations of reading.' That this hypothesis is untenable, seems to me to be clearly shown by two of the very readings given above, namely by patens VI, 34; totaliter III, 6; and further by coex. IV, 8; patet XI, 22, where the correction given by E^1 is not found in B at all. The reading Joh. XII, 14, which under other circumstances might perhaps also be used as evidence against B, is of no importance, because additions of this kind may be made at pleasure. I am more inclined, after another careful comparison, to place E^1 in dependence on the group C—D; in 28 cases out of 33, E coincides with C—D (patens, totaliter are given by C—D), the only exceptions are peccav. VII, 23; domino XI, 3; quomodo XI, 28; undiquamque XI, 46, which do not greatly affect the question, then coex. IV, 8, and especially patet XI, 22. E^1 alone has this last, contrary to the common (and false) consensus of all the other MSS.; E^1's original then is perhaps to be found in the archetype of C—D, which had patet (and coex.). In any case, neither patens nor totaliter can be explained on the theory of his dependence on B. — I give the corrections of E^1 below in the lectio varia, as his original appears to have been none of the codd. here used. E^2, E^3 and E^4 are three other hands, they give no varying readings, but only marginal notes.

II. *The class C—D.* Before I proceed to consider the question, in what relation the two MSS. stand to one another, I will describe them separately in their individual peculiarities.

---
[1] *In his letter to me, in which the arguments of his short review in the Hist. Zeitschrift are more fully stated.*

1. The single Codices.

(A) Codex C. — (a) *The text of C has been submitted to two correctors, C^1 and C^2. Wherever the reading seemed uncertain, C left a space free for later insertion, copied therefore with forethought and consideration, and is thus comparatively valuable: in these blanks IV, 5; VI, 26; IX, 27; XII, 8 C^1 has supplied what was missing, in a firm hand, and after a good copy: to the thin flourishing hand, C^2 belong three or four insignificant marginal notes. C^3 is an independent glosser.* — (b) *The Marginalia: C has the following marginal notes:* 4^{or} secte *II, 3 (C);* Quid est clerus cesarius Quid Monachi, Canonici Fratres *II, 1 (C^3 — written above col. 125^a in the upper margin);* Supposicio *II, 19;* Silvester penituit *VII, 16 (C^3 — half blotted out above col. 128^a);* Protestacio magistri *VII, 29 (C);* vellet suam iurisdiccionem *XIV, 6 (C — this is not a gloss, but simply a catchword of the copyist for the beginning of the new folium 133^a).*[1]

(B) Codex D. — (a) *D is far less valuable than C. That its transcription was inaccurate and thoughtless is evident from a great number of varying readings; I will only instance a few:* veritas *I, 24;* clerus ces. *II, 4;* sentencie *II, 18;* puro *III, 16;* enim iungeret *V, 30;* foret *VI, 26;* relucebat *(om.) VI, 32 and many more.* — (b) *The Marginalia: a number of marginal glosses, all differing from the glosses of C, are peculiar to D. It is remarkable that they only be-begin with the theological part (from cap. V onward).*

(2) C—D are of the same family. That the two are closely related may be clearly proved: but the material before me does not suffice to determine the question of their having sprung from one another, as in the case of A—E. I imagine that both codd. have sprung from the same (unknown[2]) source. In proof of the near relationship of the two codd., I would appeal in the first place to the copious and consistent consensus of the variants of C—D, when

---

[1] *In this place, I would remark once for all, that I do not introduce the marginal numbers, letters, hands, fingers, NB. NB. and other signs in my critical list of readings, because they do not appear to me to contribute further to the characteristic of the different MSS. but rather to render the survey more difficult.*

[2] *At any rate, neither A, B, nor δ is the original.*

compared with the three, or with the four other MSS. In this connexion, nothing speaks so strongly for the two belonging to the same family, as the position, otherwise of no consequence, of words in a sentence; here C—D constantly depart from the consensus of the other texts,[1] cp.: ecclesia triumphans finaliter in ipso unietur *cp. p. 655 l. 18;* ecclesia militante *p. 656, 1; but* militans ecclesia *681, 12;* sunt multipliciter *656, 15;* arguitur sic *658, 20;* corpus unum *658, 21;* ecclesia secundum quamlibet sui partem est consimilis *662, 13;* de primatu apostolorum aput modernos est dissensio *663, 5;* quod est creditum michi *666, 21;* vocavit vere *and* sibi nichil *669, 18; 19;* ista tota *673, 9;* habet per hoc medium desideratum *673, 25;* vicarius Cristi *674, 8;* doctrina et vita *680, 3;* cruciari propterea ut *683, 1;* propria persona *683, 11;* posset in hoc magis esse contrarius domino Iesu Cristo *684, 15;* cum sit idem *686, 22;* sibi sonare *688, 17;* posset maior esse *690, 13. — (b) Added to this consistent agreement in order of the words, we have a great number of readings in which likewise C—D consistently agree, while their sense differs from that of the other MSS.; of these, the following are of importance for our question:* totaliter *III, 6;* substancie (om.) *III, 9;* qualitativa-quantitativa *IV, 4;* sunt hec fundata *IV, 11;* consequens est falsum *IV, 13;* cuilibet *V, 5;* credidit *VII, 30;* vixit *VIII, 6;* nec eciam ecclesia conversans *X, 24;* in sua voluntate *X, 44;* in terris *X, 46;* exposicio *XII, 19;* iste *XII, 33;* discipulorum suorum *XIV, 43 and many more. — (c) But the clearest proof of the near relationship of the two MSS. is afforded by the following readings:* deus d. ecclesiam (sic) *I, 17; for* d. *as an abbreviation of* doceret *is of very rare occurrence, and is not in accordance with the general usage, whilst, of course, the abbreviation* q. d. *for* quasi diceret *is very frequent;* qui episcopus *and* qui erat (ud.) episcopus C *VI, 30;* si fuit pe. excellencia (sic) *VI, 42;* pe. *for* Petri *is also at least remarkable, as it is in this way found nowhere else throughout the entire Tract; lastly, the evidence of* pseudo sui discipuli *XV, 15 is overpowering, and seems to me quite decisive of the question in hand. —*

---

[1] *In my list of readings given below I have drawn attention to the different order of the words only in significant cases.*

*These four readings of C and D are so remarkable, that a dependence
of C on D, or of D on C, might be maintained on the strength of them,
were it not for the number and importance of the many differing readings
which render such a theory impossible. But however important this
consensus of C and D may appear, it would be explained by the
two codd. having a common original, or two different ones belonging
to the same family. The following small selection of readings are
specimens of the variations of both mentioned above: I, 6; 9; 19; 26;
27; 33; 34; II, 6; 18; 20; 22; 25; 27 and so on in the following
capp. — Conclusion: C—D both belong to the same family,
which is distinct from the class A—E, but are not in immediate dependence one on the other.*

(III) *Cod. B. Apart from the two groups described under (I) and
(II), B takes its own way, now in harmony, now in disagreement with
the one or the other, now with readings peculiar to itself.*[1] *(1) B in
agreement with group A—E:* ipsius *I, 10;* spiritale *I, 15;* ecclesiarum *I, 20;* exemplatur *I, 22;* dicit *I, 23;* ista *II, 32;* substancie *III, 9;* quantitativa-qualitativa *IV, 4;* sit fundata *IV, 11;*
est *(om.) IV, 20;* deitati *IV, 21;* angeli *IV, 32;* est *IV, 25* and
27 etc., *to which more might easily be added from a comparison of the
readings. (2) B in agreement with group C—D:* iuvare *I, 8;* corporis consistit sanitas *I, 12;* finaliter *I, 16;* nec *I, 21;* domini
II, 8; dividunt *II, 12;* instinctu *II, 13;* circa *II, 15;* fideli *III, 5;*
omnes cum *etc. III, 17;* nec *IV, 10;* illum sensum *V, 4;* ponens
V, 9; alicuius istorum *V, 13;* quemcunque *V, 20;* multis quod
ex *etc. V, 29;* sic *VI, 4;* necessario *VI, 10;* fuisse *VI, 43* etc. *which
like the above might easily be multiplied. (3) B's independent
readings: (a) lectio vera:* quomodo *IV, 5;* secundum *IX, 13;*
adversantur *X, 47;* declaret *XIV, 13 (cp. δ);* fugiat *XV, 33.
(b) lectio falsa:* et *(om.) I, 18;* regulam *I, 25;* observacionibus
II, 9; laboret *II, 16;* primo *(om.) II, 23;* quatuor *(om.) II, 26;*
secta *(om.) II, 30;* illis *II, 31* and many more, omitted here for want

---

[1] *The orthography* consiiderare, desiiderare, hiistoriacam *etc. is peculiar to B.*

of space.[1] Thus B does not appear to be a very valuable codex. Neither does its corrector B^1 contribute anything of importance; in 17 cases out of 19 it agrees with A and C—D, and must therefore have been guided either by one of these three MSS. or by an original older than the three. The numbers just given would even seem to show the inferiority of B to C—D. But this badness appears in a somewhat different light, and its superiority to this group will be evident, so soon as passing over its *lectio vera* where it is independent, we take account of the latter, wherever it belongs at the same time to one or the other of the codd. and then proceed to compare it with that of C—D. Amongst about 420 crucial readings, D has 109, C 224, and B 206 *correctiones*. If, besides these numbers, I consider the intrinsic value of the readings, I should be inclined to place cod. B at least before cod. D; cod. C, I believe, is superior to B.

IV. Cod. δ. — The small compass of the accessible parallel text prevents our taking an estimate of the codex which may be in any degree certain. I must confine myself to general statements. On the whole the copyist has not done his work badly; of about 120 of the readings in question, δ has 84 belonging to the *lectio vera*, 30 to the *lectio falsa*; in no case does it offer the correct reading against the consensus of the 5 others.[2] There are but few faults of oversight. I incline to the opinion, that it does not belong to the family A—E, especially as it does not contain the ejaculation in Czech XII, 38, which would not have escaped the Bohemian copyist. Whether it is related to C—D, or to B, I do not venture to decide, owing to want of the requisite data.[3]

---

[1] I have counted the number of the agreements and disagreements: B accompanies group A—E about 80 times, group C—D about 60 times; 5 *independents* readings belong to the *lectio vera* (or 6, see above under 3. a.), 64 to the *lectio falsa*. These last, as a close comparison will show, are generally due to carelessness in the copyist (for the most part slips of the pen).

[2] On the contrary in about 45 places, it gives the incorrect reading, against the consensus of the 5 others: XI, 23; 27; 31; 32; 37; 38; 39; 42; XII, 4; 12; 13; 15; 22; 24; 25; 27; 28; 32; XIII, 4; 8; 20; 21; 24; 25; 27; 31; 37; 38; XIV, 3; 5; 12; 14; 31; 34; XV, 4; 12; 13; 15; 16; 17; 24; 35; 36; 38; 43.

[3] To decide this question by reference to the number of correspondences with, or departures from the other MSS., is a very uncertain method, and only of rela-

B. **The best Codex.** Lechler, in his review of my edition of De Christo etc.,[1] and K. Müller in the critique already mentioned, decide for B as the most valuable cod., and as being therefore best suited for forming the base of the text.

Lechler still has at hand some extracts from cod. 3933 from his former labours on Wiclif so that he was in a position to examine more closely some of my readings. I am grateful to him for calling my attention to instruencium *I, 11 (he mentions also* uter *for* utrum *p. 684 l. 2), to which he appeals in proof of the goodness of B.* During my Christmas holidays in 1881, I once more examined the codd., and I certainly found instruentium *in B, but* instrumentum *in the others.* Instruentium *for* instruencium *is a departure from the orthography obtaining throughout the entire Codex, which strikes me as very remarkable, and which betrayed me into my first reading. At the same time, however willing I may be to suppose, that the* t *may be owing to B's original, which may have had* instrumentum, *it is* instruentium *which is here, and I must consider this reading, not only as justified, but as preferable to the reading* instrumentum. — But the case is different with uter, which L. has misread: the text has utrum. This gives quite a good meaning, since the indirect question is to be applied to the Pope as such, against whom the whole treatise is directed.

The readings brought forward by Müller to establish the superiority of B over the other MSS. likewise appear to me inconclusive.[2] He mentions 3 readings as showing the superiority of B: finaliter *I, 16;* habilitate *VII, 6 and* supponitur *X, 34. Willing as one may be to admit the betterness of, at least, the two first readings, they do not prove anything for the value of B beyond what they prove also for* (' tive value. Of all the 240 passages, δ has about 110 readings in common with class A—E, with B 102, with C 98 and with D 91.

[1] Cp. Theol. Lit.-Ztg. 1880 No. 11.

[2] Unfortunately Müller's very careful review appeared in print in a greatly shortened form, which does not in the least show whether there is any foundation for his objection to my application of the MSS. In a letter to me, Prof. Müller has kindly supplied the deficiencies of the print.

and D; indeed after this fashion, a great many more readings might be produced in favour of B.[1]

I have submitted the readings to a close reexamination, have taken advantage of the hints afforded me by the critical reviews which I have received of my edition, and setting aside incorrect readings, for inst. mere slips of the pen like muper for nuper etc., I have arrived at the following result, which in the main agrees with my first one.

Against the superiority of B over A and C, of which alone there is any question, I have to bring forward the following: (1) laboret II, 16; primo II, 23; qua. (om.) II, 26; secta II, 30; illis II, 31; sophistice III, 1; pos. III, 7; sit III, 8; omnia III, 18; omnes III, 19; const. IV, 6; pot. etc. IV, 16; illab. V, 7; philoc. V, 16; ap. (om.) VI, 2; propos. VI, 7; 20⁰ VII, 2; aliqualiter VII, 8; ta. (om.) VII, 9; ex VII, 14; ewang. VII, 15; longe VIII, 13; tota (om.) VIII, 26: fid. VIII, 30; 2^{cim} IX, 5; modi (om.) IX, 17; sit IX, 30; scil. X, 31; ven. XI, 9; summe XI, 12; ex m. (om.) XIII, 2; anticr. (om.) XII, 18; auf. XII, 20; subd. XII, 35; propt. XIII, 3; 20 XIII, 7; quom. XIII, 33; digni (om.) XIII, 34; anti. (om.) XIV, 24; sit XV, 2; non sc. XV, 10; ante XV, 28; sit XV, 30, all of them passages in which B alone has a wrong reading, against the consensus of all the other MSS., and moreover not only errors of the pen, but inaccuracies of copying, omissions, misconstruction etc. — (2) Still more significant appear to me the meaningless readings: regulam I, 25; observacionibus II, 9; cuiuslibet V, 5; finitas V, 11; Simone VI, 31; finis XIV, 29; dicente XIV, 32; opinio. XV, 9; locacion. XV, 8 and esp. iniungeret V, 30; lastly two altogether corrupt passages of some length, cp. cap. VI, 2; 5; 6; 7; 11 etc. and X from sic; cp. 5; 6; 7; 9; 12 etc.

---

[1] i. e. in the very frequent cases where class A—E gives a wrong reading. As to Müller's other objections, es for ex, quodsi for quod si, hodlie for hodie, minis for nimis, cunt for sunt are of course misprints (likewise Lechler's animadversion fulsos for falsos); but date is not a mistake for dicte, all the codd. have it; so likewise ut sic p. 680 l. 3 is not to be corrected into sicut, cp. the immediately following ut sic p. 680 l. 11. The phrase often occurs in W.

Of course, a number of such corrupt readings are also to be found in *A* and *C*, but with few exceptions they result here from slighter mistakes, and are not so numerous. I have counted the *lectio vera* and *falsa* in all the MSS. In 298 passages the codd. are in decided disagreement; of these, *B* gives the wrong reading 92 times, *C* 74 times, *A* 71 times (*D* 109 times, *E* 96 times). Lastly, I must again point out, that *B* alone has a false reading no less than 60 times, against the consensus of the rest; in this respect it is inferior to cod. *D*, which is otherwise of little value (57 false readings), whilst *C* has only 21, *A* only 10 corruptions of the kind. This is a number, affording powerful enough proof of the negligence and untrustworthiness of *B*.[1]

If, in this respect, I have not seen my way to follow the proposals of my reviewers, my renewed critical investigations combined with the objections raised in the reviews mentioned above against my appreciation of the MSS., have at least shaken me somewhat in my opinion of the superiority of *A* over *C*. After having completed the critical examination of the remaining 25 Tracts printed in this volume, I brought to the renewed study of the one before us, a prejudice greatly in favour of *C*, which I must hold to be justified, since I am led to the belief that 13 of the Tracts in question are to be based upon *C*. Nevertheless I am inclined to maintain *A*'s candidature even against *C*, because (1) out of the 298 crucial passages *A* gives 227 times, and *C* only 224 times, the right reading; but especially because (2) *A*, as pointed out above, is alone in giving a wrong reading against the consensus of the rest only 10 times, against the 22 times of *C*. And lastly, as to the intrinsic value of *C*'s readings, the following as compared with the corrupt readings of *A*, seem to me greatly to impair the worth of *C*: duplex *I, 6;* exempl. *I, 22;* si *VIII, 23;* humil. *XI, 10;* seductas *XI, 35;* also the entire cap. *X* and *XII* (which cp.). As moreover A^1 has materially improved by his emendations the original copy of the first scribe, which cannot be said of C^1 in respect to *C*, I give the palm to *A*. At the same time, I must not omit to mention emungeret *V, 30* in favour of *C*.

In conclusion, that all the MSS. here made use of, point to a

---

[1] Cp. with ref. to this *De nova Praev. Mand.* p. 115.

common archetype, seems to me quite evident from the passages videtur mult. quod *V, 30;* Iudeus cum sis *VI, 24;* populo *VIII, 22;* onerose *XV, 39.*

The following diagram shows the relation of the MSS. according to the foregoing examination:

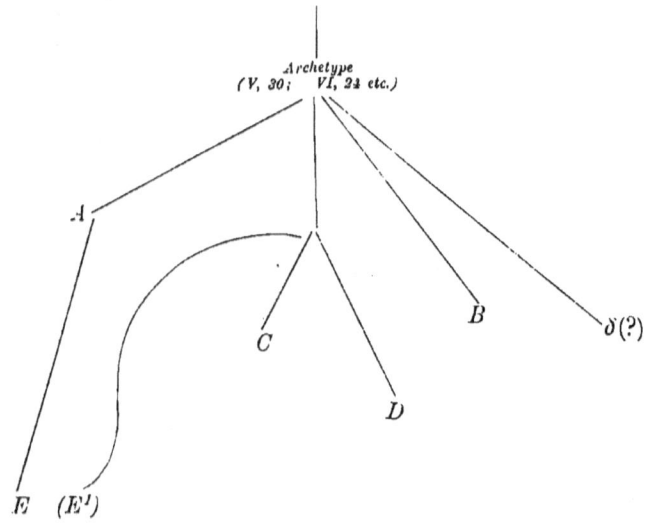

JOHANNIS WICLIF

DE CRISTO ET SUO¹ ADVERSARIO² ANTICRISTO.³

Explicit Cruciata venerabilis et ewangelici
doctoris Magistri Johannis Wyklef.⁴

CAP. I.

‖⁵ Secundum catholicos ecclesia est predestina|torum universitas. Et sic est triplex⁶ ecclesia,⁷ | scilicet ecclesia triumphancium in celo, ecclesia mi|litancium hic in mundo et ecclesia dormiencium in purgatorio.ᵃ

¹·A fol. 235ᵈ lin. 14

CAP. I. ᵃ Cp. the same division and definition, Arnold, S. E. W.
III, 339: Christis Chirche in his Spouse that hath three partis; the
first part is in blis etc. and Three Tract. by J. de Wycliffe ed. Dr.
Todd (Dublin 1851) cap. 1 p. III: The first part in clepid over-
coming. The myddil is clepid slepyng. The thridde is clepid fightyng.
Vgl. Trial. IV, 22, 325; also Daniel, Thesaurus hymn. V, 106

CAP. I. ¹ suo ABD in the Expl., E in the Inc. ous (i. e. suo) C in the Expl.
eius B in the Inc. ² adversario AD in the Expl., BE in the Inc. and Expl.
adsairouer (i. e. adversario) C in the Expl. ³ anticristo AB in the Expl. E
in the Inc. and Expl. om. C,D in the Expl. and B in the Inc. ⁴ Expl. . . .
Iohannis Wyklef A Explicit Cruciata ewangelici doctoris Incipit eiusdem de
Cristo et eius adversario cap. primum B without this Expl. C, because the scribe
of the preceding Tract De ordine cristian. did not fill up the last column 124ᵃ
there are wanting about 17 lines Explicit liber Ambrosii de moribus ecclesie etc.
D, nearly at the end of fol. 230ᶜ Explicit De nova prevaricancia mandatorum
Incipit tractatus de Cristo et suo adversario anticristo E ⁵ B fol. 70ᵃ lin. 43
C fol. 124ᵇ lin. 1 D fol. 230ᵈ lin. 1 E fol. 125ᵃ lin. 37 ⁶ triplex AD duplex
BC ⁷ in A is add. in mar.: Ecclesia A¹

Ecclesia autem militancium ex approbacione Cristi expressa vel tacita dicitur communiter tripartita, scilicet ecclesia clericorum, qui debent esse propinquissimi ecclesie triumphanti et iuvare[8] residuum ecclesie militantis, ut sequatur[9] Cristum propinquius, qui est caput tocius ecclesie, ut patet Eph. primo[b]: ipsum, inquit Paulus, dedit caput super omnem ecclesiam, que est corpus ipsius.[10] Secunda pars militantis ecclesie dicitur esse militum ita, quod, sicut prima pars istius ecclesie dicitur instruencium[11] oratorum, ita secunda pars ecclesie dicitur corporalium defensorum. Tercia vero pars ecclesie dicitur wlgarium vel laboratorum. Et in armonia ista trium parcium ad imitacionem trinitatis increate consistit sanitas corporis istius[12] ecclesie militantis.

Debet autem in ista ecclesia et qualibet sui parte esse pax et unitas,[13] cum omnes partes et singule[14] debent mutuo se iuvare, cum locorum distancia non impedit adiutorium spirituale.[15] Et sic ista ecclesia militans debet ad instar triumphantis ecclesie et finaliter[16] ad similitudinem trinitatis appetere unitatem.

Et istam doctrinam eliciunt quidam ad sensum misticum ex verbo domini dicto Moysi Exodi vicesimo quinto[c]: omnia fac, sicut tibi in monte monstratum est, ‖ ac si mistice deus doceret ecclesiam[17] militantem, quod imitetur secundum noticiam suam et[18] graciam[19] in disposicionibus ecclesiam[20] triumphantem, quia certum est, quod ipsa errare non poterit, ut[21] exemplatur[22] inferius,[d] de quanto

---

[b] v. 22—23   [c] v. 40: *Inspice et fac secundum exemplar quod tibi in monte monstratum est; the quotation is not accurate,* κατὰ σύνεσιν. Cp. *Acts* 7, 44; *Hebr.* 8, 5   [d] cp. cap. X

---

[8] iuvare *CD*   iuvans *A*   uunare *B*   [9] sequatur *ABC*   sequitur *D*   [10] ipsius *AB* Cristi ipsius *CD*   [11] instruentium *B*   instrumentum *ACD*   [12] cons. san. corp. consistit sanitas *(these two last words cr. out)* istius *A*   cons. san. corpori sconsistit sanitas istius *BCD*   cons. san. corp. istius *E*, *but there is add. in mar. with ref. to corp.:* Consistit sanitas istius *E¹*   [13] *in A is add. in mar.:* Unitas ecclesie bene notatur *A²*   [14] et singule *ACD*   singule *B*   [15] spirituale *CD*   spiritale *AB*   [16] finaliter *BCD*   specialiter *A*   [17] deus doceret ecclesiam *AB*   deus d. ecclesiam *(sic) CD, therefore* diceret *according to the palaeographical rules, cp. below cap. II note 18*   [18] et *ACD om. B*   [19] graciam *ABD*   gracia *C*   [20] ecclesiam *CD* ecclesiarum *AB*   [21] ut *A*   nec *BCD*   [22] exemplatur *AB*   exemplatum *CD*

cap. I] *DE CHRISTO ET ADVERSARIO SUO ANTICHRISTO.* 655

exemplar istud debite imitatur. Istam autem unitatem videtur docere apostolus Eph. quarto,[e] cum sic dicit:[20] unus dominus, una fides, unum baptisma, unus deus et pater omnium. Ista autem quadruplex unitas[24] doceret militantem ecclesiam
5 servare ex dei gracia unitatem. Recoleremus itaque,[25] quomodo dominus[26] Iesus Cristus, qui est rex regum et caput tocius ecclesie, appetit unitatem. Secundo recoleremus, quomodo fidei uniformitas facit in[27] membris militantis ecclesie. unitatem. Unde gentiles principes, licet in errore fidei perseverent, nituntur reducere suas pro-
10 vincias ad fidei unitatem, ut patet de Antiocho illustri[28] primo Macc.[29] primo,[f] ymo de Alexandro magno, qui primus[30] regnavit in Grecia, dicitur, quod fecit totam legem dei interpretari sibi a lingwa[31] hebrea in grecam; et per hoc ex dei gracia monarchiam generalius conquisivit.[32]
15 Tercium signum, ad unitatem excitans, est unitas baptismalis.[33] Debemus enim ex fide supponere, quod spiritualis baptizacio est influencia viantis[34] ex gracia summi dei. Et istud recolens[g] et unitatem increatam in deo quarto considerans et quomodo triumphans ecclesia in ipso finaliter unietur, appeteret naturaliter uni-
20 tatem.

---

[e] *v. 5—6*   [f] *v. 43—45: Et scripsit rex Antiochus omni regno suo, ut esset omnis populus unus; et relinqueret unusquisque legem suam. Et consenserunt omnes gentes secundum verbum regis Antiochi; et multi ex Israel consenserunt servituti eius et sacrificaverunt idolis et coinquinaverunt sabbatum*   [g] *this substantiation of the participle frequently occurs in W.'s writings, cp. for instance cap. VII: sic dicens concurrentibus cap. III, negans cap. X; Shirley, Fasc. Ziz. 100: contra tenentem opinionem*

---

[23] dicit *AB*   dicat *CD*   [24] unitas *ABC*   veritas *D*   [25] itaque *CDE,A¹ in mar.*   igitur *A*   regulam *B*   [26] dominus *ABC*   deus *D*   [27] in *ABD* om. *C* [h²] *in E is add. above the col.:* Fidei unitas procurabatur eciam a gentilibus principibus *E²*   [29] Mach *ABCD*   Mᵗ *E*   Macha *E¹ in mar.*   [30] primus *ABCD* om. *E*   [31] dei int. si. a ling. *A*   dei si. int. a ling. *CD*   dei sibi a lingwa *B*, *but in mar. with mark of ref. to* dei *is add.* interpretari *B¹*   [32] *in E is add. in mar.:* Alexander unde monarcha *E²*   [33] baptismalis *ABD*   baptizabilis *C* [34] viantis *ABC*   unitatis *D*

CAP. II.[1]

Ex istis quidam fideles eliciunt, quod debet in militante ecclesia esse unica secta domini Iesu Cristi,[2] et per consequens quatuor secte, post sectam Cristi per dyabolum introducte, debent cessare gracia unitatis ecclesie militantis.

Sunt autem iste secte quatuor,[3] ut sepe[a] dictum est, clerus cesareus, monachi,[4] canonici atque fratres.

Clerus cesareus est multitudo sacerdotum,[5] qui temporali dominio sunt dotati, cuius patronus instabilis dicitur esse papa et regula lex papalis. Secunda secta dicitur esse monachi bipertiti, cuius patronus dicitur esse Benedictus, et regula, quam ex eius sentencia beatus Gregorius compilavit. Tercia secta dicuntur[6] canonici, cuius patronus fingitur Augustinus. Et dicitur, quod sacerdotibus sibi sociis dedit regulam[7] ‖ facilem cum lege dei[8] concordantem. Quarta secta et ultima dicuntur[6] fratres, qui in ritibus et aliis observanciis[9] multipliciter sunt divisi,[10] sicut et triplex secta possessionatorum in[11] albos (et) nigros viros et feminas, quas sanctimoniales dicimus, dividuntur.[12]

Et talis divisio instinctu[13] dyaboli indubitanter in militantem ecclesiam subintravit, et sicut confundit unitatem secte domini Iesu Cristi, sic confundit religiositatem ordinis cristiani.[14] Ideo, ut sepe

A fol. 240b

[line 5]
[line 10]
[line 15]
[line 20]

CAP. II. [a] Cp. for instance De quattuor Sectis novellis above p. 212

C.AP. II. [1] In C a new column begins above it: Quid est clerus cesareus, quid monachi, canonici, fratres C[3] [2] in A is add. in mar.: Secta unica esse debet A[1] [3] in A is add. in mar.: Quatuor secte A[1] in C in mar.: Quattuor secte C [4] cesareus monachi etc. ABCD cesareus est multitudo sacerdotum etc.; the scribe got into the wrong line, led astray by clerus cesareus likewise E, but here the missing words are supplied in a note below the col. [5] in B is add. in mar.: Clerus cesareus quid sit B[1] in D is add. in mar.: Prima clerus cesareus D[1] [6] dicuntur ABD dicitur C [7] in A below the col. 240[a]: Quatuor secte A[1] [8] dei A domini BCD [9] observanciis ACD,B[1] in mar. observacionibus B [10] mu. s. di. AB s. mu. di. CD [11] in ABCD et E [12] dividunt BCD, also A, but ur is add. by A[1] with red ink dividuntur E [13] instinctu BCD in fructu A,E fructu ad., above it stinctu E[1] [14] in E is add. above the col.: Divisio sectarum confundit unitatem et religionem E[2]

dicitur, circa¹⁵ unitatem secte domini tota militans ecclesia laborat,¹⁶ cum Alexander Macedo, princeps ethnicus, circa hoc laudabiliter laboravit.

Unde secte iste, verecundantes suam divisionem a secta domini, dicunt, quod non sunt alie a secta domini Iesu Cristi, quia tunc indubie non forent nisi equivoce cristiani.¹⁷ Sed suppono illis sine¹⁸ contencione,¹⁹ ut dictum est alibi, quod unitas secte requirit unitatem regule et patroni,ᵇ et cum iste secte quatuor tam in patrono quam regula²⁰ variantur a secta Cristi, evidens est, quod iste secte sunt dispares, sicut sunt ordines ex confessione propria variati.

Nec valet dicere,²¹ quod secta Cristi est genus, et habet sub se species multiplices, quia ad unitatem individuam date secte sufficit unitas²² individua regule et patroni. Sed Cristus et lex ewangelica sunt individua, ergo tota secta Cristi, sicut et sua ecclesia, est ad unitatem individuam reducenda. Quando autem secta Cristi fuit primo²³ simplex individua, tunc crescebat;²⁴ sed expost, cum falso ficta fuerat esse genus, et partes specifice fuerunt²⁵ sine auctoritate Cristi vel eius licencia introducte, tunc decrevit.

Ymo constat logicis, quod individuum non potest crescere ad genus vel speciem; ideo non potest vere dici, quod iste secte quatuor²⁶ sunt species contente sub genere secte Cristi. Ymo cum diversitas numeralis²⁷ recedit ab unitate et secta Cristi,²⁸ ut patet ex suis²⁹ principiis, sit optima secta³⁰ possibilis, manifestum videtur, quod sit irreligiosa stulticia, sic recedere ab individua secta Cristi.

ᵇ *for instance, above De Fundat. Sect. p. 21*

---

¹⁵ circa *BCD* citra *A* ¹⁶ laborat *ACD* laboret *B* ¹⁷ *in E is add. below the col.:* Secte unde convincerentur a Cristo diviso *E²* ¹⁸ sine *ABC* sentencie *D* ¹⁹ *in C is add. in mar.:* Supposicio *C¹* ²⁰ regula *ABD* in regula *C* ²¹ dicere *ABD* d. *(sic) C, cp. above cap. I note 17* ²² unitas *ABC* et unitas *D* ²³ primo *ACD* om. *B* ²⁴ *in E is add. above the col.:* Lex secte Cristi simplex et individua profecit *E²* ²⁵ fuerunt *ABC* fuerant *D* ²⁶ ist. sc. quat. *ACD* ist. sc. *B, but in mar.* quatuor *B¹* ²⁷ numeralis *ABD* naturalis *C* ²⁸ Cristi *CD, A¹ corr. into the text* om. *AB* ²⁹ suis *ABC* eius *DE* ³⁰ secta *ACD, B¹ in mar.* om. *B*

Nec possunt iste secte subterfugere, quin ab individua secta domini recesserunt. Sed quis processus terruit illos,[31] quod sic ab ista[32] unitate secte domini declinarunt?

CAP. III.

|| Sed contra istam sentenciam instant sophiste[1] dyaboli, — contra hoc, quod dicit apostolus Eph. primo,[a] quod visibilis[2] ecclesia est unum corpus[3] et dominus eius caput, — primo sic: omne corpus est unum continuum, quia aliter foret substancia huius mundi corpus, licet fuerit in indivisibilia separata.

Sed hic dicitur concedendo primum principium tamquam fidem. Cum enim ecclesia sit sponsa Cristi et mulier fortis, ut dicit Salomo,[4b] necessario erit corpus, ut hic[c] dicit apostolus, nec dubium fideli,[5] quin Cristus non sit cum duris et frigidis lapidibus, cum lignis et aliis concurrentibus ad composicionem basilice desponsatus. Ideo oportet, quod ecclesia, sponsa Cristi, ex angelis et hominibus componatur. Et sic concedunt, quod ecclesia est unum continuum, quia secundum partes corporeas, et totus mundus est unum corpus maximum et foret, licet per impossibile in[6] indivisibilia dividatur. Continuacio enim et parcium composicio,[7] cum sit[8] accidens, non est principium nature corporee, cum totum genus accidentis a toto genere substancie[9] sit causatum. —

Secundo sic arguitur: cum angeli sint[10] partes ecclesie, et ipsa est unum corpus continuum, ut hic[d] dicitur, sequitur, quod con-

---

CAP. III. [a] v. 22—23: *Et ipsum dedit caput supra omnem ecclesiam, quae est corpus ipsius et plenitudo eius, qui omnia in omnibus adimpletur* [b] cp. Cant. 4, 8 ff. [c] cp. Eph. 1, 24 [d] cp. above l. 5 ff.

---

[31] illos *ACD* illis *B* [32] ista *AB* om. *CD*
CAP. III. [1] sophiste *ACD* sophistice *B* [2] visibilis *ABC* universalis *D*
[3] in *A* is add. in mar.: Ecclesia est unum corpus *A*[1] [4] Salomo *AD* Salomon *BCE* [5] fideli *BCD,E*[1] with mark of ref. below the col. om. *AE* [6] in *AB,E*, but in mar. totaliter is add. by *E*[1] totaliter in *CD* [7] composicio *ACD* posicio *B*, but *B*[1] com in mar. [8] sit *ACD,B*[1] in the text om. *B* [9] substancie *AB* om. *CD* [10] sint *AB* sunt *CD*

tinuum componitur ex non quantis,[11] cuius[12] oppositum demonstrat Aristoteles multis locis.

Hic concedenda est conclusio, ut patet ex multis evidenciis. Nam omnes partes istius corporis vel sunt pure divisibiles, vel pure indivisibiles[13] sive mixtim. Primo modo enim[14] dicitur, cum tunc omnes ille[15] partes assignate in principio[16] non sunt omnes, cum[17] habent medietates, quartas, et sic de aliis partibus proporcionabilibus, et per consequens ille assignate in principio[16] non sunt omnes.[18] Nec potest dici, quod ille omnes sunt indivisibiles, quia tunc nulla pars continui foret composita. Ideo relinquitur tercium membrum, quod nec omnes partes corporis sunt divisibiles nec omnes[19] indivisibiles, sed commixte. Et sic est de partibus corporis ecclesie, quod alique sunt divisibiles, ut corpora beatorum, alique[20] indivisibiles, ut spiritus beatorum, et alique mixtim, ut partes corporis ecclesie, que ex istis partibus componuntur. —

Sed tercio arguitur per hoc principium mathematicum, quod omne totum est maius sue parte quantitativa.[21] Sed totum corpus ecclesie non est maius, quam est corpus hominum beatorum, ergo corpus visibilis ecclesie non est ex hominibus et angelis aggregatum.

Hic dicitur, quod illud principium mathematicum, quod intelligitur[22] de quantitate, que est principium talis sciencie, ut quantitas discreta, que est principum arithmetice, vel quantitas continua, que est principium geometrie, — ‖ illud idem,[23] inquam, principium intelligitur de partibus quantitatis[24] huiusmodi subiectorum. Et istud est verum, licet unum totum a sua parte maxima per indivisibile sit excedens, ut patet tam de quantitate continua quam discreta.

A fol. 240ᵈ

---

[11] *in A is add. in mar.:* Continuum componitur ex non quantis *A¹* [12] cuius *ABC* cum *D* [13] *in A is add. in mar..:* Ecclesie partes alique sunt divisibiles, alique indivisibiles *A¹* [14] enim *A* non *BCD* [15] ille *ABC* om. *D* [16] principio *ABC* puro (!) *D* (*the abbreviation is not clear*) [17] omnes, cum etc. *BCD* omnes, nec potest dici etc. *AE the scribe got into the wrong line, led astray by* non sunt omnes [18] omnes *D, certainly also the original of A, cp. note 17* omnia *BC* [19] omnes *ACD, B¹ in mar. om. B* [20] alique *ACD* et alique mixtim ut partes corporis ecclesie (ud.) alique *B* [21] *in A is add. in mar.:* Omne totum est maius sua parte, quomodo intelligitur *A¹* [22] quod intelligitur *B* quod (cr. out & ud.) intell. *AC* intell. *E, but in mar.* quod *E¹* [23] idem *AB* om. *CD* [24] quantitatis *ABC* quantitativis *D*

Et sic dupliciter potest intelligi, unum corpus esse maius reliquo, scilicet continue vel discrete; continue, sicut corpus excedit sui partem quamlibet numeralem,[25] discrete autem unum corpus excedit reliquum per partes indivisibiles, que non sunt partes numerales vel proporcionales geometrice suo toti. — Et in ista equivocacione 5 laborant inutiliter sciencie, que miscentur.

CAP. IV.

Sed adhuc instatur contra istam sentenciam, que asseritur esse fides: quelibet pars quantitativa corporis est corpus, sed tres ierarchie[1] celestes sunt partes quantitative corporis ecclesie, ergo quelibet illarum est corpus, et per consequens spiritus, non habentes 10 posicionem[2] vel continuacionem, constituunt[3] unum corpus. Sed quid impossibilius?

Hic dicunt catholici, quod duplex est pars corporis eciam secundum philosophos, scilicet pars quantitativa et pars qualitativa;[4] et cum omnis homo sit corpus, et anima sit pars eius, non vertunt 15 in dubium, quin non quelibet pars corporis et non quelibet pars qualitativa hominis est corpus.

Sed ulterius considerant theologi subtilius in ista materia, cum considerant de parte indivisibili corporis, quomodo[5] stat[6] resolucio quoad molem. Et sic loquendo de parte quantitativa corporis 20 ecclesie locuntur[7] de ipsa communius, quam locuntur philosophi, scilicet de parte qualibet numerali, et sic negant, quamlibet partem quantitativam corporis esse corpus, cum spiritus indivisibilis quoad molem sit pars quantitativa corporis ecclesie, licet non habeat

---

[25] numeralem *ABD* materialem *C*
  CAP. IV. [1] ierarchie *AC* gerarchie *BD* [2] posicionem *ABC* potenciam *D* [3] constituunt *ABC* consistunt *D* [4] quan. et p. qual. *AB* qual. et p. quan. *CD* *in A is add. in mar.:* Pars corporis est duplex, quantitativa et qualitativa *A¹* [5] quomodo *B,C¹, in C the scribe left a blank space, in it* quomodo *was inserted by C¹, but the blank was not filled by it, so that there is after* corporis *a lacuna* quam *AD* [6] stat *ACD* constat *B* [7] loquuntur *ABCD* loquentur (?) *E*

extensionem;[8] ut patet de ierarchia celesti et spiritibus, qui sunt partes hominum.

Sed difficultas est, utrum aliqua ierarchia celestis vel aggregatum ex spiritibus hominum sit corpus. Et dicunt quidam, quod sic, quia corpus misticum, et sic aliquod est corpus, quod non est divisibile quoad molem. Et sic videntur legiste[a] loqui, vocantes legum suarum indivisibilem multitudinem corpus iuris, et sic aliquod est corpus, ex tribus partibus indivisibilibus, posicionem[9] non habentibus, integratum. Et ipsi dicunt, quod quelibet multitudo trium spirituum beatorum vel plurium est corpus ecclesie, sed corpus misticum. Nec[10] dissencio ab ista sentencia.

Si enim in fide scripture patule sit fundata,[11] secundo obicitur per hoc, quod si Cristus sit caput ecclesie, tunc est pars ecclesie,[12] quia aliter ecclesia foret corpus acephalum. Consequens videtur[13] falsum, quia Cristus est deitas,[14] et deitas[15] non potest esse pars creature, quia sic creatura foret perfeccior creatore.

Hic dicunt catholici, quod Cristus est indubitanter caput ecclesie, ut patet ad Eph. primo,[b] et sic potest dici esse dignissima[16] et suprema pars ecclesie, sed secundum humanitatem. Unde, sicut Augustinus in libro Retractacionum suarum vellet vocare Cristum hominem dominicum, si auctoritatem habuerit ex scriptura, ita nos vellemus in ista materia[17] loqui, sed de scripture locucionibus contentamur.

Et ita videtur, quod ante incarnacionem ecclesia non fuit acephala, cum habuit[18] deitatem extrinsecus, non intrinsecus capitantem. Habuit tamen ex incarnacione Cristi perfeccionem inestimabilem,

---

CAP. IV. [a] *The Legists are, according to the custom of the Middle Ages, the doctors of the roman, the Decretists of the canonical law* [b] *v. 22*

[8] extensionem *ACD,BE, but add. by B¹ in mar., and E¹ has add. in the text* co *(therefore* coext.) [9] posicionem *BD* positum *AC* [10] nec *BCD,A¹ in mar., corr. into the text by E¹* ut *E (ud.), A* [11] sit fundata *AB* sunt hec fundata *CD* [12] in *A is add. in mar.*: Cristus si est pars ecclesie *A¹* [13] videtur *A* videtur esse *B* est *CD* [14] deitas *ABCD* deistas *E* [15] deitas *ABCD* de ita *E* [16] potest dici esse dignissima *ACD* potest esse dirigi (dir. cr. out) dignissima *B* [17] in ista materia *BCD* istam materiam *A* [18] habuit *ABCD,E¹ in mar.* om. *E*

cum fuit[19] intrinsecus capitata. Et de isto capite videtur loqui apostolus ad Hebreos primo[c] secundum eius humanitatem, quando dicit, quod Cristus tanto melior angelis effectus, quanto[20] differencius pre illis nomen hereditavit. Hoc autem nomen videtur esse homo, deitati[21] ypostatice copulatus, et in racione istius nominis gaudebant 5 angeli[22] tempore veteris testamenti.

Sed tercio dubitatur de racione, secundum quam homines et angeli sunt corpus ecclesie. Videtur enim, ecclesiam esse corpus valde heteromogenum,[23] et sic videtur esse congruum militanti ecclesie, habere sectas disparium naturarum. 10

Hic dicunt catholici, quod racio corporis ecclesie non est continuitas[24] mathematica, sed verius est[25] predestinacio, secundum quam [in][d] deo[26] ecclesia est unita. Et ita quoad istud ecclesia est[27] secundum quamlibet sui partem consimilis racionis,[28] cum tam[29] Cristus quam[30] angelus sit predestinatus, ut patet Rom. primo.[e] 15 Ideo cum secta sit spiritualis, sicut predestinacio vel unio in deo, consonum est racioni, quod sit unica secta Cristi. Et sic conceditur, quod secundum racionem disparem Cristus est caput et sponsus ecclesie.[31]

Alias autem difficultates, ut quod ecclesia ante incarnacionem 20 fuit acephala, licet tunc cum deitate fuit[32] desponsata, non audeo tangere, sed relinquo posteris pertractandas, sicut relinquo sophistis, quomodo idem corpus potest esse quantumcunque modicum et simul in zenith capitis, in nadir et[33] in polis.[f]

---

[c] v. 4 [d] cp. unio in deo *line 16* [e] v. 4 [f] *The nadir is that point of the globe, which is just opposite the Zenith, therefore not visible*

---

[19] fuit *ABCD,E[1] in mar.* sint *E* [20] quanto *B,A (corr. by the texthand est quanto CD* [21] editati *AB* deitate *CD* [22] angeli *AB* angeli et patres *C* apostoli et patres *D* [23] ethromogenum *A* ethromogenium *(the first* m *ud.) B* ethromogenium *C* etromogenium *D* et romogenum *E* [24] *in A is add. in mar.*: Ecclesie continuitas *A[1]* [25] est *AB* om. *CD* [26] deo *BCDE* dei *A* [27] est *AB* om. *CD* [28] partem consimilis racionis *B* partem est cons. racion. *CD* part. cons. sanctis *AE, but below the text is add.* racionis by *E[1]* [29] tam *ABC* tamen *D* [30] quam *ABC* quomodo *D* [31] *in A is add. in mar.*: Caput et sponsus ecclesie est Cristus secundum racionem disparem *A[1]* [32] fuit *ABC* fuerit *D* [33] *the passage is corrupt in consequence of the uncommon* nadir: in nadaer et *A*,

CAP. V.

Relicta ista abstracta materia restat tangendum grossius de sensibili ecclesia militante.

Et incipiendo a radice supponendum est ut fides, quod Cristus sit caput illius ecclesie, ut sepe[a] dicit apostolus.

Sed de primatu apostolorum est apud modernos[1] dissensio. Primo videndum est, utrum fundari posset in fide scripture, quod Petrus fuit caput ecclesie.[2] Et videtur quod non, quia de racione capitis est,[3] conferre omnibus membris sui corporis motum et sensum. Sed Petrus nec contulit nec conferre potuit omnibus membris corporis sue ecclesie motum et sensum ad propositum, ergo Petrus non fuit caput sue ecclesie. Sensus enim non est pertinens isti proposito nisi sapiencia legis domini ad viandum. Et illum sensum[4] servavit deus ut sibi proprium, licet occasione doctorum fidelium eciam cuilibet[5] creature possit deus doctrinam suam imprimere. Et quantum ad motum, patet, quod non est pertinens nisi excitacio potencie volitive[6] ad serviendum deo voluntarie, quod est proprium deo, qui mentem humanam illabitur.[7] In cuius signum apostolus, qui fuit vas eleccionis thesauri divine sapiencie constitutus, sepe vocat Cristum caput ecclesie, et numquam in fide scripture vocatur caput ecclesie aliquis cristianus.

Et quantum ad tria nomina Petri, patet secundum interpre-

---

to our eye. Nadir and Zenith are 'the poles of the fundamental plain of the horizon'; they are, therefore, as is shown by astronomers, every where a quadrant (viz. 90 degrees) distant from the latter.

CAP. V. [a] Cp. Eph. 1, 22 ff.; also above cap. I p. 656

---

but nadir A^4 *in mar.* in nadaor (! nadaer) et B invadit et C invadit delicta ista abstracta materia restat *(cr. out & ud.)* in nadir et D, *the scribe got into the wrong line, which begins cap.* V, *but cp.* delicta

CAP. V. [1] est ap. mod. AB ap. mod. est. CD [2] *in D is add. below the col.:* Petrus utrum fuit caput ecclesie D^2 [3] *in A is add. in mar.:* Capitis condicio A^1 [4] illum sensum BCD illud secundum A (!) [5] cuilibet CD cuiuslibet AB [6] volitive ABC valentem D [7] illabitur ACD, B^1 *away from the line, in mar.* om. B

tacionem Hieronymi, quod[8] non sonant, quod Petrus sit caput ecclesie alicuius. Petrus enim dicitur agnoscens sive discalcians, Simon autem dicitur obediens, ponens[9] tristiciam vel auditor meroris; Cephas[10] vero est nomen tercium a Cristo sibi impositum, ut patet Ioh. primo,[b] et ipsum interpretatur potens vel firmitas;[11] et[12] est nomen syrum, non hebreum.

Sed rogo: quid sonat interpretacio alicuius istorum[13] nominum, ut Petrus ‖ sit caput ecclesie? Si igitur Augustinus timuit,[14] vocare Cristum hominem dominicum ex hoc, quod eius sensus non est patulus ex scriptura,[15] quanto magis timendum est, aliquem cristianum vocare caput ecclesie, ne forte blasphemetur in Cristum, cui hoc nomen ex trinitatis concilio tamquam sibi proprium est servatum.

Videtur autem, modernos philocaptos[16] esse frontosos ex heretica cecitate,[17] quia ponunt Petrum[18] et papas generaliter, quorum quosdam est verisimile esse dyabolos,[19] esse caput tocius ecclesie militantis, ymo precipiendo angelis, esse caput ecclesie triumphantis. Et tamen fratres asserunt publice, quod ille est hereticus, qui ponit quemcunque[20] dampnatum esse dyabolum,[c] sicut Cristus vocavit Scarioth. Et in tali errore lapsi sunt plurimi, ut quidam dicunt expresse, quod hoc est impossibile, quod Cristus descendit ad inferos, cum nichil de Cristo nisi spiritus suus descendit ad inferos, et impossibile est, illum spiritum esse Cristum; et ultra innuunt,[21] quod iste articulus fidei sit[22] valde hereticus, quia implicat, quod

---

[b] v. 42 [c] as to this assertion, cp. De Diab. et membr. eius cap. I, above p. 361.

---

[8] secundum int. Hier. quod EA[1] quod sec. int. Jer. quod BCD quod (cr. out by A[1]) sec. int. Hi. quod A   [9] ponens BCD pavens A   [10] in D is add. below the col.: Cephas D[2]   [11] firmitas AC finitas BD   [12] et ABC eciam D   [13] alicuius istorum BCD aliquorum A   [14] timuit ABC innuit D   [15] in A is add. in mar.: Preter scripturam aliquid asserere est periculosum A[1]   [16] philocaptos AD philocaptas B filo (ud.) philocaptos C   [17] cecitate BCDE pravitate (ud.) cecitate A   [18] petrum ABD pe. (sic) C   [19] in A is add. in mar.: Johannes papa XXIII. fuit in concilio Constanciensi pro dyabolo incarnato publice per suos cardinales et totum concilium condempnatus anno domini millesimo CCCC° XV° A[2]   [20] quemcunque BCD quomodocunque A   [21] innuunt ABCD innuuntur E   [22] sit AB est CD

cap. V] DE CHRISTO ET SUO ADVERSARIO ANTICHRISTO.

ille spiritus est dominus Iesus Cristus, et sic, ut balbuciunt, Cristus non foret tunc verus homo vel integer, sed foret identificacio rerum, ex qua sequitur oppositum cuiuslibet articuli fidei cristiane. Suppositis autem oppositis horum deliramentorum, videtur esse
5 sanum catholice, nec concedere de Petro nec aliquo[23] cristiano, quod sit caput alicuius ecclesie, sed hoc tamquam proprium domino reservare.

Quis autem apostolorum fuit princeps[24] vel capitaneus plus dilectus, est dissensio apud multos, sed Petrum videtur habere
10 prerogativam[25] humilitatis, paupertatis et voluntarie administracionis, sicut videtur ipsum conversando cum Cristo habuisse primatum[26] quendam interrogando, respondendo et operando, ac si hoc innueret, Petrum habiturum quandam[27] principalitatem secundum legem domini in regimine ecclesie militantis. Sed hoc nullo
15 modo innuit, quod Petrus fuit[28] caput ecclesie, sed quod fuit humilior, pauperior et servitivior, cum Cristus diffinit, quod inter apostolos penes hoc maioritas attendatur, ut patet Matth. vicesimo,[d] Marc. decimo[e] et Luc. vicesimo altero.[f]

Ideo videtur multis ex fide scripture, || quod[29] dyabolus num-
20 quam emungeret[30] hunc errorem, nisi ut placeatur hominibus et attendatur superbia in prelatis.

CAP. VI.

Superest videre, si Petrus fuit appropriate || vicarius Cristi in terris et habens super quoscunque reliquos[1] apostolos[2] ad hoc pro-

[d] *v. 26—27*   [e] *v. 43—44*   [f] *v. 26—27*

[23] al. *ABD* de al. *C*   [24] princeps *ABC* principalis *D*   [25] in *D* is add. in mar.: Petrus habuit prerogativam *D²*   [26] in *D* is add. in mar.: Primatum *D²*
[27] quandam *BCD* quendam *A*   [28] fuit *AB* erit *CD*   [29] mul. ex fi. scr. quod *E* mult. quod (qu. er. out) ex fi. script. quod *A*   mult. quod ex fi. script. *BCD*
[30] emungeret *C* coniungeret *AE* iniungeret *B* enim iungeret (ud.) *D, but in mar. is add.* gigneret *D²*

C.AP. VI.   [1] reliquos *ABD* aliquos (a ud.) *C, but corr. into the text by C¹*
[2] apostolos *ACD,B¹ in mar.* om. *B*

priam potestatem.³ Et videtur quod sic,⁴ quia Matth. sexto decimo ᵃ Cristus singulariter dicit Petro: quodcunque ligaveris super terram, erit ligatum et in celis, et quodcunque solveris super terram, erit solutum et in celis; et ibidem ᵇ prerogative dicitur sancto Petro: tu es Petrus, et super hanc petram edificabo ecclesiam meam, et tibi dabo claves regni celorum. Et in istam sentenciam sonant fides et usus⁵ ecclesie.

Sed antequam ulterius procedatur, videtur dicendum, quid⁶ in isto puncto proposito⁷ sit credendum. Videtur autem probabile, quod omnibus ᶜ apostolis Cristus dedit plenitudinem potestatis ad ligandum et solvendum⁸ et faciendum quodcunque prelati officium in ecclesia militante, ut plane dicitur Matth. duodevicesimo ᵈ et Ioh. vicesimo.ᵉ Aliter enim non fuisset Cristus providus mittendo illos apostolos sic solitarie ad tam separatas provincias regulandum. Non enim consuluerunt⁹ ceteri apostoli ex suis provinciis sanctum Petrum, ac si ab illo papalis potestas necessario¹⁰ emanaret, sed Paulus dicit signanter, quod illi, qui videbantur esse aliquid et columpne ecclesie, nichil sibi contulerunt,¹¹ ut patet Gal. secundo ᶠ: deus, inquit, personam hominis non accipit; michi enim, qui videbantur esse¹² aliquid, nichil contulerunt, sed e contra cum vidissent, quod creditum est michi¹³ ewangelium prepucii, sicut et Petro circumcisionis¹⁴ — qui enim operatus et Petro¹⁵ in apostolatu circumcisionis, operatus est michi¹⁶ inter gentes — et cum cognovissent graciam dei, que data est michi, Iacobus et Cephas et Iohannes, qui videbantur esse columpne, dextras dederunt michi et

---

CAP. VI.   ᵃ v. 19   ᵇ v. 18   ᶜ Chronicon Angliae 395
ᵈ v. 18   ᵉ v. 23   ᶠ v. 6—14

---

³ in A is add. in mar.: Si Petrus fuerit supremus apostolus A¹   ⁴ sic BCD sit A   ⁵ so. fi. et us. ACD sonat fides ut usus B   ⁶ quid ACD quod B   ⁷ proposito ACD proposite B   ⁸ in A is add. in mar..: Omnibus apostolis dedit Cristus plenitudinem potestatis A¹   ⁹ consuluerunt ABCD consoluerunt E   ¹⁰ necessario ACD necessaria A   ¹¹ contulerunt ACD contulerant B   ¹² esse ABD,C¹ in mar. om. C   ¹³ quod cred. est michi BE quod est (est cr. out) cr. est m. A   q. e. cr. m. CD   ¹⁴ petro circumcisionis etc. ABCD petro in apostolatu circumcisionis etc. E   ¹⁵ petro ABD petrus C   ¹⁶ michi ACD et michi B

Barnabe societatis,[17] ut nos inter gentes, ipsi autem in circumcisione, tantum ut pauperum memores essemus, quod eciam sollicitus fui[18] hoc ipsum facere. Cum autem venisset Cephas Antiochiam, in faciem ei[19] restiti, quia reprehensibilis erat.[20] |[21] g Prius enim, quam ‖ *A fol. 242ᵃ*
5 venirent quidam ab Iacobo, cum gentibus edebat; cum autem venissent, subtrahebat et segregabat se timens eos, qui ex circumcisione erant, et simulacioni eius consenserunt ceteri Iudei, ita ut et Barnabas duceretur[22] ab eis in illam simulacionem. Sed cum vidissem, quod non recte ambularent ad veritatem ewangelii, dixi
10 Cephe coram omnibus: si[23] tu, Iudeus cum sis,[24] gentiliter vivis et non iudaice, quomodo gentes cogis iudaizare? — Istam autem benedictam fidem historiacam spiritus sanctus[25] in ewangelio Pauli secundum istam formam[26] inseruit ad confundendum superbiam et heresim sequencium prelatorum.
15   Primo igitur patet in hoc ewangelio, quod apud[27] deum non est accepcio personarum. Ideo erubescerent heretici dicentes,[28] quod Petrus habet ceteris apostolis excellenciorem potenciam,[29] quia est episcopus Romanorum.[h]
       Patet secundo, quod isti tres principales apostoli non contulerunt
20 sensum vel motum ewangelii sancto Paulo, sed quod Iacobus, qui

---

[g] *with ref. to note 20 and 21, cp. Corp. iur. can. ed. Leipzig 1879, I. 332* [h] *cp. the same passage, Ypodigma Neustriae 324*

---

[17] *in D is add. in mar.:* Dextras dederunt D^2 [18] fui *ABD* sui *C*   [19] ei *ABC* eius *D*   [20] *in A is add. in mar.:* Cyprianus episcopus p. 24 q. 1º cap. loquitur ad petrum, dicit, quod omnibus apostolis post resurreccionem suam parem potestatem tribuit. Ad item est Hieronymus, Dist. 95 cap.: Olim idem presbiter et episcopus A^2 [21] *abore col. 242ᵃ and* [b], *in the margin of the folium is written:* Cyprianus episcopus p. 24 q. 1º capitulo loquitur *etc. as note* 20   [22] duceretur *ABCD* diceretur *E*   [23] si *ABCD* sed *E*   [24] Iudeus cum sis *ABCDE Vulg.:* cum Iudaeus sis   [25] sanctus *ABC* sancti *D*   [26] formam AB,C^1 (*inserted in the blank left by C*) foret *D*   [27] apud *ABC* sic apud *D*   [28] *in D is add. abore the col.:* Erubescere debent heretici de excellencia Petri D^2 [29] *in A is add. in mar.:* Potestatem equalem ligandi et solvendi habuerunt aposotli A^1

episcopus[30] Hierosolymitanus, ubi Cristus fuit episcopus, a deo in hoc ewangelio Simoni[31] antefertur.

Patet tercio, quod mundana honorificencia et nomen vocacionis patris sanctissimi non inter istos apostolos relucebat,[32] cum isti precipui confessi sunt, Paulum et Barnabam esse sibi socios, non prelatos dominos aut[33] magistros.

Quarto patet, quomodo Paulus ex caritate Petro patenter[34] restitit,[35] cum certus fuerat, quod peccavit ad relinquendum exemplum aliis, ut ipsi faciant postmodum sine personarum accepcione similiter.

Quinto patet, cum quanto fervore et timore no(ce)ndi[36] ecclesie Paulus servavit[37] contra Petrum ewangelicam libertatem. Et utinam[38] ista doctrina foret hodie practizata! Tunc enim cessarent legales ritus istarum sectarum quatuor introducti.

Redeundo ergo ad primum propositum patet logicis,[39] quod Petrus habuit in aliquo prerogativam supra ceteros apostolos,[40] et e contra alii Petrum in aliquo excedebant,[41] cum notum sit, quod verbum Cristi, singulariter dictum Petro, fuit exemplar et doctrina sequenti ecclesie militanti. Sed si fuit Petri[42] excellencia simpliciter supra alios, hoc fuit ex dei gracia et propter meritum humilitatis que floruit excellencius in hoc Petro. Petrus enim dicitur aliqualiter fuisse[43] firmus in fide, sed notatur ex dicto Cristi, quod illa fides fuit fundamentaliter gracia Iesu Cristi. Vanum igitur est, nobis ex talibus verbis Petrum[44] simpliciter anteferre,[45] sed vivamus humiliter in fide secura et nobis ambiguum dimittamus.

---

[30] episcopus BD,A, but in mar. erat A[1] erat (ud.) episcopus C erat episcopus E [31] Simoni C (corr. from Simone), AD Simone BE [32] relucebat ABC om. D [33] aut AB ac CD [34] patenter CD,E[1] in mar. patens ABE [35] restitit ABC resistit E [36] notandi ABC vocavi D [37] servavit AB servat CD [38] utinam ABC ut iam D [39] logicis ABD loicis C [40] in D is add. above the col.: Prerogativa D[3] [41] in A is add. in mar.: Petrus habuit prerogativam aliquam supra alios apostolos et e contra A[1] [42] petri AB pe. (sic) CD. cp. above cap. V, 18 and belowe note 44 [43] fuisse BCD,E[1] above the col. habuisse AE [44] petrum ABC pe. (sic) D, cp. above cap. V, 18 and VI, 42 [45] anteferre ACD anteferri B

CAP. VII.

Habito, quomodo Petrus et ceteri apostoli se habuerunt ad Cristum ad ecclesie serviendum, restat videre, quomodo romanus pontifex vel papa se habeat ad Petri potestatem vicariam subeundum.[1]

Et constat primo ex fide, quomodo potestas, quam papa exercet, fuit a potestate cesarea derivata, nec habet fundamentum in fide scripture nisi, ut loquar yronice, ex illo Luc. vicesimo altero:[2a] reges gencium dominantur eorum, vos autem non sic. Ideo si non sit potestas nisi a deo, patet, quod maior potestas, quam[3] false vendicat, sit potestas sophistica et sic dyabolica usurpata.

Primo tamen restat videre, si ad continuacionem regiminis militantis ecclesie oportet, Cristi et Petri vicarium in ecclesia capitaliter presidere.[4] Et videtur quod non, quia Cristus post ascensionem sui in celum maxime prudenter regebat[5] ecclesiam tum ex aprte sapiencie domini presidentis, tum eciam ex habilitate[6] ecclesie militantis. Sed tunc non reliquit[7] aliquem taliter[8] presidentem, ergo nec modo debet aliquis taliter[9] presidere, et in signum istius Paulus vere vocavit Petrum suum socium.[10] Vere confessus fuit, quod Petrus nichil sibi contulit et sibi acute in suo errore seductivo[11] ecclesie contradixit. Quomodo ergo non foret maius peccatum, introducere istam novitatem gentilem sine fundacione debita legis dei? Nam licet cesar ex sua stulticia vellet privilegium tale concedere, viri tamen apostolici foret, ipsum renuere. Ideo qui nititur excusare in hoc Silvestrum vel alium a peccato, nititur accusare

---

CAP. VII. ^a v. 25—26

CAP. VII. ¹ In D is add. below the col.: Quomodo papa habeat se ad potestatem Petri D²   in A is add. in mar.: Quomodo papa habet potestatem A¹   ² 22o A   20º BCD   ³ potestas quam etc. ABCD,E¹ with mark of ref. below the col.   potestas sophistica et sic etc. E   ⁴ presidere BD   esse (cr. out & ad.) presidere C   residere A   ⁵ regebat ABC   regebant D   ⁶ habilitate BCD   humilitate A   ⁷ reliquit AB   relinquit CD   ⁸ aliquem taliter A   aliqualiter B   aliqualiter taliter CD   ⁹ taliter ACD   om. B   ¹⁰ in D is add. in mar..: Paulus vocavit Petrum socium D²   ¹¹ seductivo ABC   seduccio D

Cristum et contempnere Cristi legem.[12] Cristus autem tradidit officium et legem suis discipulis, in quibus, quantumcunque habiles fuerint,[13] forent plenarie occupati. Quis ergo potuit eis dare potestatem extraneam tardantem vel subtrahentem ab illo officio et ad seculare officium a Cristo prohibitum inducentem? Et si dicitur, quod sic dicens imponit calumpniam beato Silvestro et cesari, certum est, quod ex[14] leviori causa imponimus culpam, ut imponit fides ewangelii[15] sancto Petro. Supponi tamen potest, quod sanctus Silvester de isto crimine postmodum penitebat.[16] Hoc tamen asseritur citra fidem, qua creditur, quod Petrus post culpas suas multiplices fructuosius postmodum penitebat.

Ex istis patet peccatum paparum sequencium, qui ex vita Petri talem presidenciam mendaciter concludebant,[17] et cum nemo debet mentiri propter salvacionem seculi,[18] patet, quod pape, sic continuantes in hac presidencia, graviter continue peccaverunt. Et hic dicitur, quod a maligno spiritu agitantur,[19] quod locum[20] prophanissimum,[21] in quo effusus fuit sangwis multorum martirum, ut romanum curiam elegerunt.[22] Ex continuacione vero sue secularis vite et luciferine superbie patet, quomodo contra Cristum continuant in errore. Ideo fideles cordati contradicerent in hoc romano pontifici.

Si igitur Petrus peccavit contra libertatem ewangelii in hoc, quod ab esu cum gentibus se subtraxit, quanto magis anticristive peccat,[23] qui cupit[24] super omnem habitabilem[25] presidere et non servato officio, quod Cristus limitat, impedit alios, ut volentes ewan-

---

[12] *in D is add. in mar.:* Qui excusat Silvestrum, accusat Cristum D^2 *in A mar.:* Silvester peccavit dotacionem acceptando A^1 [13] fuerint AB fuerunt CD [14] ex ACD, B^1 *corr. into the text om.* B [15] ewangelii ACD ewangelium B [16] *in C is add. below the col.:* Silvester penituit C^3 [17] concludebant ABD concludebat C [18] *in D is add. in mar.:* Nemo debet mentiri D^2 [19] *in D is add. in mar.:* A maligno spiritu agitantur D^2 [20] locum $ABCD$ locum locum *(the second* lo. *cr. out)* E [21] prophanissimum ABC eligerent proph. D [22] *in D is add. in mar.:* Romanam curiam elegerunt D^2 *in A in mar.:* Roma est locus prophanissimus, quem pape a dyabolo agitati elegerunt A^3 [23] peccat AE peccarunt BCD peccaverunt E^1 *in mar.* [24] cupit $BCDE$ peccat *(cr. out & ud.)* cupit A cupiunt B^1 *corr. into the text* [25] habitabilem BD habitabile A terram *(cr. out & ud.)* habitabilem C

gelizare et alia opera apostolica[26] exercere, per suam fictam et infundabilem iurisdiccionem,[27] eciam infundabilem potestatem regis superbie, ne currat libere sermo dei. Et tamen propter timorem servilem nulli vel pauci sunt, qui audent istam sentenciam ewangelicam diwulgare.

Persona tamen,[28] hec asserens, protestatur,[29] quod, si docta fuerit vel aliquis viancium docere sciverit, quod ista sentencia sit fidei scripture vel racioni contraria,[b] wlt ipsam humiliter revocare; credit[30] tamen evidenter, quod tenetur ex lege dei, publicare istam sentenciam, quia omittendo peccaret in Cristum et in[31] eius ecclesiam, cum[32] videtur multis peritis probabile, quod iste papa sit precipuus anticristus et coraula ducens exercitum dyaboli contra Cristum, et tamen[33] more[34] dyaboli simulat,[35] se habere potestatem maiorem ad dimittendum peccata et alias indulgencias ac privilegia concedendum, ultra quam fecerat Cristus vel aliquis apostolorum. Ideo est multis verisimile, || quod ista simulata ficcio in dyabolo est fundata.

CAP. VIII.

Ex istis claret causa divisionis, que est in ecclesia militante. Olim enim fuit per questum Cristi in suis apostolis et pastoribus suis fidelibus, ipsos sequentibus, nostra habitabilis conquisita lacius, quam est modo. Cuius causa indubie est defectus pastorum, qui sunt perversi in mercenarios et[1] lupos, et non secuntur dominum Iesum Cristum et tamen[2] Petrus, quem pseudoapostoli nominant

---

[b] *With ref. to this protestat of the Author, who here appeals to the Scriptures, cp. Woodford's interesting Tract in Fasciculus Rerum Expetend. Orth. Grat. ed. Ed. Brown. London 1690, 257*

[26] apostolica BCDE ewangelica ex (cr. out & ud.) apostolica A   [27] in A is add. in mar.: Iurisdiccio pape A[1]   [28] tamen ABD autem C   [29] in C is add. in mar.: Protestacio magistri (texthand) in A in mar.: Protestacio doctoris ewangelici A[3]   [30] credit AB credidit CD   [31] in ACD om. B   [32] cum ACD tamen B   [33] tamen AB cum CD   [34] more ACD mare B   [35] similat ABC similant D
CAP. VIII.   [1] et A atque BCD   [2] tamen CD cum AB

papam, scribit fidelibus I. Petri secundo[a]: Cristus, inquit,[3] passus est[4] pro nobis[5] nobis relinquens exemplum, ut sequamur vestigia eius. Quis enim non haberet conscienciam super isto, quod Cristus in persona propria vixit tam aspere et passus est[6] tam dire,[7] ut cristiani, qui forent oves sue, ipsum in moribus sequerentur?

Si ergo papa, quicunque episcopi vel prelati ecclesie adversantur Cristo in doctrina,[8] vita et moribus, non mirum, si ex hoc et isto dicto Petri in consciencia vel peccato animi sint[9] gravati. Si autem perversi sint in mercenarios et[10] lupos,[11] non mirum, si laniando et spoliando oves ab ovili domini sint[12] dispersi. Et hec creditur racio, quare secta saracenica, que est hodie longe maior[13] quam secta cristiana, a cristianismo cecidit.[14] Non dubium, quin pastorum superbia et[15] cupiditas altrinsecus[16] est in causa.

Et eadem est causa casus secundi, quare Greci a nominetenus fidelibus sunt divisi.[17] Creditur tamen, quod nostri occidui, qui sunt nimis maniaci,[18] divisi sunt a grecis fidelibus et[19] fide domini Iesu[20] Cristi.

Hec eciam est tercia causa, quare papis aspirantibus ad dignitatem istam cesaream[21] popul(i),[22] adherentes ipsis, ab unitate fidei sunt divisi. Non dubium, quin error consistit in ipsis pastoribus, qui debent in moribus sequi Cristum. Sed[23] quis eorum est, qui vitam suam corporalem ponit pro ovibus, quin[24] pocius vitam cor-

---

CAP. VIII. [a] v. 21

---

[3] inquit ACD in quid B [4] in D is add. below the col.: Cristus passus est pro nobis D[3] [5] pro nobis AB om. CD [6] passus est A vixit CD om. B [7] dire ABC dure D [8] in D is add. below the col.: Prelati adversantur Cristo D[3] [9] sint AB sunt CD [10] et A vel in B vel CD [11] in D is add. below the col.: Perversi sunt in lupos D[3] [12] sint AB sunt CD [13] hodie longe maior ACD hodie maior B, but B[1] has add. in mar. longe [14] cecidit ABC occidit D in A is add. in mar.: Quare secta saracenica a cristianismo cecidit et sic de grecis fidelibus divisis a nominetenus fidelibus A[3] [15] et A atque BCD [16] altrinsecus BCD altrisentis A,E [17] in D is add. below the col.: A Grecis divisi sunt D[1] [18] maniaci ABC numerati D [19] et BCD ex A [20] Iesu ACD nostri Iesu B [21] in D is add. below the col.: Ad dignitatem aspirantes cesaream D[3] [22] all codd. read populo [23] sed A si BCD [24] quin ABCD quando E, cp. cap. IX, note 22; X, 18

poralem ovium ponunt pro suis superbiis ac avariciis tamquam lupi. Ymo, qui videntur pastores laudabiles, sunt mercenarii, temporale stipendium et non beatitudinem pro sua custodia expectantes. Ipsi autem videntes adventum lupi rapacis, fugiunt ut vecordes, cuius causa est indubie, quod non sunt fundati in fide, spe et caritate, sed in amore temporalium ut mercenarii non mercedem beatitudinis expectantes. Ideo talis mercenarius non est pastor, nec habet oves proprias, cum pro sua[25] custodia premium beatitudinis non expectat; patet tota[26] ista sentencia Ioh. decimo.[b]

Sed fideles credunt unionem ecclesie sub[27] uno ovili et uno pastore ante diem iudicii vel post in beatitudine,[28] quia iuxta dicta superius[c] divisio sectarum in fide et moribus necessario[29] est ad unitatem in mercede beatitudinis vel pene finaliter[30] reducenda.

Unde quidam fideles publicant in wulgari, quod, sicut bonum esset, habere papam,[31] qui sequeretur[32] Cristum et Petrum in moribus et doctrina, sic malum esset, habere papam, qui in hiis duobus foret pastoribus istis[33] contrarius.

Secundo dictum est, si papa adversatur istis pastoribus in vita, moribus et doctrina, tunc est precipuus anticristus. Istud autem possunt fideles cognoscere ex fructibus, qui proveniunt[34] ex suis laboribus. Et comperto, quod pastores isti sophistici sunt taliter anticristus,[35] tunc sunt tamquam dyaboli detestandi, quia episcopus animarum Iesus Cristus, in celis residens, est caput vivax tocius ecclesie militantis.[36]

Tercio dictum est, si cristiani adorent huiusmodi anticristum,[37] ac si fuerit verus Cristus, tunc dyabolus per hoc habet desideratum medium ad seducendum populum ad infernum.[38] Ideo cum ex fide I. Cor. quarto[d] et undecimo[39][e] nemo debet sequi in moribus Petrum,

---

[b] v. 1—15   [c] cp. above cap. II   [d] v. 16   [e] v. 1

[25] sua BCD suo A   [26] tota ACD om. B   [27] sub BC super AD   [28] in A is add. in mar.: Quando erit unus pastor et unum ovile A[3]   [29] necessario AD necesse BC   [30] finaliter ACD.B[1] in mar. fideliter B   [31] in D is add. below the col.: Bonum est habere papam D[3]   [32] sequeretur BCD sequetur A   [33] istis ABC om. D   [34] proveniunt ABC proveniunt D (a corr. word. probably proveniunt)   [35] anticristus ABCD anticristi E   [36] in D is add. in mar.: Caput Cristus D[2]   [37] in D is add. in mar.: Adorare anticristum D[1]   [38] infernum BCDE inferum A   [39] et undecimo BCDE et 11º (cr. out) A

Paulum vel aliquem cristianum, nisi de quanto ipse sequitur dominum Iesum Cristum, patet, quod error istorum ficte pastorum deviancium positus est in signum, ut fideles ab eis fugiant et sequantur dominum Iesum Cristum. Nescio contradicere isti sentencie, cum sit propinqua fidei cristiane.

CAP. IX.

Superest scrutari profundius errorem in isto principio,[1] ut caucius caveatur.[2] Dicitur enim, curiam illam statuere sibi pro regula, quod papa, qui sit summus Cristi vicarius in terris, a cardinalibus eligatur.[3]

Videtur autem error in isto principio multas[4] sequentes hereses parturire. Cristus enim, verus deus et homo, ex summa sapiencia elegit sibi duodecim[5] apostolos, et ex fide cardinales non possunt equiparari in isto ipsi[6] sapiencie increate. Ergo stulta presumpcio[7] foret, hoc sine evidencia fidei attemptare. Quando ergo papa non est sufficiens ad eligendum sibi cardinales loco[8] apostolorum, multo magis ipsi cardinales non sufficiunt, sine errore papam eligere tamquam Cristum. Et confirmacio ‖ istius est ex hoc, quod[9] multi pseudocardinales sunt electi per eleccionem istam stolidam, qui postmodum multum onerant ecclesiam et conturbant.[10]

Et idem patet in defectu[11] de eleccione erronea istorum paparum duorum; que eleccio non potest subterfugi fuisse erronea[12] secundum[13] utramque vel[14] alteram sui[a] partem. Et verisimile est multis, quod partes dividentes ecclesiam totam occiduam, swadentes

---

CAP. IX. [a] *With ref. to this use of* sui, *cp. cap. VII p.* 669: post ascensionem sui, *cap. XIII p.* 687: sui cum illis societas *and frequently*

CAP. IX. [1] principio *BCDE* p , ut *(sic) A, the passage is illegible in consequence of an erasure having taken place*   [2] *in A is add. in mar.:* Si papa licite eligit 12 cardinales *A*¹   [3] *in D is add. in mar.:* De eleccione *D*⁷   [4] multas *ABC* multos *D*   [5] duodecim *ACD* 2cim *B*   [6] ipsi *BCD* Cristi *A*   [7] presumpcio *ACD* presupscio (cio *cr. out) B*   [8] loco *BCDE* laco *A*   [9] quod *ABC* quia *D*   [10] conturbant *ABC* perturbant *D*   [11] defectu *AB* effectu *CD*   [12] *in D is add. in mar.:* Eleccio erronea duorum paparum *D*⁷   [13] secundum *B* secundam *ACD*   [14] utramque vel *AB* utramque partem vel *CD*

eleccionem sibi contrariam, fuisse erroneam, verum[15] dicunt, cum naturali instinctu homines desiderant[16] et consenciunt veritati. Et sic est verisimile, quod ambe elecciones paparum ad primatum huiusmodi[17] erant stulte; similiter non procedere in sibi ambiguo, ubi operacio securior et meritorior, magis patet, sed eleccio paparum per istos cardinales est ipsis ambigua, et operacio securior et meritorior est[18] a domino limitata.

Ergo eleccio illa est secundum dei prudenciam[19] dimittenda, et alia operacio, ut ewangelizacio, diccio oracionis dominice vel alia a[20] deo ordinata ad edificacionem ecclesie est humiliter amplectenda.

Nam iuxta principium fidei dictum a Hieronymo[21] et incorporatum in Decretis de Con. dist. quinta[b]: non mediocriter peccat, qui dimisso magis bono et magis facili elegit minus bonum. Sed quis dubitat, quin[22] recta ewangelizacio sit securior atque facilior quam pape talis eleccio? Ergo electores debent hoc maius bonum eligere et insecurum dimittere. Et ista videtur esse sentencia apostoli Rom. decimo quinto,[c] quando dicit: non enim audeo aliquid eorum loqui, que per me non efficit Cristus.

Numquid credimus istos electores cognoscere, quod Cristus ad edificacionem ecclesie elegit[23] hunc in[24] papam? Videtur ex facto apostolorum post missionem spiritus sancti contrarium. Nam ipsi

---

[b] *i. e. in Decretis, de Consecratione, Dist. V. The passage is to be found Corp. iur. can., Decr. p. III de Consecratione, dist. V., cp. 24; it runs as follows: Mediocre bonum non est magno praeferendum. Item Hieronymus (in regula monachorum ex Hieronymo collecta — Polycarpus l. 3 t. 25): Non mediocriter errant, qui bono magno praeferunt mediocre bonum. Nonne rationabilis homo dignitatem amittit qui vel ieiunium caritati aut vigilias praefert sensus integritati, ut propter abstinentiam immoderatam atque indiscretam psalmorum vel officiorum decantationem aut amentiae aut tristitiae notam incurrat? etc. — Cp. Corp. iur. can., Lpzg. 1879. I. 1418*   [c] *v. 18*

[15] verum *AB,C²* in the text. C¹ in mar. unum CD   [16] desiderant *AD* consiiderant C desiiderant *B* this orthography is peculiar to *B*. cp. also consiiderare, hiistoriacam *and some others*   [17] huiusmodi *ACD* huius *B*   [18] est *ABCD,E¹* in mar. om. *E*   [19] prudenciam *ABD* prudencia *C*   [20] a *BCDE,A¹* in mar. om. *A*   [21] Hieronymo *ABC* Cristo *D*   [22] quin *ABCD,E¹* in mar. quando (ud.) *E*   [23] elegit *ABC* eligit *D*   [24] in *ACD,B¹* corr. into the text om. *B*

eligendo Matthiam non audebant istud presumere, sed miserunt sortem super Matthiam et Ioseph, et cecidit sors super Matthiam, ut patet Act. primo.[d] Que ergo prudencia est, quod iste cetus cardinalium est Paulo et istis apostolis in eligendo hunc summum Cristi vicarium, quem fingunt esse superiorem Matthia, audacior? Revera videtur, quod sit[25] irregularis eleccio et frontosa.[26]

Similiter ecclesia Cristi posset regulari prospere[27] et quiete sine tali papa,[28] ut patet de tempore ab ascensione usque ad dotacionem ecclesie. Ergo cum nec racio nec auctoritas eleccionem huiusmodi introduxit, videtur, quod || pape talis eleccio et potestatis sue libracio[29] sint[30] contrarie racioni. Et hoc patet ex facinore, a papis precedentibus[31] pullulante.[32] Capit enim papa supra suam noticiam atque potenciam regulam ad regendum totam ecclesiam militantem,[33] cum nunc supponunt,[34] quod vita sua et mandatum suum sit regula cunctis fidelibus ad viandum.

|| A fol. 243c

CAP. X.

Ex istis lucescit error pullulans ex errore isto temere in ecclesiam introducto; nam ex dignitate presumpta papali fides catholica est sopita[1] et fides dyabolica[2] introducta.

Nam hodie capitur tamquam fides, quod non est possibile, papam manentem papam errare in moribus et specialiter in fide catholica,[3] quia capitur tamquam regula, quod si papa quidquam[4] diffinierit, tunc erit fides et sic[5] infinita de privilegis, indulgenciis

---

[d] v. 26

[25] sit *A BCD,E*[1] *in mar.* om. *E*   [26] *in E is add. above the col.:* Eleccio pape unde redditur insecura et periculosa *E*[2]   [27] prospere *A BDC*[1] *in C there is a lakuna*   [28] *in A is add. in mar.:* Regulari potest ecclesia sine papa *A*[3]   [29] libracio *A BC* liberacio *D*   [30] sint *ACD* sit *B*   [31] procedentibus *A BD* procedentibus *C*   [32] pululante *A BC* pululantem *D*   [33] eccl. militantem *ACD* eccl. introducto nam ex dignitate presumpta (from int. ad.) militantem *B. the scribe got into the wrong line, cp. commencement of cap. X*   [34] supponunt *A* supponitur *BCD*

CAP. X. [1] *In D is add. below the col.:* Ex dignitate presumpta fides est sopita *D*[7]   [2] dyabolica *A BC* dyaboli *D*   [3] *in D in mar.:* Papa non errat *A*[1]   [4] quidquam *A BC* quemquam *D* quidquid *C*[2] *in mar.*   [5] sic *CD* om. *A B*

et⁶ excommunicacionibus et censuris aliis capiuntur a simplicibus tamquam fides, et cum certum sit, quod⁷ papa sit vir temptabilis, et a multis dyabolis assidue est temptatus, nec⁸ est deus necessitatus, electoribus istis condescendere, dando isti pape graciam et virtutem, 5 patet, quod faciliter potest corruere in quamcumque⁹ voraginem viciorum. Nam apostoli ut Petrus et ceteri in presencia magistri optimi in multa vicia corruerunt.¹⁰ Quare ergo est¹¹ deus necessitatus¹² ad dandum huic pape graciam, qui preter eius auctoritatem in suum tam eximium vicarium est electus? Revera videtur, sic 10 opinantes blaspheme innuere, quod apud Cristum sit necessario accepcio personarum, quod est contra apostolum ad Gal. secundo" et sepe alibi.ᵇ

Similiter cum superbia sit pes inducens in totam voraginem viciorum, et iste primatus contra mandatum domini sapit manifestam 15 superbiam,¹³ videtur, quod iste prelatus sit manifestissime labilis in peccatum. Nam Psalmo tricesimo quintoᶜ dicitur: non veniat mihi pes superbie, et manus peccatoris non moveat me. Ex quo fideles eliciunt, quod superbia est primus pes,¹⁴ per quem peccator a deo decidit, ut patet de Lucifero et aliis personis in ecclesia a deo 20 apostatantibus.¹⁵

Et quantum ad manus peccatorum, ad varietates criminum excitantes, patet, quod papa ex suo presumpto officio ad diversitatem ‖ consensus peccati multorum hominum est temptatus. Ubi enim Cristus noluit ex sua omnisciencia esse iudex vel divisor 25 bonorum fortune,¹⁶ ut patet Luc. duodecimo,ᵈ papa capit supra¹⁷

A fol. 213ᵈ

CAP. X. ᵃ c. 6 ᵇ cp., for instance, Deut. 10, 17; II Chron. 19, 7; Job 34, 19; Ecclesi. 35, 16; Acts 10, 34; Rom. 2, 11; I Pet. 1, 17 ᶜ cp. Ps. 36, 12 ᵈ c. 22—29

⁶ et A de B om. CD ⁷ et cum cert. sit quod A et tamen certum est cum BCD ⁸ nec ABD ut C ⁹ quamcumque ACD quantumcumque B ¹⁰ in A is add. in mar.: Petrus et ceteri in presencia magistri optimi in vicia corruerunt A³ ¹¹ est AB om. CD ¹² qua. er. est de. nec. A qua. er. de. est. nec. B qua. er. de. nec. CD ¹³ in D in mar.: Primatus sapit manifestam superbiam D³ ¹⁴ in A in mar.: Pes primus est superbia A³ ¹⁵ apostatantibus BC apostotantibus AD ¹⁶ in A is add. in mar.: Papa dividens beneficia errat A¹ ¹⁷ supra ACD super B

se, esse iudex vel divisor omnium beneficiorum ecclesie propter lucrum, nec dubium, quin [18] papa non habet generaliter scienciam, quin dat consensum multis dyabolis in particione huiusmodi sic presumpta.[19] Que ergo fides, quod iste papa peccare non poterit?[20] Et si dicatur, quod peccare non poterit manens papa, eque eviden- 5 ter vel evidencius nullus predestinatus peccare poterit manens in gracia.[21] Hoc enim patet ex famosa significacione terminorum [e] fidei,[22] sed iste terminus papa et hec sompniata sentencia non sunt fundata ex racionibus vel scriptura.

Similiter ut fides capitur, quod papa sit pater[23] sanctissimus 10 et caput ecclesie in tantum, quod, ut experimento didici, negans istam sentenciam erit tamquam hereticus persecutus. Sed certum est, quod nec papa in persona propria nec ecclesia[24] conversans cum illo, cui non sit revelacio, scit,[25] si predestinatus fuerit vel prescitus et per consequens, si sit membrum ecclesie vel dyabolus 15 incarnatus. Quomodo ergo perversa est in fidem [26] ista presumpcio, quod papa necessario est salvandus et errare non[27] poterit in agendis. Ista quidem blasphemia acueret dyabolice multos homines, ut sint pape, quod[28] possint[29] credere istam heresim, quod postmodum errare non poterunt[30] vel peccare. Sed colligat papa 20 cum suis cardinalibus et aliis Cristi fidelibus sensum suum et videat, si papa potest esse contrarius Iesu Cristo, videat, si revelacionem habuerit de futuris contingentibus sibi ipsi, si[31] alium papam adversantem sibi cum suis consencientibus excommunicare poterit et e contra, ymo generaliter, si dando indulgenciam[32] vel fulminando 25 censuram conformis fuerit deo suo.

---

[e] cp. above p. 176 ff.

---

[18] quin ABCD quando E, cp. cap. VIII, 24; IX, 22 [19] presumpta AB presumptam CD [20] in D is add. in mar.: Que ergo fides etc. — poterit D? [21] ia A is add. in mar.: Papa non potest peccare manens papa A¹ [22] ex fam. sign. term. fi. AB ex famoso sermone ter. fi. C e sccnoso sermone dominorum fi. D [23] pater ABC om. D [24] nec ecclesia AB nec eciam eccl. D, (eccl. vd.) C [25] scit E nescit A, but no cr. out by A¹,BCD,E¹ in mar. [26] fidem ABD fide C [27] non ABCD om. E [28] quod CDE,A¹ in mar. quia AB [29] possint AB possunt CD [30] poterunt ABC potuerit (?) D [31] si ABC scilicet B [32] indulgenciam ABC sentenciam indulg. D sentenciam C¹ in mar.

Que ergo certitudo, quod papa tam stolidus errare non poterit vel peccare! Numquid credimus partiri poterit beneficia ecclesiastica imperitis[33] propter primos fructus vel aliud munus, quod[34] expresse sapiat symoniam? Numquid Simon Magus[35] propter mentem peccatis infectam et recessum ab imitacione Cristi eximitur, ne committere poterit[36] symoniam? Numquid ille terminus aut officium illud ‖ sine Cristi licencia introductum[37] facit ista miracula[38]? *A fol. 211ᵃ*

Revera si vite Cristi sit manifeste contrarius, est evidens, quod sit dyabolus, cum Matth. decimo sexto[39] docet fides, quod Petrus, ut videtur, pia intencione et simplici dicens[40] Cristo: absit hoc a te, domine, vocatus fuit sathanas[41] ab ipsa veritate: vade, inquit Cristus, post me, sathana./ Et indubie si perseverasset finaliter[42] in illo proposito adversarius[43] Cristo in sua[44] voluntate, ut ceperat Petrus, fuisset dyabolus condempnandus. Numquid credimus, papas aliquos adversantes Cristo in sua voluntate in illa adversancia[45] interire[46]? Multi possunt credere, quod multi pape possunt superbia indurari tamquam dyabolus et mori in tali adversancia, quam tamquam sathanas adversantur[47] domino Iesu Cristo.

CAP. XI.[1]

Quidam autem ex fide scripture in practica sancti[2] pape eliciunt duodecim casus, in quibus papa est contrarius Iesu[3] Cristo,[4]

¹ v. 22—23

---

[33] imperitis *ACD* imperitus *B*   [34] vel aliud munus quod *AC* vel al. minus quod *B* vel ad munus aliquod quod *D*   [35] magus *ABCD* magnus *E*   [36] poterit *ABC* posset *D*   [37] introductum *ABC* introductam *D*   [38] ista miracula *ABD* ista *(cr. out & ad.)* miracula ista *C, but transposed by marks, therefore* ist. mir.   [39] 16º *ABD* 10 *C*   [40] dicens *ABD* dicere *C*   [41] *in D is add. in mar.:* Petrus vocatus fuit Sathanas *D⁹*   [42] finaliter *ABCD* dyabolus condempnandus (ad.) finaliter E, the copier got into the wrong line, deceived by* fuisset   [43] adversarius *A* adversans *BCD*   [44] sua *CD* om. *AB*   [45] adversancia *BCD* adversitate *A*   [46] interire *AB* in terris *CD*   [47] adversantur *B* adversaretur *AC* adversatur *D*

CAP. XI.   ¹ *From this chapter on to the end of the Tract, cod. III. G. 16., 8, fol. 36ᵃ (of the Univ.-Library at Prague) contains our text. Its title (written by the texthand) runs thus:* Capitulum undecimum ex tractatu wikleff de cristo

quod, si moritur sic⁵ Cristo contrarius, est indubie sathanas atque dyabolus.ᵃ Nam iuxta interpretacionem nominis anticristi ille, qui est Cristo contrarius in vita et doctrina, est ut sic anticristus. Quod si pape magis hoc conveniat, tunc indubie est precipuus anticristus, quia, licet dixerit, quod sit immediatus Cristi vicarius, tamen Matth. decimoᵃ dicit Cristus: inimici hominis domestici eius. Ideo si in vita et doctrina⁷ sit Cristo magis contrarius, tunc est Cristo precipuus inimicus et per consequens peior dyabolus conversans cum hominibus et precipuus anticristus.

Primo, inquam, ubi Cristus est veritas, ut patet ex fide Ioh. decimo quarto,ᵇ papa dicitur esse principium falsitatis, et ut sic Cristo contrarius. Dicitur autem seminare mendacia in verbis, scriptis et vita; in verbis quidem, quia dicit ex suo officio, se propinquissime sequi Cristum tamquam eius verum vicarium, dum tamen sit a Cristo in moribus maxime elongatus. Aliter enim non palliaret suam excellenciam seducendo populum, quomodo veniret in nomine crucifixi, ut Cristus prophetat⁸ Matth. vicesimo quartoᶜ: multi, inquit, venient⁹ in nomine meo, dicentes, quia ego sum Cristus, et multos seducent.

Et si scriptis attendimus, videat homo scripta apostolorum, que ex fide sunt scripta domini Iesu Cristi, et scripta papalia, cuiusmodi sunt bulle et decretales epistole, et potest percipere, quomodo in sentencia non concordant, cum scripta papalia dicunt mundanam excellenciam, scripta autem ewangelica insinuant humilem¹⁰ fugam mundi.

CAP. XI. ᵃ v. 26 ᵇ v. 6 ᶜ v. 5

et suo adversario Anticristo. Et tractatus ille incipit sic Secundum catholicos ecclesia est predestinatorum universitas. *This long title fills two (shortened) lines; in the third line the text begins:* Quidam etc.; *to the left above* Quidam *is add. byt he texthand:* Capitulum undecimum. *All this, with the title of the fragment are written upon an erasure* ² sancti Aδ fancti *(the n ud.)* B facti CD ³ Iesu ACDE domino Iesu Bδ, E¹ *in mar.* ⁴ *in A is add. in mar.:* Duodecim condiciones pape Cristo contrarie . t¹ ⁵ *sic* ABDδ sit C ⁶ *in D is add. in mar.:* Papa contrarius Cristo D⁷ in 12 casibus D¹ ⁷ vita et doctrina ABδ doctrina et vita CD ⁸ prophetat ABδ prophetavit CD ⁹ venient ACDδ veniunt B ¹⁰ humilem ABδ humiliter CD

Et quantum ad vitam, patet, quod Cristus et papa sunt directe contrarii, cum secunda[11] Cristi condicio fuit, quod ipse tenuit regularissime summam[12] pauperiem, ut[13] prophetatam est de ipso in veteri lege,[d] ut sentenciat[14] apostolus II.[15] Cor. octavo[e]: pro nobis egenus factus est, ut illius inopia nos divites essemus. Papa autem pretendit se et laborat ad hoc nimis illicite, quod sit seculo summe[16] dives. Cristus enim per pauperiem vicit mundum, ut patet Ioh. decimo septimo,[f] et ideo docet apostolus suus in epistola ad Titum,[g] quod abnegantes impietatem et secularia desideria sobrie et iuste et pie vivamus in hoc seculo. Ideo non mirum, si propter inhiacionem pape et suorum sacerdotum ad secularia desideria sit tota ecclesia militans perturbata.

Et tercio Cristus fuit homo mitissimus et mansuetissimus, ut patet Matth. undecimo[17 h]: discite a me, quia mitis sum et humilis corde; et eius mansuetudo declaratur capitulo duodecimo[i] ex testimonio Iesaie.[k] Papa autem dicitur esse homo superbissimus et crudelissime vindicativus, quia, dum deficit sibi potestas brachii secularis, ficte[18] simulat censuras excommunicacionis, et indulgencias[19] fingit cunctis, qui ipsum super hostes suos[20] voluerint[21] vindicare, ut patet[22] de cruciata[l] nuper[23] erecta contra antipapam, qui videtur pape nostro pretenso plus humili adversari. Et sic verificatur de ipso condicio anticristi, ubi[24] Cristus dicit Ioh. decimo[m]: ego sum

[d] cp. Zach. 9, 9   [e] v. 9   [f] v. 14   [g] cp. 2, 12   [h] v. 29
[i] v. 17—18   [k] vgl. 42, 1   [l] the Crusade (the passage: laborantibus in illa cruciata seems to show that the preparations for the campaign, the papal ordinances etc. are over and that the actual war has begun already) took place from the middle of May 1383, Walsingham, Hist. Angl. II, 88; according to Knighton, col. 2672, 44 in June 1383
[m] v. 11

[11] secunda ABCδ cciam D   [12] summam ACDδ summe B   [13] ut ACDδ, B¹ in mar. om. B   [14] senteuciat BCDδ senciat A   [15] 2ª A om. BCDδ   [16] summe ABCDδ sume E   [17] 11º A, et 12º is erased, but still legible. E reads therefore 11º, but E¹ has added et after 11º and in mar. 12   11º et 12º BCDδ   [18] ficte ABδ suas ficte CD   [19] indulgencias ABCδ indulgenciis D   [20] suos ABδ om. CD   [21] voluerint ABCδ voluerunt D   [22] patet E¹ in the text papa ABCDEδ   [23] nuper ABCD nuper δ   [24] ubi A quod ubi BCDδ

pastor bonus,[25] et annectens proprietatem boni pastoris dicit[n]: bonus[26] pastor animam suam ponit pro ovibus suis; e contra iste papa, qui videtur melior, pro sua[27] vita superba, quam[28] continuat contra Cristum per fictam suam cruciatam, ponit multa milia animarum. Nec possit[29] patere patencior condicio anticristi, quia verisimile[30] est, quod illis laborantibus in illa cruciata defecerunt fides, spes et caritas, et sic tam in corpore quam anima[31] sunt occisi, licet anticristus evasit[32] per suas fallacias contra Cristi humilitatem et mititatem[33] populi[34] seductivas.[35] Quid, rogo,[36] esset expressior condicio contra Cristum, quam, ubi ipse[37] animam suam pro multis posuit eciam inimicis, papa animas multorum fidelium amicorum Cristi ponat[38] non solum pro suo corpore, sed pro sua dominacione mundana, quam possidet[39] contra Cristum?

Quarto sic[40] sub anathemate gravi precepit ad Gal. primo[o] et sepe alibi, quod non adderetur aliquid impertinens vel contrarium legi sue, cum lex sua sit per[41] se sufficiens secundum Augustinum continens singulas veritates. Papa autem dicitur condere multas leges, que distrahunt a noticia legis Cristi et sapiunt[42] crudelitatem multiplicem personarum, ut periti eliciunt de penis repugnancium cardinalibus, plus punitorum, quam senciunt, penas esse gravandas contra ipsos, qui peccant graviter contra deum.[43] Et ista lex videtur[44] esse blasphema[45] illis, qui student istam materiam undique,[46] cum Cristus transeundo per Samariam

---

[n] cp. John 10, 11 [o] v. 8

[25] in A is add. in mar.: Bonus pastor A[1] [26] bonus A quod bonus BCDδ [27] pro sua ABCD,δ[1] corr. into the text om. δ [28] quam B(?),CDδ non AE quomodo E[1], corr. from non [29] possit A posset BCDδ [30] verisimile AB CDδ,E[1] in mar. visibile E [31] ani. ABCD in ani. δ [32] evasit A evaserit BCD evaserant δ [33] et mititatem ADCD,E[1] in mar. om. E mititatem (a corr. word) δ [34] populi ABDδ papali C [35] seductivas ABδ seductas CD [36] rogo illegible in E, there is a hole in the parchment [37] ipse ABCD Cristus ipse δ [38] ponat ABCD ponit δ [39] possidet ABCD posset δ [40] sic BCDδ sicut A [41] per ACBδ pro D [42] sapiunt ABCD sapiunt δ [43] deum ABCδ Cristum deum D [44] videtur ABCDδ,E[1] in mar. om. E [45] blasphema A blasphemia BCDδ [46] undique ACDδ undiquamque B,E[1] in mar. undiquam (ud.) E

cap. XII. DE CHRISTO ET SUO ADVERSARIO ANTICHRISTO. 683

noluit negantes[47] sibi atque suis prandium et hospicium propterea cruciari,[48] ut patet Luc. nono[p]: nescitis, inquit, cuius spiritus[49] estis? Filius enim[50] hominis non venit[51] animas perdere, sed salvare. Papa autem dicitur crudeliter multas animas perdere, numquid ipsum credimus propterea anticristum?

CAP. XII.[1]

Sequitur propter fructum istius materie videre alium quaternarium,[2] in quo Cristus est contrarius anticristo.

Primo in servicio discipulis[3] limitato. Cristus enim precepit suis discipulis, ut irent in orbem universum et predicarent ewangelium omni creature, ut patet Marc. ultimo,[a] anticristus autem in persona propria et in suis discipulis servat contrarium. Nam quoad personam propriam vel residet in sumptuoso castro, edificato furtive de bonis pauperum, vel fugit latenter ut latro de loco in[4] locum, non audens erigere caput proprium[5] propter hostes. — Et quoad suos discipulos, patet ex regula sibi subdita, vel facit suos episcopos in castris[6] dominorum temporalium residere, vocans totum hoc[7] furtive conquestum patrimonium crucifixi, vel claustrales suos includit in claustro ipsos impediens, ne predicent libere ewangelium creaturis. Et sic utrobique adversatur monitis[8] domini Iesu Cristi.

Nam quidam papa[b] residet tamquam alter[9] Cozdre[10][c] in castro

---

[p] v. 55
CAP. XII. [a] c. 15 [b] Clement VII. [c] Kosru (Chosroes) II., a Sassanid and Nestorian, being engaged in continuous and victorious wars

---

[47] negantes *ABCδ* ne gentes *D* [48] pro. cru. *ABδ* cru. pro *CD* [49] cuius spiritus *ABCδ* cuius (ud.) quid aut cuius spiritus *D* [50] enim *ABδ* om. *CD* [51] venit *ABCδ* wlt *D*
CAP. XII. [1] In *δ* there is no division into chapters Sequitur etc. follows closely after anticristus in the same line; in the left margin cap. 12ᵐ [2] in *A* is add. in mar.: De quaternario *A*[1] [3] in *E* discipul, also enim pre *and* ut irent which follow shortly afterwards are wanting on account of the hole. see cap. XI, 36 [4] in *ABCD* ad *δ* [5] proprium *ABδ* suum *CD* [6] castris *ABDδ* castro *C* [7] hoc *BCDEδ,A*[1] in mar. om. *A* [8] monitis *ABDδ,C*[1] (inserted in the blank left by *C*) [9] alter *ABδ* altis *C* ale(?t)is *D* [10] Cozdre *AB* cosdree *C* casdree *D* Cosdre *δ*

Avinonie,[11] et quidam in castro Rome vel alibi,[d] ewangelizacione ubilibet pretermissa. Et iudicet fidelis, utrum in hoc sequitur Iesum Cristum. Nam Cristus elegit capi in orto,[e] ut patet Ioh. duodevicesimo,[f] et perante circuivit pedester || per[12] patrias ewangelizans gratis hominibus[13] regnum dei, nec timuit capcionem suorum hostium, ut patet de Scarioth, ministris pontificum et phariseorum, sed eis gratis se obtulit, continue benefaciens inimicis, ut patet duodevicesimo,[14][g] ubi supra.

Et cum papa non[15] intrat secundum istam formam in ovile ovium, sed ascendit aliunde, patet ex testimonio Cristi, qui mentiri non poterit, Ioh. decimo,[h] quod sit realiter fur et latro.[16] Bona ergo, que capit de pauperibus ad edificandum castra talia et ad faciendum genus suum inclytum, furatur de pauperibus tamquam latro. Et quoad claustrales, quos secundum legem suam incarcerat, patet idem. Nam totum hoc facit ex mendacio, non consenciente domino capitali, et per consequens omnia bona ista rapit de pauperibus ut fur et latro. Sed quis posset esse in hoc magis contrarius Iesu Cristo?[17]

Secunda condicio anticristi[18] Cristo[19] contraria stat in isto, quod Cristus auffugit[20] secularitcr dominari, anticristus autem cupit[21] in hoc specialiter extolli supra dominum Iesum Cristum, quia fingit mendaci titulo, quod extollitur seculariter super quodlibet regnum mundi, ac si dyabolus sibi concederet illud, quod Cristus renuit

---

with Early Rome advanced in 616 as far as Chalcedon, but after having persecuted in his new provinces the catholic christians with terrible cruelty he was totally defeated in 628 by the Emperor Heraclius   [d] Urban VI.   [e] i. e. horto — all the codd. read orto (? orco)   [f] v. 1 ff.   [g] John 18, 25—27   [h] v. 1

[11] avinonie *AB*δ   avinione *CD*   [12] per *ABCD* om. δ   [13] hominibus *ABCD* om. δ   [14] 18 *ABE* Joh. 18 *CD* Johann. 8ᵛᵒ δ Jo. E¹ in mar.   [15] non *ABCD* om. δ   [16] in A is add. in mar.: Papa edificans castra realiter est fur et latro *A*³   [17] posset e. in h. m. e. I. Cristo *AB*δ   p. in h. m. e. e. domino I. C. *CD*   [18] anticristi *ACD*δ,*B*¹ in mar. om. *B*   [19] Cristo *A*δ Iesu Cristo *B*   exposicio *CD*   [20] auffugit *ACD*δ, *B* in mar. om. *B*   [21] cupit *AC* capit *BD*δ

capere a dyabolo tamquam contrarium legi dei, ut patet in temptacione Cristi tercia Matth. quarto.[i] Et sicut magister istius dotacionis est mendax, sic et ista dotacio est ficticia [22] plena mendacio. Quis [23] enim dubitat, quin papa non sit dominus omnium bonorum religiosorum, tam possessionatorum quam mendicancium, licet ipse et sui cardinales legem constituant, ex qua cum [24] paribus istud sequitur manifeste? Ex istis infertur veritas istius dicti apostoli [25] II.[26] Thess. secundo,[k] quod anticristus extollitur supra Cristum. Cristus enim non [27] habuit proprium sibi humanitus, ubi caput suum cum discipulis reclinaret, ut patet Matth. octavo.[l] Iste autem anticristus fingit contrarie, quod dominatur [28] sic supra [29] omnia regna mundi, quod [30], si fratres ipsum vere constituant dominum supra [31] omnia bona sua in Anglia, non dubium, quin exinde dominaretur — quod absit — capitaliter super bonis omnibus regni nostri, quia sine regis licencia acciperet [32] dominium super omnibus istis bonis et per idem dominium super omnibus bonis ecclesie nostre per reges dotate. ‖ Sed ‖ *A fol. 245ª* quomodo foret cum isto [33] rex noster nisi subregulus [34] subditus [35] anticristo, quia, antequam fratres vel religiosi possessionati istud capitale dominium sibi [36] dederant, fuit apud deum racionabile, quod ipsum [37] haberet. Et per consequens ex titulo voluntatis divine habuit ius ad illud et sic ad omnia bona regni.[38]

[i] v. 10 [k] v. 4 [l] v. 20

---

[22] ficticia *ABCD* ficticа δ   [23] quis *ABDδ* quin *C*   [24] cum *ABCD* om. δ   [25] apostoli *ABCD* om. δ   [26] 2ª *ACDδ* 2º *B*   [27] non *ABCD*,δ¹ corr. into the text om. δ   [28] dominatur *ABCD* dominetur δ   [29] supra *ACDδ* super *B*   [30] quod *A* quia *BCDδ*   [31] supra *A* super *BCDδ*   [32] acciperet *ABCD* acciperetur δ   [33] isto *A(?), Bδ* iste *CD*   [34] subregulus *ABδ* regiminibus *D* subregulis *C*   [35] subditus *ACDδ* subditis *B*   [36] sibi *ABCδ* non sibi *D*   [37] ipsum *BCDδ* ipse *A*   [38] regni *ABCD* regni sui δ —. *After regni in A is add. (by the texthand): Mily bože neprze pussty ey toho nanasse czechy sprostne; the same in E with slight orthographical alterations: Myly bože neprze pussticy toho nanasse zechi sprostne, i. e. O good God, do not let come this man into our beloved Bohemia (Mily bože, nedoponštěj toho na naše prostne Čechi!) In all the other codices this patriotical and indignant exclamation of the scribe, who copied the Tract, is wanting.*

CAP. XIII.

Adhuc superest videre, quomodo papa in conversacione sua est contrarius Iesu Cristo.

Iesus[1] enim fovit et sustinuit seculare dominium et ipsum negavit suis sacerdotibus convenire, sed papa facit in isto contrarium, ergo in isto est contrarius Iesu Cristo. Cristus enim natus est in[2] tempore, quo dominium magis floruit, de quo tempore fuit propter[3] tranquillitatem[4] et pacem a domino prophetatum Iesaie secundo[a]: conflabunt gladios suos in vomeres et lanceas[5] suas in falces. Cristus eciam[6] gracia confirmacionis istius dominii dedit tributum cesari, ut patet Matth. decimo septimo,[b] ymo mandavit illa, que sunt cesaris, dari cesari, ut patet Matth. vicesimo altero.[7c] Et in illo involucro[8] confirmavit secularia dominia subdominorum sub cesare dominancium. Unde nec in persona propria nec in suis apostolis quesivit[9] temporale dominium, nec fuit secularibus dominis nec suis tenentibus onerosus, ut patet de duobus Cristi conviviis et confessione multiplici sancti Pauli.

Papa autem videtur in omnibus istis esse contrarius,[10] primo, quia abstulit medietatem romani imperii, quod nec Cristus nec aliquis[11] eius apostolus acceptasset. Et sic de approbacione dominii cleri[12] dotati et mendicancium subdole dominium[13] seculare attenuanciam, que omnia[14] papa gaudenter approbat et confirmat. Ideo cum idem sit, esse Cristo contrarium et contrarium factis[15] suis, videtur ex ista contrarietate papam esse patulum anticristum.

Similiter Cristus[16] elegit sibi discipulos simplices, ydiotas[17] et mundi pauperes, ut patet Matth. decimo,[d] et in introitu ad suam

---

CAP. XIII. [a] v. 4   [b] v. 27   [c] v. 21   [d] v. 1 ff.

CAP. XIII. [1] Iesus BCδ in Iesus A Cristus D   [2] in ABDδ om. C [3] propter ACDδ om. B   [4] tranquillitatem ABCD tranquillitatem δ   [5] lanceas Bδ lances ACD   [6] eciam ABCδ enim eciam D   [7] 22o ACDδ 20o B [8] involucro ABCD convolucro δ   [9] quesivit ABCDδ,E[1] in mar. que sunt (cr. out & ad.) E   [10] contrarius ABC Cristo contr. Dδ   [11] aliquis ABδ quis CD [12] cleri ABDδ,C[1] in mar. talis (ad.) C   [13] dominium ABCDδ dominum E [14] omnia BCDδ omnino A   [15] factis CDE,δ[1] (corr. from sanctis) sanctis AB [16] Cristus ACDδ om. B   [17] ydiotas ABCδ et idiot. D

religionem facit eos plus pauperes, ut patet Matt.[18] undevicesimo[e]
et Luc. decimo quarto,[f] illis dicit: omnis ex vobis, qui non renunciat
omnibus, que possidet, non potest meus esse discipulus. Papa
autem eligit[19] sibi[20] plures quam duodecim cardinales, plus inclytos,
5 callidos et astutos, et prius mundo abiectos elevat in falsos dominos
urbis et orbis.[21] Aliter enim foret discipulus magistro nimis dissi-
milis et ex contrarietate foret societas dissoluta, quia Ecclesiastici[22]
tredecimo[g] dicitur: quid communicabit cacabus ad ollam? Quando
enim se colliderint,[23] confringetur.[24]

10 Ex istis videtur,[25] quod papa habet affeccionem inclinatam
mundo, et hinc[26] consentit et eligit, quod habeat tales socios sibi
continue assistentes.

Similiter Cristus prohibuit suos ferire cum[27] gladio, sed pati
ut ipse, cum potuit hostes suos, si voluerit,[28] faciliter superare, ut
15 patet Ioh. duodevicesimo.[h] Papa autem dicitur d(u)cere[29] et con-
ducere milites de bonis pauperum ad cumulandum sibi superfluitates stercorum et discipulos suos, qui severius exsecuntur illud officium, plus commendat, eciamsi cardinales fuerint,[30] et ad uberiorem
promovet dignitatem. Sic, quod Cristo conversante nobiscum non
20 foret sui cum illis[31] societas, quia secundum apostolum II.[32] Cor.
sexto[i] non est communicacio Cristi ad belial, et secundum legem
suam, quam[33] dat de David, tales pugnatores et viri sangwinum
non sunt digni[34] sacerdocio regis pacis.

Ex istis practice declaratis declarari potest patencius, quod
25 papa ad bella sic[35] provocans[36] sit patulus anticristus, quia ante
incarnacionem et tempore sue nativitatis et post resurreccionem

[e] v. 23 ff.   [f] v. 26   [g] v. 3   [h] v. 11   [i] v. 15

[18] Mt.⁰ BDδ,E¹ in mar. om. ACE   [19] eligit ACδ   elegit BD   [20] sibi
ABCD om. δ   [21] et orbis ABCD,δ¹ in mar. om. δ   [22] ecclesiastici ABCδ
Genesis D   [23] colliderint ABDδ   colliserint C   [24] confringetur ABD con-
fringentur δ   olla confringetur C   [25] videtur ABCD   patet δ   [26] hinc AB
sic δ   habere CD   [27] cum ABCD om. δ   [28] voluerit ABδ   voluerat CD
[29] docere AB   dare CDδ   [30] cardinales fuerint ABCD   cardinalis fuerit δ
[31] illis ABCD,δ¹ corr. into the text cristus (cr. out) δ   [32] 2ᵃ D¹ in mar. om.
ABDδ   1ᵃ A¹(!) in mar., C   [33] quam ACDδ   quomodo B   [34] digni ACDδ
om. B.   [35] sic ABCδ   sit DE   [36] provocans BDδ   provocatus AC

Cristus pacem suis fidelibus commendavit. Sed cum inequa distribucio temporalium sit causa discordie et bellorum,⁷ videtur, quod³⁸ papa, principians³⁹ tot dominia secularia in clero et auferens illa de seculari brachio, sit principium discordie et bellorum, et illa est condicio anticristo.

CAP. XIV.

Adhuc restat finaliter iuxtaponere¹ tres proprietates contrarias ex multis,² que conveniunt Cristo et pape vocato eius vicario.

Prima est, quod Cristus limitavit racionabiliter locum iurisdiccionis in Iudea: non sum missus, inquit, nisi ad oves, que perierunt³ domus Israel, ut patet Matth. decimo quinto.ᵃ Quando autem visitavit Samariam, Tyrum et Sidonem vel terras alias, hoc fuit⁴ figurative ad denotandum, quod gentes fuerunt postmodum in ovile domini convertende, et in istis terris convertit filios Israel. Papa autem vellet extendere suam iurisdiccionem per totam terram habitabilem, dum lucrum sibi saperet, quia per hoc creditur, quod mandavit angelis rapere spiritum care ementis hoc spirituale suffragium in numerum beatorum. Ymo si crederet, illud sonare⁵ sibi in lucrum, vellet suam iurisdiccionem⁶ extendere per vacuum infinitum. Verum tamen cum⁷ in castro vel villa⁸ parva || ⁹ vix vel numquam predicat iura Cristi, videtur, quod modicus locus iurisdiccionis sibi sufficeret.

Sed triplex videtur causa huius extensionis fatue supra Cristum,¹⁰ Petrum vel quoscunque alios apostolos Iesu Cristi. Primo, ut exteri ferant sibi copiosius pecuniam et in die iudicii commer-

---

CAP. XIV. ᵃ v. 24

³⁷ et bellorum *ABCD*,δ¹ *in mar.* et *(cr. ont & ad.)* δ   ³⁸ quod *ABCD* om. δ
³⁹ principians *ABCD* principans δ
CAP. XIV. ¹ iuxtaponere *AB*δ imponere *CD*   ² ex multis *ACD*δ om. *B*
³ perierunt *ABCD* perierant δ   ⁴ fuit *AB* fecit *CD*δ   ⁵ sonare *ABCD* om. δ
⁶ in C in the lower mar. of the fol. there is add. as a catchword: vellet suum iurisdiccionem C   ⁷ cum *BCD*δ tantum *A*   ⁸ villa *ABC*δ in villa *D*   ⁹ from this col. on to the end of the chapter in the text of *A* the red commas of *A*¹ are discontinued; in cap. *XV* they reappear   ¹⁰ Cristum *BCD*δ Cristo *A*

cantes cum illo symoniace[11] contra suam maliciam contestentur. Secundo,[12] ut declaret[13] stultis evidencius immensitatem vel generalitatem sui dominii. Tercio,[14] ut vexet[15] fideles anxius[16] citando eos in tempore brevi, in quocunque loco ipsum esse contigerit.[17] Numquid credimus in hoc sequitur dominum Iesum Cristum? De Cristo quidem[18] legimus,[b] quod venit[19] per magnam distanciam ad[20] Iordanem baptizandus a[21] Iohanne, et Iohannes mirative dixit sibi: ego a te debeo baptizari, et tu venis ad me? Et Iesus ait: sine modo, sic enim decet nos implere omnem iusticiam. Papa autem ex tali crebra citacione contra dominum citando impotentes citatos[22] a domino ad locum contrarium pro eodem tempore per infirmitatem et[23] impossibilitatem ad in loco citacionis pape incognito comparendum ostendit condicionem patulam anticristi.[24] Cristus enim citat ad unum locum pro uno tempore, et ipse ad locum contrarium pro eodem. Cristus eciam non[25] permittit nos temptari ultra hoc, quod possumus,[26] ipse autem mandat nos[27] facere, quod non possumus. Cristus eciam numquam citat nisi ad beatitudinem vel medium ad eandem,[28] ipse autem citat ad infernum, posito, quod ex sibi dubio in tempore, quod ipse limitat, suus[29] spiritus fuerit[30] in inferno, sed Act. quinto[31c] dicunt apostoli[32]: obedire oportet magis deo quam hominibus.

Secundo Cristus dicitur homo mansuetissimus et maxime domesticus suis subditis ex hoc, quod iuxta dicta fuit homo humillimus. Sic enim venit Ierusalem sedens super asinam et pullum eius sine sella, dum discipuli posuerunt super ea[33] vestimenta sua et cum

---

[b] cp. Matth. 3, 13 ff.   [c] v. 29

[11] symoniace ACDδ symoniaco BE   [12] 2o ABCD 2ª δ   [13] declaret Bδ declararet ACD   [14] 3o ABCD 3ª δ   [15] vexet ABCDδ vext (sic) E   [16] anxius ABCδ anticristus D   [17] contigerit ACDδ contingerit B   [18] quidem ABCδ enim D   [19] venit ABCDδ,E¹, here a correction has taken place vovit E   [20] ad ACDδ in B   [21] a ABCδ de D   [22] citatos ACDδ,B¹(!) corr. into the text citos B   [23] et ABC om. Dδ   [24] anticristi ACDδ,B¹ in mar. cristi B   [25] non in B in mar.   [26] possumus ABDδ possimis C   [27] nos ABδ nobis CD   [28] eandem BDδ eandum AC   [29] suus ACDδ finis B   [30] fuerit ACDδ fuit B   [31] 5o ABCD 1o δ   [32] dicunt apostoli Aδ dicente apostolo B dicit apostolus CD   [33] ea ABC eam Dδ

desuper sedere fecerunt, ut patet Matth. vicesimo primo,[d] et tunc impleta est prophecia de Cristo Sachar. nono,[e] quod venit Ierusalem mansuetus. Papa autem dicitur habere[34] cardinales et familiam nimis superfluam[35] ad onus ecclesie; et illi, cum equitant, habent sellas splendidas || et numerum[36] famulorum et equos ac[37] mulas cum apparatu alio omnino superfluo et tam ecclesie, qua[38] propter istam superfluitatem solverit, quam loco, cui ipse advenerit, omnimode oneros[o],[39] et tamen ex fide capimus, quod Cristus in loco, cui advenerat, infinite[40] efficacius seminaverat[41] iura dei.

Cristus eciam fuit domesticus suis apostolis, quod die cene sue implevit pelvim aqua et tunica se succinxit ac[42] lavit per ordinem pedes suorum apostolorum,[43] sed ubi mansuetudo vel domesticitas maior[44] posset esse? Papa autem dicitur monere cesares ad ducendum sibi frenum[45] tam superfluo apparatu et sedendo postmodum in solio facere magnos et dignos fideles pedes suos cum genuflexionibus osculari.[46] Sed que conveniencia Cristi ad belial?

CAP. XV.

Ultimo videtur, quod Cristus fuit summe domesticus ostendens suam inferioritatem[1] et summe fugiens lucrum seculi, papa autem videtur inter mortales candere luciferina superbia et cupiditate symoniaca.

Nam de Cristo legimus Ioh. octavo[2]: ego gloriam meam non quero, sed de papa dicitur, quod tota vita sua et gesta sunt[3] propter querendam gloriam huius mundi. Quare, rogo, propter

---

[d] v. 7   [e] v. 9
CAP. XV.   [a] v. 50

---

[34] habere ABCD   om. δ, comes after superfluam   [35] superfluam BCDδ supfluam A, the stroke through p is omitted by the scribe   [36] numerum BEδ mirum (!) A   nimium CD   [37] ac ABδ et CD   [38] qua E   que ABCDδ   [39] omnimode onerose CDδ   omnino deonerose AB   [40] infinite AE   infinitum CDδ   infundabiliter B,E[1] in mar.   [41] seminaverat AB   seminaverit CDδ   [42] ac ABδ et CD   [43] apostolorum ABδ   discipulorum CD   [44] maior BC(!),D,E[1] in mar.   amplior Aδ,E (ud.)   [45] in δ frenum vel equm (the last two words are inserted in the text above fre.)   [46] in D is add. in mar.: Pape ducere equm et pedes osculare D[1]

CAP. XV.   [1] inferioritatem BCDEδ   inferioritate A   [2] sunt ACDδ   sit B

cap. XV] DE CHRISTO ET SUO ADVERSARIO ANTICHRISTO.   691

causam aliam consentiret vocari*a* pater sanctissimus, et per suos glosatores vocari deus mixtus, vel deus in terris, vel officium talis vicarie Cristi supra*4* omnes Cristi apostolos*5* acceptare, et de potestate incognita, concedendo privilegia et terrendo*6* inscios per
5 fictas censuras ultra hoc, quod fecerunt Cristus et*7* sui apostoli se pompare?

Et sic ubi Cristus docet Matth. decimo*b*: gratis accepistis, gratis date, nichil datur a papa, eciam introitus ad suam locucionem,*8* nisi ematur palam vel abscondite, tacite vel expresse; et
10 sic est de infinitis heresibus sue potestatis et operacionis,*9* quibus videtur multipliciter consentire. Quando autem papa noscit*10* et audit suos pseudoclericos dicere, quod nemo debet ipsum corripere, tunc*11* habet in scrinio sui*12* pectoris cunctas leges, et potest tam verbo quam opere cum cunctis conditis*13* legibus dispensare,*14* ymo
15 cum lege dei ac articulis fidei, cum potest cuncta talia innovare.

Et sic dicunt sui pseudodiscipuli,*15* quod gravius est, in legem*16* suam vel precepcionem offendere*17* quam offendere in monita | Iesu Cristi, quia papa, qui peccare non poterit, gravius punit ista. | *A fol. 216a*
Potest enim quemcunque sibi contradicentem diffinire, publicare*18*
20 esse hereticum et postmodum tractare ipsum penaliter, quomodocunque*19* ipse*20* cum suis cardinalibus*21* voluerit adoptare*22* et quantumcunque*23* inhabilem pure ex bullis suis habilitare, quod indubie, si Cristus poterit, foret personarum accepcio apud deum.

---

b v. 8

a vocari *ABCδ* honori *D*   *4* supra *ABCD* super *δ*   *5* apostolos *ABCDδ* vicarios *(ud.)* apostolos *E*   *6* terrendo *ABCDδ* terrenendo *E*   *7* et *AB* vel *CDδ*   *8* locucionem *CDδ,E1* in mar. locacionem *ABE*   *9* operacionis *CDEδ* opinionis *B* operonis *A (graphical error)*   *10* noscit *ACDEδ* non scit *B*   *11* tunc *A* cum *BCDδ*   *12* sui *ABCD* suis *δ*   *13* conditis *ABCD* om. *δ*   *14* in *D* is add. in mar.: Dispensare cum lege *D1*   *15* sui pseudodiscipuli *AB* pseudo sui discipuli *CD* suo pseudo disc. *δ*   *16* in legem *ABCD* om. *δ*   *17* offendere *ABCD* suam offendere *δ*   *18* publicare *ABCD* et *(corr. into the text by δ1)* publicare *δ*   *19* quomodocumque *ABDδ* quocunque *E*, *the compendium above quo has been forgotten by the copier*   cum *(ud.)* quocunque modo *C*   *20* ipse *ABCδ* non ipse *D*   *21* cardinalibus *ABCδ* cardinalis *D*   *22* adoptare *ACδ* adaptare *BD*   *23* quantumcunque *ABδ* quemcunque *C* quomodocunque *D*

Multe sunt tales blasphemie, quas cecati non percipiunt, et fideles non audent, propter penam ecclesie publicare. Et sic, sicut status vel officium videtur suum superfluum,[24] sic status sectarum[25] quatuor cuiuslibet membri sui. Nam quantum ad privilegia vel opera quecumque, que fingit[26] se facere, vel sunt utilia vel nociva. Si sunt utilia, tunc sunt prius[27] racionabilia apud[28] deum, et per consequens sine empcione sue licencie factibilia[29] absque periculo. Si autem sint[30] nociva, tunc non sunt per fucum[31] sue licencie facienda.

Istas autem condiciones duodecim tetigit fidelis quidam,[c] sperans in domino, ut vel sic securius imitetur[32] Cristum et fugiat[33] anticristum. Nam fides edocet, quod nemo sequatur papam,[34] nisi de quanto ipse imitatur Iesum[35] Cristum, nec papa obedienciam vel limitacionem plurem[36] appeteret, cum fides apostoli et patens racio fidei hoc testantur.[37] Nam Ioh. decimo[d] dicit Cristus: si non facio opera patris mei, nolite michi credere, et I.[38] Cor. quarto[e] et undecimo[39][f] dicit suus apostolus[40]: imitatores mei[41] estote, sicut et ego Cristi. Nam si amplius deberet[42] aliquis cristianum[43] aliquem imitari, posset licite a Cristi vestigiis deviare.

Explicit tractatus de Cristo et
suo adversario anticristo.[44]

---

[c] i. e. the Author of the Tract, cp. above persona tamen hec asserens cap. VII p. 671, also above p. 556   [d] v. 37   [e] v. 16   [f] v. 1

[24] officium videtur suum superfluum *ABCD*   officium suum videtur sup. δ
[25] sectarum *BCD*δ   secta *A*   [26] fingit *ABCD*δ,*E*[1] in mar.   fiunt (ud.) *E*   [27] prius *ABC*δ   plus *D*   [28] apud *ACD*δ   ante *B*   [29] factibilia *ABD*δ   fictibilia *C*
[30] sint .*l*δ   sunt *CD*   sit *B*   [31] fucum *ABC*δ   factum *D*   [32] imitetur *AC* imi_tentur *BD*δ   [33] fugiat *B*   fugiant *ACD*δ   [34] papam *AB*δ   mandatum *CD*
[35] Iesum *ABCD*   dominum Iesum δ   [36] plurem *ABCD*   plurime δ   [37] testantur .*l*δ   testatur *BCDE*   [38] 1ª *ABCD*   1º δ   [39] 11º *AB*δ   om. *CD*   [40] dicit su. ap. *ABD*δ   dicitur suis Apostolis *C*   [41] mei *ABCD*δ,*E*[1] in mar.   dei *E*
[2] deberet *AD(!)*   debet *BC*δ   debere *E*   [43] cristianum *ABCD*   cristianus δ
[44] Explicit etc. *AB*   Excitliṗ Sutactrat de Storie. tc. ons adsairouer *C* i. e. Explicit Tractatus de Cristo et suo adversario   Explihit tractatus de Cristo et suo adversario etc. per Iohannem de Turnow *D*   Explicit de Cristo et suo adversario anticristo.   Incipit tractatus de fundacione sectarum *E*   om. δ, in its stead after deviare is add. Iohannes Wycleficek.

XXV.
DE CONTRARIETATE DUORUM DOMINORUM,
SUARUM PARTIUM AC ETIAM REGULARUM.

DE CONTRARIETATE DUORUM DOMINORUM.

I. Division.

Thesis: In opposition to Christ the heavenly Lord there is another earthly lord, the Antichrist with his members, cap. I
Argument:
    (a) The struggle of Antichrist and his army against Christ and their means of war, cap. I—V
    (b) Objections of a frater and their refutation, cap. VI—VIII.

II. Summary of Contents.

Chap. I. In opposition to Christ, the true and mighty Lord of heaven, there stands a power of the abyss, Antichrist, who has likewise as Christ his own law and very numerous members, p. 698. Proof for this thesis and etymology of *Anticristus*, p. 699.

Chap. II. Antichrist not being allowed to attack Christ the Lord, a hard and fearful struggle between the members of both powers is raging, p. 699. Instead of the only true law of Christ, wrong and deceitful arts, the nigromancia and philomancia have been introduced by the Sects in order to win the battle, p. 700. Etymology of both names, p. 700.

Chap. III. The Author speaks of the effects the first of these false arts produces in the Church: (1) it is said, that the endowment of the Church is a holy and meritorious work, p. 700. Proof, that this assertion is erroneous, p. 701—702.

Chap. IV. (2) It is said that the engagements entered into by the temporal lords for fitting out the clergy with temporal riches, must unconditionally be kept, p. 703. Refutation of this assertion, p. 703—704.

Chap. V. The four Sects the introduction of which is spoken of as a good and meritorious work, p. 704, before all others take upon themselves the defence of these theses, p. 704. But it must be said that their introduction is wrong, p. 704, as the teaching of Christ plainly shows, p. 704. The head of the Sects endeavour to seduce all believing christians away from the Gospel truth, p. 705.

Chap. VI—VIII. In connection with this opposition between the members of Christ and Antichrist is the assertion of a frater, that the old and common division of the Militant Church into three parts is not correct, p. 705, for women and children are not included in it, p. 707—708, and the clergy must be considered as laboratores, p. 708. — Refutation by the Author of all these objections on the ground of reason and Holy Scripture (Gal. III; Luke XI; Matth. XII; Eph. 1; Rom. XIII; Matth. XXII), p. 708—709. — Excursus on the relation of the Mendicant Friars to this old traditional division, on their foundation and the many evils, which have befallen the Church in consequence of their introduction, p. 710. From all this, it is evident, that they are with their head superfluous and ought to be done away with, p. 711—712.

III. Date of Composition.

There is only an argumentum e silentio from which the date of the Tract may eventually be inferred. It is curious to see that Wiclif in the list of the heresies of the Mendicants with which the Tract winds up, does not mention the Roman doctrine of transubstantiation, which otherwise is his main reproach against them in his polemical writings. Also from the slight hints at an English translation of the Bible, which may be inferred from the passages libri ewangelici cap. VIII p. 711, as well as from the persecution of the sacerdotes fideles p. 711 a direct and conclusive date cannot be inferred. I leave therefore the date of this present Tract uncertain.

IV. Genuineness.

(a) *External evidence:*
  (1) *Wiclif-Catalogue of the Vienna codd., see above p. LIX ff.*
  (2) *Bale, Summarium fol. 157ª.*
  (3) *Shirley. Catal. No. 83 p. 27.*
  (4) *Lechler, J. v. W. 568.*

(b) *Internal evidence:*
  (1) *see above General Introd. V, e.*
  (2) *a number of thoughts peculiar to Wiclif and often made use of by him in his polemical writings, are here repeated in a manner that there cannot be any doubt as to the genuineness of the Tract, cp. for instance, cap. VII, commencement with De Fund. Sect.; p. 709 below with ibidem.*

V. *Not printed heretofore.*

VI. *Extant only in cod. Ashburnham XXVII. c. fol. 13ª—18ᵇ; printed from the copy kindly lent me by F. D. Matthew, Esq. of London. Matthew has also done the collation, and I have every reason to rely on his conscientiousness. Whether any Correctors and Glossers have been at work on the Tract, is not shown by Matthew's copy.*

JOHANNIS WICLIF

DE CONTRARIETATE DUORUM DOMINORUM.

CAP. I.

∥ Sicut est unus verus et summus dominus in celis re'sidens, qui est trinitas increata, sic est unus | falsus et infimus dominus, qui est sathan residens | in abysso. Nam fides scripture Ioh. 14^a vocat eum principem huius mundi, et Iob 41^b: rex super omnes filios superbie. Et sicut princeps vel rex licet false nuncupatur, sic potest ad sensum similem dominus nuncupari.

Habent autem hii duo domini legem duplicem, membra duplicia seu tenentes. Lex autem dei et membra seu tenentes Cristi sunt lex scripture et predestinati ad gloriam; sed lex dyaboli et membra sua sunt lex scripture contraria et presciti ad poenam perpetuam.

Et sicut hii domini sunt condicionis contrarie, sic leges eorum et sua corpora sive membra. Sed cum 'super omnia vincit veritas', necesse est primum verum dominum secundum putativum et falsum cum suis appendiciis superare. Et sic necesse est, solum unum esse dominum, qui de domino superiori non teneat, et proporcionaliter dicendum est de sua familia atque lege.

Habet autem lex scripture et per consequens membra Cristi paucos fautores hodie vel tenentes. Lex autem dyaboli habet

CAP. I. ^{a} v. 30 ^{b} v. 25

multos fautores et per consequens membra anticristi multiplicia vel tenentes.

Dicitur autem anticristus ex triplici significacione famosa: primo pro capitali dyabolo, qui sathan dicitur sive lucifer, de summa ierarchia celesti, in bonitate nature precipuus inter omnes dyabolos, qui ex superbia ceciderunt. Et sicut deus habet in terris humanitatem Cristi suum verum vicarium, sic iste dyabolus habet in terris suum vicarium, qui ad secundum sensum dicitur anticristus. Tercio vero modo potest quodcunque membrum dyaboli dici dyabolus ac eciam anticristus. Sicut enim membra Cristi dicuntur nuncupative propter inhabitacionem et conformitatem animi ipse Cristus, sic membra dyaboli propter assimilacionem dicuntur dyabolus ac eciam anticristus. Sic enim veritas de Iuda Scariothis loquitur: nonne ego duodecim vos elegi, et unus ex vobis dyabolus est, Ioh. 6?[c] Et I Joh. 2 scribitur[d]: Et sicut audistis, quia anticristus venit, nunc anticristi multi facti sunt.

Et concordat interpretacio cum ista sentencia. Dicitur enim anticristus ab anti, quod est contra, et Cristus, quasi contra Cristum, sicut oportet esse omne membrum dyaboli. Unde I Joh. 4[e] sic scribitur: omnis spiritus, qui solvit Iesum, ex deo non est; et hic est anticristus, de quo audistis, quoniam venit et nunc iam in mundo est.

CAP. II.

Sed quia anticristus non potest Iesum Cristum quoad suam propriam substanciam impugnare, nititur contra Cristum in membris suis agere, que sunt partes ecclesie, et in lege.

Nam in ista hora novissima sunt multi anticristi legem domini impugnantes, ut hii blasphemant, quod lex scripture est falsissima lex in mundo. Et hoc machinatus est dyabolus, ut regula catholica in auctoritate et amore deficiat cristianis. Nam si lex ewangelica sit sic falsa, viantes naturaliter ipsam negant, odiunt et per consequens auctoritatem eius in suo regimine parvi pendunt.

[c] v. 70   [d] v. 18   [e] v. 3

Secunda pars scole dyaboli introducit multas leges absconditas, legi domini repugnantes, cuiusmodi sunt nigromancia et philomancia, quas dicitur hodie esse a fratribus introductas.

Et dicitur nigromancia a nigros, quod est mortuum, et mancia, quod est sciencia, quia sciencia de mortuis suscitata, modo, quo dicitur I Reg. 28ᵃ quandam phitonissam Sauli suscitasse spiritum Samuelis. Nec dubium, ut docet Augustinus, quin dyabolus hic respondit. Et ipse est primus mortuus spiritus. Et ideo istam artem nigromanticam secundum quandam excellenciam dicitur sibi vendicare.

Dicitur autem philomancia a philos, quod est amor, et mancia, quasi sciencia amorem mulieris vel viri illicite acquirendi. Et istam scienciam dicitur fratres multipliciter practizare.

Nec dubium, quin quelibet talis ars dyabolica diminuit viatoribus noticiam divine sciencie, et sic potest dici sciencia anticristi. Et sicut dyabolus est falsus iuxta dicta in principio, sic necesse est, istam dyabolicam scienciam esse falsam. Potest autem dyabolus semel vel aliquociens dicere suis discipulis veritatem, ut seducat eos copiosius postmodum plus nocive.

Et extendendo nomen nigromancie potest quelibet ars falsa vel non fundata in lege domini ars nigromantica bene dici. Et sic pseudopredicantes vel practizantes in lege papali vel alia lege hominum, in lege domini non fundata, possunt nigromantici vere dici, quia omnes illi discunt et practizant legem mortuam ex instinctu dyaboli. Et patet, quomodo multi nigromantici et anticristi discipuli sunt in mundo.

| Ash fol. 44ᵃ   Sed absit, dyabolum et membra sua ad ‖ tantum contra Cristum, qui est verus dominus, prevalere, quod faciat comburi codices de lege domini et has artes dyaboli prepollere! Lingwa enim, sive hebrea, sive greca, sive latina, sive anglica, est quasi habitus legis domini. Et per quemcunque talem habitum eius sentencia magis vere cognoscitur a fideli, ipse est codex plus racionabiliter acceptandus. Lingwa enim tam in via quam patria a sentencia

CAP. II.   ᵃ Cp. I Sam. 28, 12 ff.

et lege domini est remota, cum in penam peccati superbie edificancium turrim Babel est divisio lingwarum a deo et per dyabolum introducta.

CAP. III.

Restat parumper videre, quomodo hec ars nigromantica seduxit plurimos in ecclesia militante.

Est autem infamis binarius,[a] in quo multi philocapti a secta et lege domini sunt seducti. — Arguunt enim quidam ydiote per istam artem, quod dotacio in ecclesia fuit sancte et meritorie introducta, quia papa Silvester, multi sancti episcopi et abbates ista dotacione usi fuerant et approbative ipsam acceptaverant, ergo bene.

Sed ad declarandum fallaciam huius argucie nigromantice oportet capere tamquam fidem, quod non sequitur de aliquo apostolo: ipse sic et sic fecerat, ergo bene, nisi additur minori, quod in sic faciendo secutus fuerit dominum Iesum Cristum. Cristus enim est principium et coraula cuiuscumque operis meritorii membri sui, cum modo mirabili ducit patres legis veteris per viam domini ad patriam incedentes.

Oportet ergo fundare in fide, quod iste pape, episcopi et abbates in approbando dotacionem talem secuti fuerant dominum Iesum Cristum; et tunc bene sequitur, quod bene et meritorie sic fecerunt.

Sed cum in Cristo non fuerant est et non, ut patet II Cor. 1,[b] Cristus autem secundum legem suam duplicem prohibuit clericos suos sic dotari, et in persona propria ac suis apostolis hoc servavit, manifestum est, quod pars sibi contraria per anticristum fuerat introducta. Sicut ergo non sequitur: Petrus, Paulus, filii Zebedei et Scarioth sic fecerunt, ergo relinquitur cristianis ad imitacionem eorum taliter faciendum, ita non sequitur: isti vocati sancti sic fecerunt, ergo bene, nisi docto, quod in hoc secuti fuerant dominum Iesum Cristum.

CAP. III. [a] *This* binarius *is being treated of by the Author in this and the following chapter* [b] v. 19

Sic enim nigromanticus posset fundare fallaciter, quod cristianus debet cum iuramento falso negare dominum Iesum Cristum, quia Petrus sic fecerat,[c] qui istis sanctis propinquius secutus fuerat salvatorem. || Sed certum est, quod non in hoc secutus fuerat veritatem. — Et eodem modo dicitur de Paulo, qui profitetur I Timo. 1,[d] quod contra dominum blasphemavit. De filiis autem Zebedei patet Matth. 20,[e] quomodo per matrem suam primatum illicite cupiebant. — Et omnes isti apostoli nobis incognite istas tres personas et cunctos patronos novellorum ordinum excedebant. De Scarioth autem patet ex ewangelio, quod secutus fuerat Cristum incessu pedum, ymo, ut multis placet, probabiliter ad tempus secundum presentem iusticiam in moribus secutus fuerat hunc magistrum.

Erubescat igitur philocaptus ex illicito amore temporalium de argucia ista nigromantica: pape, episcopi et abbates, qui reputantur sancti, sic fecerant, ergo bene, cum de Petro et aliis sanctis non sequitur, quos tamen ex fide tenemur credere nunc beatos. Istos autem credunt, qui voluerint, esse sanctos evidenciis topicis citra fidem.

Ideo patet, quod ista argucia anticristi deficit tam in materia quam in forma. In materia quidem, quia accipit apocrifa swasa ex evidenciis vocatis miraculis tamquam fidem; et in forma deficit, quia non annectit medium nec potest probare ipsum, per quod conclusio probaretur, scilicet quod dicti sancti in hoc, quod inhiarunt ad temporalia, secuti fuerant dominum Iesum Cristum.

CAP. IV.

Ex istis patet luce clarius intuentibus veritatem, quomodo argucia ista nigromantica non seduceret fideles aliquos per errorem legis domini ad credendum, quod stat cum illa sacerdotes Cristi hereditarie sic ditari. Ideo restat recitare secundam[a] infamem arguciam, per quam arguit anticristus, quod clerici Cristi taliter sunt ditandi.

---

[c] cp. Matth. 26, 69 ff.   [d] v. 13   [e] v. 20 ff.
CAP. IV.   [a] Cp. above cap. III p. 701

Arguit enim ex iuramento et fide elemosinaria dominorum, quod necesse est, ipsos servare pactum, quod cum clero popigerant, quia aliter, ut fingit, forent animarum suorum progenitorum infidelissimi proditores, ac si blasphemarent in Cristum, quod ipse fuisset
5 in arte amandi stultissimus et ingratus. Carte, inquiunt, concesse de perpetua elemosina sunt implende. Sed idem est procuratorem dyaboli sic arguere, ac si intenderit, si quis iuraverit, se occidere fratrem suum vel aliquod facinus pro parte dyaboli contra dominum perpetrare, ex fide sua de servando iuramentum tenetur, illud
10 facinus adimplere. Et sic racione dyaboli tenetur manere perpetuo in suo crimine contra Cristum.

Sed quis fidelis non erubesceret istam arguciam, cum fideliter inferatur oppositum, subducta philomantica arte infideli? Unde ewangelista ∥ docet in fine sue tercie epistole filios suos carissimos a filar- ∥ *Ash fol. 15ᵃ*
15 giria precavere[b], hoc est ab amore illicito terrenorum. Cristus autem ex fide docet artem amandi perfectissimam. Ipse autem dicit Ioh. 13[c]: mandatum novum do vobis, ut diligatis invicem, sicut et ego dilexi vos, ut et vos diligatis invicem, quasi diceret: hoc mandatum de dileccione do vobis noviter, ut vos diligatis ad invicem, se-
20 cundum formam, qua ego diligo apostolos meos, quam ego practizavi in illis tam opere quam sermone. Aliter enim non est vera dileccio, sed odium philomanticum, quod dyabolus introduxit.

De dileccione autem Cristi legimus Matth. 20[d], quod ipse negavit cognatis suis filiis Zebedei primatum mundanum, ut sedere
25 ad dextram suam et sinistram, sed concessit eis paupertatem ewangelicam et instar sui bibere passionem. Calicem, inquit[e], meum bibetis. Et vel oportet concedere, quod Cristus fuit ingratus suis cognatis vel impotens, vel ex sinceritate amoris illis concesserat istud bonum. Ideo sequendo amorem Cristi, ut quilibet cristianus
30 tenetur ex fide, factis cartis talibus vel iuramentis illicitis tenetur fidelis ipsa festinanter disrumpere et legi domini obedire.

Carte enim iste infideles non sunt ewangelium, sed patenter heretice contra ipsum. Ideo si secundum legem humanam non

---

[b] *the quotation is not accurate, cp. Luke 12, 15*   [c] *v. 34*   [d] *v. 21 ff.*
[e] *vgl. Matth. 20, 22*

valet donacio nisi habita licencia domini capitalis, patenter convincitur, quod non valet aliqua talis donacio nisi prehabita dei licencia, qui est dominus dominorum.

Nam ex fide convincitur, quod aliter non foret elemosina vel opus licitum, sed facinus illicitum anticristi. Ideo ostencio cartarum talium ostendit, quod tam concedentes quam admittentes sunt discipuli anticristi.

Et patet, quod sicut argucia prior[f] fundatur in errore hominum contra Cristum, sic et ista secunda[g] argucia fundatur in errore, quam anticristi discipulus nititur per racionem nigromanticam stabilire.

CAP. V.

Restat videre, quomodo iste secte quatuor et religiones nove in ecclesiam introducte in eodem errore nigromantico sunt fundate.

Arguunt enim, quod secte iste sunt bone et licite, quia a tam piis patronis ordinum stabilite. Quis enim negaret ordinaciones istorum sanctorum, Benedicti, Dominici et Francisci, et specialiter in isto, quo secundum tot sanctos ecclesiam ornaverunt.

Sed sicut superius[a] dictum est, oportet ad rectificandum istam arguciam capere in minore, quod dicti patroni in ordinando sectas huiusmodi non erraverunt, sed secuti fuerunt dominum Iesum Cristum. — Quod est multis incredibile ex duobus: primo quia Cristus fuit de eleccione duodecim apostolorum contentatus, isti autem patroni excellunt multos duodenarios, ac si anticristus vellet ipsos extollere supra Cristum. Unde novas regulas et novos habitus possident tamquam hereditarie, ac si regula Cristi et sua ordinacio fuerint incomplete. Unde Cristus, ymo tota trinitas, limitavit suo ordini, quod dicti sui discipuli per magnam partem habitabilis, non servata hodierna regula circumirent, ut patet de Petro Act. 10.[b] Unde quod apostolus Paulus non audebat per se tales sectas colligere, ut patet I Cor. 1 et 3,[c] dat fidelibus evidenciam, quod vel iste tres patroni stolide presumpserunt, et sic in fundando

---

[f] see above p. 701   [g] see above p. 703
CAP. V.   [a] See above p. 701   [b] 34 ff.   [c] cp. 1, 10 ff.; 3, 4 ff.

tales ordines peccaverunt, vel quod iste secte ab institucione pura domini, quam patroni docuerant, paulative secundum quod dyabolus eos instigaverat, erraverunt. Doce tu, si sciveris, quod isti patroni in isto secuti fuerant dominum Iesum Cristum, et docere potes faciliter hoc secundum; nec sequitur maius inconveniens, quod isti patroni ignari et stolidi erraverunt, quam quod Petrus et ceteri apostoli a maiori gracia ceciderunt.

Unde videtur, quod non sit pocior evidencia, quod iste secte in sanctitate superant sectam Cristi, nisi quia in largitate habitus ypocrisis est celata.

Et sic dyabolus per has sectas novellas personas in illis obligatas ad tartara insensibilius et cautelosius introducit. Unde inclusa heresis in istis religionibus ex necessitate malicie prorumpebat, quando magnificaverant istas sectas supra sectam domini Iesu Cristi, ac si innuerent, quod ille patronus fuerit stolidus, sed sui patroni, licet ydiotici, in hoc fuerant periti et sancti.

Ex talibus mediis hic breviter inculcatis potest fidelis capere evidenciam ad magnificandum sectam Cristi, ad quam evidenciam omnes nigromantici nesciunt respondere. Fidelis ergo ex amore ad Cristum iuxta fidem catholicam || ipsum extolleret supra ipsos.

CAP. VI.

Restat videre obiectus quosdam, quos frater quidam nigromanticus facit contra tres partes ecclesie militantis, scilicet clericorum, secularium dominorum et wlgarium laborantum."

Divisio, inquit, ista est insufficiens, cum femine sunt partes ecclesie et ipse non sunt aliqua istarum trium parcium. —

Sed hic suppono huic nigromantico fidem scripture et eius metaphysicam, que in subtilitate et utilitate est supra suam nigromanciam. Et tunc concedo sufficienciam divisionis predicte ecclesie militantis, et concedo sibi ulterius, quod femine sunt partes eiusdem ecclesie, quod nescio vel perfunctorie fundare de fratribus, ymo si novit

---

CAP. VI. *a With ref. to this, cp. above p. 654*

fidem scripture, eadem ecclesia est mulier fortis, ut patet Prov. ultimo.[b] Et cum hoc est, vir unus iuxta illud Porfirii[c] participacione speciei plures homines sunt unus homo; et melius fuisset illi fratri ac pertinencius studuisse ysagogas Porfirii quam nigromanciam dyaboli.

Et ut stulticia ydiote magis appareat, suppono sibi, quod tota personalitas hominis servatur in spiritu. Aliter enim nec Cristus descenderet ad inferna nec sancti, quos colimus, habitarent modo in patria. Ex qua fide patet, quod omnes femine predestinate sunt beat(e)[1] pro suo tempore, cum secundum apostolum ad Gal. 3[d] non est sexus distinccio apud deum; nam ista persona est animus et cum hoc anima, sicut deus est deitas et cum hoc pater et filius et spiritus sanctus. Unde ipse foret ydiota nimis mendicus in scriptura, qui istam metaphysicam ignoraret. Numquid credimus, spiritus sanctus intellexit personam femine cum persona masculi, quando dixit: beati, qui audiunt verbum dei et custodiunt illud Luc. 11[e] et Marc. ultimo[f]: qui crediderit et baptizatus fuerit, salvus erit? Et Matth. 12[g] dicit Cristus: quicunque, inquit, fecerit voluntatem patris mei, qui in celis est, ipse meus frater, soror et mater est. — Numquid credimus, fratres posse per suam nigromanciam tales scripturas domini viciare? Unde post auctores scripture fuerunt tam greci quam latini de ista logica contentati. Unde in simbolo Athanasii[2] sic habetur: quicunque wlt salvus esse etc., quam nisi quisque fideliter firmiterque crediderit, salvus esse non poterit. || Numquid credimus, hoc simbolum excipere mulieres a fide vel beatitudine? Constat scientibus alfabetum fidei scripture, quod ignorancia ydiotica foret, nigromanticum taliter opinari.

Sed ulterius accedendo ad fratris stulticiam suppono sibi fidem scripture ad Eph. 1[h]: ipsum dedit caput super omnem ecclesiam,

---

[b] v. 10 ff. [c] cp. *Porphyrii Introductio cum aliis commentariis* ed. *Venet.* 1562, *De Genere cap.* 2 vol. I, 2[b]. Cp. also *Trial.* 78
[d] v. 28. [e] v. 28 [f] v. 16 [g] v. 50 [h] v. 22

CAP. VI. [1] benti MS. [2] attanasii MS.

cap. VI] DE CONTRARIETATE DUORUM DOMINORUM. 707

quo est corpus eius. Ex quo palam sequitur, quod tres tercie[i] militantis ecclesie sunt eciam singula unum corpus et ultra patet, quod quelibet illarum parcium est secundum partem digniorem masculus, clericus, secularis dominus vel operarius. Et per consequens iste tres
5 partes ecclesie sunt tales, quales in principio sunt descripte. Sicut enim Ethiops est albus secundum dentes, sic fratres sunt heretici secundum partes prescitas, liberales sciencias ignorantes. Adhuc enim alii heretici non impugnant grammaticam fidei scripture, sed illa supposita ascendunt ad logicam nigromanticam, hoc est dyaboli-
10 cam, ipsam, ut putant, heretice impugnando. Nec vidi textum vel racionem pro ista demencia coloranda nisi istam Decretalem 'omnis utriusque sexus'[k], ubi videtur papam debere loqui conformiter ad scripturam, quod omnis viator debet semel in anno omnia peccata sua sacerdoti proprio confiteri, nisi forte, quia voluit utrumque
15 sexum in ista decretali tam necessaria expressisse. Sed grama(t)ici[3] cum adiutorio logicorum impugnant hanc legem, dicentes, quod solum pro (h)erm(aph)roditis[4] de virtute vocabuli fuit facta.

Et per hec patet responsio ad secundam arguciam, qua arguitur divisionis insufficiencia ex hoc, quod infantes baptizati in proximo
20 morituri non sunt de aliqua parte ecclesie nominata, et tamen sunt membra ecclesie, cum sint predestinati, ergo divisio incompleta.

Et forte frater fecit istam arguciam, quia nullus eorum scit fundare, quod ipsi sunt aliqua pars ecclesie militantis. Tales autem infantes, cum sint predestinati, sunt Cristi milites ac eciam sacer-
25 dotes et meritorie laborantes: quomodo ergo non sunt in aliqua parte ecclesie nominata, cum extendendo terminum sunt in qualibet trium parcium ecclesie supradicta? Nec est inconveniens, sed consonum, quod dicta ecclesia habet solum unam partem, scilicet militantes, solum duas partes, scilicet contemplativos et activos, et
30 sic quotquot volueris limitare, sicut mandatorum decalogus || est   Ash fol. 170 solum unus, quia dileccio, ut dicit apostolus Rom. 13[l], et solum

---

[i] cp. above p. 706 l. 2   [k] cp. Corp. iur. can. ed. Leipzig 1879 II, 887; Decr. Greg. IX. l. V, tit. XXXVIII. cap. XII. De Poenit. et Remissionibus   [l] v. 9

---

[3] gramadici MS.   [4] ermofroditis MS

duo, quia dileccio dei et proximi: in his enim duobus mandatis universa lex pendet et prophete, ut docet Cristus Matth. 22[m]. Nam, ut docet Averroes[5][n], si frater cognoverit, totum est sue partes, ex quo secuntur conclusiones multe sibi incognite, licet in sua arte nigromantica non fuerint expressate.

CAP. VII.

Sed tercio instatur, quod membra divisionis coincidunt, cum secundum fantasiam meam clerici debent ex lege domini laborare; et per consequens stat, simul aliquas personas ecclesie esse clericos et milites ac eciam laborantes. Paulus enim solempnis episcopus suis manibus laboravit, ut patet Act. 20.[a]

Sed hic dicitur concedendo, quod membra ista coincidunt, licet raciones habeant impermixtas; ideo probabiliter creditur, quod magna pars fratrum debet esse de tercia parte ecclesie laborantes. Nam ex eorum presumpta stulticia est tercia pars ecclesie in cultoribus et operariis diminuta.

Et si obicitur, quod eadem est obieccio contra me ipsum, dicitur, quod ex gracia deo elegi illam partem ecclesie, quam dominus approbavit, et voluntatem habeo laborandi in dei servicio conformiter illi parti. Sed nec fratres sciunt fundare, quod ex ordinacione domini debent esse partes ecclesie militantis, nec sciunt nisi per blasphemum mendacium fundare, quod debeant taliter mendicare. Ideo habent nimis debile fundamentum. Unde aliquid Cristus docuit opere et sermone et aliquid taciturnitate; opere docuit, quod sacerdotes sunt acucius arguendi, quando intrando in templum eiecit vendentes et ementes in illo, ut patet Ioh. 2[b] et Matth. 21.[c] Aliquid autem docuit viva voce, sicut patet ex doctrina sua ewangelica, quam habemus. Omissione vero docuit, tres sectas religiosorum, que erant in suo tempore, cessaturas, ut

---

[m] *v. 40* [n] *cp. Averroes, Comment. in Arist. op., ed. Venet. 1562, Comment. in Metaph. VII cap. 3; vol. VIII, 162 ff.*
CAP. VII. [a] *v. 34* [b] *v. 15* [c] *v. 12 ff.*

---

[5] averroys *MS.*

cap. VII] *DE CONTRARIETATE DUORUM DOMINORUM.*

Phariseos, Sadduceos et Esseos. Ymo breviter ex fide capimus, quod omnes acciones Cristi et eius omissiones sunt pleno salubri sentencia et figura.

Illa autem, que erant magis necessaria et sponse Cristi magis utilia, clarius expressavit, ut doctrina suorum sacerdotum, cuiusmodi erant apostoli, et in ipsa doctrinam aliorum sacerdotum, qui post ipsos in ecclesia sequerentur. Statum autem dominorum secularium expressavit per hoc,. quod dedit tributum cesari, ut patet Matth. 17^d; et per Joseph ab Armathia, decurionem nobilem, voluit sepeliri, ut patet Matth. 27.^{e} Et sic approbavit sexum femineum multis modis, cum accepit elemosinas a sanctis feminis, Luc. 8.^{f} et illis post recurrecionem primo voluit apparere, ut patet Marc. ultimo^g et Ioh. 20.^{h}

Approbavit eciam terciam partem ecclesie, dum manserat cum Zacheo Luc. 19^i et Ma(tth.)^1 9.^{k} De sacerdotibus autem templi non lego, quod cum ipsis manducavit, vel innuitive, insin|uative, vel expressa voce statum eorum aliqualiter approbavit.

De fratribus autem vel statibus novellis, qui postmodum in ecclesia succreverunt, non lego, quod ipsos aliqualiter approbavit, nisi forte dicatur, quod Cristus ipsos ex sua omnisciencia reprobavit, ut Matth. 7^l: attendite a falsis prophetis, qui veniunt ad^l vos in vestimentis ovium, intrinsecus autem sunt lupi rapaces, a fructibus eorum cognoscetis eos, et Matth. 24^m: surgent pseudocristi et pseudoprophete et seducent multos, et II Cor. 11^n: periculum in falsis fratribus.

Unde iste secte non possunt subterfugere, quin Cristus reprobative de istis loquitur, si vivunt taliter, qualiter in ewangelio describuntur. Cristus enim auctor nature voluit naturalem significanciam termini propter tales sectas sine sua licencia subintrantes in ecclesiam subticere.

Unde dicitur communiter et catholice, quod dupliciter dicuntur aliqui in fide scripture verbaliter nominari, scilicet specialiter, ut

^{d} *v. 24 ff.* ^{e} *v. 57 ff.* ^{f} *v. 2—3* ^{g} *v. 1; 4* ^{h} *v. 1; 14*
^{i} *v. 5—6* ^{k} *v. 10 ff.* ^{l} *v. 15* ^{m} *v. 24* ^{n} *v. 26*

CAP. VII. ^{1} Marc. MS.

patet de Petro et ceteris et generaliter, ut patet de fidelibus sacerdotibus sectam suam pure tenentibus, a qua vocali nominacione secte quatuor cognite sunt exempte. Ideo vivat sacerdos legi Cristi conformiter, et audeo dicere, quod in verbis applicatis apostolis statum suum Cristus, licet generaliter, limitavit.

Doceant ergo fratres, secundum ysagogas Porfirii° vel artem suam nigromanticam, quod Cristus statum suum aliqualiter approbavit, et tunc de tanto et non amplius sunt fundandi.

Ideo erubescant nigromantici arguere quod, status individuus sacerdotis non plus quam status generalis religiosi hodie introductus est a domino approbatus, quia sacerdotes docere possunt, quomodo status suus generalis, licet in multis degenerent a domino, approbatur, sed iste secte nec possunt individua nec genera suorum statuum invenire.

Ideo dicunt quidam, quod Cristus numquam generaliter vel specialiter de ipsis recoluit nisi forte reprobative ex hoc, quod est omnisciens, cum Matth. 25.ᵖ in forma fatuarum virginem de ipsis loquitur: amen dico vobis, nescio vos.

Ista pauca nunciative dixerim, ut veritas scripture occasionaliter plus lucescat.

CAP. VIII.

Ex istis colligitur condicio istarum novarum sectarum, cum tamquam fures abscondite in ecclesiam introducte impugnant fideles precipue de heresi, sicut latrunculi in noctibus imponunt fidelibus, quod ab eis tales cogniti sunt latrones. Maniaci quidem reputant alios esse tales.

Ducunt autem ex sua mania nigromantica plebeos in hanc heresim, quod lex Cristi est falsa et ad regimen ecclesie insufficiens, nisi quod per ipsos et suum regimen est adiuta. Et ista cum suis sequentibus est heresis manifesta. —

Dicunt secundo, quod religio pura Cristi non est ita perfecta sicut religio sua, in tempore, quo solutus est sathanas, mendicata. —

° cp. above cap. VI note c   ᵖ v. 12

cap. VIII] DE CONTRARIETATE DUORUM DOMINORUM.

Et tercio ex isto principio furantur pueros, spoliant egenos et mille meandris lacerant legem Cristi. Ista autem heresis cum suis appendiciis non est minus priori heresi triumphanti ecclesia manifesta.

Et ex istis quarto germinant alie hereses nocive ecclesie militanti, scilicet quod plus necessarium est et meritorium conferre illis elemosinas Cristi pauperibus limitatas, quam dare illas elemosinas eis, quibus multipliciter Cristus eas limitavit.

Et ex istis quinto crescit monstrositas in numero et qualitatibus personarum, in construccione domorum [a] et aliorum ornamentorum, tam in indumentis et aliis apparatibus, ut magis appareant sancti ecclesie militanti. Et ut breviter dicatur, per suam ypocrisim tota militans ecclesia patitur discrasiam.

Et ex istis sexto inferunt, cum habent corda dominorum et dominarum in suis manibus, quod libri ewangelici et sensus catholici declarati populo comburantur et libri artis sue nigromantice ac philomantice per magnates ecclesie defendantur. Et sic supponitur, quod in brevi tempore nova facient omnia in ecclesia militante, nisi deus miraculose contra eas ordinaverit remedium speciale. Et tamen tota malicia eorum per latitudinem sui habitus et suam ypocrisim populo est celata.

Et sic septimo nutriunt dominos, dominas et potentes propter pauca spolia in suo facinore contra Cristum et sacerdotes pauperes et fideles usque ad mortem atrociter persecuntur, et sic tamquam in bello inter Gelvos et Gibilanos dividunt totam militantem ecclesiam. Nec dubium, quin contra legem domini corpus ecclesie militantis commovent et conturbant.

Et iste est finis divisionis sue ripinice,[1] quem faciunt predicando et multiplicacionis religionis sue et secte, quas contra dominum introduxerunt. Nec cessabit ista divisio anticristi a comminucione unitatis et pacis Cristi ecclesie, antequam Cristi ecclesia

---

CAP. VIII. [a] *Cp. above p. 47 note, also p. 69; 135; 143*

CAP. VIII. [1] *Thus the MS. reads, perhaps for rabbinice, cp. Matthew, E. W. h. u., p. 532 and cod. Ash fol. 75: fratres predicant verba ficta et poemata ripinisata.*

inter hereticos insensibiliter sit divisa. Cessant enim in secunda pace et non dicunt terciam pacem in opere, sed bella, dissensiones[2] et spoliaciones pauperum fraudulentas, ex quibus est multis verisimile, quod sunt procuratores patuli anticristi. || Cristus enim amavit unitatem et pacem, et pro ipsa sustinuit diram mortem. Anticristus autem e contra amat divisionem et separacionem in sectis et pro hoc fine procuratores plurimos subdole machinantur; nec cessabit innovacio ista zizanica, antequam deus ex sua gracia expulsis istis radicibus per noticiam sue legis ad antiquam reduxerit suam ecclesiam unionem.

Unde quidam eliciunt ex signo triplici, quod est dyabolica divisio in hiis sectis; primo ex hoc, quod carent fundacione in racionibus vivacibus vel scriptura. Et vel oportet negare deitatis Cristi omnipotenciam ac omniscienciam vel dicere, quod causa necessitatis inducendi istos ordines vel pateat in racionibus, vel pateat aut lateat in thesauro dyaboli per tempus, quo regnaverat Iesus Cristus. Et quodlibet ipsorum est infamis heresis deridenda. Nec est racio, quare Cristus per mille annos et amplius claret sue ecclesie istam causam et pro tempore, quo suscitatus fuit dyabolus, patefaceret istas sectas, specialiter cum iste secte deviant tantum ab ordinacione et 'regula dei.

Secundum signum est, quod iste secte religionum novarum instar peccaucium sunt contrarie sibi ipsis. Nam una pars potencior contradicit alteri, et una antiquior imponit repugnanciam alteri sequenti, quia, ut vere inquit, posset stare ecclesia in statu prospero, si priores eius partes redacte fuerint ad regulam, quam Cristus instituit. Ideo non est racio, quare secta sequens non repugnat tamquam contraria ecclesie militanti, et sic prior secta fert moleste, quod secta consequens sit in ecclesiam introducta.

Nec est facile solvere istas evidencias debite prosecutas, nam opera dei sunt sic perfecta, quod non est aliquod individuum vel pars eorum, quin fiat ex patenti causa et certissima racione.

Tercium autem signum superfluitatis istarum sectarum et vite culpabilis statui in isto, quod omnes ille dimittunt regulam domini

---

[2] discensiones *MS.*

plus perfectam, plus facilem, et plus undique ecclesie prodessentem et induunt sectam infundabilem condicionis contrarie, quam necesse est in processu temporis ab hominibus varie confirmari. Deus igitur reducat ad concordiam et unitatem armonicam
5 omnes partes ecclesie militantis, a(b)radatqu(e)³ ab ea superflua, contraria et nociva; quia sic est in superiori triumphante ecclesia exemplante.

Explicit tractatus de contrarietate duorum dominorum suarum
10 parcium ac eciam regularum.

³ alradat quia MS.

XXVI.

QUATUOR IMPRECACIONES.[1]

² Quod clerus regni Anglie³ secundum ordinacionem, quam Cristus clero suo instituit,⁴ reguletur; aliter enim non⁵ foret dictus clerus ecclesia Cristi, sed sinagoga sathane.

Quod⁶ dictus clerus nec pape⁷ nec alicui⁸ prelato obediat,
15 nisi de quanto consonat legi Cristi. Patet, quia⁹ Cristus non potuit aliam obedienciam vendicare; et qui in hoc¹⁰ extollitur super¹¹ Cristum, est patulus anticristus.

[1] Quat. imprec. CHOl de quatuor imprecacionibus EJK Explicit responsio ad argucias monachales Sequitur de 4 imprecacionibus F. As to the genuineness of this short fragment, cp. Shirley, Catal. p. 29 No. 93   ² cod. E fol. 96ᵈ F fol. 24ᵇ H fol. 83ᵇ J fol. 30ᶜ K fol. 107ᵇ Ol Tract No. 25   ³ Anglie CEFJK cuiuscumque HOl   ⁴ cl. s. instituit CFHOl cl. s. instituerit E instituit c. s. J,K transposed by marks   ⁵ non CFHJKOl,E¹ in mar. om. E   ⁶ Quod CEFJK Item quod Ol Item quod . . . . Item quod (sic) H   ⁷ pape CEHJKOl papa F   ⁸ alicui CEFJK alteri HOl   ⁹ quia CFHJKOl,E¹ in mar. quod (cr. out) E   ¹⁰ hoc CEFHOl hac JK   ¹¹ super CEFHK supra JOl

Quod[12] nullus clerus de Anglia[13] habeat pertinens[14] suo statui dominium seculare in proprio vel in communi. Patet, quod[15] Cristus sic ordinavit pro suo clero, ut patet ex testimonio duplicis testamenti.

Quod[16] fratres non defendantur a dominis[17] regni tamquam eius incole, antequam pro suo peccato in regnum[18] Anglie[19] satisfiat.[20] Patet racionabilitas[21] ex fide scripture.[22]

---

[12] Quod *CEFJK* Item quod *HOl* [13] de Angl. *CEFJKOl* om. *H* [14] pertinens *CFHJOl* impertinens *EK* [15] quod *CEFJK* quia *HOl* [16] Quod *CEFK* Item quod *HOl* [17] a dominis *FHJKOl* ad onus *(!)CE* [18] regnum *CHJKOl* regno *EF* [19] Anglie *CEFJK* bohemie *Ol* Ra^e *(not* bo^e *i. e.* bohemie) *H¹*, *is filled by another hand into the blank which first had been left* [20] satisfiat *CEFHJOl* satisfiant *K* satisfaciaut *J in mar. without a mark of ref.* [21] rac. *CFHOl,E*, *but in mar.* huius *E¹* huius rac. *JK* [22] scripture *CFHJOl* scripture etc. *E* scripture Salvator noster diligens *etc. K, the text runs on without being interrupted, as though this new Tract (De Relig. Vanis Monach., cp. above p. 437) were part of the preceding.*

INDICES.

I. Index of Names.

Abimelech 167, 12
Abraham 147, 10; 167, 5; 11; 12; 326,15; 366,13; 628, 20
Achan 326, 23; 606, 18
Achitophel 255, 8
Adam 76, 23; 167, 2
Aegaeus *(Consul)* vide Hegens
Aethiops vide Ethiops
Ahitophel vide Achitophel
Alexander Magnus 251, 1; 655, 11; 657, 2
Andreas apost. 68, 23; 24
Anglia 19,4; 20,1; 28,15 ff.: 168, 9; 193, 1; 8; 242,21; 244,16; 253,3;7;21;255, 20: 256,1; 269; 281,11; 332, 9; 10; 400, 1; 420, 21; 421, 20; 422, 2; 424,17; 425, 7; 431, 1; 596, 11; 608, 10; 685, 14
Anglicanus populus 311,20
Anglici 168, 14; 280, 21; 396, 17
Anna papa 619, 4
Apollo 438, 16
Aristoteles 659, 2
Armacanus *(Fitz Ralph of Armagh)* XII; XIV; XXIII: 91, 19; 513, 6
Arnold of Brescia XV; XXIII
Arnold, Th. II; III; XVII

Athanasius 706, 23
Augustinenses 24
Augustinus 138, 10; 173, 17; 176, 4; 177, 10; 213, 3; 221, 1; 226, 1; 247, 23; 248, 7; 9; 13; 249, 12; 274, 8; 333, 5; 349, 2; 350, 6; 351, 14; 392, 7; 438, 4; 439, 7; 14; 20; 440, 3; 456, 6; 501, 11; 503, 11; 504, 5; 13; 21; 505, 13; 508, 25; 509, 9; 515, 11; 516, 5; 517, 14; 627, 10; 655, 10; 656, 12; 661, 20; 664, 8; 682, 17
Averroes 708, 3
Avignon vide Avinonia
Avinonia 684, 1

Baal 29, 12
Baal sacerdotes 344, 23; 605, 17
Babel 701, 2
Balaam 610, 2
Bael LXXXV
Baptista vide Johann. Baptista
Bar Jehu 186, 7
Barnabas 668, 5
Basel, Council of LVII
Belial 186, 5; 6, 12
Belial viri 218, 1
Belial filii 608, 9
Benedictus 24,20; 173,15;

176, 3; 177, 12; 274, 7; 440, 3; 454,16; 497, 11; 498, 4; 9; 19; 499, 1; 10; 500, 9; 501, 12; 656, 10; 794, 16
Berengarius XLIV; XLVIII
Bernhard *(of Clairv.)* XV; XXIII; 501, 12; 609, 12
Bileam vide Balaam
Betuel 167, 9
Bohemian Brethren XIII
Bonaventura 94, 13
Bonifacius VIII; XV
Bradwardin XII; XXIII
Buddensieg, R. III
Burrows, M. VI; XI

Caiphas 184, 9
Canaan 167, 8
Carmelite 24, 25
Carthusienses 284, 1; 513, 11
Cephas vide Petrus
Chosroes vide Cosdra
Chrysostomus XXXI;LIII; 362, 17; 456, 6; 471, 11; 20
Cicero XXXI
Clairvaux vide Bernhard
Clarke, A II
Clemens VII. vide Robertus Gilb.
Constancia LVI

INDEX OF NAMES.

Cornelius 549, 5
Cosdra 683, 20
Cuningham VIII

David 55, 20; 172, 9; 279, 12; 14; 560, 16; 607, 5; 628, 20; 687, 22
Denis, M. XXIX; LXXXV
Dionysius 163, 5
Dominicus XV: 24, 20; 176, 4; 177, 13; 274, 12; 438, 5; 440, 3; 501, 12; 704, 16
Dunscotus *vide* Scotus

Eduard III. XV
Edwardus princeps 418, 14; 417, 2
Eli 330, 16
Elias 274, 19; 299, 9; 15; 17; 21; 344, 24; 605, 18
Elisa *vide* Eliseus
Eliseus 299, 9; 15; 334, 1; 596, 21
Enoch 65, 20
Esdra 328, 13
Esra *vide* Esdra
Eudoxius C; 505, 14
Eugenius III 609, 13
Europa 395, 19
Essei 709, 1
Esseni *vide* Essei
Ethiops 707, 6

Fitonissa *vide* Phitonissa
Fitz Ralph *vide* Armacanus
Flandria 250, 5; 281, 5; 396, 17
Forshall, J. II
Francia 459, 10
Franciscani 42, 14
Franciscus XV; 24, 21; 176, 4; 177, 14; 266, 22; 274, 14; 438, 4; 440, 3; 501, 12; 704, 16
Frobenius, J. IV
Furnivall, F. J. VI; XI

Gelvi 711, 25
Gerhoh of Reichersberg XXIII

Gessenicz LV
Ghibelini *vide* Gibilani
Gibilani 711, 25
Gog 396, 1; 5; 16; 397, 17
Gomorei 395, 14
Gomorrha 552, 11
Granario, Ar. de LVI
Graeci *vide* Greci
Gratius, Orth. LXXXV
Greci 258, 6; 461, 27; 598, 1; 672. 14; 655, 12
Gregor VII. XV
Gregorius 125, 1; 173, 16; 392, 6; 394, 8; 16; 406, 4; 497, 13; 498, 8; 499, 3; 501, 11; 656, 11
Grosseteste XII; XIV; XXIII; 15, 14
Guelphi *vide* Gelvi

Hase, K. XIV
Hegeas *(Consul)* 69, 1
Henoch *vide* Enoch
Herodes 27, 16; 334, 19
Herodiani 605, 13
Hieronymus XLVIII; 100, 21; 313. 24; 314; 406, 5; 449, 10; 501, 11; 505, 10; 664, 1; 675, 11
Hierosolyma *vide* Jerusal.
Hildegard XXIII; 67, 16
Hiob *vide* Job
Hipponenses 138, 10; 213, 3; 516, 6
Hospitalarii 270, 19
Hospitalis ordo 269, 9
Hus VIII; XIII; XXXIX; XLIV; LIII; LV; LVI; LVII; LXXXV
Husiten XIII

India 598, 2
Innocencius III. 622, 21; 623, 2
Isaac 167, 5; 7; 11; 13; 14
Israel 123, 18; 128, 1; 251, 2; 465, 5

Jackson, H. I
Jacobellus de Misa VIII; XXXIX; LV; LVI; LVII

Jacobus *(Apost.)* 45, 17; 50, 1; 3; 91, 1; 667, 20
Jacob 167, 5; 6
Jambres 45, 9
James, Th. I; XVI
Jannes 45, 8
Jerusalem 197, 2; 7; 454, 17; 455, 1
Jesaias 49, 24; 301, 2
Jesselinus XCI; 419, 22
Joachim of Floris XV; XXIII
Job 257, 6; 261, 15
Johannes *(Apost.)* 58, 6; 62, 1; 124, 16; 17; 300, 18; 334, 12; 335, 5; 363, 6; 395, 9
Johannes Baptista 299, 9; 24; 25; 300, 1; 13; 334, 10; 21; 335, 7; 498, 23; 535, 6
Johannes de Deo 623, 13
Johann of Jandun XV
Joh. XXIII. LV
Jordanes 220, 2; 564, 16; 689, 7
Joseph 458, 2; 10
Joseph ab Arimathia 709, 9
Joseph *(Joses)* 676, 2
Judaea *vide* Judea
Judas *vide* Scarioth
Judea 688, 10
Judei 31, 21; 102, 5; 189, 12; 257, 7; 271, 1; 461, 27

Kaiphas *vide* Caiphas
Katharians XIV; XXIII
Kosroes *vide* Cosdra

Laban 167, 10
Ladislaus de Apul. LV
Lancaster, Duke of 227, 6
Lancastria 95, 2; 332, 6
Lazarus 147, 10; 366, 13
Lechler, G. V. III; X; XVII; XXV; XXVI; XLI; LXXXV
Leland LXXXV
Lewis, J. II
Lincolniensis *vide* Grosseteste

INDEX OF NAMES.

Lincolniensis 132, 21
Lollarden XIII
Lorimer, P. VI
Loth 261, 16
Lucas 268, 5
Luther XIII; XXIV; XXVI; L
Lymburg XLII; XLIX

Macedonia 192, 18
Machomet 30, 21
Machometi secte 25, 10; 30, 21; 31, 2
Madden, Sir F. II
Magdalene 176, 7; 622, 20
Magog 396, 1; 3; 12; 16; 399, 10; 400, 11; 16
Mahomet *vide* Machomet
Maria 188, 2; 307, 2
Marsh, W. II
Marsiglio of Padua XV
Matthew, F. D. II; VI; XI; XVII
Matthias de Cracovia XLIV
Matthias 613, 9; 676, 1
Mesopotamia 167, 8
Michael de Cesena XXIII
Milton, J. VIII
Minoriten XIV
Misa *vide* Jacobellus
Moniales 513, 11
Moses *vide* Moyses
Moyses 45, 8; 174, 4; 460, 26; 465, 5; 654, 18
Muhammed *vide* Machomet

Nabal 186, 3
Naboth 186, 7
Netter VIII; LXXXV
Nicodemus 174, 5
Norvicensis episcopus 459, 10
Norwich *vide* Norvicensis
Nymburg *vide* Lymeurg

Obrzicnicz, F. M. de XXXIV
Occam XII; XV; XXIII; 92, 2; 94, 13; 95, 15
Okham *vide* Occam
Onesimus 191, 15
Origenes LIII
Oxoniensis congregacio 188, 18

Palecz, S. LVI
Palecz, R. XLVI
Pantin, Th. P. I
Pastor Herme LI
Pauli, R. VIII; XII
Philipp the Handsome XV
Picarden XXXIII; XLIV
Parasceue 27, 11
Paschalis agnus 631, 18
Patricius 148, 13
Patrik *vide* Patricius
Paulus 125, 5; 174, 4; 176, 6; 182, 12; 192, 10; 197, 1; 241, 8; 267, 5; 6; 26; 288, 25; 325, 7; 380, 1; 405, 10; 438, 3; 453, 14; 461, 3; 495, 10; 517, 22; 609, 8; 615, 4; 622, 20; 668, 5; 7; 701, 26; 702, 5; 704, 29; 708, 9
Petrus 90, 24; 127, 15; 16; 145, 18; 176, 6; 243, 24; 244, 5; 258, 1; 259, 17; 260, 6; 263, 23; 278, 16; 287, 13; 14; 19; 20; 24; 288, 3; 5; 9; 12; 14; 23; 364, 19; 405, 4; 438, 3; 452, 4; 456, 20; 476, 2; 497, 4; 517, 22; 549, 4; 558, 10; 560, 5; 572, 4; 590, 6; 595, 13; 613, 14; 630, 7; 664, 2; 4; 13; 665, 9 ff.; 701, 26; 702, 3; 16; 710, 1
Petrus Comestor 454, 19
Pharisei 709, 1
Phitonissa 700, 6
Poole, R. L. XI
Porfirius 325, 9; 706, 4; 710, 6
Porphyrius *vide* Porfirius

Rebecca 167, 14
Richard Fitzralph *vide* Armacanus
Robertus Gilbon. *(Clement VII.)* XIX; XX; 92, 5; 464, 1; 481, 18
Rockingham XV
Rockyczana VIII; XXXIX

Rolls Series XCVII
Roma 552, 8; 684, 1
Romana curia 217, 16; 534, 15; 564, 4
Romanorum episcopus 667, 18
Ruben 45, 16

Sadducei 709, 1
Salisbury *vide* Sarum
Salomo 55, 19; 607, 7
Samaria 682, 23; 688, 11
Samson 55, 20
Samuel 700, 7
Sanctimonales 284, 1
Sara 167, 12
Saraceni 102, 5; 312, 19; 352, 23; 597, 15; 672, 11
Sarum 262, 18
Sarum usus 345, 10
Saul 105, 15; 172, 9; 700, 6
Sbinko *vide* Sbynjek
Sbynjek XXXV
Scarioth 145, 18; 186, 2; 273, 13; 345, 6; 361, 8; 369, 28; 370, 5; 371, 18; 452, 25; 457, 9; 11; 19; 460, 15; 480, 10; 13; 16; 525, 3; 9; 527, 3; 610, 13; 619, 8; 629, 4; 664, 15; 684, 6; 701, 26; 702, 10
Scocia 459, 12
Scotin *vide* Scocia
Scotus doctor 531, 14
Sergius 91, 15; 597, 14
Shirley, W. W. IV; XXV; LIX; LXXXV; XCVII
Sickel, Th. LVII; XCVI
Sidon 688, 11
Silvester 176, 3; 669, 24; 701, 9
Simon *vide* Petrus
Simson *vide* Samson
Simon Magus 679, 4
Skeat, W. W. II
Slawkowicz, P. de XXXII; XXXIII
Sodoma 479, 9; 552, 11
Stephanus 499, 18
Stoya, Mag. XXXII
Strode, R. XXXIV

INDEX OF BIBLE-QUOTATIONS.

Swieten, G. v. XLIII
Sylvester vide Silvester
Syria 167, 8

Templarii 270, 19
Teutonici 168, 13
Tirus vide Tyrus
Todd, J. H. II
Turnow, J. de XXXIX; XL
Twysden LXXXV
Tigonius 456, 10
Tyrus 688, 11

Uniczova, P. de LV

Urban VI. XIX; XX; 265, 7; 459, 11; 14; 574, 10; 593, 10; 600, 8
Utino, Th. de XXXV

Valerianus 503, 12
Vierling, J. G. IV

Waldus, P. XV
Walsingham LXXXV
Wattenbach XCV
Weizsäcker, J. LVII; XCVII
Wenceslaus XXXIV
Weyner, N. XXXIV

Whiche (Wiche) vide Wycz.
Waldenses XXXIII
Wilkins LXXXV
Wilson, L. II
Wirth, L. Ph. IV
Wlatislaus v. Polen LV
Woodford VIII
Wyclif Society XL
Wycz, Rich. LIII

Yambres vide Jambres
Yannes vide Jannes

Zacheus 709, 15
Zebedei filii 701, 26; 702, 6

II. Index of Bible-Quotations.

Gen. 2, 7	. . . 76	I Sam. 28, 12 ff. . 700	Ysa. 2, 4 686
— 2, 24	. . 162; 167	I Kings 18, 22 . 605	— 2, 12 . . . 323
— 18, 32	. . . 326	— 18, 27 . . . 344	— 8, 9 . . . 323
— 20, 12	. . . 167	— 21, 13 . . . 186	— 11, 2 208
— 24, 4; 67	. . 167	II Kings 2, 2 ff. . 299	— 40, 6 272
— 28, 1—2	. . 167	— 2, 4; 6 . . . 299	— 42, 1 681
— 49, 4	 45	— 2, 23—24 . . 334	— 53, 7 615
Exod. 7, 11; 22	. 45	— 6, 19 596	— 58, 6 479
— 8, 7	 45	I Chron. 23, 8 . . 607	Jerem. 2, 13 . . . 210
— 12, 46	. . . 189	Job 9, 4 591	— 17, 5 . . . 185
— 20, 13	. . . 332	— 41, 25 . . . 698	Ezech. 16, 46 ff. . 479
— 25, 40	. . . 654	Ps. 5, 7 59	Daniel 9, 26—27 332 552
— 32, 10	. . . 460	— 17, 5 . . . 221	Sach. 9, 9 . . . 690
— 32, 29	. . . 465	— 31, 6 . . . 186	Maleach. 20, 7 . 362
Levit. 16, 15	. . 622	— 32, 5 . . . 623	Sap. 1, 5 213
— 20, 10 ff.	. . . 167	— 36, 12 . . . 677	Sirach 13, 3 . . . 687
— 24, 17	. . . 332	— 37, 20 . . . 397	Bar. 6, 49 . . . 557
Num. 22, 28	. . 610	— 45, 10 . . . 97	I Macc. 13 ff. . . 279
Deut. 4, 2 . 181 350	— 82, 6 . . . 556	— 1, 43—45 . . 655
— 12, 32 . 181 350	— 91, 6 . . 138 371	II Macc. 5, 19 . . 261
— 15, 4 . 190 366 369	— 103, 21 . . . 323	
— 26, 17	. . . 555	— 109, 8 . . . 629	Matth. 3, 13 . 548 689
Jos. 7, 1	. . . 326	— 124, 6—7 . . 305	— 4, 1 84
— 7, 1; 5	. . . 606	— 144, 13 ff. . . 246	— 4, 1 ff. . . . 596
— 10, 12—13	. . 528	Prov. 30, 5—6 . . 182	— 4, 1—2 . . . 346
I Sam. 1, 3	. . 323	— 30, 8 . . . 502	— 4, 5 141
— 2, 12—17; 22 . 330	— 30, 8—9 . . . 191	— 4, 8—9 . . . 308
— 13, 1	 105	— 31, 10 ff. . . 706	— 4, 9 557
— 15	 172	Eccles. 1, 15 . . 605	— 4, 10 685
— 23	 172	Cantic. 4, 8 . . 658	— 5, 3 528
— 25, 3	 186	— 8, 6 162	— 5, 4 43

INDEX OF BIBLE-QUOTATIONS. 719

Matth. 5, 9	608	Matth. 17, 17; 20	618	Marc. 10, 43—44	665
— 5, 15	399	— 17, 24	103	— 10, 46	196
— 5, 16	399	— 17, 24 ff.	709	— 14, 29—30	497
— 5, 21	332	— 17, 27	686	— 15	189
— 5, 25	532	— 18, 15 . 47, 14;	478	— 16, 1; 4	709
— 5, 44	611	— 18, 18 . 624	666	— 16, 15	683
— 6, 3	27	— 18, 23 ff.	59	— 16, 16	706
— 6, 7—8	343	— 19, 5	162	Luke 1, 14	335
— 6, 9	342	— 19, 17	116	— 2, 4	374
— 6, 24	119	— 20, 20 ff.	702	— 4, 1—2	346
— 7, 12	550	— 20, 21 ff.	703	— 5, 33	90
— 7, 13	397	— 20, 22	703	— 5, 36	90
— 7, 15 16 76 472	709	— 20, 26—27	665	— 6, 12	346
— 7, 16	255	— 20, 28	329	— 6, 36	326
— 7, 26	396	— 20, 39	196	— 8, 2—3	709
— 7, 27	342	— 21, 7 . . 614	690	— 8, 3	188
— 8, 6	549	— 21, 12 ff.	708	— 8, 5; 12	557
— 8, 20 . . 616	685	— 22, 14	605	— 9, 1	617
— 8, 22	149	— 22, 15—16	605	— 9, 3	615
— 9, 10 ff.	709	— 22, 21 . . 278	686	— 9, 54 ff.	610
— 9, 14—15	90	— 22, 37	117	— 9, 55 . . . 35	683
— 9, 16	96	— 22, 40 . . 117	708	— 10, 1	267
— 9, 17	97	— 23, 8	510	— 10, 2 ff.	406
— 9, 34—35	497	— 23, 13	16	— 10, 3	615
— 10, 1	686	— 23, 15	469	— 10, 4—7	369
— 10, 8 . . 310	691	— 23, 24	132	— 10, 5—6	615
— 10, 10	37	— 24	243	— 10, 7	37
— 10, 12—13	615	— 24, 5	680	— 11, 4	611
— 10, 26	680	— 24, 6	474	— 11, 23 . . 61 46	
— 10, 27	399	— 24, 11 . . 16 76		— 11, 24—26	219
— 10, 36	559	— 24, 15 . . 75	332	— 11, 28	706
— 10, 37	169	— 24, 11; 24	570	— 12, 10	329
— 11, 2 . 299 300	313	— 24, 21—22	397	— 12, 14	562
— 11, 5	313	— 24, 22	600	— 12, 22 ff.	677
— 11, 7—9	217	— 24, 23	596	— 12, 35	527
— 11, 11	334	— 24, 23; 26	466	— 12, 52; 53	559
— 11, 23	687	— 24, 24	709	— 14, 21 137 314	431
— 11, 29	681	— 24, 26 . 257	551	— 14, 21 ff. . 308	311
— 12, 13	329	— 25, 12	710	— 14, 23 . 100	275
— 12, 25	242	— 25, 43	55	— 14, 26	687
— 12, 33	627	— 26, 8	480	— 14, 33 . 602	628
— 12, 50 164 165	169	— 26, 21	77	— 16, 22 . 147	196
	706	— 26, 23	77	— 16, 27—28	366
— 15, 3—6	49	— 26, 26	398	— 18, 1	342
— 15, 7—9	49	— 26, 33	610	— 18, 14	622
— 15, 13	437	— 26, 52	630	— 18, 35 ff.	191
— 15, 24	688	— 26, 72	364	— 18, 35	196
— 16, 19 63 622 624	666	— 27, 57	709	— 19, 5—6	709
— 16, 22	365	— 28, 19 . 126	524	— 19, 40	100
— 16, 22 ff.	679	Mark 2, 18	90	— 21, 19 . 219	616
— 16, 23 . . 16	365	— 3, 38 ff.	329	— 21, 32	619
— 16, 23; 24	609	— 6, 32 ff.	192	— 22, 25—26 . 665	669
— 17, 16	618	— 8, 1 ff.	192	— 22, 33—34	497

INDEX OF BIBLE-QUOTATIONS.

Luke 22, 36	286 626 628
— 22, 38	278 287 631
— 23	458
— 23, 11	27
— 23, 31	603
— 23, 34	615
John 1, 3	333
— 1, 19 ff.	299
— 1, 23	301
— 1, 27	312 813
— 1, 42	664
— 2, 3	188
— 2, 15	708
— 3, 1	174
— 3, 31	313
— 4, 2	372
— 5, 19	573 593
— 6, 70	186 307 861 457 699
— 6, 71	16
— 8, 50	590 690
— 10, 1	89 175 227 393 673
— 10, 1 ff.	684
— 10, 8	136
— 10, 11	608 681
— 10, 37	692
— 10, 38	172 258
— 13, 5	618
— 13, 26	78
— 13, 34	14 120 277 703
— 13, 88	497
— 14, 6	169 680
— 14, 15	63
— 14, 21	382
— 14, 27	215
— 14, 30	698
— 17, 12	34
— 17, 14	681
— 18, 1 ff.	684
— 18, 4	631
— 18, 4—6	629
— 18. 6	610
— 18, 8	460
— 18, 11	687
— 18, 17	288
— 18, 20	399
— 18, 36	549
— 19, 2	27
— 19, 23	27
— 19, 33	189
— 20, 1; 14	709
— 20, 23	624 666

Acts 1, 20	629
— 1, 26	613 676
— 2, 2	218
— 4, 32	194
— 4, 34—35	194
— 5, 1	301
— 5, 29	689
— 5, 41	215
— 6, 1—6	267
— 6, 5	268
— 7, 55	499
— 8, 22	615
— 9, 15—16	405
— 10, 23	549
— 10, 34	704
— 10, 34—35	171
— 11, 1 ff.; 18; 20	22
— 13, 10	186
— 13, 45 ff.	310
— 15, 4 ff.	90
— 20, 25	18
— 20, 25—34	17
— 20, 29	18
— 20, 33—35	286
— 20, 33—34	192
— 20, 34	708
— 20, 35	20 45
— 26, 5	502
— 26, 29	99
— 28, 22	21
Rom. 1, 32	440
— 5, 19	327
— 8, 14	214
— 8, 28	588
— 8, 29—30	457
— 12, 19	602
— 13, 1	618
— 13, 4	278 591 632
— 13, 9	707
— 15, 18	675
I Cor. 1, 10	267
— 1, 10 ff.	704
— 1, 10—13	453
— 1, 12—13	438
— 1, 14	22
— 3, 3—5	22
— 3, 4 ff.	704
— 3, 4—6	453
— 3, 5	476
— 3, 6—8	438
— 3, 7	23
— 3, 8	119 327
— 3, 9	372

I Cor. 3, 10—11	489
— 3, 11—15	147
— 4, 15	164
— 4, 16	678 692
— 7, 9	36
— 10, 11	347
— 10, 13	548
— 11, 1	301 692
— 13, 1	673
— 13, 2	250
— 13, 4—8	460
— 13, 5	39
— 13, 13	241
— 15, 3; 23	268
— 16, 22	61
— 22	164
— 14, 15	342
II Cor. 1, 19	701
— 2, 1; 3	41
— 5, 15	327
— 6, 15	329 687
— 8, 9	188 681
— 11, 8—9	267
— 11, 9	394
— 11, 10	603
— 11, 19—20	553
— 11, 26	37 268 709
— 11, 29	611
— 12, 19	591 621
— 13, 10	549
Gal. 1, 8	682
— 1, 8—9	182
— 1, 11—13	268
— 1, 17	258
— 2, 1	405
— 2, 1—14	666
— 2, 6	667
— 2, 11	258 609
— 2, 20	620
— 3, 25	289
— 3, 28	706
— 4, 8	289
— 4, 10—11	289
— 4, 14	362
— 4, 19	165
— 5, 1	289
— 5, 19—21	23
— 5, 21	81
— 6, 5	329 344
— 6, 15	327
Ephes. 1, 22	325 661 706
— 1, 22—23	654 658

INDEX OF BIBLICAL QUOTATIONS. 721

Ephes. 3, 14—15 . 162	Tit. 2, 12 . . . 681	Heb. 13, 14 . 245 273
— 4, 3 ff. . . . 230	— 3, 10 478	Jam. 1, 22—23 . 343
— 4, 5—6 . 380 655	Philem. 14 . 191 552	— 1, 26 . 48 52 187
— 5, 8 400	1 Pet. 2, 17 . . 180	— 1, 27 46
— 5, 31 . . . 162	— 2, 18 504	— 2, 1 52
— 6, 12 323	— 2, 21 . . 610 672	— 2, 1—7 . . . 170
— 6, 13—17 . . 324	— 4, 9 54	— 2, 2 172
Phil. 1, 1 267	— 4, 11 310	— 2, 10 119
— 3, 5 . . 174 288	— 5, 2—3 . . . 56	— 2, 26 . . 214 343
— 3, 19 120	— 5, 3 476	— 3, 1 52
— 3, 20 . . . 74	— 5, 7 57	— 3, 15 . . . 50
Coloss. 1, 24 . . 325	— 5, 8—9 . . . 57	— 3, 16 51
— 3, 5 119	II Pet. 1, 19 . . 30	— 3, 17 51
I Thess. 2, 9 . . 394	— 2, 1 41	— 4, 1—4 . . . 53
— 5, 1—3 . . . 570	— 2, 1—3 . . . 29	— 5, 1—3 . . . 53
— 5, 5 400	— 2, 3 33	— 5, 16 . . . 622
— 5, 17 . . 342 343	— 2, 9—10 . . . 30	— 5, 17 . . . 345
II Thess. 2, 4 367 547 685	— 3, 3 598	Jud. 12—13 . . 70
— 2, 6 382	I John 1, 7 . . . 63	— 14—15 . . . 65
— 3, 8 394	— 1, 8 123	— 16 . . . 66 74
I Tim. 1, 13 . . 702	— 2, 15 65	— 17 67
— 3, 8—10 . . . 268	— 2, 18 . 16 392 699	— 17—19 . . . 67
— 3, 8; 12 . . . 267	— 3, 8 499	— 18 68
— 4, 1 . . 16 598	— 3, 15 63 94 332 459	— 19 70
— 4, 1—2 . . . 570	— 4, 1 76	Apocal. 3, 19 . . 309
— 4, 1—4 . . . 33	— 4, 3 . . 16 64	— 14, 18 . . . 348
— 6, 3 615	— 4, 4 ff. . . . 169	— 18, 19 . . . 183
— 6, 8 193 245 371 502	— 5, 16 627	— 20, 1—2 . . . 391
II Tim. 3, 1—2 . 598	II John 6—7 . . 65	— 20, 1—3 . . . 394
— 3, 1—8 . . . 570	— 10—11 . 65 309	— 20, 2 . . . 394
— 3, 1—9 . . 38 51	Heb. 1, 4 . 363 662	— 20, 7 395
— 4. 10 312	— 4, 12 631	— 22, 9 363
Tit. 1, 12—13 . . 16	— 11, 6 211	

Wiclif, Polemical Works. 46

III. General Index.

(NB. Printed in the orthography of the text.)

A.

Abbacie a patronorum via declinarunt 134.
—ciarum fercula 531.
Abbas contra Cristi regulam obligat subditum 186.
— dyabolus incarnatus 532.
— et pater monachorum Cristus 131.
— unum precipit et contrarium mandat 185.
—ates ac priores sectarum sunt dyaboli manifesti 141.
Abdicare debent monachi seculari dominio 131.
Abhominacio desolacionis 332.
— sectarum abhominabilis desolacio potest dici 333.
— desolacionis in Roma 552.
Abhorrent fratres in habitu variari 28.
Abhorret triplicitas quedam nomen vecordie, falsitatis et furis 417.
per Ablacionem dominii temporalis domini depauperantur 245.
Ablata cupidine temporalis dominii contencio paparum sedaretur 572.
Abscondita pecunia, domus et libri 42.
Abscondunt fratres sensum Cristi 371.
Absolucio ficta 625.
— papalis 627.
— plena paparum 458.
— plenaria 462.
— vel indulgencia a capite triumph. ecclesie concessa 574.
— a pena et culpa 130.
—nis sacramentalis beneficium tenentur homines semel recipere in anno 513.
—nes a capite ecclesie non concesse 593.
non Absolvit homo a peccato 165.
Abstinencia fratrum a cibis 36.
—, num meritoria 36.
Abstinendi oracio prodest 346.
Abuse sunt quandocunque creature alique 121.
Abusus personarum ecclesie tam in feminis quam liberis 122.
Abuti donatis dominiis 247.

Accensi igne muliebris libidinis 55.
Accepcio personarum non est apud deum 22; 171; 361; 667.
— personarum apud Cristum 677.
— personarum contraria legi dei 171.
— personarum est preponderancia unius persone in amore 171.
— personarum publica et nimis perturbans ecclesiam 170.
— personarum originaliter est in statu pape 171.
— personarum peccatum absconditum 170.
— personarum, quid est secundum scripturam 171.
— personarum in human. tradicionibus nimium usitata 171.
— personarum non debet esse apud deum 171.
— personarum in spoliatione pauperum est dampnanda 54.
—nem personarum homines debent precavere 171.
Accidens sine substancia hostiam esse secte dicunt 381.
— cum ente racionis 25.
— sine subiecto 398.
— sine subiecto quid sit 282.
— mediat inter vacuum et analogum entis 25.
Accidentalis concomitancia religionis Cristi 299.
Accio voluntatem dei faciendi toti nature debetur 165.
—nes omnes Cristi sunt plene salubri sentencia et figura 709.
Accipere nomen cristiani et non sequi Cristum 120.
— nomen dei superflue 120.
—iunt curatores nomen dei superflue 120.
plus Acciunt Hospitales infideles ad continuandum in perfidia 271.
Accumulat papa sibi pecuniam vel lucrum mundanum 130.
Accusacio confusa est insufficiens 78.
Accusari non potest sensus verborum domini 79.

GENERAL INDEX.

Accusati sunt clerus et temporales domini specialiter in triplici perfidia 418.
—antur papa, imperator, rex, cum possent ecclesiam alleviare 60.
Acephala non est ecclesia fidem Cristi servans 257.
— ecclesia non fuit ante incarnacionem 661.
— ecclesia papa deficiente a fratribus vocatur 256.
Aciem mentis fidelis alcius elevare debet 328.
Acquisicio regnorum per mendacia 596.
Acquisito dominio de manu dyaboli non oportet posterius onerare pauperes podagiis insuetis 280.
de Activorum genere non est quantitas 261.
Actus venerei sectarum 142.
— omnes laudabiles in scriptura non exprimendi erant 268.
Acucio pene post mortem 247.
Acute loqui contra vicia sectarum 13.
Addere novas sectas secte Cristi superfluum est 229.
Adherere affeccione et co_gitacione deo firmiter 118.
—rendum est neutri paparum duorum 257.
Adire pontificem romanum non necesse est 258.
Adinvenciones novas milites Hospitales deserere debent 270.
— false fratrum 47.
— fratrum questus causa 69.
— quedam fideliter obviant ad gloriam 91.
Adjuvat reliquum unumquodque membrum regni 242.
Adjutores simplices deus wlt habere 372.
Adjutorium dei assistit fidelibus 365.
Admitti non debent secte ad onus ecclesie 594.
—ttendus, quomodo sit papa 260.
Adulacio sectarum questus causa 66.
Adulantur fratres 52.
Adultera generacio fratrum 66.
— generacio populi seductiva 394.
Adulteracio verbi dei per sectas 68.
Adulterina verba sectarum 40.
—ne pietacie 44.
—ni ordines 298.

in Adulterinis signis non consistit religio Cristi 334.
Adulterium spirituale 51.
— corporale 51.
Adverbiorum remunerator deus 560.
Adversans in vita scripture hereticus est 265.
—santur Cristo episcopi et prelati 672.
— pape Cristo in doctrina, vita et moribus 672.
— religioni Cristi secte 174.
— fratres religioni Cristi 47.
— pape Jesu Cristo 679.
Adversarios debellare licitum in lege veteri 606.
Affeccio demoniaca fratrum 40.
— cordata rara 467.
—mentis abscondita amor est 171.
—nis superaddite unitas in corpore 328.
—nem inclinatam mundo papa habet 687.
—ne et cogitacione deo firmiter adherere 118.
—nes terrene 147.
— hominum inordinate in fine temporum 24.
ab —nibus anime salvande sunt purgande 147.
Affectare prioratum 303.
— brevitatem 119.
—ant solacium temporale secte 43.
Aflici non debet dileccio dei 126.
Affines conjugandi levant baptizatum de fonte 167.
Affinitas nupciarum non est in septimo gradu consanguinitatis 166.
— habet correspondenciam verbo dei 165.
—atis vinculum inter virum et conjugem 161.
in —ate amor non tantum ostenditur, sicut in consanguinitate 166.
qualiter Agendum est, Cristus ecclesiam docuit 266.
Aggredi dyabolum 589.
Aggregaci oaccidencium sive nihil 398.
Agitacionem liberam spiritus sancte dimittere 346.
Agitantur pape a spiritu maligno 670.
Albedo cordis mundiciam significat 27.
Ale pape clerici cesarei 130.
— pape prevaricantes in decalogum 130.
— due anticristi 324.

46*

Alfabetum fidei scripture 706.
Alienant secte bona regnorum 42.
— secte se a suis conventibus 43.
Alimentum ecclesie a Cristo ordinatum 142.
in Altari hostia cottidie tractatur 384.
Alternare in sompnio, ieiuniis et cibariis 346.
—vit deus noctem et diem hominis causa 348.
Amandus est deus voluntate summa 118.
ad — dum scripture testimonia hominem movent 211.
—ns ecclesiam laborare debet ad exuendum sectas a mendacio 60.
—nt se ipsos fratres 38.
non —ut se reciproce artes confederate 229.
—tur solum cognitum 210.
Ambiguitas fidei scripture 75.
Ambulacio fratrum secundum sua desideria mendicando 66.
Ambulantes Cristiani secundum legem Cristi proficiunt 395.
— in gratia sunt sine peccato 62.
Amor temporalium in falsis pastoribus 673.
— illicitus terrenorum 703.
— indebitus concomitatur sectam 24.
— ordinis conservandi inordinatus 227.
— Cristi a dominis secularibus contempnitur 382.
— ostenditur in consanguinitate 166.
— fratrum exstinctus 42.
— affeccio mentis abscondita 171.
— beneficencia in signo sensibili 171.
— sectarum est dispersus 64.
— rei in sectis 23.
—is vincula tria 161.
— veri causa in secundo supposito reperitur 164.
— inter conjuges fortitudo magna 165.
— vinculum satis forte 162.
—e due persone connectuntur substancialiter 162.
Amotus sit, qui ab officio suo propria culpa deficiat 275.
Ampla gugula nimis etc. 535.
Ampliora semper appetit homo 221.
Amplius solutus Sathanas in secundo millenario 393.
Amplitudo vestium occultat grossiciem ventris 535.

Amputacio veprine 102.
Analogum entis 25.
— entis impletum a deo per substanciam creatam 25.
Anathema incurrunt ordines 61.
sub —tis pena domini seculares tenentur 382.
Anchora sive radix spes 73.
Andreas rogavit passionem suam fieri 68.
—e passio 68.
Angelici spiritus confirmati in beatitudine 147.
Angelus bonus est omnis predestinatus 362.
—i boni volunt homines ipsis in beatitudine simulari 366.
post —i primi privacionem celum sanctum mansit 261.
—i et homines sunt corpus ecclesie 662.
— partes ecclesie sunt 658.
—lis mandat papa 556.
— pape precipiunt 664.
— mandavit papa 688.
—lorum volucio 366.
—los bonos excedunt sancti et virgo beata 363.
Anglia habet 4 milia mendicancium 193.
—lie fratros 103.
— rex subregulus subditus anticristo 685.
— clerus regulatus secundum ordinem Cristi 713.
— clerus nec pape nec alieni prelato obediat 713.
— regnum pseudo-cardinales spoliant 574.
— clerus ne habeat dominium 714.
— populum et thezaurum exhaurire 596.
Anglicus fit predo 104.
in —eo scripta tamquam heretica dampnantur 168.
— populo septem peccata explananda sunt 126.
Angulus est duarum linearum alternus contactus 395.
super —los quatuor fere sedent secte quatuor 395.
Anima Cristi racionem fiendorum videt 266.
— Cristi omnes raciones videt 266.
— melior est corpore 215.
— melior quam noticia mundanorum 208.

GENERAL INDEX. 725

Anima humana naturaliter appetens beatitudinem 221.
— beata quodammodo 148.
—e pestilenciam secte inducunt 72.
— dampnantur in tartaris, que nutrite in scola domini forent salvate in celis 502.
— pausant in loco a deo electo 147.
— post salvande quiescunt ad tempus in purgatorio 146.
— carebunt complemento beatitudinis usque ad iudicium 147.
— salvande sunt purgande a terrenis affecionibus 147.
— participantes plene societatis solacii 147.
— vires debilitantur 123.
—rum infidelissimi proditores 703.
— quies in die dominica 148.
—as dominorum fratres in custodia habent 255.
—as multas spiritualiter occidit papa 129.
Animal racionale 76.
—ium sidus nocivum debet destrui 353.
Animalis et dyabolica est sapientia regule 50.
Animi fortitudo est quartum donum spiritus sancti 216.
— fortitudo est perseverancia legis div. 216.
Annuatim regnum Anglie milia marcarum expendit in ministros anticristi 400.
Annulum aureum plus ponderare quam fidem 170.
Antecedencia media ad beatitudinem 149.
Anticristus vocatur papa 243.
— extollitur super Cristum 99; 457.
— quid de preceptis domini dicat 216.
— sunt secte 64.
— precipuus papa est 671.
— est qui sine Cristi licencia obligat ad eius iniuriam suos servos 284.
— precipuus occiduus papa est 396.
— est ecclesia malignancium 397.
— quaternus papa est 674.
— Jesum secundum substanciam impugnare non potest 699.
— contra Cristum in membris suis agit 699.
— divisit papas 598.

Anticristus spoliat semina fidei 557.
— vendicat esse dominus omnium contratarum etc. 553.
— citat personas impossibilitatas a deo 556.
— est capitaneus dyaboli 323.
— se nominat patrem sanctissimum 559.
— accipit legios homines in carcerem 554.
— facit multa bona in ecclesia 559.
— erat unus discipulorum 367.
— amat divisionem 712.
— timet falsitatem discipulis suis palam detegere 399.
— effundit pluvias celi 133.
— perversus et dyabolus papa est 349.
— patulus papa est 686; 687.
— in fundacione sectarum defecit dupliciter 368.
— est manifestus dyabolus 368.
— ecclesiam difficultat cerimoniis novis 262.
— ecclesiam callide illibertat 262.
—ti vicarius scit spoliare populum 133.
— due partes se ipsas destruunt 243.
— partes fideles urgentes 244.
— discipuli pharisei sunt 126.
— discipuli obligati ad penam acriorem 127.
— discipuli satrape maledicti dicuntur 127.
— ficticie confutacio 216.
— religio dilatatur 187.
— tradicionibus prepositi se implicant 187.
— discipuli seducunt multum populum 149.
— vicarius prefectus fidelibus 133.
— licenciacio 140.
— sunt ordines 193.
— caput divisum 604.
— habitum secte induunt 369.
— discipuli sophistice respondent 373.
— discipuli sunt fautores sectarum 372.
— discipuli sibi insensibiliter nocent 372.
— fallacie inducunt perfidiam contra Cristum 251.
— licenciam dominus secularis habet 251.
— argucie singule et stulte 197.

GENERAL INDEX.

Anticristi sophisma videtur intendere, quod non sunt reges vel seculares domini 270.
— discipuli principales sunt, qui quiescunt in legibus sectarum quatuor 395.
— versucie 397.
— triplex significacio 699.
— sciencia 700.
— consilium evagatur in privatis ordinibus 526.
— lex a prelatis exaltatur 560.
— mille meandri 556.
— pars finaliter deo observiet paciendo 432.
— manifesti dyaboli membra 368.
— extollencie 557.
— brachium sunt religiosi possessionati 324.
— sinistrum brachium sunt exproprietarii religiosi 324.
— due ale 324.
— privilegium 607.
— et sathane multi sunt 392.
— interpretacio 680; 699.
— forum mercandie 564.
— argucie deficiunt in materia et forma 702.
— iura canonica 562.
— materia quomodo sit tractanda 467.
— precones sunt fratres 467.
— argucia infamis 368.
de — legibus papa multa scit 129.
ex — influencia non dependet salvacio predestinati 257.
in — maliciis papa crescit 127.
—to viriliter resistere 194.
— nulla evidencia est infidelior 276.
—tum impediunt prudentes 194.
— pauci heretici molestabunt 397.
— extingueret multorum et magnorum fidelium instancia 400.
Anticristiva mania 400.
pro —vis immolacionibus pecunia magna exhausta 244.
Antiquus stabiliti ordines 89.
—qui sacerdotes sufficientes pro spirituali ministerio 28.
— sacerdotes 72.
Apocrifa cum ludicriis allegata 250.
— inducuntur a patronis priv. tamquam fides 24.
per — verba secta Hospitalium non est justificanda 271.

Apocrife fabule de sanctis sectarum 304.
—fos status dimittere non est peccatum 268.
Apostasia est inducere sectas 139.
— est deserere puritatem legis domini 139.
— membrorum dyaboli stat in fugiendo a Cristo 608.
— sectarum 139,
— committitur exeundo ab una secta in aliam 139.
—siam negare oportet 139.
Apostata debet in carcerem recludi etc. 478.
—te sunt omnes secte 139; 140.
— sunt multi prepositi 186.
Apostemata hominis 352.
—tum maturiacio sectarum 353.
Apostolicus status, quin sit perfeccior quam episcoporum caesareorum non dubium est 815.
—cum statum Cristus instituit 466.
—ci sunt omnes clerici, qui discredunt medie parti fidei catholice 431.
— sunt hereticorum secundi 431.
— canones 248.
Apostolus mandat sectas evitare 44.
— nullus habuit a Petro licenciam predicandi 405.
— nunc non cognosceret ecclesiam Cristi 263.
—li errare possunt in moribus et via 68.
— verba impugnat securitas sectis infixa 245.
— paucis contenti erant 245.
— semper ad utilitatem ecclesie laborabant 241.
— errare possunt in moribus et via 68.
— regula episcopi 193.
— sancti in celo 34.
— habuerunt pacem spiritualem 215.
— habuerunt pacem dei 215.
— Cristi multipliciter persecuti sunt 215.
— duodecim in eadem tabula et parapside 77.
— laborant pro egencia sua 192.
— scripture contraria est fratrum regula 183
— legii homines regum terre 105.
— non cum lapidibus desponsati 134.
— fidem in variis lingwis conscripserunt 116.

GENERAL INDEX. 727

Apostoli fortes in bello 217.
— spoliacionem pauperum condempnarunt 254.
— alii Petrum in aliquo excedebant 668.
— nunc de religione privata 533.
— et sequentes discipuli regulam observarunt 275.
— in multa vicia corruerunt 677.
— Petrum num consuluerunt 666.
— pleni spiritu sancto fuerunt 499.
— sciebant, se habere peccatum 499.
— in pacionia sua voluntatem Cristi conceperunt 616.
— habuerunt potestatem miracula faciendi 618.
— voluerunt vindicari 610.
— erant episcopi 629.
— ad intensiorem gradum beatitudinis attingunt 534.
— quibus verbis consecratoriis utebantur, non est cura 259.
— a Petro non habuerunt confirmacionem 258.
— auctoritate Cristi septem dyaconos elegerunt 268.
— continue predicaverunt 263.
—lorum gladius corporalis 68.
— nullus dampnatus preter Scarioth 34.
— et sanctorum colleginum 134.
— quilibet beatus suo tempore 34.
— vita pauper et parca 134.
— primatus 663.
— princeps quis 665.
— gladius 626.
— eleccio per Cristum 674.
in —lis Jesus Christus locutus est 68.
— quid spiritus sanctus consuluerit 216.
—los manentem civitatem habere Cristus noluit 369.
— suos Cristus disposuit ad statum alciorem 452.
per — doctrina inventa 267.
— sacerdotes Cristus ordinavit 259.
Apparatus sumptuosus cardinalium 690.
Apparencie false auctor dyabolus est 471.
Appetere puritatem secte Cristi 144.
Approbacio dominii cleri dotati et mendicancium 686.
— dei sectarum 60.
Approbare sectas est argucia ceca 24.

non Approbat Cristus fratres 266.
— mendicacionem spiritus sanctus 190.
Approbative loquitur deus de pornine 18.
Appropriacio ecclesiarum 351.
— ecclesiarum est perpetuacio iniurie ecclesie 132.
—nes ecclesiarum 131; 195.
— faciunt multos populos infideles 134.
per — ecclesiarum theologie studium diminutum est 272.
Appropriant monachi redditus seculares 351.
Appropriate basilice deficiunt in sectis et ornamentis 134.
Appropriatores ecclesiarum 196.
— ecclesiarum sunt amisti 133.
Aqua sapiencie est limpida 213.
— tradicionis est turbida 213.
—e vive fons deus est 211.
Arbores fructifere 72.
— infructuose secte 72.
Arceatur illative, ex quibus libere eligat sectam Cristi 275.
Archiepiscopos papa solus ordinare potest 259.
Ardor cupidinis terrenorum 71.
ab — re cupidinis terrenorum sacerdotes debent plebem protegere 71.
Argucia ceca quod secte sint ab ecclesia approbando 24.
— peccat in materia et in forma 95.
— gulosorum 97; 346.
— simialis fratrum 464.
— heretici contempnenda est 258.
— infamis anticristi 368.
—cie sectarum de sua proeminencia 174.
— non faciunt fidem 174.
— anticristi de sua practica non sunt memoria digne 196.
— singule anticristi solute 197.
— merdose ordinum privatorum 580.
— simialis nuditas 467.
— merdose multe fratrum 464.
— anticristi deficiunt in materia et forma 702.
— anticristi 197.
Arguendum est durius contra sectas 24.
Argumentum ydiotarum 701.
Arithmetice principium quantitas discreta est 659.
Arma spiritus sancti 218.
—is ypocrisis sunt fratres armati 71.

Armatura exercitus dei sunt sex genera virtutum 323.
— exercitus dyaboli 324.
—ure theologico 599.
Armonia debita ecclesie 145.
in — deus disposuit ecclesiam 145.
Ars nigromantica plurimos seducit in ecclesia militante 701.
—tem virtuose pugnandi prelati habent 629.
—tes confederate a populo destruende sunt 229.
— confederate sese reciproce non amantes 229.
— dyaboli 367.
— dyabolice diminuunt viatoribus noticiam divine sciencie 700.
— mechanicas discere error est 209.
—tibus humanis monachi intendunt 220.
ex — confederatis oriuntur pugue. et bella 229.
Arta via ad celum 133.
Articulus mortis 145.
tamquam —uli fidei errores patuli creduntur 260.
—los novos fidei scrutare 618.
Artificiales ad onus ecclesie 555.
Aruspicium 367.
Ascensio Cristi 147.
post —nem domini temptacio nequicie Sathane suspensa est 392.
— Cristus prudenter ecclesiam regebat 669.
Assidua deprecacio multum valet 345.
—dui oratores excedunt medium virtuosum ieiunandi 346.
Assimilare sectas corpori ecclesie Cristi 353.
Assistere deum homini necesse est 129.
Assumere nomen dei in vanum 118.
Assumpciones sectarum 144.
— suas papa vel fratres nesciunt probare 75.
Assumptum sectarum apocrifum citra fidem 144.
Astri inclinacio infra aerem 73
Attencius et diucius fratres student novitates ordinis sui quam mandata decalogi 44.
Attendunt non ceci per quam viam debent viare ad celum 276.
Attingere beatitudinem 300.

Auctor tanquam pereticus persecutus 678.
— tenetur ex lege dei publicare suas sentencias 671.
— wlt revocare si doctus ex ewangelio 671.
— habet suum prepositum 79.
— scripture deus 80.
— realis deus est 343.
— intrat in labores aliorum 92.
— veritati humiliter consentit 76.
— quiescit opinative in sensu catholico 75.
— agit de passione, quam dyabolus facit ordini et temptacione, quam facit commoranti in mundo 58.
— describit requiem aminarum 146.
— citatus ad curiam Romam non peciit 556.
— domi summum pontificem Cristum eligit 556.
— habet voluntatem laborandi in dei servicio 708.
— elegit illam partem ecclesie quam dominus approbavit 708.
— orat deum et sanctos 138.
— declarat alium secte secunde in deum 131.
— errorem suum wlt revocare 289.
— per impossibile Prior mendicancium 478.
— sperat quod salvabitur 365.
—ris protestacio 31; 75; 76; 289; 671.
— sensus improbatur 75.
citra —ores scripture racionabiliter sibi credi sancti catholici noluerunt 392.
Auctoritatem a Cristo non habent observancie — 264.
per — Cristi num secte subintraverunt 175.
ex —te Cristi agunt secte 264.
—tes multe movent hominem ad orandum 346.
Auctorizacio tradicionis humane 348.
Auctorizando consentire criminibus aliorum 330.
Audax in biga est equs cecus 267.
—daces ut faciant malum 248.
Audire verbum dei 120.
Auferre discordie seminarium 591.
— dissensionis seminarium debent reges 572.

Auferre subsidium temporale ab ordinibus 364.
Auffugere salvatorem 349.
— a fratribus lex Cristi precipit 78.
—giunt secte persecucionem propter veritatem ewangelicam 398.
Augentes religiones priv. procuratores dyaboli sunt 527.
Augurium 367.
Augustinus monachus 248.
— patronus canonicorum 173.
— sathagebat ad vivendum secundum canones apostolicos 248.
— vivens secundum regulam Cristi 247.
— num fundaverit canonicos 247.
— regularis canonicus et monachus 247.
—ni consuetudo 248.
— condescensio ad sensum communem 248.
—num fingit patronum tercia secta 274.
Auricularis confessio processit ex avaricia 622.
— genuflexio confessio etc. non necessaria ad salutem 623.
Aura pestilencialis 72.
Aureum annulum plus ponderare quam fidem 170.
Aurum mendicare pro fratribus 197.
Austeritas et moderata potencia regum 172.
cum —ate regulare subditos ecclesie 172.
Authenticitas scriptorum Hildegardis 67.
Autonomastice religiosi dimittunt noticiam trinitatis 210.
— religiosi intendunt tradicionibus papaalibus 210.
Avari debent mendicos sustentare 196.
—orum sufferencia 196.
Avaricia populi 191.
— ydolorum servitus 120.
— contaminabilis Scariothis 480.
— est ydolorum servitus 135.

B.

Ballistarum pugne 220.
Baptismatis unitas 380.
Baptismum preparatorium baptismo Cristi ministrare 334.
Baptista prenuncius Cristi eternaliter ordinatus 334.
Baptista fuit preco Cristi 467.
— discipulos suos ad sectam Cristi preparavit 313.
Baptizatum de fonte levant affines conjugandi 167.
Basilice appropriate deficiunt in tectis et ornamentis 134.
Basis omnium noticiarum est noticia dei 210.
— vel fundamentum religionis est mandatorum conservacio 298.
Beatitudo modernorum 222.
— sprituum angelicorum 147.
— plena sanctorum in celis 147.
— intensior nota est ex religione priv. 534.
—dinem non meretur oracio presciti 344.
— postponunt fratres 482.
— sancti David plus credit fidelis quam credit beatitudinem aliorum 279.
— consequi, qua condicione 300.
— attingere 300.
in —dine secte plus cristianis ceteris promiando 381.
Beatus quilibet apostolorum suo tempore 34.
— non est aliquis de sectis quatuor 178.
— sunt in patria qui sectas relinquunt 178.
—i sunt multi ex sanctitate vite 178.
de — gaudiis dampnati penam habent 331.
in —orum catalogo dyabolos ponere 251.
—is proficiunt dampnati 329.
pro — dampnati non gaudent 327.
Beatissimus pro tempore suo quilibet papa 178.
Bellare dimitterent domini temporales contra regna extera 138.
—antes sunt filii Belial 608.
Bellum papale 35.
— et dissensio inter regna acuta 598.
— pape directe comittitur contra Cristum 595.
— inter Gelvos et Gibilanos 711.
—i suscitatores 954.
— et discordie excitatores 594.
—a Cristus prophetat esse futura in fine seculi 396.
— papa provocat 687.
— iniusta fratrum 40.

Bella, dissensiones etc. per sectas exorta 712.
ad — fratres consulunt in spem lucri 255.
—orum causa 688.
Bene foret homini septem dona spiritus sancti habenti 226.
Benedictus patronus monachorum 173.
— scienciam ad vivendum vitam laudabilem habuit 499.
— vixit vitam laudabilem 499.
— consummavit regulam monachorum 497.
— regulam instituit sine errore 498.
— spiritu iustorum omnium plenus fuit 499.
—um profitetur pro patrono secunda secta 274.
Benefacere canonici timent 248.
Beneficium absolucionis sacramentalis tenentur homines semel recipere in anno 513.
—orum omnium ecclesie papa iudex et divisor 678.
pro —is acquirendis thezaurum ad curiam deferre 244.
Bimembris blasphemia sectarum 140.
Binarius mandatorum 117.
— infamis conventuum 38.
— infamis 701.
in Birris fratres se non debent onerare 370.
Blasphemare in primum mandatum decalogi 210.
— in deum 210.
—ant secte cum oracionibus suis 347.
— ordines in deum 212.
Blasphemia horrenda pape 128.
— manifesta dei 56.
— fratrum 459.
— preconizata de privatis sectis 452.
— pape 129.
— Cristi reliccio 32.
— bimembris sectarum 140.
— est mendicacionem contrariam sibi imponere 192.
— Pauli contra Cristum 702.
—e paparum non publicate 692.
— per fictas obediencias introducte 476.
— infinite de confessione auriculari 625.
— de suffragiis meritorum 197.
—am sapit religio non divina 495.
Blasphemus a toto populo lapidari debet 469.

Blasphemus vocatus fuit Cristus 397.
—um est asserere contrarium verbis dei 182.
— est onerare ecclesiam per sectas 192.
—ma mendacia secte quarte 252.
Bona ecclesie dimittere debent secte 138.
— de genere fiunt a multis in sectis 25.
— mundi queruntur a fratribus 39.
— paucula pauperum 72.
— multa ex collegiis eveniunt 272.
— multa facit anticristus in ecclesia 559.
— male facit dyabolus 560.
— multa in ecclesie facit curia 560.
— regnorum secte alienantur 42.
— proximi per media nepharia plurimi concupiscunt 122.
— omnia rapit papa a pauperibus 684.
— communia singulis 194.
— spiritualia capitanei sectarum 302.
—nam rem diligit caritas 62.
—ni vident futura in verbo 266.
— sunt quandoque ad tempus prepositi 184.
—nis pauperum secte vescuntur 71.
de — et malis factis individuis sectarum 224.
— vivere donatis 138.
—norum proximi residuum 118.
— defraudacio ecclesie 137.
— temporalium spoliacio 149.
pro —no proximi quelibet locucionum mandati quinti tabule secunde debet esse 121.
— proprio fratres laborant 255.
—num utile anime persone 120.
— utile ecclesie militanti 120.
— reddere pro malo religio Cristi docet 225.
Bonitas patronorum et regularum 23.
— dei infert finem bonum cuilibet creature 212.
— cuilibet creature nominatur a prima persona divina 163.
ex —tate dei creature processerunt 212.
Botte circularitas quid attestatur 555.
Brevitatem affectare 119.
Bucce rubee ordinum 535.
Bullata presumpcio deo contraria est 350.
Bulle pape false 130.
— et leges papales etc. sunt renuonda 599.
— multe heretice in ecclesia sunt 350.
— heretice per refugam sompniate 350.

GENERAL INDEX. 731

Bulle putride paparum 459.
— papales de privie egiis et fictis suffragiis 615.
—as scribere 350.
Burgenses cantarias multas fundaverunt 269.

C.

Cadaver mortuum fecit miraculum 250.
Callida empcio domini secularis per ordines 33.
Calliditates fratrum 44.
Calumpnia falsa 78.
Camelum degluciunt monachi 132.
Candela vel lux lucerne debet esse fides ecclesie 399.
Canes pro osse rixantes 591.
— extrinseci romane curie ad spoliandum pauperes regni Anglie sunt solliciti 421.
Canones apostolici 248.
Canonicus regularis quis 248.
— regularis et monachus Augustinus fuit 247.
—ici 101.
— impetrarunt habitum et claustra ex mendacio 351.
— oppositi veritati 247.
— et prelati debent vivere secundum regulam Cristi 247.
— originantur ex mendaico 247.
— timent benefacere 248.
— elongati a libertate Cristi 136.
— remoti a lege domini 135.
— committunt factum in Cristi ecclesiam 136.
— propinqui secte dyaboli 135.
— quondam erant liberiores et propinquiores Cristo 135.
—corum ordo idem cum sanctis in Ierusalem 454—55.
— ficcio de Augustino fundatore 247.
— habitus et ritus noviter adinventi 248.
— fundator Augustinus 247; 173.
— prevariacio contra mandatum 137.
de —eis agitur 247.
Canonizacio papalis 35.
— patronorum priv. in ecclesia triumph. 24.
—ciones non sunt ut fides acceptande 534.

Canonizacionis empcio 534.
Canonizati aliter vixerunt quam fratres 454.
Canonizat papa patronos 177.
Cantaciones et ritus alii ordinati in ecclesia 345.
Cantarie in Anglia cessant 269.
—as multas burgenses fundaverunt 269.
—arum fundatores in fide deficiunt 272.
Cantus altus 345.
— et oracionis dimissio 345.
— alti dissonant 345.
Capacitas hominis ad vite regulas observandum 142.
— hominis ex fide scripture occupanda 182.
— observancie humane 142.
—tatem hominum et libertatem ac ordinacionem Cristi private obligaciones minuunt 284.
Capitales ordinum observant signa sensibilia 300.
Capitaneus dei est Cristus 323.
—nei fratrum notabiles peccatores 39.
— sectarum ecclesie nocivi 300.
— ordinum fundatores sunt regule compendiose 301.
— ordinum difficultant suos a lege domini 301.
— ordinum affectant honores mundanos 301.
— et patroni sectarum 300.
ad Captandas famas sollicitudinem habent secte 57.
Captive ducuntur mulierculo a sectis 44.
Capucia lata sectarum 28.
— continent multa mendacia 28.
Capuciacio 120.
Caput ecclesie non papa 64; 463.
— ecclesie Cristus 100.
— ecclesie sensibilis Cristus 663.
— ecclesie triumphantis papa 664.
— ecclesie Petrus non est 663.
— anticristi divisum 604.
—pita ecclesie non sunt secte 64.
Carceres a principibus concessi ordinibus 285.
Carencie caritatis irrisores dei se obligant 335.
—am commodi temporalis ordines maxime timent 226.

Cardinales archidiaconi regni Anglie per regem et suum consilium confirmantur 421.
— et familiam nimis superfluam papa habet 690.
— et papa quomodo habeant de provinciis primos fructus 32.
— virtutes abscondite 50.
— prius mundo abiecti elevati in dominos urbis et orbis 687.
— non sufficiunt eligere papam 674.
— elegerunt Annam papam 619.
—lium selle splendide 690.
— apparatus sumptuosus 690.
— cetus in sexu pape seductus 619.
— eleccio perturbat ecclesiam 613.
— potestas non se extendit citra deum 613.
ex — recta eleccione dependet ecclesia 257.
Carere potest ecclesia papa 573.
Carismata digniora Cristi 452.
Caritas ad intrinsecos et extrinsecos 138.
— et veritas Cristus est 169.
— ab Iohanne inculcata 58.
— diligit rem bonam 62.
— ad deum et proximum 144.
— informans hominem ex deo 62.
— ecclesie ex dei sapiencia prodiit 163.
— compellit cristianos 100.
— Cristi urget fideles loqui acute contra vicia sectarum 13.
— ecclesie per milites minuitur 271.
— et pax sunt deo plus placite quam dominacionis acquisicio fame 280.
— non est in papa 460.
— ordinata non est in irrisoribus dei 335.
—tatis vinculum fortissimum 169.
— vinculum inter fidelem et proximum 161.
— regulas fratres violant 254.
— carencie irrisores dei se obligant 335.
— unitas 380.
— dilatacio in ecclesia 573.
contra — regulam est depauperare homines 277.
—tati contrarie sunt secte 62; 65.
— obviant secte fratrum 58.
—tatem non sapit inveccio 89.
— secte obetant 42.
— maximam spiritus Cristi habuit 266.

Caritatem habentes socii domini sunt 62.
in —tate domini secte variantur 382.
— deficiunt secte 59.
— dei habundare debemus 220.
Caritates 16 condiciones 460.
Caritativa opera ad fidem trinitatis exequendam danda est 418.
— colleccio in parochiali basilica deseritur 254.
—tive invehere in sectas 99.
Carnalis concupiscencia 142.
—les voluptates muliercularum 44.
sine —li defectu servare decalogum 124.
—libus peccatis inclinantur secte 36.
Caro omnis fenum est 272.
—nem refrenare 535.
adversus — colluctacio nostra 323.
Carta licencie Cristi 136.
— humana ad iustificacionem scelerum nihil valet 136.
— Cristi preciosior quam carta humana 136.
—tam humanam ostendere 136.
—te false 703.
— de perpetua elemosina 703.
—tarum ostencio 704.
Carthusienses dicunt quod sit ordo suus perfectissimus 59.
Cassare propositum dei 214.
Castelle caynitica 40.
Castigat Cristus, quos amat 480.
Castra caynitica 195.
—rum sumptuosum pape 683.
Casus 12 in quibus papa est contrarius Cristo 679 ff.
Catheclismus in testibus 251.
Catholicus debet caritative detegere vicia sectarum 14.
—ca fides 93.
— fides in oppositum videtur 123.
—cam fidem ex integro sentenciare wlt Wiclif 256.
—ce sentencie quicunque legius regis contradicit, cadat a proteccione regis 283.
—ci sancti citra auctores scripture racionabiliter sibi credi voluerunt 392.
— studere debent si quilibet papa sequens sit legittime vicarius S. Petri 288.
— coniurant dyabolicos mendicantes 367.
—cos persecuntur filii dyaboli 214.

Causa discrasie ecclesie 564.
— divisionis in ecclesia militante 671.
— triplex extensionis pape supra Cristum, Petrum et apostolos 688.
—e bellorum 688.
— fidei scripture et racio 148.
Cautela tradicionis humane 133.
— dyaboli scit abscondere peccatum ecclesie 91.
— et ypocrisis dyaboli colorat errores sectarum 174.
— dyaboli 166.
Cavere de iniuria proximi 133.
—vent prudentes dare consilium de salute anime 527.
Caynitica castra 195.
— castella 40.
Cecacio manifesta demonii meridiani 138.
Cecantur occidui in mania anticristiva 400.
—tes ecclesie errores 178.
Cecitatis sectarum obscuracio 174.
Cecus equs in biga audax est 267.
Celacio phariseorum in lege veteri 175.
Celum sanctum mansit post privacionem primi angeli 261.
in —lo est corpus domini 384.
Censure ficte non nocent fidelibus 557.
Centum solidi expenduntur a quolibet fratre 193.
Ceremonie legis veteris cessari debuerunt 479; 289.
—nias novas introducunt episcopi 262.
a —niis iudaicis liberi fideles 91.
Cerevisiam sive vinum non bibit secta Machometi 80.
Cesares monet papa ad ducendum sibi frenum 690.
—ris intoxicacio in hostia consecrata 227.
in — mortem conspirant ordines 227.
Cesareus sacerdos late dispergitur 243.
Cessare debent tradiciones ceremoniales 289.
—ant collegia fundata 269.
— in Anglia cantarie 269.
Cetus cardinalium in sexu pape seductus 619.
Cibaria ministrare ecclesie 142.
—i presumptuosi ordinum 531.
do —is omnibus sufficientibus suo officio discipuli Cristi contentari debent 371.

Ciborum abstinencia 36.
Circularitas botte quid attestatur 535.
Circumsepti ordines iuvamentis ecclesie et racionibus vivacibus 89.
ad Circumvencionem dampnabilem fratres collegia necessitant 254.
Cisterne dissipate tradiciones dicuntur 211.
Citacio dei 547.
— dei sepe citacionem prelatorum frustrat 548.
—cio fidelium per papam 689.
— irracionabilissima prelatorum 547.
— non auctorizata a Iesu Cristo 551.
— non propter edificacionem anime sed propter causam dyabolicam 550.
—ciones dyabolice et mundane 549.
in —cionibus pape condicio anticristiva patula est 689.
Citare, quid est 547.
—ndi licencia a quo 550.
Citatorum peregrinacio 551.
— triplex excusacio 555.
Civitatem manentem apostolos habere Cristus noluit 369.
Claustra fratrum 47.
Claustrales impediti sunt suffragari 49.
— deficiunt in numero et modo 525.
— inclusi in claustro 683.
—liter militantes sunt pessimi 213.
Clemencia trinitatis 208.
— spiritus sancti magna est 214.
— appropriatur spiritui sancto 422.
—cie dei contrariari 214.
Clericus ne spoliato ultra legem Cristi 244.
—ci deferunt thezaurum suum ad curiam 244.
— tenentur niti destruere hereses 432.
— fideles heretici false vocantur 461.
— ad statum, quem Cristus instituit, reducendi 419.
— quid die finalis iudicii responsuri sint 246.
— exponunt se periculis terre et maris 217.
— mundani et fideles Cristi 219.
— Cristi num sunt ditandi 702.
— dotacio ex redditibus regis 245.
— cesarei ale pape 130.
— debent ex lege domini laborare 708.
— debent vivere vitam pauperem 95.

Clerici excellentes approbaverunt religionem priv. 508.
— corum ordo dei 101.
Clerus Cristum spernit 245.
— ecclesie non sequitur dominum Cristum 564.
— peccat in monstruoso numero, in fideli officio et in fructuoso ministerio 419.
— prevaricatur contra legem domini 419.
— antiquus Anglie intrinsecus oblaciones et decimas exhaurit per excommunicaciones 421.
— Anglie in pondere librandi deum et creaturas suas deficit 420.
— Anglie predicaciones ewangelii et alia ministeria pretermittit 421.
— innititur tradicionibus propriis 504.
— debet secundum pauperem vitam contentari 245.
— non debet dominari 245.
— Anglie nec pape nec alieno prelato obediat 713.
— obliviscitur ministerium sibi creditum 245.
— legem fidei impugnat 245.
— cesareus, mon., can., fratres 173.
— mutescat 100.
— declinans a Cristi doctrina 100.
— Anglie reguletur secundum ordinacionem Cristi 713.
— Anglie ne habeat dominium seculare proprie 714.
— in fide forcior foret rectificatis erroribus 272.
— ad pristinum gradum non restitutus 272.
— diminutus per errores priores 272.
— defraudatur 271.
— dislocatur contra legem domini in dominio monstruoso 419.
— ri multitudo 605.
— os dotacionis venenatum 575.
— intricacio 575.
— integritas 100.
— dotatio 94.
— cesarei patronus est papa 173.
— cesarei, monachi, canonici atque fratres sunt quatuor secte 395.
— communitas a conversacione Cristi perversa 626.
per — um sophisticum dyabolus ecclesiam fraudat 268.

Codicum apostolorum sentencia 67.
— de lege domini combustio 700.
Cogitacio de deo mitigat intellectum hominis 123.
— nem vel vocem non requirit deus 343.
— ione et affeccione deo firmiter adherere 118.
Cogitat homo de deo 122.
— taudus est deus assidue 118.
— tatum dimittere de deo 119.
Cognacio hominis cum Cristo consistit in hominis libera voluntate 165.
— religiose coniugata 166.
— naturalis 169.
Cognatorum coniugatio interdicta 166.
— coniugium tamquam religio observatum 167.
— desponsacio licita 167.
de — coniugio lex mosaica 167.
Cognita fiunt cuncta domino 343.
— tum modo amatur 210.
Cognoscit deus distincte homines 78.
— scere deum necessarium est 210.
Cohabitaciones mulierum et clericorum leges prohibent 55.
Colendus quomodo sit deus 335.
Colleccio caritativa deseritur 254.
— ciones false spoliant ecclesiam 574.
Collegium apostolorum et sanctorum 134.
— Urbani a pseudofratribus reductum 593.
— gia fundata cessant 269.
per — invidie cumulantur 271.
— persone contra caritatis regulas acceptantur 271.
ex — giis eveniunt multa bona 272.
— giorum fratrum numerus 368.
— fundacio est bonorum ecclesie distribucio 272.
Collocucio in claustro et publice 48.
Colluctacio nostra adversus carnem 328.
Color et figura habituum 26.
— res impertinentes habitibus 27.
Combustio codicum de lege domini 700.
Cometa stella 73; 74.
— te prenosticacio 74.
Comitiva domini 45.
Commendacio egestatis in sermonibus sectarum 73.
Commerciacio oracionum non procedit ex dei ordinancia 347.
Commercari secularis non debet cum presbytero 347.

Committere apostasiam exeundo ab una
secta in aliam 139.
Commixcio parcium 657.
Communicacio sectis ex caritate nega-
tur 309; 353.
— neganda fratribus 481.
— cum rixantibus papis est neganda
591.
Communio sanctorum credenda est 327.
— sanctorum 351.
— peccati 351.
Communitas cleri a conversacione Cri-
sti perversa 626.
— membrorum dyaboli mare ferum 73.
Communiter credere, quid 176.
Comorari cum sectis 440.
Comparere coram papa personaliter 546.
Compellere intrare in sectam Cristi 137.
—lendi fratres 102.
Compendium doctrine decalogi 117.
Competit vespilioni invita subieccio 105.
Compilacio saracenice regule 144.
— legis Cristi in dyalogo 117.
Complecio legis domini 102.
Complementum beatitudinis 147.
— iusticie 132.
Compugnare debent consentanei propter
defectum fidei 396.
Compulsio prudens 102.
—nem gladio Cristus ecclesie dedit 102.
Conceptus quinque, scire etc. 176.
Concomitancia mulierum infatuavit,
stulficavit, superavit 55.
Concupiscencia carnalis 142.
—e illicite sectarum 142.
Concupiscere uxorem proximi 142.
—cit papa domum proximi 130.
—cunt plurimi bona proximi per media
nepharia 122.
Condempnacionem excludit habitus
mendicancium 198.
—nari omnes homines wlt dyabolus 366.
—nande sunt secte 180.
Condicio culpabilis subtrahit a viatore
gradum gracie 501.
— sectarum 710.
— culpabilis vite difficultat viatorem 501.
— patula anticristiva in citacionibus
pape 689.
— maior bonitatis in predestinatis 363.
— dyaboli 366.
— manifesta dyaboli in fratribus 307.
— yppocritarum consequitur fratres 16.

Condicionis opposite est introducta religio 334.
—ciones caritatis 460.
— fratrum a Cristo, num fundate 307.
— pape fidelis tetigit 693.
Conducti sunt testes pro competenti
precio 251.
Confederacio amoris inter homines dilatanda 166.
Conferre Cristo elemosinas 191.
— bona sua aliegene discolo 243.
Confessio multiplex Pauli 686.
— peccatorum ad deum non consulens
sacerdotem proprium salvat 509.
— peccatorum ad deum contempnens
consulere sacerdotem proprium salvat 509.
— necessaria cristianis 623.
— persone unius ad alteram 622.
— auricularis processit ex avaricia 622.
Confessores, virgines, martires 79.
—ores ignorant contricionem confessi
625.
— fratres et consiliarii 94.
Confidere in proximi oracione stultum
est 344.
— in creaturis fallacibus 119.
— in dei adiutorium, quando nefas 141.
Confirmacio veritatis fidei ab episcopo
queritur 262.
— defectus 198.
— papalis regule sectarum 20.
— empta pape 31.
—cionem apostoli a Petro non habuerunt 258.
— ordines presbiteri inferiori ministrare
possunt 260.
ex —cione papali secte errorem suum
confirmant 249.
Confirmant secte errorem suum ex confirmacione papali 249.
Confiscare wlt rex de temporalibus 283.
—nda sunt temporalia et bona 282;
283.
Conformitas sacerdotum legi Cristi 101.
Conformiter vivere sanctis in celo 144.
Confusa accusacio insufficiens 78.
— noticia proditoris 77.
—sum verbum scripture 78.
Confusionum despumacio 78.
Confutacio fictieie anticristi 216.
Congeries accidencium manet in eucharistia 621.

Conglobati irregulariter iuvenes putrescunt 272.
Congregandi sunt consentanei in prelium 396.
—gati in sectis heretici 398.
Coniugacio cognatorum interdicta 166.
Coniugale vinculum 162.
Coniugandi affines levant baptizatum de fonte 167.
—gati debent esse consocii 167.
— invicem pater et filia, mater et filius 167.
Coniuges de suis sororibus filii Adam acceperunt 167.
Coniugium cognatorum tamquam religio observatum 167.
— cum sororibus 167.
Coniungitur spiritus donis dei 213.
in Conjuracionibus nomen dei dicitur 262.
Coniuratores nominant multa nomina sancta 25.
Connectuntur due persone amore substancialiter 162.
Connexa sunt mandata dei 119.
Connexio sectarum cum viciis variis 23.
Conquestus dominiorum 247.
Consangwinitatis vinculum inter parentem et prolem 161.
in —tate amor extenditur 166.
—is septimus gradus non est affinitas nupciarum 166.
Consciencia fratrum arsa fervore cupidinis 36.
—am dominorum secularium morere 248.
Consecracio episcopi non est necessaria 258.
—cionem episcopi fidelis non debet contempnere 259.
post — episcopi sanctitas in loco non est derelicta 261.
—ciones non sunt de substancia fidei cristiane 261.
Consecrata hostia 381; 398.
— hostia non ponit colorem vel figuram 28.
Consecratoriis verbis quibus apostoli utebantur, non est cura 259.
Consencio heresi fratrum de dominio seculari 95.
— fratrum crimini et heresi 94.
Consenciunt domini sectis 137.
Consenciunt criminibus aliorum qui non reprehendunt 330.
— predestinati insensibiliter criminibus aliorum 330.
— fratres opposito fidei 94.
Consensus modi sex famosi 480.
— fratrum proditorius 19.
— sex modi 349.
— genera 19.
ex —su fratres culpam contrahunt 333.
Consentanei in prelium congregandi sunt 396.
— propter defectum fidei compugnare debent 396.
Consentire criminibusaliorum differendo adiutorium 330.
—tit ordo novellus privato facinori 225.
Conservancia mandatorum 298.
Consideranda est quecunque secta in regno 283.
Consilia principalia Cristi 527.
— ewangelii observare 529.
—ium Cristi de schismate 243.
— anticristi evagatur in privatis ordinibus 526.
— sancti spiritus est preceptum 216.
— triplex cristianum 529; 530.
— de salute anime prudentes cavent dare 527.
— spiritus sancti imprimis arduum, in fine utile 214.
— sacerdotum 105.
Consonat cuilibet racioni Cristus 138.
Consocii debent esse conjugati 167.
— non legi Cristi homines occidere vel incarcerare 285.
Conspirant ordines in mortem cesaris 227.
Conspiracio fratrum 95.
Constanter infigere fidem necesse est 149.
Constituit deum id, quod magis diligitur 120.
Construccio domorum 711.
Consuetudines romane ecclesie 262.
—tudo Augustini 248.
Consulere ad privatas vitas stultum est 526.
Consumpcio privata bonorum ecclesie 136.
Consumunt secte de bonis regni, quid 302.
Contempnere Cristum item ac contempnere legem eius 131.

Contempnitur amor Cristi a dominis secularibus 382.
—nunt monachi Cristum et ecclesiam 131.
Contemptibilis est prescitus omnis 181.
Contemptus consilii spiritus sancti punitur 216.
Contencio pape propter honores mundanos 590.
— paparum non est de bonis virtutum 572.
—nes in sectis 23.
—nis papalis cause 572.
Contendunt homines circa sentencias citra fidem 177.
Contentari de pauca elemosina 21.
Contenti erant apostoli paucis 245.
—tus fuit Cristus de formis statuum 266.
Contestacio falsa pape 130.
Continua dileccio dei in mortis articulo 125.
Continuacio monachorum in iniuria spirituali 132.
— peccati 72.
— consensus maledicti est causa deterioracionis ecclesie militantis 278.
— dyabolice induracionis 137.
— iniurie per monachos 132.
—ne dominii sacerdotes dominantes Iesum occidunt 279.
Continuant pape contra Cristum in errore 670.
Continue dolere debemus 124.
Contradiccio contra antiquam fidem orthodoxam 282.
— in deo esse non potest 462.
—ciones sectarum inter se ipsas 712.
Contrahitur humor a radice 162.
Contrahunt secte robur suum ex elemosinis 249.
Contrariacio contra sectas 175.
Contrariari clemencie dei 214.
Contrarie sunt secte caritati 62.
— sunt secte secte Cristi 179.
—rii fratres sunt Occam 95.
— sibi in vita pharisei 126.
— legi Cristi 51.
—um verbis dei asserere blasphemum est 182.
Contratarum etc. omnium esse dominum anticristus vendicat 553.
Conturbacio ecclesie per ordines 198.
Conveniunt multum secta secunda et tercia 135.

Conventicule anticristi purgacio 197.
—a monstruosa inferre 197.
— anticristi regna 105.
— ordinum sunt camere diaboli 57.
—i anticristi purgacio 197.
Conventus multi colliguntur a fratribus 39.
— protervi 42.
Conversacio Cristi sonat in humilem pacienciam 610.
— Cristi et pape 686.
— in celis 74.
—nem humilitatis Cristi secte cum aliis suis virtutibus tegunt 396.
— Cristi negant quatuor secte 398.
Convertere debet ecclesia sectas ad Cristi sectam 352.
— sectas 353.
—tetur populus paulo ante diem iudicii 397.
Convivant se fratres de spoliis pauperum 71.
— secte macule in epulis 70.
Convivia duo miraculosa 192.
— visitant secte 70.
—vio equipollens prandium 71.
Copulacio defectuum 198.
Cordis mundicia significatur per albedinem 27.
in —dibus fidelium theologus Cristum gignit 164.
Corporalis penitencia consistit in ieiunio et oracione et elemosina 512.
— occisio 129.
— et spiritualis pax 215.
— incontinencia fratrum 40.
—lia signa sectarum 148.
—iter multi occidunt, et per manus proprias et per consensum 121.
Corpus ecclesie peccat multipliciter 145.
— Cristi vel panis neganda 282.
— unum est maius reliquo 660.
— unum est ecclesia visibilis 658.
— totum pro laudabili partis opere laudandum 325.
— totum pro culpabili partis opere non culpandum esse fingitur 325.
— peccare potest in superfluitate parcium 352.
ad — Cristi ypocritici ascendunt 384.
Corporis pars duplex est 660.
— ecclesie discrasia 142.
— pax abieccior est quam spiritualis 215.

Corpori ecclesie Cristi assimulare sectas 353.
—pore anima melior est 215.
—pora per tradiciones deturpantur 223.
Correccio episcopi 69.
— fratrum 79.
a —cione episcopi fratres exempti 69.
—cioni superioris ecclesie Wiclif se committit si errat 256.
Correpcio peccatorum omissa a fratribus 48.
— fraterna sub gravi pena a priore et capitulo introducta 48.
— fratrum a populo continuaretur 481.
— hominum per verbum confusum scripture 78.
—nem fraternam recipere 612.
Correspondencia deo patri 161.
—am verbo dei affinitas habet 165.
non Corrigenda sunt facta Cristi 191.
Corrigere phariseos ypocritas 334.
Corinthios Paulus reprobat propter schisma 438,
—iorum scisma 438.
Corripi debet papa a nullo 691.
Corroditur regnum per sectas 383.
Corruere potest papa in vicia 677.
—uerunt apostoli in multa vicia 677.
Corrupta fistula est papa 129.
Cottidie in sextum mandatum secundo tabule prevaricatur 122.
Creare et regere genus humanum 208.
—ri debet homo a deo 163.
Creatura bona dei non ex se scelesta est tempus 38.
— quelibet procedit a prima persona divina 163,
—am aliquam in deum delinquere impossibile est 418.
—e aliquo, que debent esse bona proximi, quandocunque sunt abuso 121.
— cuilibet bonitas dei bonum finem infert 212.
— singule ex bonitate dei processerunt 212.
— cuiuslibet origo est natura divina 163.
— cuilibet bonitas nominatur a prima persona divina 163.
in —ris fallacibus confidere 119.
Credere ex fide quid 176.
— communiter, quid 176.
— citra fidem 179.

Credere in deum 118.
— debemus operibus vivacibus 250.
non —ndum est singulari persone de hostia 384.
—imus in filium 418.
— in spiritum sanctum 418.
plus —itur falsis signis quam legi Cristi 251.
Credulitatem fidelium tamquam fidem emungere 179.
Crescit papa in verbis supra Petrum 127.
— papa in maliciis anticristi 127.
—cebat secta Cristi quando simplex 657.
Crimina multa wlgus committit 335.
— per sectas introducta 92.
a —ine purgacio 79.
—ini sui tocius corporis fratres consenciunt 331.
—inibus aliorum consentire differendo adiutorium 330.
— aliorum consentire auctorizando 330.
pro —inibus suorum fratrum Cristus est punitus 330.
— aliorum Cristus punitus est 331.
Criminacio fratrum 40.
Cristianismus papam reprehendere debet 609.
Cristianus quilibet tenetur fratrum occidere 460.
— equiparari non potest in gradu humilitatis 184.
— non debet addere vel minuere verbis dei 350.
— quilibet sequi debet Cristum 349.
— observans perfeccionem ewangelii non dicitur secularis 515.
— nullus vocatus in scriptura caput ecclesie 663.
— quilibet sponsa Cristi 289.
—na religio infinitum perfeccior quam ordines 455.
— religio stat in sequendo Cristum 608.
— secta manebit perpetue 239.
—no cuivis videtur impossibilis observancia mandatorum 122.
—um decalogum servare non est possibile 124.
— ordinem caperet secta, si bona esset 62.
—ni debent sequi Cristum 171; 307.
— prevaricatores mandati primi 120.
— omnes fratres in domino 37.

GENERAL INDEX. 739

Cristiani singuli debent sequi Cristum 346.
— ambulantes secundum legem Cristi proficiunt 395.
super —nos secte se extollunt 184.
—nos caritas compellit 100.
Cristicola obediet utrique parti anticristi 243.
— ultra obligacionem Cristi obligatus 526.
— colis a multis secta Cristi colenda 302.
Cristus ab infidelibus suscepit durissimam passionem 592.
— abbas et pater monachorum 131.
— amavit unitatem et pacem 712.
— et angeli sunt predestinati 662.
— et apostoli unm de religione privata 533.
— et apostoli fidem in variis lingwis conscripserunt 116.
— et apostoli ad intensiorem gradum beatitudinis attingunt 534.
— approbavit terciam partem ecclesie 707.
— auctor nature 709.
— bella prophetat esse futura in fine seculi 396.
— caput ecclesie est pars ecclesie 607.
— caput ecclesie 100.
— caput ecclesie adorandus 465.
— caput ecclesie sensibilis 663.
— caput vivax tocius ecclesie militantis 673.
— castigat, quod amat 480.
— concessit paupertatem ewangelicam 703.
— concessit suis libertatem variari in signis sensibilibus 365.
— consonat cuilibet racioni 138.
— consonum racioni precipit 475.
— contentatus fuit de eleccione 12 discipulorum 704.
— cum lege sua sufficit ad ecclesiam regendum 257.
— docuit opere, sermone et taciturnitate 708.
— docuit suos pacem populo imprecari 615.
— dedit doctrinam saluberrimam ad regendum personam et populum 298.
— dedit omnibus apostolis plenitudinem ligandi et solvendi 666.

Cristus deus et homo potentissimus sapientissimus amantissimus 298.
— dilexit unitatem religionis 437.
— dilexit personas phariseorum ad beatitudinem 174.
— disposuit suos apostolos ad statum alciorem 452.
— docet artem amandi perfectissimam 703.
— docuit quod tributum sit non dandum pape 278.
— domesticus apostolis suos 690.
— et dyabolus sunt summe contrarii 239.
— est deitas 661.
— et ecclesia parentes spirituales hominis 120.
— ecclesiam suam munire voluit 472.
— ewangelizans et bene faciens 617.
— odivit suos apostolos ordinando ipsos in statu tam paupere vel seculares presbiteros dilexit 277.
— facile actum intellectus et voluntatis discipulorum confundit 78.
— factus est humana species 330.
— filios suos liberavit a tradicionibus humanis 139.
— fratres non approbavit 709.
— intra triennium plene instruxit suos discipulos 45.
— fundamentum solum ecclesie 148.
— geminat verba dileccionis non sine magno misterio 14.
— gigas gemine substancie 163.
— homini preponendus 475.
— homo et deus 100.
— homo mansuetissimus et maxime domesticus 689.
— homo mitissimus et mansuetissimus 681.
— hostes prosternere potuit 630.
— indefectibiliter operatus est 212.
— indigit papa ad salvacionem hominis 257.
— indicat dissolucionem regnorum 422.
— tugurium non habuit 527.
— innuit destruccionem sectarum 89.
— imitandus 100.
— instituit iuvare pauperes debiles, claudos et cecos 47.
— introduccionem sectarum non docuit 89.
— in interitu inimicorum ridebit 333.

47*

Cristus legius homo cesaris 105.
— et lex sunt individua 657.
— limitavit iurisdiccionem in Iudea 688.
— magis necessaria clare expressavit 709.
— mendicus vocatus 188.
— mentiri non poterit 684.
— misericors et pius patronus 140.
— multas febres individuatas non suscepit 189.
— nec in persona propria nec in apostolis quesivit seculare dominium 686.
— negavit primatum mundanum 703.
— negavit seculare dominium suis sacerdotibus 686.
— noluit fieri distributor temporalium 874.
— noluit suos incarcerari 524.
— non dat potestatem homini nisi ad ecclesie edificacionem 621.
— non acceptor personarum est 467.
— non approbavit sectas 303.
— non citavit tortores ut crucient 549.
— non curavit tradiciones sensibiles sectarum 139.
— non desponsatus est cum frigidis lapidibus 658.
— non falsus sompniator de ficcione potestatis 617.
— non potuit vendicare obedienciam nisi suam 713.
— num statum fratrum aliqualiter approbavit 710.
— non variat suam regulam 142.
— novellos status non approbavit 709.
— num in ordinacione stultus 139.
— num ingratus vel inpotens 703.
— num in secta sua imperfectus 139.
— num pape similis in moribus 129.
— numquam de sectis recoluit 710.
— numquam citat nisi ad beatitudinem 689.
— oblaciones non requirebat 245.
— odit iocaciones 333.
— omnipotens 613.
— omnis vel prima veritas 349.
— omnisciens noluit esse index bonorum 677.
— in ordinacione sua fuit completissimus 229.
— ordinavit apostolos in humilitate, paupertate etc. 595.
— ordinavit, quod discipuli circumirent per habitabilem 704.

Cristus ordinavit triplicem variacionem vestimentorum 27.
— ordinavit semina verbi dispergi 133.
— ordinavit variacionem indumentorum 27.
— ostium domus dei 175.
— patronus et regula 64.
— pauperibus non erat onerosus 245.
— per miracula residuum victus exsupplevit 245.
— per pauperiem vicit mundum 681.
— peccare non poterat 609.
— perfeccior quocumque patrono 452.
— plenus dono septuplici 209.
— pontificum legis veteris fuit machinator 465.
— populum moderavit 465.
— post ascensionem ecclesiam maxime prudenter regebat 669.
— prima veritas 349.
— principium operis meritorii 701.
— pro delicto generis humani passus fuit 327.
— pro relevamine suorum wlgarium degit vitam pauperem 422.
— prohibuit clericos dotari 701.
— prohibuit fieri addiciones sue legi 144.
— prohibuit suos ferire cum gladio 687.
— pro aliorum criminibus punitus est 331.
— quando ecclesie turbativus 573.
— quando sibi contrarius 573.
— et racio appetunt unitatem 230.
— redemptor omnium 79.]
— reprobative loquitur de sectis 709.
— sacerdotes templi non approbavit 709.
— sectas non curavit 230.
— seculariter dominari noluit 684.
— semper pacem recommendavit 688.
— semper scit omnia 631.
— sexum femineum approbavit 709.
— sibi ipsi contrarius ecclesie turbativus 593.
— sponsus ecclesie 131.
— statum dominorum secularium expressavit. 709.
— suis numquam dedit specialem potenciam 617.
— summe fugiens lucrum seculi 690.
— summe humilis 616.
— summe potens, summe sapiens et summe diligens 298.

GENERAL INDEX. 741

Cristus summe paciens, pauper, ministrativus 616.
— sustinuit ab infidelibus durissimam passionem 573.
— suscepit omnia genera infirmitatis 189.
— tacendo reservat paternitatem 165.
— tradidit legem et officium suis discipulis 670.
— universitati legem statuit 96.
— variavit vestimenta 27.
— variis modis veritatem locutus est 230.
— veritas 353.
— veritas et caritas 169.
— veritatem variis modis locutus est 230.
— verus deus et verus homo 89.
— verus deus et verus homo omnipotens, omnisciens et omnivolens 14.
— verus deus et dominus dominorum 547.
— vocatus fuit blasphemus 397.
— scivit et voluit meliorem religionem statuere quam privati patroni 34.
— voluit torqueri pro hominibus 461.
— voluntarie pro fratrum suorum criminibus est punitus 330.
— ydeas omnium fiendorum habet 265.
Cristi acciones sunt plene salubri sentencia 709.
— et apostolorum sanctitas 67.
— ascensio 147.
— carta preciosior quam carta humana 136.
— clerici non sunt ditandi 702.
— consilia religiosi moderni dicunt se observare 215.
— condicionem dyabolus usurpat 328.
— concilia principalia 527.
— communis religio securior melior et levior quam privata 527.
— corpus est in scrutinio veritatis 383.
— leges miscent secte 30.
— dictum de Scarioth num heresis manifesta 364.
— dictis mendacium minime imponitur 397—98.
— dileccio 58; 703.
— discipuli simplices ydiote et pauperes 686.
— discipuli non sunt secte 73.
— discipulis tranquillitas mentis data est 215.

Cristi ecclesia manebit usque ad diem iudicii 619.
— ecclesia quando ordinacioni conformior 533.
— ecclesia stat in pauperibus fidelibus 620.
— excommunacio forcior quam humana 591.
— exemplacio 145.
— facesia 78.
— facta non sunt corrigenda 191.
— gladii 631.
— graciosa regula 140.
— immediata regula pro suis fidelibus 527.
— iugum leve et suave 304.
— legi contrarie facere non licuit 249.
— lex a prelatis contempnitur 560.
— lex falsa et insufficiens 710.
— lex hodie paucas fautores habet 698.
— lex melior religione hodierna 139.
— lex multiplex 573.
— lex non per se sufficiens ad ecclesiam regulandum 563.
— lex per se sufficiens 682.
— lex per se sufficiens et veritatis decisiva 606.
— lex precipit aufugere a fratribus 78.
— magnificacio per baptistam 299.
— mendicacio 105.
— milites infantes sunt 707.
— multiplex lex 592.
— novicii 139.
— omnipotencia et omnisciencia 712.
— opera perfecta 88.
— ordinacio 394.
— ordinacio dirupta a sectis 142.
— ordinacio non prudens 560.
— ordinis sinceritas 61.
— et pape conversacio 686.
— perfecta opera 88.
— et Petri obediencia 101.
— predestinacio pendet in sanctitate vite pape 620.
— primeva ordinacio 145.
— regula de omnibus bonis 278.
— regulam plus perfectam secte dimittunt 712.
— regule proteccio 248.
— religio est servare statum institutum a Cristo 304.
— religio excedit singulas sectas 34.

Cristi religio non ita perfecta quam fratrum 710.
— sacerdotes non debent esse onerosi populo 28.
— secta 22.
— secta excellit ordines in patrono regula et militibus 304.
— secta in apostolis et martiribus et aliis fidelibus 26.
— secte libertas 97.
— secta melior facilior et securior 304.
— secta minus bona et utilis 363.
— secta non obligat ad ritus sensibiles 304.
— secta pura sine pictaciis adinventis est 301.
— sectam deus instituit 304.
— sequela hominem beatum facit 300.
— sequela impeditur a patronis sectarum 300.
— sincera et libera secta 73.
— spiritus descendit ad inferos 664.
— una persona 380.
— universale dominium 614.
— verba directa non solum apostolis sed eciam eorum vicariis 624.
— verba omnia sunt notanda 624.
— vestigia presbiteri moderni derelinquunt 618.
— vicarius debet ecclesiam alleviare 563.
— vicarius ecclesiam non onerare debit tradicionibus 563.
— vicarius indignus ad vicariam 466.
— vicarius iudicium mundanum renueret 563.
— vicarius papa non est 349.
— vicarius patulus dei proditor 602.
— vita in cruciata papali non exemplata 615.
— vita melior quam pape 613.
— vite papa manifeste contrarius est 679.
Cristo contraria est ypocrisis 470.
— contrarium esse et factis suis idem est 686.
— difformius nemo vivit quam papa 608.
— episcopi et prelati adversantur 672.
— nemo maior surrexit 334.
— nomen capitis ecclesie a trinitate reservatum est 664.
— papa contrarius 468.
— prelatus preponitur 475.
— sacerdos conformiter vivere debet 710.
a Cristo mendax declinat 349.
— facta particio temporalium 374.
— omnis paternitas ubilibet generata 165.
in — non fuerunt est et non 630.
Cristum clerus spernit 245.
— contempnere idem est ac contempnere legem eius 131.
— debent eligere viantes 555.
— debent sequi cristiani 171.
— debemus imitari 14.
— fideles debent sequi 674.
— negare 702.
— papa et satanas antecedit 613.
— pape non secuntur in moribus 461.
— pastores sequi debent in moribus 672.
— regem in iudicio finali nobis iudicem esse apostolus docet 422.
— Scarioth secutus est incessu pedum 702.
— sequi prelati cesarei debent 548.
— solum confitemus patronum 275.
— solum debent discipuli sequi ut patronum 299.
per — dominus imitandus est 326.
apud — omnia presencia sunt 530.
Crucem elevat papa 589.
— ce Cristi figurata moneta 369.
— cis ereccio 596; 575.
— elevacio 574.
— tormentum Andreas retinuit 69.
Cruciata 19.
— ficta pape 682.
— tam Urbanus non auctorizavit 574.
— fratres promovent in sermonibus 577.
— in predicacionibus fratres promoverunt 593.
in —ate pugna pseudofratres etc. delinquunt 606.
Cruciatores sui ipsius et fratrum 51.
Crucifixi patrimonium 683.
Cubicula dominarum intrantur a fratribus 36.
Cumulacio terrenorum sepe vergit ad dampnum anime et strangulacionem hominis contra deum 121.
in —cione terrenorum non consistit honor et amor, quem Cristus precipit 121.
Culicem colare 248.
— colant monachi 132.
Culpa ex recidivancia non plene dimittitur 625.

Culpa dominorum fratribus est ascribenda 255.
— sectarum 93.
— fratrum gravatur in ficticia Cruciate 20.
Culpabiles sunt ritus in multis partibus 494.
Culpandus est homo cum pugno percuciens 326.
—da est quevis persona colligens novam sectam 24.
non —ndum esse totum corpus pro culpabili partis opere fingitur 325.
—ndi sunt ordines secundum partem facientes 326.
—pat ordines ignorancia et ingratitudo 61.
Cultus vanus romani episcopi 333.
Cupiditas honoris mundani et temporalium in papa 590.
— et superbia pastorum 672.
Cupido fratrum 53.
—nem temporalium ampliare 527.
—nis terrenorum ardor 71.
Cura spiritualis anime 133.
Curatus nimis ydioticus ad ducendum populum 133.
— debet vivere de decimis strictis 132.
—to licet de quibuscunque regnis fructus percipere 458.
—ti negligentes curam animarum 130.
— residentes in curia pape 130.
— gerunt vicem maiorum discipulorum excellencius quam simplices sacerdotes 506.
— custodirent in exteris provinciis oves pauperes 130.
—tis ruralibus deficit frequenter copia sacerdotum habilium 512.
Curia servit patri dissensionis 550.
— facit in ecclesia multa bona 560.
— romana forum mercandie 564.
— romana tamquam refuga detestanda 608.
— romana in loco prophanissimo 670.
— romane dispensacio 468.
ad —iam clerici deferunt thezaurum suum 244.
in —ia pape curati resident 130.
Custodia stricta in temporalibus 134.

D.

Dampnabitur nemo nisi fuerit dyabolus incarnatus 361; 362.
—nati sunt, qui deserunt sectam Cristi 178.
— non gaudent pro beatis 327.
— et salvati sunt unum genus hominum 327.
— homines unus homo sunt 328.
— beatis proficiunt 329.
— in tartaris sunt pure spiritus 363.
— penam habent de gaudiis beatorum 331.
— mortui sunt gentes 257.
— sine ordine puniuntur 453-
— participant gravedine pene 351.
— participant pena suarum parcium 326.
de —atorum punicionibus gaudium habent salvati 331.
—ando est accepcio personarum in spoliatione pauperum 54.
adDampnacionem maledicti ordinati 146.
de —cionis periculo secta fratrum suspecta 180.
sub —cionis pena remissio peccati pertinet 165.
Dampnifere et moleste secte 302.
Dampnificantur extranei ex continuacione secte 271.
non —ficat reliquum unum membrum regni 242.
Dampnum delicti in personam deo subditam retortum 418.
— temporale plebeorum 196.
— spirituale ecclesie 196.
— spirituale 28.
ad — anime terrenorum cumulacio sepe vergit 121.
Dapiferis onerose secte 36.
—ros divites visitant secte 71.
Dare largiter et gratis 91.
David honoravit Saul racione dignitatis regalis 172.
Debellare adversarios licitum in lege veteri 606.
Debilibus Cristus elemosinas ordinavit 255.
Debilitantur anime vires ex corpore corrupto 123.
Debitas laudes capiti ecclesie persolvere 79.
—te credendus est deus 118.

Debitum temporale attente execuntur monachi 132.
Decalogus in versus redactus 117.
— per Moysem collectus 117.
—gi mandatorum intercisio 119.
— mandatorum prevaricator quis videtur 241.
— mandata sunt eterna 122.
— doctrina in lingwa latina et anglica 116.
in —gi primo mandato secte quatuor prevaricantur 127.
ex —go quid phariseis inferendum est 126.
a —go quidam declinant 145.
—gum papa non servat 129.
Decepcio fidelium per sectas 68.
Decime et oblaciones collecte ad nidum abbacie 132.
— et oblaciones 138.
—arum subtraccione deficit officium pastoris 133.
Decipit facile dyabolus mundi divites 374.
—ur populus a prelatis cesareis 259.
Declamativa mendicacio 188.
pro Declaracione fidei domini seculares debent laborare 382.
Declinacio fratrum a primeva regula 92.
Declinant quidam a decalogo 145.
— quidam ad horam 146.
—navit papa a Petri vestigiis 134.
—ntes a mandatis sunt tanquam ligna tortuosa 145.
—ans clerus a Cristi doctrina 100.
—nancium a Cristo peccata sunt completa 395.
Decrescit papa in operibus 127.
—vit ecclesia a tempore quo secte novelle indroducte sunt 304.
Decretum trinitatis 209.
— Petri et Iacobi, episcopi Hierosolimitani 91.
Defamant fratres duces est principes 718.
Defectus et egencie copulati cenobiis 198.
— confirmacio per ypocrisim 198.
— dicare est mendicare 107.
— religionis private 491.
— perpetuitas 198.
— pastorum 671.
— sacerdotum Cristi 368.

Defectus predicacionis scripture et exemplar pessimum captum ex operibus sacerdotum 279.
— et superfluitas parcium 352.
— correpcionis fraterne 59.
— religionis habet pauca retractiva a malo et multa promotiva ad malum 502.
— a correspondencia veritatis 348.
— non est mendicacio 190.
—tum fingere 195.
— essencialem monasticus nullus ordo habet 496.
— culpabilem religio priv. non habet 500.
—tuum copulacio 198.
Defendunt monachi iniuriam contra ecclesiam 135.
Deficit homo in prima particula mandati primi 123.
non — obligato patronus 185.
—ciunt pauperibus fratres 54.
— secte in caritate domini 382.
— secte in fundamento 61.
— in fide spe et caritate secte 60.
— claustrales in numero et modo 525.
— multi ab absolucione hominum 625.
Defraudacio de ewangelio 28.
— bonorum ecclesie 137.
Defraudant secte Cristi ecclesiam, furtive auferentes de Cristi pauperibus elemosinas 312.
—dant fratres animas simplicium 254.
—datur rex iniustissime 271.
— populus elemosinam solvens 271.
— clerus 271.
Defuncti in fundando elemosinas promeruerunt 277.
Degenerant secte in disciplina 210.
Dehonoracio monachorum 131.
Dehonoratur pater patrum a monachis 131.
Deitas est ubique 383.
—tatis vicarii reges 172.
—ti Cristus ypostatice copulatus fuit 266.
Delictum primi hominis 123.
—cti dampnum in personam deo subditam retortum 418.
pro —to generis humani Cristus passus fuit 327.
Delinquere contra donum intellectus grave peccatum est 212.

GENERAL INDEX.

Deliquerat totum genus humanum 327.
Demones in inferno non sunt ypocrite 35.
—nis interpretacio 35.
—num temptacio 91.
— legio collecta ad dampnum ecclesie 134.
Demoniacus introitus in ordines 72.
—ca affeccio fratrum 40.
Demonium meridianum 612.
—nia intelliguntur magis perversi fratrum 35.
— meridiana fratres 36.
— meridiana secte 40.
—nii meridiani condicio 573.
— meridiani rapina 21.
— meridiani cecacio manifesta 138.
Demonstracionem sensualem non habet sentencia 177.
Demonstrativo pronomine (hoc) Cristus intellexit panem, quem fregit 398.
Denunciacio non omnis sacramentalis reconcilacio est 510.
Depauperacio magnatum 302.
Depauperare homines contra caritatis regulam est 277,
—rant fratres alios 369.
— fratres in persona sua regna multipliciter 464.
Deprecacio assidua multum valet 345,
Deprimens papam proditor dicitur 467.
Descendere de pinnaculo 141.
Descripcio purgatorii 146.
Deserere spiritum sanctum 214.´
— verbum sancti spiritus 186.
— puritatem legis domini est apostasia 137.
Deserunt ordines sectam Cristi ut minus bonam 363.
— secte Cristum ducem 267.
—itur puritas legis Cristi a sectis 138.
—endum non esse ordinem putant fratres 52.
—entes sectam Cristi dampnati sunt 178.
— ingrate sectam Cristi 179.
Desideria fratrum 69.
— fratrum in mendicando 66.
—riis variis carnalium voluptatum mulierenle ducuntur 44.
Desolabitur regnum in se ipso divisum 242.
Desolacio abhominabilis dici potest abhominacio sectarum 333.
—nis abhominacio 332.

Desolacionis abhominacio in Roma 552.
Desperacio contra fidem 123.
Despiciende sunt secte 184.
—icitur per multos humilitas Cristi 271.
Despoliacio regnorum de populo et thezauro 603.
Desponsacio cognatorum licita 167.
— adulterina cum signis sensibilibus 26.
— a papa licita 167.
— divine nature et eterna et perpetua dicitur 163.
— perpetua cum sectis 63.
Desponsari cum adulterinis tradicionibus 289.
— cum adulterinis ordinibus 298.
—vit ecclesiam deus pater 161.
Despumacio confusionum 73.
Destillare debent sacerdotes populo pluviam sapiencie 71.
Destruccionem sectarum Cristus innuit 89.
ad — pape ecclesia laboraret 573.
Destruere hereses facile est 102.
—uit papa, quod alius confirmavit 249.
—unt se ipsas due partes anticristi 243.
—uende sunt artes confederate et gilde 229.
—uendi heretisi manifesti 94.
de —uendis sectis 60.
Deteccio scelerum ordinis punitur 40.
Detencio iniusta bonorum ecclesie 137.
Deterioracio viatorum et practica sue culpe 93.
—cionis ecclesie militantis magna causa est continuacio consensus 278.
Deteriorando militans ecclesia procedit 392.
Deteriores fiunt in ordines ingredientes 96.
Detestanda est mendicacio 195.
Deturpacio feminarum nobilium 44.
Deturpantur femine a fratr. 36.
— corpora per tradiciones 223.
—pando uxorem proximi prevaricatur 121.
Deus non est auctor peccandi 265.
— non est auctor monstruositatum culpabilium in ecclesia 266.
— statuit ordinem monachalem 258.
— sacerdotem ipsum instituit 258.
— sapienter dat pluviam 272.
— dat homini quid racionabiliter postularet 344.

Deus non requirit cogitacionem vel vocem 343.
— officium limitat sacerdoti 258.
— contra sectas remedium speciale ordinavit 711.
— est deitas 706.
— reducat ad unitatem et armoniam partes ecclesie 713.
— omnipotens ad sui regis inobedienciam vindicandum 420.
— scit omnia presencia pretorita futura 343.
— sacerdoti dat graciam ad officium peragendum 258.
— omnia fecit in mensura, numero et pondere 420.
— quomodo sit colendus 385.
— libravit modum et ordinem 303.
— verus et verus homo est Cristus 89.
— voluit a quacumque persona in ecclesia deserviri 303.
— novit priores patres 93.
— non concedit dignitati persone indulgencias 149.
— remunerator adverbiorum 560.
— est omnipotens 418.
— cognoscit et intelligit distincte homines 78.
— noluit sacerdotes suos cum cura temporalium occupari 568.
— non pepigit cum signis sensibilibus 623.
— non constituit papam vicarium suum ad remittendum penitenti periodum purgatorii alterius mundi 510.
— propter defectum sciencie in papa non constituit vicarium suum 510.
— populum punit propter unius demeritum 326.
— dominus exercituum vocatur 323.
— super omnia diligendus 210.
— homini thezaurum sapiencie dat 214.
— super omnia diligendus 117.
— mixtus vel deus in terris papa est 691.
— est fons aque vive 211.
— est dominus capitalis 138.
— loquitur dupliciter de homine in scriptura, scil. approbative et reprobative 18.
— pater ecclesiam desponsavit 161.
— non parcus et invidus in significacionem rei termini 77.
— prohibuit dotacionem 249.

Deus est dominus dominorum 249.
— dominus dominorum necessario est 247.
— assidue cogitandus 118.
— plenus ydeis 26.
— nec facit nec facere potest aliquid nisi probabili racione 25.
— odit vacuum 25.
— distincte intelligit sensum scripture 76.
— auctor scripture 80.
— hominem sibi fidelem remunerat 212.
— corporis membra disposuit in armonia 145.
— summa voluntate amandus 118.
— pater ad intra gignit filium sibi naturalem 161.
— homines plus amans, quam homines deum 162.
— implevit analogum entis 25.
— malus 29.
— prima iusticia 224.
— partitur indulgencias 149.
— simplices adiutores wlt habere 372.
— nullam sectam utilem ecclesie dimittit 80.
— implevit analogum entis per substanciam creatam 25.
— verus est Cristus 265.
— vitam cuiusque remuneratur 344.
— non posset meliorem statum stabilire quam ordinum 462.
— indignos non prefert 350.
— omnia non solum scit, sed preparat et disponit 343.
— vitam cuiusque intimetur 344.
— appreciatur sanctitatem in homine 470.
— non decipit fidelem populum 474.
— hominem sine culpa punire non potest 547.
— auctor nature 343.
— auctor realis 343.
— debite credendus 118.
— patronus secte Cristi 304.
— punit et premiat totum pro opere partis 326.
— et beati in celo reprobant religiones privatas culpabiles 518.
— et homo Cristus 100.
— disposuit ecclesiam suam in armonia 15.
— non potest consistere papam vicarium suum 511.

Deus non potest sic constituere papam vicarium suum, nisi cum hoc sibi noticiam conferret 511.
Dei opera perfecta sunt 266; 712.
— blasphemia manifesta 56.
— potencia non exhausta 617.
— ecclesia est unum corpus 325.
— legem derelinquere 299.
— dileccioni intendere 145.
— et dyaboli exercitus compugnantes 323.
— capitaneus est Cristus 323.
— exercitum dyabolus sophismate posset superare 324.
— legibus subiecti per processum temporis notabiliter erraverunt 273.
— patris voluntatem homo faciat 165.
— noticia et amor invicem consequentes sunt 211.
— honor 79.
— et hominum proditores secte 42.
— opera in ordinibus salvantur eos dissipando 228.
— unitas 380.
— temptacio 111.
— dileccio 528.
— bonitas cuilibet creature bonum finem infert 212.
— filii transformati in filios dyaboli 222.
— legis ignari sepe sunt persone 250.
— nomen in coniuracionibus dicitur 262.
— citacio sepe citacionem prelatorum frustrat 548.
— citacio 547.
ad — ymaginem homo factus est 212.
ad — similitudinem universitas creata tendit 229.
ex — sapiencia dona intellectus procedunt 212.
secundum — leges ecclesia est regenda 241.
ex — iudicio iusto puniuntur presciti 330.
Deo soli competit sciencia artis statuendi religionem 495.
— servare debent fideles quod est suum 165.
— nihil est indifferens 61.
a — premia totis racione partis tribuuntur 326.
a — non totus ordo est laudandus 326.
a — stipendium exspectant humiles persone 270.

de Deo homo cogitat in statu innocencie 122.
ex — quoque mala oriri posse dicuntur 229.
ex — est caritas 62,
in — non sunt est et non 190.
in — peccatum ydeam non habet 265.
in — contradiccio esse non potest 462.
Deum specialiter imitari debmus 326.
— honorare debet homo in omnibus vicariis honoribus 173.
— assistere homini necesse est 129.
— cognoscere necessarium est 210.
— constituit quod magis diligitur 120.
in — sollicitudo fratrum 57.
in — credere 118.
in — blasphemant ordines 212.
in — blasphemare 210.
per — donacio fiat 373.
Devia in grammatica logica et metaphysica 222.
Deviare a iusticie tradicionis humane complemento 132.
Devicit populus desertus in spirituali pastore 134.
Devitende sunt fabule de purgatorio 148.
per Devium intellectis dyabolus homines in infernum demergit 213.
Diccio temeraria 350.
Dictum Cristi dicta fratrum excellit 466.
— Cristi de Scarioth num heresis manifesta 364.
— Pauli de lupis rapacibus verificatur de sectis 20.
—ta de absolucionibus non sunt ut ewangelium credenda 628.
Dies iudicii 129.
— iudicii prope est 598.
— iudicii non erit, antequam predest. numerus sit completus 598.
Die finalis iudicii quid clerici responsuri sint 246.
Differencia inter paucoram quam facit dyabolus ordini et temptacionem, quam facit dyabolus commornntt in seculo 58.
— inpossibilitas 61.
Difficultare se ad meritum 142.
—tat anticristus ecclesiam cerimoniis novis 262.
— viatorem condicio culpabilis vite 501.
Diffiniciones pape num fides 676.
Diffinire temere auctor nihil wlt 31.

Difformius Cristo nemo vivit quam papa 603.
Dignitas hominis in ecclesiam regulando 172.
— papalis melior vita Cristi 613.
— premiorum sequitur hominem 348.
—tati persone indulgencias non concedit deus 149.
ad —tem cesaream pape aspirantur 672.
Dilacio caritatis in ecclesia 573.
Dilatanda confederacio amoris inter homines 166.
Dileccio dei 117; 528.
— Cristi 58; 703.
— proximi 117; 138.
— est legis plenitudo 119.
— domini secularis 247.
— parentum 247.
— matris ecclesie 249.
— dei non debet offici 126.
— falsa sectarum 66.
— sui ipsius sectarum maior quam secte Cristi 60.
— inordinata privati patroni 22.
— dei mitigatur 123.
— stat in utilitate doctrine 266.
— quedam est spiritualis, dileccio quedam corporalis 310.
— dei diuturna in statu innocencie 125.
— dei ex toto corde, anima etc. 117.
— extingwitur per fratres 66.
— regule sectarum ultra ewangelium 141.
— dei potencior 123.
— nominetenus ficta 15.
—cionis ficte sophisticacio 14.
— fraterne forma 14.
—cioni dei intendere 145.
—cionem extingwit fratrum ficta mendicacio 66.
— dei homo potest habere 125.
— anime fratres substernunt 65.
de —ione Cristi in sectis 64.
Diligere proximum ut se ipsum 118.
— debemus deum super omnia 210.
— fratrem debet quelibet persona 242.
—unt secte plus vitam voluptuosam quam deum 43.
— maxime suum ordinem irrisores dei 335.
— fratres mundum 65.
non — ordines dominum Iesum 61.
non — fratres Cristi sectam 63.

plus Diligit pater filium 162.
— deum homo citra deum 123.
—lexit Cristus ecclesiam suam super alios 266.
—gendus est deus super omnia 117.
Dimicare contra Cristum 611.
Diminucio discors secte Cristi 22.
Diminuere caritatem ad Cristum et ecclesiam 289.
—uit faciliter legem obligacio 185.
—utus est clerus per errores priores 272.
Dimissio oracionis et cantus 345.
— oracionis implicat multis pestilenciis 346.
Dimittere agitacionem liberam spiritus sancti 346.
— sectam plus facilem 32.
— cogitatum de deo 119.
— legem dei et operacionem 345.
— regiam sectam 141.
— status apocryfos non est peccatum 268.
— status in ewangelio ordinatos peccatum est 268.
— opera meliora 346.
— tradiciones sectarum 298.
— leve onus Cristi 142.
—tit deus nullam sectam utilem ecclesie 80.
—tentes ordinacionem sponsi ecclesie non possunt excusari apud iudicem veritatis 32.
—tende sunt secte 303.
—ti debent spiritus falsi tamquam dyaboli 150.
Dirumpcio sectarum caritativa 99.
Discere extra dona spiritus sancti 209.
— artes mechanicas error est 209.
in Disciplina degenerant secte 210.
Discipuli anticristi sunt secte private 319.
— principales anticristi sunt qui quiescunt in legibus sectarum quatuor 395.
— anticristi fratres 56.
— Cristi simplices ydiote et pauperes 686.
— mendacii sunt fratres 53.
— anticristi seducunt multum populum 149.
— Cristi multipliciter persecuti sunt 215.
— anticristi satrape maledicti dicuntur 127.
— Cristi de omnibus cibariis sufficientibus suo officio contentari debent 371.
—orum unus erat anticristus 367.

Discipulorum servicium 683.
—os pape significare videtur Magog 396.
— suos baptista ad sectam Cristi preparavit 313.
de —is suis Cristi precepta 371.
Discolus fiet presbiter propter securitatem perpetuitatis 273.
—lo aliegene bona sua conferre 243.
—li continue sunt fratres 45.
Discordant ordines ab ewangelio 369.
Discordiam domibus visitatis fratres dicunt 370.
—die et belli excitatores 594.
— et bellorum principium 688.
— literas tingere 32.
— et bella per fratres incitata 575.
— corporis ecclesie 142.
— et dislocacio membrorum corporis 145.
—diarum seminarium 458.
—dias seminant secte 95; 143.
Discrasiam ecclesia militans patitur 711.
Discrasiat distemperancia regnum in temporalibus 243.
Discredendum est pseudofratribus 464.
Discrepacio fratrum a regula Cristi 481.
Dislocacio et discrasia membrorum corporis 145.
Dispares naturas hominum confundere in unam regulam 303.
Dispendium et iniuria proximi 247.
ad — dei verbum predictum non formidat 417—418.
Dispensacio curie romane 468.
in —ne intercurrit pecunia 166.
—nes pape 691.
Dispensat Cristus mutando sectam in melius 285.
Disperguntur vires anime 123.
Dissensio paparum propter cupiditates mundani honoris exorta 572.
— monstruosa paparum 570.
— paparum quomodo sedaretur 590.
— paparum causata ex mendaci defectu 589.
—nis inter homines causa est temporalium ablacio 370.
— seminarium per dyabolum ocultatur 271.
—nes animarum auferri debent 572.
— bella etc. per sectas exorte 712.
—nibus Petri curia servit 550.

Dissolucio conventiculi proficeret eccle sie militanti 225.
Dissolvi debent secte 301.
Dissonant cantus alti 345.
Distant fratres ab unitate fidei 173.
Distemperancia regnum in temporalibus discrasiat 243.
Distinccio conceptuum quinque, scire etc. 176.
— colorum monachi 535.
Distincte deus cognoscit et intendit homines 78.
Distribucio temporalium est periculosa 374.
— inequa spoliorum auget culpam fratrum 253.
— inequa temporalium causa discordiarum 688.
— inequa temporalium 42.
— bonorum ecclesie est collegiorum fundacio 272.
— temporalium secundum regulam dei 198.
Distributor temporalium Cristus fieri noluit 374.
Ditacio cleri secundum legem domini regulata 419.
Diuturna dileccio dei in statu inobencie 125.
Diversa scemata mandatorum 116.
Divina natura est intra se eterna sponsacio 163.
— influencia regulat homines 209.
— ordinacio ultra papas 172.
— sentencia in populo publicanda 270.
—ne persone tres pares sunt 169.
— persone due procedunt ab eadem persona 163.
—um consilium requiritur 213.
a —na persona prima paternitas nominatur 162.
— persona prima procedit quelibet creatura 163.
Divisio sectarum in fide et moribus 673.
— religionis quando contingit 437.
— paparum 620.
— sectarum sapit peccatum 22.
— oracionis 342.
— dyabolica in sectis 712.
— ecclesie num insufficiens 705.
— sectarum prenosticat divisionem infidelium 599.
— ecclesie per anticristum 597.

Divisionis causa in ecclesia militante 671.
— ecclesie sufficiencia 705.
—onem in unitate fidei secte faciunt 380.
— amat anticristus 712.
— in tribus theologicis virtutibus secte faciunt 380.
Divites percipiunt fraudem fratrum 254.
plus — sunt fratres quam wlgares spoliati 253.
Divorcium inter Cristum et ecclesiam fieri nequit 456.
Diwlgari ewangelium pharisei nolunt 126.
Docent fugam sancti 55.
—cuit Cristus, quod tributum sit dandum non Petro vel pape 278.
Doctorant contenciose laborantes fratres 53.
Doctores antiqui 76.
— sancti priores 74.
—orum antiquorum catholicus sensus 76.
— decalogi in lingwa latina et anglica 116.
— experiencie 76.
Doctrina salubris generi humano 208.
— Pauli pocior quam regule sectarum 21.
— per apostolos inventa 267.
— specialis de dyaconis 268.
— spiritualis 21.
—nam obediencie secte non servant 299.
ad — ecclesie Cristus necessaria exprimebat 268.
in —ine utilitate stat dileccio 266.
Dogmatizant secte hereses nimis multas 143.
Dogmata nova seminata a fratribus 35.
—tis anticristi perfidie 398.
—ti tradicionis humane secte intendunt 210.
Dolere debemus continue 124.
Dolor mendicacio non est 189.
Doma vel tectum interpretatur Gog 396.
Domesticari non possunt dyaboli 363.
cum Domicellis iuvenibus habitant fratres iuvenes 55.
Dominacio iniusta pape 561.
— secularis maxime pertinet capiti secte prime 287.
— pape in Anglia 685.

Dominacio brachii secularis maior 533.
— mundana pape 682.
— pape super omnia mundi regna 685.
— sacerdotum quod non plus faceret, multis credibile est 279.
— superflua sacerdotum 101.
Dominari clerus non debet 245.
Dominarum cubicula 36.
—abus hospicia meliora annuunt fratres 54.
Dominia disponere regis est 249.
— stulte donata rex ordinacioni Cristi reddere debet 249.
— temporalium papa affectat 591.
— transferre 247.
— mortificata ad manum vivam redire possunt 282.
—niorum conquestus 247.
—nio seculari presbiteri sunt dotati 243.
— acquisito de manu dyaboli non oportet posterius onerare pauperes pedagiis insuetis 280.
—nium fratrum in clero 56.
— manibus secularium est restitutum 279.
— pape a cesare acceptum 195.
— proprietarium pure ewangelicum de quolibet dominio seculari potest fieri 498.
— seculare contra ordinacionem domini est infectum 243.
— seculare Cristus negavit suis sacerdotibus 686.
— seculare Iesus sustinuit 686.
— seculare dominis secularibus debet pertinere 243.
— superfluum clero infundabiliter cumulatum 419.
— universale Cristi 614.
— universale pape 557.
—nii pater putativus 458.
Dominus acute contra sectas locutus est 15.
— capitalis deus 138.
— dominorum est deus 249.
— parvipendit signa sensibilia 300.
— exercituum deus vocatur 323.
— temporalis offenditur ex prevaricancia sacri sui 284.
— secularis licenciam anticristi habet 251.
— imitandus est per Cristum 326.

Dominus verus in celis residens et falsus in abysso 698.
—ni approbantes sectas peccant graviter 440.
— corpus figuraliter est hostia consecrata 398.
— corpus in celo est 384.
—ni depauperantur per furtivam ablacionem domini temporalis 245.
— domus est ecclesia 241.
— redempcio quoad sufficienciam 31.
— sectam despiciunt secte 31.
— seculares debent exire in vias et sepes 137.
— seculares pro declaracione fidei debent laborare 382.
— seculares seducuntur per ordines de suo dominio 33.
— et domine non excusantur propter ignoranciam 440.
— et satane duplex lex 698.
— in via ereccio 202.
— inferioris dotacio non valet 249.
— in lege fundacio 89.
— donacione abuti 247.
— legis complecio 102.
— nocent sibi ipsis 247.
— consenciunt sectis 137.
— seculares sub pena anathematis tenentur 382.
— supremi licencia specialis 249.
— temporales dimitterent bellare contra regna extera 138.
— temporales debent perpetue hereticos destruere 432.
de — preceptis quid anticristus dicat 216.
—no cuncta fiunt cognita 343.
a — status ecclesie confirmatos esse putant ordines 61.
in — ordines fundati 224.
—num debito papa non diligit 129.
— secte negant 31.
— temporalem homines plus timent quam deum 226.
contra — mendicare 367.
in — mentiri 349.
per — secte non sunt introducte 176.
super — veritatis mentiri 309.
—orum culpa fratribus est ascribenda 255.
— et dominarum suffulsio 72.
— secularium conscienciam movere 248.

Domus divitis dapiferi visitant secte 71.
— alte et sumptuose fratrum 39.
— fratrum sumptuose ex rapinis constructe 69.
— fratrum 367.
— fratrum sumptuose ex rapinis subtilibus 69.
— pauperes non visitantur a sectis 70.
—morum construccio 711.
Donacio per deum fiat 373.
— secularium cottidie innovata 373.
— non valet nisi habita licencia domini 704.
Donare quidquam alteri sine licencia dei non licet 136.
—netur fidelibus iniuria, licet leges papales deficiant 277.
Donum septuplex est organum immediatum 209.
— secundum spiritus intellectus dicitur 211.
—num tercium dei est spiritus consilii 213.
— sciencie 220.
— pietatis, quid est 223.
— sciencie rarenter acquiritur 222; 223.
— septimum spiritus est timor dei 225.
—na spiritus sancti quid sint 208.
—septem spiritus sancti habenti bene foret 226.
—no septuplici Cristus plenus 209.
Dormientes spiritus 149.
in Dorsis fratres se non debent onerare 370.
Dotacio cleri 94.
— cleri os venenatum est 575.
— clerici ex redditibus regis 245.
— contra legem domini non licita 283.
— domini inferioris non valet 249.
— et temporalium possessio a statu innocencio deviant 221.
— ecclesie tollitur racione quadam 137.
— ecclesie stulta fiat 572.
— ecclesie num meritoria 701.
— ecclesie intoxicavit clerum 594.
— maledicta cleri cesarei 175.
— pape est ficticia plena mendacio 685.
— pura in spiritualibus 590.
— pura in papa 572.
— sectarum 195.
— debet terminari 249.
— sectarum fuit culpabilis 249.
—nem deus prohibuit 249.

Dotacionem forisfacere rex debet 249.
— suam ordines fundant in oracione 347.
—nis ecclesie fundacio 701.
— uberis prelatorum fructus redundat dyabolo 425.
Dotari clericos Cristus prohibuit 701.
—tantes stulte 247.
in —tibus primis et heredibus peccatum gravat 246.
Dotator suos elemosinarios inficit 246.
—rum vita perversa 249.
Dubitare quid est 176.
Ducere oves Cristi que persona digna 130.
de Duobus papis multi in errorem lapsi 179.
Duplex est dyabolus 362.
— infame vinculum 173.
— mors 72.
— natura quelibet persona humani generis est 164.
— religio laudabilis et culpabilis 46.
Duplicitas mendosa est fundamentum mendicacionis 196.
Dupliciter possunt aliqui esse de secta Cristi 274.
Durius arguendum est contra sectas 24.
Dyabolica argucia de gladiis 288.
— sapiencia 51.
— signa ordinum et specialiter fratrum 366.
—licos mendicantes catholici conjurant 367.
Dyabolus manifestus est anticristus 368.
— incarnatus omnis homo prescitus 362.
— spiritus 362.
— introduxit sectas 46.
— bona male facit 560.
— wlt frustrare Cristi propositum 611.
— deridet et insidiatur homini 612.
— extollit se supra Cristum 611; 612.
— in monasterio pullos suos fovet 502.
— a monasterio multas animas rapit ad infernum 502.
— rex falsus mundi est 328.
— est pater mendacii 328.
— finaliter superabitur 328.
— condicionem Cristi usurpat 328.
— partem mundi impedire non potest quin proficiat beatis 329.
— et Cristus sunt summe contrarii 329.
— est finaliter induratus 362.

Dyabolus sophismate posset dei exercitum superare 324.
— semel dicit veritatem ut post copiosius seducat 700.
— ecclesias novas fratrum construit 254.
— per fratres mundum sibi perquirit 255.
— cecavit sectas 145.
— conquirit sibi regnum infra regnum Cristi 134.
— ad avariciam temptat 135.
— fideles subtiliavit 97.
— induravit sectas 145.
— quilibet prepositus est 186.
— in ordinibus hospitatur 57.
— per devium intellectus homines in infernum demergit 213.
— ordinibus est amicus 57.
— miracula facere potest 176.
— quicunque dampnatus est 664.
— wlt omnes homines condempnari 366.
— duplex est 362.
— per fratres ecclesias antiquas destruit 254.
— principalis satanas 395.
— facile decipit mundi divites 374.
— induxit triplicitatem sectarum, monachos, canonicos et fratres 421.
— per sectas ad tartara seducit 705.
— incarnatus abbas 532.
— nititur fraudare ecclesiam per clerum sophisticum 263.
— sophisticatus per Cristum 263.
— ordines paralogismo seducit 226.
— seducit suum iudicium 471.
— seducit mendosas sectas 474.
— se transfigurat in angelum lucis 471.
— homines perplexos facit 461.
— et anticristus perversus papa est 349.
— auctor false apparencie 471.
— incarnatus pseudofratres sunt 409.
— specialis patronus ordinum 406.
— redarguit se ipsum in peccatis 554.
—li cautela 179; 181.
— condicio 366.
— religio 32.
— illusiones 534.
— ficta causa 417.
— precipitaciones 534.
— fallacia 250.
— interpretacio 362.
— status utilior quam beatorum 451.

Dyaboli camere sunt conventicula ordinum 57.
— membra exstirpari debent 464.
— venenum in papa 461.
— artes 367.
— versucia contra fideles ne prevaleat 374.
— filii 217.
— filios enutrire non est honor deo 383.
— filii presciti ad penam 225.
— quatuor membra cum suis complicibus 395.
— medium ad reducendum populum 673.
— malicia diu indurata 249.
— filium preponderare in amore 170.
— filii sunt multi 214.
— filii quid faciant 214.
— membra 135.
— cautela 166.
— nidus plenus temporalibus 133.
— religionis stulta obligacio 32.
— cautela peccatum ecclesie scit abscondere 91.
— regnum super mendacio fundatum 106.
— membrorum communitas ferum mare vocatur 73.
— peccatum insensibile 93.
— lex hodie multos fautores habet 698.
— vicarius in terra 699.
— membra ipse dyabolus sunt 699.
— membra sunt partes exercitus sui 325.
— exercitus est unum corpus 325.
— exercitus principium 324.
— exercitus armatura 324.
— exercitus dux est papa 324.
— capitaneus est anticristus 323.
— sophisma faciliter impugnatur 325.
— pars prevalet in diebus auctoris 600.
— subtilitates 599.
— invidia mors in orbem terrarum intravit 328.
— procuratores sunt qui augent religiones priv. 527.
— merdosum porisma 611.
— proprietas 362.
— manifesta condicio in fratribus 367.
— inquitatem sophistici predicatores fovent 263.
— fratres sunt 364.
— domesticari non possunt 363.

Wiclif, Polemical Works.

Dyaboli presciti sunt 364.
— in dampnacione mendicare videntur 366.
— homines a bonis spoliant 150.
— quidam pape sunt 664.
— in heresi sunt insolubiliter involuti 363.
— multi conversantur cum fidelibus in ecclesia 361.
— larvati 363.
— inveterati 363.
— incarnati maior condicio superbie 362.
— esse dicuntur presciti 362.
— iuvenes 364.
contra — sophisma fidelis per verba dei invehit 324.
ex — illusione est frequencia miraculi 250.
—lo propinqui sunt canonici 135.
— vivere 343.
—lum aggredi 589.
per —lum introducta obligacio 185.
— introducti fratres 91.
— ordines in ecclesiam subintrarunt 228.
— introducta glomeracio 228.
— ultima introducta est secta quarta 252.
— dissensionis seminarium occultatur 271.
—los ponere in catalogo beatorum 251.
de Dyaconatus ordine raciones facit phariseus 264.
Dyaconii status in ewangelio expressatus falso negatur 267.
Dyaconus et sacerdos habent licenciam predicandi 405.
—ni apostolorum erant septuaginta duo discipuli 267.
—ni in ewangelio a Cristo ordinati 267.
de —nis doctrina specialis 268.
—nos septem apostoli auctoritate Cristi elegerunt 268.

E.

Ebetant secte caritatem 42.
Ebullire in stulticiam et obligari dyabolo idem est 141.
Ecclesia est domus domini 241; 372.
— non vivit in adinvencionibus curie, sed in fide Cristi 620.

48

Ecclesia non stat in collegio pape et cardinalium 619.
— regina 97.
— regina circumdata varietate 88.
— melius regeretur sine cesarea dignitate 614.
— sine confessione auriculari plus floruit 624.
— militans est mater militancium 241.
— est vinea dei fructifera 241.
— secundum regulas legis dei regenda est 241.
— fraudibus ministratur 193.
— militans, quomodo debet stare 145.
— in millenario secundo non molestatur, nisi a paucis hereticis 392.
— militans novitatibus onerata 59.
— occidua discrasiata 594.
— plus profecit per sectam Cristi 304.
— sponsa Cristi et mulier fortis est 658.
— intrinsecus cupitata 662.
— Cristi num ex angelis et lapidibus componitur 658.
— visibilis est unum corpus 658.
— laboraret ad destruccionem pape 573.
— militancium, dormiencium et triumphancium 147.
— semper manet militans 178.
— symoniace emitur 186.
— malignancium est anticristus 397.
— debet evacuare sectas propter sanitatem suam 352.
— imperatorum tempore corporaliter persecuta fuit 398.
— per sectas hereticas persecuta 398.
— Cristi appetit unitatem 229.
— unitatem diligit 380.
— Cristi manebit usque ad diem iudicii 619.
— sectas ad Cristi sectam convertere debet 352.
— a Cristo in unitate ordinata 230.
— Cristi, quando ordinacioni conformior 533.
— Cristi purgata 276.
— Cristi quando periret 276.
— redit ad statum apostolicum 466.
— militans patitur discrasiam per ypocrisim sectarum 711.
— militans plena illusionibus et mendaciis fratrum 453.
— militans laborat circa unitatem 657.

Ecclesia militans sine papa non est acephala 559.
— non fuit acephala ante incarnacionem 661.
— staret quiecius sine papa 621.
— sine sectis prosperius stetit 260.
— posset regulari prospere sine papa 676.
— plus prospera ante induccionem sectarum 29.
— papa carere potest 573.
— decrevit a tempore quo secte novelle introducte sunt 304.
— vivens de elemosinis et decimis 559.
— dependens ex recta eleccione cardinalium 257.
— viat secundum legem Cristi 257.
— prosperaretur lege Cristi executa 263.
— discolis et commercacionibus expurgata 563.
— Cristi stat in pauperibus fidelibus 620.
— tripartita 147.
— dei est unum corpus 325.
— est unum continuum 658.
— carens dotacione foret alleviata ab onere 559.
— sine humanitate Cristi salvari potuit 257.
— servans fidem Cristi non est acephala 257.
Ecclesie edificacio 75.
— purgacio 92.
— dotacio racione quadam tollitur 137.
— dotacio intoxicavit clerum 594.
— bonorum distribucio est collegiorum fundacio 272.
— dotacio num meritoria 701.
— partes 707.
— partem terciam approbavit Cristus 709.
— pars tercia non debet opprimi 242.
— tercia pars a superioribus debet stabiliri 242.
— pars tercia infirmatur 243.
— partes femine 705.
— perturbacio 194.
— turbative indulgencie 149.
— persecucio in primo millenario 392.
— magnam partem papa nimis perturbat 558.
— conturbacio per ordines 198.
— divisio per anticristum 597.

Ecclesie divisio num insufficiens 705.
— Cristus compulsionem dedit secundum gladium 102.
— edificacio 133.
— regnum debet se totum spiritualiter adiuvare 242.
— dotacio tollitur racione quadam 137.
— alimentum a Cristo ordinatum 142.
— dampnum a sectis 196.
— utilitas 89.
— iuvamen necessarium fingunt fratres 90.
— peccatum cautela dyaboli scit abscondere 91.
— integracio per Cristum 100.
— precipue fratres hostes 574.
— radix et vita papa 558.
— de bonis expensum 193.
— militantis commodum 149.
— debita armonia 145.
— militantis profectus 79.
— caput papa beatissimum 620.
— fidem nec anticristus nec creatura aliqua potest infringere 399.
— caput mediatum Cristus est 64.
— fundamentum est petra insticie 439.
— partes angeli sunt 658.
— Cristi membra fundata sunt in veritate 353.
— clerus non sequitur dominum Cristum 564.
— corpus angeli et homines sunt 662.
— fidem enervare fratres sathagunt 255.
— secundam partem fratres seducunt 255.
— prelati ultra Cristum seculariter dominantur 560.
— utilis foret inclaustracio 525.
— caritas ex dei sapiencia prodiit 163.
— caritas per milites minuitur 271.
— dampnum spirituale 196.
— Cristi pacificacio 198.
— romane consuetudines 262.
— reconsiliacio post eius pollucionem 261.
ad — utilitatem apostoli semper laborabant 241.
ad — utilitatem fratres non agunt 254.
ad — dampnum private redundant 476.
— onerosi sunt episcopi per expensas 262.
super — tectum ordines subintrant 228.

Ecclesie utilius tempus expendere possent episcopi 263.
— militanti dissolucio conventiculi proficeret 225.
— servire 193.
— monachi prodesse non possunt 132.
— nocent tradiciones sectarum 91.
— homo prodesse debet 214.
— onerosi fratres 93.
— secte sunt onerose 242.
— toti secte sunt contrarie 372.
— quando Cristus magis profuisset 267.
— utilia Cristus expressius exemplavit 267.
— motum et sensum conferre 663.
Ecclesiam Cristus munire voluit 472.
— Cristus facilitavit 262.
— Cristi presciti persecuntur 560.
— Cristi onerant secte 25.
— Cristi Petrus nunc non cognosceret 264.
— pseudocardinales onerant et conturbant 674.
— anticristus novis cerimoniis difficultat 262.
— Cristus docuit qualiter agendum est 266.
— suam Cristus super alios dilexit 266.
— onustant secte 90.
— totam secte dividunt 711.
— militantem papa maxime perturbat 129.
— fratres spoliant falsis colleccionibus 393.
— seducit Sathanas 393.
— deus pater desponsavit 161.
— perturbat papa 596.
— spoliant false colleccciones 574.
— per sectas onerare blasphemum est 192.
— perturbat papa propter lucrum 697.
— pharisei cecaverunt 258.
— sectarum mendacium seducit 264.
— fratres gravant sine auctoritate Cristi 481.
— Petrus non fovebat 609.
in — secte non debent introduci 602.
ad — regendum Cristus cum lege sua sufficit 257.
Ecclesiarum appropriaciones 131; 132; 195; 351.
— appropriatores 196.
— appropriatores sunt iniusti 133.
— usus non generaliter dimittendi 345.

48*

Ecclesiarum usus accepti ut ewangelium 345.
Ecclesias secte expetunt 196.
— novas fratrum dyabolus construit 254.
— antiquas dyabolus per fratres destruit 254.
Efficacia verborum apostolorum 68.
— temptacionis Sathane stat in instrumentis perversis 392.
Egencias suas et aliorum insinuare 188.
—am convivarum insinuare 188.
— suam Cristus populo dixit 188.
—encie et defectus copulati cenobiis 198.
sine — clamore conferre elemosinas 191.
Egenus Cristus pro nobis factus 188.
Egestatem secte commendant in sermonibus 73.
Egredi sectas quilibet habilis debet compelli et servare liberam sectam Cristi 315.
Edificacio ecclesie 75; 133
— ecclesie stat in ordinacione Cristi 255.
— castrorum sumptuosorum per papam 684.
Edificant monstruose fratres 54.
Edificatoria potestas non est, nisi fuerit pure libera et a deo 424.
Edificia monstruosa ordinum 531.
— sumptuosa fratrum 193.
— fratrum sumptuosa et populo onerosa 47.
— fratrum 28.
— pauperibus hospitibus communia hospitia esse videtur 55.
— construere 143.
Edocere salubriter genus humanum 208.
Edulium subtrahere 134.
—lia monachorum 536.
Edwardus trinitati orthodoxe affectus 417.
— fidem trinitatis ad utilitatem regni fideliter perfecit 418.
Eleccio paparum stulta 675.
— pape contraria racioni 676.
— erronea pape per cardinales 619.
— erronea paparum duorum 674.
— cardinalium necessitat Cristum ad potestatem infundendum 619.
— culpabilis cetus cardinalium 618.
— cardinalium perturbat ecclesiam 613.
— pape per cardinales 674.

Eleccio ordinum 450.
— 12 apostolorum per Cristum 674.
— recta cardinalium 257.
—onem accipiunt priores contra iudicium 303.
—ones presumpte sectarum 183.
Elemosinans ad tria debet attendere 311.
—utes adiuvantur post mortem 246.
Elemosinaria libertas voluntaria est 191.
— libertas meritoria dicitur 191.
—rios suos inficit dotator 246.
Elemosine titulus est preclarissimus presbytero 245.
— perpetue contrarie sunt legi Cristi 245.
— perpetuales 149.
—sinam perpetuam pii domini iam mortuis ordinarunt 277.
—sinas pauperum spoliant secte sophisticatis mendaciis 802.
— voluntarie conferre 191.
— conferre sine clamore egencie 191.
— Cristus debilibus ordinavit 255.
— Cristo conferre 191.
— fratres per fraudem extorquent 254.
— hominum moderate accipere 195.
— sectis conferre heresis est 711.
—sinarum sacracio 198.
— recepcio 195.
Elevacio crucis 574.
Elie raptus 299.
Eligere sectam meliorem, plus facilem et securam 301.
Elisei pia obediencia 299.
Elongati multi a vestigiis Cristi 166.
—a libertate Cristi sunt canonici 136.
Emancacio fratrum a spiritu sancto 93.
Emendare qui potest et negligit particeps delicti fit 137.
Emere meritum vel peccatum non prodest 348.
Empta oracio nichil valet 847.
Empcio symoniaca ex defectu scripture est suspecta 251.
— callida domini secularis per ordines 83.
— canonizacionis 534.
Emungere credulitatem vel supposicionem fidelium tamquam fidem 179.
Enervare fidem ecclesie fratres sathagunt 255.
Enoch prophetacio de sectis 66.
Entis analogum 25.

GENERAL INDEX. 757

Enumerantur secte quatuor 242.
Enutrire filios dyaboli non est honor deo 383.
Episcopus unum precipit et contrarium mandat 185.
— Hierosolymitanus episcopus Petrus et Jacobus 91.
— animarum Cristus 466.
— predicare debet 261.
—copi consecracio non est necessaria 258.
—copo expulso locus sanccior videtur 260.
—copum a deo institutum esse opera testantur 258.
ab —po confirmacio veritatis fidei queritur 262.
—copi residentes in castris dominorum temporalium 683.
— et prelati adversantur Cristo 672.
— et prelati perversi in lupos 672.
— limitant predicatores sophisticos 263.
— graviter ferunt ordinacionem Cristi liberam 262.
— libenter audiunt missas 262.
— ecclesie utilius tempus expendere possent 263.
— cesarei quid sibi reservarint 260.
— cesarei errores consecuntur 260.
— utilia dimittunt 262.
— per expensas ecclesie onerosi sunt 262.
— cerimonias novas introducunt 262.
—coporum pugna corporalis 219.
— facta sensibilia superfluunt 250.
— cesareorum privilegia infinita 260.
— racione vita apostolica et commutata 260.
— homo proprius 262.
Epulo macule sectarum 70.
in —lis secte macule convivant 70.
Equitatura moderna sacerdotum confunditur 614.
Eradicabitur secta humanitus inventa 437.
Eradicate secte 73.
Ereccio crucis 575; 596.
— in via domini 102.
Erigere potest cristianus intellectum 125.
Errare potest papa in canonibus et bullis 35.
— in opere, animo, sermone 343.
— possunt apostoli in moribus et via 68.

Errarunt plurimi in fide 344.
—cia sidera secte 73.
Error tocius novi ordinis corrigendus est 225.
— novissimus sectarum 175.
— est discere artes mechanicas 209.
— continens vivis et mortuis nocet 246.
— sectarum in rebus theologicis 60.
— diuturnus subiacet potestati dyaboli 175.
— personalis et generalis 353.
—rem suum secte ex confirmacione papali confirmant 249.
in —rem multi de duobus papis lapsi sunt 179.
in —re participes sunt omnes ordines novi 225.
—res sectarum 174; 175; 353.
— fratrum 35.
— qui episcopos cesareos consecuntur 260.
— cecantes ecclesiam 178.
— patuli creduntur tamquam articuli fidei 260.
—rum sectarum radices scrutande 353.
—ribus sectarum obviandum est 289.
— multis secte se implicent 305.
Essencia trinitatis pater est 163.
Eterna perdicio sectarum non dormitat 83.
— sunt decalogi mandata 122.
Etymologia nigromancie 700.
— philomancie 700.
— mendicacionis 197.
Eucharistia fundata infideliter esse color vel figura 304.
—am accipere 364.
in —ia unio Cristi cum ecclesia figuratur 622.
Eusebia quid est 223.
Evacuare debet ecclesia sectas propter sanitatem suam 352.
— superfluitates intrinsecas 352.
Evagantes a secta Cristi 145.
Eventus multi ad bonum ecclesie eveniunt 588.
— instinctu curie in Anglicos contingens 589.
Evidencia neophiti ad credendum 176.
— nulla infidelior est anticristo 276.
— de ieiunio Cristi 346.
— probabilis quod simus de secta Cristi 275.

Evidenciam vel perfunctoriam non possunt facere quatuor secte 277.
super quam — fidelis quiescat 229.
sine —cia est mendicare Cristum 191.
— cie contra sectas sciolo facile deficiunt 176.
— topice contra sectas 176.
— multe frivole anticristi discipulorum 276.
— ad continuandum sectas 247.
— nciis fictis non obstantibus oportet sensum domini semper stare 288.
Evitare sectas apostolus mandat 44.
Ewangelica prudencia 101.
— operacio melior quam oracio usuum 345.
— lex seu fides regula secte Cristi 22.
—licum sensum divinitus datum sacerdotes habent 371.
Ewangelium sufficiens regula religionis 437.
— de procreacione carnali 196.
— diwlgari nolunt pharisei 126.
— regine Anglie in lingwa triplici exaratum 168.
— in wlgari predicare homo non debet 126.
— tam panis quam corpus Cristi est 383.
— novum fingere 616.
— predicare 535.
— papa non predicavit hostibus 628.
— Pauli est ewangelium Cristi 268.
—gelii sensum esse sensum suum fratres fingunt 371.
— predicacio libera 683.
— mendici beati sunt 196.
— predicacio interdicta 626.
— consilia observare 529.
—gelio ceremonie legis veteris cedere debent 289.
— fratres contradicunt 371.
— Cristi Judas offendiculum ponit 371.
ex — non fundatur hostiatim mendicare 188.
de — vivere 197.
de — ewangelizantes debent vivere 197.
in — possessio in clero non fundata est 195.
in — Cristus suos ordinavit dyaconos 267.
in — expressatus status dyaconii falso negatur 267.

Ewangelizacio recta securior et facilior est quam eloccio pape 675.
—cionem secte subvertunt 372.
ab —cione ecclesie fratres non impediuntur 370.
Ewangelizantes debent vivere de ewangelio 197.
—zando plus sequerentur fratres et omnes sacerdotes vitam apostolicam quam acceptando prelacias cesareas 314.
Exaltacio partis dyaboli per papam 601.
Examinare hereticos prudenter populus debet 383.
Excecati sumus in infidelitate de patris omnipotencia 419.
Excedit secta Minorum reliquam 58.
—cesserunt apostolos fundatores sectarum 97.
Excellencia Petri supra alios apostolos ex dei gracia erat 668.
— precipua sectarum 184.
Excitat papa homines ad pugnandum 603; 613.
—tant pseudofratres ad pugnandum 629.
Exclusio perplexitatis 344.
Excommunicacio Cristi forcior quam humana 591.
—ciones mendaces sunt indulgencie 349.
— et censure ficte pape 681.
— papales 130.
Excommunicat papa adversarios 589.
Excusacio triplex citatorum 555.
— fratrifactorum 527.
— sectarum in peccatis destruitur 249.
— sectarum 93.
—ciones ordinum non valent 478.
Excusari non possunt fratres 55; 95.
— non possunt apud iudicem veritatis dimittentes ordinacionem ecclesie 32.
non Excusantur domini et domine propter ignoranciam 440.
Excucienda orthodoxe lux fidei 400.
Execucio negocii fratrum 463.
Exempcio fratrum a correccione episcopi 69.
Exempti fratres de servitute mundana 103.
Exemplacio Cristi 145.
Exemplavit Cristus aliqua ecclesie utilia magis subtiliter 267.
— Cristus expressius ecclesie utilia 267.
in Exemplando ecclesie utilia gradus multiplices sunt 267.

GENERAL INDEX. 759

Exemplum orologii medullitus prosecutum est ab auctore 302.
Exercitus exivitAngliam in Cruciata 19.
— dei et dyaboli compugnantes 323.
Exhorbitant secte a regula cristiana 37.
Exire ordines 45.
— ordines et intrare sectam Iesu Cristi compelli debent persone sectarum 314.
—eundo ab una secta in aliam committitur apostasia 139.
Existimacio iniqua 129.
Exonerari sectis posset regnum 383.
Expectacio conflictus gloriosique triumphi 55.
Expellere debent regna ordines fratrum 462.
—llende sunt secte ab ecclesia 354.
— sunt omnes secte a regnis fidelium preter sectam Cristi 316.
Expendunt fratres bona pauperum ypocritice 254.
— secte bona pauperum in domibus 253.
— fratres 40 milia librarum de Anglia 193.
Expensa superflua fratrum 193.
— de bonis ecclesie 193.
Experiencia docet homines et angelos 76.
Expetunt secte ecclesias 196.
Expiracio status pape 171.
Exposicio spiritus sancti 75.
— heretica fidei scripture 74.
— sensus script. per fideles experiencia doctos 76.
Expostulacio vocalis 344.
Expressit Cristus ecclesie fratrum sectas 266.
Exproprietarii fratres se esse dicunt 46.
— religiosi sunt brachium sinistrum anticristi 324.
—taria fratrum 94.
Expugnacio infidelium non est docta a Cristo 271.
Expurgare a terrenis affeccionibus 147.
— a viciis sectam Cristi pernecessarium est 275.
—ganda diligentissime foret secta Cristi 273.
—gande sunt secte 242.
ad —gaudam Angliam de fratribus sufficit fratrum thezaurus 253.
Extirpari debent membra dyaboli 464.

Extense offenditur in quintum mandatum tabule secunde 121.
Extori ordinem defendunt 333.
ad —eras partes missio pecunie fructum bonum non habet 271.
Extinccio dileccionis per fratres 66.
Extollencia Iesu Cristi 300.
—cie anticristi 557.
Extollit se dyabolus supra Cristum 611; 612.
—itur anticristus supra Cristum 457.
— anticristus 99.
Extranei ex continuacione secte dampnificantur 271.
Extrusio persone unius in sectis per reliquam 43.
ad Exuendum sectas laborare debet qui amat ecclesiam 60.
Eversa est religio Cristi 335.

F.

Fabricacio glosarum per fratres 45.
Fabule de purgatorio 148.
— de purgatorio deridende sunt 148.
— apocrife de sanctis sectarum 304.
— de cultellis carnificum 631.
—las mendaces secte addunt 183.
secundum — rixosas populum secte allocuntur 52.
Facere oppositum quod mandat superior 299.
Facesia Cristi 78.
Facilitavit ecclesiam Cristus 262.
Facinus paparum 676.
Facta unius persone secte attributa toti ordini 224.
— fratrum plus docent verbis suis 482.
—tum pseudopaparum num licitum 464.
Fallacia dyaboli 250.
— media fratrum 353.
Falsa opinio de minore amore cristiani erga deum 125.
— dileccio sectarum 66.
— verba Cristi secundum fratres 69.
— sunt secundum fratres verba Cristi 69.
— et ludicra fratres predicant propter questum 72.
— ficcio patronorum 24.
—se ficta suffragia 149.
— negociarii de subditis 32.
— adinvenciones fratrum 47.

Falso predicaciones sectarum 68.
— si prophete sunt fratres 76.
— prophete 472.
— sum predicant fratres populo 482.
Falsarii dominis terrenis et domino Iesu Cristo sunt ordines 33.
Falsificare fidem catholicam 618.
Falsitates principium papa 680.
— tem anticristus timet discipulis suis palam detegere 399.
— scripture fingunt fratres se scire ostendere 45.
Familiarius potest sibi loqui fidelis 164.
secundum Fantasiam activam credimus contra legem domini prevalere 419.
Fantastica professio 139.
Fasciculi comburendi premunt multos 479.
Fautores sectarum discipuli anticristi sunt 372.
— habet lex Cristi hodie paucos 698.
Favorem mundi fratres perdere timent 218.
Febres multas individuatas Cristus non suscepit 189.
Femine introducte a sectis ad suum ordinem 36.
— partes ecclesie 705.
— predestinate sunt beate pro tempore suo 706.
— narum nobilium deturpacio 44.
Fenum est omnis caro 272.
Ferculа abbaciarum 531.
— lorum numerus 586.
Fervor cupidinis fratrum 36.
Fetens fimus collectus in temporalibus 133.
Ficcio falsa patronorum 24.
— canonicorum de Augustino fundatore 247.
— falsa sectarum se esse amicos regum 42.
— pape 127.
— ciones plurime sunt in tradicionibus hominum 213.
— sectarum sunt false et sibi ipsis contrarie 299.
Ficta mendicacio fratrum exstingwit dileccionem 66.
— mendicacio fratrum 20.
— causa dyaboli 417.
— absolucio 625.

Ficte censure pro sequendo fidem Cristi redundant in adversarios fulminantes 423.
Ficticia in coloribus 27.
— frivola secte fuerunt introducte 394.
— cie de vicario Cristi 612.
— religionum privatarum radix 357.
— non valent 249.
Fidelis tenetur iuramenta illicita disrumpere 703.
— credit plus beatitudinem David quam credit beatitudinem sanctorum 279.
— quilibet impleret mandata 116.
— non debet specificare nomina perversorum 16.
— debet spem habere 575.
— sibi familiarius potest loqui 164.
— aciem mentis alcius elevare debet 328.
— debet credere quod salvabitur 365.
— non potest militare ad vite terminum in sectis 304.
— per verba dei contra sophisma dyaboli invehit 324.
— debet sectas ad puram sectam Cristi convertere 352.
— super quam evidenciam quiescat 229.
— audacter et catholice debet fidem audientibus publicare 399.
— homo a deo remuneratur 212.
— non credit blasphemiis pape 557.
— insistat fundacioni secte 272.
— et hereticus in quibusdam conveniunt 264.
— non debet consecracionem episcopi contempnere 259.
— deles cuncti debent esse de secta cristiana 22.
— debent contentari de pauca corporali elemosina 21.
— debent ad imitacionem Cristi dare largiter et gratis doctrinam spiritualem 21.
— beatitudinem expectantes 147.
— experiencia docti exponunt sensum scripture 76.
— numquam intrarent sectas 72.
— debent invehere contra sectas 89.
— extenuantur de pecunia per presbyteros 624.
— armari debent contra sectas et pseudopapas 599.

GENERAL INDEX. 761

Fideles decipiunt secte 68.
— omnes tenentur niti destruere hereses 432.
— regni in turpi perfidia contra deum recalcitrant 419.
— in domino prohibentur per incarceraciones, privaciones et censuras dicere palam populo legem Cristi 424.
— credunt hostiam esse corpus Cristi 383.
— ex parte domini Iesu Cristi non sunt, qui non iuvant ad heresim confutandam 400.
— clerici heretici false vocantur 461.
— fugiunt communicare cum ordinibus 60.
— supponunt se ad fidem theologicam moveri 241.
— despiciunt sectas 181.
— predestinati 147.
— liberi a ceremoniis iudaicis 91.
— pugiles legis dei 95.
— debent servare deo quod est suum 165.
— possunt salvari sine pape presencia 257.
— persecuuntur sophistici predicatores 263.
— sacerdotes secte substernunt 372.
— miraculum non seducat 250.
— credunt unionem ecclesie 673.
— contradicerent pontifici romano 670.
— debent accipere formam dileccionis a Cristo 14.
— necessitantur acute obicere contra sectas 15.
— rogant Cristum ut ipse dirigat ecclesiam 564.
— multi illibertantur in fide 624.
—delium citacio per papam 689.
— locucio ad dei honorem 79.
— operacio ad perfeccionem ordinis 98.
—delibus noticiam impertiri trinitas dignatur 209.
— ewangelizantibus periculum maximum 461.
— salubre est, de duobus papis se tenere 179.
— censure ficte ne noceant 557.
a — secta Cristi observanda est 212.
Fides ecclesie, candela vel lux lucerne, audacter debet publicari 399.
— ecclesie que non sit 465.

Fides cathol. regula secte Cristi 22.
— catholica vera secundum quamlibet sui partem 14.
— optima medicina contra fratres 65.
— spei et supposicioni conimcta 365.
— ecclesie una esse debet 399.
— fundamentum virtutum 463.
— est intellectus datus a spiritu 213.
— opinio citra fidem est 178.
— non est de patronis 177.
— catholica integra gentibus predicatur 182.
— et virtutes animo sunt preciosiores quam aurum 170.
— una credita a toto corpore ecclesie debet esse 380.
— impossibilis laicorum 381.
— subtilium clericorum 381.
— pseudoloquencium 276.
— catholica et veritas cristiane regule 93.
— catholica in oppositum videtur 123.
— dei in libertate conservetur 25.
— dei sincere acceptetur 25.
— catholica sopita est ex dignitate papali 676.
tamquam — catholica hereses creduntur 259.
—dei catholice pars media est, quod Cristus viavit in terris secundum vitam summe pauperem et penalem 431.
— vivacitas est hodie plus sopita 558.
— termini 678.
— principium est obedire deo 301.
— scripture et spiritus domini Iesu Cristi est credendum 281.
— fundamenta duo 14.
— scripture ambiguitas 75.
— unitas esse debet 380.
— cause solo sunt racio et scriptura 148.
— semina spoliat anticristus 557.
— scripture alfabetum 706.
de — cristiane substancia consecraciones non sunt 261.
in — limitibus pape stare debent 558.
qui — scripture contrarius est, hereticus est 265.
—dem legis domini negare 466.
— ab anima rapiunt fratres 21.
— constanter infigere necesse est 149.
— miracula non faciunt 176.

Fidem fratres non communicant nec predicant 65.
— catholicam falsificare 618.
— catholicam enervant secte 599.
— ecclesie nec anticristus nec creatura aliqua potest infringere 399.
— suam detegere fratres et secte alie non audent 399.
— suam Magog non audet prodere nisi in privatis scolis 399.
— ewangelii practizare 170.
— ponere in Cristo 466.
— catholicam de hostia consecrata prelatus nescit 553.
— catholicam ex integro sentenciare wlt Wiclif 256.
ad — theologicam fideles supponunt se moveri 241.
citra — sentencie 177.
citra — probabiliter credere 179.
tamquam — asserere sentencias ventilatas 179.
tamquam — credulitatem fidelium emungere 179.
a — de discedunt fratres et sui seducti 35.
de — citatis non est verbum 550.
ex — graciam capere oportet 468.
ex — credere, quid 176.
in — fide domini Iesu Cristi vivere 177.
in — plurimi errant 344.
in — fundatores cantariarum deficiunt 272.
in — clerus forcior foret rectificatis erroribus 272.
in — multi illibertantur fideles 624.
Fiendorum racionem videt anima Cristi 266.
— omnium Cristus habet raciones exemplares 265.
a Filargiria precavere 703.
Filateria dilatata a falsis prophetis 473.
Filialis timoris natura describitur 226.
Filium sibi naturalem deus ad intra gignit 161.
— dyaboli preponderare in amore 170.
— dei inhonorare 171.
— plus diligit pater 162.
ad — credimus 418.
—lii dei predestinati ad gloriam 225.
— dyaboli quid faciant 214.
— dyaboli catholicos persecuntur 214.
— dyaboli multi sunt 214.

Filii dyaboli 217.
— dei transformati in filios dyaboli 220.
Fimant radicem folia 162.
Finus fetens collectus in temporalibus 133.
Finaliter omnia in luce clarescent, tam veritates quam falsitates 400.
Fingere novum ewangelium 616.
— defectum 195.
—gunt fratres necessarium iuvamen ecclesie 90.
— secte, Cristum innuere sectam suam 230.
Finis temporum 24.
Firmitatem ecclesie secte superant 66.
Fistula corrupta est papa 129.
—le vel voces Iesu Cristi 301.
Fitonia 367.
Flandriam Anglici invadentes 396.
Floruit ecclesia sine confessione auriculari 624.
Fluctus feri maris sunt secte 73.
Folia fimant radicem 162.
— verborum sibi reverteuter rependunt 162.
Fons aque vive deus est 211.
Forinsecis curatis, cardinalibus, pape populus Anglicanus non debet solvere decimas vel aliud pedagium 311.
Forma dileccionis fraterne 14.
— locucionis acute 15.
de —mis suis Cristus contentus fuit 266
Fornicacio spiritualis sectarum 40.
— spiritualis cum dyabolo 135.
— spiritualis 32.
Fortificati sunt sancti in mentis viribus 125.
Fortiter manducant secte 44.
Fortitudo animi est quartum donum spiritus sancti 216.
— magna amoris inter conjuges 165.
— Spiritus Sancti 219.
Forum mercandie anticristi 564.
— suffragiorum spiritualium 146.
— indulgenciarum 146.
— mercandie curia romana 564.
Fovendo sectas peccatur 440.
Fragiles plante 146.
Fragilitas hominis 343.
Frater noster eiusdem nature est cum fratre suo 164.
— puerum furans cruciari debet 469.

GENERAL INDEX. 763

Frater participat dispensacione symoniace 468.
— consentit in mortem ducis Lancastrie 332.
— spirituale suffragium ordinis vendens illudit simplicibus 333.
— puerum filium gehenne facit 469.
— Cristi homo 164.
— plus amat ordinem quam deum 332.
— lucrifacit puero 469.
— suscepit omnes infirmitates sanandas 189.
—tri impertinens habitus corporalis 458.
—trem suum diligere debet quelibet persona 242.
—tres spiritus erroris 35.
— sunt ypocrite 469.
— aggregant sibi globum 468.
— horrent vocari ypocrite in presencia populari 16
— vocantur a Paulo demonia 16.
— habundant in argento auro et vestibus 21.
— hortantur ad pugnam 19.
— non mundi a sangwine cristianorum 18.
— cristianis onerosi in bonis corporalibus 18.
— onerosi populo elemosinanti 20.
— participant lucro furato 20.
— subterfugiunt dicere populo veritatem catholicam 19.
— vocare falsos fratres, pseudofratres, ypocritas, anticristos, dyabolos aut aliquo nomine ficto non valet 13.
— spoliant fraudulenter egenos 40.
— habundant furata pecunia 39.
— intraverunt tempore Innocencii III. 623.
— non pacifici 40.
— contra caritatem sunt se ipsos amantes 38.
— querunt bona mundi 39.
— scelesti 39.
— spoliant pauperes regnorum de temporalibus 39.
— construunt domos altas et sumptuosas 39.
— bella procurant 40.
— nesciunt meminisse verborum domini 45.
— multos conventus colligunt 39.
— in opere scelesti 40.

Fratres mundo divites 45.
— semper discentes 44.
— numquam ad scienciam veritatis perveniunt 45.
— multi intrinsece et extrinseco peccantes in ipsos 47.
— non sunt homines legii 105.
— abhorrent in habitu variari 28.
— nihil prosunt in edificiis et arte mendacii 29.
— circa fidem reprobi 45.
— continue discoli 45.
— fabricant glosas 45.
— rei sangwinis plebis 19.
— consenciunt opposito fidei 94.
— elati 89.
— legii homines regum terre 103; 104.
— exempti de veritate mundana 103.
— subjecti legibus regis 104.
— sub papa 103.
— in Anglia 103.
— compellendi 102.
— hospites terre 103.
— intricantes ecclesiam 94.
— de pura secta Cristi 100.
— seduccionem invenerunt 95.
— contrarii Occam 95.
— maledicti a domino 95.
— excusari non possunt 95.
— negare non possunt fidem scripture 95.
— necessarium iuvamen ecclesie fingunt 90.
— per dyabolum introducti 91.
— non prosunt ecclesie 93.
— se redarguunt 95.
— spoliant temporalia a plus pauperibus 194.
— extra spem redeundi ad sectam Cristi 73.
— putant ceci se prestare deo obsequium 71.
— spoliant sine timore 71.
— claustraliter non viventes 93.
— ecclesie onerosi 93.
— mendicantes sani sunt 190.
— caritati obviant 58.
— gravius mortui quoad deum 73.
— remurmurant contra deum 58.
— nec deum nec hominem timent 71.
— sunt armati armis ypocrisis 71.
— deturpant feminas 36.
— in domino sunt omnes cristiani 87.

Fratres magnificant suos ordines 39.
— furati de parentela paupere 39.
— student novitates ordinis sui diucius et attencius quam mandata decalogi 44.
— dicunt se esse exproprietarios 46.
— non corripiunt inter se peccata confratrum 47.
— non habent lingwam debite refrenatam 48.
— impediunt suos corripere fratrem in publico 48.
— seculo insolentes 45.
— libere possunt ministrare 513.
— non relevant viduas et pupillos 46.
— fingunt se scire ostendere falsitatem scripture 45.
— resistunt scole domini Iesu Cristi 45.
— cupidi 39.
— corrupti mente 45.
— spoliant pauperes 190.
— mendicant ab hominibus hostiatim 188.
— imponunt Cristo mendaciter, quod instituit sectas suas mendicando 45.
— Cristum non imitantur 193.
— deficiunt pauperibus 54.
— putant ordinem non esse deserendum 52.
— destructuri Robertum Gilb. beatifice premiandi 481.
— errant in factis contra fidem spem et caritatem 574.
— homicide aliorum 94.
— manifesti heretici 94.
— confessores et consiliarii 94.
— observant vitam pauperem 94.
— multi suos occidi iniuste volunt 121.
— ab unitate fidei magis distant 173.
— discipuli anticristi 56.
— regulam Petri non servant 55.
— adultera generacio 66.
— vendunt literas fraternitatum suffragia etc. 222.
— beatitudinem postponentes 482.
— gravant ecclesiam sine auctoritate Cristi 481.
— populo predicantes 482.
— segregant semet ipsos 69.
— defendunt mendacia sine verecundia 36.
— demonia meridiana 36.

Fratres discedunt a fide 35.
— mortui in bello papali 35.
— inducunt errores 35.
— signum claustrale falsificant 47.
— impediunt ad visitandum proximos 47.
— superbi 39.
— omittunt correpcionem peccatorum 48.
— furiosi incarcerati 48.
— obstinati 45.
— summe pauperes ut dicunt 46.
— religioni Cristi adversantur 47.
— de pauperie conqueruntur 66.
— populum preparant ad vindictam 71.
— spoliant pauperes de bonis pauculis 72.
— exempti a correccione episcopi 69.
— non in alienis domibus 69.
— ambulant secundum sua desideria 69.
— propinant venenosum poculum 56.
— fratres ducuntur a vesania 56.
— excusari non possunt 55.
— iuvenes habitant cum domicellis iuvenibus 55.
— multi in crimine indurati 31.
— impeccabiles 55.
— quomodo pascant gregem domini 56.
— promovent cruciatam in sermonibus 574.
— asserunt verba Cristi esse falsa 69.
— fundant se in mendacio 20.
— provident spirituale alimentum 56.
— discipuli patris mendacii sunt 53.
— adulantur pro lucro mundano 52.
— in scelere se profundant 53.
— sunt proprietarii 53.
— laborant, ut fiant divites 53.
— seminant nova dogmata 35.
— promoverunt Cruciatam in predicacionibus 593.
— necessitati regna exire 463.
— nolentes a regno discedere cogi debent 464.
— in desertis locis 463.
— seminant mendacia per ypocrisim 36.
— blasphemi 39.
— fugiunt vivere laboricio manuali ut venenum 20.
— non differunt dicere veritatem vecorditer 19.
— moderni 30.
— ad bella iniusta aggrediuntur 40.
— substernunt dileccionem anime 65.

Fratres sunt anticristi precones 467.
— infringunt mandatum Cristi 469.
— verba Cristi parum ponderant 69.
— ponunt alterum esse deum 465.
— blaspheme magnificant statum suum 473.
— laborant ad animas simplicium defraudandum 254.
— regi Anglie mille marcas annuatim dant. 256.
— intrant cubicula dominarum 36.
— miti corde obtemperarent deo neque ocium suum necessitatibus ecclesie preponerent 506.
— desidiam respuerent 506.
— necessitant ad amplius cupiendum 72.
— fovent et celant peccata 71.
— vendicant iurisdiccionibus episcopalibus non subesse 69.
— purgent se de crimine implicato 78.
— comedunt predam 71.
— spoliant pauperes plebeos 69.
— fidem non communicant nec predicant 65.
— voluptatibus se involvunt 66.
— predicant falsa et ludicra propter questum 72.
— latrones in regnis intrinsecis 71.
— spoliatores in regnis exteris et intrinsecis 71.
— multas hereses seminant 256.
— plus divites sunt quam wlgares 253.
— ypocritice expendunt bona pauperum 254.
— pauperes communius quam divites spoliant 254.
— multa stipendia perquirunt 252.
— secte quarte ecclesie sunt onerosi 253.
— sine Cristi auctoritate sive licencia subintrarunt 393.
— collecta a pauperibus necessitant ad circumvencionem dampnabilem 254.
— per fraudem extorquent elemosinas 254.
— seducunt secundam partem ecclesie 255.
— contra caritatis regulas agunt 254.
— non agunt ad ecclesie utilitatem 254.
— timent perdere favorem mundi 218.
— animas dominorum et dominarum in custodia habent 255.
— totam ecclesiam in fide subvertunt 255.

Fratres nullos ad pacem inducunt 255.
— pro bono proprio laborant 255.
— consulunt ad bella in spem lucri 255.
— sathagunt fidem ecclesie enervare 255.
— pugiles dyaboli 218.
— non sciunt sensum scripture 372.
— ordinacionem Cristi subvertunt 255.
— non approbat Cristus 266.
— duces et principes defamant 218.
— ordinem suum dilatare volunt 224.
— verbum unum dicere non audent 218.
— laborant in pietate 224.
— immersi in temporalibus 221.
— clamosis verbis superant fideles 372.
— consumunt temporalia ecclesie 372.
— nigromanticum sensum introducunt 371.
— sensum Cristi abscondunt 371.
— plures heretici capi possunt 265.
— scandalosa mendacia seminant 371.
— predicantes heretici videntur esse 265.
— sibi secures armorum procurarunt 265.
— obligati sunt ad omnia consilia ewangelia 629.
— spoliant ecclesiam falsis colleccionibus 593.
— Cristus non approbavit 709.
— scripturas viciare non possunt per nigromanciam 706.
— ducunt plebeos in heresim 710.
— impugnant fideles de heresi 710.
— num partes ecclesie militantis sunt 708.
— heretici secundum partes prescitas 707.
— ne defendantur a dominis tamquam regni incole 714.
— dyaboli sunt 364.
— transeunt de domo in domum 371.
— in persona sua regna multipliciter depauperant 464.
— suum sensum ewangelii sensum esse fingunt 371.
— ewangelio contradicunt 371.
— predicant ad spoliacionem populi 371.
— eiusdem ordinis fratres suos occidunt 370.
— plus quam domus domini volunt pasci 370.
— pauperes ypocritice spoliant 371.

Fratres debent obedire preceptis pape 462.
— precipui sentenciam pape sui approbant et confirmant 462.
— manifeste produnt populo hereses regnis destructivas 463.
— proditores falsissimi tam corporis quam animi 462.
— et secte alie non audent detegere fidem suam 399.
— a planta pedis usque ad verticem mendaciis operti 851.
— dicunt Sathanam in primo millenario magis solutum fuisse quam in secundo 392.
— occasionem dant ad libere mendicandum 869.
— alios depauperant 369.
— spolia de pauperibus mendicata inferunt 369.
— spoliandi causa in domibus immorantur 370.
— non impediuntur ab ewangelizacione ecclesie 370.
— excedentem Scarioth habent 370.
— non debent se in birris onerare 370.
— solum mendicandi gracia domum intrant 370.
— multi dicuntur esse dyaboli 368.
— multiplicati sunt in mendicacione et mendaciis 366.
— dyaboli esse dicuntur 364.
— in mendicacione induunt condicionem dyaboli 367.
— eligunt in ordinibus anticristos aliquos 367.
— menciuntur se extolli supra Cristum 367.
— de fundacione suorum ordinum 353.
— volunt inducere invenes divites in artem mendicacionis 367.
— ad onus ecclesie introducti 368.
— pauperem populum usque ad egenciam spoliare volunt 367.
— volunt omnes homines mendicare 366.
— consenciunt crimini sui tocius corporis 331.
— non observant legem dei 332.
— ydolatriam committunt 332.
— ordinum homicide sunt 332.
— culpam contrahunt ex consensu 333.
— i. e. religiosi privati propositum suum custodirent 505.

Fratres admissi ab episcopis possunt ministrare 512.
— et filii paparum in opere proditorio collaborant 603.
— contra fidem spem et caritatem erraverunt 594.
— domibus visitatis discordiam dicunt 370.
— precipui hostes ecclesie 574; 593.
— abhorrent quod lex Cristi in Anglia publicetur 255.
— inhabiles indebite mendicant 468.
— propriam sanctitatem habere volunt 470.
— pape bona sua omnia dederunt 255.
— proditores manifesti dei 218.
ad — pax dei nunquam revertetur 370.
apud — sensus domini est absconditus 372.
contra — peccatum 95.
per — dyabolus ecclesias antiquas destruit 254.
per — dyabolus mundum sibi perquirit 255.
Fratrum consensus crimini et heresi 94.
— religio vana est 218.
— periculosa versucia 472.
— rapina rapit fidem ab anima, non solum argentum et aurum 21.
— magna pars debet esse tercia parte ecclesie 708.
— magis perversi demonia 35.
— heresis de domino seculari 95.
— aliqui sunt fideles aliqui perversi 16.
— incontinencia corporalis 40.
— habitus et salvacio eius 35.
— claustra 47.
— vana religio 48.
— laboriosa sollicitudo 39.
— habitacio sumptuosa 103.
— operacio 103.
— predicaciones mendaces 97.
— in ordinem ingredientibus malum 96.
— lex melior 96.
— presumpcio 96.
— introduccio in ecclesiam 94.
— ritus putridus 93.
— novitates culpabiles 93.
— spoliacionibus resistere 194.
— species auferatur de ecclesia 80.
— correccio 79.
— perfida gens 79.
— novitates culpabiles introducte 93.

Fratrum sceleris suspicio 92.
— declinacio a primeva regula 92.
— mendicacio non est infirmitas corporalis 190.
— patroni varii 173.
— regula noviter introducta 183.
— regula contraria fidei scripture apostoli 183.
— expensa superflua 193.
— solaria usurpata regnant 193.
— mendicacio 194.
— dominium in clero 56.
— symonia odibilis 56.
— correpcio a populo continuaretur 481.
— pater duplex 463.
— novitatum omissio 94.
— fundacio legis 94.
— emanacio a Spiritu Sancto 93.
— practica culpe et deterioracio viatorum 93.
— conspiracio in mortem ducis Lancastrie 95.
— varie regule 173.
— exproprietaria vita 94.
— status melior statu episcopi 449.
— facta plus docent verbis suis 482.
— discrepacio a regula Cristi 481.
— mendacium 98.
— status plus perfectus statu apostolico 66.
— lingwa alligata contra Cristi regulam 48.
— ignis invidie accensus 42.
— privilegium 513.
— segregacio 69.
— adinvenciones questus causa 69.
— mendicacio ficta 20.
— desideria 69.
— desideria in mendicando 66.
— corporea voluptas 69.
— querela de pauperie 66.
— ambulacio secundam sua desideria mendicando 66.
— subtiles rapine 69.
— ministerium propter personalem accepcionem 56.
— in deum sollicitudo 57.
— cupido 53.
— verba ludicra et mendacia 56.
— facinora redeunt in ordinem 56.
— amor extinctus 42.
— fundacio detegitur 13.
— culpa gravatur in ficticia Cruciate 20.

Fratrum dicta Cristi dictum excellit 466.
— culpam auget inequa distribucio spoliorum 253.
— calliditatem pauperes non percipiunt 254.
— fallax spectaculum seducit populum 254.
— domus 367.
— infinitus nummerus 222.
— sectas ecclesie Cristus expressit 266.
— ficcio est meridiani demonii verbum 371.
— mendacium 708.
— mendicacio fundata 708.
— argucia simialis 464.
— blasphemia 459.
— maior pars cum Roberto Gilb. tenet 464.
— ordo perfectissimus 449.
— multe argucie merdose 464.
— occisio 459.
— et Cristi mendicacio 367.
— condiciones a Cristo non fundate 367.
— ordo a sanctis papis confirmatus 367.
— vestes 367.
— fallacia media 353.
— tradicio est ypocrisis 469.
— ritus difficultant 468.
— religio in simulacione fundata 470.
— culpa ascribenda est dominio 255.
—ribus communicacio neganda 481.
— iuvenibus quid meritorium est 55.
a — pauperes in fide et moribus seducuntur 254.
a — tradicio libera frivola et ypocrita inventa 96.
cum — conversans docent eis constanter legem Cristi 480.
de — multa mendacia seminata sunt 371.
nec —, nec sectis novis corporalis elemosina ministranda est 312.
Fraterna correpcio sub gravi pena a priore et capitulo introducta 48.
—ne correpcionis defectus 59.
Fraternitatum litere 143.
— regnum literarum 193.
per —tes privatas lex Cristi minuitur 271.
Fratrifactorum peccatum 526.
— excusacio 527.
Fratrificator puniendus 469.
Fraudare ecclesiam dyabolus nititur per clerum sophisticum 263.

Fraudem fratrum divites percipiunt 254.
—ibus ecclesia ministratur 193.
Frivolus ordo fratrum 96.
—le tradiciones 97.
— multe evidencie sunt, que fiunt ab anticristi discipulis 276.
ex —lis facta est predicacio secte quarte 252.
Frons meretricis facta ex scelere antiquato 417.
— meretricis facta secte secunde 132.
Frontosi sunt moderni philocapti 664.
Fructifere arbores 72.
Fructus sectarum 28.
— ordinum 57.
— sectarum 51.
Frustrare wlt dyabolus Cristi propositum 611.
Fucus sophisticus 248.
Fugam sancti docent 55.
Fugere docet lex Cristi ab ordinibus ut veneno 301.
—git papa latenter de loco in locum 683.
—giende sunt secte, Cristi ecclesie magis quam secta Saracenica nocentes 312.
Fundacio fratrum detegitur 13.
— legis ewangelice fratrum 94.
— sectarum infundabilis 73.
— sectarum ex mendacio 196.
— in lege domini 89.
— in scriptura vel racione 150.
— dotacionis ecclesie 701.
— sectarum in lege 105.
—cioni sectarum fidelis non debet attendere 176.
— secte Hospitalium fidelis insistat 272.
ad —cionem in scriptura perscrutandam sectis opera detur 268.
—cione carent secte 712.
sine —cione fratres sibi aggregant globum 468.
in —nibus relucet pape potestas 270.
Fundamentum ordines in domino non habent 227.
— ecclesie est petra iusticie 439.
— solum ecclesie Cristus 148.
— summe necessarium est, qued Cristus sit verus deus et verus homo 14.
— fidei alterum est, quod scriptura sacra est infringibiliter vera secundum quamlibet sui partem 14.
—ti veritas immencibilis 99.
—ta fidei duo 14.

Fundare novum ordinem super mendacio 364.
— non possunt sermones de habitu etc. 525.
—dabunt secte non verbum concedendo, quod sit accidens sine subiecto 282.
—datur secta fratrum uno tantum loco scripture 268.
Fundatores cantariarum in fide deficiunt 272.
— ordinum voluntatem Cristi consulere videntur 61.
— sectarum excesserunt apostolos 97.
—orum insipiencia dimittere perfectum et eligere imperfectum 97.
Funiculi quatuor ordinum 198.
—lorum prevaricacio 198.
in —lis tribus sophisticacio 166.
Fur et latro papa 664.
Furatur papa bona ecclesie 130.
— papa a pauperibus 684.
—antur secte in abscondito peccatorum et publice 186.
— secte, quidquid consumunt sine licencia Cristi 186.
—ata pecunia fratrum 39.
Fures sunt vitulamina spuria 101.
— et latrones secte erunt 180.
— quoad deum et latrones quoad ecclesiam secte 136.
Furia invecte sunt secte 73.
Furiosi incarcerati fratres 48.
Furtum committunt canonici in Cristi ecclesiam 186.
Futura prenosticare papa nescit 556.
— in verbo boni vident 266.

G.

Genera octo mendaciorum 349.
— sectarum quatuor 173.
de —nere facere opus bonum 364.
Generacio adultera fratrum 66.
— adultera populi seductiva 394.
— adultera prenosticatur variacionem habituum 26.
— adultera signa querencium plus attendit ad sensibilia quam ad solidam veritatem 397.
Generalis obligacio hominum ad oracionem 345.
— et personalis error 353.

Generalem regulam Cristus hominibus non dedit 468.
— alior oracio a Cristo prefertur 343.
— alissima secta est secta Cristi 22.
Gens perfida fratrum 79.
— tes mortue sunt dampnati 257.
Gentiles dicuntur infideles 120.
— prevaricatores mandati primi 120.
Genuflexio 120.
— auricularis confessio etc. non necessaria ad salutem 623.
in —xionibus non stat religio cristiana 582.
Genus humanum amori temporalium inclinatur 211.
— humanum deliquerat 327.
— humanum regere et creare 208.
— inclytum pape 684.
— mendicacionis 195.
— sectarum est fur et latro 175.
— totum occidentis a toto genere substancie est causatum 658.
— ypocriticum sunt secte 140.
Geometrie principium quantitas continua 659.
Germinant secte ex falsitate mendacii 353.
— spuria vitulamina in ecclesia per sectas 44.
Gigas gemine substancie Cristus est 163.
Gignit sibi filium naturalem deus pater 161.
— theologus Cristum 164.
per Gildas lex Cristi minnitur 271.
Gladius apostolorum 626.
— brachii secularis et sacerdotalis 632.
— corporalis apostolorum 68.
— spiritus 631.
— dii Cristi 631.
— Petri fuerunt cultelli carnificum 631.
Glomeracio per dyabolum introducta 228.
Glosa consona additur verbis domini 182.
—sas fabricant fratres 45.
Gog interpretatur doma vel tectum 396.
— videtur significare papam 396.
Gracia amplior Cristi cum fratribus data est 452.
— ex virtute passionis superhabundans 123.
— predestinacionis character est 457.
— predestinacionis quidam ad beatitudinem revertuntur 146.

ex Gracia dei monachus officium complet 258.
— ciam deus sacerdoti dat ad officium peragendum 258.
— uberiorem dileccio dei habet 126.
secundum —cie legem homines heredes legittimi sunt 168.
Graciosa regula Cristi 140.
Gradus intrancium religionem cristianam 456.
— multiplices in expectacione animarum 147.
— multiplices in exemplando ecclesie utilia 267.
Grammatica fidei scripture non impugnata ab hereticis 707.
Grammaticalis sensus scripture 75.
Greci quare a fidelibus divisi 672.
— stant secure in solida fide Cristi 598.
Gregorii regula 173.
Grossas partes mendicare 195.
Gula plures occidit quam gladius 135.
— ventris monachorum 135.
Gulosus 197.
—osorum argucia 97; 346.

H.

Habere papam nun bonum est 673.
Habitabilis nostra fuit olim lacius conquisita a pastoribus fidelibus 671.
Habitacio sumptuosa fratrum 103.
— sectarum in interno 74.
— ciones proprias habent ordines 369.
Habitacula et regna subiecta imperio dei 105.
— sectarum sunt nidi dyaboli 253.
Habitudines ordinum odisse 228.
Habitus sectarum 26; 35.
— et ritus canonicorum noviter adinventi 248.
— et ritus sensibiles ordinum 26.
— legis domini lingwa hebrea, anglica etc. sunt 700.
— novi patronorum 704.
— mendicancium excludit condempnacionem 198.
— sectarum sanctitas 143.
— et tonsura fratrum in mulieribus 44.
— mentis 27.
— corporalis impertinens fratri 453.
— itum et claustra ex mendacio canonici impetrarent 351.

de Habitu corporali ordinum 457.
— uum variacio in colore et figura 26.
— variacio 26.
Habundare debemus in caritate dei 220.
—dant fratres in argento auro et vestibus 21.
— maxime promptuaria religiosorum 246.
Herodes legittimi sunt homines secundum legem gracie 168.
—. legittimi non sunt principes 168.
Heresis periculosissima 52.
— vecors 95.
— pessima pars est 397.
— blaspheme locus 149.
— destruccio non perficitur sine grandi dei miraculo 432.
— nidus Roma est 600.
—sim imponunt secte fidelibus 40.
in — ampliorem profundanturmilitantes 179.
ad — confutandam qui non iuvant, fideles ex parte Iesu Cristi non sunt 400.
—si consenciunt fratres 94.
— cecati non sunt Greci 258.
a — secte non immunes sunt 195.
—ses de potestate pape 691.
— suas atque ypocrises Magog ad tempus modicum abscondit 400.
— multas fratres seminant 256.
— creduntur tamquam fides catholica 259.
— de pugna sacerdotum 629.
— contrarie commiscentur libertati Cristi 90.
— destruere facile est 102.
— omnes fratrum recitare non est in facultate 35.
Hereticare reginam Anglie foret luciferina superbia 168.
Hereticus, quis est 74.
— est, qui adversat in vita scripture fidei 265.
— est, qui fidei scripture contrarius est 265.
— in lege scripture non potest se fundare 258.
— ignorat si est predestinatus 620.
— et fidelis in quibusdam conveniunt 264.
—tici in sectis congregati 398.
— manifesti sunt fratres 94.

Heretici sunt destruendi 94.
— manifesti secte, cur 68.
— manifesti sunt secte 181.
— omnes sunt leprosi 431.
— argucia contempnenda est 258.
— fratres plures capi possunt 265.
— fratres predicantes videntur esse 265.
— quales videantur esse 265.
— laicis responsionem sophisticum fingunt 383.
— plurimi in quatuor sectis sunt 382.
— non audent dicere in materna lingua, quid sit hostia consecrata 398.
— et complices sui in privatis scolis congregati non audent fidem suam detegere palam communibus cristianis 399.
— vocati sunt pauci fideles a parte contraria anticristi 397.
— pauci molestabunt anticristum 397.
— manifesti sunt quatuor secte 398.
— magis spissi 398.
—tica exposicio fidei scripture 74.
tamquam — scripta in anglico dampnantur 168.
—ticorum iudicium 126.
— sunt duo genera 431.
—tice videntur esse secte 183.
— bulle multe in ecclesia sunt 350.
Hildegardis egregia prophetacio de sectis 67.
Hodie vix reperitur civitas, villa vel viatoris colleccio, quin prevalerent contra Cristum 432.
Homagium 103.
Homicida est, qui fratrem suum odit 332.
—ide effundentes sangwinem cristianum 607.
— sunt fratres ordinum 332.
— fratres sunt 94.
Homicidium paparum 552.
— multi ociam in verbis irracionabilibus perpetrant 121.
Homo est creatura ad ymaginem dei facta 212.
— verus est Cristus 265.
—. semper ampliora appetit 221.
—. mori debet pro virtutibus moralibus 228.
— percipiet a deo secundum dignitatem 844.
— sepe ignorat quid petat 344.

GENERAL INDEX. 771

Homo cum pugno percuciens culpandus est 326.
— omnis prescitus dyabolus incarnatus 362.
—, qui est ex deo, oppressionem wlgarium ne adiuvato 423.
— a deo creari debet 163.
— non absolvit a peccato 165.
— cassat propositum dei 214.
— debet omnia temporalia etc. relinquere 631.
— frater Cristi 164.
— citra deum non ex toto corde deum diligit 123.
— tantum wlneratus in naturalibus 122.
— post lapsum debet deum diligere 122.
— faciat voluntatem dei patris 165.
— in reddenda racione obligacior 125.
— non tollit peccata mundi 165.
— et deus Cristus 100.
— peccavit 212.
— signat quemcunque hominem confuse 76.
— operando ecclesie prodesse debet 214.
— in se ipso quiescit 214.
—minis honor debet esse non mundanus 172.
— honor condicionatus 172.
— status iustus 173.
— primi delictum 123.
— honor 171.
— putrefacciones 352.
— iusta vita 344.
— fragilitas 343.
— apostemata 352.
—mini septem dona spiritus sancti habenti bene foret 226.
— libertas arbitrii deo data 450.
—minem correpcio per verbum confusum scripture 78.
— honorare proporcionalitur ut est ornatus 172.
—mines secundum animam sunt spiritus 35.
— debent invicem subiecti esse 475.
— deo in patria coniungandi sunt 169.
— debent esse filii Cristi et ecclesie 169.
— dyabolus perplexos facit 461.
— debent continue iuste vivere 343.
— heredes legittimi secundum legem gracie 168.
— deus plus amans quam homines deum 162.

Homines filii dei carissimi 68.
— dei iudicio participant penis fratrum 331.
— mundani in causa Cristi vecordes 554.
— nec vivi nec mortui possunt esse fundamentum religionis 489.
— naturaliter consenciunt veritati 675.
—minum distincta cognicio per deum 78.
— reatus 78.
— singulorum increpacio 78.
—minibus imponere periculosum est 168.
ab — religio omnis privata est facta 491.
Honor proprius episcoporum 262.
— latrie soli deo exhibendus 440.
— hominis condicionatus 172.
— hominis 171.
— vel amor consistit in racionabili subtraccione stercorum 121.
— et amor non consistit in terrenorum cumulacione 121.
— hominis debet esse non mundanus 172.
— regum per sacerdotes fideles 172.
— est premium virtutis 181.
— dei 79.
ad —orem dei pena inferenda est 336.
in —ore mundano personas preponere 171.
—oribus reprobi sepe ornantur 172.
Honoracio parentum 120.
Honorare hominem proporcionaliter ut est ornatus 172.
— deum debet homo in vicariis honoribus 173.
— ornamenta mala est regula 173.
— et contempnere eandem personam 180.
— parentes 118.
—orandi sunt maiores in seculo 172.
Honorificencia mundana apostolorum 668.
Hortacionis omissio 130.
Hospicia communia pauperibus hospitibus edificia videntur esse 55.
Hospitacio virorum et feminarum apud fratres fit questus causa 69.
— dyaboli in ordinibus 57.
Hospitalarii in liberrima secta Cristi liberius agere possent 270.
— infundabiles racione videntur 270.
Hospitales infideles plus acciunt ad continuandum in perfidia 271.

49*

Hospitales milites adinvenciones novas deserere debent 270.
— lium secte per verba aprocrifa non est iustificanda 271.
— obligacio privata multorum consciencias onerat 270.
Hospitalitas videtur medicina fuge 55.
Hospites terre fratres 103.
Hostes tres hominum 119.
Hostia consecrata non ponit colorem vel figuram 28.
— consecrata quid sit in materna lingwa heretici non audent dicere fidelibus 398.
— consecrata est naturaliter verus panis 398.
— consecrata figuraliter est corpus domini 398; 399.
— consecrata est quantitas sine subiecto 398.
— consecrata est accidens sine subiecto 398.
— consecrata est qualitas sine subiecto 398.
— consecrata est aggregacio accidencium sive nichil 398.
— est vere panis et corpus Cristi 262.
— non esse corpus Cristi secte dicunt 381.
— una est ex doctrina Cristi 381.
— est unicum corpus Cristi 381.
— consecrata 381.
— cottidie in altari tractatur 384.
de — secte populo fidem antiquam dicunt 381.
— dicunt infideles se credere sicut ecclesia 383.
— laicis non est disserendum 383.
— quod dicant sentenciam regnum sectis iniungere posset 382.
Hostiam esse corpus Cristi secte in scolis negant 381.
— esse accidens sine substancia secte dicunt 381.
— corpus Cristi esse fideles credunt 383.
— virtute verborum domini corpus Cristi esse laici credunt 385.
— tie consecrate fides orthodoxa 282.
Hostiatim mendicare non fundatur ex ewangelio 188.
Humana species Cristus factus est 330.
— statuicio observanciarum secundum quid erronea est 496—497.

Humana carta ad iustificacionem scelerum nichil valet 136.
— prudencia non sufficit facere religionem sine defectu 491.
— num genus creare et regere 208.
— nos tradiciones relinquere 140.
secundum — nas regulas secte fundate 368.
Humanitas Cristi processit in fine temporis 163.
sine — tate Cristi ecclesia potuit salvari 257.
Humilis et ad serviendum deo promptus quisque debet esse 125.
— iles persone a deo stipendium exspectantes 270.
Humilitas Cristi per multos despicitur 271.
— tatis Cristi conversacio 396.
in — gradu cristianus non potest equiparari 184.
— tate atque pauperie Cristi dimissa secte extolluntur 396.
Humor contrahitur a radice 162.

I.

Ierarchie tres celestes 660.
Ignis invidie fratrum accensus 42.
sine —e bono caritatis sunt secte 41.
Ignorancia patronorum legis Cristi 96.
Ignorare nichil nec mentiri potuit Iesus Cristus 68.
Illatores infructuosi 72.
— defraudant de ewangelio 28.
Illibertat anticristus ecclesiam callide 262.
Illicitus amor temporalium 702.
Illudit simplicibus frater spirituale suffragium vendens 333.
cur —ludantur regna 251.
Illusio iudicii de sancto homine reputatur 471.
— ioni dei propinquior ludus 334.
— iones dyaboli 534.
Illusores secte 68; 69.
Imitari debemus deum specialiter 326.
non Imitantur secte suos patronos 267.
— tandus Cristus 100.
Immaculatam legem Cristi dimittere 298.
Immediati fratres sub papa 103.
Immiscuit pater laqueos voluptatum 52.

Immisericordia in se et fratres 51.
Immunitas vite fratrum 78.
— personarum sectarum 78.
Impeccabiles fratres 55.
Impedire ewangelii predicacionem 607.
— non potest dyabolus partem mundi, quin proficiat beatis 329.
—dit papa ne currat libere sermo dei 671.
— papa volentes ewangelizare 670.
— religio professorem ad servandum ritus religiosos 492.
—diunt fratres suos confratres corripere fratrum in publico 48.
Imperator accusatur cum posset alleviare ecclesiam a gravamine 60.
—oris est pacem in cristianismo stabilire 591.
— tempore ecclesia corporaliter persecuta fuit 398.
ad —orum et regis officium quid pertinet 572.
—ores et reges ecclesiam stulte dotaverunt 590.
Imperfeccio Cristi 139.
Impietas esset elemosinas ipsas destruere 277.
—tatis, non caritatis sunt regule que dotant presbiteros contra Cristum 277.
Impleret fidelis quilibet mandata 116.
Inponere hominibus periculosum est 168.
Imposicio mendax et blasphema fratrum 45.
— manuum non necessaria ad salutem 623.
— blasphemie in Cristo 279.
Impossibile est creaturam aliquam in deum delinquere 418.
Impossibilitas differencie 61.
Impresenciarum sacerdos papa est 618.
Improbacio sensus auctoris 75.
Incarceracio fratrum, qui detegunt scelera ordinis 40.
—ones papales 130.
Incarcerari Cristus noluit suos 524.
—are vel occidere homines legi Cristi non consonat 285.
— fratres 479.
ante Incarnacionem verbum dei fuit illapsum multis hominibus 257.
Incarnati quidam dyaboli dicuntur esse invenes vel larvati dyaboli 363.
— dyaboli maior condicio superbie 362.
Incedere per viam securam 141.

Inclaustracio utilis ecclesie 525.
Inclinacio astri infra aerem 73.
Inclusio religiosorum non fundata in scriptura 535.
Incontinencia corporalis fratrum 40.
Inconveniencia infinita sectarum 140.
Increpacio hominum singulorum 78.
— peccatorum 77.
Increpari non debet rex pro confiscacione 283.
Incurrunt ordines anathema apostoli 61.
Incursiones dominative parum prosunt ecclesie 560.
Indebitus amor concomitatur sectam 24.
Indebite venerantur fratres 52.
Indefectibiliter Cristus operatus est 212.
India stat in fide primeva Cristi 598.
Indifferens deo nichil est 61.
—ntis peccatum 61.
Indigens curato inhabili decimas, oblaciones etc. dare parochiani non debent astringi 311.
Indignus deus non refert 350.
Indisponuntur religiosi per observanciam vane religionis 335.
Individuans principium 100.
Individuum non potest crescere ad genus vel speciem 657.
Induccio sectarum 29.
Inductiva voluntaria introitus 102.
Inducere novos presbiteros ad onus ecclesie 394.
Induere sectam novam plus difficilem, plus servilem et infundabilem ac incertam 32.
— sectas est apostasia 139.
Indulgencia deus partitur 149.
—cie non concesse a deo dignitate persone 149.
— pro beatitudine 149.
— sine medio aliquo a deo conceduntur 149.
— turbative ecclesie 149.
— pape pro spiritibus mortuorum 148
— infinite fictive 595.
—, excommunicaciones mendacia sunt 349.
—ciarum forum 146.
— sophisticacio 149.
—cias et privilegia spiritualia homo non potest emere 424.
— de penitencia papa facere non debet 511.

Indulgencias dando papa mentitur 350.
Induracio in malicia 145.
—ionis continuacio dyabolice 137.
Induratus finaliter est dyabolus 362.
—rati in crimine sunt multi fratres 31.
—ravit dyabolus sectas 145.
Ineffabiliter deus est pater 163.
Inequa distribucio temporalium 42.
Infamis binarius conventuum 38.
Infantes sunt Cristi milites 707.
— baptizati non sunt de aliqua parte ecclesie 707.
— predestinati sunt 707.
Infatuavit concomitancia mulierum 55.
Inferior non debet superiorem corripere 611.
ad Infernum papa citat 689.
— pape multas catervas duxerunt 257.
— vadunt secte 264.
in — dyabolus homines demergit 213.
in —erno detenti spiritus graviter puniuntur 246.
Infideles a secta Cristi evagantes 145.
— dicuntur gentiles 120.
— dicunt se credere de hostia sicut ecclesia 383.
— per mititatem et pacienciam vincendi sunt 271.
—lium expugnacio non est docta a Cristo 271.
Infidelitas sectarum contra Cristum 141.
— contra sapienciam verbi dei 420.
— contra potenciam dei 420.
in —tate de patris omnipotencia excecati sumus 419.
Infigere constanter fidem necesse est 149
Infirmatur pars tercia ecclesie 243.
Infirmitas humana est mendicare 188.
— utrum spiritualis vel corporalis mendicacio sit 189.
—, dislocacio et discrasia membrorum corporis 145.
—tatis omnia genera Cristus suscepit 189.
—tates omnes frater suscepit 189.
— humanas Cristus cepit 188.
Influencia divina regulat homines 209.
Infundabilis fundacio sectarum 73.
—biles novitates superinducunt secte 42.
—bilia verba de purgatorio 146.
Ingratitudo fratrum 365.
Ingrate deserentes sectam Cristi 179.
Ingredi ad vitam nemo potest 123.

Ingrediens religionem priv. peccat propter fatuum eius eleccionem 492.
—dientes sectas temptant deum 141.
—diencium in ordines limitacio ad mendicacionem 97.
Ingressus sectarum 189.
— in patriam 116.
Inhabilitant se secte ad Cristi regulas 142.
— secte ad merendum 32.
— secte se multipliciter 32.
Inhiacio pape ad secularia desideria 681.
Inhonorare dei filium 171.
— dei filium peccatum abhominabile est 171.
Inicia et valencie sectarum 73.
Iniccecio ossis venenati 575.
— radicis peccati 594.
Inimicus Cristi precipuus papa est 680.
Iniqua existimacio 129.
Iniquitas duplex in populo per ypocrisim 585.
— ordinum per ypocrisim celata 480.
Iniuria et dispendium proximi 247.
— spiritualis plus ponderanda quam corporalis 132.
— spiritualis et corporalis 133.
— manifesta monachorum 131.
— spiritualis monachorum 132.
— monachorum in ecclesiam militantem 132.
— proximi cavere 133.
—urie continuacio per monachos 132.
—urias omnes Cristus est passus 465.
Iniuriari deo peccatum grave est 477.
—tur secta secunda seculari brachio 132.
Iniusta oppressio pauperes inclinat aures domini ad suam iniuriam vindicandum 422.
—sti sunt proximi occisores 121.
Iniusticia punitur ad regulam finaliter 247.
in Innocencie statu non erant mendicantes nec erant in beatitudine 366.
— statu homo de deo cogitat 122.
Innocencii tempore fratres intraverunt 623.
— tempore solutus Sathanas 623.
Innuere Cristum sectam suam secte fingunt 23.
Innuitiva mendicacio 367.
Innovacio in ecclesia de cristianorum stulticia inolevit 373.

Innovata cottidie donacio secularium 373.
Inobediencia in prepositos 529.
Insensibilis et morales leges Cristi 189.
Insinuare egenciam convivarum 188.
— egencias aliorum 188.
— egencias suas 188.
Insipiencia fundatorum dimittere perfectum et eligere imperfectum 97.
Insolentes sacerdotes 368.
Instancia multorum et magnorum fidelium exstingweret anticristum 400.
· refugorum 392.
—ncie contra sentencias privatorum 530.
Instar Cristi tacere 179.
Instinctu dyaboli mendicacio introducta 366.
non Instituit Paulus sectas novas 267.
Instruccio ovium libera secura et efficax 303.
Instrumenta magis subtilia sathanas sibi preparat 394.
— ad pugnandum multi habent 370.
Insufficiencia divisionis ecclesie 707.
Insufficiens est confusa accusacio 78.
Integracio ecclesie per Cristum 100.
Integritas cleri 100.
Intelleccionem terrenorum cristianus postponit 125.
Intellectiva potencia hominis 211.
Intellectus suprema potencia movet corpus ad subicetum 211.
— a spiritu datus fides est 213.
— dicitur principium 211.
— dona ex sapiencia dei procedunt 212.
contra — donum delinquere 212.
—ctum hominis mitigat cogitacio de deo 123.
— cristianus erigere potest 125.
Intelligit deus distincte sensum script. 76.
Intencio munda militum Cristi 604.
— debet ad honorem dei et non ad questum temporalium terminari 310.
— sedis pape num recta 560.
—ione mala presciti operantur 560.
Intendere oracioni vocali 346.
— operacioni ewangelice cum libertate dei 345.
— debemus insticie vite et operibus 344.
— deleccioni dei 145.
—dens regni gubernaculo debet providere presbiterum vel curatum 275.
— dentes ocio 120.

Intercisio decalogi mandatorum 119.
Interimi nequit predestinacio 457.
Interiorum hominum, qui perduntur ad tartarum, periculum maximum est 398.
in Interitu inimicorum Cristus ridebit 333.
Interlocuciones et predicaciones false sectarum 68.
ad Interpellandum Cristus semper astat 466.
Interpretacio anticristi 699.
— dyaboli 362.
Intoxicacio cleri 575.
— cesaris in hostia consecrata 227.
Intrare sectam Iesu Cristi 314.
—at auctor in aliorum labores 92.
Intricantes ecclesiam fratres 94.
Introduccio ordinum quale habet periculum 227.
— ordinum extraneorum ad unitatem 99.
— fratrum in ecclesiam 94.
secundum — nem legum papalium lex domini est suspensa 277.
Introducta religio est condicionis opposito 334.
—cte stolide secte 368.
Introitus demoniacus in ordines 72.
— ad locucionem pape emendus est 691.
Intromittere se de humanis legibus et contractibus 169.
Invadentes Anglici Flandriam 396.
Invalescit peccatum ordinum 213.
Inveccio non sapit caritatem 89.
— in sectas 298.
— supposita 89.
Invehere debent fideles contra sectas 89.
— caritative in sectas 99.
Inveterati dyaboli sunt cuiusmodicumque presciti 363.
Invidia dyaboli prohibet unum corpus dampnatorum et salvatorum 323.
— in sectis 23.
—die per collegia cumulantur 271.
— subiectum primum sathanas 395.
Inviscantur monachi cum temporalibus 131.
Involuti in heresi dyaboli sunt 363.
in Irracionabilibus verbis multi perpetrant homicidium 121.
—liter obligari hominibus 185.
Irregulares sunt secte 63.
Irregularitas in sacerdotibus 607.
Irretiti fratres 51.

Irridentes Cristum punientur in die novissimo 333.
Irrisi erunt in inferno irrisores dei 335.
Irrisiones dei sunt signa ypocritica 334.
Irrisores dei ordinem suum maxime diligunt 335.
— dei ab hominibus puniendi sunt 335.
— dei in inferno eternaliter irrisi erunt 335.
— dei obligant se carencie caritatis 335.
— dei a deo puniuntur 335.
in —oribus dei nulla caritas ordinata est 335.
Irritacio voti sponse 289.

J.

Iacobus prohibet honorare hominem proporcionaliter ut est ornatus 172.
— in ewangelio Petro antefertur 668.
— de sectis 46.
Iciunandi oratores assidui excedunt medium virtuosum 346.
Iesus iudex superior 466.
— Cristus locutus est in apostolis 68.
— Cristus mentiri non potuit nec aliquid ignorare 68.
— sustinuit seculare dominium 686.
— Cristus immediatum caput ecclesie 64.
— venit meritorie in carnem 65.
—sum solvit, qui est causa quare Iesus et frater in domino non colligantur 64.
Ius pape ad omnia bona mundi 685.
Iocaciones odit Cristus 333.
Iocosum verbum 79.
Iohannes de se et suis sociis apostolis dicit 499.
Iudaizantes a cristianismo sunt separati 352.
Iudei papas indifferenter respiciunt 461.
— papas contempnunt tamquam precipuos anticristos 461.
Iudex veritatis non excusat 32.
— mundanus sedendo et dicendo iudicium fert 350.
Iudicare cum simulacione 51.
—cantes alias tribus Israël 123.
Iudicium hereticorum 126.
— sensibile de secta saracenica 91.
—cii dies prope est 598.
— dies 129.
post —icii diem retribucio proporcionalis 331.

Iugum Cristi leve et suave 304.
Iura canonica anticristi 562.
Iuratores accipiunt nomen dei superflue 120.
Iurisdiccio ficta et infundabilis pape 671.
— episcopalis 69.
—ionem in Iudea Cristus limitavit 688.
—ionibus episcopalibus non subsunt fratres 69.
Iusticia operis in vivendo 172.
— prima deus 224.
— intercisa 343.
— spiritualis preeligenda iusticie corporali 132.
—icie complementum 132.
— vite et operis intendere debemus 344.
in —icia animi religio Cristi consistit 334.
—iciam dei monachi parvi pendunt 182.
Iuvamen spirituale 137.
Iuvare pauperes debiles, claudos et cecos 47.
Iuvenis indiscretus a parentibus spoliatur 468.
—nes dyaboli 363; 364.
— irregulariter conglobati putrescunt 272.

L.

Labor tediosus et inutilis 138.
— assiduus in ecclesia milit. 27.
—ores meritorii spoliantur de stolidis 149.
— viantis debent fieri in caritate 551.
Laborare propriis manibus 197.
— pro citacione stultum est 552.
— secte ut divites fiant 53.
— fratres quomodo seculares seducant 44.
—orat ecclesia militans contra unitatem 657.
—rantes in Cruciata contra papas ambos vias dirigerent 596.
— in ewangelio debent secundum moderamen ewangelicum ministrare 197.
Laicus est sacerdos 259.
—ci credunt, hostiam virtute verborum domini corpus Cristi esse 383.
—corum fides impossibilis 381.
—cis de hostia non est disserendum 383.

Lamprodam comedere 534.
Lapidem non cavat una gutta 400.
post Lapsum homo debet deum diligere 122.
Laquei ad filios dei seducendos 40.
— voluntatum 52.
Larvacio ypocritarum 348.
Larvati dyaboli 363.
— dyaboli simulata nova religione per yprocrisim inducti sunt 363.
Latrie honor soli deo exhibendus 440.
Latro et fur papa 684.
— nes fratres in regnis intrinsecis 71.
— nocturni fratres 40.
— sunt secte quatuor 394.
Laudabilis religio rarenter vel numquam comitatur fratres 46.
Laudanda est singulariter predicacio secte quarte 252.
Laute dileccionis res diligunt secte 62.
Lauticie fratrum 193.
non — sumptuose ministrari debent in forma elemosine, sed alimenta communia et necessaria 311.
Laxare membra dominorum temporalium 198.
Legifer debet laute diligi 477.
Legio demonum collecta ad dampnum ecclesie 134.
Legiste nolunt legem domini honorare 562.
— de corpore iuris 661.
— intromittentes se de humanis legibus 169.
Legius homo cesaris Cristus 105.
— gii homines regis multi sunt in sectis 382.
— homines regum terre non sunt secte 42.
— homines non sunt fratres 105.
— gii homines regnum terre apostoli 105.
— giorum hominum introitus 104.
Leprosi debent stare a longe et vivere extra castra 431.
Levis secta cristiana 31.
— issimum mendacium peccatum est 349.
Lex Cristi non per se suficiens ad ecclesiam regulandum 563; 682.
— Cristi fugere docet ob ordinibus ut veneno 301.
— Cristi per se sufficiens et veritatis decisiva 606.

Lex Cristi a prelatis contempnitur 560.
— Cristi falsa et insufficiens ad regimen ecclesie 710.
— Cristi per privatas fraternitates minuitur 271.
— Cristi per gildas minuitur 271.
— Cristi precipit aufugere a fratribus 78.
— Cristi melior religione hodierna 139.
— Cristi quod in Anglia ewangelium publicetur fratres abhorrent 255.
— Cristi hodie paucos fautores habet 698.
— multiplex Cristi 573; 592.
— anticristi a prelatis exaltatur 560.
— dyaboli hodie multos fautores habet 698.
— iusta obligat peccatorem contempnere habere licenciam dei 506; 507.
— domini est suspensa secundum introduccionem legum papalium 277.
— dei in quacumque causa hominis plus ponderanda quam alia lex 169.
— melior fratrum 96.
— ewangelica seu fides regula secte Cristi 22.
— nature abhorrens 167.
— mosaica de coniugio cognatorum 167.
— nova gracie humanis tradicionibus onusta 90.
— et Cristus sunt individua 657.
— scripture falsissima lex in mundo 699.
— ewangelica falsa, negata a viantibus 699.
— duplex domini et sathane 698.
— legiferi debet laute diligi 477.
— divina semper augmentando procedit 562.
— gis veteris ceremonie cessare debent 289.
— veteris observancie a deo ordinate 289.
— observancia 96.
— dei veritas patula est 354.
— veteris prophete 299.
— gi Cristi contrarie facere non licuit 249.
— dei nichil superaddendum vel subtrahendum 181.
— Cristi contrarie sunt elemosine perpetue 245.
— Cristi pharisei contrarii sunt 353.
— dei secta fratrum est odibilis 181.

Legi dei sectarum regule addite 183.
— dei equivalens secte sibi superaddunt 181.
— dei contrarie sectarum regule sunt 183.
— gem Cristi inmaculatam dimittere 298.
— dei derelinquere 299.
— Cristi per multiplices tradiciones pro religiones 525.
— dei et operacionem dimittere 345.
— Cristi fidelem pure intendere grave est 263.
— dei fratres non observant 332.
— et officium Cristus suis discipulis tradidit 670.
— Cristi pure et integre servare 138.
— fidei clerus impugnat 245.
— universitati Cristus statuit 96.
—ge Cristi executa ecclesia prosperaretur 263.
— Cristi secte non sunt institute 229.
a — dei deficiunt secte 181.
in — domini fundacio mendicacionis 195.
—ges et bulle papales sunt renuenda 599.
— papales detegere 623.
— private diligencius quam decalogus observate 476.
— pro citacionibus 554.
— novelle plus appreciate quam lex eterna 477.
— prohibent cohabitaciones clericorum et mulierum 55.
— pape distrahunt a noticia legis Csisti 682.
— absconditè scole dyaboli 700.
— dei secte minuunt 183.
— insensibiles et morales Cristi 139.
—gibus regnum terre se subicere voluntarie 105.
Libera secura efficax instruccio ovium 303.
— secta Iesu Cristi 25.
—re variari in operibus 90.
— servire deo regnum posset et intendere actibus yconomicis in pace Cristi securius 280.
Liberos proximi rapere 142.
Libertas elemosinaria est voluntaria 191.
— arbitrii homini a deo data 450.
— a Cristo incessa 185.
— secte Cristi 98.
—tati Cristi commiscent secte hereses contrarias 90.

Libertatem tenere 284.
— qui appetit et exoneracionem legis domini, appetit puritatem legis Cristi 144.
contra — ewangelicam Petrus peccavit 670.
Libidinem spumant secte, edificia sumptuosa et alia regnis, que incolunt, sunt nociva 312.
Librarum 40 milia fratres de Anglia annuatim expendunt 28.
Libri ewangelici combusti 711.
— nigromantici per magnates ecclesie defensi 711.
Licencia Cristi non data sectis 136.
— specialis supremi domini 249.
— ad variandum in ritibus 492.
— sectarum filios ecclesie expugnandi 68.
— pugnandi in episcopis 69.
— citandi, a quo 550.
— bullata ad occidendum fratres 459.
— dei tamquam lex 137.
—am predicandi apostoli non habuerunt a Petro 405.
— predicandi sacerdos et dyaconus habet 405.
Licenciacio anticristi 140.
Licita desponsacio a papa 167.
Ligacio sathane 392.
Ligare et solvere conformiter capiti ecclesie 624.
—atus per membra sua in tartaris spiritus malignus 392.
—andi et solvendi plenitudinem Cristus dedit omnibus apostolis 666.
Limitacio ingrediencium ad mendacionem 97.
Linearum duarum alternus contactus est angelus 395.
Lingwa fratrum alligata contra Cristi regulam 48.
— hebrea, anglica etc. sunt habitus legis domini 700.
in — triplici ewangelium regine Anglie exaratum 168.
—we non sufficiunt mendacia papa publicare 350.
—wam debite refrenatam fratres non habent 48.
in —wis variis apostoli fidem conscripserunt 116.
Litere fraternitatum 35; 143; 193.
—ras discordie fingere inter regna 82.

GENERAL INDEX.

Lites verbales 37.
Locucio Cristi confusa 77.
— fidelium ad dei honorem 79.
— triplex est in quinto mandato tabule secunde 121.
— mandati quinte tabule secunde quelibet debet esse pro bono proximi 121.
Locus mortuorum a deo electus 147.
— blaspheme heresis 149.
— purgatorii 148.
— sanctus manet ex sanctitate anime 261.
Longitudo temporis sectarum 175.
Loqui cum prudencia in materia de purgatorio 146.
— acute contra sectas 13; 14.
—tur Spiritus S. de sectis in scriptura s. 77.
—endi modus Cristi in scriptura 77.
—dum est micius contra fratres 13.
Lubrici congregant puellas 55.
Luciferina superbia raro vel nunquam deficit sectis 273.
cum Lucifero spiritus ceciderunt 123.
Lucrum querunt secte 66.
— temporalium appetunt secte, non pauperiem Iesu Cristi 313.
propter turpe — est causa dyaboli confirmata 420.
Ludicra verba fratrum 56.
— et falsa fratres predicant propter questum 72.
Ludicria sunt, que a sectis observantur 304.
secundum — mendacia populum alloquuntur secte 52.
cum —iis apocrifa allegata sunt 250.
Ludus illusioni dei propinquior 334.

M.

Machometi secta observat ritus pannorum 30.
— secta vivit penalius quatuor sectis 30.
— secta bibit regulariter aquam 30.
Macule epule sectarum 70.
— secte convivant in epulis 70.
Magnatum depaupernacio 302.
— sepulture 143.
super — atem terrenum mentiri 349.
Magnificacio Cristi per Baptistam 299.

Magnificant falsi prophete libros suos 473.
— fratres suos ordines supra Cristum 39.
—atur prelatus supra Cristum 475.
Magnitudo et numerus esibilium 535.
Magog ad tempus modicum abscondit hereses suas atque ypocrises 400.
— non audet prodere fidem suam nisi in privatis scolis 399.
— interpretatur de domate vel de tecto 396.
— significare videtur pape discipulos 396.
Maiores in seculo honorandi sunt 172.
Mala correspondencia sectis 348.
— ex deo quoque oriri posse dicuntur 229.
— oriri possunt ex qualibet persona 229.
Maledicta dotacio cleri cesarei 175.
—eti fratres a domino 95.
— ad dampnacionem ordinati 146.
Malicia sectarum supra dyabolum 66.
— dyaboli diu indurata 249.
—cie ordinum ad totum hominem sunt dilatande 225.
in —ciis anticristi papa crescit 127.
Malignancinum ecclesia est anticristus 397.
Malum ingredientibus in ordinem fratrum 96.
— ex secta Hospitalium proveniens 272.
— cum bono miscentes mendaciter denominant totum bonum 312.
a —lo est mendicacio omnis 366.
Mandatum Cristi fratres infringunt 469.
— prelati cedit ad meritum facientis 473.
— caritatis est observandum 14.
— pape de Cruciate militibus 600.
— primum secunde tabule quid moneat 241.
in — primum decalogi blasphemare 210.
—ata dei sunt connexa 119.
— dei in versus redacta 117.
— singula decalogi 118.
— omnia servanda 118.
—atorum noticia fidelibus annotanda 116.
— conservancia 298.
— binarius 117.
— conservacio est religionis basis vel fundamentum 298.
— singulorum prevaricacio 119.
Manducant fortiter secte 44.
Mania anticristiva 400.

Manifesta cecacio demonii meridiani 138.
—sti dyaboli sunt abbates priores sectarum 141.
—stissimus prevaricator in omnia mandata decalogi papa 130.
Mansio perpetua non est sectis 74.
Manualiter orarent melius ordines novi 345.
Manuum imposicio non necessaria ad salutem 623.
—ibus secularium dominium restitutum est 279.
— propriis laborare 197.
Marcas 10 regi solvere 103.
—arum multa milia Anglia expendit in ministros anticristi 400.
Martires, confessores, virgines 79.
tamquam —res secte fratres occisos non capere debent 250.
Martirii causa 601.
Mater Cristi eadem persona vere est 164.
—rem prefert Cristus 165.
Materia de purgatorio 146.
— balbutita potest esse ad ecclesie commodum 289.
in — purgatorii temptare spiritus 149.
Materialiter quomodo ordines sint amandi 228.
Maturiacio apostematum sectarum 353.
Meandri mille anticristi 556.
Mechantur monachi cum dyabolo in basilicis domibus et claustris 135.
— pape cum dyabolo 130.
Mechia spiritualis cum dyabolo multos seducit 135.
Mediante virtute cristianus servat decalogum 124.
Medium efficacissimum pro execucione religionis communis 492.
— dyaboli ad reducendum populum 675.
— ad terrendum peccatores amor est 560.
—dia sectarum ad simplices seducendum 253.
— fallacia fratrum 353.
— dyaboli noviter machinata 421.
— antecedencia ad beatitudinem 149.
— ad beatitudinem et indulgencias 149.
— ad decipiendum populum a prelatis introducta 259.
Medicina libidinis hospitalitas videtur 55.

Medicina ad vindicandum iniuriam in ecclesia est posita 466.
— ad recolendum est temporalitas et securitas 243.
— optima contra fratres est fides 65.
— ecclesie est unitas 380.
Medicus spiritualis ad sanacionem ecclesie nitoretur 352.
— evacuat superfluitates intrinsecas 352.
Medietatem romani imperii papa abstulit 686.
Melior est religio Cristi quam privatorum patronorum 34.
—lius serviretur ecclesie sectis dimissis 193.
— ecclesia reperitur cesarea dignitate 614.
Membrum unum regni non dampnificat reliquum 242.
— unum quodque regni reliquum adiuvat 242.
—bra dyaboli 135.
— dyaboli ipse dyabolus sunt 699.
— dyaboli exstirpari debent 464.
— sectarum partem contra Iesum faciunt 303.
— dyaboli sunt partes exercitus sui 325.
— sinagoge sathane fundata in mendacio 353.
— ecclesie Cristi fundata in veritate 353.
— divisionis ecclesie coincidunt 708.
— anticristi manifesti dyaboli 368.
— corporis deus disposuit in armonia 145.
—bris carens spiritus 392.
Mencio specialis de fratribus 79.
— nulla de sectis in toto corpore scripture nisi reprobativa 79.
Mendacium manifestum de indulgenciis 578.
— ypocriticum sectarum 264.
— sectarum seducit ecclesiam 264.
— leve cavendum 349.
— sepultum est in monachis 351.
— pseudofratrum 406.
— fratrum 98; 708.
— fratrum Cristum taliter mendicasse sicut ipsos 367.
— manifestum de indulgencia Cristi 592.
— ordinum seducit stolidos 348.
— levissimum est iocosum vel officiosum 349.

Mendacium mendax pseudofratrum 348.
— omne precavendum 349.
— in abstracto papa est 349.
— manifestum pape 127.
— de Augustino 248.
— pape de Cristo 129.
— dictis Cristi minimum imponit 397—398.
— terminari oportet in inferno 352.
— dacii pater est dyabolus 328.
— minore 351.
— perfeccio 66.
— pater in sectis 196.
— discipuli sunt fratres 53.
in —cio secte fundate sunt 354.
ex — canonici originantur 247.
— secte fundate sunt 196.
super — fundare novum ordinem 364.
—dacia ad quecunque regna mittere 596.
— seminant secte 351.
— pape publicare lingwe non sufficiunt 350.
— de ordinibus privatis 536.
— multa de fratribus seminata 371.
— scandalosa fratres seminant 371.
— pape ad regna missa 575.
— de absolucionibus et indulgenciis 573.
— verba fratrum 56.
— simulant secte 143.
— de vita Cristi 128.
— a fratribus per ypocrisim seminantur 36.
— sine verecundia a fratribus defenduntur 36.
— seducunt stultos 348.
—daciis operti sunt fratres a planta pedis usque verticem 351.
—, ypocrisi et commentis aliis falsitatis papa tegitur 396.
Mendax a Cristo declinat 349.
— quaternacius 352.
—udaces secte 52.
—udacibus verbis adulantur fratres 52.
—udacissimus homo Cristus foret 128.
Mendicacio pape 195.
— ficta fratrum extingwit dileccionem 66.
— subtilis sectarum 44.
— Cristi 191.
— fratrum non est infirmitas corporalis 190.
— non est fundabilis in scriptura 190.
— ficta fratrum 20.

Mendicacio non est dolor 189.
— fratrum non fundata 708.
— non est defectus 190.
— non est infirmitas spiritualis 189.
— a novissima secta introducta 187.
— innuitiva 187; 367.
— facta deo 187.
—, utrum spiritualis vel corporalis infirmitas sit 189.
— in ewangelio commendata 196.
— parcium trium 195.
— fratrum 194.
— detestanda est 195.
— Pauli 197.
— sectarum 193.
— validorum 196.
— Cristi et fratrum 367.
— omnis ex peccato 366.
— omnis a malo est 366.
— instinctu dyaboli introducta 366.
— declamativa dicitur peticio vocalis 188.
— declamativa 188.
— Cristi 105; 190.
— pauperis ewangelici 191.
—acionis commendacio in ewangelio 196.
— genus 195.
— etymologia 197.
— fundacio in lege domini 195.
— mensura 197.
—acionem contrariam sibi imponere blasphemia est 192.
— spiritus sanctus fidelibus ostendit 190.
de —acione Pauli 197.
—aciones sectarum sunt hereses 143.
Mendicare 197.
— contra dominum 367.
— Cristum sine evidencia est 191.
— voluntarie 190.
— a pauperibus 189.
— ab egenis 189.
— grossas partes 195.
— minucias 195.
— dicitur a mene et dicare 197.
— in statu innocencie et benediccionis consonum non est 366.
— irregulariter pater mendacii sectas docuit 368.
— videntur dyaboli in dampnacione 366.
— validus non debet 366.
— omnes homines fratres volunt 366.
— humana infirmitas est 188.

Mendicant fratres hostiatim ab hominibus 188.
— multi sibi perpetuitatem elemosine 198.
— fratres sani 190.
—cavit Cristus ab homine 188.
—casse Cristum taliter sicut ipsos mendacium fratrum 367.
—cantes non erant in statu innocencie nec erunt in beatitudine 366.
— sacrant elemosinas superstitum et defunctorum 198.
— volunt vendere patrias pro stricto precio 33.
— callide negociantur de subditis 33.
—candi gracia fratres domum intrant 370.
ad —candum libere fratres dant occasionem 369.
— secte habent sollicitudinem 57.
— sectas fratrum necessitare 192.
—cancium sancta religio 198.
— habitus excludit condempnacionem 198.
— quatuor milia in Anglia 193.
Mendicus Cristus vocatus 188.
— dei est omnis viator 187.
—dici ewangelii beati 196.
Mensura doni sciencie viatori necessaria est 220.
— mendicacionis 197.
—, numerus et pondus exhorbitant in clero Anglie 420.
— inter clerum et duas partes alias regni nostri 419.
Mensurare numerum ovorum 536.
Mentiri super proximo superstite 351.
— super magnatem terrarum 349.
— super deo et ecclesia triumphante 351.
— super dominum veritatis 349.
— non potuit Iesus Cristus nec aliquid ignorare 68.
— in dominum 149.
— super sancto in celo 351.
— nemo potest nisi mentitur deo 352.
— nemo debet 670.
— pro mundo salvando 371.
— super persona detestabile peccatum 128.
— super Iesum Cristum peccatum est 128.
—titur papa refuga ex presumpcione temeraria 350.

Mentitur papa graviter ecclesie sue 351.
— papa indulgencias dando 350.
—ciuntur multi ordinum 59.
— monachi deo publice 331.
Mentis habitus 27.
—tes per sciencias modernorum viciantur 223.
Mercandie symoniace 146.
Mercantes cum oracionibus 347.
— cum suis umbris 347.
Mereri beatitudinem 344.
Meretricis frons facta ex scelere antiquato 417.
— frons facta secte secunde 132.
Meridianum demonium 461; 612.
—diani demonii verbum est fratrum ficcio 371.
—dianii demonii condicio 573.
Meritoria opera et vita bene orant 342.
—toriam paupertatem et voluntariam excludit stulticia sectarum 43.
—torium fratribus invenibus 55.
— repetere sentenciam 99.
— opus fieri potest sub obligacione 185.
Meritum viatorum pro spiritibus 149.
— vel peccatum emere non prodest 348.
—ti largi vendiciones 148.
—to sectas et se patroni privati privant 32.
Metricus de decalogo 117.
Milia quatuor fratrum in Anglia 28.
— 40 expendunt fratres de Anglia 193.
— multa nutrit patronus peccabiliter 525.
Militans ecclesia deteriorando procedit 392.
— semper manet ecclesia 178.
— ecclesia, quomodo debet stare 145.
— ecclesia est mater militancium 241.
— ecclesia laborat contra unitatem 657.
—tantes in heresim ampliorem profundantur 179.
— claustraliter sunt pessimi 213.
Militaris status laudabilior statu ordinum 457.
Militat sub secta domini Iesu Cristi nulla quatuor sectarum 274.
Milites agonizantes in sectis 189.
— Hospitales pure religionem Cristi accipere debent 270.
Mille anni sunt tempus, quousque ministri perversi sunt in ecclesiam producti 392.

Millenarium tempus novit spiritus quoad nobilitatem 392.
—ario non quantitas temporis designatur 391.
in — secundo vivent prospere militantes 397.
Minere mendacii 351.
Ministerium spirituale 28.
— humile 101.
— sacerdotum 193.
— fratrum propter personalem accepcionem 56.
— sibi creditum obliviscitur clerus 245.
—rii ociositas et superfluitas 197.
Ministracio sacramentalis pseudofratrum deum provocat ad vindictam 607.
Ministrare possunt fratres libere 513.
— cibaria ecclesie 142.
Minores parati sunt omnes sectas suscipere 59.
—rum secta excedit reliquam 58.
de —re amore cristiani erga deum falsa opinio 125.
Minnatim secte bona de egenis colligunt 253.
Minucie collecte in cumulum 194.
—cias mendicare 195.
Mirabiles sanctitate sunt persone ex sectis 66.
—lia perfecta a sectis 176.
Miraculum fit cadaver mortuum 250.
— fit per dyabolum 250.
—la dyabolus facere potest 176.
— vocata sectarum 176.
— respuenda sunt 250.
— facere potuerunt apostoli 618.
— non faciunt fidem 176.
per — Cristus residuum sui victus exsupplevit 245.
—li frequencia est ex illusione dyaboli 250.
—lis clarnerunt sancti de ordinibus dotatis 250.
Misericors et pius Cristus patronus 140.
Missas et psalmos dicere 536.
— libenter audiunt episcopi 262.
Missio pecunie ad exteras partes fructum bonum non habet 271.
Misticum corpus ecclesie est multitudo quelibet trium spirituum 661.
Mitigat intellectum hominis cogitacio de deo 123.
—gatur dileccio dei 123.

per Mititatem et pacienciam infideles vincendi sunt 271.
Mobilissima sapiencia verbi deo 166.
Moderamine sunt expellendi, si deficiunt homines in peccato notabili 285.
Moderavit Cristus populum 465.
Moderni patroni sancte vixerunt 454.
Modicum in comparacione tempus, in quo regnabit anticristus 397.
Modus loquendi Cristi in ewangelio 77.
—di sex consensus 349.
non Molestatur ecclesia in millenario secundo nisi a paucis hereticis 392.
Monachalem ordinem deus statuit 258.
Monachus ex gracia dei officium complet 258.
—acho, quid repugnat 529.
—achi sancte matri ecclesie prodesse debent 132.
— contempnunt Cristum et ecclesiam 131.
— non disponunt se ad resipiscendum 132.
— plus delinqunt claustra quam iusticiam dei 135.
— parvi pendunt dei insticiam 132.
— postponunt regulam Cristi 131.
— non prosunt ecclesie 132.
— debitum temporale attente execuntur 132.
— debent abdicare seculari dominio 131.
-- servire debent in vita paupere 131.
— camelum degluciunt 132.
— spoliant egenos extraneos 135.
— cum temporalibus inviscantur 131.
— mechantur cum dyabolo in basilicis, domibus et claustris 135.
— ydolatre in gula 135.
— dicunt, quod ordo suus sit perfectissimus 59.
— iniuste et pertinaciter defendunt iniuriam contra ecclesiam 135.
— culicem colant 132.
— occidunt se ipsos corporaliter 184.
— primitivi 134.
— vivunt contrarie legi dei 132.
— dimittunt regulam Cristi 131.
— seculares debent vivere secundum regulam Cristi 247.
— pinguescentes 246.
— intendunt artibus humanis 220.
— intricate et diffuse locuntur 528.

Monachi appropriant redditus seculares 351.
— menciuntur deo publico 351.
— achorum redditus seculares 131.
— iniuria manifesta 131.
— dehonoracio 131.
— patres priores 131.
— continuacio iniurie spiritualis 132.
— patronus Benedictus 173.
— iniuria in ecclesiam militantem 132.
— magna in Anglia dominacio 244.
— iniuria spiritualis 132.
— gula ventris 135.
— vota tria 496.
— ordo non fundatus in ewangelio 496.
— sciencia lucrativa 221.
— obligacio 530.
— sophisma 530.
— edulia 536.
— religio privata secundum condiciones essenciales num laudabilis est 497.
— religio privata num laudabilis 498.
— ordo idem in numero cum sanctis in Ierusalem 454.
— alborum et nigrorum ordines differunt 455.
— signa sensibilia 455.
— regulam Benedictus consummavit 498.
de —achis versus 259.
in — mendacium sepultum est 351.
Monasterium nidus est dyaboli 502.
—rii status sumitur pro aggregato ex statu virtuose conversacionis 504.
Monasticus ordo religio privata est 496.
Moneta cruce Cristi signata 369.
Monicio ad resistendum anticristo 194.
Monstrum fratrum est a veritate distancius 472.
— fratrum est seductivius 472.
Monstruositas in sectis 143.
— personarum in prandio 71.
— in numero sectarum 711.
—sitatum culpabilium in ecclesia deus non auctor est 266.
Morales virtutes meliores sunt ordinibus 228.
Mors duplex 72.
— invidia dyaboli intravit in orbem terrarum 328.
in —tis articulo dileccio dei continua 125.
in —tem ducis Lancastrie frater sentit 332.

ante Mortem homo morulam habet 124.
—tes principum 74.
Mortificata dominia redire possunt ad manum vivam infra breve tempus 282.
Mortui quiescunt in spe felici 147.
— in habitibus mendicancium non condempnati 198.
—tuorum locus a deo electus 147.
Morulam ante mortem habet homo 124.
Mosaica lex de conjugio cognatorum 167.
Moyses multa milia Israelis propter ydolatriam occidit 463.
Muliebris libidinis igne accensio 55.
Mulier ad venenum assuefacta 259.
— fortis ecclesia est 658.
—lieres onerantur multis peccatis per societatem fraternam 44.
—lierum concomitancia 55.
Mulierculo non stabiles in virtute 44.
— in forma et habitu fratrum 44.
— ducuntur variis desideriis carnalium voluptatum 44.
—culas ducunt captivas secte 44.
Multi sunt anticristi et sathane 392.
— de secta Cristi prevaricantur 145.
— sunt false cristiani 456.
— de sectis privatis dampnati 526.
— iniuste volunt fratres suos occidi 121.
— per mundanas divicias a salute anime seducuntur 278.
— in sectis faciunt bona de genere 25.
—tis modis peccatores sunt fures contra deum 121.
Multiplex est unitas in corpore 328.
—plices gradus in expectacione animarum 147.
Multiplicacio testium falsorum contra Cristum 352.
Multiplicantur peccata proporcionabiliter penarum 331.
Multipliciter secte se inhabilitant 32.
Multitudo cleri 605.
— quelibet trium spirituum est corpus ecclesie misticum 661.
Mundana sollicitudo sectarum 75.
—anam prosperitatem secte appetunt 398.
—ani clerici et fideles Cristi 219.
—anorum noticia peior quam anima 208.
Mundicia cordis 27.

Mundus totus prevaricatur in mandatum secundum 120.
— di bona queruntur a fratribus 39.
— dum fratres diligunt 65.
— Cristus per pauperiem vicit 681.
in — do multo nigromantici sunt 700.
pro — salvando mentiri 371.
Mures serpentes et alii inferunt rei publice nocumentum 353.
Murmuracio populi de raptu bonorum 583.
Murmurantes querulosi sunt secte 66.
Mussitacio quorundam 102.
Mutescat clerus 100.

N.

Nativitas hominum legiorum 104.
in — tate vigilie Baptiste rudis populus iocatur 334.
Natura divina est origo cuiuslibet creature 163.
— terna ad ymaginem dei facta homo est 164.
— ture auctor deus 343.
— auctor Cristus 709.
— eiusdem est frater noster cum fratre suo 164.
— toti debetur accio voluntatem dei faciendi 165.
Naturale vinculum 162.
— lis cognacio 169.
— significacio suppositorum 76.
— timor quid non sit 226.
Necessaria ad doctrinam ecclesie Cristus exprimebat 268.
— est absolucio sacerdotis sub Cristo a crimine occulto 512.
Necessitare sectas fratrum ad mendicandum 192.
— tat novitas religionis fratrum ad ewangelio obviandum 47.
— tantur fratres regna exire 463.
Necessitas futurorum est impertinens merito vel demerito 614.
de — tate salutis cuilibet fideli non est, quod non sit mutus 508.
de — salutis cuilibet fideli est, quod non contempnat confiteri semel in anno proprio sacerdoti 508.
de — salutis cuilibet fideli est, quod non moriatur in aliquo peccato 508.

Necessitat Cristum ad potestatem pape infundendum eleccio cardinalium 619.
Negare non debemus peccata 124.
— non possunt fratres fidem scripture 95.
— oportet apostasiam 139.
— gaude sunt tamquam heretice tales secte, ut in fide, spe, caritate, sic in virtutibus aliis deficientes 309.
Negleccio cure animarum 130.
Negociari false de subditis 32.
— ciantur mendicantes callide de subditis 33.
— secte cum dominis secularibus 32.
Negocii fratrum execucio 463.
Nemo potest ad vitam ingredi 123.
— post peccatum minus obligatur ad observanciam mandatorum 122.
— est dominus, sacerdos vel religiosus dum fuerit in mortali crimine 505.
— sic conteritur nisi cum voluntarie suscipit a deo onus ad faciendum et paciendum 509.
— Cristo maior surrexit 334.
— dampnabitur nisi fuerit dyabolus incarnatus 361.
— debet mentiri 670.
— potest quidquam dicere nisi dicat domino 352.
— mentiri potest nisi mentitur deo 352.
Neophiti evidencia ad credendum 176.
Nepharium peccatum 128.
Nequicia sectarum non percepta per sapientes 174.
a — se conservant timentes deum 226.
Nichil papa dat 691.
Nicodemus de secta phariseorum 174.
Nidus dyaboli plenus temporalibus 133.
— dyaboli monasterium est 502.
— di dyaboli habitacula sectarum vocantur 253.
in — do dyaboli plurima peccata nutriuntur 133.
Nigredo dolorem de peccatis significat 27; 37; 535.
Nigromancia 367.
— et philomancia a fratribus introducte 700.
— cie etymologia 700.
Nigromantici sunt in mundo multi 700.
— pseudopredicantes dicuntur 700.
— ticum sensum fratres introducunt 371.

Wiclif, Polemical Works. 50

Nocet papa proximis in spiritualibus et temporalibus 129.
—cent domini sibi ipsis 247.
— sibi insensibiliter anticristi discipuli 372.
Nocive et superflue secte sunt 353.
— secte debent destrui 353.
—vius quod est uni est alteri utilius 286.
Noctem et diem alternavit deus hominis causa 343.
Nocumentum rei publice muros serpentes et alii inferunt 353.
Noluit deus sacerdotes suos cum cura temporalium occupari 563.
Nomen capitis ecclesie Cristo a trinitate reservatum est 664.
— accipere cristiani et non sequi Cristum 120.
— dei assumere in vanum 118.
— 'fratres' a sectis per ypocrisim usurpatum 37.
—mina sancta coniuratorum 25.
— tria Petri 663.
—netenus pauci sunt heretici, qui tunc stabunt 397.
Nostrates stantes in curia 574; 593.
—tum transitus in Flandriam si a deo ad regulam punitus sit 281.
Notabiliter erraverunt subiecti dei legibus per processum temporis 273.
Notaret papa non movens homines ad pugnandum 288.
Noticia septuplex mundanorum 208.
— a trinitate impressa in mentes hominum 208.
— mundanorum peior quam anima 208.
— sectarum prodesse potest ecclesie, ut fugiatur peccatum 37.
— sensibilis in spiritualia superior introducit 243.
— de humanis tradicionibus 210.
— de deo sapiencia nominatur 210.
— de deo est basis omnium noticiarum 210.
— mandatorum fidelibus annotanda 116.
—ciam dei impediunt tradiciones 210.
—cias omnes prestat scintilla trinitatis 210.
Nove secte stabilite ex auctoritate domini 89.
—vi ordines introducti 88.

in Novissimo die punientur irridentes Cristum 333.
—vorum ordinum stulticia 98.
Novelli ordines, seculares domini et wlgares defenderent quandam sentenciam cum toti generi hominum profecisset 284.
—lle secte pluries innovant 304.
— secte inclinantur in fide, spe et caritate deficere 306.
— secte quomodo servari possint 284.
Novicii Cristi 139.
Novitas ordinum impedit plenitudinem legis 96.
— religionis fratrum necessitat ad ewangelio obviandum 47.
— sectarum quatuor et tradicionum vinculum duplex 178.
—tates culpabiles inducte fratrum 93.
— sectarum pretermittende sunt 298.
— fundabiles superinducunt secte 42.
propter — culpabiles secte arguende sunt 93.
— tatibus onerata ecclesia militans 50.
Nubere prohibent secte 36.
Nude verbaliter et vere realiter possunt aliqui esse de secta Cristi 274.
de —da oracione ulterius speraret nemo 344.
Nuditas argucie simialis 467.
Nullus apostolus habuit a Petro licenciam predicandi 405.
— prior secte est patronus ecclesie 84.
— apostolorum dampnatus preter Scarioth 34.
— ex sectis sanctus in celo 34.
—lla ydea superflua sine causa 26.
— privata secta a domino approbata 22.
— sectarum quatuor militat sub secta domini Iesu Cristi 274.
Numerus ferculorum 536.
— collegiorum fratrum 868.
— infinitus fratrum 222; 868.
— et magnitudo esibilium 535.
— stultorum est infinitus 605.
Nutrit multa milia patronus peccabilis 525.
Nutriuntur plurima peccata in nido dyaboli 138.

O.

Obediencia servanda deo et prepositis 528.

Obediencia fratrum prelato 473.
— pia Elisei 299.
— domino 474.
— resistiva in ordinibus necessaria 301.
— pia resistiva 299.
— virtus maxime meritoria 140.
— virtus luciferine superbie maxime depressiva 141.
— sectarum 141.
— Cristi et Petri 101.
— nulla facienda est homini, nisi ex caritate mandato domini Iesu Cristi 307.
—ciam temporalem secte ipsi Gog faciunt 396.
—cie private a Cristo distrahunt 476.
Obedienciarii condempnantur 185.
Obedire deo principium fidei est 301.
—diet cristicola utrique parti anticristi 243.
Obiectus facti ad stabiliendum sectas 144.
— fratris nigromantici contra divisionem ecclesie 705.
— quidam sectarum 175.
— communes contra sectas 140.
—tuum laicorum solucio 176.
Oblaciones et decime 138.
— et decime collecte ad nidum ablacie 132.
— Cristus non requirebat 245.
Obligacio generalis hominum ad oracionem 345.
— monachorum 530.
— Hospitalium multorum consciencias onerat 270.
— faciliter legem diminuens 185.
— privata multum occupat de capacitate hominis 142.
— integra securior Cristo est 185.
—stulta religionis dyaboli 32.
— ad observanciam usus 345.
— ad habitus non excusatur 28.
— sincera Cristo sufficiencior est 185.
— per dyabolum introducta 185.
sub —cione omne opus meritorium fieri potest 185.
—cionis stulticia 185.
—ciones private minuunt capacitatem hominum et libertatem ac ordinacionem Cristi 284.
Obligacior homo in reddenda racione 125.

Obligari hominibus peccatum est 185.
Obligat abbas subditum contra Cristi regulam 186.
—gaut secte se sine dei licencia ad ritus privatos 284.
— se dyabolo secte 98.
—gantur stolide superiores priores 303.
— gracia religiosi prepositis 186.
Obligatus bonum deserit, malum eligit 185.
—gato patronus non deficit 185.
—gati sensus per prophanas consuetudines 263.
Obscuracio cecitatis sectarum 174.
Obsequium deo fratres putant se prestare 71.
— putativum sectarum 141.
Observancia legis 96.
— usus 345.
— mandatorum decalogi 122.
— recta regularum 286.
— tradicionum fratrum 469.
— mandatorum cuivis cristiano impossibilis videtur 122.
— humana resistens Spiritui Sancto debet disrumpi 479.
—vancie logis veteris a deo ordinate 289.
— a sectis observate non habent auctoritatem a Cristo 264.
— monastice omnes non fundati implicite vel explicite in obediencia pure ewangelica 496.
— humane capacitas 142.
—vanciam regule humane vita privata secularis includit 493.
Observare regulam Cristi viator vix sufficit 142.
Occidere fratres papa filiis suis precipit 186.
— populum contrarium licet 465.
—di fratres suos multi iniuste volunt 121.
—dunt multi corporaliter et per manus proprias et per consensum 121.
— monachi se ipsos corporaliter 134.
— fratres suos fratres eiusdem ordinis 370.
—datur nulla persona ex ordinibus novis 225.
Occidua ecclesia discrasiata 594.
—dui in mania anticristiva cecantur 400.
—duas gentes seducit sathanas 395.

Occiduis papa precipuus anticristus est 396.
Occisio Ducis Lancastrie 227.
— spiritualis 129; 130.
— parentum 134.
— spiritualis monachorum 134.
— corporalis 129.
— fratrum 459.
—siones paparum 460.
Occisores proximi iniusti sunt 121.
Occupacio circa temporalia in deum collecta 123.
Ociantes in opere contrariantur clemencie 214.
—ari faciunt secte 28.
Ocio intendentes 120.
Octo genera mendaciorum 349.
Odit deum et proximum secta secunda 131.
qui — fratrem suum homicida est 332.
—entes multi fratres suos 121.
—iunt fratres secte 63.
— quidam videre signa ypocritica 334.
Odium secte secunde declaratur 131.
— sectarum 140.
— sectarum in sectam Cristi 63.
Offendere in monita pape gravius quam in monita Cristi 691.
— in uno mandatorum 119.
—dit deum homo in prevaricacione 124.
—dunt plurimi in affeccione 121.
Offendiculum ewangelio Cristi Iudas ponit 371.
Offensio in leges pape gravior quam Cristi 691.
Officium pape 691.
— et status pape superfluum 692.
— deus sacerdoti limitat 258.
— status a deo instituti fideliter est peragendum 259.
— pastoris deficit subtraccione decimarum 133.
— et legem Cristus suis discipulis tradidit 670.
ad — peragendum deus sacerdoti dat graciam 258.
—cio episcopi aut presbyteri nullum officium viatoris est apud deum beacius 504.
— episcopi aut presbyteri nichil est difficilius, periculosius et laboriosius 503.
Omissio hortacionis 130.

Omissio novitatum fratrum 94.
Omittunt fratres correpcionem peccatorum 48.
—ittere predicacionem ewangelii 133.
Omne peccatum mendacium est 348.
—nes secte non possunt facere evidenciam vel perfunctoriam 277.
—nia que evenient evenire debent 614.
— deus non solum scit, sed preparat et disponit 343.
— deus scit presencia preterita futura 343.
— regna mundi transfundere possent in papam, sicut supponitur, quod dyabolus est 308.
— scit semper Cristus 631.
— presencia sunt apud Cristum 630.
Omnipotencia et omnisciencia Cristi 712.
Omnipotens deus est 418.
Onerantur pauperes Anglie preter legem domini 244.
Onerosa secta quarta Anglie et ecclesie 253.
—si ecclesie non debent esse presbyteri 394.
—se sunt secte ecclesie contra legem dei 253.
— pauperibus Cristi sunt secte 28.
— pauperibus secte 44.
—sis esse prepositis ecclesie non licet 192.
Onus Cristi leve dimittere 142.
— suum unusquisque portabit 327; 329.
ad —nus ecclesie fratres introducti 368.
—neris portacio perpetua et temporalis est 329.
in —neribus pauperum consentire 244.
Onusta est lex nova fratrum humanis tradicionibus 90.
Onustant secte ecclesiam 59.
Optima secta possibilis secta Cristi est 22; 657.
Operacio ewangelica melior quam oracio Usuum 345.
— fratrum 103.
— ad perfeccionem ordinis 98.
—cioni ewangelice cum libertate dei intendere 345.
Operandum duabus viis in sectas 353.
Operti sunt fratres planta usque ad verticem mendaciis 351.
Opinio citra fidem fides est 178.

Opinative dicit suum sensum auctor 75.
— auctor quiescit in sensu catholico 75.
Oppositum facere, quod mandat superior 299.
Opus bonum de genere facere 364.
— membri ordinis toti corpori tribuendum est 325.
— meritorium fieri potest sub obligacione 185.
pro —pere partis deus punit et premiat totum 326.
—pera dei in ordinibus salvantur dissipando eos 228.
— dei perfecta sunt 266.
— pape reservata 259.
— bona testantur episcopum a deo institutum esse 258.
— dei sunt perfecta 712.
— meliora dimittere 346.
— perfecta Cristi 88.
— meritoria et vita bene orant 342.
— trinitatis indivisa ad extra 208.
— perum fratrum sanctitas 353.
—peribus vivacibus debemus credere 250.
— credi debet 458.
cum — vivis pocius vir sanctus est credendus 251.
Oracio empta nichil valet 347.
— et veritas succumbunt participacione temporalium 246.
— secte quarte populo plus prodest quam oracio dominica 252.
— ficta specialis predicacionis 348.
— presciti non meretur beatitudinem 344.
— privata sine iusticia nichil valet 347.
— vitalis a Cristo maxime commendata 342.
— num proficiat vel noceat mercanti 347.
— in duplo diuturnior num prodest 346.
— abstinendi prodest 346.
— triplex: mentalis, vocalis, vitalis 342.
— generalior a Cristo prefertur 343.
—cionis sectarum sophisticacio 354.
— dimissio implicat multis pestilenciis 346.
— divisio 342.
— quidditas 342.
—cioni vocali intendere 346.
—cionem nemo vendere debet 346.
— cionum commercacio non procedit ex dei ordinancia 347.

Oracionum suffragia 347.
Orare sollicite in claustro basilica vel loco abscondito 345.
—andi proclivitas 345.
ad —audum multe movent auctoritates hominum 346.
—at auctor deum et sanctos 138.
Oratores assidui excedant medium virtuosum ieiunandi 346.
Ordinacio Cristi 394.
— libera Iesu Cristi 248.
— Cristi non prudens 560.
— primeva Cristi 145.
— Cristi dirupta a sectis 142.
— divina ultra papas 172.
—cioni Cristi dominia rex reddere debet 249.
—cionem sponsi ecclesie dimittentes non possunt excusari apud indicem veritatis 32.
— Cristi fratres subvertunt 255.
— Cristi liberam graviter ferunt episcopi 262.
contra — dei dominium seculare est infectum 243.
in —cione sua Cristus fuit completissimus 229.
— Cristi stat edificacio ecclesie 255.
Ordinavit Cristus apostolos in humilitate, paupertate etc. 595.
— Cristus apostolos sacerdotes 259.
— Cristus varietatem 97.
—natus status ad edificacionem corporis ecclesie 100.
Ordo monasticus religio privata est 496.
— nullus monasticus habet defectum essencialem 496.
— fratrum perfectissimus 449.
— novellus consentit privato facinori 225.
— in deum blasphemat 468.
— fratrum a sanctis papis confirmatus 364.
— sanctus fratrum fundatur a sanctis 364.
— totus non a deo est laudandus 326.
— fratrum est ydolum distans a Cristo 332.
— suus cuicumque fratri est optimus 450.
— monachorum idem in numero cum sanctis in Ierusalem 454.
— canonicorum idem cum sanctis in Ierusalem 454—455.

Ordo clericorum dei 101.
— frivolus 96.
— fratrum contra secularium vicia fuga medicina 55.
— fugiendus est 474.
— stultos distrahit 474.
—dinis cristiani reliccio 96.
— membrum absolutum a quocunque crimine 452.
— novi conventiculum dissolutum 225.
— membri opus toti corpori tribuendum est 325.
— conservandi inordinatus amor 227.
— novi error corrigendus est 225.
—dinem antiquum relinquere 463.
— Iesu Cristi secte tollunt 96.
— exteri defendunt 333.
— frater plus amat quam se 332.
de —dine Hospitalis sacerdos 269.
—dines perturbant sinceritatem Cristi ordinis 61.
— Cristi regulam pervertunt 57.
— omnes status in Cristi ecclesia a domino confirmatos esse putant 61.
— ordinantur ad sequendum Cristum et ad alios acuendum ad hoc 26.
— variant a secta Cristi 25.
— privati elevantur 102.
— in colore et figura variantur 27.
— anticristi 193.
— ordinati ad sequendum Cristum 26.
— exire 45.
— superflui et a patre mendacii adinventi 26.
— non diligunt dominum Iesum 61.
— incurrunt anathema 61.
— culpat ignorancia vel ingratitudo 61.
— fundant suam dotacionem in oracione 347.
— vendunt solide oracionem 347.
— faciunt occasionaliter multa bona 454.
— facere multa bona de genere videntur 480.
— alborum et nigrorum monachorum differunt 455.
— precando plus officiunt ecclesie quam proficiunt 347.
— privati perturbant ecclesiam 480.
— fratrum regna debent expellere 462.
— privatos dissolvere 479.
— possessionati callide emunt dominium seculare 33.
— sunt falsarii dominis terrenis 33.

Ordines possessionati seducunt dominos seculares de suo dominio 33.
— solliciti sunt circa honores 57.
— sancte vivant 98.
— privati sepes sunt 102.
— stabiliti per deum 98.
— reducondi sunt ad religionem Cristi 60.
— peccant legi dei conclusiones addentes 212.
— novi introducti 88.
— antiquitus stabiliti 89.
— privati ipsos servant 61.
— in deum blasphemant 212.
— circumsepti invamentis ecclesie et racionibus vivacibus 89.
— adulterini 298.
— novos fundare non audebat Paulus 301.
— sine auctoritate domini introducti 298.
— subiectare est in nichilum perverti 333.
— secundum partem facientes culpandi sunt 326.
— dispositi arraliter ut incurrant ingratitudinem 365.
— ingrati 363.
— deserunt sectam Cristi ut minus bonam 363.
— novi melius manualiter orarent 345.
— magnificant obedienciam suam dicentes, ipsam excellere omne opus meritorium, quod secularis posset facere 306.
— fingunt miraculum de vitis patroni 307.
— exire 314.
— novellos reducere ad puram sectam Cristi 224.
— ab ewangelio discordant 369.
— patronorum nichil valent 468.
— novi omnes sunt participes in errore 225.
— habent habitaciones proprias 369.
— novi fundati tamquam septuaginta duo discipuli 369.
— novelli degenerant in dono sciencie 220.
— debent participare adiutorio ecclesie 224.
— non fundati in domino 224.
— novelli plus amant ordinem suum quam ordinem cristianum 226.

Ordines dyabolus paralogismo seducit 226.
— dissipando opera dei in eis salvantur 228.
— per dyabolum in ecclesiam subintrarunt 228.
— super tectum ecclesie subintrant 228.
— quomodo materialiter sint amandi 228.
— non habent in domino fundamentum 227.
— novelli non intrant in ecclesiam per ostium Iesum 227.
— apud fideles suspecti 228.
— conspirant in mortem cesaris 227.
— novi cognoscere debent quod deus dispensat et precipit quod sine consciencia dirumpant cathenas hominum 285.
— privati resistunt Spiritui S. 479.
—dinum specialis patronus dyabolus 406.
— privilegio status apostolicus non insignitus est 462—463.
— excusaciones non valent 478.
— iniquitas per ypocrisim celata 480.
— patroni ut sic peccaverunt 453.
— eleccio 450.
— superfluitas 300.
— novitas impedit plenitudinem legis 96.
— multi menciuntur 59.
— privatorum abbas papa est 127.
— conventicula sunt camere dyaboli 57.
— communicaciones fugiunt fideles 60.
— fautores voluntatem Cristi consulere videntur 61.
— extraneorum introduccio ad unitatem 99.
— fructus 57.
— pasture publice 102.
— exclusiva varietas 97.
— fautorum edificia 96.
— capitales observant signa sensibilia 300.
— capitanei affectant honores mundanos 301.
— novorum quilibet est unum corpus 325.
— novorum presciti 363.
— tradiciones deviantes a Cristo 222.
— malicie ad totum hominem sunt dilatande 225.
— variacio accidentalis 531.

Ordinum bucce rubee 535.
— habitudines odiamus 228.
— introduccio quale habeat periculum 227.
— signa pingwes ventres 535.
— monstruosa edificia 531.
— solucio in sectam Cristi 481.
— regulatores ne sint canonici 248.
— quatuor funiculi 198.
— merdose arguere 580.
de — habitu cerporali 457.
in —dinibus novis pietas exercenda est 225.
— dyabolus hospitatur 57.
— privatis contigit profundari et maculari 102.
— dyabolus amicus est 57.
Organum immediatum est donum septuplex 209.
—gana habet sathanas per falsos fratres 393.
Originale peccatum 91.
Originantur canonici ex mendacio 247.
Origo sacerdotis cesarei 243.
— sectarum tempore solucionis sathane 68.
— cuiuslibet creature 163.
Ornacio reproborum et in opere iniustorum 173.
Ornamenta sectarum 711.
— superflua 143.
— sensibilia 170.
— honorare mala est regula 173.
Orologium superfluum est 302.
—logii exemplum medullitus prosecutum est ab auctore 302.
Orthodoxa fides de quidditate hostie consecrate 282.
—doxe lux fidei excucienda 400.
Os fratrum loquitur superbiam 66.
Osculacio pedum pape 690.
Ostencio cartarum 704.
Ostendere cartam humanam 136.
Ostium domus dei Cristus est 175.
per — Iesum novelli ordines non intrant in ecclesiam 227.
Oves Cristi seducere per viam inferni 128.
— pauperes curati custodirent in exteris provinciis 130.
—ibus Cristi papa onerosus 127.
Ovorum numerum mensurare 536.

P.

Pacificacio ecclesie Cristi 198.
Pacificant secte regulas suas regulis salvatoris 183.
—care ecclesiam 198.
Pacifici sunt filii dei 608.
—fice secte 51.
Paganice secte 175.
Palam communibus cristianis heretici fidem suam detegere non audent 399.
Panis in sacramento destruitur 621.
— verus naturaliter et consecrata hostia 398.
vere — et corpus Cristi est hostia 262.
tam — quam corpus Cristi est ewangelium 383.
—nem illum, quem fregit, demonstrativo pronomine (hoc) Cristus intellexit 398.
Pannorum ritus observati a secta Machometi 30.
Papa Cristo contrarius 463.
— non caput ecclesie 463.
— fur et latro 684.
— anticristus nominatur 248.
— principium falsitatis 680.
— et sui satellites habent potestatem adversarios debellandi 625—626.
— necessitat ad peccandum usque ad mortem 628.
— prescitos irregulares non potest restituere ad regularitatem 628.
— a nullo corripi debet 691.
— peccantem non cognoscit 627.
— non temptavit voluntatem ultimam hostium 628.
— et sacerdos debent renunciare statui cesareo 628.
— non predicant hostibus ewangelium 628.
— non renunciavit statui cesareo 628.
— ipse nominat adversarium suum anticristum 589.
— et prelati Cristo contrarii 591.
—, perturbator ecclesie, a fidelibus fugiendus 591.
— magnam partem ecclesie nimis perturbat 558.
— a Cristo exhorbitans est sophista dyaboli 558.
— num errare potest 676.
— animos multorum fidelium ponit 682.

Papa fingit se cognoscere quibus deus wlt beatitudinem tribuere 556.
— capitalis dominus supra cesarem 557.
— nescit consulere malis spiritibus 557.
— est dux exercitus dyaboli 324.
— non habet potestatem, cum qua debet facere ministracionem 510.
— habet potestatem, ministrare penitenti periodum habita sufficienti noticia 511.
— mechatur cum dyabolo 130.
— est abbas ordinum privatorum 127.
— iudex et divisor omnium beneficiorum ecclesie 678.
— multa scit de anticristi legibus 129.
— vivit Cristo contrarie 129.
— nocet proximo in spiritualibus et temporalibus 129.
— scit parum de Cristi legibus 129.
— concupiscit donum proximi 130.
— in articulis fidei stolidus ydiota 129.
— seducit ecclesiam 129.
— non diligit dominum debite 129.
— accumulat sibi pecuniam vel lucrum mundanum 130.
— specificat ordines 58.
— declinavit a Petri vestigiis 134.
— sibi multa vendicat 171.
— contrarius trinitati 129.
— prevaricatur in quartum mandatum 129.
— non debet facere indulgencias hominibus de penitencia 511.
— seculo summo dives 681.
— indiget Cristus ad salvacionem hominis 257.
— num pater sanctissimus 678.
— excitat homines ad pugnandum 613.
— Cristum ut sathanas antecedit 613.
— refuga 128.
— nescit prenosticare futura 556.
— vadit contrarie contra Cristum 613.
— electus legittime 612.
— acceptat causam propriam 609.
— in privilegiis vel aliis spiritualibus suffragiis non credetur, nisi de quanto sonant in indicium Iesu Cristi 424.
— non scit si sit membrum ecclesie 678.
— simulat maiorem potestatem 671.
— inhabiles ex bullis suis habilitare potest 691.
— quemcunque sibi contradicentem penaliter tractare potest 691.

GENERAL INDEX.

Papa incurrit multiplex homicidium citatorum 552.
— excitat homines ad pugnandum 603.
— nichil dat 691.
— deus mixtus vel deus in terris 691.
— citat ad infernum 689.
— signanter dicitur tectum 395.
— videtur caudere luciferina superbia et cupiditate symoniaca 690.
— pater sanctissimus 691.
— et episcopi debent pugnare in tempore legis gracie 626.
— communiter est prescitus 257.
— radix et vita ecclesie 558.
— non est verus sacerdos 258.
— peccare non poterit 691.
— est patronus cleri cesarei 173.
— refuga mentitur ex presumpcione temeraria 350.
— mendacium in abstracto est 349.
— non est Cristi vicarius 349.
— perversus anticristus et dyabolus 349.
— deo et ecclesie mentitur 351.
— mentitur indulgencias dando 340.
— pater mendacii 349.
— seminat mendacia in verbis scriptis et vita 680.
— in moribus maxime elongatus a Cristo 680.
— seculariter extollitur supra quodlibet regnum mundi 684.
— precipuus inimicus Cristi 680.
— dicitur condere multas leges 682.
— non audet erigere caput proprium 683.
— multas animas perdere dicitur 683.
— cesaris ymaginem non ostendit 467.
— destruit, quod alius confirmavit 249.
— superbus 127.
— introducit extraneas sectas 602.
— in verbis supra Petrum crescit 127.
— ovibus Cristi onerosus 127.
— radix et caput ecclesie malignancium 559.
— herba nociva ecclesie Cristi 559.
— furtive fugiens 551.
— caput ecclesie esse non potest 559.
— apostata a Cristi regulis 608.
— egenos spoliat per mendacia 557.
— precipuus anticristus 671.
— impedit volentes ewangelizare 670.
— quatenus anticristus 670.
— caput supra omnem habitabilem 670.
— precipere capitaliter non debet 669.

Papa non est sufficiens ad eligendum sibi cardinales 674.
— labilis in peccatum 677.
— habet affeccionem inclinatam mundo 687.
— non fundatus in racione et scriptura 678.
— patulus anticristus 687.
— vir temptabilis 677.
— vellet extundere iurisdiccionem suam per totam habitabilem et per vacuum infinitum 688.
— Cristi vite manifeste contrarius est 679.
— non caput ecclesie 64.
— solus potest ordinare archiepiscopos 259.
— patronos canonizat vel determinat 177.
— filiis suis precipit fratres occidere 186.
— abstulit medietatem romani inperii 686.
— quomodo admitti potest 260.
— unum precipit et contrarium mandat 185.
— monet cesares ad ducendum sibi frenum 690.
— ducit et conducit milites de bonis pauperum 687.
— anticristus esse potest 547.
— a Cristo non habet citandi potestatem 551.
— mandat angelis 556; 688.
— perturbator pacis ecclesie 563.
— decrescit in operibus Petri vicarii 127.
— spoliativus pauperum 127.
— iniuriam suam vindicat in effundendo sangwinem 608.
— fidem subvertit 601.
— pseudosacerdotibus renuit pacienciam et caritatem 607.
— uterque patulus anticristus 595.
— propter lucrum perturbat ecclesiam 597.
— sequitur regem luciferinum 608.
— proditorie consentit dyabolo 602.
— num in persona propria servat mandata Cristi 601.
— ypocrita perturbat ecclesiam 596.
— posset faciliter sibi acquirere regna mundi 576.

GENERAL INDEX.

Papa non sequitur viam Cristi 589.
— occidit spiritualiter multas animas 129.
— excommunicat adversarios 589.
— crucem elevat 589.
— affectat temporalium dominia 591.
— restitui a communitate nulla debet 592.
— non servat humilitatem Cristi 589.
— num anticristus 673.
— rapit bona omnia a pauperibus 684.
— fugit latenter de loco in locum 683.
— a dyabolo temptatus 677.
— patulus anticristus 686.
— principium discordie et bellorum 688.
— bona a pauperibus furatur 684.
— ad bella provocat 687.
— num peccat 678.
— wlt ut exteri ferant sibi copiosius pecuniam 688.
— eligit plus quam 12 cardinales inclytos astutos 687.
— mentitur de Cristo 129.
— in castro vel villa numquam predicat iura Cristi 688.
— in vicia corruere potest 677.
— homo superbissimus et crudelissime vindicativus 681.
— est sacerdos impresenciarum 618.
— et Cristus directe contrarii in vita 681.
— caput ecclesie triumphantis 664.
— impedit ne currat libere sermo dei 671.
— inclusus in castro mittit bullas blasphemas 617.
— non movent homines ad taliter pugnandum 288.
— non immediatus vicarius Cristi 463.
— homo peccati et contrarius Cristo 616.
— cum suis graditur viam dampnabilem 616.
— auctor mortis animarum esse non debet 615.
— superbus et proprie iniurie vindicativus; summe dives; dominatissimus 616.
— renueret omnes spirituales distribuciones 562.
— per Magog mendaciis tegitur 396.
— tegitur undique mendaciis, ypocrisi et commentis aliis falsitatis 396.

Papa est occiduis precipuus anticristus 396.
— non necessario est salvandus 678.
— beatissimum caput ecclesie 620.
— capit malum medium superbie 561.
— affectat temporalium dominium 573.
— peccat in specie superbie 561.
— non debet credere quod sit simpliciter absolutus vel predestinatus 575.
— num predestinatus sit 575.
— prescitus ad dampnacionem 575.
— a pseudofratribus seductus 574.
— faciliter posset thezaurum Anglie exhaurire 575.
— habet cardinales et familiam nimis superfluam 690.
— non debet particiones ecclesie acceptare 563.
— et cardinales quomodo habeant de provinciis primos fructus 32.
— maxime perturbat ecclesiam militantem 129.
— non diligit proximum ut se ipsum 129.
— arguetur in die iudicii 129.
— furatur bona ecclesie 130.
— accusatur cum posset alleviare ecclesiam a gravamine 60.
— facit declinare ecclesiam a lege domini 129.
— non conformat suam vitam legi dei 129.
— specialis Cristi vicarius 171.
— potest errare in canonizacionibus et bullis 35.
— non servat decalogum 129.
— maxime elongatus a caritate dei et proximi 130.
— manifestissimus prevaricator in omnia mandata decalogi 130.
— peccare non potest 178.
— quilibet pro tempore suo beatissimus 178.
— vendicat, se esse sectarum patronum 305.
si quilibet — sequens sit legittime vicarius S. Petri catholici studere debent 288.
sicut — quilibet sacerdos sacramenta conferre potest 259.
Pape pedum osculacio 690.
— bulle false 130.
— status et officium superfluum 692.

Pape inhiacio ad secularia desideria 681.
— condiciones fidelis tetigit 692.
— potestas relucet in fundacionibus 270.
— genus inclytum 684.
— provisiones 171.
— sedes oblita est formam Cristi 560.
— sumptuosum castrum 368.
— et Cristi conversacio 686.
— ius ad omnia bona mundi 685.
— blasphemiis fidelis non credit 557.
— opera reservata sunt 259.
— potestas fictiva de bonis mundi 557.
— sedes terret multos a perpetracione facinorum 560.
— sedes tractat causas iustissime 561.
— potestas maior dyabolica est 669.
— presumpcio heretica 572.
— sedes peccat graviter 561.
— excommunicaciones 130.
— officium 691.
— indulgencie pro spiritibus mortuorum 148.
— potestas innumerabilis a Cristo 613.
— ficcio 127.
— mendacium manifestum 127.
— empta confirmacio 31.
— potencia sophisticalis 166.
— mendicacio 195.
— bellum directe comittitur contra Cristum 595.
— iurisdiccio ficta et infundabilis 671.
— potestas a potestate cesarea derivata est 669.
— cruciata ficta 682.
— dominacio super omnia mundi regna 685.
— dominacio in Anglia 685.
— excommunicaciones et censure ficte 681.
— leges distrahunt a noticia legis Cristi 682.
— eleccio per cardinales 674.
— regula ad regendum ecclesiam 676.
— dominium universale 557.
— persecucio non quietatur in multis milibus occisorum 601.
— mandatum de cruciate militibus 600.
— contencio propter honores mundanos 590.
— acquisicio regnorum per mendacia 596.
— dotacio est ficticia plena mendacio 685.

Pape eleccio contraria racioni 676.
— mundana dominacio 682.
— privilegia et opera nociva et utilia 692.
— dominium a cesare acceptum 195.
— diffiniciones num fides 676.
— via contraria Cristo 609.
— sedes nunquam ecclesie proderit 561.
— mendacia ad regna missa 575.
— dispensaciones 691.
— mendacium blasphemum 186.
— et cardinalium status 66.
— blasphemia 129.
— signa mendacia 130.
— ale prevaricantes in decalogum 130.
— falsa contestacio 130.
— ex humanis institucionibus introducti 172.
— status cum suo nomine expirat 171.
— incarceraciones 130.
— fratres omnia sua bona dederunt 255.
Papam habere num bonum est 675.
— significare videtur Gog 396.
— profitetur patronum prima secta 274.
— ad statum Cristi reducere 596; 597.
— aliqui Petrum vocant 671.
— secte novelle constituunt dominum suarum domorum, librorum et aliorum quorumcumque 307.
— nemo sequatur nisi de quanto ipse Cristum imitatur 692.
— quidam catholice vocant subpapam 510.
— cristianismus reprehendere debet 609.
— eligere cardinales non sufficiunt 674.
a Papa sacerdos cesareus originem capit 243.
coram — comparere personaliter 546.
a — desponsacio licita 167.
in — non caritas 460.
sine — ecclesia staret quiccius 621.
sine — ecclesia non est accephala 559.
sine — fideles possunt salvari 257.
sine — ecclesia accephala a fratribus vocatur 256.
sine — omnia ecclesiastica sacramenta perire fratres dicunt 256.
sub — immediati fratres 103.
Pape non secuntur Cristum in moribus 461.
— adversantur Cristo in doctrina, vita et moribus 672.

Pape adversantur Iesu Cristo 679.
— possunt superbia indurari 679.
— dissencientes restitucioni temporalium heretici sunt 573.
— fingunt se imperare angelis 554.
— angelis precipiunt 664.
— non habent potestatem imperandi demonibus 554.
— blasphemant in ficticia potencie spiritualis 558.
— a maligno spiritu agitantur 670.
— multas catervas ad infernum duxerunt 257.
— in sua presidencia graviter peccant 670.
— continuant contra Cristum in errore 670.
— coraula ducens exercitum dyaboli 671.
— in limitibus fidei stare debent 558.
— aspirantes ad dignitatem cesaream 672.
— quidam sunt dyaboli 664.
— duo et sua membra 464.
Paparum absolucio plena 458.
— divisio 620.
— dissensio, quomodo sedaretur 590.
— facinus 676.
— bulle putride 459.
-- homicidium 552.
— occisiones 460.
— dissensio causata ex mendaci defectu 589.
— verba intelligi debent de reputiva remissione et non de certa remissione 511.
— religio excedit religionem Cristi in bonitate 458.
— contencio non est de bonis virtutum 572.
— duorum erronea eleccio 674.
— fratres et filii in opere proditorio collaborant 603.
— eleccio stulta 675.
— pugna in veteri testamento exemplata 464.
— monstruosa dissensio 570.
— dissensio propter cupiditatem mundanorum 572.
— privilegia et ficte censure 691.
— blasphemie non publicate 692.
— duorum neutri adherendum est 257.
— caruisse profuisset ecclesie 257.

Papas Iudei contempnunt tamquam precipuos anticristos 461.
— Iudei indifferenter respiciunt 461.
de Papis duobus se tenere salubre est fidelibus 179.
de — duobus multi in errorem lapsi sunt 179.
Papalis canonizacio 35.
— absolucio 627.
— persecucio a Cristo non exemplata 615.
— melior dignitas vita Cristi 613.
— potestas plenaria absolvendi 626.
—pale bellum 35.
—pales leges detegere 623.
— bulle de privilegiis et fictis suffragiis 615.
—palia scripta statuta creduntur ut fides 597.
— scripta in sentencia non concordant 680.
Paradisus post expulsionem hominis sanctus mansit 261.
Paralogismus dyaboli fratres ad occisionem Ducis Lancastrie movit 227.
— sophisticus de potestate clavium 287.
—ismo dyabolus ordines seducit 226.
Parasceue sancta 27.
Parcitas fratrum non attingit parcitatem pauperum 71.
non Parcus et invidus est deus in significacionem sui termini 77.
Parentes honorare 118.
— corporaliter sustentandi 39.
— spirituales honorare 120.
— carnales honorare 120.
— tum occisio 134.
— honoracio 120.
—tibus obedire 39.
Parliamento in publico referendarius regis discretus dicit, quod de fide oportet obedire deo magis quam homini 283.
Parochialis sacerdotalis status perfeccior religione priv. 505.
Parochie ad curam habiliores possent admitti 285.
Pars pessima est heresis 397.
— dyaboli prevalens in diebus auctoris 600.
— maior fratrum cum Roberto Gilbonensi tenet 464.

Pars quantitativa et qualitativa corporis 660.
— corporis duplex est 660.
— tercia ecclesie infirmatur 243.
—tis dyaboli exaltacio per papam 601.
pro — opere laudabili totum corpus laudandum 325.
pro —te totum promietur et puniatur 327.
—tes ecclesie 707.
— tres ecclesie 144; 147.
— regni dei fideliter faciunt quod eis attinet 242.
—cium suarum pena dampnati participant 326.
— suarum premio dampnati participant 326.
— commixcio 659.
— trium mendicacio 195.
Particeps delicti fit qui emendare potest et negligit 137.
—cipes in errore sunt ordines novi 225.
Participacio temporalium nec mortuis nec vivis prodest 247.
— speciei 706.
de —cione oracionis 344.
Participant homines dei iudicio penis fratrum 331.
— dampnati gravedine pene 351.
per Participanciam pena temporalis cedere potest ad meritum predestinati 331.
in Particula prima mandati primi homo deficit 123.
Parum de Cristi legibus papa scit 129.
Parvipencio blasphema domini dei 298.
Pasci volunt fratres plus quam domus domini 370.
non —cuntur populi debite 272.
Passio Andree 68.
— quam facit dyabolus fraternitati 58.
ex —sionis virtute gracia superhabundans 123.
per —nem domini vulneracio anime specialiter est adiuta 125.
Pastores non fundati in fide spe et caritate 673.
— debent Cristum sequi in moribus 672.
— gregis domini quales sint fratres 56.
— perversi in mercenarios 671.
—rum superbia et cupiditas 672.
— defectus 671.

Pasture publice ordinum 102.
Pater duplex fratrum 463.
— putativus domini 458.
— mendacii papa est 349.
— mendacii principalis sectarum quatuor 196.
— excecans animum fratrum 51.
— patrum dehonoratur a monachus 131.
— mendacii adinvenit ordines 26.
— et filia invicem coniugati 167.
— est essencia trinitas 163.
— est ineffabiliter deus 163.
—. plus diligit filium 162.
— mendaciorum 27.
— mendacii docuit sectas irregulariter mendicare 368.
—trem sequi debemus in moribus patrizando 326.
inter — et filiam subieccio naturalis 167.
—tres priores monachorum 131.
— pii vocati fratrum 48.
— priores movit deus 93.
Paternitas a Cristo quebilibet generata est 165.
— vera nominatur a prima persona divina 163.
—tatem tacendo reservat Cristus 165.
Patriarchis licuit pugnare 628.
in — amor maior 166.
Patricii purgatorium 148.
Patrimonium crucifixi 683.
Patrizando in moribus patrem sequi debemus 326.
Patronus nullus prodest in ecclesia domini 300.
— privatus magis honoratur a sectis quam Cristus 140.
— Cristus est regula 64.
— peccabilis nutrit multa milia 525.
— cleri cesarei est papa 173.
— ecclesie nullus prior secte 64.
— ordinum rex superbie 51.
— secte cristiane Iesus 22.
— obligato non deficit 185.
ad —ni sequelam plus attenditur quam Cristi 251.
—onum confitemur Cristum solum 275.
— unum habent secte 184.
—oni sectarum 173; 299.
— prelatorum 548.
— moderni sancte vixerunt 454.
— varii fratrum 173.
— ordinum ut sic peccaverunt 453.

Patroni sectarum ignari et stolidi erraverunt 705.
— fortasse de reatu penituerunt 24.
— et regule sectarum minus perfecti 139.
— privati notabiles peccatores 39.
— privati privant se et sectas merito 32.
— privati sunt extra fidem scripture 24.
— priv. inducunt apocrifa in sectis tamquam fidem 24.
— excellunt multos duodenarios 704.
— sectarum homines oderunt 250.
— num in ordinando sectas peccaverunt 704.
—onorum ordines nichil valent 468.
— habitus novi 704.
— regule nove 704.
— sectarum stolide presumpcio 704.
— privatorum religio melior quam Cristi 34.
— sanctitas 176.
— ignorancia legis Cristi 96.
— regula non utilis 300.
a — via declinarunt abbacie 134.
—onis Cristus non dedit privilegium ordines instituendi 266.
—onos papa canonizat 177.
de —onis non est fides 177.
Pauci timorem domini possident 226.
— sunt nominetenus heretici, qui postea stabunt 397.
— fideles vocati sunt heretici a parte contraria anticristi 397.
Paulative crescit sentencia divina 270.
Paulus de secta phariseorum 174.
— de mendicacione 197.
— non audebat per se sectas colligere 704.
— conversus a secta phariseorum 353.
— non audebat fundare novos ordines 301.
— reprobat Corinthios propter schisma 438.
— secutus est Iesum Cristum 301.
— contra Iesum blasphemavit 702.
— Petro restitit 668.
— servavit contra Petrum ewangelii libertatem 668.
— suis manibus laboravit 708.
— wlt sectas in unam sectam Cristi reducere 23.
— splendebat spiritu prophetico 38.
— loquitur prophetice de sectis 18.

Paulus et apostoli non audebant subtiliare 97.
— li verba de sectis 33.
— mendicacio 197.
— multiplex confessio 686.
Pauper vita clericorum Cristi 95.
—peris ewangelici mendicacio 191.
— spoliacio per tallagia 246.
—perem vitam observant fratres 94.
secundum — vitam clerus contentari debet 245.
—peres calliditatem fratrum non percipiunt 254.
— per se persone sectarum sunt 253.
— in fide et moribus seducuntur a fratribus 254.
— plebeos spoliant fratres 69.
— debiles claudos et cecos iuvare 47.
— seducuntur 193.
— Anglie preter legem domini onerantur 244.
— regni supra raciones spoliantur 244.
— decimis pauculis spoliant fratres 72.
— regni spoliantur a sectis 42.
— regnorum spoliantur a fratribus 39.
—perum rapinam seduccio dominorum secularium inducit 251.
— temporalia collecta in abbacias 134.
— bona paucula 72.
in — oneribus consentire 244.
—peribus onerose sunt secte 44.
— Cristus non erat onerosus 245.
— debilibus, claudis, cecis ministretur 311.
Pauperari sepe ad salutem anime hominis est 121.
Pauperies et sanctitas sectarum 72.
de —perie fratres conqueruntur 66.
Paupertas ewangelica 37.
— spiritus est ad beatitudinem requisita 528.
—tatem meritoriam et voluntariam excludit stulticia sectarum 43.
—tatem ewangelicam Cristus concessit 703.
Pausacio temporalis in purgatorio 146.
Pax corporalis et spiritualis discernenda est 215.
— corporis quid sit 215.
— super Israël 128.
— perturbata pro timore commodi pape 32.
—spiritualis est mentis tranquillitas 215.

Pax dei ad fratres nunquam revertetur 370.
— et caritas sunt deo plus placite quam dominacionis acquisicio fame 280.
— corporis abieccior est quam spiritualis 215.
—cis ecclesie perturbator papa 573.
—cem spiritualem apostoli habuerunt 215.
— Cristus semper recommendavit 688.
— inquirat regnum, licet exinde perdidit temporalia 280.
ad — fratres nullos inducunt 255.
Peccare non poterit papa 178; 691.
— Cristus non poterat 609.
—ent argucia in materia et in forma 95.
—cant pape graviter in sua presidencia 670.
— ordines legi dei conclusiones addentes 212.
— regulariter ypocrite in sectis 145.
— graviter domini approbantes sectas 440.
— presciti propter desidiam spiritualis adiutorii 330.
—cavit Petrus 668.
— homo 212.
— Petrus contra decalogum 145.
—cans recipit in paschate eucharistiam 508.
— confitetur ore semel in anno proprio sacerdoti 508.
—cantem papa non cognoscit 627.
—catur a fratribus contra trinitatem et quamlibet creaturam 368.
—candi auctor deus non est 265.
Peccator multa potest facere supra deum 604.
— principaliter semet ipsum inficit 247.
— non debet comtempnere petere licenciam sui prelati 508.
— non debet contempnere petere licenciam proprii sacerdotis 508.
— wlt variare in ritibus religiosis 508.
— si non confessus latet, inconfessus dampnabitur 509.
— in spiritum sanctum perpetue punietur 329.
—tores multis modis sunt fures contra deum 121.
— quomodo puniantur 329.
Peccatum continuatur a sectis 72.
— non habet ydeam in deo 265.

Peccatum est dimittere status in ewangelio ordinatos 268.
— fratrifactorum 526.
— abhominabile est dei filium inhonorare 171.
— indifferentis 61.
— ordinum invalescit 213.
— absconditum est personarum accepcio 170.
— grave Petri et sanctorum 176.
— multiplex corporis ecclesie 145.
— contra fratres 95.
— originale 91.
— detestabile mentiri superpersona 128.
— est mentiri super Iesum Cristum 128.
— nepharium atque blasphemum 128.
— dyaboli insensibile 93.
— gravat in primis dotantibus et heredibus 246.
— est perdere libertatem 185.
— ingratitudinis 365.
— Silvestri 669.
— se ipsum destruit 591.
— usque ad finem hominis perseverans est irremissibile 627.
— presciti infinitum peius quam predestinati 363.
— opprimendi wlgares dicit finalem destruccionem regni 423.
— commissum contra clemenciam persone tercio impedit caritatem in Anglia germinare 425.
— persone est peccatum tocius ordinis 224.
— spirituum in inferno detentorum a deo graviter punitur 246.
— ordinibus privatis proprium 479.
— grave est iniuriari deo 477.
— omne mendacium est 348.
—ati fratrum in regnum Anglie satisfaccio 714.
— immensitas requirit satisfaccionem 212.
— continuacio 72.
— communio 351.
de —ato predestinatorum 678.
sine — ambulantes in gracia 62.
a — homo non absolvit 165.
de — mortali nemo conteritur nisi cum hoc confiteatur deo et ab eo reconcilietur 509.
in — notabili qui defecerint sunt cum moderamine expellendi 285.

peccata a Cristo declinancium sunt completa 395.
— mundi homo non tollit 165.
— populi non lugentur a sectis 43.
— non debemus negare 124.
— fovent et celant fratres 71.
— multiplicantur proporcionabiliter penarum 331.
— Angliam conturbant 168.
—atorum increpacio 77.
— correpcio omissa a fratribus 48.
— confessio ad deum salvat 509.
—atis carnalibus inclinantur secte 36.
Pecunia in corbanam thesaurizata fratrum 40.
— intercurrit in dispensacione 166.
— magna pro anticristivis immolacionibus exhausta 244.
— abscondita, domus et libri 42.
Pena ad honorem dei inferenda est 336.
— temporalis per participanciam cedere potest ad meritum predestinati 331.
— defectus caritatis proximi et dei 118; 119.
— suarum parcium dampnati participant 326.
—ne acucio post mortem 247.
— corporales non cruciant animam 148.
ad —nam dyaboli filii sunt presciti 225.
— acriorem discipuli anticristi obligati 127.
—nis communibus viator humiliter participatur 331.
— perpetuis participant presciti in peccatis 329.
in — temporalibus consenciunt predestinati 330.
Penetrant domos viduarum secte 44.
Penitebat Petrus post culpas 670.
Penitencia sanctorum 516.
— corporalis consistit in ieiunio etc. 512.
— duplex est in homine discreto, spiritualis et corporalis 512.
— spiritualis consistit in odio peccati 512.
—cie sacramenti destruccio 622.
Peram habere in persona propria 369.
Percipiet homo a deo secundum dignitatem 344.
Perdere libertatem peccatum est 185.
Perdicio eterna sectarum dormitat 33.
Perdurabunt secte in ista heresi, ut in dominio puniantur 282.

Perduracio sectarum 174.
Peregrinacio citatorum 551.
Perfeccio religionis sectarum 34.
— status fratrum 66.
— ultima universitatis create 36.
— mendacii 66.
—cionis genus in personis sectarum honoramus 180.
de —cione statuum 98.
—ciones statuum 451.
Perfeccior est status fratrum statu apostolico ut dicunt 66.
— status religionis private 514.
Perfectorum religio communis 516.
—ta opera Cristi 89.
Perfida fratrum gens 79.
Perfidia dogmatis anticristi 398.
—diam contra Cristum anticristi fallacie inducunt 251.
Periculosa tempora fiunt per perturbantes pacem 38.
—sissima est heresis 52.
Periculum concernens papam 171.
— temporis, in quo anticristus regnabit, erit magnum 397.
— hominum interiorum, qui perduntur ad tartarum, est maximum 398.
— maximum fidelibus ewangelizantibus 461.
— in falsis fratribus adhibitum in sectas 37.
—la precavenda tenendo fidem scripture 180.
—lis terre et maris clerici se exponunt 217.
Periodus purgatorii alterius mundi est periodus magne partis integri sacramenti 510.
Peripsimata permanent in parochiis 133.
Permittere antiquos perversos et incorrectos presbyteros 394.
Pernecessarium est, sectam Cristi a viciis expurgare 275.
Perpetua sponsalia divine nature 163.
—tuo punietur peccator in spiritum sanctum 329.
— observatur sentencia divina 270.
Perpetuacio iniurie ecclesie appropriacio ecclesiarum 132.
Perpetuales elemosine 149.
Perpetuare suum ordinem Baptista noluit 300.
Perpetuitas defectus 198.

Perpetuitas mansionis sectarum 74.
— tatem elemosine multi sibi mendicant 198.
Perplexitatis exclusio 344.
Persecucio Cristi 465.
— pape non quietatur in multis milibus occisorum 601.
— Urbani VI recencius renovata 600.
— papalis a Cristo non exemplata 615.
— et horrenda occisio cui immineat 466.
— ecclesie in primo millenario 392.
— cionem propter veritatem ewangelicam secte auffugiunt 398.
— anime et malum veritas plus appreciatur quam corporis 398.
— ciones quoad corpus sequencium consilium spiritus sancti 216.
Persecuta est per sectas hereticas ecclesia 398.
— ti sunt apostoli et discipuli Cristi 215.
Perseverancia legis dei est fortitudo animi 216.
Perseverare debet fidelis in mandatis et preceptis 365.
Persolvere laudes debitas capiti ecclesie 79.
Persona intrans sectas est ut sic stolida 303.
— aliqua semper salvanda est 178.
— una in sectis extendit reliquam 43.
— digna ducere oves Cristi 130.
— iustissima predicata a papa 130.
— quelibet generis humani duplex natura est 164.
— eadem vero est mater Cristi 164.
— nulla ex ordinibus novis occidatur 225.
— citata quid pati debet 549.
— in habitibus secte quarto mortua in locum dyaboli non condempnatur 252.
— colligens novam sectam non laudanda sed culpanda 24.
a — eadem procedunt due persone divine 163.
a — divina prima procedit quelibet creatura 163.
— nam eandem secundum varias raciones honorare et contempnere 180.
— ne ex sectis mirabiles sanctitate 66.
— per collegia acceptantur 271.
— tres divine pares sunt 169.
— seducte per sectas 34.
— priores invehentes contra sectas 175.

Persone quedam sectarum graviter adversantur religioni Cristi 174.
— multe sectarum ex contricione salvantur 454.
— sectarum per se pauperes sunt 253.
— sepe legis dei ignari sunt 250.
— peccatum peccatum tocius ordinis 224.
— narum accepcio apud Cristum 677.
— accepcio 22.
— accepcio non est apud deum 361.
— accepcio publica et nimis perturbans ecclesiam 170.
— accepcio contraria legi dei 171.
— accepcio non debet esse apud deum 171.
— accepcio in humanis tradicionibus nimium usitata 171.
— accepcio originaliter est in statu pape 171.
— accepcio, quid est secundum scripturam 171.
— immunitas in sectis 78.
— monstruositas in prandio 71.
— nas secte phariseorum Cristus dilexit ad beatitudinem 174.
Personalis et generalis error 353.
Personalitas tota hominis servatur in spiritu 706.
Perturbacio ecclesie 194.
— regnorum 285.
Perturbant ordines sinceritatem Cristi ordinis 61.
— bantes pacem faciunt tempora periculosa 38.
— bata pax pro timore comodi pape 32.
Perversi sepe sunt sectarum prepositi 184.
Pervertere ordines Cristi regulares 57.
Pes inducens in vicia superbia est 677.
Pessimi prevaricatores mandatorum 119.
Pestilencialis aura 72.
Pestilenciam anime inducunt secte 72.
— cie 74.
Peticio vocalis dicitur mendicacio declamativa 188.
Petrus non est caput ecclesie 663.
— peccavit contra decalogum 145.
— aliquas personas acceptavit 609.
— non fovebat ecclesiam 609.
— nitebatur impedire redempcionem humani generis 613.

Petrus et ceteri apostoli non fuerunt moti ad exercendum gladium temporalem 288.
— melior fuit patronis sectarum 364.
— peccavit contra libertatem ewangelii 670.
— non fuerat vicarius Cristi in terris 665.
— aliqualiter firmus in fide 668.
— prerogativam habuit 668.
— post culpas suas multiplices penitebat 670.
— peccavit 668.
— vocat sectas perdicionis 30.
— et multi sancti graviter peccaverunt ex 176.
Petri excellencia supra alios apostolos dei gracia erat 668.
— potestas supra apostolos 665.
— et Pauli vite approbate 517.
— duo gladii 287.
— tria nomina 668.
— prerogativa 665.
— excellencior potencia 667.
Petro Paulus restitit 668.
— Iacobus antefertur 668.
Petrum vocant aliqui papam 671.
— apostoli non consuluerunt 666.
ad Petulanciam carnis licenciare 529.
Phariseus Paulus fuit 174.
— se reputat principem quarte secte 264.
— de ordine dyaconatus raciones facit 264.
— secundum certissimam sectam sue religionis vixit 502.
—risei in vita sibi contrarii 126.
— non salutandi 126.
— quare rudimenta fidei populo in anglico predicari nollent 126.
— anticristi discipuli esse dicuntur 126.
— contrarii legi Cristi 353.
— cecaverunt ecclesiam 258.
—riseorum personas Cristus dilexit ad beatitudinem 174.
— celacio in veteri testamento 175.
— sectam Cristus destruxit paulative 174.
—riseis quid probabiliter inferendum sit ex decalogo 126.
de — Nicodemus fuit 174.
—riseos ypocritas corrigere 334.
Philomancia 867.
— et nigromancia a fratribus introducte 700.

Philomancie etymologia 700.
Philocapti moderni frontosi sunt 664.
Philosophi de fortitudine 217.
Pictacie adulterine 44.
— superaddite sectis 144.
— religionum novarum 223.
Pietas exercenda est in novis ordinibus 225.
— vocatur tribuere temporalia conviventi 224.
—tatis speciem habent secte 43.
— veritatem secte negant 43.
— donum, quid est 223.
—tatem debitam ad sanctam matrem ecclesiam non habent secte 44.
de Pinnaculo descendere 141.
Pixis mendacii est superfluitas vestium 28.
Plante fragiles 146.
Plebei pauperes spoliantur per fratres 69.
—beorum temporale dampnum 196.
—beos fratres ducunt in heresim 710.
Plebs eget in argento, auro et vestibus pro se et familiaribus 21.
Plenaria absolucio 462.
Plenitudo legis est dileccio 119.
Plenus sensus domini 129.
Plures gula occidit quam gladius 135.
Plurimi offendunt in septimum mandatum secunde tabule 122.
Pluvia voluntaria aque sapiencie 71.
—viam deus sapienter dat 272.
— sapiencie sacerdotes debent populo destillare 71.
—vias celi ante Cristus effundit 133.
Pollucio corporalis impertinens sanctitati 261.
Pompa luciferina toti regno Anglie onerosa 419.
Pontifex romanus crebrius anticristus fuit 258.
—fici romano fideles contradicerent 670.
—ficem romanum adire non necesse est 258.
Popularibus sancciores non secte sunt 81.
Populus desertus deficit in spirituali pastore 134.
— non est semper paratus ad conferendum temporale subsidium 197.
— ignorancia in verbis fratrum tenebratur 467.
— spoliatus per fratres a pecunia et personis 464.

GENERAL INDEX. 803

Populus hereticos prudenter examinare debet 383.
— convertetur paulo ante diem iudicii 397.
— solvens elemosinam defraudatus est 271.
—puli reduccio ad meliorem ordinacionem 98.
— avaricia 191.
— murmuracio de raptu bonorum 533.
— vox vox dei 605; 606.
—pulo Cristus egeneiam suam dixit 188.
— invalido nichil superest nisi mendicare 367.
—pulum contrarium occidere num licet 465.
— et thezaurum Anglie exhaurire 596.
—puli non debite pascuntur 272.
—pulos multos appropriaciones infideles faciunt 134.
Porisma blasphemum sectarum 140.
— merdosum dyaboli 611.
—mata scole dyaboli 474.
Portacio oneris perpetua et temporalis est 329.
Portabit unusquisque onus suum 327.
Posicio de religione privata 491.
Possessio in clero non fundata in ewangelio 195.
non Possibile est cristianum decalogum servare 124.
Postponit cristianus terrenorum intelleccionem 125.
—ponunt regulam Cristi monachi 131.
Potencia dei non exhausta 617.
— intellectiva hominis 211.
— suprema intellectus movet corpus ad subiectum 211.
— moderata et austeritas regum 172.
Potentes in alleviacionem plebis a clero redditus non redimunt 421.
Potestas pape non fundata in scriptura 669.
— pape a potestate cesarea derivata est 669.
— dei in ecclesia usque ad diem iudicii perdurat 617.
— premiandi milites 612.
— cardinalium non se extendit citra deum 613.
— papalis plenarie absolvendi 626.
— fictiva pape de bonis mundi 557.
— pape maior dyabolica est 669.

Potestas Petri supra apostolos 665.
— sathane ex collecto peccato in suis organis 395.
—stati dyaboli error diuturnus subiacet 175.
—tatem maiorem papa simulat 671.
— citandi papa a Cristo non capit 551.
— imperandi demonibus pape non habent 554.
— prelatus non habet nisi a Cristo 621.
— mittendi legios principes mundi non habent 550.
de —state pape hereses 691.
—states ficte de indulgenciis etc. false sunt 621.
— due figurative 287.
Practica culpa fratrum 93.
Practizare fidem ewangelii 170.
—zanda duplex via 101.
Prandent secte extrinsecus et intrinsecus 70.
Prandium equipollens convivio 71.
in —dio monstruositas personarum 71.
Praxis theologie non evagetur circa universalia 78.
Precavere a filargiria 703.
— debent homines accepcionem personarum 171.
— tradiciones frivolas 210.
—vendum est omne genus mendaciorum 349.
Precepcio prelati observanda est 475.
Precepta Cristi de discipulis suis 371.
— prelatorum inter se contraria 476.
—ceptis pape fratres obedire debent 462.
Predam fratres comedunt 71.
Predia religiosorum 195.
— conferre religiosis 195.
Predo Anglicus 104.
Precipitaciones dyaboli 584.
Precipiunt pape angelii 664.
Predestinacio 662.
— interimi nequit 457.
— Cristi non pendet in sanctitate vite pape 620.
—cionis character gracia est 457.
Predestinatus quilibet bonus spiritus est 362.
— quilibet sacerdos est 259.
— omnis est bonus angelus 362.
— debet servare decalogum 124.
—nati infantes sunt 707.

51*

Predestinati sunt Cristus et angeli 662.
— insensibiliter consenciunt criminibus aliorum 330.
— in penis temporalibus consenciunt 330.
— in celo de unitate secte Cristi gaudebunt 336.
— paciebantur remurmuracionem prescitorum 331.
—natorum maior condicio bonitatis 363. de — peccato 678.
Predicacio ewangelii interdicta 626.
— racione episcoporum commutata est 260.
— secte quarte singulariter est laudanda 252.
— libera ewangelii 683.
— libera 513.
—cionem verbi dei dimittendam esse et quodcunque opus meritorium, dicunt ordines 307.
— ewangelii omittere 133.
— impedire ewangelii 607.
—ciones false sectarum 68.
— interlocuciones false sectarum 68.
— mendaces fratrum 97.
Predicare verbum dei 120.
— ewangelium 585.
— debet episcopus 261.
— ewangelium in wlgari homo non debet 126.
— ewangelium ad populum convertendum 334.
—verunt apostoli continue 263.
—candi licenciam sacerdos et dyaconus habent 405.
— licenciam apostoli non habuerunt a Petro 406.
— licenciam nullus apostolus habuit a Petro 405.
Predicator fidelis debet esse vir ewanlicus 561.
— attendere debet, gracia cuius predicet, quid auditorio predicet et quale sit auditorium 311.
—tores sophisticos episcopi limitant 263.
Predileccio patroni et regule ultra regulam Cristi 141.
Preeligere sectam infundatam 141.
—genda iusticia spiritualis iusticie corporali 132.

Preeligunt secte sibi dominos vel episcopos, dapiferos et potentes 43.
—guntur a monachis tradiciones humane 131.
Preeminencia super Adam 76.
— dominativa ab ecclesia destruitur 466.
—, sanctitas et sciencia sectarum 66.
Prelacie status securissimus in mundo 504.
— status periculosior religione privata 503; 504.
—ciam occupant prepositi 476.
Prelacionem cesaream plus diligens secte quam ordinem Iesu Cristi 313.
Prelatus per devium viciorum se ducit 475.
— magnificatur supra Cristum 475.
— preponitur Cristo 475.
— nescit fidem catholicam de hostia consecrata 553.
— mandatum interimit 475.
— equivalet supra Cristum 474.
— cesareus false membrum ecclesie 458.
— plenus iniuria 611.
— nullus habet potestatem nisi ad edificacionem ecclesie 424.
— non habet potestatem nisi a Cristo 621.
—to subiectus regulatur per ipsum 475.
— dotato mortuo et cadentibus suis temporalibus in manum regis non sunt temporalia reddenda 281.
—ti ecclesie ultra Cristum seculariter dominantur 560.
— curant multas divicias, lauticias etc. 532.
— cesarei debent sequi Cristum 548.
— et episcopi adversantur Cristo 672.
— et episcopi perversi in lupos 672.
— moderni sunt presciti et dyaboli incarnati 618.
— ad continuandam omissionem predicacionum a mundi principibus largiter dotati 421.
— habent artem virtuose pugnandi 629.
— tota vita mendacium est 350.
— ponunt multa milia animorum pro suis commodis 608.
— sunt filii dyaboli 574.
— non possunt occidere animam persone citate 552.
— et papa Cristo contrarii 591.
—torum patroni 548.

GENERAL INDEX. 805

Prelatorum superbiam in heresim confundere 667.
— superbia presumptiva 303.
— precepta inter se contraria 476.
— irracionabilissima citacio 547.
—tis dyabolicis religiosi moderni obligantur 215.
— Iesus est superior 466.
a — populus decipitur 259.
Premium sperant ex dei iudicio secte 60.
—mia meritorum 348.
— a deo totis racione partis tribuuntur 326.
—miorum dignitas sequitur hominem 348.
Prenuncius Cristi Baptista eternaliter ordinatus 334.
Prenosticacio generacionis adultere per variacionem habituum 26.
— comete 74.
ad Preparandum domilicia habent sollicitudinem secte 57.
Preparatorium baptismum ministrare baptismo Cristi 334.
Preponderancia inficiens ecclesiam militantem 171.
— in amore rei est in sectis 23.
Preponderare in amore filium dyaboli 170.
— racionem tradicionis frivole 248.
Preponere personas in honore mundano 171.
— ypocritas in dignitate prepositure 171.
Prepositus maximum dominium vendicat super subditos 476.
— contrariatur monitis dei 475.
— quilibet est dyabolus 186.
— sectarum est dyabolus incarnatus 184.
—tum auctoris 79.
—ti ne ecclesie onerosi sint 192.
— tradicionibus anticristi se implicant 187.
— omni dolo sunt pleni 187.
— multi apostate sunt 186.
— sectarum quasi simias in cordis ducunt 333.
— sectarum perversi 184.
— quandoque ad tempus boni sunt 184.
—tis religiosi gracia obligantur 186.
Prerogativa Petri 665.
—vam Petrus habuit 668.
—vum status secularis perfectorum 515.

Presbyter fiet discolus propter securitatem perpetuitatis 273.
— quid facere debent dicitur 263.
—tero titulus elemosine est preclarissimus 245.
—teri non debent esse ecclesie onerosi 394.
— moderni Cristi vestigia derelinquunt 618.
— inferiores possunt esse alii de istis ordinibus, alii iuvenum instructores alii operatores 285.
—. quod moriantur pro fame non consulitur 277.
— seculares et laici in ecclesia Cristi consiliis observandis 528.
— inferiores potuerunt ministrare confirmacionem et diacionem ordinis 260.
— seculari dominio dotati 243.
— non includendi claustro 534—535.
—teros antiquos perversos et incorrectos permittere 394.
— novos inducere ad onus ecclesie 394.
Prescitus mordet proprium corpus et animam 362.
— quilibet malus spiritus est 362.
— communiter est papa 257.
— omnis proditor dei sui est 181.
— quilibet est in facto dyabolus 361.
— omnis contemptibilis est 181.
—ti persecuntur ecclesiam Cristi 560.
— faciunt occasionaliter multa bona 560.
— novorum ordinum 363.
— sunt dyaboli 364.
— peccatis participant penis perpetuis 329.
— peccant propter desidiam spiritualis adiutorii 330.
— puniuntur ex iusto dei iudicio 330.
— omnes esse dicuntur dyaboli 362.
— peccatum infinitum peius quam peccatum predestinati 363.
— missi a dyabolo ad seducendum ecclesiam 362.
— sunt plurimi in secta Cristi 273.
— nunquam membra corporis domini 456.
— intencione mala operantur 560.
Presidencia mendaciter conclusa a papis 670.
Presidere capitaliter papa non debet 669.
Presumpcio heretica pape 572.
— bullata deo contraria est 350.

Presumpcio fratrum 96.
— stolida patronorum sectarum 704.
—cione temeraria verum dicere peccatum est 350.
Prevalere credimus contra legem domini secundum fantasiam activam 419.
Prevaricacio sectarum contra mandatum octavum 137.
— canonicorum contra octavum mandatum 137.
— singulorum mandatorum 119.
— tocius mundi 120.
in —cione deum homo gratis offendit 124.
Prevaricari in deturpando personam ecclesie 121.
—cantur multi de secta Cristi 145.
— in sextum mandatum secunde tabule cottidie multi 122.
— secte quatuor in primo mandato decalogi 127.
— in mandatum tercium secunde tabule deturpando uxorem proximi 121.
—catur totus mundus in mandatum secundum 120.
Prevaricator mandatorum decalogi quis videatur 241.
—tores pessimi mandatorum 119.
— gentiles mandati primi 120.
— sunt in qualibet parte ecclesie 144.
Prima secta profitetur papam patronum 274.
in — particula mandati primi homo deficit 128.
—mos fructus quomodo papa et cardinales de provinciis habeant 32.
Primarius sensus scripture 75.
—ria ordinacio domini 352.
Primatus apostolorum 663.
—tum mundanum Cristus negavit 703.
Primitivi monachi 134.
Princeps huius mundi sathan 698.
— apostolorum quis 665.
— Edwardus fidem trinitatis defendit 417.
—cipes mundi tenentur niti destruere hereses fomentum subtrahendo et proditores domini non fovendo 432.
— mundi non habent potestatem mittendi legios 550.
— cum anticristo collaborant in citacione 553.
— in citacione legem domini deserunt 553.

Principes duo in mundo sunt 328.
— mundi non sunt heredes legittimi 168.
—cipum mortes faciunt secte 74.
Principium exercitus dyaboli 324.
— dicitur intellectus 211.
— a sapiencia procedens 211.
— operis meritorii Cristus 701.
— individuans 100.
— medicinale est, non credere omni spiritui 424.
— fidei est obedire deo 301.
—piis in inicio obstare necesse est 599.
Priores sectarum lucrantur nichil nisi ypocrisim 303.
— sectarum stolidi 302.
— sancti doctores 74.
— persone contra sectes invehentes 175.
— ac abbates sectarum sunt dyaboli manifesti 141.
Privata religio quid est 453.
— religio sapit imperfeccionem et peccatum 453.
— religio est statuta in plena mensura 494.
— religio num culpabilis 491.
— religio propter inclusionem stulticie culpabilis 493.
— religio obligans professorem ad sequendum hominem sub Cristo 494.
— religio non est divina 495.
— secta onerosa ecclesie et multipliciter defectiva 302.
— oracio sine iusticia nichil valet 347.
— consilia sunt sepe contraria racioni 286.
— consumpcio bonorum ecclesie 136.
— regula a sectis magis honoratur quam ewangelium 140.
— obligacio multum occupat de capacitate hominis 142.
ad —tas vitas consulere stultum est 526.
—te religionis proprium 187.
— secte delinquentes contra legem domini 137.
— secte non approbate a domino 22.
— secte redundant ad dampnum religionis 22.
— obediencie distrahunt a Cristo 476.
—ti ordines ipsos servant 61.
— ordines elevantur 102.
— patroni sunt extra fidem scripture 24.
— patroni privant se et sectas merito 32.

Privati patroni et fratres mortui in bello papali 35.
—torum ordinum abbas 127.
— patronorum religio peior quam Cristi 34.
—tos ordines brachium seculare compellere debet 102.
—tus patronus magis honoratur quam Cristus a sectis 140.
Privilegium fratrum 513.
— anticristi 607.
— ordines instituendi Cristus patronis non dedit 266.
—gio ordinum status apostolicus non insignitus est 462—463.
—gia et opera pape nociva et utilia 692.
— inaudita in curia romana 564.
— et ficte censure paparum 691.
— infinita episcoporum cesareorum 260.
Probabiliter credere citra fidem 179.
Probacio sectarum 174.
— assumpcionum pape et fratrum 75.
Probare nesciunt papa vel fratres assumpciones suas 75.
Procedunt ab eadem persona due persone divine 163.
de Procreacione carnali in ewangelio 196.
Procuracio sincera boni 120.
— ypocrisis 195.
Procurator secte Gog 397.
—tores dyaboli sunt qui augent religiones privatas 527.
— patuli secte anticristi sunt 712.
Prodesse debent monachi sancte matri ecclesie 132.
—sunt nichil fratres in edificiis 29.
— non fratres ecclesie 93.
—fuisset quando Cristus 267.
in Prodicionem regis et regni, quod incolunt fratres, sonat spoliacio 308.
Proditor dei sui est omnis prescitus 181.
—toris noticia confusa 77.
—tores domini sunt, qui tacent propter lucrum seculi vel salvacionem corporis temporalis 132.
— falsissimi tam corporis quam animi fratres sunt 462.
— dei et hominum secte 42.
— infidelissimi animarum 703.
— manifesti dei fratres 218.
Profectus ecclesie militantis 79.
Professio fantastica 139.

ex Professione vane religionis obligari 475.
Professorem num religio priv. non difficultat 500.
Proficere vivis et mortuis 248.
—ciunt sibi folia 162.
—ciens homo legius regno 104.
Profundari et maculari contigit privatis ordinibus 102.
—dant se in scelere fratres 53.
Prohibicio domini spissa in lege 136.
— dei debet stare filiis suis tamquam lex 137.
Prohibuit Cristus fieri addiciones sue legi 144.
Prolixe oraciones 345.
—xi non esse debemus in oracione 344.
Prolixitas orandi 345.
per Prophanas consuetudines obligati sumus 263.
Prophetacio egregia Hildegardis de sectis 67.
— Enoch de sectis 66.
Prophetavit Cristus errorem sectarum 230.
Prophete falsi fratres 76.
— legis veteris 299.
— veteres non confederati cum ficticiis ordinum 299.
— falsi visitant fideles 473.
— falsi magnificant libros suos 473.
— falsi simulant sanctitatem 473.
— falsi sunt lupi rapaces 473.
— falsi dilatant filateria 473.
— tacuerunt dicere veritatem 480.
— habuerunt penam multiplicem 480.
—tarum falsorum numeracio 473.
Propinquissima secta secte Cristi prima est 273.
Proporcionalior sibi Cristus 209.
in Propria persona habere peram 369.
— insticia vite sperare debemus 344.
—prias domos septuaginta duo discipuli non habuerunt 369.
Proprietarii sunt fratres 53.
Proprietas dyaboli 362.
—tates personales quilibet habet 348.
Prosequi consilium spiritus tenebrarum 214.
Prospera erat ecclesia ante induccionem sectarum 29.
—ere militantes vivent in secundo millenario 397.

Prosperari credimus de clero tam intrinseco quam extrinseco 419.
Prosperitas mundana et nominis temporalis cupiditas regnum Anglie excecavit 419.
—tatem mundanam secte appetunt 398.
ad —tates mundanas spiritus sanctus non consulit 216.
Prosternere volunt subdolo secte quemcunque priorem vel potentem in seculo 43.
Proteccio regule Cristi 248.
— regis et temporalia regni debent derogari 283.
Protervi conventus 42.
Protestacio auctoris 31; 75; 76; 289; 671.
— apostoli (Pauli) contra sectas 18.
Providere presbyterum vel curatum debet intendens regni nostri 275.
—dent fratres lucri gracia spirituale alimentum 56.
Provisio prepositi in ecclesia 563.
—siones pape 171.
— beneficiorum in ecclesia instituere 171.
Provocant secte ad invidiam 42.
—cantes secte ad bella et discordias 51.
Proximi dileccio 138.
— in natura 138.
—mo superstiti mentiri 351.
—mum diligere ut se ipsum 118.
—mos visitare fratres impediunt 47.
Prudencia humana non sufficit facere religionem sine defectu 491.
— ewangelica 101.
Prudens compulsio 102.
—dentes cavent dare consilium de salute anime 527.
Prurigo signorum sensibilium 348.
Psalmos et missas dicere 536.
Pseudocardinales spoliant regnum Anglie 574.
— onerant et conturbant ecclesiam 674.
— electi per eleccionem stolidam 674.
Pseudofrater est dyabolus incarnatus 409.
— desponsatus ad seminandum discordias 409.
— predicans heresim licenciatur ab episcopo et defensatur a seculari brachio 424.
—tres seducunt multos 76.

Pseudofratres excitant ad pugnandum 629.
— etc. delinquunt in pugna cruciate 606.
— per argucias populum informant 467.
—trum mendacia 406.
—tribus discredendum est 464.
Pseudoloquencium fides 276.
Pseudopaparum factum num Cristum 464.
Pseudopredicantes nigromantici dicuntur 700.
Pseudopropheto sunt secte 29.
Publicare verbum dei 120.
— debet fidelis fidem audacter et catholice 399.
—cauda est divina sentencia in populo 270.
Puellas congregant lubrici 55.
Pueros furantur secte 711.
Pugiles dyaboli fratres 218.
— dei legis fideles 95.
Pugna paparum in veteri testamento exemplata 464.
— corporalis episcoporum 219.
— spiritualis sacerdotum 626.
—ne et bella oriuntur ex artibus confederatis 229.
— ballistarum 220.
Pugnare licuit patriarchis 628.
ad Pugnandum multi parati sunt 370.
Pugnatores et viri sangwinum non digni sacerdocio 687.
Pullos suos dyabolus in monasterio fovet 502.
Pulsare constanter secta debet ut alie in ordinem suum intrarent 59.
Punicio sectarum misericorditer adhibenda est 336.
de —cionibus dampnatorum salvati gaudium habent 331.
Punit deus populum propter unius demeritum 326.
—nitur contemptus spiritus sancti 216.
—niuntur dampnati sine ordine 453.
— graviter spiritus in inferno detenti 246.
— quomodo peccatores 329.
— a deo irrisores dei 335.
—nietur perpetue peccator in spiritum sanctum 329.
ut —niatur unus pro reliquo dissonum est 327.

Puniende sunt secte 183.
—niendi sunt ab hominibus irrisores dei 335.
Pura secta 99.
—re intendere legem Cristi fidelem gravo est 263.
— sunt de secta Cristi illi, qui patronum suum et regulam fideliter profitentur 273.
Purgacio secte prime 269.
— sectarum 195.
— sectarum de crimine implicato 78.
— ecclesie 92.
— a crimine 78.
— conventiculo anticristi 197.
Purgandus est cristianus in purgatorio 125.
Purgatorii locus, quantitas vel qualitas 148.
—torium describitur 146.
— S. Patricii 148.
in —torio anime post salvande quiescunt ad tempus 146.
in — cristianus purgandus 125.
de — verba sunt sine fundacione in scriptura 146.
Puritas legis Cristi deseritur a sectis 138.
—tatem secte Cristi appetere 144.
— legis Cristi appetere 144.
Purpurea vestis Cristi 27.
Putativum obsequium sectarum 141.
Putrefacciones hominis 352.
Putride secte 32.

Q.

Quadraginta milia librarum habent fratres annuatim de Anglia 28.
Qualitas et quantitas oracionum 345.
— purgatorii 148.
— sine subiecto 398.
— prudens iustorum operum moveret ad hominem honorandum 172.
Quantitas et qualitas oracionem 345.
— non est de genere activorum 261.
— discreta principium arithmetice 659.
— continua principium geometrie 659.
— sine subiecto 398.
— purgatorii 148.
Quantitativa et qualitativa pars corporis 660.

Quantum peccatum est defendere sectas 308.
de —uto dotantur amplius, de tanto est status perfeccior 313.
—ta secta variat in regulis et patronis 274.
in — mandatum tabule secunde offenditur multis modis 121.
Quaternarius mendax 352.
Quatuor seducunt ecclesiam 348.
— secte: clerus cesareus, monachi, canonici atque fratres 173; 395.
— secte plus habent prosperitatem temporalium 395.
— membra dyaboli cum suis complicibus 395.
— socte variantur in signis sensibilibus 26.
— milia fratrum in Anglia 28; 193.
Quelibet res dicit se ipsam 137; 348.
Querela fratrum de pauperie 66.
Querencium signa generacio adultera plus attendit ad sensibilia quam ad solidam veritatem 397.
Querulosi remurmuratores 74.
Questus causa fratres hospitant viros et feminas 69.
— causa secte adulantur 66.
Quicunque dampnatus est dyabolus 664.
— religiosus ordinem dimitteret 478.
Quidam obviant fideliter adinvencionibus 91.
Quidditas oracionis 342.
Quidquid homo magis dilexerit, constituit deum suum 120.
— utile est edificacioni ecclesie, prodest plus spiritibus mortuorum 149.
Quies animarum in die dominica 148.
— mortuorum 147.
Quiescit in se ipso homo 214.
Quilibet fratrum excedit communem ordinem cristianum 449.
— viator dubius an sit dyabolus 364.
— habet personales proprietates 348.
— cristianus sponsa Cristi 289.
— cristianus Cristum sequi debet 349.
— frater expendit 100 solidos de Anglia 28.
— apostolorum suo tempore beatus 34.
— prescitus est in facto dyabolus 361.
— prescitus malus spiritus est 362.
in Quintum mandatum secunde tabule extense offenditur 121.

R.

Racio duplicis vinculi amoris contrahitur in tercio vinculo 169.
— contra Cristum et legem suam 138.
— necessitat ad sectas fugiendum 302.
— sectarum necessitat diligere patronum suum 22.
— ordinum de tribus statibus 61.
— et scriptura sole cause fidei 148.
—cioni sunt sepe contraria privata consilia 286.
—cionem ordinum fingere est difficile 27.
— modo vivacem vel scripture fidem Wiclif acceptat 256.
contra — si prelatus istud et aliud mandat, non mandat nisi ut devius et insanis 307.
—cione infundabiles videntur Hospitalarii 270.
— probabili deus omnia fecit 25.
—ciones exemplares omnium fiendorum Cristus habet 265.
— omnes anima Cristi clarius videt 266.
— sectarum pro sua fundacione 29.
in Racionabili subtraccione stercorum honor et amor consistit 121.
Racionale animal 78.
Radix ficticie religionum privat. 557.
— mendacii secte sunt 352.
— sive anchora spes 73.
—dices errorum sectarum scrutande 353.
— sectarum quomodo consone veritati ecclesie 353.
Rapere liberos proximi 142.
Rapina fratrum excedit violentam rapinam demonii meridiani 20—21.
— fratrum impia et wlpina 21.
—pine subtiles fratrum 69.
Raptus Elie 299.
Reatus hominum 78.
— patronorum priv. 24.
Rebelles sunt secte iudicio Cristi et beneplacito 303.
— fidei coercere possunt seculares domini 382.
Recedere a secta Cristi irreligiosa stulticia est 657.
Recesserant secte a Cristi secta 658.
Recepcio elemosinarum 195.
Recitare omnes hereses fratrum non in facultate est 35.

Reconsiliacio ecclesie post eius pollucionem 261.
— sacramentalis non omnis denunciacio est 510.
ad Rectitudinem revertuntur quidam gracia predestinacionis 146.
Rector vel vicarius indigens socio potest requirere sacerdotem habilem religionis private et sacerdotem habilem secularem 506.
Redarguunt se fratres 95.
Redempcio domini quoad sufficienciam 31.
Redemptor omnium Cristus 79.
in Reddenda racione homo obligacior 125.
Redditus comitis excedunt sumptus secte quarte 253.
— temporalis symoniace emitur 186.
— qui iam sunt in manu mortua 424.
— seculares monachorum 131.
Reditari posset regnum secundum ordinacionem domini 383.
Reduccio sectarum in unicam sectam Cristi 23.
— populi ad unitatem et concordiam 99.
— populi ad meliorem ordinacionem 98.
Reducere sectas et canones Cristi 248.
— ordines novellos ad puram sectam Cristi 224.
—cendi sunt ad meram Cristi religionem ordines 60.
Redundancia facinoris fratrum in ordinem 56.
Referendarius regis discretus dicit in parliamento publico, quod de fide oportet obedire deo magis quam homini 283.
Refuga papa 128.
— papa incurrit multiplex homicidium citatorum 552.
— papa ex presumpcione temeraria mentitur 350.
— vendicat iudicare totam ecclesiam 129.
—gorum instancia 392.
Regere et creare genus humanum 208.
Regiam sectam dimittere 141.
Regimen regni 247.
— secundum legem verbi dei debet esse regulatum 418.
— nullum sub persona potest regi sapienter secundum numerum 418.

Regina ecclesia 97.
— ecclesia varietate circumdata 88.
— nam Anglie hereticare foret luciferina superbia 168.
Regnant reges per Cristum 105.
Regnum de sectis exonerari posset 383.
— libere deo servire posset et intendere actibus yconomicis in pace Cristi securius 280.
— nostrum inquirat pacem, licet exinde perdiderit temporalia 280.
— dyaboli super mendacio fundatum 106.
— nostrum prospere stetit, quando fuit secundum leges sectarum specialiter in clericis regulatum 276.
— sectis iniungere posset quod dicant sentenciam de hostia 382.
— secundum ordinacionem domini reditari posset 383.
— per sectas corroditur 383.
— ante introduccionem secte quarte prosperius stetit 253.
— per leprosos consiliarios contaminatur et perturbacione irretitur 431.
— Anglie nimis cum suis temporalibus dotavit anticristum 424.
— ecclesie debet se totum spiritualiter adiuvare 242.
— Anglie horreat, quod deveniat generalis procurator dyaboli 424.
— illud foret nimis impotens, quod invaderet spoliando calliditas anticristi 423.
— nostrum erit perversum, nisi deus penam differat 420.
— in se ipso divisum desolabitur 242.
— literarum fraternitatum 193.
quidquid — tribuit secundum racionem elemosine, tribuit secundum racionem, qua resonat, caritatis 423.
— ni dei partes fideliter faciunt quod eis attinet 242.
— nostri pax cum exteris 424.
— regimen 247.
ad — utilitatem Edwardus fidem trinitatis fideliter perfecit 418.
— no proficiens homo legius 104.
— na omnia mundi transfundere possent in papam 308.
— cur illudantur 251.
— debent ordines fratrum expellere 462.
— conventicula anticristi 105.

Regna et habitacula subiecta imperio dei 105.
— norum despolacio de populo et thezauro 603.
— fundacio potissime stat in prudenti defensione pauperum plebeorum 422.
Regula Gregorii 173.
— fratrum noviter introducta 183.
— apostoli 193.
— ewangelica foret securitatem temporalium a sectis excludere 275.
— religionis, nisi fundata in sapiencia Cristi, non valet 299.
— religionis sufficiens ewangelium est 437.
— pape ad regendam ecclesiam 676.
— facilitat ad observanciam religionis 497.
— patronorum non utilis 300.
— vite Cristi cristianis debet esse nocior quam patroni sectarum 302.
— monachorum secundum condiciones essenciales ordinata est laudabilis 497.
— habet duas raciones, unam fundatam in scriptura sacra et aliam non 497.
— non est magna et ab ecclesia approbata 497.
— privata monachorum et laudabilis 498.
— immediata Cristi pro suis fidelibus 527.
— terrena, quia docet amplecti terrestria 50.
— sectarum non indiget confirmacione papali 20.
— Cristus et patronus 64.
— privata a sectis magis honoratur quam ewangelium 140.
— Cristi dimissa a monachis 131.
— magis dura sectarum 142.
— et patroni sectarum 50.
— Augustini compilata fratribus suis et sociis 173.
— fratrum contraria fidei scripture apostoli 183.
— le saracenico compilacio 144.
— private non fundate in substancia 525.
— Cristi proteccio 248.
— Cristi non est repugnandum 263.
— iam suam secte specialiter observant 181.

Regulam apostoli et segmentes discipuli usque ad dotacionem ecclesie observarunt 275.
— privatam monachorum Benedictus consummavit 498.
— suam Cristus non variat 142.
contra — Cristi abbas subditum obligat 186.
a —la et ordinacione dei secte deviant 712.
—le sectarum legi dei addite sunt 183.
— sectarum contrarie legi dei 183.
— fratrum varie 173.
— impietatis, non caritatis sunt, que dotant presbyteros contra Cristum 277.
— nove patronorum 704.
— et ritus sectarum 304.
— et patroni sectarum minus perfecti 139.
— sectarum noviter introducte 21.
—larum observacio 286.
—las novas secte superaddunt 182.
— suas super Cristum secte magnificant 299.
— suas tamquam legem dei secte observant 181.
in —lis et patronis variat quarta secta 274.
Regulare ecclesiam 172.
—lari posset ecclesia prospere sine papa 676.
—landum est regimen sub persona secundum legem verbi dei 418.
Regulatores ordinem ne sint canonici 248.
Reliccio Cristi blasphema 32.
— ordinis cristiani 96.
Religancia ritus 468.
Religio privata quid est 453.
— privata est statuta in plena mensura 494.
— omnis privata est de religione pure ewangelica per addicionem alicuius ritus religiosi 498.
— omnis privata est facta ab hominibus 491.
— privata facta ex ignorancia vel defectu artis statuendi religionem communem 495.
— privata non tollet impedimenta ad beatitudinem 534.

Religio privata sapit imperfeccionem et peccatum 453.
— privata includit in se observanciam regule humane 493.
— privata statuta ultra mensuram qua facilitat ad observanciam religionis communis 494.
— privata obligans professorem ad sequendum hominem sub Cristo 494.
— privata num culpabilis 491.
— privata non est divina 495.
— privata propter inclusionem stulticie culpabilis 493.
— privata omnis habet aliquam defectum essencialem 495.
— privata laudabili fundamento privatur 517.
— privata essencialiter perfeccior meritorior et securior quam status secularis 513.
— privata utrum datum optimum 524.
— privata non expressa in ewangelio 524.
— privata monachorum num laudabilis est 497.
— privata nulla suum professorem difficultat 500.
— privata nulla habet culpabilem defectum 500.
— privata secundum condicionem suam est laudabilis 501.
— privata status securissimus ad beatitudinem 502.
— privata est status securissimus pro viatore 501.
— privata exemplata sine erronea condicione laudabilis 499.
— privata non est status securissimus, quod non est maxime elongatus a peccato 505.
— privata est minus periculosa quam status prelacie 503.
— privata equivoce sumitur 503.
— privata non ex hoc, quod obligat, est ipsa culpabilis 507.
— privata est status securior quam status prelacie 508.
— privata obligat ad mandata et consilia 529.
— privata ordinatur ad cultum ampliorem quam Cristi religio 531.
— privata perfeccior quam communis 532.

GENERAL INDEX.

Religio privata obligat ad observanciam tam preceptorum quam consiliorum Cristi 531.
— privata obligat professorem contempnere habere mocionem dei ad variandum in ritibus 492.
— particularis de qualibet privata religione potest fieri 498.
— obligacio est 453.
— obligans professorem ad sequendum aliquod fallibile 492.
— presumit regere viatores in cultu divino 495.
— impediens professorem ad servandum ritus religiosos 492.
— non divina sapit blasphemiam 495.
— adinventa obest ecclesiis 472.
— introducta est condicionis opposite 334.
— accidens sine subiecto 333.
— duplex laudabilis et culpabilis 46.
— claustralis et secularis 516.
— communis perfectorum 516.
— communis Cristi cercior, melior et levior quam privata 527.
— Cristi non ita perfecta quam fratrum 710.
— Cristi docet bonum pro malo reddere 225.
— Cristi exceditur in perfeccione a sectis novellis 34.
— Cristi sufficit ad totam cristianam regulam observandam 26.
— Cristi est servare statum institutum a Cristo 304.
— Cristi sufficit ad cristianam regulam observandam 26.
— Cristi excedit singulas sectas 34.
— Cristi secundum partes plurimas est eversa 335.
— Cristi non consistit in signis adulterinis 334.
Cristi in iusticia animi consistit 334.
— cristiana communis quid est 527.
— cristiana stat in sequendo Cristum 608.
— cristiana debet esse communissima 533.
— cristiana simplex habet magnam vim 477.
— cristiana infinitum perfeccior quam ordines 455.
— cristiana non stat in genuflexionibus etc. 532.

Religio paparum excedit religionem Cristi in bonitate 458.
— mendicancium sancta 198.
— fratrum in simulacione fundata 470.
— vana fratrum 48; 218.
— dyaboli 32.
— anticristi dilatatur 187.
— secte quarte perfeccior dicitur quam religio apostolorum 252.
— omnis obligat ad precepta et consilia Cristi 532.
— iusta potest obligare subditum in ea contempnere habere licenciam dei 507.
— laudabilis rarenter vel numquam commitatur fratres 46.
— ipsa secundum suam condicionem est laudabilis 500.
— adinventa non prodest 472.
—gionis private regule hortantur ad dileccionem dei 500.
— private regule hortantur ad custodiam preceptorum, ad opera misercordie et caritatis 500.
— private sacerdos debet obedire requisicioni 506.
— private qui augent procuratores, dyaboli sunt 527.
— private proprium 187.
— private defectus 491.
— divisio quando contingit 437.
— unitatem Cristus dilexit 437.
—gionem Cristi pure accipere debent milites Hospitales 270.
— fictam fratres observant 48.
— servare Cristi 286.
— communem Cristus et apostoli observabant 531.
— private ingrediens peccat propter fatuam eius eleccionem 492.
— in quo Iohannes posuerit 334.
—giones privatas destruunt religionem cristianam 477.
— privatas culpabiles deus et beati in celo reprobant 518.
— observantes mandata et consilia dei 507.
— due, communis et privata 528.
— private per tradiciones multiplices excedunt legem Cristi 525.
— private nesciunt fundare religionem 532.
— private num differunt a se 533.
—gionum privatarum sancti 516.

Religiones novarum pictacie 228.
Religiosarche prudenciores quam Cristus 534.
Religiositas privata non habuit originem in deo 524.
Religiosus perfectus secularis esse potest 516.
— quando dissolvit suam religionem 530.
— privatus propter statum alciorem conversacionis suscipiendum debet abicere vitam religionis private 505.
—si novi propositis gracia obligantur 186.
— moderni prelatis dyabolicis obligantur 215.
— necessitati sunt fraudem facere 477.
— moderni quid de se dicunt 215.
— per observanciam religionis vane indisponuntur 335.
— possessionati sunt dexterum brachium anticristi 324.
— communiter sunt perplexi 476.
— plus obligantur suo ordini quam Cristo 477.
— privati, quando apostati 529.
—osorum promptuaria maxime habundant 246.
— tria vota 246.
— inclusio non fundata in scriptura 555.
— subieccio sub proposito 140.
— predia 195.
—osis predia conferre 195.
Relinquere ordinem antiquum 463.
— humanas tradiciones 140.
—quunt secte sectam domini Cristi 63.
Remanent peripsimata in parochiis 188.
Remissio peccati pertinere debet sacerdoti 165.
Remoti a lege domini sunt canonici 135.
Remuneracio prophetarum falsorum 478.
Remunerat deus hominem fidelem 212.
—ratur deus vitam cuiusque 344.
Remurmuracionem prescitorum predestinati paciebantur 331.
Remurmurant contra deum fratres 53.
—rantes contra sensum scripture 77.
Remurmuratores querulosi 74.
Repagulum et sera non obstant sectis 44.
Repensio bonorum spiritualium secularibus 193.
non Reprehendere est consentire criminibus aliorum 330.

Reprobantur secte per Cristum 303.
Reprobativa mencio fratrum in corpore scripture 79.
—tive Cristus de sectis loquitur 709.
— Cristus de sectis ecclesiam docuit 266.
— loquitur deus de homine 18.
Reprobum esse peius est quam apparere reprobum esse 471.
—probi circa fidem fratres 45.
— sepe ornantur honoribus 172.
— et in opere iniusti sepe ornantur corporaliter 173.
pro —probis salvati non puniuntur in gaudio 327.
Repugnandum non est regule Cristi 263.
Requiem animarum describit auctor 146.
Res quelibet dicit se ipsam 137; 348.
Residuum bonorum proximi 118.
Resipiscencia in fine dierum 179.
Resipiscunt secte in fine ab erroribus 180.
Resistere spoliacionibus fratrum 194.
— anticristo viriliter 194.
—stunt fratres scole domini Iesu Cristi 45.
— spoliacionibus prudenter 194.
ad —stendum anticristo monicio 194.
Responsio ingeniosi scolaris 79.
Respuenda sunt miracula 250.
Restitucio sectarum 195.
Restituere papam ad dignitatem cesaream hereticum est 573.
— papam communitas nulla debet 592.
non —tutus est clerus ad pristinum gradum 272.
Retribucio quomodo debet fieri 469.
— proporcionalis post diem iudicii 331.
Reus omnium mandatorum 119.
Revelacio divina et doctrina scripture ad faciendum incitant 525.
Revocare wlt auctor errorem suum 289.
— wlt auctor si doctus ex ewangelio 671.
Rex Anglie subregulus subditus anticristo 685.
— dotacionem forisfacere debet 249.
— in temporalibus habundare debet 243.
— quando auctor foret symonie 244.
— iniustissime defraudatur 271.
— accusatur cum posset alleviare ecclesiam ab onusto gravamine 60.
— summus est Cristus 328.
— falsus mundi est dyabolus 328.

Regis legii homines multi sunt in sectis 382.
— est dominia disponere 249.
— legibus subiecti fratres 104.
—gi notum est, dotacionem esse contra legem domini 283.
— Anglie fratres mille marcas annuatim dant 256.
—gem luciferinum papa sequitur 608.
—ges subditos ecclesie regulare debent cum austeritate 172.
— non permittant sectas 105.
— duo in mundo sunt 328.
— et imperatores ecclesiam stulte dotaverunt 590.
— tyranni congregaciouis dyaboli 105.
— regnant per Cristum 105.
— honorandi sunt 172.
— doitatis vicarii 172.
—gum terre legii fratres homines 104.
— terre homines legii 42.
Ritus et habitus canonicorum noviter adinventi 248.
— sensibiles et habitus ordinum 26.
— in multis partibus culpabiles 494.
— et cantaciones ordinate in ecclesia 345.
— putridus fratrum 93.
— pannorum observat secta Machometi 30.
— sensibilis sectarum 36.
— species 80.
— fratrum difficultant tribus de causis 468.
— et regule sectarum 304.
— religancia 468.
ad — privatos se obligant sine dei licencia 284.
Robur suum contrahunt secte ex elemosinis 249.
Roma plus execrata quam Sodom 552.
— nodus heresis 600.
— infert toti cristianismo formidinem ad peccandum 559.
— sedes ex antiquo scelere maledicta 551.
Romana curia in loco prophanissimo 670.
— curia tamquam refuga detestanda 608.
—ni episcopi cultus vanus 333.
Rudimenta fidei quare pharisei populo in anglico predicari nollent 126.
Rudis observancia 96.
Rudis populus iocatur in nativitate vigilie Baptiste 334.
ad Ruinam regni et mala alia sequencia post hanc vitam preparat dampnabilis vecordia et stulta omissio secularium 315.
Russetum laborem assiduum significat in ecclesia milit. 27.
Ruptura utrium vini ewangelii 97.

S.

Sabbatum non servare 120.
—ti sanctificacio 118.
Sacerdos verus papa non est 258.
— non valet ministrare penitenti integram satisfaccionem 510.
— non contritus de peccato nondum sacramentaliter reconciliatur 512.
— fidelis volens gratis predicare ewangelium Iesu Cristi prohibetur 424/5.
— quilibet sacramenta conferre potest sicut papa 259.
— et dyaconus habent licenciam predicandi 405.
— non debet recipere a sacerdote beneficium absolucionis 512.
— cesareus a papa capit originem 243.
— cesareus late dispergitur 243.
— religionis private debet obedire requisicioni 506.
— est predestinatus quilibet 259.
— est laicus 259.
— quilibet debet non contempere recipere beneficium absolucionis 512.
— Cristo conformiter vivere debet 710.
— et papa debent renunciare statui cesareo 628.
—oti deus officium limitat 258.
— pertinere debet remissio peccati 165.
— alieno si quis voluerit sua confiteri peccata, licenciam eius prius postulet 507.
— alieno volens confiteri pro beneficio absolucionis obtinendo petens licenciam obtinere potest 507.
— non licet pugnare 628.
—dotem deus instituit 258.
—dotes Cristi non debent esse onerosi populo 28.
— debent vindictam a populo eclipsare 71.

Sacerdotes debent pluviam sapiencie populo destillare 71.
— antiqui sufficientes pro spirituali ministerio 28.
— debent plebem ab ardore cupidinis terrenorum protegere 71.
— non iudicare debent secundum tradicionem civilem 563.
— de ordine Hospitalis 269.
— simplices non gerunt vicem discipulorum, nisi in quantum ipsi sunt discipuli 506.
— Baal 29.
— simplices debent permittere curatos inferiores immediate sequi suos episcopos 506.
— sunt populo nubes 71.
— fideles honorant reges 172.
— fideles se excludunt ex statu nimium necessitante ad honorandum 172.
— faciunt de suo officio ociari 28.
— sensum ewangelicum divinitus datum habent 371.
— pauperes persecuntur secte 711.
— dominantes Iesum nostrum et dominum occidunt 279.
— insolentes 368.
— insolentes false pugnantes 626.
— antiqui 72.
—dotum et episcoporum superioritas 101.
— Cristi defectus 368.
— superflua dominacio 101.
— aliorum ministerium 193.
— conformitas cum lege Cristi 101.
— pugna spiritualis 626.
— vecordia 218.
—dotibus num licet prediuero sine li, cencia episcopi 405.
— qui in lege domini fundati sunt regnum crederet 315.
ex Sacerdotibus clerus 100.
Sacracio elemosinarum 198.
Sacramentum primum suscipit penitens a deo et secundum a sacerdote sub deo 510.
— penitencie necessarium 622.
—menti penitencie destruccio 622.
—menta sicut papa conferre sacerdos quilibet potest 259.
— ecclesiastica omnia sine papa perire fratres dicunt 256.
Salus tocius ecclesie, in quo stat 629.

Salutandi pharisei non sunt 126.
Salvacio regularis 35.
— hominum in habitu fratrum mortuorum 85.
— predestinati non dependet ex influencia anticristi 257.
ad —cionem hominis Cristus indiget papa 257.
pro —cione ordinis maxime est zelandum 227.
Salvanda semper aliqua persona est 178.
—ndi spiritus post mortem feliciores sunt 148.
—vati non puniuntur pro reprobis 327.
— sunt multi 128.
— participant premio suarum parcium 326.
— habent gaudium de punicionibus dampnatorum 381.
— homines unus homo sunt 328.
— et dampnati sunt unum genus hominum 327.
Salvatorem auffugere 349.
—toris regulis sectarum regule pacificantur 183.
Sanacio sectarum 353.
— ecclesie 352.
ad —cionem ecclesie medicus spiritualis niteretur 352.
Sanata vulneracio in naturalibus anime 125.
Sanccior locus videtur expulso episcopo 261.
Sanctificacio sabbati 118.
Sanctitas Cristi et apostolorum 67.
— patronorum 176.
— habitus sectarum 143.
— et pauperies sectarum 79.
— operum fratrum 353.
— ab insensibili ad sensibile ordinatur 470.
— sciencia et preminencia sectarum 66.
— patronorum privatorum 24.
— a deo originatur in animum viatoris 470.
— in loco post consecracionem episcopi non est derelicta 261.
— anime fecit turpissimum locum sanctum 261.
—tatis simulacio deo odibilis est 470.
—tati impertinens est pollucio corporalis 261.

GENERAL INDEX.

Sanctitatem in homine deus appreciatur 470.
—tate mirabiles sunt persone ex sectis 66.
ex — vite multi beati sunt 178.
— anime manet locus sanctus 261.
Sanctus mansit paradisus homine expulso 261.
— spiritus est caritas vel amor 161.
— vir cum operibus vivis pocius credendus 251.
—ctos sectarum auctor non scandalizat 267.
—ctum esse melius est quam apparere sanctum 471.
—cti religionum privatarum 516.
— et clerici excellentes approbaverunt religionem privatam 508.
— multi inhiarunt ad temporalia 702.
— et clerici ultra communitatem perfectorum mandata dei servaverunt 500.
— in merito se iuvant reciproce 351.
— in celis num patroni sectarum 351.
— in celo dicuntur servavisse sectas 144.
— in celo sunt apostoli 34.
— deum sincerius diligunt 125.
— plene beati in celis 147.
— et virgo beata excedunt bonos angelos 363.
— asseruerunt, quod status privatus claustralis status securus est viatori ad vivendum 501.
— de ordinibus dotatis miraculis claruerunt 250.
— citra Cristum non sunt acceptandi patroni religionis 439.
— veri valde alieni erant ab ordinibus 304.
— ex sectis 304.
— in Ierusalem 197.
—torum catalogonumAlexanderMagnus sit deputandus 251.
— ympnarius 79.
— communio credenda est 327.
— penitencia 516.
Sapida sciencia 209.
Sapiencia dyabolica 51.
— primum septem donorum spiritus sancti 209.
— dicitur noticia hominis de deo 210.
— divina pro satisfaccione criminis hominum incarnatur 212.

Sapiencia Cristi quando plus claruisset 267.
— verbi dei mobilis 166.
— fundatorum stulticia apud deum 97.
— huius mundi est regula 50.
—cie thezaurum deus homini dat 214.
-- pluviam sacerdotes debent populo destillare 71.
ex —cia dei omnia dona intellectus procedunt 212.
Sapienciales noticie non fundantur ex tradicionibus 211.
Saracenos Sergius a fide Cristi separavit 597.
Saracenica secta, quare a cristianismo cecidit 672.
—ce regule compilacio 144.
de Saracenica secta indicium sensibile 91.
Satellites moderni seduxerunt multos a Cristi vestigio 627.
Sathagebat Augustinus ad vivendum secundum canones apostolicos 248.
Sathanas reducit ecclesiam 393.
— seducit gentes occiduas 395.
— solutus tempore Innocencii III. 623.
— principalis dyabolus 395.
— princeps huius mundi 698.
— magis solutus ut fratres dicunt in primo millenario quam in secundo 392.
— in primo millenario sepe solutus 393.
— in secundo millenario amplius solutus 393.
— per falsos fratres habet organa 393.
— per mendacia aut ypocrisim ornat sua subdola instrumenta 393.
— sibi preparat instrumenta magis subtilia 394.
— habet potestatem ex collecto peccato in suis organis 395.
— primum subiectum invidie 395.
— non tot penas ex profectu militancium tolerabit 395.
—ne ligacio 392.
— solucio post mille annos 391.
— solucio 68.
— sinagoga 353.
Satisfaccio ex divina iusticia 212.
—nem requirit immensitas peccati 212.
pro —cione criminis hominum sapiencia divina incarnatur 212.
Saul regnavit per biennium 105.

Wiclif, Polemical Works. 52

GENERAL INDEX.

Saul regnavit in gracia per biennium 172.
Scabies corporis anticristi 556.
Scandalizatur Cristus 128.
non Scandalizat auctor sectarum sanctos 267.
Scarioth solus apostolorum dampnatus 34.
— fuit dyabolus 361.
— traxit aliquos discipulos ad consensum 480.
— Cristum secutus est incessu pedum 702.
in Scelere se profundant fratres 53.
Scema diversum mandatorum 116.
Sciencia, quid est 220.
— anticristi 700.
— sapida 209.
— lucrativa monachorum 221.
— artis statuendi religionem sui deo competit 493.
—, sanctitas et preeminencia sectarum 66.
—cie donum 220.
— donum rarenter acquiritur 222/3.
—as vanas suspendere vel curtare debemus 223.
Sciolus non credet, sectas a domino introductas esse 176.
—lo evidencie contra sectas facile deficiunt 176.
Scire, quid est 176.
Scisma Corinthiorum 438.
de —mate consilium Cristi 243.
Scismatici et ydolatre sunt sequaces sanctorum 440.
Scolaris ingeniosi responsio 79.
Scribere bullas 350.
Scripta papalia dicunt mundanam excellenciam 680.
— papalia in sentencia non concordant 680.
— ewangelica insinuant humilem fugam mundi 680.
Scripta in anglico tamquam heretica dampnantur 168.
Scriptura et racio sunt cause fidei 148.
— nullum cristianum caput ecclesie vocat 663.
— sacra vera secundum quamlibet sui partem 14.
—ture fidem tenendo pericula precavenda 180.

Scripture fides edicta 95.
— auctor deus 80.
— sacre veritas 75.
— testimonia movent homines ad amandum 211.
— sensum fratres non sciunt 372.
— modo fidem vel racionem vivacem acceptat Wiclif 256.
— fidei qui contrarius est, hereticus est 265.
— lex falsissima lex in mundo 699.
— fidei et spiritui domini Iesu Cristi est credendum 281.
in — lege hereticus non potest se fundare 258.
ex — fide capacitas hominis occupanda 182.
ex — defectu symoniaca empcio est suspecta 251.
—am sacram falsam esse secte menciuntur 349.
in —tura sacra secte non sunt fundate 180.
in — non omnes actus particulares laudabiles exprimendi erant 268.
in — mendicacio non est fundabilis 190.
in — sacra Cristus sectas non instruxit ad edificacionem ecclesie 303.
—turas fratres viciare non possunt 706.
Scripulo societatis occulte non caret, qui manifesto facinori desinit obviare 432.
Scrutinium veritatis secte sedant 383.
in —tinio veritatis est corpus Cristi 383.
Scutum fidei titubat in sectis 57.
Secretum deo absconditum 303.
Secta quid sit descriptive 21.
— diffinitur 21.
— a 'sequor' dicitur 22.
— res inaminata est 304.
— Cristi genus species multiplices habens 657.
— Cristi a cunctis cristicolis colenda 302.
— Cristi sincera et libera 73.
— Cristi sufficiens 22.
— Cristi pura sine pictaciis adinventis est 301.
— Cristi securior est quam ordines 302.
— Cristi melior facilior et securior 304.
— Cristi non obligat ad ritus sensibiles 304.

GENERAL INDEX.

Secta Cristi excellit ordines in patrono regula et militibus 304.
— Cristi minus bona et utilis 363.
— Cristi ab auctore servata 99.
— Cristi a fidelibus observanda est 212.
— Cristi in apostolis et martiribus et aliis fidelibus 26.
— Cristi compendiosissima per se sufficiens 229.
— Cristi foret diligentissime expurganda 273.
— Cristi optima secta possibilis 657.
— Cristi quando simplex crescebat 657.
— cristiana levis est 31.
— cristiana optima et generalissima 22.
— cristiana debet includere singulos viatores 21.
— cristiana manebit perpetue 299.
— prima remanet fur et latro 176.
— prima est propinquissima secte Cristi 273.
— secunda et tercia multum conveniunt 135.
— secunda profitetur Benedictum pro patrono 274.
— secunda odit deum et proximum 131.
— quarta specialiter prevaricatur in novum et decimum mandatum 142.
— quarta fratrum cum cautela dyaboli introducta 181.
— quarta multos per ypocrisim seducit 252.
— quarta habundat in ypocrisi 252.
— quarta est per dyabolum introducta 252.
— privata onerosa ecclesie et multipliciter defectiva 302.
— saracenica quare a cristianismo cecidit 672.
— Minorum excedit reliquam 58.
— si bona esset ordinem cristianum caperet 62.
— Machometi vivit penalius quatuor sectis 30.
— Machometi includit et approbat multa dicta testamenti 25.
— instanter pulsare alias debet, ut intrent alie in suum ordinem 59.
— libera Iesu Cristi 25.
— quomodo false deum colit 335.
— humanitus inventa eradicabitur 437.
— Hospitalium per verba apocrifa non iustificanda 271.

Secta fratrum uno tantum loco scriptura fundata 268.
— una omnia temporalia contulit anticristo 42.
— mendicacionem introducit 187.
— fratrum odibilis est legi dei 181.
— fratrum de dampnacionis periculo suspecta 180.
— monachorum in Anglia magnam dominacionem habet 244.
— pura 99.
— una excedit aliam 58.
— unica Cristi 662.
— fingit Augustinum patronum 279.
— populum seducens 310.
— Cristi discors diminucio 22.
in Secta Cristi plurimi sunt prosciti 273.
Secte a Cristo non sunt institute 229.
— Cristi novas addere sectas superfluit 229.
— quatuor variantur in signis sensibilibus 26.
— quatuor in parte conveniunt 140.
— quatuor, quo fundamento fidei secte Machometi preferendo 31.
— quatuor sunt terrene 395.
— quatuor sedent super quatuor angulos terre 395.
— quatuor variantur a secta Cristi 657.
— quatuor a nominacione vocali exempte 710.
— quatuor sunt latrones 394.
— quatuor sunt organa sathane ad simplices in ecclesia seducendum 394.
— quatuor in errore nigromantico fundate 704.
— quatuor non sunt species sub genere secte Cristi 657.
— quatuor enumerantur 242.
— quatuor non differunt a mendicis aliis 195.
— quatuor ex mendacio fundate 196.
— quatuor prevaricantur in primo mandato decalogi 127.
— quatuor num omnino laudabiles 174.
— quatuor non a deo fulciuntur 174.
— quatuor sunt heretici manifesti 398.
— quatuor negant conversacionem Cristi 398.
— private delinquentes contra legem domini 137.
— priv. redundant ad dampnum religionis 476.

Secte perpetrant culpam multiplici consensu 20.
— libidinem spumantes 312.
— affectant solacium temporale 43.
— nutriunt dominos et dominas propter spolia 711.
— adulantur questus causa 66.
— ad merendum inhabilitant 32.
— sepes vocantur 137.
— seminant discordias 25; 143.
— seducunt personas a fide 34.
— se alienant a suis conventibus 43.
— querunt lucrum 66.
— contrarii caritati 65.
— onerose dapiferis 36.
— putride 32.
— putate supra sectam domini 139.
— provocant ad invidiam 42.
— prohibent nubere 36.
— proditores dei et hominum 42.
— partem alimenti ecclesie spoliant 142.
— per dyabolum adinvente 72.
— penetrant domos viduarum 44.
— sine bono igne caritatis 41.
— sine consciencia 137.
— sine causa introducte sunt peiores quam sacerdotes Baal 29.
— spinis temporalium defenduntur 137.
— spiritualiter fornicantes cum verbis domini 40.
— sidera errancia 73.
— volunt quemcunque priorem vel potentem in seculo subdole prosternere 43.
— spoliant pauperes egenos 42.
— vivunt de populo 28.
— vocantur a Petro secte perdicionis 30.
— vocate vel profunctorie cristiane 67.
— latrones nocturni 40.
— illusores 68.
— involvunt se in vitam voluptuosam 70.
— visitant convivia 70.
— visitant divites dapiferos 71.
— vescuntur bonis pauperum 71.
— veritatem pietatis negant 43.
— vagabunde 73.
— tradunt contra ewangelicam paupertatem 37.
— tradiciones suas dimittere debent 138.
— temptatores dei 141.

Secte superinducunt novitates infundabiles 42.
— superant firmitatem ecclesie 66.
— superaddite secte Cristi 139.
— suffodiuntur contra planiciem legis dei 137.
— lupi rapaces 20.
— contrarie sibi ipsis 712.
— sunt ypocrite 31; 43.
— habent corda dominorum et dominarum in manibus 711.
— ab institucione pura domini erraverunt 705.
— commovent corpus ecclesie militantis 711.
— dividunt totam ecclesiam 711.
— induunt sectam infundabilem 713.
— magis nocent ecclesie 30.
— magis voluptatum amatores quam dei 43.
— introducte in fine temporum 24.
— in malicia supra dyabolum sunt 66.
— invecte furia 73.
— non sunt excusande 472.
— minuatim bona de egenis colligunt 253.
— in domibus expendunt bona pauperum 253.
— ecclesie contra legem dei onerose sunt 253.
— dicunt quod non sunt alie a secta Cristi 657.
— possunt dici de tecto vel domate 396.
— ipsi Gog faciunt obedienciam temporalem 396.
— conversacionem humilitatis Cristi cum aliis suis virtutibus tegunt 396.
— sunt expurgande 242.
— superbiunt de excellencia sui status tamquam in domate 396.
— extolluntur dimissa Cristi humilitate atque pauperie 396.
— novelle quomodo servari possint, et si tradiciones hominum derelinquant 284.
— recesserunt a secta Cristi 658.
— omnes quatuor a secta Cristi sunt nimium aliene 276.
— omnes sunt expellende a regnis fidelium preter sectam Cristi 316.
— implicant se multis erroribus 305.
— prelacionem cesaream plus diligunt quam ordinem Iesu Cristi 313.

Secte novelle constituunt papam dominum domorum librorum etc. 307.
— inclinantur peccatis carnalibus 36.
— inducunt pestilenciam anime 72.
— non saucciores popularibus 31.
— non possunt excusari de criminacione 40.
— non parcunt ovibus transmarinis vel cismarinis 20.
— defraudantes Cristi ecclesiam 312.
— non lugent peccata populi 43.
— lucrum temporalium appetunt 313.
— carent fundacione in racionibus vicacibus et scriptura 712.
— dimittunt regulam Cristi plus perfectam etc. 712.
— fugiende sunt 312.
— taciturnitatem servant 52.
— in fundamento deficiunt 61.
— onustant ecclesiam 59; 90.
— sunt contrarie caritati 62.
— sunt anticristus 64.
— sollicitudine non deficiunt 57.
— per dyabolum introducte 46.
— pacifice 51.
— relinquunt sectam domini Iesu 63.
— res dileccionis laute diligunt 62.
— patronos sequentes sunt beate 177.
— arguende propter culpabiles novitates 93.
— de furto et de latrocinio suspecti 90.
— innuunt aliquos obiectus 91.
— nove stabilite ex auctoritate domini 89.
— commiscent hereses contrarias libertati 90.
— miscent tradiciones cum legibus Cristi 90.
— infideles 102.
— et fratres non essent 101.
— in caritate deficiunt, quod tota earum caritas consistit in obediencia scil. regularum ordinis 306.
— nesciunt stabilire approbacionem 61.
— non diligunt fratres Cristi 68.
— sunt homicide 63.
— odiunt fratres 63.
— capita ecclesie non sunt 64.
— deficiunt in caritate 59; 382.
— deficiunt in fide spe et caritate 60.
— ex dei iudicio premium sperant 60.
— procuratores patuli anticristi 712.

Secte furantur pueros, spoliant egenos etc. 711.
— deviant a regula et ordinacione dei 712.
— persecuntur pauperes sacerdotes 711.
— non possunt individua nec genera statuum suorum invenire 710.
— mendaces suborte sunt mediante ypocrisi 393.
— a piis patronis stabilite 704.
— fingunt, Cristum innuere sectam suam 230.
— in ecclesiam non debent introduci 602.
— frivola ficticia fuerunt introducte 394.
— bone et licite 704.
— observant regulas suas tamquam legem dei 181.
— in scolis negant hostiam esse corpus Cristi 381.
— in fide variant 381.
— populo de hostia antiquam fidem dicunt 381.
— in spem vocate per suum patronum 381.
— non per Cristum in spem vocantur 382.
— fratres occisos tamquam martires non capiunt 250.
— quarte blasphema mendacia 252.
— quarte religio et vita perfeccior dicitur quam religio apostolorum 252.
— superaddunt novas regulas 182.
— specialiter observant suam regulam 181.
— deficiunt a lege dei 181.
— infallibiter contempnende sunt 180.
— ab erroribus resipiscunt 180.
— fures et latrones 180.
— sunt manifesti heretici 181.
— superflue 192.
— contrarie secte Cristi 179.
— ecclesie sunt onerose 242.
— abstinent a cibis 36.
— abcondite per ypocrisim 136.
— superaddunt sibi equivalens legi dei 181.
— arbores infructuose 72.
— false fingunt patronos 24.
— faciunt mortes principum 74.
— fingunt false se esse amicos regum 42.
— exhorbitant a regula cristiana 37.

Secte exhorbitant a fide per ypocrisim 15.
— attendunt ad iudaicas fabulas 16.
— appreciantur plus obligacionem ad suum ordinem quam ad mandata Cristi 16.
— carius observant mandata sui prepositi quam mandata Cristi 16.
— vocantur sepe a Cristo ypocrite 16.
— eradicate 73.
— erubescerent onerare regna 29.
— eligunt sectam incertam et ypocriticam 31.
— durius arguendo 24.
— dogmatizant hereses nimis multas 143.
— discordant necessario a voluntate dei 23.
— despiciunt sectam domini 31.
— decipiunt fideles 68.
— delende et superflue 29.
— debent dimittere ecclesie bona 138.
— convivant macule'in epulis 70.
— caritatem ebetant 42.
— commendant egestatem in sermonibus 73.
— circumferuntur a ventis inconstantibus 72.
— a patre mendacii adinvente 36.
— alienant bona egenorum 42.
— onerant ecclesiam Cristi 25.
— omnino superflue 71.
— omnes apostate 139; 140.
— non habent auctoritatem meriti 305.
— num ex post sancte 144.
— num ad edificacionem ecclesie introducte 29.
— novelle excedunt antiquam religionem Cristi in perfeccione 34.
— nove indurantur in crimine 136.
— non tantum merentur sicut in secta cristiana 32.
— non sunt legii homines regum terre 42.
— non species specialissime 140.
— fingunt pro sua fundacione aliquam racionem 29.
— fluctus feri maris 73.
— fratrum suborte, quando sathanas est solutus 68.
— furantur in abscondito peccatorum et publice 136.
— furantur, quidquid consumunt sine licencia Cristi 136.

Secte graves regno, onerose pauperibus Cristi 28.
— illusores 69.
— hostes spirituales ad destruccionem regnorum inducunt 42.
— habent feminas ad ordinem suum introductas 36.
— tres ypocritarum 599.
— capiunt species suas a regula et a patronis 273.
— meridiana demonia 40.
— minus perfecte 139.
— murmuratores querulosi 66.
— preeligunt sibi dominos vel episcopos, dapiferos et potentes 43.
— enervant catholicam fidem 599.
— sunt sacerdotes dei mali 29.
— negant, scripta Hildegardis authentica esse 67.
— non habent Spiritum S. 70.
— necessitant se ipsas ad concupiscenciam bonorum proximi 142.
— sunt Cretenses ad propositum 15.
— desponsantur cum mendacio habituali 15.
— tardi ad operandum manibus 15.
— male bestie 15.
— ventres pigri 15.
— solliciti ad pascendum ventrem deliciose 15.
— negant dominum 31.
— negociantur cum dominis secularibus 32.
— manifesti heretici, cur 68.
— non habent pietatem debitam ad sanctam matrem ecclesiam 44.
— non ex institucione vel auctoritate domini 24.
— non discipuli Cristi 73.
— non digne vocati nomine patronorum 134.
— sunt rebelles iudicio Cristi et beneplacito 303.
— Cristi patronus deus 304.
— dampnifere et moleste 302.
— non immunes a heresi 195.
— magnificant suas regulas super Cristum 299.
— novelle pluries innovant 304.
— ecclesias expetunt 196.
— plus ponderant tradicionem suam quam animam 478.
— reprobantur per Cristum 303.

GENERAL INDEX.

Secte dimittende sunt 303.
— private, cum quoad fidem suam sunt condicionis opposite, sunt discipuli anticristi 399.
— dissolvi debent 301.
— non debent admitti ad onus ecclesie 594.
— multe contra apostolos per dyabolum introducte sunt 352.
— superflue et nocive 353.
— religionem sophisticam introducunt 335.
— germinant mendacia ad nocumentum ecclesie 351.
— super mendacio fundate 349.
— floruerunt, cum de eucharista disputatum est 304.
— non auctorizate a Cristo 298.
— periculose deficere debent 299.
— nocive debent destrui 353.
— expellende ab ecclesia 354.
— germinantes ex falsitate mendacii 353.
— sunt radix mendacii 352.
— seminant mendacia 351.
— menciuntur scripturam sacram falsam esse 349.
— secundum humanas regulas fundate 368.
— stolide introducte 368.
— nolunt de secta Cristi contentari 365.
— novam sectam frivolam et Cristo contrariam machinantur 365.
— extra numerum, mensuram et pondus dei statute 368.
— non servant doctrinam obediencie 299.
— sunt ad onus pauperum regni 421.
— decipiunt stolidos 347.
— blasphemant cum oracionibus suis 347.
— ypocrite 348.
— quarte principem phariseus unus se reputat 264.
— fundate in mendacio 354.
— immediacius se sequi Cristum fingunt 264.
— Iudam secuntur 264.
— viam ad infernum vadunt 264.
— ex auctoritate Cristi agunt 264.
— primo purgacio 269.
— patronos suos non imitantur 267.
— Cristum ducem deserunt 267.

Secte in aliquo verum dicunt 184.
— se extollunt super cristianos 184.
— despiciende sunt 184.
— unum patronum habent 184.
— puniende 183.
— heretice videntur esse 183.
—, num culpabiliter sunt introducte 176.
— addunt fabulas mendaces 183.
— subdole introducte 193.
— non legittime in corpus Cristi subintraverunt 175.
— num honor et ornacio ecclesie 174.
— num licite sunt 176.
— minnunt leges dei 183.
— non per dominum introducte 176.
— ypocrisis 195.
— non fundate in lege domini 175.
— paganice 175.
— num subintraverunt per auctoritatem Cristi 175.
— in disciplina degenerant 210.
— non in celeste corpus sublimantur 74.
— addunt ad verbum domini tamquam fidem 181.
— dimittunt ordinem documenti trinitatis 210.
— intendunt dogmati tradicionis humane 210.
— procurator Gog 397.
— in spe variant 381.
— in caritate domini variantur 382.
— divisiones in tribus virtutibus theologicis faciunt 380.
— in principio induunt habitum anticristi 369.
— dicunt, hostiam non esse corpus Cristi 381.
— divisionem in unitate fidei faciunt 380.
— in beatitudine plus cristianis ceteris premiando 381.
— sunt contrarie toti ecclesie 372.
— subvertunt ewangelizacionem 372.
— substernunt sacerdotes fideles 372.
ante — quarte introduccionem regnum prosperius stetit 253.
ex — continuacione extranei dampnificantur 271.
in — quarte habitibus qui moritur in locum dyaboli non condempnatur 252.
Sectam Cristi excedunt status 98.
— phariseorum Cristus destruxit paulative 174.

SectamCristus dilexit ad perdicionem 174.
— suam quod secte magis quam domini Iesu diligunt, in hoc indicant, quod a vera caritate sunt expertes 309.
— infundabilem secte induunt 713.
— Cristi deserentes dampnati sunt 178.
— infundatam preeligere 141.
— plus facilem dimittere 32.
— novam plus difficilem, plus servilem et infundabilem ac incertam inducere 32.
— Cristi instituere 304.
— meliorem eligere plus facilem et securam 301.
per — Cristi ecclesia plus profecit 304.
a —ta Cristi sunt nimium aliene omnes secte quatuor 274.
a — phariseorum Paulus est conversus 353.
de — pura Cristi fratres 100.
ex — Hospitalium malum provenit 272.
in — Cristi liberrima Hospitalarii liberius agere possent 270.
Sectarum assumpciones 144.
— culpa 93.
— dotacio 195.
— condicio 710.
— errores 174; 175; 353.
— excusacio 93.
— introduccio 599.
— tunica 73.
— longitudo 175.
— mendicacio 193.
— mirabilia 176.
— obediencia 141.
— odium 140.
— ornamenta 711.
— patroni 175; 299.
— perduracio 174.
— probacio 174.
— restitucio 195.
— sanacio 353.
— suggestio 196.
— tradiciones 173.
— verecundia 67.
— priores stolidi 302.
— vana gloria 303.
— tradiciones nocent ecclesie 91.
— miracula vocata 176.
— obiectus quidam 175.
— inicia et valencia 73.
— quatuor genera 173; 395.
— quatuor et tradicionum novitas vinculum duplex 173.

Sectarum quatuor principalis pater mendacii est 196.
— divisio prenosticat divisionem infidelium 599.
— habitus et ritus 36.
— erroribus obviandum est 289.
— servacio est prophana 300.
— una caret, ut refert, de dominio temporalium 42.
— tradiciones nichil aut modicum prosunt ecclesie 298.
— ficciones sunt false et sibi ipsis contrarie 299.
— patroni et capitanei 300.
— subditi stolidi 302.
— priores lucrantur nichil nisi ypocrisim 308.
— capitanei ecclesie nocivi 300.
— status superfluus 692.
— ritus et regule 304.
— membra faciunt partem contra Iesum 303.
— prepositi perversi 184.
— regule addite legi dei 183.
— elecciones presumpte 183.
— dirumpcio caritativa 98.
— prepositi similes simias in cordis ducunt 333.
— novitates pretermittende sunt 298.
— subversio subdola 89.
— introduccionem Cristus non docuit 89.
— radices quomodo consone veritati ecclesie 353.
— punicio misericorditer adhibenda est 336.
— toxicum innatum 368.
— mendacium ypocriticum 264.
— mendacium seducit ecclesiam 264.
— excusacio in peccatis destruitur 249.
— fautores sunt discipuli anticristi 372.
— patroni homines oderunt 250.
— amor est dispersus 64.
— ypocrisis in largitate habitus celata 705.
— dotacio fuit culpabilis 249.
— dotacio debet terminari 249.
— media ad simplices seducendum 253.
— origo tempore solucionis sathane 68.
— prevaricacio contra mandatum octavum 137.
— errorem Cristus prophetavit 230.
— regula et patroni 50.

Sectarum regula magis dura 142.
— scutum fidei titubat 57.
— sufficiencia vel superfluitas 26.
— superbia invalescit in personis tumentibus 43.
— divisio in fide et moribus 675.
— vicia detegere 14.
— contradicciones inter se ipsas 712.
— error novissimus 175.
— prepositus est dyabolus incarnatus 184.
— argucie de sua preeminencia 174.
— nequicie non percepte nec sapientes 174.
— fundacioni fidelis non debet attendere 176.
— genus est fur et latro 175.
— mendicaciones sunt hereses 143.
— malicia supra dyabolum 66.
— ordines contra sectam Cristi 63.
— patroni ignari et stolidi erraverunt 705.
— approbacio dei 60.
— apostasia 139.
— dileccio sui ipius maior quam secte Cristi 60.
— fundacio in lege 105.
— illicite concupiscencie 142.
— error in rebus theologicis 60.
— habitacio in inferno 74.
— infidelitas contra Cristum 141.
in — personis subtilitatem ingenii laudamus 180.
in — personis honoramus perfeccionis genus 180.
Sectis elemosinas conferre heresis est 711.
— communicacio neganda est 353.
— sustentacio neganda est 353.
— opera datur ad fundacionem in scriptura perscrutandam 268.
— verba exprobratoria applicantur 70.
— licencia Cristi non data est 136.
a — dampnum ecclesie oritur 196.
cum — desponsacio 63.
cum — comorari 440.
de — yronico modo in scriptura agitur 268.
de — Cristus ecclesiam reprobative docuit 266.
de — destinendis 60.
de — quid Paulus loquitur 33.
de — privatis multi dampnati 526.

de Sectis quatuor non aliquis beatus est 178.
in — quatuor plurimi heretici sunt 882.
in — dileccio Cristi 64.
in — est pater mendacii 196.
in — multe persone graves ad honorem ecclesie sunt 174.
sine — ecclesia prosperius stetit 260.
Sectas educere 353.
— convertere 353.
— terminare 247.
— introducere sine auctoritate Cristi peccatum presumptivum est 299.
— approbare est argucia ceca 24.
— omnes Minores suscipere parati sunt 59.
— reges non permittant 105.
— false dicunt se gratis diligere 66.
— extraneas papa introducit 602.
— defendere vel intrare est stulticia 304.
— Cristus approbavit 808.
— dicant verba de purgatorio 146.
— colligere per se Paulus non audebat 704.
— cecavit dyabolus 145.
— non sunt in sacra scriptura fundate 180.
— Cristus non curavit 230.
— ad canones Cristi reducere 248.
— deus ex sua gracia stultificavit 398.
— fideles despiciunt 181.
— qui relinquunt in patria beati sunt 178-
— dyabolus seducit 474.
— novas non instituit Paulus 267.
— fovendo peccatur 440.
— fratrum ad mendicandum necessitare 192.
— induravit dyabolus 145.
— dissimulare corpore ecclesie Cristi 353.
ad — fugiendum racio necessitat 302.
in — duabus viis operandum est 353.
in — caritative invehere 99.
per — ecclesiam onerare blasphemum est 192.
per — introducta crimina 92.
Secularis non debet commerciari cum presbytero 347.
— dominacio maxime pertinet capiti secte prime 287.
— perfectus religiosus esse potest 516.

Seculare dominium dominis secularibus debet pertinere 243.
— brachium clamabit 100.
— dominium continuatum in prima sectarum 279.
—lares presbyteri et laici exclusi a Cristi consiliis observandis 528.
— domini habent potestatem ad cohercendum rebelles fidei 382.
— domini debent exire in vias et sepes 137.
—larium dominorum iniuria 277.
contra — vicia hospitalitas fuga medicina ordinetur 55.
—laribus rependere bona spiritualia 193.
contra Secundum mandatum secunde tabule offendunt plurimi in affeccione 121.
Secures armorum fratres sibi procurarunt 265.
Securior est secta Cristi quam ordines 302.
— Cristo obligacio integra est 185.
Securitas de beatitudine 148.
— sectis infixa impugnat verba apostoli 245.
—tatem temporalium a sectis excludere, regula ewangelica esset 275.
Sedant secte scrutinium veritatis 383.
Sedes pape peccat graviter 561.
— pape terret multos a perpetracione facinorum 560.
— pape oblita est media Cristi 560.
— pape foret a lege papali et cesarea expurganda 562.
— pape numquam ecclesie proderit 561.
— pape tractat causas iustissime 561.
Seduccio dominorum secularium 33.
Seducere oves Cristi per viam inferni 128.
—cunt stultos mendacia 348.
— quatuor secte ecclesiam 348.
Seducit populum secta, cum intencio earum sit principaliter pro temporalibus perquirendis 310.
—cit populum fratrum fallax spectaculum 254.
—cuntur pauperes 193.
— a salute anime multi per mundanas divicias 278.
non —cat fideles miraculum 250.
Segregacio fratrum 69.
Selle splendide cardinalium 690.

Semina verbo dispergi Cristus ordinavit 133.
Seminant secte discordias 143.
Seminarium discordie aufere 591.
— discordiarum 458.
Sensibiles tradiciones sectarum Cristus non curavit 139.
Sensibilia facta episcoporum superfluunt 259.
Sensus plenus domini 129.
— sophisticus 119.
— catholicus doctorum antiquorum 76.
— grammaticalis scripture 75.
— scripture primarius 75.
— scripture hereticus de fratribus 74.
— scripture sompniacio 74.
— verborum domini accusari non potest 79.
— catholicus per papam vel fratrem vel laicum edoctus 75.
— domini est absconditus apud fratres 372.
— ab instruccione maligni spiritus exortus esse videtur 288.
— catholicus de pugna 629.
— auctoris improbatur 75.
—um domini oportet semper stare 288.
Sentencia cuiuslibet rei 137.
— codicum apostolorum 67.
— divina perpetuo observatur 270.
— divina paulative crescit 270.
— bullaris gravat mendacium 350.
— de purgatorio sufficiens ecclesie 148.
— non habet demonstracionem sensualem 177.
—ncie citra fidem 177.
— multe de tribus vinculis diffusius sunt dicende 162.
—ncias ventilatas asserere tamquam fidem 179.
— suas auctor publicare ex lege dei tenetur 671.
Sentenciare ex integro fidem catholicam wlt Wiclif 256.
Sepes ordines privati 102.
in —pibus latentes ypocrite 102.
Septem dona spiritus sancti sufficiunt 209.
— peccata in anglico populo explananda sunt 126.
in Septimum mandatum tabule secunde offendunt plurimi 122.

Septuaginta duo non habuerunt domos proprias 369.
— duo discipuli erant dyaconi apostolorum 267.
tamquam — duo discipuli ordines novi fundati sunt 369.
Sepulture magnatum 143.
Sequaces sanctorum scismatici et ydolatre sunt 440.
Sequela Cristi hominem beatum reddit 300.
— Cristi impeditur a patronis sectarum 300.
ad —lam patroni plus quam Cristi attenditur 251.
Sequi Iesum Cristum 300.
— debent fideles Cristum 674.
— se Cristum immediacius fingunt secte 264.
— Cristum in moribus pastores debent 672.
— signa sensibilia 300.
— debent cristiani Cristum 367.
Sera et repagulum non obstant sectis 44.
Sergius Saracenos a fide Criste separavit 597.
Sermones de habitu fundari non possunt 525.
Serpentes mures et alii inferunt rei publice nocumentum 353.
Servacio sectarum est prophana 300.
Servancia mandatorum 116.
Servare pure et integre legem Cristi 138.
— deo debent fideles quod est suum 165.
— cristianum decalogum non est possibile 124.
— predestinatum decalogum 124.
— decalogum mediante virtute 124.
— decalogum sine carnali defectu 124.
non —vant fratres regulam Petri 55.
—vanda sunt omnia mandata 118.
—avit Paulus ewangelicam libertatem contra Petrum 668.
—anda est obediencia deo et prepositis 528.
Servatores decalogi nominetenus 119.
Servicium discipulorum 683.
Servire ecclesie 193.
— debent monachi in vita paupere 131.

ad Serviendum deo promptus quisque esse debet 125.
Servitus ydolorum 120.
in Sextum mandatum tabule secunde cottidie prevaricatur 122.
Sexum femineum Cristus approbavit 709.
Sidus animalium nocivorum debet destrui 353.
Signa sensibilia monachorum 455.
— tortuosa sunt declinantes a mandatis 145.
— corporalia sectarum 143.
— mundialiter variata 120.
— mendacia pape 130.
— sensibilia 31.
— sensibilia dominus parvipendit 300.
— sensibilia sequi 300.
— ypocritica videre odiunt quidam 334.
— ypocritica sunt irrisiones dei 334.
— religiosa, num proficiunt 536.
— ordinum pingwes ventres etc. 535.
— sensibilia sunt impertinencia statui virtutum 467.
— dyabolica ordinem et specialiter fratrum 366.
—norum sensibilium prurigo 348.
—norum ypocrisis 394.
—nis falsis plus creditur quam legi Cristi 251.
in —nis sensibilibus non est virtus 365.
Significacio triplex anticristi 699.
— termini deus 77.
— termini homo 76.
— naturalis suppositorum 76.
Silvester de suo crimine penitebat 670.
—stri peccatum 669.
Simbolum Athanasii feminas non excipit a beatitudine 706.
Simea communicat paritatem in mediis utrobique 197.
Similitudo non efficax in rege Anglie 465.
— pauperum viduarum et pupillorum 193.
— secularium per fratres 44.
— ecclesie per papam 129.
— dominorum secularium inducit rapinam pauperum 251.
ad Similitudinem dei universitas creata tendit 229.
Simplices sacerdotes debent permittere curatos inferiores sequi episcopos suos 506.

Simplices sacerdotes non gerunt vicem discipulorum, nisi in quantum ipsi sunt discipuli 506.
— in ecclesia seducuntur a sectis quatuor 394.
Simulacio officii in Saulo probatur 172.
— sanctitatis odibilis est deo 470.
— falsa sanctitatis ypocrisis est 470.
Simulant mendacia secte 143.
— sanctitatem falsi prophete 473.
Sinagoga sathane 353.
—goge membra sectarum fundata in mendacio 353.
Sincera et libera secta Cristi 73.
—rius deum diligunt sancti 125.
Sinceritas Cristi ordinum 61.
Singula mandata decalogi 118.
Singulari persone de hostia non credendum 384.
Societas sancta collecta ad edificacionum ecclesie 133.
— fraterna onerat mulieres multis peccatis 44.
Socii domini caritatem habent 62.
— pape assistentes 687.
Sodome peccatum quadruplex iniquitas 479.
Sol iusticie 348.
— naturalis continue in presencia viatoris 302.
—is iusticie vindicta 71.
Solarium temporale secte affectant 43.
—aria usurpata fratrum 193.
Solidos centum quilibet frater de Anglia expendit 28.
—orum centum expensus 193.
Sollicitari de loco, quantitate est stulticia 148.
Solliciti sunt ordines circa honores 57.
—te orare in claustro basilica vel loco abscondito 845.
Sollicitudo fratrum in deum 57.
— mundana sectarum 75.
— laboriosa fratrum 89.
—tudine non deficiunt secte 57.
Solucio Sathane 68.
— Sathane post mille annos 391.
— obiectuum laicorum 176.
— ordinum in sectam Cristi 481.
Solutus sathanas sepe in primo millenario 393.
Solvere et ligare conformiter capiti ecclesie 624.

Solvit Iesum qui causa est quare Iesus et frater in Cristo colligantur 64.
—etur sathanas post mille annos de suo carcere 395.
Sompniacio sensus scripture 74.
Sophisma monachorum 530.
— dyaboli faciliter impugnatur 325.
— anticristi videtur intendere, quod non sunt reges vel seculares domini 278.
Sophista ypocrita dyaboli 470.
— cupit apparere sapiens 470.
—iste substanciam sacramenti destruere nituntur 622.
Sophisticacio indulgenciarum 149.
— in tribus funiculis 166.
— oracionis sectarum 354.
Sophisticalis pape potencia 166.
Sophisticant verba dei fratres 56.
—atus est dyabolus per Cristum 263.
—atus sensus 119.
—ata responsio discipulorum anticristi 373.
—atam religionem secte et fratres introducunt 335.
— responsionem heretici laicis fingunt 383.
—ati fovent iniquitatem dyaboli 263.
— predicatores fideles persecuntur 263.
cum Sororibus conjugium 167.
de — filii Adam coniuges acceperunt 167.
Sortes apparet esse sophista 471.
Specialis observancia complexionis juvenum 468.
— mencio de fratribus 79.
— domus domini est ecclesia 372.
Specialiter secte observant suam regulam 181.
Species ritus 80.
— specialissima ordinum 25.
— suas secte capiunt a regula et a patronis 273.
— fratrum auferatur de ecclesia 80.
—em pietatis habent secte 43.
—iei participacio 706.
Specificat papa ordines 58.
Spectaculum fallax fratrum seducit populum 254.
in Speculacione quiescere viator non debet 214.
Sperare debet viator quilibet quod sit de numero salvandorum 365.

Sperare debemus in propria iusticia rite 344.
Speraret nemo de nuda oracione alterius 344.
Spes anchora sive radix 73.
—ei unitas esse debet 380.
—em fidelis debet habere 575.
in — non per Cristum vocantur secte 382.
in — secte vocate sunt per suum patronum 881.
extra — redeundi ad sectam Cristi sunt fratres 73.
Spinis temporalium defunduntur secte 137.
Spiritualis cura animo 133.
— et corporalis iniuria 133.
— fornicacio cum dyabolo 135.
— fornicacio sectarum 40.
— fornicacio 32.
— mechia cum dyabolo multos seducit 135.
— infirmitas non est mendicacio 189.
— monachorum occisio 134.
— penitencia consistit in odio peccati 512.
— occisio 129; 130.
—le ministerium 28.
— suffragium fratrum 47.
— suffragium 39.
— iuvamen 137.
ad —lem elemosinam debent superiores ecclesie magis attendere 310.
—les hostes a sectis inducuntur ad destruccionem regnorum 42.
in —lia superiora noticia sensibilis introducit 243.
Spiritus sanctus in viatoribus illabitur 223.
— sanctus de timore filiali loquitur 226.
— sanctus loquitur de fratribus indirecte 18.
— sanctus est caritas vel amor 161.
— sanctus non inhabitat effrenes voluptuosos 70.
— sanctus loquitur de sectis in scriptura 77.
— sanctus summe sapiens et diligens ecclesiam instruendam 17.
— sanctus sectas ponderat 17.
— sanctus mendicacionem fidelibus ostendit 190.

Spiritus sanctus mendicacionem non approbat 190.
— sanctus connectit sectas et vicia varia 23.
— sanctus deest sectis 70.
— sanctus est spiritus super omnes 34.
— sanctus non consulit ad prosperitates mundanas 216.
— sanctus quid apostolis consuluerit 216.
— sanctus notificavit suo apostolo de sectis 18.
— Cristi maximam caritatem habuit 266.
— malignus per membra sua in tartaris ligatus 392.
— carens membris 392.
— novit tempus millenarium quoad nobilitatem 392.
— sancti arma 218.
— falsi dimittendi sunt tamquam dyaboli 150.
— angelici confirmati in beatitudine 147.
— in inferno sepultus mendicavit 366.
— coniungitur donis dei 213.
— dormientes 149.
— mortui securi de sua beatitudine 149.
— qui cum lucifero ceciderunt 128.
— salvandi sunt post mortem feliciores 148.
— propheticus Pauli 18.
— consilii est tercium donum dei 213.
— infinitum melior corpore 133.
— intellectus secundum donum dicitur 211.
— tenebrarum consilium prosequi 214.
— per se dictus intelligitur Spiritus sanctus 34.
— sancti exposicio 75.
— sancti fortitudo 219.
— sancti dona quid sunt 208.
— sancti clemencia magna 214.
— sancti consilium et preceptum 216.
— sancti donum quartum est animi fortitudo 216.
— sancti septem dona sufficiunt 209.
— sancti verbum deserere 186.
post — sancti missionem Cristus per se suffecit 257.
—tui sancto appropriatur benignitas 424.
—tum sanctum deserere 214.
— sanctum non habent secte 70.
ad — sanctum credimus 418.
—tu wlt auctor agitari et corrigi 287.

830 GENERAL INDEX.

magis Spissi heretici 398.
Spolia de pauperibus mendicata fratres inferunt 369.
de —liis pauperum convivant se fratres 71.
Spoliacio hominum per verba de purgatorio 146.
— pauperis per tallagia 246.
— pauperum regnorum de temporalibus per fratres 39.
— pauperum plebeiorum per fratres 69.
— pauperum de bonis pauculis 72.
— fraudulenta egenorum 40.
— temporalium bonorum 149.
— fratrum a pauperibus 194.
— et strangulacio mulierum per fratres 69.
—cionem pauperum apostoli condempnarunt 254.
ad — populi fratres predicant 371.
—cionibus fratrum resistere 194.
— resistunt prudentes 194.
Spoliare volunt fratres pauperem populum usque ad egenciam 367.
—liat papa egenus per mendacia 557.
—liant fratres communius pauperes quam divites 254.
— fratres temporalia a plus pauperibus 194.
— anticristi discipuli stolidos 149.
— dyaboli homines a bonis 150.
— socte partem alimenti ecclesie 142.
— monachi egenos extraneos 135.
—liantur pauperes a fratribus 190.
— pauperes regni pro defensione regni 244.
—liandi causa fratres in domibus immorantur 370.
ne —liato clericus ultra legem Cristi 244.
Spoliativus pauperum papa 127.
Spoliatores sunt fratres in regnis exteris et intrinsecis 71.
— pauperum 51.
Sponsa Cristi ecclesia est 658.
Sponsacio eterna intra se est divina natura 163.
Sponsalia nature divine perpetua 163.
Sponsus ecclesie Cristus 32.
Spuria vitulamina in ecclesia per sectas germinant 44.
— vitulamina 101.

Stabilire sectas 144.
— approbacionem nesciunt secte 61.
—liri debet pars tercia ecclesie a superioribus partibus 242.
—liti per deum ordines 98.
—lite ex auctoritate domini secte nove 89.
Stare pro veritate catholica 214.
Statuicio humana est essencialis condicio observanciarum 497.
— humana observanciarum secundum quid erronea est 496—497.
Status et officium pape superfluum 692.
— privatus claustralis est status securissimus pro viatore 501.
— dyaboli utilior quam status beatorum 451.
— militaris laudabilior statu ordinum 457.
— quilibet fratrum sub non gradu est 451.
— apostolicus ordinum privilegio non insignitus est 462—463.
— fratrum melior statu episcopi 449.
— prelacie est periculosior religione privata 504.
— monasterii sumitur pro aggregato ex statu virtuose conversacionis 504.
— prelacie est status securissimus in hoc mundo 504.
— in ewangelio ordinatos dimittere peccatum est 268.
— excedunt sectam Cristi 98.
— pape cum suo nomine expirat 171.
— iustus hominis 173.
— ad edificacionem corporis ecclesie ordinatus 100.
— pape et cardinalium 66.
— fratrum plus perfectus statu apostolico 66.
— sacerdotalis parochialis includit in se statum alciorem virtuose conversacionis 505.
— ut est minus periculosus est securior 503.
— monasterii capitur personaliter pro statu, cui accidit status virtuose conversacionis 503.
— aliquis ut est virtuosior est securior quia a peccato elongacior 504.
— claustralis in monasterio 501.
— sectarum superfluus 692.
— sacerdotalis parochialis status est perfeccior religione privata 503.

Status seculares duo sunt 514.
— prerogativa secularis perfectorum 515.
— perfeccio religionis private 514.
— supererogacionis 514.
— claustralis habet multa promotiva ad bonum et retractiva a malo 502.
— novellos Cristus non approbavit 709.
— individuus sacerdotis non plus quam status generalis religiose approbatus est 710.
— a deo instituti officium fideliter est peragendum 259.
— apostolicus perfeccior quam episcoporum cesareorum 315.
nec — nec persona potest esse neutra Cristo 303.
—tui cesareo paparum renunciare 628.
—tum dominorum secularium Cristus expressavit 709.
— suum fratres magnificant 473.
— apostolicum Cristus instituit 466.
ad — apostolicum ecclesia redit 466.
—tuum perfecciones 98; 451.
de —tibus tribus racio ordinum 61.
Statuta et scripta papalia creduntur ut fides 597.
Stella cometa 73; 74.
Stipendia multa frater perquirit 252.
Stolidos decipiunt secte 347.
— seducit mendacium ordinum 348.
—dissimus ydiota 140.
Strangulacio et spoliacio mulierum per fratres 69.
Studium attentum fratrum 44.
Stulticia est intrare vel defendere sectas 304.
— apud deum et sapiencia fundatorum 97.
— est sollicitari de loco quantitate aut qualitate purgatorii 148.
— fautorum ordinum 96.
— Cristi in ordinacione 139.
— sectarum excludit voluntariam et meritoriam paupertatem 43.
— eorum, qui deserunt libertatem ordinis Iesu Cristi 305.
— irreligiosa est recedere a secta Cristi 657.
— novorum ordinum 98.
ad —ciam excusandam ficticie machinate non valent 249.
de —cia cristianorum innovacio in ecclesia inolevit 373.

Stultificavit deus sectas ex sua gracia 398.
— concomitancia mulierum 55.
Stultus est qui dictis anticristi credit 556.
—tum est confidere in proximi oracione 344.
—torum numerus est infinitus 605.
Subditus scrupulum consciencie habet 476.
—diti sectarum stolidi 302.
— multi langwent 476,
—ditos ecclesie regulare 145.
de —ditis mendicantes callide negociantur 33.
de — false negociari 32.
Subdola sua instrumenta sathanas ornat per mendacia aut ypocrisim 393.
Subieccio religiosorum sub preposito 140.
— invita hominum non sufficit 105.
— naturalis inter patrem et filiam 167.
— invita vespilioni competit 105.
Subiectare ordines est in nichilum perverti 333.
sine Subiecto religio accidens 333.
Subintarunt fratres ex Cristi auctoritate sine licencia 393.
Sublimacio in celeste corpus 74.
Subsidium temporale ab ordinibus auferre 364.
Substancia regule private non fundata 525.
— creata implet analogum entis 25.
— terrena non destruitur in confeccione eucharistie 621.
—cie gemine gigas Cristus est 163.!
Substancialiter due persone connectuntur 162.
Subtiliacio fidelium dyaboli 97.
Subtiliare non audent Paulus et apostoli 97.
Subtilis mendicacio sectarum 44.
—lium clericorum fides 381.
magis —iter Cristus exemplavit aliqua ecclesie utilia 267.
Subtilitas ypocrisis sectarum 44.
—tatem ingenii in personis sectarum laudamus 180.
—tates dyaboli 599.
Subtraccione decimarum deficit officium pastoris 133.
Subtrahere edulium 134.

Subtrahenda communicacio et temporale suffragium a Magog 400.
Subversio fidei per papam 601.
—sio sectarum subdola 89.
Subversivus regnorum est thezaurus fratrum 253.
Subvertunt fratres totam ecclesiam in fide 255.
Sufferencia avarorum 196.
Sufficiencia divisionis ecclesia 705.
— religionis Cristi 26.
Sufficiens servancia mandatorum 116.
Sufficit Cristus per se post missionem spiritus sancti 257.
— per se secta Cristi 229.
—iciunt septem dona spiritus sancti 226.
Suffodiuntur secte contra planiciem legis dei 137.
Suffragari sunt impediti claustrales 49.
Suffragium spirituale 39.
— spirituale fratrum 47.
—ia oracionum 347.
— nominata non valent 593.
— false ficta 149.
—iorum spiritualium forum 146.
Suffulsio dominorum et dominarum 72.
Suggestio sectarum 196.
Summus rex est Cristus 328.
Sumptuosa edificia fratrum 193.
— domus fratrum 39.
— domus fratrum ex rapinis subtilibus 69.
—ose et contencioso laborant, ut doctorentur fratres 53.
Sumptus secte quarte excedunt redditus comitis et ducis 253.
— extraordinarii fratrum 28.
Superaddere aliquid legi dei non licet 181.
Superant fratres fideles clamosis verbis 372.
—avit concomitancia mulierum 55.
—abitur finaliter dyabolus 328.
—andus est falsus dominus cum sua lege et membris 698.
Superbia pes est inducens in vicia 677.
— et cupiditas pastorum 672.
— primorum parentum intoxicavit genus humanum 594.
— presumptiva prelatorum 303.
— tumefactiva non est pacifica 396.
— luciferina raro vel nunquam sectis deficit 273.

Superbia luciferina foret hereticare reginam Anglie 168.
— sectarum invais lescit in persontumentibus 43.
—bie ventus 72.
—biam os fratrum loquitur 66.
Superbiunt secte de excellencia sui status tamquam in domate 396.
Superbus papa 127.
Supererogacionis status 514.
Superest nichil populo invalido nisi mendicare 367.
Superflua expensa fratrum 193.
— ornamenta 143.
—e et delende sunt secte 29.
— omnino secte 71.
— et nocive secte sunt 353.
—um est extra septem dona discere 209.
Superfluit addere novas sectas secte Cristi 229.
Superfluitas et defectus parcium 352.
— ordinis 300.
— stercorum pape 687.
— et ociositas ministerii 197.
— sectarum 26.
— vestium pixis literarum mendacii 28.
in —tate parcium corpus peccare potest 352.
—tates intrinsecas medicus evacuat 352.
Suberhabundans gracia ex virtute passionis 123.
Superioris ecclesie corroccioni Wiclif se committit si errat 255.
—res ecclesie ad spiritualem elemosinam magis debent attendere 310.
Superioritas sacerdotum et episcoporum 101.
Supernaturalis virtus 28.
—ale vinculum 162.
Supersticio sompniancium non seducit aliquem 509.
Superstitum verba debent tendere ad comodum ecclesie 149.
Supponere quid est 176.
in —sito secundo omnis causa veri amoris veperitur 164.
Surgere media in nocte 517; 536.
Suscepcio satisfaccionis parcialis tamquam sacramenti imperfecti satisfaccionis Cristi 510.

Suscepcio voluntaria satisfaccionis integre tamquam sacramenti perfecti satisfaccionis Cristi est 510.
Suspecta secta fratrum de dampnacionis periculo 180.
—ete secte de furto et latrocinio 90.
—cti sunt ordines apud fideles 228.
Suspicio probabilis ad dignificandum homines 172.
— sceleris fratrum 92.
Sustentacio neganda est sectis 353.
Sustentare mendicos avari debent 196.
Symonia odibilis fratrum 56.
Symoniaca empcio ex defectu scripture est suspecta 251.
—aci hereticorum primi sunt 430.
— sunt omnes pape, episcopi, curati vel prebendarii, qui occupant symoniace patrimonium crucifixi 431.
—ace mercandie 146.
—ace redditus temporalis emitur 186.
— ecclesia emitur 186.
Swadibiles secte 51.

T.

Tacere instar Cristi 179.
Taciturnitatem servare 52.
Talliagiis insuetis tenentes onerantur 302.
Tectum signanter papa dicitur 396.
de Tecto vel domate secte dici possunt 396.
Tediosus et inutilis labor 138.
Temeraria diccio 350.
Temere diffinire auctor nichil wlt 31.
Temporale suffragium a Magog subtrahendum 400.
—lis pausacio in purgatorio 146.
—lis dominus offenditur ex prevaricancia servi sui 284.
—lem dominum plurimi plus timent quam deum 226.
— gladium exercere non fuerunt moti apostoli 288.
—rales Petri gladii 288.
—lia quando sunt reddenda, mortuo prelato dotato et cadentibus suis temporalibus in manum regis 281.
— et bona, confiscanda sunt 282/83.
—lia detenta a pauperibus 246.
— debent esse distributa secundum legem Cristi 198.

Temporalia ecclesie fratres consumunt 372.
— tanquam peripsimata 133.
— pauperum collecta in abbacias 134.
— adiacencia papatui 572.
ad — sancti multi inhiarunt 702.
circa — occupacio in deum collecta 123.
—lium distribucio 198.
— prosperitatem plus habent quatuor secte 395.
— particitpacio nec mortuis nec vivis prodest 247.
— particio facta a Cristo 374.
— distribucio periculosa est 374.
— ablacio est gracia dissensionis inter homines 370.
— bonorum spoliacio 149.
— amori genus humanum inclinatur 211.
— cupidinem ampliare 529.
de —libus cogitare 122.
in — habundat rex 243.
in — fratres immersi 221.
Temporalitas et insecuritas est medicina ad se colendum 273.
Tempus creatura bona dei non ex se scelesta 38.
—, in quo anticristus regnabit, in comparacione erit modicum 391.
—, quousque ministri perversi in ecclesiam producti sunt, mille anni sunt 392.
—oris, in quo anticristus regnabit, periculum erit magnum 397.
— quantitate millenarium non designatur 391.
in — fine processit humanitas Cristi 163.
—pora periculosa fiunt per perturbantes pacem 38.
—porum finis 24.
Temptabilis papa vir 677.
Temptacio dei 141.
— dyaboli et avariciam 135.
Temptacio, quam facit dyabolus commoranti in seculo 58.
— demonum 91.
—nis sathane efficacia stat in instrumentis perversis 392.
—nibus nequicia sathane post ascensionem domini suspensa est 392.
Temptare spiritus in materia purgatorii 149.

Tomptur papa a dyabolis 677.
—tant doum ingredientes sectas 141.
Temptatores dei sunt secte 141.
Tenuandi sunt redditus 279.
Tercia pars ecclesie debet a partibus superioribus stabiliri 242.
— pars ecclesie non debet opprimi 242.
— et secunda secta laborant in communi 247.
Terminacio generis humani in finem ultimum 208.
Terminare sectas 247.
—ari oportet mendacium in inferno 352.
— debet dotacio sectarum 249.
Termini seducendi fideles 621.
— fidei 678.
Terre partes singule se reciproce iuvant 242.
Terrena est sapiencia regule 50.
—one affecciones 147.
— sunt quatuor secte 395.
—enorum intelleccionem cristianus postponit 125.
— amor illicitus 703.
Terrifica verba de purgatorio 146.
Testes pro competenti precio conducti 251.
—ium falsorum multiplicacio contra Cristum 352.
in —stibus catheclismus fidei est 251.
Testimonium falsum 137.
Theologie studium per ecclesiarum appropriaciones diminutum 272.
Theologice armature 599.
Theologus gignit Cristum in cordibus fidelium 164.
Theosebia quid est 223.
Thezaurus dyaboli 40.
— fratrum sufficit ad Angliam de fratribus expurgandam 253.
— fratrum regnorum subversivus est 253.
Timentes deum a nequicia se conservant 226.
Timor dei septimum donum spiritus est 225.
— naturalis quid non sit 226.
— servilis quid sit 226.
— commodi pape pacem perturbat 32.
—oris filialis natura describitur 226.
—orem domini pauci possident 226.
de —ore filiali spiritus sanctus loquitur 226.

de Timore domini quid Augustinus dicat 226.
Toleravit magna crimina Cristus 98.
—bit sathanas non tot penas ex profectu militancium 395.
Tollunt secte ordinem Iesu Cristi 96.
Tonsura et habitus fratrum in mulieribus 44.
Topice evidencie contra sectas 176.
Tormentum crucis Andreas petivit 69.
Totum est partes sue 708.
— omne est maius sua parte 659.
— premietur et puniatur pro parte 327.
Toxicum innatum sectarum 353.
Tradicio fratrum est ypocrisis 469.
— fratrum nichil facit ad corum sanctitatem 469.
— libera frivola et ypocritica a fratribus iuventa 96.
—nis humane auctorizacio 848.
— aqua turbida est 213.
— humane dogmati secte intendunt 210.
— humane cautela 133.
—ni frivole tradicionem preponderare 248.
— nes ordinum declinantes a Cristo 222.
— impediunt noticiam dei 210.
— humane sunt cisterne dissipate 211.
— frivole precavende sunt 210.
— ceremoniales a Cristo distrahunt 289.
— hominum debent solvi 479.
— ceremoniales cessare debent 289.
— sectarum nichil aut modicum prosunt ecclesie 298.
— humane non usitate 563.
— sectarum nocent ecclesie 91.
— frivole 97.
— humane preeliguntur a monachis 131.
— suas secte dimittere debent 138.
— sensibiles secte num Cristus non curavit 139.
— sectarum 173.
— hominum citra fidem scripture Wiclif subducit 256.
— hominum extollere solentes 284.
— humanas relinquere 140.
— humane deviant a iusticie complemento 132.
— humane difficultant ad observanciam legis dei 140.
—num fratrum observancia 469.
—nibus proprii clerus imititur 504.

Tradicionibus papalibus intendunt autonomastice religiose 210.
— humanis cuncta lex nova onusta est 90.
— hominum non simus obligati et libertatem teneamus 284.
cum — adulterinis desponsari 289.
— non debet onerare vicarius Cristi 363.
de — humanis noticia 210.
ex — non possunt fundari sapienciales noticie 211.
in — hominum ficciones sunt 213.
Tranquillitas mentis dicitur pax spiritualis 215.
— mentis discipulis Cristi data est 215.
Transeunt fratres de domo in domum 371.
Transferre dominia 247.
Transitus nostratum in Flandriam si a deo punitus sit 281.
Tres partes ecclesie 144; 147.
— hostes hominum 119.
— celestes ierarchie 660.
Tria vincula amoris 161.
— sunt precipue in elemosina fugienda 310.
ad — debet attendere elemosinans 311.
intra Triennium Cristus plene instruxit suos discipulos 45.
Trinitas posuit cuncta opera in mensura numero et pondere 222; 368.
— dignatur fidelibus noticiam impertiri 209.
—tatis decretum 209.
— clemencia 208.
— opera indivisa ad extra 208.
— substancia pater est 163.
— orthodoxe affectus princeps Edwardus 417.
— papa contrarius 129.
ad — fidem exequendam caritativa opera danda est 418.
contra —tatem et quamlibet creaturam a fratribus peccatur 368.
Triplex est locucio in quinto mandato tabule secunde 121.
— variacio vestimentorum Cristi 27.
— oracio: mentalis, vocalis, vitalis 342.
in —ici perfidia clerus et temporales domini specialiter sunt accusati 418.
Triplicitas quedam abhorret nomen vecordie, fasitatis et furis 417,
Tugurium Cristus non habuit 524.

Tumefactiva superbia non est pacifica 396.
Tuncio lapidum Baal et metallorum 99.
Tunica inconsutilis Cristi 27.
— sectarum 73.
Turpissimum locum sanctitas animo sanctum fuit 261.
Tyranni congregacionis dyaboli sunt reges 105.

U.

Uberiorem graciam habet dileccio dei 126.
Ubique est deitas 383.
Ultima perfeccio 26.
Unica secta Cristi 662.
—cum corpus Cristi est hostia 381.
Unionem ecclesie fideles credunt 673.
Unita virtus forcior quam dispersa 23.
Unitas superaddite affeccionis in corpore 328.
— naturalis in corpore 328.
— in corpore multiplex est 328.
— secte requirit unitatem regule et patroni 657.
— spei esse debet 380.
— baptismatis 380.
— dei 380.
— Iesu Cristi 380.
— caritatis 380.
— est ecclesie medicina 380.
— fidei esse debet 380.
—tatem ecclesia Cristi appetit 229.
— appetunt Cristus et racio 230.
— ecclesia Cristi diligit 380.
— et pacem Cristus amavit 712.
— religionis Cristus dilexit 487.
in —tate ecclesia a Cristo ordinata est 230.
de — secte Cristi predestinati in celo gaudebunt 336.
ab — fidei fratres distant 173.
ad —tatem reduccio populi 99.
circa Universalia non evagatur praxis theologie 78.
Universitas creata tendit ad dei similitudinem 229.
— creata ad suam perfeccionem redacta 26.
—tati Cristus legem statuit 96.
Unus ut pro reliquo puniatur dissonum est 327.

Unus homo sunt dampnati homines 328.
— homo sunt salvati homines 328.
—um corpus est quilibet novorum ordinum 325.
—na debet esse fides ecclesie 399.
— fides credita a toto corpore ecclesie debet esse 380-
— hostia est ex doctrina Cristi 381.
— sectarum sufficit ymo superfluit 26.
-- gutta non cavat lapidem 400.
— persona Cristi 380.
—um corpus est exercitus dyaboli 325.
— corpus dampnatorum et salvatorum prohibet invidia dyaboli 328.
Unusquisque onus suum portabit 329.
Urbanus non auctorizavit cruciatam 574.
Urgent fideles anticristi partes 244.
Usurpacio nominis fratrum 37.
Usus ecclesiarum non generaliter dimittendi 345.
— ecclesiarum 345.
— ecclesiarum acceptent ewangelium 345.
Uterque paparum in invidia est 460.
Utile uni persone est quod alteri nocivum 303.
—lia dimittunt episcopi 262.
—lius quod est uni est alteri nocivius 286.
Utilitas ecclesie illata 89.
de —tate statuum in ecclesia Cristum consulendum esse 61.
Uxorem proximi concupiscere 142.

V.

Vacuum odit deus 25.
Vadere ad infernum et beatitudinem 146.
Vagabunde secte 73.
Vagacio et sollicitudo secularis cultum dei impediunt 502.
in Vaginam ponere gladium 288.
Valencia et inicia sectarum 73.
Validos mendicare non decet 366.
—dorum mendicacio 196.
Vana religio fratrum 48.
— gloria sectarum 303.
Variacio accidentalis ordinum privatotorum 531.
— vestium 455.
— habituum non habet racionem 26.
— vestimentorum Cristi 27.
— indumentorum ordinata a Cristo 27.

Variacio habituum in colore et figura non habet racionem probabilem 26.
Variari in habitu 28.
—riantur secte quatuor a secta Cristi 657.
—riant secte in fide 381.
— secte in spe 381.
— ordines a secta Cristi 25.
— ordines in colore et figura 27.
Varietas excessiva ordinum 97.
—tatem Cristus ordinavit 97.
—tate circumdata regina ecclesia est 88.
Vecordia sacerdotum 218.
Vecors heresis 95.
Vehemencia Spiritus S. figurat fortitudinem spiritualem 218.
Vendere oracionem nemo debet 346.
— patrias volunt mendicantes 33.
—dunt solide ordines oracionem 347.
— fratres sermones, literas fraternitatum, suffragia etc. 222.
Vendicari apostoli voluerunt 610.
—cat refuga indicare totam ecclesiam 129.
Vendiciones meriti largi per sectas 143.
Venenum dyaboli inclusum in papa 461.
Venenosum poculum frates propinant 56.
ad Venenum mulier assuefacta 259.
Venerantur indebite fratres 52.
Venerei actus sectarum 142.
Ventus superbie 72.
—ti inconstantes 72.
Veprium amputacio 102.
Veracem vitam oportet terminari ad partes veritatis 357.
Verbales lites 37.
Verbum dei predicare 120.
— dei docuit, quomodo voluit clerum suum regulari 420.
— dei se ipsum in plenitudine temporis incarnavit 420.
— dei eternaliter genitum eternaliter condidit unam legem 420.
— predictum et perpetuum dei dispendium non formidat 417; 418.
— dei multis hominibus fuit illapsum 257.
— confusum scripture 78.
— dei publicare 120.
— iocosum 79.
— dei audire 120.
ad — domini secte tamquam fidem addunt 181.

Verbi dei adulteracio per sectas 68.
— dei sapiencia mobilissima 166.
—bo dei correspondenciam habet affinitas 165.
—ba omnia Cristi sunt notanda 624.
— doctorum credenda de quanto fundata in scriptura et racione 148.
— de purgatorio sine fundacione scripture 146.
— de purgatorio spoliant homines 146.
— terrifica de purgatorio 146.
— de purgatorio infundabilia 146.
— Cristi falsa secundum fratres 69.
— exprobratoria applicantur sectis 70.
— dei sophisticant 56.
— adulterina sectarum 40.
—borum folia sibi revertenter rependunt 162.
— apostolorum efficacia 68.
—bis domini glosa consona additur 182.
— domini contrarium asserere blasphemum est 182.
Verecundia sectarum 67.
Veritas est Cristus 353.
— legis dei patula est 354.
— prima Cristus 349.
— immencibilis fundamenti 99.
— et caritas Cristus est 169.
— vite sectarum 45.
— scripture s. 75.
— omnis vel prima Cristus 349.
— legis dei numquam obfuscata per sophistas dyaboli 354.
— plus appreciatur persecucionem anime et malum quam corporis 398.
— et oracio succumbunt participacione temporalium 246.
—tati victoriam dare necesse est 589.
— auctor humiliter consentit 76.
— canonici appositi sunt 247.
— homines naturaliter consenciunt 675.
—tatem pietatis secte negant 43.
— dyabolus semel dicit ut post copiosius seducat 700.
— Cristus variis modis locutus est 230.
pro —tate catholica stare 214.
—tates extranee a lege domini dicuntur 182.
— generi humano absconditas 177.
— et falsitates finaliter in luce clarescant necesse est 400.
Versucia dyaboli contra fideles ne prevaleat 374.

Versucie anticristi 397.
Versus mandatorum dei 117.
— de monachis 259.
Verum dicere presumpcione temeraria peccatum est 350.
— in aliquo dicunt secte 184.
Vesania fratrum 56.
Vespilioni competit invita subieccio 105.
a Vestigiis Cristi multi sunt elongati 166.
Vestimenta communia Cristi 27.
Vestis purpurea Cristi 27.
—stes fratrum 367.
—stium amplitudo occultat grossiciem ventris 535.
— variacio 455.
— nigredo quid attestatur 535.
Via arta ad celum 133.
— pape contraria Cristo 609.
— duplex iusticie veritatis 101.
Viacio nostra est propter beatitudinem acquirendam 220.
Viare ad celum 276.
—at ecclesia secundum legem Cristi 257.
—antis labores fieri debent in caritate 551.
—antes debent Cristum eligere 555.
Viator fidelis in pugna dyaboli se non commisceat 466.
— omnis debet semel in anno confiteri 707.
— non debet in speculacione quiescere 214.
— humiliter participatur penis communibus 331.
— omnis est mendicus dei 187.
— vix sufficit regulam Cristi observare 142.
— citra Cristum continue cogitans de deo 122.
—torem difficultat condicio culpabilis vite 501.
—tores singuli includuntur secta cristiana 21.
—torum meritum pro spiritibus 149.
Vicarius Cristi patulus dei proditor 602.
— Cristi qualem execucionem dimittere debeat 466.
— Cristi iudicium mundanum renueret 563.
— Cristi indignus ad vicariam Cristi 466.
— Cristi ecclesiam non onerare debet tradicionibus 563.

Vicarius Cristi in terris Petrus non fuerat 665.
— specialis Cristi papa 171.
— anticristi perfectus fidelibus 133.
— anticristi scit suum populum spoliare de temporalibus 133.
— inhabilis ad se ipsum regendum 133.
— dyaboli in terra est anticristus 699.
—rii Cristi habent nudam virtutem absolucionem promulgandi 625.
— veri Petri mundanos honores deserere debent 558.
— doitatis reges 172.
—rios Cristi multi se nominant 166.
Vicia sectarum detegere 14.
contra — sectarum loqui 13.
Viduarum domos secte penetrant 44.
—duas et pupillos fratres non relevant 46.
per Vigilanciam in nocte sancti Iohannis wlgus indisponitur 335.
Vinculum tercium caritatis fortissimum 169.
— supernaturale 162.
— naturale 162.
— coniugale 162.
— amoris satis forte 162.
— caritatis inter fidelem et proximum 161.
— infame duplex 173.
— consangwinitatis inter parentem et prolem 161.
— affinitatis inter virum et coniugem 161.
—la amoris tria sunt 161.
de —lis tribus multe sentencie sunt dicende 162.
non Vindicavit se Cristus de hostibus 465.
Vindicta solis iusticie 71.
—dictam a populo sacerdotes debent eclipsari 71.
ad — fratres populum preparant 71.
Vinea dei fructifera est ecclesia 241.
Vinum sive cerevisiam non bibit secta Machometi 30.
Vir legius citatus num teneatur coram papa apparere 546.
— fidelis legius non obedire debet prelatis 548.
Vires anime debilitantur ex corpore corrupto 123.
— anime circa creaturas disperguntur 123.

in Viribus mentis sancti fortificati sunt 125.
Virgo beata et sancti excedunt bonos angelos 363.
—gines confessores martires 79.
Virtus non est in signis sensibilibus 365.
— finita et unita est forcior quam dispersa 23.
— maxime meritoria obediencia 140.
—tutis premium est honor 181.
—tutem servare debemus in anima 365.
— supernaturalem ponere in habitibus 28.
—tutes et meritorii labores de stolidis spoliantur 149.
— cardinales abscondite 50.
— et fides anime sunt preciosiores quam aurum 170.
— morales ordinibus meliores sunt 228.
— cardinales 217.
ad — anime et opera caritatis secta Cristi obligat 304.
—tutum theologicarum distinccio 365.
— sex genera sunt armatura exercitus dei 323.
— statui signa sensibilia sunt impertinencia 467.
— fundamentum fides 463.
pro —tutibus moralibus homo mori debet 228.
Visitare proximos fratres impediunt 47.
Vita hominis iusta 344.
— coraule nostri, Cristi, imitanda 627.
— et regula Cristi cristianis debet esse nocior quam patroni sectarum 302.
— et opera meritoria bene orant 342.
— tota prelati mendacium est 350.
— meritoria vel culpanda hominis 800.
— Cristi in cruciata papali non exemplata 615.
— Cristi melior quam pape 613.
— superstitum debet tendere ad commodum ecclesie 149.
— pauper et parca apostolorum 134.
— voluptuosa plus quam deus diligitur a sectis 43.
— voluptuosa sectarum 70.
— vivunt sancte ordines 98.
— pauper clericorum 95.
— perversa dotatorum 249.
— privata secularis includit observanciam regule humane 493.
de — Cristi mendacia 127.

Vitam cuiusque deus remuneratur 344.
— cuiusque deus intimetur 344.
— veracem oportet terminari ad partes veritatis 352.
ad — nemo ingredi potest 123.
in — voluptuosam secte involvunt se 70.
—te pape et Cristi maxime omnium contrarie 617.
— approbate Petri et Pauli 517.
— fratrum immunitas 78.
Vitalis oracio Cristo maxima commendata 342.
Vitulamina spuria 101.
— spuria per sectas in ecclesia germinant 43.
Vivere debent homines continue iuste 343.
— dyabolo 343.
— de decimis strictis curatus debet 132.
— possunt homines sub primeva regula meritorius et liberius 140.
— de ewangelio 197.
— in fide domini Iesu Cristi 177.
— conformiter legi dei 105.
— conformiter sanctis in celo 144.
— de bonis donatis 138.
—unt monachi contrarie legi dei 132.
—it papa Cristo contrarie 129.
Vivis et mortuis proficere 248.
— et mortuis error continuus nocet 246.
Vocalis expostulacio 344.
Vocari nomine patronorum secte digne non sunt 134.
—antur sepes secte 137.
—nt aliqui Petrum papam 671.
Volucio angelorum 366.
— fratrum in mendicacione 367.
Voluntariam et meritoriam paupertatem escoludit stulticia sectarum 43.
—tarie mendicare 190.
— conferre elemosinas 191.
Voluntatem dei homo facint 165.
in —tate libere hominis cognacio cum Cristo consistit 165.
Voluptas corporea fratrum 69.
—tates magis amant secte quam deum 43.
—tatibus fratres se involvunt 66.
Voluptuosa vita sectarum 43; 70.
—tuosos effrenes non inhabitat spiritus 70.
Votum mutando in melius Cristus disponeret 285.

Votum monachorum fundatur in ewangelio 496.
—ta tria religiosorum 246.
— monachorum tria 496.
—ti sponse irritacio 289.
Vox populi vox dei 605; 606.
—ces vel fistule Iesu Cristi 301.

W.

in Wlgari ewangelium predicare homo non debet 126.
Wlgus indisponitur per vigilanciam in nocte sancti Iohannis 335.
— committit multa crimina 335.
— est basis fulcimenti regnorum 422.
— per triplicitatem intrinsecam et extrinsecam deficit 421.
Wlneracio animarum ex dei gracia sanata 125.
— anime per passionem domini adiuta 125.
Wlneratus homo tantum in naturalibus 122.
Wlpina rapina fratrum 21.

Y.

Ydea nulla superflua sine causa 26.
—deas omnium fiendorum Cristus habet 265.
—deis plenus deus 26.
Ydiota stolidissimus 140.
—tarum argumentum 701.
—ta stolidus papa in articulis fidei 129.
Ydolatre superati peccatis carnalibus 120.
— et scismatici sunt sequaces sanctorum 440.
— monachi in gula 135.
Ydolatriam fratres committunt 332.
Ydolorum servitus 120.
—lorum servitus est avaricia 120; 155.
—lum distans a Cristo est ordo fratrum 332.
Ymaginem cesaris papa non ostendit 467.
ad — dei facta natura terna 164.
ad — dei homo factus est 212.
in Ympno sanctorum non fit mencio de fratribus 79.
Ypocrisis cautela dyaboli colorat errores sectarum 174.
— armis secte sunt armate 71.
— subtilitas sectarum 44.

Ypocrisis sectarum in largitate habitus celata 705.
— procuracio 195.
— signorum 394.
— est falsa simulacio sanctitatis 470.
— est contraria Cristo 470.
— deo veritati opponitur 470.
— peccatum magis est fugibile 471.
— secte prime 195.
— pervertit ordinem divinum 470.
per —sim secta quarta multos seducit 252.
per — secte sunt absconse 136.
—si mediante mendaces secte suborte sunt 393.
in — secta quarta habundat 252.
Ypocrita postponit bonum propter malum 471.
—tas in dignitate prepositure preponere 171.
— arguere dure necesse est 15.
— Cristus vocat sepe sectas 16.

Ypocrite fratres horrent vocari in presencia populari 16.
— sunt secte 31; 43; 51.
— in sepibus latentes 102.
— manifesti 119.
— in sectis regulariter peccant 145.
Ypocriticam et incertam sectam secte eligunt 31.
—tice fratres pauperes spoliant 371.
—tici ascendunt ad corpus Cristi 384.
—ticum genus sunt secte 140.
Ypostatice Cristus deitati copulatus fuit 266.
Yronice in sriptura de quatuor sectis agitur 268.

Z.

Zelare pro errore in suis ordinibus 145.
—landum maxime est pro salvacione ordinis 227.

Ey wie vrô ich was,
Do ich schreib: Deo gratias.

☞ *The Society's first Issues for 1882 and 1883 are now ready, and will be sent forthwith to those Members, and only those, who have paid their Subscriptions. The Subscriptions for 1883 became due on Jan. 1, and should be paid at once to the Hon. Sec.* **J. W. Standerwick, Esq., General Post Office, London, E.C.** *Cheques to be crosst 'London and County Bank.'*

The Wyclif Society.

First Report of the Executive Committee, 1882-83.

1. *Purpose of the Society.*
2. *Members, & Advance-Subscriptions.*
3. *Manuscripts copied.*
4. *Books for 1882 and 1883.*
5. *Books for 1884. Appeal for £1000 for the Quincentenary Publications.*
6. *Thanks to Helpers. Miscellaneous. Hon. Sec.'s Cash Account.*

1. The Wyclif Society was founded in March, 1882, " to remove from England the disgrace of having left buried in manuscript the most important works of her great early Reformer, John WYCLIF," and to ensure that the 500th anniversary of his death,[1] the year 1884, should see at work a Society which would keep on foot until all his most important genuine writings should be " given to the world through the press."

2. At least 300 Members were called for : 230 responded. Forty of these were askt to pay five years' subscription in advance, in order that Manuscripts might be copied, and forty-two did so.

3. The following Treatises have been copied, those starred (*), wholly; those daggered (†), partly; (the numbers are those of Shirley's Catalogue) :—

    *11. De Actibus Animae (in Shirley : De Anima).
    †12. De Incarnatione Verbi (all the Oriel MS. : part of the Vienna MS.).
    *14. De Dominio Divino. (In three books.)

---

[1] Any one having any hints to give as to the celebration of the Quincentenary, or how best to get the Wyclif Society its £1000 towards printing WYCLIF'S Works, should write to the Hon. Sec., Mr. J. W. Standerwick. The Luther Commemoration Committee will help in the Quincentenary arrangements. Wyclif died on Dec. 31, 1384.

§ 3. *Works copied.* 4. *Publications for* 1882 & 1883.

†15. Summa Theologiae.
* Book I. De Mandatis Dei (in Shirley : De Mandatis Divinis).
* „ II. De Statu Innocentiae.
* Books III.-V. De Civili Dominio. (In three books.)
* Book VI. De Veritate S. Scripturae.
* „ VII. De Ecclesia.
* „ VIII. De Officio Regis.
† „ IX. De Potestate Papae.
* „ XII. De Blasphemia.
*23. De Eucharistia et Poenitentia.
*39. Sermo Pulcher.
*47. De Oratione Dominica.
*48. De Salutatione Angelica.
*54. Contra Magistrum Outredum.
*55. Contra Willelmum Vynham.
*59. Responsiones ad xliv quaestiones.
*60. Responsum ad decem quaestiones.
*61. Epistolae octo.
*77. De Ordine Christiano.
*92. De Praelatis Contentionum.
*94. De Graduationibus.
*95. De Gradibus Cleri Ecclesiae.

Commissions have been given for the copying of the rest of the *Summa* (namely Books X. and XI., *De Simonia* and *De Apostasia*), and of all WYCLIF's other Latin works except the Philosophical ones and the Sermons.

4. The work of the first copiers employed was not satisfactory, and the Committee found that there was no chance of producing any independent Society book till 1884. They therefore arranged with Dr. Rudolf BUDDENSIEG, of Dresden, —whose appeal to English students had in great measure led to the foundation of the Society—that the edition of *Wyclif's Polemical Works*, which he had undertaken in Germany, should be issued also here, with an English Introduction, Notes, etc., as the Society's first Publication, vol. i. for 1882, and vol. ii. for 1883, each volume consisting of about 500 pages. This work, the arrangement of which is, of course, after the German manner, is now ready, and contains —besides a very valuable appreciative account of WYCLIF and his work, critical apparatus, a list of the Vienna MSS., and full Index—the following twenty-six Polemical Tracts (Shirley's numbers are added) :—

A.—*Against the Sects.*

De Fundatione Sectarum. (91.)
De Ordinatione Fratrum. Shirley's (84) De Concordatione Fratrum cum secta simplici Christi, sive De Sectis Monachorum. In four chapters.

§ 4. *Publications for* 1882 & 1883.

De Nova Prævaricantia Mandatorum. In eight chapters. ('A very interesting Tract against the Regulars, written after the Great Schism of the West,' A.D. 1378.) (79.) Shirley's '31. De Purgatorio' is part of this Treatise.
De Triplici Vinculo Amoris. In ten chapters. (49.)
De Septem Donis Spiritus Sancti. In 9 chapters. (27.)
De Quatuor Sectis Novellis. (1. The Priests endowed with lands and lordships ; 2. The landed Monastic Orders ; 3. The Canons ; 4. The Begging Friars.) (85.)
Purgatorium sectæ Christi, sive contra Religiones Privatas, Ashburnham MS. xxvii. c. ff. 49–54. This is not in Shirley's Catalogue. It is an exhortation to put down the sects of Friars.
De Novis Ordinibus. In three chapters. (87.)
De Oratione et Ecclesiæ purgatione. In five chapters. (25.)
De Diabolo et Membris ejus. In five chapters. (29.)
De Detectione Perfidiarum Antichristi. (86.)
De Solutione Satanæ. (30.)
De Mendaciis Fratrum. (88.)
Descriptio Fratris. (89.)
De Daemonio Meridiano. (Written after 1376.) (73.)
De Duobus Generibus Hæreticorum. (96.)
De Religionibus vanis Monachorum, sive De Fundatore Religionis. (80.)
De Perfectione Statuum, sive De Minoribus Fratribus se extollentibus (against the boasting of the Franciscans). (78.)
De Religione Privata, I., II. (81, 82.)

B.—Against the Pope.

De citationibus frivolis et aliis versutiis Antichristi. (72.)
De Dissensione Paparum, sive De Schismate (A.D.1378). (Also in English, Shirley's, No. 59, p. 48. Printed in Arnold, iii., 242.) (74.)
Cruciata. Shirley's 75. Contra Cruciatam Papæ. In nine chapters. (On the Crusade of the rival Popes against each other during the Great Schism.) (75.)
De Christo et suo Adversario Antichristo. In fifteen chapters. (76.)
De Contrarietate duorum dominorum suarum partium ac etiam regularum. In eight chapters. (A sharp attack on the Popes and Friars.) (83.)
Quatuor Imprecationes. (Four conclusions about the state of the English Clergy.) (93.)

The two volumes, with binding, etc., will cost about £280; and in order to pay this sum, the Subscriptions for 1883 are wanted at once.

The Committee hope to add to the issue of 1883, WYCLIF's *De Incarnatione Verbi*, now at press, edited from the Vienna and Oriel MSS. by the Rev. Edward HARRIS, M.A. But until the 1883 Subscriptions come in, no decision can be arrived at about the issue of books. A sum of £200 is still wanted for copying and other non-printing expenses. Of the Society's small income, only about £150 a year is available for printing, and this means only one volume a year. (To prevent any lowering of price of the Society's books, the number printed is limited to 500, of which 50 are given to the Editor of each Text.[1])

5. For 1884, the first volume (Books i and ii) of the *De Civili Dominio* is at press, edited by Reginald Lane POOLE, M.A., Oxford.

Mr. F. D. MATTHEW has nearly ready for press the *De Mandatis Dei* (*Divinis*, Shirley) and *De Statu Innocentiae*.

Dr. BUDDENSIEG is preparing for press the *De Veritate Sanctæ Scripturæ*.

Prof. LOSERTH of Czernowitz has in hand the *De Ecclesia*, and Mr. Poole the *De Dominio Divino*.

Mr. J. H. HESSELS of Cambridge is preparing the *De Actibus Animæ*; but it is a very difficult treatise, and he wishes to give it the time necessary for a satisfactory understanding of the scholastic philosophy involved in it.

Now if the Members of the Society will only bestir themselves and raise £1000 for the Quincentenary of WYCLIF's death, all these works, and more, can be printed and issued next year. The truest honour that can be paid to WYCLIF's memory, is to print his words, the records of his thoughts, which, to the disgrace of every Englishman, have been left unheeded in foreign libraries for now five hundred years. The monument '*aere perennius*,' which Germany is now erecting to the memory of her LUTHER, is a new critical edition of Luther's Works, of which the first volume was issued on the day of the Luther Centenary, November 10, 1883. And till all *our* great Reformer's most important Treatises are in print, no question of monument or other memorial to him need be raised. The Committee therefore repeat from the Society's Prospectus their "appeal to all who care for the Religion, the Freedom, the Language, and the History of England, for aid in the work they have undertaken. No party feeling whatever enters into the Society's plan. The only desire is, to do England's long-neglected duty to the memory of a great English Worthy."

6. The Committee wish to express their thanks, and those of the Society, to Dr. BUDDENSIEG for his admirable edition

---

[1] If any Subscribers to the Quincentenary Fund wish, in return, for the Society's books, the Committee will increase the number of books printed to the amount necessary for that purpose.

§ 6. *Need of Subscriptions and Donations to the Society.* 5

of WYCLIF's *Polemical Works*, and to the Continental and English scholars who have undertaken to edit WYCLIF's other Works for the Society. They also thank specially Mr. F. D. MATTHEW for copying (or paying for the copy of) the text he will edit, *De Mandatis Dei;* Mr. J. H. HESSELS for his copy of the very difficult Corpus MS. of *De Actibus Animæ*; Dr. BUDDENSIEG for superintending the copying of some Vienna MSS. at Dresden; Prof. Paul MEYER for like kindness about the Paris MSS. in the National Library there; and M. PATERA for procuring copies of the Prag MSS. The Committee's thanks are also due to their Vienna copiers, Dr. Herzbergfränkel and Herr Rudolf Beer.

The Subscription to the Society is One Guinea a year, payable on every First of January. The payment of five or ten years' Subscriptions in advance will help the Society's work. All Subscriptions and Donations,—which are much desired,—should be paid to the Hon. Sec., J. W. Standerwick, Esq., General Post Office, London, E.C., and Members will save both him and themselves trouble by sending him an Order on their Bankers, in the following form, to pay their subscriptions:—

_____1883.

To Messrs. _____

Till further order, pay to the London and County Bank, for The Wyclif Society, One Guinea now, and on every following First of January.

(*Signed*) _____

The Society's books are sent out by its binder, Mr. Nevett, 44, Kirby Street, Hatton Garden, London, E.C.; and to him all complaints as to non-delivery of publications, etc., should be addrest.

Every Member should recollect that the Wyclif Society always wants badly, more money and Members, and that these can only be got by his making it his business to ask every friend and acquaintance he meets, to join the Society.

§ 6. *The Society's Cash Account to Nov.* 1883.

RECEIPTS AND PAYMENTS OF THE WYCLIF SOCIETY,

TO NOVEMBER 8TH, 1883.

	£	s.	d.		£	s.	d.
By 42 Subscriptions of 5 guineas..	220	10	0	Copying and Editing	295	16	0
Other Subscriptions—1882	174	6	0	Printing	22	15	6
" 1883-4, &c.... 57 15 0				Incidental Expenses	7	6	0
Less cost of collection 0 7 6	57	7	6	Balance	131	6	0
Donations—							
A Friend per Mrs. Shirley	2	10	0				
J. M. Ludlow, Esq	1	0	0				
W. Collyer, Esq	0	10	0				
Anon. (2 April, 1883)	1	0	0				
	£457	3	6		£457	3	6

Audited and Approved, Nov. 29, 1883 { F. D. MATTHEW.
ED. BELL.

THE WYCLIF SOCIETY.

President.
HIS GRACE THE LORD ARCHBISHOP OF YORK.

Vice-Presidents.
RT. REV. THE LORD BISHOP OF CARLISLE.
RT. REV. THE LORD BISHOP OF DURHAM.
RT. REV. THE LORD BISHOP OF EXETER.
RT. REV. THE LORD BISHOP OF LIVERPOOL.
RT. REV. THE LORD BISHOP OF SODOR AND MAN.
RT. REV. THE LORD BISHOP OF TRURO.
RT. HON. THE EARL OF SHAFTESBURY, K.G., ETC.
RT. HON. W. E. FORSTER, M.P., ETC.

Executive Committee.
F. J. FURNIVALL, 3, St. George's Square, Primrose Hill, London, N.W., *Director*.
Rev. Prof. MONTAGU BURROWS, D.D., 9, Norham Gardens, Oxford.
F. D. MATTHEW, 94, King Henry's Road, London, N.W.

Honorary Secretary.
J. W. STANDERWICK, General Post Office, London, E.C.

Bankers.
THE LONDON AND COUNTY BANK, Aldersgate Street, London, E.C.

Local Honorary Secretaries.
Devonshire :—REV. E. C. BRITTON, Vicarage, Dartmouth.
Cheshire :—REV. ALEX. MACKENNAL, Highfield, Bowdon, Cheshire.
Essex :—REV. W. GUISE TUCKER, Ramsey Vicarage, Harwich.
Norfolk :—REV. O. W. TANCOCK, The School House, Norwich.
Somersetshire :—REV. A. TOWNSHEND, Rectory, Puxton, Somerset.
Yorkshire :—REV. J. N. WORSFOLD, Rectory, Haddlesey, Selby.

THE WYCLIF QUINCENTENARY
THOUSAND-POUND FUND.

Donations should be paid to the WYCLIF SOCIETY's account at the London and County Bank, Aldersgate Street, London, E.C., or to the *Honorary Secretary* of the Wyclif Society, J. W. STANDERWICK, Esq., General Post Office, London, E.C.

The following Donations have been promised :—

	£	s.	d.		£	s.	d.
F. D. Matthew	10	0	0				
F. J. Furnivall	5	0	0				

www.ingramcontent.com/pod-product-compliance
Lightning Source LLC
Chambersburg PA
CBHW022100300426
44117CB00007B/532